# Die Pro-forma-Berichterstattung in Deutschland

# Europäische Hochschulschriften

Publications Universitaires Européennes
European University Studies

## Reihe V
## Volks- und Betriebswirtschaft

Série V   Series V
Sciences économiques, gestion d'entreprise
Economics and Management

## Bd./Vol. 3270

# PETER LANG

Frankfurt am Main · Berlin · Bern · Bruxelles · New York · Oxford · Wien

Birthe Großmann

# Die Pro-forma-Berichterstattung in Deutschland

## Eine empirische Untersuchung zum Informationsgehalt und zur Bewertungsrelevanz von Pro-forma-Ergebnissen

PETER LANG
Internationaler Verlag der Wissenschaften

**Bibliografische Information der Deutschen Nationalbibliothek**
Die Deutsche Nationalbibliothek verzeichnet diese Publikation
in der Deutschen Nationalbibliografie; detaillierte bibliografische
Daten sind im Internet über <http://www.d-nb.de> abrufbar.

Zugl.: Bremen, Univ., Diss., 2007

Gedruckt auf alterungsbeständigem,
säurefreiem Papier.

D 46
ISSN 0531-7339
ISBN 978-3-631-56670-1

© Peter Lang GmbH
Internationaler Verlag der Wissenschaften
Frankfurt am Main 2007
Alle Rechte vorbehalten.

Printed in Germany 1 2 3 4 5   7

www.peterlang.de

**Für Sebastian**

# Geleitwort

Obwohl Rechnungslegungsregeln kapitalmarktorientierter Konzerne immer stärker informationsorientiert gestaltet werden, publizieren Unternehmen in zunehmendem Maß weitere, an das traditionelle Rechnungswesen angelehnte oder davon abgeleitete Größen in Form von Pro-forma-Ergebnissen. Dies geschieht mit dem erklärten Ziel, so die Darstellung der Unternehmenslage zu verbessern. Die Verwendung von Pro-forma-Kennzahlen wird damit begründet, dass sie als „selbst gewählte Rechenschaftssysteme" mögliche Schwächen der auf Standards basierenden Rechnungslegung ausgleichen.

Mit der Bedeutung der Pro-forma-Kennzahlen für die Unternehmensanalyse steigt gleichzeitig die Motivation des Managements, ergebnispolitische Überlegungen in die Ermittlung von Pro-forma-Kennzahlen einfließen zu lassen und diese opportunistisch zu berechnen. Die dürftige Regulierung der Pro-forma-Berichterstattung, zumindest in Deutschland, trägt ein Übriges bei. Opportunistisch berechnete Pro-forma-Ergebnisse stellen für Investoren keine geeignete Basis zur Prognose zukünftiger (operativer) Cashflows oder (nachhaltiger) Ergebnisse dar. Sie können zu einem Vermögenstransfer von privaten zu institutionellen Anlegern führen und sind daher auch aus der Perspektive von Staatsintervention sorgfältig zu analysieren.

Auch in Deutschland sind Pro-forma-Ergebnisse inzwischen etabliert. Im Unterschied zu den USA oder Großbritannien, bei denen Pro-forma-EPS dominieren, stehen bei deutschen Unternehmen Pro-forma-Ergebnisse der EBITDA-Familie im Vordergrund der Berichterstattung. Die Dissertationsschrift von Frau Großmann untersucht nun die Aussagekraft von Pro-forma-Kennzahlen in Form empirischer Untersuchungen. Dabei stellt sich die Verfasserin fünf Themenkreisen:

1. Wie stellt sich die Nutzung von Pro-forma-Ergebnissen dar?

2. Welche Charakteristika weisen Unternehmen auf, die Pro-forma-Ergebnisse ausweisen?

3. Wie aussagekräftig sind Pro-forma-Ergebnisse für die Prognose von Zahlungsströmen?

4. Wie beurteilt der Kapitalmarkt Pro-forma-Ergebnisse?

5. Sollen und wie können Pro-forma-Ergebnisse in Deutschland reguliert werden?

In der vorliegenden Schrift werden zu allen diesen Fragen interessante und wichtige Ergebnisse für Deutschland vorgelegt. So weist Frau Großmann den Ausschluss auch werthaltiger Bestandteile in Pro-forma-Ergebnissen nach, was eine opportunistische Nutzung dieses Instruments nahe legt. In die gleiche Richtung weisen ihre Ergebnisse im Hinblick auf Unternehmenscharakteristika und Wertrelevanz. Frau Großmann fordert daher begründet eine Regulierung der Pro-forma-Berichterstattung und unterbreitet hierzu erste Vorschläge.

Die hier vorgelegte Arbeit dürfte für Analysten wie auch für den Gesetzgeber interessant sein, weil deutlich wird, welche Unternehmen Handlungsspielräume opportunistisch nutzen und in welcher Form sie es tun. Analysten können diese Erkenntnisse nutzen, um ihre Unternehmseinschätzungen zu verbessern. Den an der Gesetzgebung Beteiligten sei die Arbeit mit einer doppelten Botschaft nahegelegt: Zum einen hat die Reform der Unternehmensberichterstattung keine Eile; denn der klassische Jahresüberschuss ist immer noch eine vergleichsweise sehr gute Indikatorgröße. Zum anderen besteht aber deutlicher Handlungsbedarf im Hinblick auf den Anlegerschutz.

Bremen, im Januar 2007                               Prof. Dr. Jochen Zimmermann

# Vorwort

Die vorliegende Arbeit wurde im Januar 2007 vom Fachbereich Wirtschaftswissenschaft der Universität Bremen als Dissertation angenommen. Meinem akademischen Lehrer, Herrn Prof. Dr. Jochen Zimmermann, danke ich sehr herzlich für die stets wohlwollende Begleitung meines Promotionsthemas, die wertvollen Hinweise und die Bereitschaft, mich als externe Doktorandin zu unterstützen. Für die Übernahme des Zweitgutachtens danke ich Herrn Prof. Dr. Michael Hülsmann.

Einen wesentlichen Anteil am Gelingen dieser Arbeit hatten die Kollegen vom Lehrstuhl für Allgemeine Betriebswirtschaftslehre, Unternehmensrechnung und Controlling an der Universität Bremen mit ihren Anregungen in den Doktorandenseminaren und die Kolleginnen und Kollegen von BearingPoint Inc. für die Unterstützung und Diskussion während meiner Promotionszeit.

Mein ganz besonderer Dank gilt meinem Freund Dr. Sebastian Schneider, ohne dessen Unterstützung diese Arbeit nicht möglich gewesen wäre, meinen Eltern für die Förderung meiner Ausbildung sowie meinem Bruder Björn Großmann.

München, im Januar 2007                                          Birthe Großmann

XI

# Inhaltsverzeichnis

XIII

# Abbildungsverzeichnis

# Tabellenverzeichnis

# Glossar

| | |
|---|---|
| * | Statistische Signifikanz auf dem 10%-Niveau |
| ** | Statistische Signifikanz auf dem 5%-Niveau |
| *** | Statistische Signifikanz auf dem 1%-Niveau |
| Abs. | Absatz |
| AG | Aktiengesellschaft |
| AICPA | American Institute of Certified Public Accountants |
| AIDB | Accountancy Investigation & Discipline Board |
| APB | Accounting Practices Board |
| ARB | Accounting Research Bulletin(s) |
| ASB | Accounting Standards Board |
| BaFin | Bundesanstalt für Finanzdienstleistungsaufsicht |
| BilKoG | Bilanzkontrollgesetz |
| bzw. | beziehungsweise |
| c.p. | ceteris paribus |
| CESR | Committee of European Securities Regulators |
| d.h. | das heißt |
| DPR | Deutsche Prüfstelle für Rechnungslegung e.V. |
| EAT | Earnings after Taxes |
| EBIDA | Earnings before Interests, Depreciation and Amortisation |
| EBIT | Earnings before Interests and Taxes |
| EBITA | Earnings before Interests, Taxes and Amortisation |
| EBITD | Earnings before Interests, Taxes and Depreciation |
| EBITDA | Earnings before Interests, Taxes, Depreciation and Amortisation |
| EBITDAR | Earnings before Interests, Taxes, Depreciation, Amortisation and Rent |
| EBT | Earnings before Taxes |
| EBTA | Earnings before Taxes and Amortisation |
| EBTDA | Earnings before Taxes, Depreciation and Amortisation |
| EG | Europäische Gemeinschaft |
| EPS | Earnings per Share |
| EU | Europäische Union |
| f. | folgende |
| FAPC | Financial Accounting Policy Committee |
| FASB | Financial Accounting Standards Board |

| | |
|---|---|
| FEI | Financial Executives International |
| ff. | fortfolgende |
| FRC | Financial Reporting Council |
| FRRP | Financial Reporting Review Panel |
| FRS | Financial Reporting Standard |
| FSA | Financial Services Authority |
| GAAP | Generally Accepted Accunting Principle |
| ggf. | gegebenenfalls |
| GuV | Gewinn- und Verlustrechnung |
| HGB | Handelsgesetzbuch |
| i.d.R. | in der Regel |
| i.H.v. | in Höhe von |
| IAS | International Accounting Standards |
| IASB | Internationa Accounting Standards Board (früher IASC: International Accounting Standards Committee) |
| IDW | Institut der Wirtschaftsprüfer in Deutschland e.V. |
| IFRS | International Financial Reporting Standard |
| IOSCO | International Organization of Securities Commissions |
| NASDAQ | National Association of Securities Dealers Automated Quatation System |
| NIRI | National Investors Relations Institute |
| Nr. | Nummer |
| NYSE | New York Stock Exchange |
| POB | Professional Oversight Board |
| SEC | Securities and Exchange Commission |
| SOP | Statements(s) of Position |
| u.a. | unter anderem |
| UK-GAAP | United Kingdom Generally Accepted Accunting Principles |
| UKLA | UK Listing Authority |
| UKSoIP | UK Society of Investment Professionals |
| USA | United States of America |
| US-GAAP | United States Generally Accepted Accunting Principles |
| v.a. | vor allem |
| vgl. | vergleiche |
| Vol. | Volume |

| | |
|---|---|
| WpHG | Wertpapierhandelsgesetz |
| z.B. | zum Beispiel |

# 1 Einleitung

Die Rechnungslegungsregeln kapitalmarktorientierter Konzerne stellen die Informationsorientierung immer stärker in den Vordergrund. Dennoch publizieren Unternehmen häufig unter dem Erwartungsdruck zunehmend integrierter Kapitalmärkte zusätzliche, an den nach den jeweils national gültigen Rechnungslegungsvorschriften ermittelten Quartals- und Jahresergebnissen angelehnte oder davon abgeleitete Pro-forma-Ergebnisse. Mit der zunehmenden Globalisierung der Wirtschaftswelt und der Notwendigkeit einer adäquaten Darstellung der Unternehmens- und Managementleistung auf dem internationalen Kapitalmarkt hat auch in Deutschland die Verwendung von Pro-forma-Ergebnissen eine weite Verbreitung in der Veröffentlichungspraxis der Unternehmen gefunden.

Durch Pro-forma-Ergebnisse wird ein subjektiv definiertes Ergebnis so ausgewiesen, als ob ausgewählte Aufwendungen bzw. Erträge nicht angefallen wären. Insbesondere sollen Pro-forma-Ergebnisse das Kernergebnis des operativen Geschäfts durch den Ausschluss der einmaligen und ungewöhnlichen sowie nicht zahlungswirksamen Aufwendungen und Erträge sichtbar machen und intertemporal sowie zwischenbetrieblich vergleichbar darstellen. Pro-forma-Ergebnisse übersteigen deshalb häufig das veröffentlichte Rechnungslegungsergebnis, da vorrangig Aufwendungen herausgerechnet werden; zwischen 1998 und 2000 überstiegen 70% der von US-amerikanischen Unternehmen veröffentlichten Pro-forma-Ergebnisse die US-GAAP-Ergebnisse.[1]

Indem nur Ergebniskomponenten berücksichtigt werden, die die Performance eines Unternehmens angemessen beschreiben, soll Investoren und Analysten die Prognose der nachhaltigen und damit auf laufenden Zahlungen beruhenden Ergebnisse erleichtert und ein realistischer Ausblick auf die wirtschaftliche Entwicklung des Unternehmens ermöglicht werden. Damit sollen Pro-forma-Ergebnisse als „selbstgewählte Rechenschaftssysteme" die Prognose der nachhaltigen zukünftigen Ergebnisse verbessern. Implizit wird durch Pro-forma-Ergebnisse als „selbstdefinierte Kennzahlen" das Ziel verfolgt, mögliche Schwächen der auf Standards basierenden Rechnungslegung auszugleichen. Gefördert wird die Verwendung von Pro-forma-Ergebnissen durch Sell-Side-Analysten, deren Ergebnisprognosen oft auf diesen

---

[1] Die verbleibenden 30% der Pro-forma-Ergebnisse fallen geringer als die US-GAAP-Ergebnisse aus, d.h. einmalige Erträge wurden bei der Berechnung der Pro-forma-Ergebnisse ausgeschlossen. Dies kann beispielsweise erfolgen, um die Ergebniserwartungen für zukünftige Perioden zu reduzieren, vgl. Bhattacharya/Black/Christensen/Larson (2003), S. 301.

Ergebnisgrößen beruhen. Diesbezüglich zeigen empirische Untersuchungen für die USA, dass Investoren Pro-forma-Ergebniszahlen, die von Forecast Tracking Services veröffentlicht werden, mehr Gewicht beimessen als Ergebniszahlen gemäß US-GAAP.[2]

Der Nutzen von Pro-forma-Ergebnisgrößen hängt von der Zuverlässigkeit ab, mit der bei der Berechnung der Pro-forma-Ergebnisse ausschließlich nicht nachhaltige Ergebnisbestandteile durch das berichtende Management ausgeschlossen werden. Da es keine anerkannte Methode zur Ermittlung von Pro-forma-Ergebnissen gibt und ihre Berechnung nicht in materieller Weise durch Wirtschaftsprüfer nachvollzogen wird, besteht die Möglichkeit, dass Anleger durch eine unrichtige Berechnung in die Irre geführt werden.

Die Motivation des Managements, ergebnispolitische Überlegungen in die Ermittlung von Pro-forma-Kennzahlen einfließen zu lassen, liegt in dem Wunsch begründet, eine negative Unternehmenspublizität zu vermeiden; dazu zählen die Vermeidung von:

- Verfehlungen der Analystenprognosen für das Pro-forma-Ergebnis;

- Verlustausweisen: anstelle des negativen, auf dem Rechnungslegungsstandard basierenden Ergebnis wird in Ergebnismeldungen ein positives Pro-forma-Ergebnis ausgewiesen bzw. der Verlust durch scheinbar einmalige Aufwendungen erklärt;

- Ergebnisrückgängen: trotz eines Ergebnisrückgangs bei auf Rechnungslegungsstandards basierenden Ergebnissen kann ein (Pro-forma-)Ergebnisanstiegs im Vergleich zur Vorperiode ausgewiesen werden.

Empirische Untersuchungen zeigen, dass seit Mitte der 90iger Jahre das Treffen der Analystenprognosen für Pro-forma-Ergebnisse das wichtigste Ziel des Managements darstellt; die Vermeidung von Verlusten oder Ergebnisrückgängen wurden in ihrer Bedeutung dagegen zurückgedrängt.[3] Ausschlaggebend dafür ist, dass Ergebnisüberraschungen – die Differenz zwischen dem erzielten Pro-forma-Ergebnis und der Konsensus-Prognose der Analysten für das Pro-forma-Ergebnis – eine der wichtigsten Einflussgrößen für Kursverläufe von Unternehmenstiteln sind.[4] Dies setzt für das Management einen Anreiz, gerade das besonders wichtige Pro-forma-Ergebnis nicht zu verfehlen, und kann dazu verleiten, auch nachhaltige, dem ope-

---

2  Vgl.  Bhattacharya/Black/Christensen/Larson  (2003),  S.  306,  Bradshaw/Sloan  (2002),  S.  51,
   Brown/Sivakumar (2003), S. 567 f.
3  Vgl. Brown/Caylor (2005), S. 429 ff.
4  Vgl. Bartov/Givoly/Hayn (2002), S. 182, Skinner/Sloan (2002), S. 302 ff.

rativen Geschäft entstammende, d.h. auf die Zahlungsströme zukünftiger Perioden wirkende Erfolgsgrößen aus der Berechnung eines Pro-forma-Ergebnisses auszuschließen.

Bezüglich des Informationsgehalts und der Bewertungsrelevanz von Pro-forma-Ergebnissen stehen sich zwei Hypothesen gegenüber: einerseits wird der Ausweis von Pro-forma-Ergebnissen befürwortet, weil dadurch Insider-Informationen der Manager über die wirtschaftliche Lage des Unternehmens an den Markt gelangen, die für Investoren nützlich sein können. Andererseits reduziert eine opportunistische, eigeninteressengeprägte Berechnung der Pro-forma-Ergebnisse deren Aussagefähigkeit und kann seitens der Investoren zur Überschätzung der zukünftigen Ertragskraft der Unternehmen sowie zu nicht adäquaten Anlageentscheidungen führen.

Im Unterschied zu Großbritannien oder den USA stehen bei deutschen Unternehmen Proforma-Ergebnisse der EBIT(DA)-Familie im Vordergrund der Pro-forma-Berichterstattung. Die im angelsächsischen Wirtschaftsraum dominierende Berichterstattung von Pro-forma-Ergebnissen je Aktie erfolgt in Deutschland noch vergleichsweise selten. Die Berechnung der Pro-forma-Ergebnisse je Aktie erfolgt in Deutschland hinsichtlich der vorgenommenen Ausschlüsse weniger aggressiv als in Großbritannien oder den USA. Dabei werden die Ausschlüsse häufig nicht ausreichend erläutert. Letzteres gilt auch für das Pro-forma-Ergebnis EBITDA, da häufig von Unternehmen als Sondereinflüsse klassifizierte Aufwendungen herausgerechnet werden. Allerdings fehlen Untersuchungen, die sich explizit mit dem Informationsgehalt und der Bewertungsrelevanz von Pro-forma-Ergebnissen deutscher Unternehmen beschäftigen. Neben deskriptiven Untersuchungen zur Häufigkeit des Ausweises von Proforma-Ergebnissen von Hillebrandt und Sellhorn (2002a) sowie Küting und Heiden (2002, 2003) untersuchen Hillebrandt und Sellhorn (2002b) vor allem die Nachvollziehbarkeit der ausgewiesenen Kennzahl EBITDA (Earnings before Interest, Depreciation and Amortisation) in den Geschäftsberichten. Dabei wird auf die starke Nutzung von Pro-forma-Kennzahlen der EBITDA-Familie in Deutschland eingegangen und festgestellt, dass das Berechnungsschema der ausgewiesenen EBITDAs teilweise nicht oder nur mit sehr viel Mühe nachvollziehbar ist. Eine solche Beobachtung allein lässt aber keine Schlüsse zu, ob von der Veröffentlichung von Pro-forma-Ergebnissen das Risiko einer Irreführung der Investoren ausgeht. Dies kann nur gelingen durch die Untersuchung

- der systematischen Unterschiede zwischen Unternehmen mit und ohne Pro-forma-Ergebnisausweis,

- der Entwicklungstrends in der freiwilligen Pro-forma-Berichterstattung,

- des Informationsgehalt von Pro-forma-Ergebnissen, d.h. deren Prognosequalität für den zukünftigen, anhand der operativen Cashflows gemessenen Unternehmenserfolg und

- der Bewertungsrelevanz von Pro-forma-Ergebnissen, d.h. den kurz- bis langfristigen Kurseinfluss von Pro-forma-Ergebnissen und den dabei ausgeschlossenen Aufwendungen im Vergleich zu auf Rechnungslegungsstandards basierenden Ergebnissen.

Erstens soll eine deskriptive Analyse Aufschluss über die Pro-forma-Berichterstattung der deutschen DAX30- und MDAX-Unternehmen liefern. Im Unterschied zu existierenden Untersuchungen soll die deskriptive Auswertung zum einen nicht auf Pro-forma-Ergebnisse der EBITDA-Familie beschränkt werden sondern auch die gängigen Pro-forma-Ergebnisse je Aktie umfassen. Zum anderen wird der Vergleich zur Pro-forma-Berichterstattung in den USA und Großbritannien hergestellt.

Zweitens sollen durch den Vergleich von Kennzahlen der Unternehmen mit bzw. ohne Ausweis von Pro-forma-Ergebnissen systematische Unterschiede zwischen diesen Unternehmen herausgearbeitet werden, um Motive für ein Angebot bzw. die Nachfrage von Pro-forma-Ergebnissen zu identifizieren.

Drittens sollen Lücken in der empirischen Forschung geschlossen werden, indem der Informationsgehalt von Pro-forma-Ergebnissen der DAX30- und MDAX-Unternehmen und insbesondere auch erstmals der Informationsgehalt von Pro-forma-Ergebnissen in der Form des EBITDA – hierfür liegen weder in den USA, Großbritannien noch in Deutschland Untersuchungsergebnisse vor – untersucht werden.

Viertens soll erstmals die Bewertungsrelevanz der von DAX30- und MDAX-Unternehmen veröffentlichten Pro-forma-Ergebnisse in Form von Pro-forma-EPS und EBITDA – bezüglich des EBITDA liegen weder in den USA, Großbritannien oder in Deutschland Ergebnisse vor – untersucht werden.

Auf Basis der vier empirischen Analysebereiche soll der Regulierungsbedarf für den Ausweis von Pro-forma-Ergebnissen in Deutschland diskutiert werden.

Die Dissertationsschrift gliedert sich entsprechend dieser Zielsetzung in sechs Hauptteile. In dem auf die Einleitung folgenden **zweiten Abschnitt** wird eine Einordnung der freiwilligen Pro-forma-Berichterstattung und eine Abgrenzung zur verpflichtenden Pro-forma-

Berichterstattung durchgeführt. In diesem Zusammenhang werden Motive für den Ausweis von Pro-forma-Ergebnissen durch das berichtende Management und Finanzanalysten sowie die Konzeption der Pro-forma-Ergebnisse erläutert, die freiwillige Pro-forma-Berichterstattung in das Ergebnismanagement der Unternehmen eingeordnet und auf die Überwindung von möglichen Schwächen der auf Rechnungslegungsstandards basierenden Ergebnisse durch Pro-forma-Ergebnisse eingegangen.

Gegenstand des **dritten Abschnitts** ist eine Bestandsaufnahme der Pro-forma-Berichterstattung in Deutschland, Großbritannien und den USA; für Deutschland und Großbritannien werden eigenständige empirische Untersuchungen vorgestellt. Für alle Märkte werden die Nutzung, die Berechnung von Pro-forma-Ergebnissen und die dafür vorgenommenen Ausschlüsse sowie die Transparenz über die veröffentlichten Pro-forma-Ergebnisse untersucht. Aus der Darstellung der Entwicklung der Pro-forma-Berichterstattung und den internationalen Vergleichen werden Aussagen zu Trends und Chancen bzw. möglichen Risiken aus der freiwilligen Pro-forma-Berichterstattung abgeleitet.

Der **vierte Abschnitt** greift die Diskussion um Vor- und Nachteile der freiwilligen Pro-forma-Berichterstattung auf. Dabei zeigt sich, dass sowohl ein Angebot der Unternehmen als auch eine Nachfrage nach Pro-forma-Ergebnissen besteht. Die Nachfrage nach Pro-forma-Ergebnissen äußert sich darin, dass vor allem größere Unternehmen mit hoher Marktkapitalisierung, einem hohen Umsatz und hoher Analystencoverage Pro-forma-Ergebnisse ausweisen. Das Angebot an Pro-forma-Ergebnissen kommt darin zum Ausdruck, dass Unternehmen, die überproportional von einer verbesserten Darstellung der wirtschaftlichen Lage durch Pro-forma-Ergebnisse profitieren, zu einem Ausweis von Pro-forma-Ergebnissen neigen. Durchschnittlich sind diese Unternehmen unprofitabler, weisen eine schlechtere Aktienkursperformance auf, haben eine geringere Eigenkapitalausstattung und eine ineffektivere Investitionspolitik. Zugleich verfolgen diese Unternehmen eine aktivere Akquisitionspolitik, so dass durch den Ausweis von Pro-forma-Ergebnissen vor Goodwill-Amortisationen die Ertragslage signifikant günstiger dargestellt werden kann als durch auf Rechnungslegungsstandards basierenden Ergebnissen. Pro-forma-Ergebnisse erscheinen deshalb allein als nicht ausreichend, um die Performance eines Unternehmens angemessen zu beschreiben und Investoren eine adäquate Einschätzung des Unternehmenswerts zu ermöglichen.

Im **fünften Abschnitt** wird der Informationsgehalt der Pro-forma-Ergebnisse hinsichtlich der Aussagekraft für die künftige wirtschaftliche Entwicklung der Unternehmen untersucht. Dafür wird die Prognostizierbarkeit zukünftiger operativer Cashflows durch das Pro-forma-Ergebnis EBITDA, bei dessen Berechnung ausgeschlossene Aufwendungen und durch Kontrollvariablen untersucht. Die empirischen Untersuchungen zeigen, dass die Pro-forma-Kennzahl EBITDA nicht ausreicht, um die Performance eines Unternehmens angemessen zu beschreiben und Investoren eine adäquate Einschätzung des Unternehmenswerts zu ermöglichen. Aufwendungen, die von Unternehmen beim Ausweis des Pro-forma-Ergebnisses EBITDA im Vergleich zum Quartals- oder Jahresergebnis ausgeschlossen werden, haben auch bei Hinzunahme der Kontrollvariablen Accruals oder Umsatzwachstum eine signifikante Prognosekraft auf zukünftige Zahlungsabflüsse und enthalten somit nachhaltige Ergebnisbestandteile, die zur Beurteilung der Unternehmenslage erforderlich sind.

Pro-forma-Ergebnisse bilden somit weder eine geeignete Grundlage zur Einschätzung zukünftiger Unternehmenswerte noch zum Treffen von Anlageentscheidungen. Ein Bedarf für eine Regulierung der freiwilligen Pro-forma-Berichterstattung ergibt sich jedoch nur dann, wenn die Kapitalmärkte die Eigenschaften von Pro-forma-Ergebnissen nicht antizipieren und in der Preisbildung berücksichtigen. In diesem Fall drohen Investoren Vermögensverluste, wenn sie Ihre Anlageentscheidungen ausschließlich an Pro-forma-Ergebnissen ausrichten. Gegenstand des **sechsten Abschnitts** ist deshalb die Untersuchung der Bewertungsrelevanz von Pro-forma-Ergebnissen. Dafür wird der Einfluss der Ergebnisüberraschungen der Pro-forma-Ergebnisse, bei deren Berechnung ausgeschlossene Aufwendungen und von Kontrollvariablen auf zukünftige Aktienrenditen untersucht. Die empirischen Untersuchungen für die DAX30- und MDAX-Unternehmen zeigen, dass von Aufwendungen, die vom Management zur Berechnung der Pro-forma-Ergebnissen im Vergleich zu Quartals- oder Jahresergebnissen ausgeschlossen werden, eine ökonomisch und statistisch signifikante Prognosekraft für zukünftige negative Aktienrenditen ausgeht. Pro-forma-Ergebnisse sind somit nicht ausreichend, um eine Einschätzung der zukünftigen Unternehmenswertentwicklung und Ertragslage noch um ein Treffen von adäquaten Anlageentscheidungen zu ermöglichen.

In Anbetracht der intensiven Nutzung der Pro-forma-Ergebnisse lässt sich ein Regulierungsbedarf für Deutschland nicht von der Hand weisen. Deshalb werden im **siebten Abschnitt** mögliche Ansätze der Regulierung der freiwilligen Pro-forma-Berichterstattung diskutiert. Dabei wird nicht nur auf betriebswirtschaftlich und regulatorisch sinnvolle Inhalte der Regulierung („Normensetzung"), deren Durchsetzung („Enforcement") sowie deren Veröffentlichung („Disclousre") eingegangen, sondern es erfolgt auch eine Plausibilisierung und Bewertung von Regulierungsansätzen vor dem Hintergrund der Erfahrungen aus den USA nach dem Inkrafttreten der Regulierung der freiwilligen Pro-forma-Berichterstattung durch die SEC.

# 2 Einordnung der Pro-forma-Berichterstattung

## 2.1 Abgrenzung der Pro-forma-Berichterstattung

### 2.1.1 Freiwillige Pro-forma-Berichterstattung

Seit den 80iger Jahren veröffentlichen Unternehmen zunehmend nicht regulierte und nicht normierte Erfolgskennzahlen zur Darstellung der Unternehmenslage in Form von Pro-forma-Ergebnissen, die von Ergebniskennzahlen gemäß dem jeweils angewandten Rechnungslegungsstandards abweichen.[5] Auch in Deutschland sind nicht regulierte und nicht normierte Pro-forma-Ergebnisse als Performance- und Liquiditätskennzahlen zur Darstellung der Unternehmenslage mittlerweile etabliert. Diese übersteigen fast immer das nach dem jeweilig angewandten Rechnungslegungsstandard (z.B. US-GAAP, IFRS oder HGB) veröffentlichte Ergebnis, da Pro-forma-Ergebnisse vor allem durch das Herausrechnen von Aufwendungen charakterisiert sind, die Teil der regulierten Quartals- und Jahresergebnisse sind. Da es weder in der Literatur noch durch Vorgaben eines Regulierers – abgesehen von allgemeinen Anlegerschutzformeln – detaillierte Berechnungsschemata für Pro-forma-Ergebnisse gibt,[6] entscheidet das Management des Unternehmens individuell, welche Aufwendungen es als nicht repräsentativ für die zukünftige Entwicklung des Unternehmens erachtet oder erachten will und beim Ausweis von Pro-forma-Ergebnissen herausrechnet. Durch das Herausrechnen von Aufwendungen besteht für die Unternehmen sogar die Möglichkeit, trotz auf Rechnungslegungsstandards basierender Verluste ein positives Pro-forma-Ergebnis auszuweisen.

Durch Pro-forma-Ergebnisse soll das Kernergebnis des operativen Geschäfts durch den Ausschluss der einmaligen sowie nicht zahlungswirksamen Aufwendungen und Erträge sichtbar gemacht und mehrperiodisch vergleichbar dargestellt werden, die Performance eines Unternehmens angemessen beschrieben und Investoren ein realistischer Ausblick auf die wirtschaftliche Entwicklung des Unternehmens ermöglicht werden.[7] Damit sollen Pro-forma-Ergebnisse als „selbstgewählte Rechenschaftssysteme" die Prognose der nachhaltigen zukünf-

---

5　Die in den Geschäftsberichten der Unternehmen veröffentlichten Quartals- und Jahresergebnisse weichen sehr häufig vom ökonomisch erzielten Erfolg ab und ermöglichen somit keinen hinreichend genauen Einblick in die Ertragslage eines Unternehmens, vgl. Brösel/Heiden (2004), S. 343.

6　Vgl. Kley/Vater (2003b), S. 1.

7　In diesem Zusammenhang ist zu beobachten, dass Unternehmen mit hoher Medienpräsenz zum Ausweis der Pro-forma-Ergebnisse neigen, vgl. Bowen/Davis/Matsumoto (2004), S. 2 ff., Dyck/Zingales (2003), S. 14.

tigen Ergebnisse verbessern;[8] dem Abschlussadressaten soll die Pro-forma-Berichterstattung dazu verhelfen:

(a) die bisherige Ertragskraft des Unternehmens besser zu verstehen;

(b) die Risiken und Erträge des Unternehmens besser einzuschätzen und

(c) das gesamte Unternehmen sachgerechter beurteilen zu können.

Dies wird in Abbildung 1 am Beispiel der Bayer AG für das Geschäftsjahr 2003 dargestellt. Trotz eines Konzernergebnisses von -1,4 Mrd. EUR wird ein Pro-forma-Ergebnis in Form des EBIT in Höhe von 1,4 Mrd. EUR ausgewiesen. Dabei wird die Differenz zwischen EBIT und Konzernergebnis auf hohe Einmal-Belastungen zurückgeführt. Zugleich soll der geplante Anstieg der EBITDA-Marge einen besonders positiven Ausblick auf die Ertragskraft in den folgenden Geschäftsjahren andeuten, d.h. die Erwartungen von Investoren bezüglich der zukünftigen Cashflows und somit Unternehmenswerte steigern.

---

Werner Wenning auf der Bilanzpressekonferenz am 18. März:

**Bayer will EBITDA-Marge bis 2006
um fast 60 Prozent steigern**

- 2003: EBIT vor Sondereinflüssen plus 67 Prozent auf 1,4 Milliarden Euro
- Konzernergebnis minus 1,4 Milliarden Euro durch hohe Einmal-Belastungen
- Umsatz wuchs währungsbereinigt um fünf Prozent
- Nettoverschuldung auf unter sechs Milliarden Euro verringert

---

**Abbildung 1: Veröffentlichung der Bayer AG, Investor Relations, zur Bilanzpressekonferenz vom 18. März 2004**

Gefördert wird die Verwendung von Pro-forma-Ergebnissen durch Sell-Side-Analysten, deren Ergebnisprognosen oft auf diesen Größen beruhen. So bilden etwa die führenden Analysten-Tracking-Agenturen I/B/E/S,[9] First Call oder Zacks ihre Konsensus-Schätzungen auf der Basis von Pro-forma-Ergebnissen. Die Konsensus-Schätzungen dieser Agenturen folgen dabei dem jeweils dominierenden Berechnungsschema der Finanzanalysten, obwohl Finanzanalysten häufig auch die Pro-forma-Kennzahlen der Unternehmen sowie deren Berechnungssche-

---

[8]    So zeigen etwa Bradshaw/Sloan (2002), S. 51 f. und Dyck/Zingales (2003), dass Investoren Ergebniszahlen, die von Forecast Tracking Services veröffentlicht werden, mehr Gewicht beimessen als US-GAAP-Ergebniszahlen.

[9]    I/B/E/S wurde mittlerweile von Thomson Financial Services (First Call) übernommen.

ma als Wertmaßstab für ihre Ergebnisprognosen übernehmen.[10] Die Definition der Ergebnisse, die den Konsensus-Prognosen von I/B/E/S zugrunde liegt, untermauern diese Vorgehensweise: *„Earnings from operations means diluted earnings excluding all extraordinary items and excluding certain non-recurring or non-operating items (but not extraordinary by accounting definition) that a majority of the contributing analysts want to exclude. There is no 'right' answer as to when a nonextraordinary charge is non-recurring or non-operating and deserves to be excluded from the earnings basis used to value the company's stock. We believe the 'best' answer is what the majority wants to use, in that the majority basis is likely what is reflected in the stock price".*[11] Diese Vorgehensweise hat für die Analysten den Vorteil, dass sie die Pro-forma-Ergebnisausweise der Unternehmen sofort mit den eigenen Prognosen abgleichen können. Für die Unternehmen liegt der Vorteil dagegen genau darin, mit internen Steuerungsmechanismen auf die Erfüllung der Analystenprognosen hinzuarbeiten bzw. Analystenprognosen gezielt steuern zu können.

Dennoch sind Zweifel berechtigt, inwieweit die Pro-forma-Ergebnisse einen tatsächlich besseren Einblick in die wirtschaftliche Situation des Unternehmens erlauben.[12] Die Motivation des Managements, ergebnispolitische Überlegungen in die Ermittlung von Pro-forma-Kennzahlen einfließen zu lassen, liegt in dem Wunsch begründet, negative Überraschungen zu vermeiden.[13] Ergebnisüberraschungen bilden eine der wichtigsten Einflussgrößen für Kursverläufe von Unternehmenstiteln.[14] Dabei verlaufen diese Kursreaktionen asymmetrisch, so dass selbst ein geringfügiges Verfehlen der Erwartungen zu gravierenden Kursabschlägen

---

[10] Vgl. Bhattacharya/Black/Christensen/Larson (2003), S. 298 ff., Doyle/Lundholm/Soliman (2003a), S. 150.

[11] First Call (1999), S. 1, I/B/E/S (2001), S. 7. Die Prognose von auf Rechnungslegungsstandards basierenden Ergebnissen ist dagegen kein primäres Ziel der Analysten, da insbesondere einmalige Aufwendungen und Erträge kaum prognostizierbar sind, vgl. Gu/Chen (2004), S. 133.

[12] *„Companies report 'pro forma' earnings that are deceptive, unwarranted, and downright dangerous to the financial system ... still publish true figures according to GAAP, but they are usually hidden somewhere in quarterly reports, often in obscure footnotes"*, Business Week vom 14. Mai 2001.

[13] Generell kann gezeigt werden, dass vor allem jene Unternehmen Pro-forma-Ergebnisse ausweisen, die von Analysten prognostizierte Ergebnisse verfehlen und eine unterdurchschnittliche Profitabilität, höhere Verschuldung sowie höhere Buch-Marktwert-Verhältnisse im Vergleich zur Peer-Gruppe aufweisen, vgl. Bhattacharya/Black/Christensen/Mergenthaler (2004a), Bowen/Davis/Matsumoto (2004), Lougee/Marquardt (2004).

[14] Bis zu 10% der Quartalsrenditen US-amerikanischer Aktien können durch Ergebnisüberraschungen erklärt werden, vgl. Skinner/Sloan (2002). Ggf. überschätzen diese Untersuchungen den Kurseinfluss von Ergebnisüberraschungen. Rundungsdifferenzen beim rückwärtsgerichteten Anpassen der Ergebnisdaten bei I/B/E/S führen zu statistischen Verzerrungen, vgl. Payne/Thomas (2003), S. 1060.

führen kann.[15] Dies setzt für das Management einen erheblichen Anreiz, gerade das wichtige Pro-forma-Ergebnis nicht zu verfehlen,[16] und mag dazu verleiten, auch nachhaltige, d.h. auf die Zahlungsströme zukünftiger Perioden wirkende Erfolgsgrößen aus der Berechnung eines Pro-forma-Ergebnisses auszuschließen. Dies geht aber mit dem Risiko der Täuschung von Anlegern, vor allem Minderheitsaktionären, einher. Betroffen hiervon wären insbesondere Kleinanleger, die sich an diesen Pro-forma-Kennzahlen orientieren.[17]

In dieser Arbeit werden die oben beschriebenen, durch die Unternehmen im Rahmen ihrer freiwilligen Unternehmensberichterstattung eingesetzten Pro-forma-Ergebnisse zur alternativen Darstellung der Ergebnislage untersucht; ausgewiesen werden diese Pro-forma-Ergebnisse in Presseveröffentlichungen, in Geschäftsberichten oder wie in den USA beim Filing bei der SEC. Die SEC in den USA,[18] die FSA in Großbritannien[19] oder die IOSCO[20] sprechen bei diesen hier als freiwillig bezeichneten Pro-forma-Ergebnissen von „Non-GAAP Financial Measures" oder „Non-Statutory Figures". Im Rahmen dieser Arbeit werden unter Pro-forma-Ergebnissen diese freiwilligen Pro-forma-Ergebnisse bzw. „Non-GAAP Financial Measures" oder „Non-Statutory Figures" zusammengefasst.

Auf Grund der zunehmenden Verbreitung der freiwilligen Pro-forma-Berichterstattung wurden 2003 durch die SEC für die USA Regulierungsvorschriften erlassen, die vor allem die Veröffentlichungen von Pro-forma-Ergebnissen transparenter gestalten sollen.[21] Auch außerhalb der USA sind vergleichbare Regulierungsvorschriften in Vorbereitung; das IOSCO hat entsprechende Warnungen vor Pro-forma-Ergebnissen herausgegeben und die FSA hat bereits ein Consultation Paper zur Regulierung der freiwilligen Pro-forma-Berichterstattung veröffentlicht.[22]

---

15 Dies gilt vor allem dann, wenn optimistische Prognosen zu einem Kursanstieg und hohen Kurs-Gewinn-Verhältnissen geführt haben, vgl. Bruce/Bradshaw (2004), S. 102.

16 Vgl. Bradshaw/Sloan (2002), S. 60, Matsumoto (2002), S. 501 ff., Schrand/Walther (2000), S. 174.

17 Vgl. Bhattacharya/Black/Christensen/Allee (2003), Bhattacharya/Black/Christensen/Mergenthaler (2004b), Collins/Li/Xie (2005), Elliott (2004), Frederickson/Miller (2004), Xie (2002).

18 Vgl. SEC (2001a), SEC (2002a, b), SEC (2003a). Das FASB hat keine Kontrolle über die Finanzinformationen, die Unternehmen in ihren Presseveröffentlichungen bekannt geben; dies bedeutet, dass die Unternehmen nicht verpflichtet sind, darin der Rechnungslegungsvorschrift US-GAAP zu folgen. Daher sind vom FASB, ebenso wie von der AICPA, auch keine Standards für die freiwillige Pro-forma-Berichterstattung ergangen, vgl. Bradshaw/Cohen (2004), S. 3.

19 Vgl. United Kingdom Listing Authority of the Financial Services Authority (2002).

20 Vgl. IOSCO (2002).

21 Vgl. SEC (2003a).

22 Vgl. FSA (2003a, 2005), IOSCO (2002).

Abzugrenzen von der freiwilligen Pro-forma-Berichterstattung, ist die verpflichtende, regulierte oder anderweitig definierte Pro-forma-Berichterstattung; beide Arten der Pro-forma-Berichterstattung werden in der deutschen Literatur identisch bezeichnet. Diese verpflichtenden oder anderweitig definierten Pro-forma-Ergebnisse sind nicht Gegenstand dieser Arbeit. Im nächsten Abschnitt wird die verpflichtende von der freiwilligen Pro-forma-Berichterstattung abgegrenzt.

### 2.1.2 Verpflichtende und anderweitig regulierte Pro-forma-Berichterstattung

Verpflichtende Pro-forma-Ergebnisse sollten ursprünglich dazu dienen, die Vergleichbarkeit von Jahresabschlüssen zu erhöhen, wenn die Berichterstattung durch substantielle Änderungen der Unternehmensstrukturen (z.B. Akquisitionen, Fusionen, Aufgabe von Geschäftstätigkeiten) angepasst wurde.[23] Davon zu unterscheiden sind nicht zwingend geforderte Proforma-Ergebnisse, die einer Selbstregulierung unterliegen. Dazu gehören beispielsweise die Ergebnisse je Aktie nach DVFA/SG[24] oder privatrechtliche Vereinbarungen zu Pro-forma-Kennzahlen, wie sie, vor allem in den USA, oft im Rahmen von Kreditzusagen („Financial Covenants") verlangt werden. Im Gegensatz zur freiwilligen Pro-forma-Berichterstattung herrscht bei den Interessenten Klarheit und Transparenz über das Zustandekommen der bereinigten Ergebnisgrößen, aus denen Investoren oder Kreditgeber Informationen zur Schuldentilgungsfähigkeit bzw. allgemeine Aussagen zur betrieblichen Ertragskraft ableiten können.

---

23  Dazu zählt auch die getrennte Darstellung der Ergebnisse je Aktie nach Ergebnissen aus der fortgeführten und nicht-fortgeführten Geschäftstätigkeit. Bilanziert ein Unternehmen nach IFRS und weist nicht fortgeführte Geschäftstätigkeiten (discontinued operations) aus, so ist entsprechend IAS 33 (IAS 33.66 für die fortgeführte Geschäftstätigkeit und IAS 33.68 für die aufzugebenden Geschäftsbereiche) das Ergebnis je Aktie separat für fortgeführte und nicht-fortgeführte Geschäftsbereiche sowie für das gesamte Ergebnis anzugeben. Bilanziert ein Unternehmen nach US-GAAP, so ist nach FASB 128 ebenfalls das verwässerte und unverwässerte Ergebnis je Aktie aus fortgeführten Geschäftstätigkeiten sowie für das gesamte Periodenergebnis anzugeben. Unternehmen, die ein Ergebnis aus der nicht fortgeführten Geschäftstätigkeit (Discontinued Operations), außerordentlicher Positionen („Extraordinary Items") oder aus Änderungen der angewendeten Rechnungslegungsmethoden (Accounting Changes) ausweisen, haben zusätzlich die jeweiligen Ergebnisse je Aktie im Anhang oder unterhalb der GuV auszuweisen, vgl. Niehus/Thyll (2000), S. 407 ff. Dabei ist es ebenso nach FRS 3 Par. 14 innerhalb der UK-GAAP erforderlich, die Ergebnisse der fortgeführten und der nicht fortgeführten Geschäftstätigkeit darzustellen.

24  Die Deutsche Vereinigung für Finanzanalyse und Anlageberatung hat 1990 in Zusammenarbeit mit der Schmalenbach Gesellschaft einen Standard entwickelt, welcher die Berechnungsweise sowie die eingehenden Ergebnispositionen im Detail definiert. Anwendung und Veröffentlichung ist für die HGB-Konzernbilanzierer freiwillig. Der bedeutendste Unterschied zwischen dem EPS nach DVFA/SG und denen gemäß IAS 33 und FASB 128 liegt darin, dass gemäß DVFA/SG das sich aus der Gewinn- und Verlustrechnung ergebende Jahresergebnis um verschiedene Sondereinflüsse bereinigt (z.B. Anlagenabgänge) und Anpassungen (Bilanzierung aktiver latenter Steuern) vorgenommen werden müssen.

Unter der verpflichtenden Pro-forma-Berichterstattung sind die durch Standards vorgeschriebenen Pro-forma-Angaben zusammenzufassen. Ziel der verpflichtenden Pro-forma-Angaben ist es, vor allem bei prägenden Unternehmensrestrukturierungen die intertemporale Vergleichbarkeit der Jahresabschlüsse zu gewährleisten.[25] Der Zweck dieser Pro-forma-Angaben ist es darzustellen, welche wesentlichen Auswirkungen die Unternehmenstransaktionen auf die historischen Abschlüsse gehabt hätten, wenn das Unternehmen während des gesamten Berichtszeitraums in der durch die Unternehmenstransktionen geschaffenen Strukturen bestanden hätte. Damit soll eine aussagefähige vergleichende Darstellung für Investoren geschaffen werden.[26] Dazu ist es erforderlich, dass

- der Pro-forma-Konzernabschluss deutlich als solcher erkennbar ist und ausreichend erläutert wird,

- nur solche Pro-forma-Anpassungen vorgenommen werden, die mit der abzubildenden Transaktion zusammenhängen und sich nicht auf zukünftige Sachverhalte beziehen,

- die Pro-forma-Anpassungen inhaltlich ausreichend nachvollziehbar und begründbar sind und

- eine Unterscheidung in Anpassungen, die sich auch in der Zukunft auswirken, und solche, die nur einmalig sind, erfolgt.[27]

Zusätzlich sind sämtliche Pro-forma-Anpassungen im Anhang zu erklären.[28] Verpflichtende Pro-forma-Konzernabschlüsse haben ausschließlich hypothetischen Charakter und daher nur eine begrenzte Aussagekraft. Diese Pro-forma-Konzernabschlüsse sollten deshalb nie isoliert

---

25 Diese besonderen Informationsinteressen haben insbesondere dann Bedeutung, wenn auf Grund von Spinoffs, Fusionen Umstrukturierungen oder einem Wachstum durch Akquisitionen die Vergleichbarkeit von Abschlüssen beeinträchtigt ist.

26 Vgl. § 294 Abs. 2 HGB, IAS 27.32 b (iv), FASB 141.58b sowie Article 11 der Regulation S-X (17 CFR 210.11-01 - 210.11-03). Die Veröffentlichungen von Pro-forma-Kennzahlen bezüglich eines Mergers, die unter Securities Act Regel 425, Exchange Act Regel 14a–12 (17 CFR 240.14a-12) oder 14d–2(b) (17 CFR 240.14d-2), Securities Act Rules 165 (17 CFR 230.165), 425 (17 CFR 230.425) und Item 1015 der Regulation M-A (17 CFR 229.1015) fallen, unterliegen nicht den strengen Anforderungen der Regulation G. Die strengen Anforderungen der Darstellungen einer Pro-forma-Vergleichsrechnung bestehen nur nach US-GAAP, nach IAS und HGB besteht allerdings die Verpflichtung, die Auswirkungen, die sich durch den Erwerb oder die Veräußerung von Tochterunternehmen auf die Vermögens- und Finanzlage am Abschlussstichtag ergeben, auf den Erfolg der Berichtsperiode sowie auf die entsprechenden Größen der Vorperiode darzustellen.

27 Vgl. Schindler/Böttcher/Roß (2001b), S. 139.

28 Zur Empfehlungen zur Erstellung von regulierten Pro-forma-Konzernabschlüssen, vgl. Schindler/Böttcher/Roß (2001b), S. 140 ff. Beispiele für entsprechende Börsengänge in Deutschland stellen die Infinion AG, Epcos AG, Fresenius Medical Care AG oder Celanese AG dar.

sondern immer zusammen mit den historischen IAS- bzw. US-GAAP-Abschlüssen betrachtet werden. Gründe für die Erstellung eines Pro-forma-Konzernabschlusses sind vor allem die Veränderung des Konsolidierungskreises, Rechtsformwechsel sowie Verschmelzungen.[29] Bei der Erweiterung des Konsolidierungskreises soll vor allem Transparenz über folgende ergebniswirksame Aspekte geschaffen werden: fiktive rückwirkende Erstkonsolidierung, Berücksichtigung von Finanzierungskosten, fiktive Berücksichtigung von Ergebnissen von Tochtergesellschaften, Verlängerung der Abschreibungsdauern, rückwirkende Berücksichtigung von Transaktionskosten.[30] Die Regelsetzung erfolgt dabei vorrangig durch die Börsen selber und weniger durch den Gesetzgeber.[31]

Auch die SEC verlangt im Rahmen der Regulation S-X, Article 11 von in den USA öffentlich gehandelten Unternehmen,[32] Pro-forma-Finanzinformationen zu veröffentlichen (im Rahmen eines Furnishing, kein Filing), wenn ein signifikanter Anteil des Geschäfts hinzuge- oder verkauft wird.[33] Um die intertemporäre Vergleichbarkeit durch Pro-forma-Vorjahresangaben herzustellen, sind entsprechende Angaben im Jahresabschluss anzugeben. Das Ziel ist es, früher bereits veröffentlichte Ergebnisse der Gewinn- und Verlustrechnung so darzustellen, als ob der Zukauf zu Beginn der Vergleichsperiode stattgefunden hätte.

Ähnliche detaillierte Vorschriften liegen ebenfalls in Großbritannien vor. Dabei beinhalten die Pro-forma-Finanzinformationen eine Beschreibung der Transaktion und der Gesellschaften,

---

29 Vgl. Schindler/Böttcher/Roß (2001a), S. 28.
30 Vgl. Schindler/Böttcher/Roß (2001a), S. 29.
31 Vgl. Regulation S-X 11-02 (1982) der SEC, Paragraph 12.28 – 12.35A United Kingdom Listing Authority of the Financial Services Authority (2002) oder die Börsenzulassungs-Verordnung (BörsZulV) Paragraph 21 ff. in Deutschland. Zur Problemstellung der Behandlung von Pro-forma-Abschlüssen bei Einzel- und Konzernabschlüssen wurde ein Prüfungshinweis vom IDW veröffentlicht, vgl. IDW (2000), S. 1073. Die Prospektanforderungen bei einem Börsengang der Deutschen Börse enthalten Vorgaben zur Rechnungslegung, die deutlich über die Regelungen des HGB, der BörsZulV oder der Verkaufprospektverordnung hinausgehen.
32 Die inhaltlichen Vorgaben für die Darstellung von verpflichtenden „Pro-forma Financial Statements", welche aus Bilanz, GuV und begleitenden Erläuterungen bestehen, gehen von der SEC aus, da weder das FASB noch die AICPA Regulierungen, die über Pro-forma Disclosures der APB 16 hinausgehen, entwickelt haben.
33 In der Regulation S-X 11-02 (a) (1982) heißt es dazu: „Pro forma financial information should provide investors with information about the continuing impact of a particular transaction by showing how it might have affected historical financial statements if the transaction had been consummated at an earlier time. Such statements should assist investors in analyzing the future prospects of the registrant because they illustrate the possible scope of the change in the registrant's historical financial position and results of operations caused by the transaction". In Regulation S-X 11-01 werden weitere Anlässe genannt, bei denen Pro-forma-Angaben erforderlich werden: neben wesentlichen Unternehmenszusammenschlüssen gehört dazu auch die Aufgabe von Unternehmensteilen.

die darin involviert sind sowie die Informationen zur Periode, auf die sich das Geschäft bezieht und stellen klar, warum die Pro-forma-Informationen veröffentlicht werden. Bei dieser Art der Pro-forma-Berichterstattung ist darauf hinzuweisen, dass dies nur einen veranschaulichenden und gegebenenfalls zusätzlich zu erläuternde Zwecke erfüllt sowie eine hypothetische Situation widerspiegelt und damit nicht die vollständige finanzielle Situation des Gesamtunternehmens darstellt.[34] Die Pro-forma-Finanzinformationen müssen die Investoren mit Informationen über den Einfluss der Transaktion auf die dargestellten Finanzinformationen versorgen. Die Pro-forma-Information sowie der Einfluss der Transaktion auf die Bilanz sowie die Nettovermögensdarstellung sind so darzustellen, als wenn die Transaktion zu Beginn der Periode stattgefunden hätte. Die detaillierten Vorgaben sind 2002 durch die Listing Rules der UK Listing Authority für Großbritannien definiert worden. [35]

Im Unterschied zur freiwilligen Pro-forma-Berichterstattung wird die verpflichtende Proforma-Berichterstattung dafür eingesetzt, die Vergleichbarkeit von Abschlüssen zu erzielen, wenn ein außerordentliches Unternehmensereignis, wie zum Beispiel eine Fusion, stattgefunden hat. Diese Pro-forma-Abschlüsse erlauben es den Investoren sowie Analysten, die Entwicklung des Unternehmens zu betrachten, als wenn dieses Ereignis bereits vor längerer Zeit stattgefunden hätte.[36] Derartige Pro-forma-Veröffentlichungen, z.B. bei einem Wechsel von Bewertungsmethoden und deutlichen Änderungen des Konsolidierungskreises in Folge von Unternehmenszusammenschlüssen oder -übernahmen, wurden in 2002 bei 20% der FTSE100 Unternehmen vorgenommen, allerdings fällt diese Häufigkeit auf 10% bei anderen börsennotierten Unternehmen.[37]

---

34  Vgl. APB (2005).
35  Vgl. UK Listing Authority (2002), Paragraph 12.28 – 12.35A.
36  Die Regulierung der UK Listing Authority (2002) verlangt: „*The pro forma financial information must provide investors with information about the impact of the transaction the subject of the document by illustrating how that transaction might have affected the financial information presented in the document, had the transaction been undertaken at the commencement of the period being reported on or, in the case of a pro forma balance sheet or net asset statement, at the date reported. The pro forma financial information presented must not be misleading, must assist investors in analysing the future prospects of the issuer and must include all appropriate adjustments ... necessary to give effect to the transaction as if the transaction had been undertaken at the commencement of the period being reported on or, in the case of a pro forma balance sheet or net asset statement, at the date reported.*" Weitere Erläuterungen werden vom APB (1998b) in Bulletin 1998/8 gegeben.
37  Vgl. Companyreporting.com (2002), S. 1.

Darüber hinaus sind Pro-forma-Angaben ebenso durch das Unternehmen zu erstellen, wenn Rechnungslegungsmethoden (Bilanzierungs- und Bewertungsmethoden)[38] geändert oder Fehler früherer Rechnungslegungsperioden[39] korrigiert werden;[40] diese Effekte sind bei den Rechnungslegungsstandards HGB, IAS/IFRS und US-GAAP mit dem bekannt werden prospektiv zu behandeln. Ebenso werden Pro-forma-Angaben bei Änderungen des Geschäftsjahreszyklus, z.B. beim Vergleich mit Rumpfgeschäftsjahren, nicht weiter untersucht.

Die in diesem Abschnitt dargestellte verpflichtende oder anderweitig regulierte Pro-forma-Berichterstattung wird im Rahmen dieser Arbeit nicht weiter untersucht. Stattdessen beleuchtet die folgende Arbeit die freiwillige Pro-forma-Berichterstattung. Nachfolgend werden deshalb unter den Begriffen Pro-forma-Berichterstattung bzw. Pro-forma-Ergebnisse ausschließlich die freiwillige Pro-forma-Berichterstattung bzw. die zugehörigen Pro-forma-Ergebnisse („Non-GAAP Financial Measures" oder „Non-Statutory Figures") verstanden.[41]

## 2.2 Motive für eine freiwillige Pro-forma-Berichterstattung

### 2.2.1 Abnehmende Bewertungsrelevanz von Quartals- und Jahresergebnissen

Ein Jahresabschluss ebenso wie ein Zwischenbericht bildet immer nur die Vergangenheit ab. Diese Vergangenheitsorientierung wird häufig als Argument gegen die Aussagekraft von Jahres- und Quartalsabschlüssen für zukünftige Entwicklungen verwendet. Dabei ist eine qualifizierte Jahresabschlussanalyse mittels Kennzahlen so alt wie die Aufstellung von Jahresab-

---

38 Vgl. APB Opinion No. 20, IAS 8.7 – 31, dabei wird in IAS 8 verlangt, dass die Bilanzierungs- und Bewertungsmethoden auch rückwirkend ergebnisneutral angewandt werden. US-GAAP verlangt eine *„recognition and disclosure of the cumulative amount of the change in the income statement for the period of the change. The entity discloses pro-forma comparatives as if the change had been applied to those periods."* Wechsel bei den angewendeten Rechnungslegungsmethoden (Bilanzierungs- und Bewertungsmethoden) und die Änderung grundlegender Fehler früherer Perioden sind im Rahmen der HGB-Rechnungslegung nicht rückwirkend mittels einer Pro-forma-Darstellung zu korrigieren, mit dem Bekannt werden sind diese ergebniswirksam zu vereinnahmen, vgl. PriceWaterhouseCoopers (2004), S. 30.

39 Vgl. APB Opinion No. 9, IAS 8.41 – 49, die Behebung von Fehlern hat rückwirkend ergebnisneutral zu erfolgen.

40 Dabei sind die Ergebnisse je Aktie der Vorperioden anzupassen, vgl. IAS 33.64. Es sind die unverwässerten und verwässerten Ergebnisse je Aktie für die dargestellten Vorperioden bezüglich der Auswirkungen der Berichtigung grundlegender Fehler und Anpassungen auf Grund von Änderungen der Bilanzierungs- und Bewertungsmethoden retrospektiv anzupassen.

41 Da die SEC „pro forma financial information" bereits in einem anderen Zusammenhang definiert und reguliert hat, wird von der SEC im Zusammenhang mit den hier dargestellten Pro-forma-Ergebnissen von „Non-GAAP Financial Measures" gesprochen, vgl. SEC (2003a), Endnote 12. „Non-GAAP Financial Measures" werden durch die SEC wie die in dieser Arbeit als Pro-forma-Ergebnisse bezeichneten Ergebnisgrößen definiert. Die Begriffe Pro-forma-Ergebnis und „Non-GAAP Financial Measure" werden in dieser Arbeit synonym verwendet.

schlüssen. Diese traditionellen Kennzahlen werden zunehmend ergänzt oder sogar durch Pro-forma-Kennzahlen ersetzt. Forderungen nach einer Orientierung der Rechnungslegung an den Informationsbedürfnissen von Investoren am Kapitalmarkt werden unter den Begriffen „Business Reporting" bzw. „Performance Reporting" zusammengefasst. So formuliert nicht nur die AICPA das Anspruchsniveau an die Rechnungslegung wie folgt: *„The information a company provides to help users with capital-allocation decisions about a company"42*. Ebenso das FASB und das IASB bereiten eine Neugestaltung der Erfolgsrechnung vor.[43] Auch in Deutschland hat die Forderung nach einer Kommunikation von für die Unternehmensbewertung relevanten Daten zu einer Diskussion um die Weiterentwicklung der existierenden Rechnungslegungsstandards geführt. Als Ziel wird in der Literatur ein (Shareholder) Value Reporting gefordert.[44] Als Mangel empfundene Eigenschaften des deutschen Rechnungslegungsstandard, z.B. der Wertansatz von Vermögensgegenständen (Verbindlichkeiten) zu fortgeführten Herstellungs- bzw. Anschaffungskosten (Rückzahlbetrag) oder die Vergangenheitsorientierung, sollen durch wertorientierte Größen überwunden werden.[45] Gemeinhin wird in die-

---

[42] AICPA (2005).

[43] Obwohl sich das FASB (2005) im Projekt „Financial Performance Reporting by Business Enterprises", in Abstimmung mit dem IASB und den UK Accounting Standards Board, um die Verbesserung des Ausweises der Positionen und der Kennzahlen in der GuV bemüht, wird trotzdem angemerkt, dass „*.... the proliferation of alternative and inconsistent financial performance measures is undermining high-quality financial reporting, which is essential to well-informed investment decisions and efficient capital markets*". Dabei fokussiert sich das Projekt auf die Form und den Inhalt, die Klassifikation und Aggregation sowie den Ausweis spezieller Positionen, Zwischensummen sowie Summenpositionen der Gewinn- und Verlustrechnung. Eines der zentralen Ziele eines Abschlusses ist es, Informationen über die als „Performance" bezeichnete Leistungskraft bereitzustellen, die dem Adressatenkreis als Basis für ökonomische Entscheidungen dienen können. Obwohl eingeräumt wird, dass verschiedene Indikatoren zur Beurteilung der Performance eines Unternehmens angewandt werden können, wird der Erfolg als zentrales Leistungsmaß angesehen. Kernstück sind der Ausweis der gesamten Reinvermögensänderung in einem Statement und die Gewinnzerlegung zur Verbesserung der Prognosequalität für zukünftige Ergebnisse. Ein Ziel des Projektes des FASB ist die Klärung der Frage, ob das Kerngeschäft und sonstige Aktivitäten in der US-GAAP Berichterstattung getrennt dargestellt werden sollen. Es geht allerdings nicht um die Ausweisdefinition von Pro-forma-Ergebnissen in Presseveröffentlichungen oder anderen Formen der Ergebniskommunikation. Das Harmonisierungsprojekt des FASB und des IASB zum Performance Reporting ist notwendig, damit sichergestellt ist, dass die Ausgangsbasis für die Berechnung der Pro-forma-Ergebnisse über die Unternehmen hinweg die Gleiche ist. Auch wenn das FASB und das IASB nicht die regulatorische Gewalt über die Pro-forma-Darstellungen und Definition der Unternehmen haben, wird das Projekt Einfluss auf die Ergebnisveröffentlichungen nehmen, vgl. Deloitte Touche Tohmatsu (2005), Haller/Schloßgangl (2003), S. 317 ff. Das Projekt „Financial Performance Reporting by Business Enterprises" kann nur darauf Einfluss nehmen, was die Unternehmen in ihren verpflichtenden Abschlüssen veröffentlichen. Das Projekt kann keinen Einfluss nehmen auf Veröffentlichungen in anderen Medien und Formen (z.B. Pressemitteilungen, Analystenpräsentationen).

[44] Stellvertretend für viele, vgl. Labhart (1999, 2001), Müller (1998), Pellens/Hillebrandt/Tomaszewski (2000).

[45] In der Diskussion wird aber nicht beachtet, dass die für die Gesamtmarktkapitalisierung wichtigen Unternehmen bereits heute Konzernabschlüsse nach US-GAAP oder IFRS entsprechend § 292a HGB und seit

sem Zusammenhang die Bilanzierung nach US-GAAP oder IAS/IFRS als investorenfreundlicher angesehen,[46] da beide Rechnungslegungsstandards eher als HGB erlauben, ein den tatsächlichen Verhältnissen entsprechendes Reinvermögen eines Unternehmens auszuweisen. Die Vorteile von US-GAAP und IAS/IFRS werden auf das Fair Value Accounting zurückgeführt.[47]

Andererseits wird insbesondere in den USA der Ausweis von Pro-forma-Ergebnissen vor Positionen, die Teil des US-GAAP Abschlusses sind, dadurch gerechtfertigt, dass die Abschlüsse gemäß dem Rechnungslegungsstandard den Informationsbedürfnissen der Investoren nicht gerecht werden.[48] Dies kommt in einer abnehmenden Bewertungsrelevanz der Quartals- und Jahresergebnisse im Zeitablauf zum Ausdruck.[49] Obwohl die US-GAAP seit ihrer verpflichtenden Anwendung durch US-amerikanische börsennotierte Unternehmen vielfach modifiziert und weiterentwickelt wurden, konnte über den langfristigen Zeitraum von 1927 - 1993 keine Verbesserung der Bewertungsrelevanz der Ergebnisse US-amerikanischer Unternehmen festgestellt werden. Aus Sicht von Investoren hat sich der Informationsgehalt von US-GAAP-Ergebnissen über die Zeit somit nicht erhöht.[50] Stattdessen ist in den USA seit 1952 sogar eine Abnahme der Erklärungskraft von Quartals- und Jahresergebnissen für Aktienrenditen um

---

2005 nach § 315a HGB und § 325 Abs. 2a HGB entsprechend dem Bilanzrechtsreformgesetz veröffentlichen.

46  Unter den Finanzvorständen der größten deutschen börsennotierten Aktiengesellschaften wurde eine Umfrage hinsichtlich ihrer Einstellung zur internationalen Rechnungslegung durchgeführt. Das Ergebnis war, dass 70% der Befragten einem nach internationalen Vorschriften erstellten Abschluss einen höheren Informationswert zubilligten als einem HGB-Abschluss, vgl. Fröschle/Glaum/Mandler (1998), S. 2281 ff.

47  US-GAAP bezeichnet den Fair Value als „... amount at which that asset or liability could be bought (or incurred) or sold (or settled) in a current transaction between willing parties ... other than in a forced sale". Ähnlich bezeichnet IFRS den Fair Value als Wert, zu dem ein Vermögenswert zwischen sachverständigen, vertragswilligen Dritten getauscht werden könnte. Kernstück des Fair Value Accounting ist somit der Ansatz von beobachtbaren gegenwärtigen Marktwerten bzw. fairen Substituten (z.B. Barwerten) für den Wertansatz von Vermögensgegenständen bzw. Verbindlichkeiten anstelle eines Ansatzes historischer, fortgeführter Herstellungs- bzw. Anschaffungskosten, vgl. Hirst/Hopkins/Wahlen (2001), S. 5 ff.

48  Vgl. Collins/Maydew/Weiss (1997), S. 39 ff., Cottle/Murray/Block (1988), S. 137, Haskins/Ferris/Sack/Allen (1997), S. 829, Palepu/Bernand/Healy (1996), Kapitel 3.1, Rechnungslegungsstand-konforme Ergebnisse sind scheinbar zunehmend weniger gut geeignet, einen Ausblick auf die wirtschaftliche Entwicklung des Unternehmens zu geben, vgl. Brown/Sivakumar (2003), S. 561 ff.

49  US-amerikanische Studien zeigen eine Abnahme der Bewertungsrelevanz von Quartals- und Jahresergebnissen seit 1978, vgl. Bhattacharya/Black/Christensen/Larson (2003), S. 306, Bradshaw/Sloan (2002), S. 51, Brown/Sivakumar (2003), S. 561, Francis/Schipper (1999), S. 338, Lev/Zarowin (1999), S. 358, Lo/Lys (2000), S. 23.

50  Vgl. Ely/Waymire (1999).

durchschnittlich 0,4% p.a. festzustellen.[51] Dieser Zusammenhang ist in Abbildung 2 graphisch dargestellt.

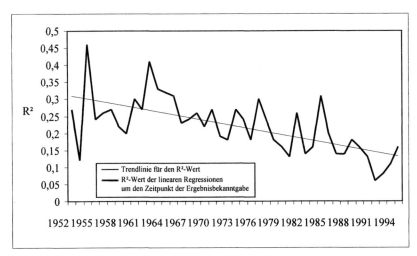

**Abbildung 2: Erklärungskraft der Ergebnisse und Ergebnisveränderungen für 15-Monatsrenditen in den USA[52]**

Ausschlaggebend für die statistisch nachgewiesene abnehmende Bewertungsrelevanz von auf Rechnungslegungsstandards basierenden Ergebnissen sind Überlegungen, wonach Quartals- und Jahresergebnisse zunehmend auf Grund der vergangenheitsorientierten Berichterstattung, der Berücksichtigung einmaliger, nicht wiederkehrender Ergebnisbestandteile sowie der Beeinflussbarkeit der Ergebnisausweise durch das Management eine sinkende faktische Bewertungsrelevanz haben;[53] zusätzlich sind Jahres- und Quartalsabschlüsse nicht allein auf die Be-

---

51  Vgl. Francis/Schipper (1999), S. 340. Penman (2003), S. 3 f., macht dafür drei Effekte verantwortlich: (1) ein zunehmendes Abweichen der Unternehmen von den Grundsätzen ordnungsgemäßer Buchhaltung, indem bilanzpolitische Effekte anstelle der ordnungsgemäßen Erfassung von Aufwendungen und Erträgen in das Zentrum der Bilanzierung rücken; (2) eine Überregulierung der Bilanzierung, wodurch sich „form over substance" anstelle der Abbildung der ökonomischen Realität durchgesetzt hat und (3) eine schlechte Qualität der Bilanzierung.

52  Erklärungskraft gemessen am $R^2$-Wert der Regression: Kumulative Überrendite über die Marktrendite$_{i,t}$ = $a_{0,t} + a_{1,t}$*(Ergebnis$_{i,t}$ - Ergebnis$_{i,t-1}$) + $a_{2,t}$*Ergebnis$_{i,t}$ + $\varepsilon_{i,t}$ für die USA, vgl. Francis/Schipper (1999), S. 339.

53  Auf dieser Grundlage wird unter anderem auch durch Analysten argumentiert, dass „the reported (GAAP) profits figure is now considered an accounting fiction", MacDonald (1999).

dürfnisse von Investoren sondern auch auf damit nicht korrespondierende Schutzbedürfnisse von Gläubigern und anderen Stakeholdern ausgerichtet.[54]

Zusätzlich stellt die fehlende Vergleichbarkeit von internationalen Jahresabschlüssen für die Anleger an den internationalen Kapitalmärkten ein Problem dar. Sie benötigen Kennzahlen für ihre Entscheidungsfindung, die möglichst frei von den Einflüssen unterschiedlicher Rechnungslegungssysteme oder anderer Gestaltungsmöglichkeiten sind. Zwar nähern sich die Rechnungslegungsstandards international tendenziell an; dennoch sind nach wie vor Unterschiede hinsichtlich der Bilanzierungswahlrechte und der konsequenten Verfolgung des „true and fair view" sowie des Fair Presentation-Prinzips festzustellen. Pro-forma-Ergebnisse versuchen als „selbstgewählte Rechenschaftssysteme" diese Schwächen der auf Standards basierenden Rechnungslegung ausgleichen. Empirisch lässt sich seit den 80iger Jahren tatsächlich ein dominierender Kurseinfluss von Pro-forma-Ergebnissen gegenüber auf Rechnungslegungsstandards basierenden Ergebnisse beobachten.[55]

### 2.2.2 Bewertungsrelevanz von Quartals- und Jahresergebnissen aus der Sicht der Unternehmensbewertung

Der Unternehmenswert entspricht dem Barwert der zukünftigen, aus der operativen Geschäftstätigkeit und dem Investitionsbereich erzielbaren Einzahlungsüberschüsse (Free Cashflows). Häufig wird eine vereinfachte, indirekte Ermittlung der Free Cashflows ausgehend vom operativen Ergebnis entsprechend Abbildung 3 vorgenommen. Bewertungsrelevanz gewinnen Free Cashflows aus der Sicht der Investoren durch die Bewertung der Free Cashflows mit dem Zinssatz einer laufzeit- und risikoadäquaten Alternativinvestition.

Bewertungsrelevant sind somit nur Informationen, die entweder zukünftige Cashflows betreffen oder Prognosen zukünftiger Cashflows erlauben. Quartals- und Jahresergebnisse erfüllen diese Anforderungen nicht, da diese

---

[54] Zusätzlich sei auf die bisher in Deutschland vorhandene starke Bindung des handelsrechtlichen Abschlusses an den Steuerabschluss und eine damit verbundene starke Regulierung verwiesen.

[55] Vgl. Bradshaw/Sloan (2002), S. 51 f., Brown/Sivakumar (2003), S. 561, Bruce/Bradshaw (2004), S. 44.

a) in einem starken Maße vergangenheitsorientiert sind und lediglich historische Informationen wiedergeben, die zunehmend schneller durch elektronische Medien wie das Internet verbreitet werden[56] und

b) in hohem Maße mittels Ergebnismanagement beeinflusst werden können.[57]

| | |
|---|---|
| | **Operatives Ergebnis vor Zinsen und Steuern** |
| - | Steuern auf das Operative Ergebnis vor Zinsen und Steuern |
| + | Abschreibungen |
| + | Veränderung der Pensionsrückstellungen |
| - | Investitionen in das Anlagevermögen |
| - | Veränderung des Working Capital |
| = | **Free Cashflow** |

**Abbildung 3: Berechnung des Free Cashflows auf der Basis des operativen Ergebnisses[58]**

Obwohl die Effizienz der Kapitalmärkte in der wissenschaftlichen Literatur stark umstritten ist, kann davon ausgegangen werden, dass öffentlich verfügbare Informationen umgehend in den Aktienkursen verarbeitet werden.[59] Mit der zunehmenden Nutzung elektronischer Medien sowohl zur Ad-hoc-Information über Unternehmensnachrichten, zur Darstellung der Ertragslage durch Unternehmen als auch zur Recherche nach Unternehmensdaten durch Investoren werden durch Quartals- und Jahresabschlüsse weniger neue Informationen für Investoren bereitgestellt und folglich wird der Kurseinfluss von Quartals- und Jahresergebnissen zurückgehen.

Mit dem Rückgang der Bewertungsrelevanz von Quartals- und Jahresergebnissen hat das Ergebnismanagement der Unternehmen zugenommen.[60] Für ein Ergebnismanagement können vor allem auch Konflikte aus den Prinzipal-Agenten-Beziehungen verantwortlich gemacht werden, die auf Grund der unterschiedlichen Optimierungskalküle beider Gruppen beste-

---

56  Vgl. Francis/Schipper (1999), S. 324. Ähnlich zeigt Hodge (2001), S. 686, dass im Internet publizierte Informationen einen höheren Bewertungseinfluss haben als Quartals- und Jahresergebnisse.

57  Vgl. Brown (1999), Burgstahler/Dichev (1997), Burgstahler/Eames (2003), Degeorge/Patel/Zeckhauser (1999).

58  Es gibt keine allgemeingültige Definition des Free Cashflow, allerdings etablierte Berechnungsverfahren. Die Unternehmensbewertung greift auf die aus der Investitionsrechnung bekannte Kapitalwertmethode zurück und wendet diese in unterschiedlichen aber äquivalenten Ausgestaltungsformen (z.B. WACC-Ansatz, Adjusted Present Value-Ansatz, Equity-Ansatz) auf das Gesamtunternehmen an, vgl. Coenenberg (2001), S. 945, Steiner/Wallmeier (1999), S. 1 ff.

59  Vgl. Steiner/Bruns (2002), S. 40 ff.

60  Vgl. Brown (2001), Burgstahler/Dichev (1997). In den USA nahm das Ergebnismanagement vor dem Inkrafttreten des „Sarbanes-Oxley-Acts" besonders stark zu, vgl. Cohen/Dey/Lys (2005), S. 2 ff.

hen.[61] Während Manager über kurzfristige Ergebniszeiträume ihre erfolgsabhängige Entlohnung sowie die Sicherheit ihrer Arbeitsplätze optimieren,[62] besteht das Ziel von Investoren in der Maximierung des Unternehmenswertes und damit langfristigen Einzahlungsüberschüssen.[63] Das Optimierungskalkül des Managements kommt beim Erzielen oder Verbessern des Vorjahresergebnisses und dem Treffen der Analystenerwartungen zur Optimierung der eigenen ergebnisabhängigen Gehaltszahlungen zum Ausdruck.[64] Hieraus wird deutlich, dass eine Maximierung der Ergebnisse nicht notwendigerweise ein Ziel des Ergebnismanagements darstellt.[65] Vielmehr werden durch das Management Zielkorridore bezüglich des Ergebnisses angestrebt, da beispielsweise das Übertreffen gegebener Obergrenzen für bonusrelevante Erfolgsbeteiligungen keinen weiteren Nutzen für das Management stiftet, stattdessen aber die Gewinnerwartungen für das nächste Geschäftsjahr erhöhen und damit die Bonuserwartungen des Managements im nächsten Jahr reduzieren. Ebenso gilt im Umkehrschluss, dass beim Verfehlen der Mindestgrenzen für einen Bonus ein größerer Verlustausweis für das Management vorteilhaft sein kann, wenn dadurch stille Reserven geschaffen und die Ergebnisse sowie Bonuszahlungen folgender Geschäftsjahre in stärkerem Maße positiv beeinflusst werden können.[66] Als Instrumente des Ergebnismanagements kommen vor allem eine aktive Gestaltung der Accruals sowie in geringerem Umfang eine gezielte Beeinflussung der Geschäftstätigkeit in Frage.[67] Jedoch reduziert das Ergebnismanagement, in gleichem Maße wie es ein gezieltes Treffen der Ziele des Managements erlaubt, den Informationsgehalt von Quartals- und Jahres-

---

61 Rechnungslegungsinformationen und Pro-forma-Ergebnisse können als Instrumente interpretiert werden, mit deren Hilfe Informationsasymmetrien zu Lasten der Aktionäre abgebaut werden. Das Management eines Unternehmens ist nur bedingt am Abbau dieser Informationsasymmetrien interessiert, da es sonst Spielräume für dessen diskretionäres Verhalten verliert. Damit die Handlungsspielräume gegenüber den Anteilseignern nicht zu stark eingeschränkt werden, wird ein Rechnungslegungssystem bevorzugt, welches weitreichende Bilanzierungswahlrechte einräumt. Darüber hinaus kann durch das Pro-forma-Accounting auf selbstdefinierte Kennzahlen zurückgegriffen werden, die das Unternehmen in einer besseren Lage gegenüber den Aktionären darstellt. Zur Möglichkeit, durch Bilanzpolitik Anleger zu täuschen, vgl. Kaplan/Roll (1977), S. 297.

62 Vgl. Healy (1985), S. 106, Holthausen/Larcker/Sloan (1995), S. 31 ff.

63 Vgl. Degeorge/Patel/Zeckhauser (1999), S. 4.

64 Während in den USA zwischen 1984–1990 die Unternehmen die Analystenprognosen durchschnittlich verfehlten und zwischen 1991–1993 durchschnittlich trafen, übertreffen die Unternehmen die Analystenprognosen seit 1993 im Durchschnitt, vgl. Brown (2001), S. 222. Unternehmen mit marginalen Gewinnen weisen signifikant höhere Accruals als Unternehmen mit geringen Verlusten auf, vgl. Dechow/Richardson/Tuna (2002), S. 12.

65 Vgl. Degeorge/Patel/Zeckhauser (1999), S. 5 ff., Healy (1985), S. 106.

66 Vgl. Baetge (1994), S. 2, Burgstahler/Dichev (1997), S. 113 ff.

67 Dazu zählt z.B. die Stimulation des Umsatzes durch den Verkauf auf Kredit ohne Zinszahlung, vgl. McVay (2005), S. 1.

ergebnisse bzw. deren Eignung für Prognosen der künftigen Ergebnisse bzw. Cashflows. Folgerichtig muss auch die Bewertungsrelevanz von Quartals- und Jahresergebnissen zurückgehen.[68]

### 2.2.3 Mangelnde Eignung von Rechnungslegungsinformationen für Prognosen der zukünftigen Ertragslage

Wenn auf Rechnungslegungsstandards basierende Ergebnisse immer weniger bewertungsrelevante Informationen über die Unternehmen liefern, wird die Bewertungsrelevanz von Quartals- und Jahresabschlüssen davon bestimmt, inwieweit damit Prognosen der zukünftigen Ertragslage der Unternehmen, der zugehörigen Cashflows und Unternehmenswerte möglich sind. Allerdings ist gerade diese Eigenschaft umstritten, da:

a) in Jahres- und Quartalsabschlüssen nicht bilanzierten Vermögensgegenstände (z.B. immaterielle Vermögensgegenstände) zunehmend wichtiger für Prognosen der zukünftigen Ergebnisse und Cashflows werden,[69]

b) die Berücksichtigung von einmalig zu realisierenden Aufwendungen und Erträgen in den Periodenergebnissen zu verzerrten Abbildungen der Ertragskraft führen[70] und

c) auf Rechnungslegungsstandards basierende Ergebnisse nicht ausschließlich den Interessen der Investoren gerecht werden, da sie nicht nur an Investoren sondern auch an Gläubiger sowie andere Stakeholder gerichtet sind; die Interessen von Investoren werden teilweise den Bedürfnissen der anderen Klientel untergeordnet (Klienteleffekte).[71]

Einerseits zeigen frühere Untersuchungen, dass Periodenergebnisse besser zur Prognose zukünftiger operativer Cashflows als aktuelle operative Cashflows geeignet sind.[72] Andererseits zeigen neuere Untersuchungen, dass von Analysten um einmalige Positionen bereinigte Er-

---

68 Prinzipiell wird die Qualität der Abschlüsse in Frage gestellt: „*The quality of earnings reports concerns more than just illegal practices. Even when they stay within the bounds of legal accounting practices, there is concern about whether the reports provide investors information appropriate for assessing the value of a firm. The possibility that legal but improper accounting practices contributed to the recent stock market woes has fostered a public debate about existing accounting practices.*", Carlson/Sahinoz (2003), S. 1.

69 Vgl. Francis/Schipper (1999), S. 324.

70 Beaver/Lambert/Morse (1980) bezeichnen auf Rechnungslegungsstandards basierende Periodenergebnisse deshalb als „*sum of true earnings plus value-irrelevant noise that is uncorrelated with stock prices or returns in all periods*".

71 Vgl. Frankel/Roychowdhury (2004), S. 3.

72 Vgl. Dechow/Kothari/Watts (1998), S. 149.

gebnisse eine höhere Bewertungsrelevanz aufweisen als Quartals- und Jahresergebnisse.[73] Die Abnahme der Bewertungsrelevanz von auf Rechnungslegungsstandards beruhenden Ergebnissen geht dabei mit einer deutlichen Zunahme des Ausweises einmaliger Erträge und Aufwendungen durch die Unternehmen einher.[74] Zusätzlich wird die Prognostizierbarkeit zukünftiger Einzahlungsüberschüsse auf der Basis von Quartals- und Jahresergebnissen, beispielsweise durch die unterschiedliche Bilanzierung von selbsterstellten oder zugekauften immateriellen Vermögensgegenständen (z.b. Patente) in Bilanz und GuV, die für das Erreichen von Wettbewerbsvorteilen und somit auch die zukünftige Ertragslage kritisch sind, reduziert. Aus diesem Grund weisen vor allem Unternehmen, die überdurchschnittlich hohen, aus Sicht des Managements, einmaligen Belastungen unterliegen, Pro-forma-Ergebnisse vor gewissen Aufwendungen aus.[75]

Mit auf Rechnungslegungsstandards basierenden Ergebnissen werden verschiedene Zielsetzungen verfolgt. Neben der Information von Investoren sollen gemäß der positive Accounting-Theorie vor allem die Kosten aus den Agenten-Beziehungen zwischen den Kapitalgebern und dem Management reduziert werden. Die Kosten der Agenten-Beziehung umfassen die Aufwendungen für Vertragsabschluss, Überwachung des Managements aber auch Vermögensverluste auf Grund nicht interessenkonformen Handelns des Managements zu Lasten der Kapitalgeber oder der Aktionäre zu Lasten der Gläubiger.[76] Dazu zählen z.B. hohe Ausschüttungen in Form von Dividenden oder Aktienrückkäufe von den Aktionären. Dadurch werden die zur Tilgung des Fremdkapitals zur Verfügung stehenden Ressourcen reduziert und der Wert des Fremdkapitals reduziert.[77] Vor diesem Hintergrund können Rechnungslegungsstandards als eine Kompromisslösung zwischen der Bereitstellung von Information zur Einschätzung des Unternehmenswertes und einem effizienten Schutz von Gläubigern (Klientel-Effekt) angesehen werden.[78]

Rechnungslegungsstandards schützen einerseits die Kapitalgeber, indem die Möglichkeiten des Ergebnismanagements durch das Management legal begrenzt werden. Vor allem schützen

73 Vgl. Frankel/Roychowdhury (2004), S. 12 f., Gu/Chen (2004), S. 152.
74 Die Anzahl der Unternehmen, die „Special Items" ausweisen, ist im Zeitablauf gestiegen, wobei der Anteil des Ausschlusses von Aufwendungen überproportional zugenommen hat. Die Ausschlüsse, die durch Aufwendungen bestimmt sind, sind wertmäßig höher als die ausgeschlossenen Erträge, vgl. Hsu (2004), S. 37.
75 Vgl. Lougee/Marquardt (2004), S. 781.
76 Vgl. Jensen/Meckling (1976).
77 Vgl. Brealey/Myers (2003), S. 504.
78 Vgl. Frankel/Roychowdhury (2004), S. 3

die Rechnungslegungsstandards die Gläubiger vor einer Übervorteilung aus den oben beschriebenen Agenten-Konflikten durch konservative Wertansätze von Vermögensgegenständen,[79] eine asymmetrische Bewertung von Ergebnissen, bei der Aufwendungen bzw. Risiken schneller vereinnahmt werden als Erträge bzw. Chancen sowie durch die Bindung der Ausschüttungen an diese konservative und zeitlich asymmetrische Bewertung.[80]

Der Konservatismus und die Asymmetrien der Rechnungslegungsstandards reduzieren allerdings die Eignung der Quartals- und Jahresabschlüsse für die Prognose der zukünftigen Ergebnisse sowie der Einzahlungsüberschüsse.[81] Auf Rechnungslegungsstandards basierende Quartals- und Jahresergebnisse werden deshalb in der Literatur als verzerrte Maßstäbe für die Leistungsfähigkeit von Unternehmen angesehen, die von Analysten bereinigt werden, um eine geeignete Prognosebasis für zukünftige Ergebnisse, Cashflows sowie den Unternehmenswert zu erhalten. Im Gegensatz zum Management der Unternehmen sind Finanzanalysten nicht daran interessiert, Ergebnisse zu erstellen, die die Kontraktkosten des Unternehmensmanagements minimieren sondern um Pro-forma-Ergebnisse zu ermitteln, die für die Prognose und Unternehmensbewertung einsetzbar sind.[82] Analysten fokussieren sich eher darauf, die Positionen aus den Ergebnissen zu extrahieren, die für einen Investor sinnvoll zur Bestimmung der zukünftigen Ergebnisse sind. Dies wird durch die nachfolgenden Zitate unterstrichen: *„ by evaluating the appropriateness of the firm's accounting policies and estimates, analysts can assess the degree of distortion in a firm's accounting numbers ... and ... undo any accounting distortions"*[83] bzw. *„ ... capture a more faithful picture of reality by adding to or adjusting this information in ways not permitted by accounting rules "*.[84]

---

79 In ähnlicher Weise zeigt sich für die USA bei der außerbörslichen Finanzierung von Unternehmen, dass Gläubiger Financial Covenants festlegen, die systematisch von US-GAAP abweichen, um Vermögenstransfers von Gläubigern zu den Aktionären zu unterbinden, vgl. Leftwich (1983).

80 Vgl. Watts (2003). Bei entsprechend negativen Ausblicken auf die Geschäftsentwicklung sind Wertberichtigungen auf den Goodwill zu erfassen, während positive Ausblicke auf die Geschäftsentwicklung erst dann erfasst werden, wenn die daraus resultierenden Ergebnisse vereinnahmt werden.

81 Insbesondere sind infolge der zeitlich asymmetrischen Erfassung von Chancen und Risiken Aktienrenditen stärker mit schlechten Nachrichten (= Aufwendungen) als mit guten Nachrichten (= Erträgen) korreliert, vgl. Basu (1997). Die Ausschlüsse der Pro-forma-Ergebnisse sind dann am asymmetrischsten verteilt, je konservativer die Rechnungslegung erfolgt, z.B. im vierten Quartal oder bei Unternehmen mit einem hohen Verschuldungsgrad, vgl. Frankel/Roychowdhury (2004), S. 2 f.

82 Vgl. Frankel/Roychowdhury (2004), S. 7.

83 Palepu/Bernand/Healy (1996), Kapitel 3.1.

84 Cottle/Murray/Block (1988), S. 137.

Dementsprechend werden von der GuV abgeleitete Kennzahlen, die auf adjustierten, von den Rechnungslegungsstandards abweichenden Bewertungsansätzen aufbauen, von Investoren als nützlich für die Unternehmensbewertung bzw. Anlageentscheidungen angesehen.[85] Zugleich kann für die USA gezeigt werden, dass vor allem Unternehmen mit einer überdurchschnittlich hohen Verschuldung zu einem Ausweis von Pro-forma-Ergebnissen neigen.[86] Ursächlich dafür können ausgeprägte Prinzipal-Agenten-Konflikte zwischen den Gläubigern und Eigentümern sein; die Letztgenannten sind in besonderem Maße von einer konservativen sowie asymmetrischen Bewertung zugunsten des Schutzes der Gläubiger betroffen. Auch Unternehmen mit einem überdurchschnittlich hohen Umsatzwachstum weisen überdurchschnittlich häufig Pro-forma-Ergebnisse aus. Dies kann durch das Bestreben des Managements erklärt werden, hohe Marktwert-Buchwert-Verhältnisse zu stabilisieren. Die günstigere Darstellung des Unternehmens durch Pro-forma-Ergebnisse soll konservative Bewertungsansätze gemäß den Rechnungslegungsstandards, wonach nicht realisierte Umsatz- sowie Gewinnerwartungen unberücksichtigt bleiben, kompensieren und eine weiterhin hohe Marktbewertung des Unternehmens rechtfertigen.[87]

### 2.2.4 Nachfrage nach Pro-forma-Ergebnissen

Auf Grund der zuvor beschriebenen Schwächen von auf Rechnungslegungsstandards basierenden Ergebnissen erwarten Befürworter eines Ausweises von Pro-forma-Ergebnissen, dass nur bereinigte Ergebnisse zutreffende Einblicke auf die wirtschaftliche Entwicklung eines Unternehmens geben und Investoren Prognosen der zukünftigen Cashflows ermöglichen.[88] Bereinigungen von auf Rechnungslegungsstandards beruhenden Ergebnissen für die Bewertung werden aber auch in der wissenschaftlichen Literatur gefordert, wie nachfolgendes Zitat verdeutlicht: *„key is to separate economic value-added from cosmetic earnings…earnings quality may be lacking for obvious reasons, one-shot revenue item that has no bearing on future earning potential, for example, or substantial research and department write-offs that unduly depress current earnings. But a much more subtle factor particularly complicates the assessment: Management teams often can manage the level or trend of reported earnings"*.[89] Auch die AICPA hat in einer Studie zu den Erfordernissen einer investorenorientierten Rechnungs-

85  Vgl. Whisenant (1998), S. 3.
86  Vgl. Frankel/Roychowdhury (2004), S. 17 f.
87  Vgl. Bhattacharya/Black/Christensen/Larson (2003), S. 293 f., Lougee/Marquardt (2004), S 791.
88  Vgl. Alpert (2001), S. 1.
89  Brown (1999), S. 61.

legung die mangelnde Eignung von US-GAAP für die rationale Entscheidungsfindung von Investoren eingestanden und empfohlen, nicht-finanzielle und zukunftsorientierte Informationen in die Rechnungslegung aufzunehmen;[90] die SEC begrüßte Pro-forma-Ergebnisse zunächst ebenfalls. Beispielsweise bezeichnete der ehemalige SEC Chairman Harvey L. Pitt Pro-forma-Ergebnisse als: *„a legitimate desire by companies to demystify mandated financial statement disclosures".*[91]

Pro-forma-Ergebnisse werden aus der Sicht ihrer Befürworter den Erfordernissen einer investorenorientierten Berichterstattung gerecht. Insbesondere sollen Verzerrungen durch konservative Bewertungsansätze und eine zeitlich asymmetrische Bewertung neutralisiert werden. Dafür werden vor allem unternehmensintern verwendeten Steuerungskennzahlen nachgefragt. Auf Grund der Verwendung von unterschiedlichen Steuerungskennzahlen in den Unternehmen, die auf die jeweiligen Bedürfnisse des Managements ausgerichtet sind und sehr häufig von den Rechnungswesenergebnissen abweichen, besteht eine Vielfalt an Pro-forma-Ergebnisgrößen.

Finanzanalysten sollen mit einer Pro-forma-Berichterstattung eine normierende Funktion übernehmen, indem sie einerseits Konsensus-Prognosen auf der Basis von Pro-forma-Ergebnissen abgeben und diese mit auf der Grundlage des Konsensus-Berechnungsschemas berechneten Pro-forma-Ergebnissen abgleichen. Durch die Konsensus-Bildung einer Vielzahl von Analysten wird angenommen, dass Verzerrungen oder Manipulationsversuche von Unternehmen bzw. einzelnen Analysten herausgefiltert und faire Einblicke in die wirtschaftliche Entwicklung eines Unternehmens gegeben werden können.[92] Analysten unterliegen nicht den Konflikten zwischen Investoren, Gläubigern und dem Management aus Principal-Agenten-Beziehungen. Stattdessen wird sogar eine Zielkongruenz zwischen Analysten und Investoren angenommen, da Analysten wie auch Investoren eine geeignete Metrik zur Prognose zukünftiger Ergebnisse suchen. Pro-forma-Ergebnisse sollen diese Metrik liefen, d.h. einerseits eine unverzerrte Beschreibung der Ertragslage des Unternehmens ermöglichen und andererseits eine geeignete Basis für die Prognose der zukünftigen operative Ergebnisse bilden. Unterstützt werden diese Annahmen durch Beobachtungen, wonach:

---

90  Vgl. Haskins/Ferris/Sack/Allen (1997), S. 829.
91  SEC (2001e), S. 3.
92  Extreme Analystenschätzungen werden von Analysten-Tracking-Agenturen herausgefiltert, vgl. Alpert (2001), S. 3.

- Die bereinigten Pro-forma-Ergebnisse der Analysten (z.B. I/B/E/S-Ergebnisse) eine deutlich höhere Erklärungskraft auf die Renditen wie die vorgenommenen Ausschlüsse haben. Trotzdem haben aber auch diese Ausschlüsse Erklärungskraft auf Renditeentwicklungen und sind damit nicht bewertungsirrelevant.[93] Auch für Deutschland weisen DVFA-Ergebnisse sowie deren Entwicklung eine deutlich höhere Relevanz für die Renditeentwicklung auf als HGB-Ergebnisse.[94] Analysten sind demnach bei der Aufbereitung der Ergebnisse vergleichsweise erfolgreich.

- Bereinigungen der Analysten nicht nur auf dem Nachvollziehen der Anpassungen der Unternehmen beruhen; stattdessen reklassifizieren Analysten von Unternehmen nur als einmalig ausgewiesene und herausgerechnete Aufwendungen und Erträge („Special Items") aus dem operativen Ergebnis. Pro-forma-Ergebnisse der Analysten fallen somit geringer als die Pro-forma-Ergebnisse der Unternehmen aus.[95]

- Asymmetrien bei der Erfassung von Aufwendungen bzw. Risiken und Erträgen bzw. Chancen bei auf Rechnungslegungsstandards basierenden Ergebnissen deutlich stärker ausgeprägt sind als bei Pro-forma-Ergebnissen; Pro-forma-Ergebnisse erlauben somit eine vermeintlich bessere Einschätzung der Entwicklung der Ertragskraft von Unternehmen.[96]

Dennoch sind Zweifel angebracht, ob Analysten zur neutralen Bereinigung der Ergebnisse in der Lage sind. Die Bereinigung der GAAP-Ergebnisse ist mit Kosten der Informationsbeschaffung verbunden.[97] Außerdem unterliegen Analysten selbst Interessenkonflikten.

Das Research-Angebot durch Analysten erfolgt so lange, wie durch deren Kauf- bzw. Verkaufsempfehlungen hinreichend viele Transaktionen für deren Institute generiert werden kön-

---

[93] Vgl. Doyle/Lundholm/Soliman (2003a), S. 164, Frankel/Roychowdhury (2004), S. 12 f., Gu/Chen (2004), S. 152.

[94] Vgl. Harris/Lang/Möller (1994), S. 206. Die DVFA hat den Versuch unternommen, eine Kennzahl zu entwickeln, die eine bessere Vergleichbarkeit der Ergebnisse zwischen den Unternehmen als auch über die Zeit ermöglicht, mittels derer Analysten wie aber auch deutsche Unternehmen angepasste Ergebnisse für die Unternehmen herleiten. Zur Berechnung vgl. Busse von Colbe/Becker/Berndt/Geiger/Hasse/Schellmoser/Schmitt/Seeberg/von Wysocki (2000).

[95] Für die USA beträgt die Korrelation zwischen „Special Items" und den Ausschlüssen der Analysten 62%. Vor allem sind durch Unternehmen dargestellte „Special Items" deutlich höher als die Ausschlüsse der Analysten, d.h. Unternehmen klassifizieren mehr Aufwendungen als „Special Items" als Analysten tatsächlich herausrechnen, vgl. Bhattacharya/Black/Christensen/Larson (2003), S. 298 ff., Frankel/Roychowdhury (2004), S. 24.

[96] Negative Renditen stehen in einem stärkeren statistisch signifikanten Zusammenhang mit Quartals- und Jahresergebnissen wie Pro-forma-Ergebnisse, vgl. Frankel/Roychowdhury (2004), S. 13.

[97] Vgl. Frankel/Roychowdhury (2004), S. 8.

nen, um die Reserach-Leistungen profitabel anzubieten. Da das erzielbare Handelsvolumen bei Kaufempfehlungen höher ist wie bei Verkaufsempfehlungen, neigen Analysten zu optimistischen Prognosen sowie Kaufempfehlungen;[98] tatsächlich übersteigt die Anzahl der Kaufempfehlungen für US-amerikanische Aktien die Verkaufsempfehlungen im Zeitraum 1994 – 1998 um ein Vielfaches; die Anzahl der Verkaufsempfehlungen ist im Vergleich zu den Kaufempfehlungen vernachlässigbar gering.[99] Zugleich lohnt sich aus der Sicht der Analysten nur dann eine zusätzliche Informationsbeschaffung und -verarbeitung, wenn der erzielbare Nutzen aus einem wachsenden Handelsvolumen (z.b. aus dem erfolgsabhängigen Bonus der Analysten) die zugehörigen Kosten der Informationsbeschaffung übersteigt. Auf Grund der Begrenzung der Entlohnung der Analysten bestehen keine Anreize zur vollständigen Bereinigung der auf Rechnungslegungsstandards basierenden Ergebnisse; v.a. bei der Analyse kleinerer Unternehmen mit geringen Handelsvolumina gibt es kaum Anreize zur Bereinigung der Ergebnisse.[100] Stattdessen bestehen für Analysten starke Anreize, die Berechnung der Pro-forma-Ergebnisse der Unternehmen zu übernehmen. Diese Vorgehensweise hat für Analysten neben der Vermeidung zusätzlicher Informationsbeschaffungskosten den Vorteil, Pro-forma-Ergebnisausweise der Unternehmen sofort mit den eigenen Prognosen abgleichen zu können.[101] Für die Unternehmen liegt der Vorteil dagegen genau darin, mit internen Steuerungsmechanismen auf die Erfüllung der Analystenprognosen hinarbeiten bzw. Analystenprognosen gezielt steuern zu können.[102] Tatsächlich zeigen empirische Untersuchungen, dass hinsichtlich der Bewertungsrelevanz nur geringe Unterschiede zwischen von Analysten herausgerechneten und von Unternehmen selbständig herausgerechneten Aufwendungen bestehen.[103] Ebenso können nach Konsensus-Meinung der Analysten berechnete und von den Unternehmen selbständig ausgewiesene Pro-forma-Ergebnisse statistisch nicht immer zuverläs-

---

[98] Vgl. Lin/McNichols (1998). Außerdem unterliegen Analysten dem Druck, positive Analystenberichte zu erstellen, um Investment-Banking-Beziehungen zwischen Banken und analysierten Unternehmen nicht zu belasten, vgl. Dugar/Nathan (1995). Dementsprechend nehmen die Karriereaussichten von Analysten mit der Häufigkeit von Kaufempfehlungen zu, vgl. Hong/Kubik (2003).

[99] Vgl. Bruce/Bradshaw (2004), S. 33.

[100] Vgl. Frankel/Roychowdhury (2004), S. 17 f.

[101] Vgl. Kley/Vater (2003a), S. 47. Die Autoren betonen diesen Vorteil. Hier sei angemerkt, dass dies lediglich für die Unternehmen zutrifft, die selbständig Pro-forma-Ergebnisse ausweisen.

[102] 27% der Unternehmen weisen Pro-forma-Ergebnisse nur aus, da Analysten diese explizit einfordern, vgl. Bowen/Davis/Matsumoto (2005), S. 9.

[103] Vgl. Bhattacharya/Black/Christensen/Larson (2003), S. 305, Frankel/Roychowdhury (2004), S. 12. In univariaten Untersuchungen haben Pro-forma-Ergebnisse der Analysten eine leicht größere Erklärungskraft als die Pro-forma-Ergebnisse der Unternehmen. In multivariaten Untersuchungen sind dagegen nur die Pro-forma-Ergebnisse der Analysten bewertungsrelevant.

sig unterschieden werden.[104] Sell-Side-Analysten übernehmen folglich mehrheitlich die Pro-forma-Ergebnisschemata der Unternehmen bei der Berechnung von Pro-forma-Ergebnissen und fördern somit den Ausweis von Pro-forma-Ergebnissen durch die Unternehmen.[105] Die Nachfrage von Analysten nach Pro-forma-Ergebnissen zeigt sich auch darin, dass Unternehmen mit einem Ausweis von Pro-forma-Ergebnissen im Vergleich zu anderen Unternehmen durch mehr Analysten betreut werden.[106]

## 2.2.5  Angebot von Pro-forma-Ergebnissen

Das Ergebnismanagement der rechnungslegungsbasierten Periodenergebnisse als auch der Ausweis von Pro-forma-Ergebnissen stellt dem Management Instrumente zur Verfügung, um Analystenerwartungen zu treffen und die eigene Entlohnung sowie Arbeitsplatzsicherheit zu optimieren.[107] Allerdings sind mit diesem Ergebnismanagement Kosten verbunden, die den Umfang des Ergebnismanagements begrenzen und einen Ausweis von Pro-forma-Ergebnissen befördern können. Einerseits folgen aus den Rechnungslegungsstandards rechtliche Grenzen für ein Ergebnismanagement. Anderseits zeigen empirische Untersuchungen für die USA, dass Investoren zunehmend besser in der Lage sind, das Ergebnismanagement von Unternehmen zu erkennen und differenziert zu bewerten. Anfänglich wurde vor allem ein gezieltes Reduzieren von Ergebnissen zur Schaffung von Bewertungsreserven für zukünftige Ergebnisse als Signal für negative Erwartungen des Managements bezüglich der Entwicklung der Ertragslage angesehen und mit Bewertungsabschlägen quittiert. Neuere Untersuchungen dokumentieren, dass ein wiederholtes Ergebnismanagement durch Investoren grundsätzlich kritisch bewertet und mit Kursabschlägen abgegolten wird.[108] Dies gilt vor allem für ein Ergeb-

---

104 Während Bhattacharya/Black/Christensen/Larson (2003), S. 298 ff. und Frankel/Roychowdhury (2004), S. 11, solche Unterschiede feststellen, gelangen Doyle/Lundholm/Soliman (2003a), S. 150, Doyle/McNichols/Soliman (2005), S. 15 und Heflin/Hsu (2005), S. 12, zu anderen Ergebnissen; dabei wird ein Grad der Übereinstimmung der Pro-forma-Ergebnisse von zumindest 90% angegeben.

105 Vgl. Marques (2005a), S. 26.

106 Vgl. Johnson/Schwartz (2005), S. 932. Google rechtfertige am 14.10.2005 die Fortsetzung der freiwilligen Pro-forma-Berichterstattung mit der Nachfrage der Analysten nach Pro-forma-Ergebnissen, zu dieser Pressemeldung (Dow Jones/vwd), siehe: de.biz.yahoo.com/051014/341/4q4j9.html.

107 Worthy beschreibt die Motivation der Firmen, das Ergebnis zu managen, folgendermaßen: „Most well-known instances of managed earnings involve companies trying to make profits look robust. But the process often is considered subtler. Most executives prefer to report earnings that follow a smooth, regular, upward path. They hate to report declines, but they also want to avoid increases that vary wildly from year to year; it's better to have two years of 15 % earnings increases than a 30 % gain one year and none the next.", Worthy (1984), S. 50.

108 Vgl. Bhojraj/Hribar/Picconi (2003), Burgstahler/Eames (2003), Donoth/Radhakrishnan/Ronen (2005). Gemäß der Agency-Theorie erhöhen die Kursabschläge wiederum das Arbeitsplatzrisiko für das Management.

nismanagement mit Hilfe von Accruals. Auf eine häufige Klassifizierung von Aufwendungen als einmalige Sonderbelastungen trifft dies dagegen nur in abgeschwächter Form zu.[109]

Ein steigendes Ergebnis auf Grund eines Ergebnismanagement mit Accruals ist mit über Kursabschläge hinausgehenden Kosten verbunden. Durch das Ergebnismanagement verbessert dargestellte Ergebnisse wecken steigende Erwartungen für zukünftige Ergebnisse. Das Erreichen dieser Zielsetzungen wird dadurch erschwert, dass Accruals i.d.R. in Folgeperioden ergebniswirksam aufgelöst werden.[110] Hierdurch sinken die Chancen des Managements, diese höheren Erwartungen zu treffen und somit auch ihre Bonuserwartungen sowie Arbeitsplatzsicherheit sicherzustellen. Pro-forma-Ergebnisse unterliegen diesem Dilemma nicht, da sie nicht auf der Bildung oder Realisierung von Bewertungsreserven sondern auf dem Herausrechnen von Aufwendungen, die Teil des Periodenergebnisses sind, basieren. Es liegt im Ermessen des Managements, welche Ergebnisbestandteile als einmalige Aufwendungen angesehen und bei der Berechnung der Pro-forma-Ergebnisse herausrechnet werden.

In der Ergebnismanagement-Literatur werden vor allem die Ergebnissteuerungstools Accruals Management und die Manipulation der tatsächlichen ökonomischen Lage der Unternehmen untersucht. Zusätzlich gibt es eine dritte Alternative, die bewusste Missklassifizierung von Geschäftsaktivitäten innerhalb der GuV.[111] Diese vertikalen Verschiebungen verändern zwar nicht das veröffentlichte Quartals- oder Jahresergebnis, allerdings die veröffentlichten Pro-forma-Ergebnisse. Dabei zeigt sich für die USA, dass das Management diese Verschiebungen zur Ergebnissteuerung bewusst einsetzt und den Ausweis von „Special Items" vornimmt, um die Ergebnisprognosen der Analysten zu erreichen, da „Special Items" bei der Berechnung von Pro-forma-Ergebnissen ebenso wie bei der Definition der Analystenprognosen herausgerechnet werden. Das Management will die Performance des Unternehmens besser darstellen, als sie tatsächlich ist. Dazu wird Aufwand innerhalb der GuV-Darstellung „nach unten" und

---

109  Vgl. Black/Carnes/Richardson (2000), S. 406, ähnlich: Burgstahler/Eames (2003), S. 264.

110  Vgl. Degeorge/Patel/Zeckhauser (1999), S. 5 ff., Healy (1985), S. 106, Holthausen/Larcker/Sloan (1995), S. 63.

111  Vgl. McVay (2005), S. 1 ff. Dabei können Unternehmen als Pro-forma-Ergebnisse ausweisende Firmen qualifiziert werden, obwohl sie selbständig keine Pro-forma-Ergebnisse veröffentlichen. Maßgeblich dafür, wie Sachverhalte in den Datenbanken, z.B. von Standard & Poor's Computstat, dargestellt werden, sind die Klassifikationen in den Unternehmensberichten und Unternehmensveröffentlichungen der Unternehmen, womit diese auch massiv Einfluss darauf ausüben können, wie Geschäftsvorfälle durch Finanzanalysten beurteilt werden, ohne selbständig Pro-forma-Ergebnisse auszuweisen. Eine Umklassifizierung bedeutet keine Umkehrwirkung von Accruals in späteren Perioden oder entgangene Gewinne, wie z.B. die Vergabe erhöhter Preisnachlässe. Dabei ist die Gefahr der Aufdeckung, auch durch den Wirtschaftsprüfer, gering, da sich das gesamte Periodenergebnis nicht verändert.

Erträge „nach oben" klassifiziert. Umgliederungen innerhalb der GuV beeinflussen das Perio-denergebnis nicht. Insoweit Investoren sich nur auf das Periodenergebnis fokussieren, hat die-se Vorgehensweise des Managements keinen Einfluss. Je näher die Position am Umsatz liegt, umso permanenter werden diese Werte durch die Investoren eingeschätzt.[112] Untersuchungen haben ebenfalls gezeigt, dass einzelne Positionen innerhalb der GuV unterschiedlich durch die Investoren gewichtet werden sowie einzelne Positionen unterschiedliche Informationen be-züglich zukünftiger Ergebniserwartungen zugesprochen werden.[113]

Ein Ausweis von Pro-forma-Ergebnissen ist vor allem durch Unternehmen zu erwarten, deren Möglichkeiten zum Ergebnismanagement innerhalb der Grenzen der Rechnungslegungsstan-dards erschöpft sind oder einer höheren Unsicherheit bezüglich der wirtschaftlichen Entwick-lung unterliegen.[114] Für die USA bestätigen empirische Untersuchungen diese Hypothese. Im Vergleich zu Unternehmen der gleichen Branche sind Unternehmen mit einem Ausweis von Pro-forma-Ergebnissen nur unterdurchschnittlich profitabel[115], weisen einen höheren Ver-schuldungsgrad auf und sind gemessen am durch den Beta-Faktor erfassten Investitionsrisiko risikobehafteter.[116] Zugleich unterliegen diese Unternehmen größeren Ergebnisschwankun-gen beim Ergebnis nach US-GAAP[117] und verfehlen häufiger von Analysten prognostizierte Ergebnisse.[118]

## 2.3 Konzeption der freiwilligen Pro-forma-Ergebnisse

### 2.3.1 *Pro-forma-Ergebnisse der Analysten und der Unternehmen*

Die Konsensus-Prognosen für die Ergebnisse von Unternehmen von Analysten-Tracking-Agenturen wie I/B/E/S, First Call oder Zacks werden überwiegend auf der Basis von Pro-forma-Ergebnissen formuliert.[119] Für den Abgleich der Analystenprognosen mit den realisier-ten Ergebnissen der Unternehmen werden durch die Analysten für fast alle börsennotierten

---

112 Vgl. Lipe (1986).
113 Vgl. Bradshaw/Sloan (2002), S. 47 ff.
114 Beispielsweise verfügen wenig profitable Unternehmen tendenziell über geringere Bewertungsreserven, die zur Steigerung des ausgewiesenen Ergebnisses realisiert werden können.
115 Vgl. Bhattacharya/Black/Christensen/Mergenthaler (2004a), S. 37, Lougee/Marquardt (2004), S. 791, Wal-lace (2002), S. 43.
116 Vgl. Johnson/Schwartz (2005), S. 932.
117 Vgl. Lougee/Marquardt (2004), S. 791.
118 Diese Unternehmen weisen ein höheres Umsatzwachstum auf und entstammen vor allem der High-Tech- bzw. Dienstleistungsbranche, vgl. Lougee/Marquardt (2004), S. 791, Bhattacharya/Black/Christensen/Lar-son (2003), S. 293 f.
119 Siehe Fußnote 11, vgl. Bradshaw/Sloan (2002), S. 44.

Unternehmen Pro-forma-Ergebnisse berechnet; somit liegen für diese Unternehmen unabhängig davon, ob die Unternehmen selbständig eine freiwillige Pro-forma-Berichterstattung einsetzen, Pro-forma-Ergebnisse vor. Dabei ist es für die Analysten sinnvoll, die veröffentlichten Ergebnisse auf der gleichen Basis wie die Prognosen zu bereinigen.[120] Ziel der Berechnung der Pro-forma-Ergebnisse ist die Bereinigung von Periodenergebnissen um aus der Sicht der Analysten einmalige oder nicht zahlungswirksame Einflüsse.

Das Management der Unternehmen kann die Berechnung von Pro-forma-Ergebnissen durch die Analysten beeinflussen, ohne selbst Pro-forma-Ergebnisse auszuweisen. Dies kann durch die Klassifizierung sowie das Hervorheben von Aufwendungen oder Erträgen als eigenständige Positionen innerhalb der GuV-Gliederung erfolgen. In den USA spielt dabei die Klassifizierung von Ergebnispositionen als Sondereinflüsse bzw. so genannte „Special Items", d.h. „Non-Recurring" und „Non-Cash Items" gemäß der Compustat Definition eine wesentliche Rolle.[121] Darunter werden Aufwendungen für Restrukturierungen, Amortisationen, Fusionen und Akquisitionen sowie darüber hinausgehende einmalige Vorgänge zusammengefasst.[122] Durch die Klassifizierung von Geschäftsvorfällen als „Special Items" und dem Hervorheben des einmaligen Charakters vor allem dieser Aufwendungen veranlasst das Management der Unternehmen Analysten und Datenagenturen, diese Aufwendungen bei der Berechnung der Pro-forma-Ergebnisse herauszurechnen.[123] Entsprechend ist seit Mitte der 80iger Jahre eine Verdoppelung der ausgewiesenen „Special Items" in den USA festzustellen.[124] Teilweise ist

---

[120] Vgl. Gu/Chen (2004), S. 133. Dies eröffnet allerdings die Möglichkeit, dass Analysten eigenmächtig das Pro-forma-Ergebnis berechnen, welches am ehesten ihrer Prognose entspricht, um so den Prognosefehler zu minimieren.

[121] Vgl. Bradshaw/Sloan (2002), S. 46, Kirsch/Steinhauer (2003), S. 542 ff., Standard & Poor's (2004), S. 233 – 235.

[122] „Special Items" beinhalten Positionen aus wesentlichen Geschäftstätigkeiten, die aus der fortlaufenden Geschäftstätigkeit entstanden sind, dabei aber ungewöhnlich von der Art des Vorkommens oder selten sind, und die dabei in einer einzelnen Zeile im Ergebnis der operativen Geschäftstätigkeit (Income from Continuing Operations) oder im Anhang zum Geschäftsbericht erläutert werden müssen. Wenn die Unternehmen positive „Special Items" ausweisen, entspricht das Pro-forma-Ergebnis dem US-GAAP-Ergebnis in 34,9% der Fälle, wenn die Unternehmen negative „Special Items" ausweisen, nur in 19,4% der Fälle. Dies untermauert, dass vor allem negative „Special Items" bei der Pro-forma-Ergebnisberechnung herausgerechnet werden, positive „Special Items" im Kernergebnis allerdings enthalten sind und weniger häufig herausgerechnet werden, vgl. Hsu (2004), S. 39 f.

[123] Vgl. Bradshaw/Sloan (2002), S. 58 f., Bruce/Bradshaw (2004), S. 42 f., Doyle/Lundholm/Soliman (2003a), S. 147. „Special Items" umfassen einmalige Positionen, welche durch Compustat aus der GuV sowie den Anhangspositionen gewonnen werden. Es ist eine Managemententscheidung und unterliegt deren Steuerung, da durch die Auswahl, welche Positionen separat in der Gewinn- und Verlustrechnung und welche im Anhang gezeigt werden, die Zusammensetzung der „Special Items" von Compustat beeinflusst wird.

[124] Vgl. Bradshaw/Sloan (2002), S. 56 f., Bruce/Bradshaw (2004), S. 42 f.

der starke Anstieg der „Special Items" auf eine opportunistische Missklassifizierung von operativen Aufwendungen als einmalige Sondereinflüsse zurückzuführen.[125] Damit versuchen Unternehmen, die Pro-forma-Ergebnisse der Analysten positiv zu beeinflussen und die Analystenerwartungen zu treffen,[126] ohne das veröffentlichte Quartals- oder Jahresergebnis zu verändern.[127]

Neben der Beeinflussung der Pro-forma-Ergebnisse der Analysten weisen Unternehmen in großem Umfang selbständig berechnete Pro-forma-Ergebnisse aus. Für die Unternehmen hat dies den Vorteil, dass Pro-forma-Ergebnisse in der freiwilligen Berichterstattung genutzt werden können, um Investoren positiv zu beeinflussen. Zugleich können damit die internen Steuerungsmechanismen auf das Treffen der Analystenerwartungen ausgerichtet werden und Analysten gezielt beeinflusst werden, Ausschlüsse bei der Berechnung der Pro-forma-Ergebnisse oder die Berechnung der Pro-forma-Ergebnisse insgesamt von den Unternehmen zu übernehmen. Für Analysten hat der Ausweis von Pro-forma-Ergebnissen durch die Unternehmen den Vorteil, diese schneller mit den eigenen Prognosen für die Pro-forma-Ergebnisse abgleichen zu können. Allerdings ist hierbei festzuhalten, dass nicht alle Unternehmen, für die durch Analysten Pro-forma-Ergebnisse ermittelt werden, auch tatsächlich selbst diese ausweisen.

### 2.3.2 Pro-forma-Kennzahlen je Aktie und wertmäßige Ergebnisgrößen mit angepassten Bewertungen einzelner GuV-Positionen

Pro-forma-Ergebnisse beruhen auf der Bereinigung von Quartals- oder Jahresergebnissen um einmalige oder nicht zahlungswirksame Einflüsse. Weder in der wissenschaftlichen Literatur noch durch Vorgaben der Standardsetzer existiert eine allgemein anerkannte oder etablierte Konzeption oder Definition von Pro-forma-Ergebnissen.[128] Pro-forma-Ergebnisse werden auf

---

125 Ca. 2,2% der als „Special Items" ausgewiesenen Aufwendungen stellen eigentlich laufend anfallende operative Aufwendungen dar; dies entspricht ca. 0,5 Cent je Aktie, vgl. McVay (2005), S. 3 ff. Analysten korrigieren diese Effekte nur teilweise, vgl. Frankel/Roychowdhury (2004), S. 14, Gu/Chen (2004), S. 156.
126 Kinney und Trezevant zeigen, dass negative „Special Items" (Aufwendungen) mit einer höheren Wahrscheinlichkeit separat in der GuV gezeigt werden als positive „Special Items" (Erträge). Ergebnismindernde „Special Items" werden als eigenständige Position in der GuV dargestellt, um explizit auf den transitorischen Charakter der Position hinzuweisen. Ergebnissteigernde „Special Items" werden dagegen nur im Anhang stärker erläutert, um die Bedeutung und ihren nur transitorischen Charakter herunterzuspielen, vgl. Kinney/Trezevant (1997), S. 50.
127 Vgl. McVay (2005), S. 6. Dabei wird ausgenutzt, dass Investoren in der GuV ausgewiesene „Special Items" als bewertungsirrelevant ansehen, vgl. Hsu (2004), S. 28.
128 Vgl. Kley/Vater (2003a), S. 45 f. Die dabei vorgenommene synonyme Auslegung abweichender Begriffe beeinträchtigt die Vergleichbarkeit und Verständlichkeit der Erfolgsgrößen für den Investor, da die als mit

vielfältige Art und Weise berechnet;[129] bereits existierende Ermessensspielräume der Rechnungslegungsstandards werden durch die nicht regulierte Anwendung der Pro-forma-Kennzahlen deutlich erweitert.[130] So deklarierten Unternehmen in den USA bis zur dortigen Regulierung der Pro-forma-Berichterstattung in zunehmendem Maß auch regelmäßig wiederkehrende Aufwendungen als einmalig und schlossen diese Aufwendungen bei der Berechnung der Pro-forma-Ergebnisse aus.[131] Pro-forma-Ergebnisse werden somit unternehmensindividuell auf vielfältige Art und Weise berechnet und umfassen nicht nur Kennzahlen wie E-BIT oder EBITDA sondern auch Pro-forma-Ergebnisse je Aktie (Pro-forma-EPS) oder modifizierte wertmäßige Ergebnisgrößen mit angepassten Bewertungen einzelner GuV-Positionen.

Pro-forma-Ergebnissen ist lediglich gemein, dass beim Ergebnisausweis vom geltenden Rechnungslegungsstandard abgewichen wird, indem vor allem Aufwendungen nicht in die Ergebnisberechnungen einbezogen werden.[132] Bei einmaligen Erträgen wird dagegen lediglich auf den einmaligen Charakter der Ergebnisbestandteile hingewiesen, um die Erwartungen der Kapitalmärkte bezüglich zukünftiger Ergebnisse geringer zu halten.[133] Zu diesen als nicht auszahlungswirksam oder einmalig deklarierten Aufwendungen zählen häufig Aufwendungen für Fusionen und Akquisitionen inklusive der Aufwendungen für die Integration der zugekauften Unternehmen, die Ausgabe von Aktien zur Managemententlohnung, Goodwill-Abschreibungen oder Restrukturierungsaufwendungen und Abfindungszahlungen, Verluste aus Kapitalanlagen, Veräußerungsverluste aus operativ genutzten Vermögensgegenständen,

---

dem betrieblichen Ergebnis synonym interpretierten Begriffe in den Abschlüssen anderer Unternehmen eine von diesem verschiedene Erfolgsgröße bezeichnen, die Unternehmen es aber unterlassen, die von ihnen gewählten Positionsbezeichnungen zu definieren, vgl. Haller/Schloßgangl (2003), S. 324. Die Autoren zeigen, wie für das „Ergebnis der betrieblichen Tätigkeit" („results of operating activities") die unterschiedlichsten Terminologien verwendet werden, z.B. als „Ergebnis der Geschäftstätigkeit" oder „Ergebnis vor Zinsen und Steuern".

129 Pro-forma-Ergebnisse werden deshalb auch als *„reported net income with selected non-recurring items of revenue or gain and expense or loss deducted from or added back, respectively, to reported net income. Occasionally selected nonoperating or noncash items are also treated as adjustments items"* bezeichnet, Mulford/Comiskey (2002), S. 88.

130 Vgl. Teitler-Feinberg (2002), S. 191. Unter der Annahme, dass durch die Unternehmen ein gezieltes Ergebnismanagement bereits im Rahmen der gesetzlichen Abschlusserstellung durchgeführt wird, ist mit der Darstellung von Pro-forma-Kennzahlen eine zusätzliche Bereinigung der Ergebnisstruktur verbunden. Dazu gehören z.B. die Nutzungsdauern des Anlagevermögens, die Nutzwert-Berechnungen im Rahmen von Impairment-Tests sowie die Bestimmung der Höhe und Eintrittwahrscheinlichkeit bei der Bildung von Rückstellungen.

131 Vgl. Heitger/Ballou (2003).

132 Vgl. Bhattacharya/Black/Christensen/Larson (2003), S. 294, Bhattacharya/Black/Christensen/Mergenthaler (2004a), S. 35, Bradshaw (2003), S. 322, Johnson/Schwartz (2005), S. 929.

133 Vgl. Schrand/Walther (2000), S. 174.

Sicherungsgeschäfte oder Rechtsstreitigkeiten.[134] Für US-amerikanische Pro-forma-Ergebnisse ist eine Häufigkeitsverteilung der vorgenommen Ausschlüsse in Tabelle 1 dargestellt. Damit gehen die ausgeschlossenen Positionen deutlich über einmalige Ergebnisbelastungen hinaus; stattdessen werden auch andere Aufwendungen aus dem operativen Geschäft herausgerechnet. Die Höhe dieser anderen operativen Aufwendungen beim Ausweis von Pro-forma-EPS kann dabei eine signifikante Höhe erreichen und sogar die ausgeschlossenen einmaligen Aufwendungen übersteigen, wie das Beispiel von AT&T aus dem vierten Quartal 2001 in Abbildung 4 zeigt. Relativ wenig kann aus den empirischen Studien allerdings über die Nützlichkeit der einzelnen ein- und ausgeschlossenen Positionen gefolgert werden.

| Ausschlüsse beim Ausweis von Pro-forma-Ergebnissen | JS | B |
|---|---|---|
| Abschreibungen und Amortisation | | 21% |
| - davon Goodwill-Amortisationen | 51% | |
| - davon Abschreibungen auf immaterielle Güter | 50% | |
| - davon Abschreibungen und Substanzwertverlust | 5% | |
| Aufwand für Vergütung in eigenen Aktien | 38% | 17% |
| M&A-Aufwendungen | 21% | 10% |
| Aufwand für zugekaufte F&E-Aufwendungen | 16% | 8% |
| Aufwand für „Special Items" und „Non-Recurring Items" | 15% | |
| Verluste/Gewinne aus dem Verkauf von Beteiligungen/Vermögensgegenständen | 10% | 4% |
| Restrukturierungsaufwand | 9% | |
| Außerordentliche Aufwendungen und Aufwand für aufgegebene Geschäfte | | 3% |
| Anpassungen der Anzahl ausstehender Aktien | | 16% |
| Andere Aufwendungen | 9% | 20% |

Tabelle 1: Nicht größengewichtete Anteile von bereinigten Positionen beim Ausweis des Pro-forma-Ergebnisses im Vergleich zum US-GAAP-Ergebnis (Mehrfachnennungen möglich) nach Johnson/Schwartz (JS) sowie Bhattacharya/Black/Christensen/Larson (B)[135]

Allerdings können auch die erzielten Erträge beeinflusst werden, wenn die Berechnung des Pro-forma-Ergebnisses vom operativen Ergebnis ausgeht. Beispielsweise können Beteiligungsverkäufe oder Gewinne aus Pensionsfonds miteinbezogen werden. Jedoch werden bei der Berechnung von Pro-forma-Ergebnissen nicht nur Erträge und Aufwendungen angepasst. Stattdessen erfolgt in den USA bei der Präsentation von Pro-forma-EPS häufig auch eine Anpassung der Aktienanzahl, indem von Vorgaben des FASB 128 (1997b) abgewichen wird.

---

134 Vgl. Ciccone (2002), S. 3, Kley/Vater (2003b), S. 3.
135 Vgl. Bhattacharya/Black/Christensen/Larson (2003), S. 294, (1149 Unternehmen mit Pro-forma-Ergebnisausweis), Bhattacharya/Black/Christensen/Mergenthaler (2004a), S. 35, Johnson/Schwartz (2005), S. 929, (433 Unternehmen mit Pro-forma-Ergebnisausweis). Unterschiede ergeben sich aus den unterschiedlichen Stichprobengrößen und nicht identischen Untersuchungszeiträumen.

Die Unternehmen erhöhen die Anzahl der ausstehenden Aktien im Nenner der EPS-Berechnung vor allem dann, wenn die Höhe des Verlusts je Aktie gesenkt werden soll.[136]

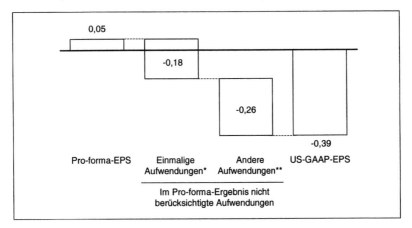

**Abbildung 4: Vergleich von Pro-forma- und US-GAAP-EPS für AT&T im 4. Quartal 2001[137]**

Die Berechnungsschemata von Pro-forma-Ergebnissen variieren im Zeitablauf, so dass die Berechnung der Pro-forma-Ergebnisse im Zeitablauf nicht konstant erfolgt;[138] zwischen 1998 und 2000 wechselten 68% der US-amerikanischen Unternehmen das gewählte Berechnungsschema der Pro-forma-Ergebnisse.[139] Die Unternehmen wählen somit häufig den Pro-forma-Ergebnisausweis, der für das Unternehmen am vorteilhaftesten ist. Darüber hinaus nutzen Unternehmen die Spielräume bei der Berechnung von Pro-forma-Ergebnissen, um trotz nach den geltenden Rechnungslegungsstandards errechneten Verlusten Pro-forma-Gewinne auszuweisen. In den USA wiesen 2001 beispielsweise bis zu 21% der Unternehmen mit einem US-

---

136 Vgl. Bhattacharya/Black/Christensen/Larson (2003), S. 293, Bradshaw (2003), S. 328, zur Berechnung des Ergebnisses je Aktie siehe Born (2002), S. 662, Hayn/Waldersee (2002), S. 264 ff.

137 Vgl. Doyle/Lundholm/Soliman (2003a), S. 150 f., * Als einmalige Aufwendungen werden „Special Items" gemäß der Compustat-Definition erfasst. Bei AT&T handelt es sich primär um Restrukturierungsaufwand. ** Andere herausgerechnete Aufwendungen waren u.a. Verluste von nach der Equity-Methode konsolidierten Beteiligungen, Verluste aus dem Verkauf von Geschäftseinheiten und Abschreibungen auf das Anlage- bzw. Umlaufvermögen. Der größte Teil der herausgerechneten Aufwendungen wurde jedoch nicht erläutert und als sonstiger Aufwand ausgewiesen.

138 Grant/Parker (2001) zeigen in diesem Zusammenhang, dass Pro-forma-Ergebnisse auch für die gleiche Firma im Zeitablauf nicht vergleichbar sind.

139 Vgl. Bhattacharya/Black/Christensen/Mergenthaler (2004a), S. 36. Ähnlich Grant/Parker (2001).

GAAP-Verlust einen Pro-forma-Gewinn aus.[140] Die gezeigte Vorgehensweise betrifft den Ausweis von Pro-forma-Ergebnissen der EBIT(DA)-Familie, wie im Beispiel der Bayer AG in Abbildung 1, als auch die Veröffentlichung von wertmäßigen Pro-forma-Ergebnisgrößen oder Pro-forma-Ergebnissen je Aktie (Pro-forma-EPS), das am Beispiel von Amazon in Tabelle 2 dargestellt wird. Das Beispiel zeigt, dass die Höhe der herausgerechneten Aufwendungen signifikant ist und durch die Regulierung des Ausweises von Pro-forma-Ergebnissen in den USA in 2003 im Vergleich zum Vorjahr nicht wesentlich abgenommen hat.

|  | Year Ended December 31 2003 (in thousands) | | | Year Ended December 31 2002 (in thousands) | | | Year Ended December 31 2001 (in thousands) | | |
|---|---|---|---|---|---|---|---|---|---|
|  | As Reported in accordance with US-GAAP | Adjustments | Pro Forma | As Reported in accordance with US-GAAP | Adjustments | Pro Forma | As Reported in accordance with US-GAAP | Adjustments | Pro Forma |
|  | $ | $ | $ | $ | $ | $ | $ | $ | $ |
| Net income (loss) | 35.282 | 220.740 | 256.022 | -149.132 | 215.619 | 66.487 | -567.277 | 410.246 | -157.031 |
| Basic earnings - loss) per share | 0,09 | 0,56 | 0,65 | -0,39 | 0,57 | 0,18 | -1,56 | 1,13 | -0,43 |
| Diluted earnings - loss) per share | 0,08 | 0,53 | 0,61 | -0,39 | 0,56 | 0,17 | -1,56 | 1,13 | -0,43 |

Tabelle 2: Überleitung des US-GAAP- auf das Pro-forma-Ergebnis für Amazon in 2003[141]

Die signifikante Höhe der herausgerechneten Aufwendungen wird darin deutlich, dass in den USA die ausgewiesenen Pro-forma-EPS bereits Ende 1997 durchschnittlich 17-21% oberhalb der vergleichbaren US-GAAP-Ergebnisse lagen.[142] Relevanz erlangt die Pro-forma-Berichterstattung aus Sicht der Regulierer aus der weiten Verbreitung von Pro-forma-Ergebnissen; in den USA wiesen 2000 bereits 70% der S&P500-Unternehmen Pro-forma-Ergebnisse aus.[143] Für 1$ Pro-forma-Ergebnis wurden dabei durchschnittlich 0,6$ nach US-GAAP anfallende Aufwendungen bei den S&P500-Unternehmen ausgeschlossen.[144]

In der Unternehmensberichterstattung werden die Pro-forma-Ergebnisse von einem großen Teil der Unternehmen gegenüber den US-GAAP-Ergebnissen deutlich in den Vordergrund

---

[140] Vgl. Bowen/Davis/Matsumoto (2004), S. 18. Ähnlich: Wallace (2002), S. 43. Für den Untersuchungszeitraum 1997-2001 wird dies anhand der selbstausgewiesenen Pro-forma-Ergebnisse des Untersuchungssample für 13% der Unternehmen bestätigt, vgl. Bhattacharya/Black/Christensen/Mergenthaler (2004a), S. 39.
[141] Vgl. AMAZON.COM,INC (2004), S. 35 ff., Darstellung ist dem Form 10-K des Filings von Amazon.Com,Inc. bei der SEC für das Geschäftsjahr 2003 entnommen.
[142] Vgl. Bradshaw/Sloan (2002), S. 56.
[143] Vgl. Bruce/Bradshaw (2004), S. 42.
[144] Vgl. Weil (2001), S. 1.

gerückt.[145] Eine Diskussion der Rechnungslegungsergebnisse erfolgt dagegen i.d.R. in den hinteren Bereichen der Presseveröffentlichungen.[146] Ausschlaggebend für die Positionierung der Pro-forma-Ergebnisse gegenüber den US-GAAP-Ergebnissen sind Verluste nach US-GAAP sowie die Höhe des Gewinnwachstums der Pro-forma- gegenüber den US-GAAP-Ergebnissen.[147] Auf Grund der Verwendung unterschiedlicher Pro-forma-Ergebnisse und der unternehmensspezifischen Bereinigung der Ergebnisgrößen, die für Investoren häufig nicht nachvollziehbar sind, resultiert aus der Sicht des Regulierers und der Investoren eine hohe Intransparenz der Pro-forma-Ergebnisse.[148]

### 2.3.3 Pro-forma-Kennzahlen der EBIT(DA)-Familie

2.3.3.1 Pro-forma-Kennzahlen der EBIT(DA)-Familie in der Unternehmensberichterstattung

Pro-forma-Ergebnisse in der Form des EBIT(DA) werden von Unternehmen als Key Performance Indikatoren zur Steuerung des Unternehmens eingesetzt.[149] Ihre Relevanz als Performance-Maßstab leiten Kennzahlen der EBIT(DA)-Familie unter anderem daraus ab, dass Finanzierungseffekte, die zwar erhebliche Ergebniswirkung haben, jedoch nicht unmittelbar auf die Leistung des gesamten Managements zurückgeführt werden können sondern insbesondere auf die Leistung der Finanzabteilung, ausgeklammert werden. Stattdessen werden Erträge und Aufwendungen erfasst, die im Entscheidungsbereich der operativen Segmente liegen. Mittels des EBIT(DA) werden primär direkte liquiditätswirksame Kosten vor Kapitalkosten und Steuern berücksichtigt. Damit soll die operative Leistung des Unternehmens transparent dargestellt werden; neben dem operativen Ergebnis soll die Ergebnisgröße EBITDA den Investoren die Einschätzung der Fähigkeit von Unternehmen zur Erzielung von finanziellen Überschüssen[150] sowie zur Bedienung ihrer finanziellen Verpflichtungen erleichtern.[151] Auf

---

145 Vgl. Bhattacharya/Black/Christensen/Larson (2003), S. 302, Bowen/Davis/Matsumoto (2004), S. 15 ff., Wallace (2002), S. 43.

146 Vgl. Bruce/Bradshaw (2004), S. 42, Dyck/Zingales (2003), S. 18.

147 Vgl. Bowen/Davis/Matsumoto (2004), S. 15 ff.

148 Die SEC hat auf ihrer Website diesen Hinweis für Investoren abgelegt: „*Investors should always take the critical step of reading the financial statements of the companies they've invested in, or intend to invest in, because financial statements contain important corporate financial information that may not be readily apparent from news releases.*", SEC (2001c).

149 Vgl. Schindler (2002), S. 771.

150 Im Zusammenhang mit einer wertorientierten Unternehmensführung werden EBIT(DA)-Kennzahlen auch zur Darstellung wertorientierter Rentabilitätskennziffern eingesetzt und in ein Value Reporting eingebunden. In der Unternehmensberichterstattungspraxis finden sich z.B. Umsatzrentabilitäten (EBITDA/Umsatz) und Shareholder-Value-Kennzahlen in Form verschiedener Varianten des Cashflow-Return-on-Investment (CFROI) oder des Return on Capital Employed (ROCE), vgl. Küting/Weber (2001), S. 308.

41

Grund der Nähe des EBITDA zum operativen Cashflow eines Unternehmens, aus welchem einerseits die Kapitalkosten und Steuern und andererseits die Investitionen in das Anlage- und Umlaufvermögen getätigt werden, wird die Kennzahl EBITDA teilweise auch als Basis für die Berechnung der freien Cashflows[152] oder des NOPLAT bei Bewertungsfragen,[153] für das Risikomanagement sowie die Finanzplanung genutzt.[154]

Darüber hinaus sollen Pro-forma-Ergebnisse in Form des EBIT(DA) aus Sicht der Befürworter eines EBITDA-Ausweises dazu beitragen, die beschriebenen Prinzipal-Agenten-Konflikte zwischen Management und Eigentümern durch einen Interessenausgleich aufzulösen, indem einerseits Maßstäbe für die Performancemessung und die erfolgsabhängige Entlohnung über den EBIT(DA) an direkt vom Management beeinflussbare Ergebnisbestandteile gekoppelt und andererseits Anreize zur langfristigen Maximierung der Ergebnisse geschaffen werden.[155] Pro-forma-Ergebnisse in Form des EBIT(DA) werden dafür Teil eines mehrgeteilten Vergütungssystems für das Management, zu dessen Grundbestandteilen neben einem fixen auch ein variables Gehalt gehört. Die Bonuszahlung ist eine Möglichkeit einer variablen Gehaltszahlung, die arbeitsvertragsrechtlich geregelt ist. Bonusregelungen sind ein modernes Instrument zum Leistungsanreiz, welche zur Förderung der Motivation und damit zu Mehrleistungen durch einen zusätzlichen Geldanreiz eingesetzt werden. Dabei kann die Gewährung von variablen Gehaltsbestandteilen von der Erfüllung persönlicher Ziele wie Aufgabenerfüllung, Arbeitsquantität und Arbeitsqualität als auch unternehmensbezogener Ziele, dargestellt durch wirtschaftliche Kennziffern wie EBIT, EBITDA, Umsatz, Jahresergebnis, etc abhängen.[156] Damit ist die Bonusregelung als Teil der variablen Vergütung an das Erreichen unternehmensindividuell vereinbarter Zielgrößen gekoppelt, was eben auch Pro-forma-Kennzahlen (in Deutschland vor allem EBIT(DA) aber auch die Entwicklung des Pro-forma-Ergebnisses

---

151 Mit der Verhältniszahl Fremdkapital/EBITDA wird der Zeitraum geschätzt, in welchem ein Kreditverhältnis zurückgeführt werden kann. Die Unternehmen weisen dieses Verhältnis in den Geschäftsberichten im Vergleich zu den gesamten Verbindlichkeiten aus. Banken knüpfen Kreditvergabe- und Prolongationsbedingungen (Covenants) häufig an EBITDA-Kennzahlen.

152 Vgl. Coenenberg (2001), S. 938.

153 Anwendung findet der EBITDA z.B. als Basisgröße für jährliche Cashflows in Private-Equity-Transaktionen, den das Zielunternehmen generiert. Insoweit aus diesen Kennzahlen keine Aussagen über zukünftige Zahlungsströme ableitbar sind (z.B. bei Hochtechnologieunternehmen), folgt eine Kaufpreisfindung nach anderen Regeln. Die in der Kaufpreisformel zugrunde liegende Basisgröße EBIT(DA) ist nur dann für die Ermittlung des Unternehmenswertes geeignet, insoweit nicht wiederkehrende Effekte in diesen Kennzahlen eliminiert werden, vgl. Braunschweig (2002), S. 1815 f.

154 Vgl. Schindler (2002), S. 773.

155 Vgl. Schindler (2002), S. 776.

156 Vgl. Lindemann/Simon (2002), S. 1807.

je Aktie) sein können.[157] Wenn die Gewährung von variablen Gehaltsbestandteilen an das Erreichen unternehmensindividuell vorgegebener Pro-forma-Kennzahlen geknüpft wird, die keiner Prüfung eines Wirtschaftsprüfers unterliegen, ist ein starker Anreiz zur Manipulation dieser Kennzahlen gegeben.[158] Insoweit diese Pro-forma-Kennzahlen auch für die externe Unternehmenskommunikation eingesetzt werden, ist die Möglichkeit und Wahrscheinlichkeit einer nicht adäquaten Darstellung der Unternehmensperformance gegeben.

### 2.3.3.2  Ermittlung der Pro-forma-Kennzahlen der EBIT(DA)-Familie

Kennzahlen der EBIT(DA)-Familie werden für die Darstellung der Fähigkeit des Unternehmens genutzt, Cashflows aus dem operativen Geschäft zu generieren, die Analyse der Liquiditätskraft und um die Analyse der operativen Profitabilität vor nicht-operativen sowie nicht zahlungswirksame Aufwendungen eines Unternehmens zu ermöglichen.[159] Im Zentrum der Pro-forma-Berichterstattung steht somit nicht nur die Darstellung der Profitabilität bzw. Vergleiche von Unternehmen sondern auch die Untersuchung der Fähigkeit, zukünftigen Zahlungsverpflichtungen nachzukommen. Dies ist jedoch missverständlich, da gleichzeitig zahlungswirksame und nicht zahlungswirksame Aufwendung verglichen werden. Während Abschreibungen (auf das Sachanlagevermögen oder immaterielle Vermögensgegenstände) nicht zahlungswirksam sind, führen Steueraufwendungen i.d.R. auch zu pekuniär wirksamen Zahlungen.

Die Berechnung der Pro-forma-Kennzahlen der EBITDA-Familie erfolgt wie die Berechnung der Pro-forma-EPS nicht einheitlich, da es weder rechtlich verbindliche noch in der betriebswirtschaftlichen Literatur etablierte Standarddefinitionen für diese Ergebniskennzahlen gibt. Dies betrifft neben der Vorgehensweise der indirekten oder direkten Ermittlungsmethode vor allem den Umfang der eliminierten Positionen.[160] Bei der Berechnung des EBIT wird zwischen der direkten (progressiven) Methode[161] mit einer Berechnung beginnend von den Umsatzerlösen und der indirekten (retrograden) Methode,[162] wobei die Berechnung beim Jahres-

---

157 Die Gewährung von Aktienoptionen kann an das Erreichen von Profit Targets, gemessen durch Pro-forma-Kennzahlen, gekoppelt werden, obwohl hier meist die Entwicklung des Aktienkurses des Unternehmens um einen bestimmten Prozentsatz oder die Entwicklung des Aktienkurses im Vergleich zu Wettbewerbern oder Aktieindizes im Vordergrund der Vergabe stehen.

158 Vgl. Companyreporting.com (2003), S. 4.

159 Vgl. Wayman (2002).

160 Vgl. Brösel/Heiden (2004), S. 345 ff., Heiden (2004), S. 609 ff.

161 Vgl. Wöhe (2002), S. 948.

162 Vgl. Coenenberg (2001), S. 976.

ergebnis beginnt, unterschieden. Durch die unterschiedliche Auslegung der Teilkomponenten beim Berechnen von Pro-forma-Ergebnissen in Form des EBIT(DA) wird eine zwischenbetriebliche Vergleichbarkeit von Unternehmen unterminiert;[163] bereits aus der Literatur resultierende Unterschiede zwischen den Kennzahlen verschiedener Unternehmen werden durch unternehmensspezifische Bereinigungen der Pro-forma-Kennzahlen um Sondereffekte verstärkt.

Der EBIT stellt das Ergebnis korrigiert um das Zinsergebnis und den Steueraufwand dar. Im Vergleich zum EBIT werden bei der Berechnung des EBITDA noch die Abschreibungen auf das materielle und immaterielle Vermögen herausgerechnet. Grundsätzlich ist zu hinterfragen, inwieweit die Kennzahlen der EBIT(DA)-Familie einer ähnlichen bilanzpolitischen Gestaltung wie die Quartals- und Jahresergebnisse unterliegen;[164] folgende Aspekte sind diesbezüglich hervorzuheben:

1. Berechnung des EBIT(DA) vor Zinsaufwendungen und Ertragsteuern,

2. Erweiterung des EBIT(DA) um eine Korrektur der Zinserträge sowie Erträge und Aufwendungen aus anderen Finanzpositionen,

3. Erweiterung des EBIT(DA) um eine Korrektur der sonstigen Steuern,

4. darüber hinausgehende Korrekturen bei der EBIT(DA)-Berechnung,

5. bei der Berechnung des EBITDA zusätzlich auszuschließende Abschreibungen auf materielle und immaterielle Vermögensgegenstände.

Das Zinsergebnis ist die Saldogröße aus Zins- und ähnlichen Erträgen und Zins- bzw. ähnlichen Aufwendungen. Der EBIT(DA) zeigt damit die Ertragskraft eines Unternehmens unab-

---

[163] Zusätzlich präsentieren viele Unternehmen ihre GuV nach dem Umsatzkostenverfahren. Dabei werden die Kosten nicht nach Kostenarten ausgewiesen sondern nach den Kosten der einzelnen Leistungseinheiten. Abschreibungen sind beim Umsatzkostenverfahren nur als Information im Anhang aufgeführt, was die Analyse des EBITDA erschwert. Es kann prinzipiell zwischen dem Gesamt- und Umsatzkostenverfahren gewählt werden. Eine gemischte Gliederung in der GuV der Aufwendungen nach Funktionsbereichen und zusätzlich nach Aufwandsarten beeinträchtigt deren Aussagefähigkeit und verhindert die Vergleichbarkeit mit Erfolgsrechnungen, die nur nach einem der beiden Verfahren gegliedert sind, vgl. Haller/Schloßgangl (2003), S. 321 und IAS 1.88 ff.

[164] Vgl. Zimmerer (2002), S. 571. Beispielsweise führt der Abbau von Nettoschulden eines Unternehmens durch Off-Balance Finanzierung (z.B. Miete, Leasing, Factoring) zu einer geringeren Höhe des EBIT, da die damit verbundenen Leasing-, Factoring- und Mietkosten den Aufwand eines Unternehmens erhöhen, andererseits steigert eine geringere Verschuldung den Unternehmenswert.

hängig von dessen Finanzierungsstruktur.[165] Überwiegen die Zinserträge, so wird das Ergebnis vor dem Zinssaldo geringer ausfallen als nach dem Zinssaldo. Daher wird ein Unternehmen, welches sich positiv darstellen will und einen positiven Zinssaldo ausweist, nicht daran interessiert sein, ein Ergebnis vor dem Zinsergebnis auszuweisen. Im Gegensatz dazu wird ein Unternehmen, welches mehr Zinsaufwendungen als Zinserträge erwirtschaftet, unter der Maßgabe, sich positiv nach außen darzustellen, das Ergebnis nur um die Zinsaufwendungen korrigieren. Da aber keine verbindliche Definition für die Berechnung des EBIT(DA) vorliegt, wird das herauszurechnende Zinsergebnis nicht von allen Unternehmen gleich definiert. Einige Unternehmen rechnen das gesamte Zinsergebnis heraus, andere Unternehmen nur den Zinsaufwand.[166] Damit ist die Eignung des EBIT(DA) für Unternehmensvergleiche eingeschränkt.[167]

Wird das Periodenergebnis um Zinsaufwendungen und wegen der unterschiedlichen steuerlichen Behandlung von Eigen- und Fremdkapital auch um die Ertragsteuern korrigiert, so wird das Ergebnis auf das Gesamtkapital des Unternehmens dargestellt. Dies zeigt die operative Ertragskraft des Unternehmens unabhängig von der Kapitalstruktur des Unternehmens. Ein so definierter EBIT(DA) wird unter anderem zur Berechnung der Gesamtkapitalrentabilität oder Umsatzrendite genutzt, ohne dass eine unterschiedliche Eigenkapitalausstattung das Ergebnis verzerrt.[168] Allerdings ist dabei festzuhalten, dass eine Finanzierung eines Unternehmens mittels Fremdkapital eine normale und übliche unternehmerische Entscheidung darstellt.

Mit einer Korrektur der Zinserträge sowie Erträge und Aufwendungen aus anderen Finanzpositionen geht die Berechnung des EBIT(DA) über die Beseitigung des Einflusses der Finanzierungsstruktur hinaus. Damit wird versucht, sich dem operativen Ergebnis anzunähern. Im

---

165  Vgl. Brösel/Heiden (2004), S. 339, Heiden (2004), S. 596.

166  Vgl. Volk (2002), S. 523. In der Praxis dominiert allerdings nicht nur das Herausrechnen von Zinsaufwendungen oder Zinsaufwendungen und Zinserträgen sondern des gesamten Finanzergebnisses inklusive der Ergebnisse aus assoziierten Unternehmen, Erträge aus Beteiligungen, Erträge aus anderen Wertpapieren und Ausleihungen des Finanzvermögens, Abschreibungen auf Finanzanlagen und Wertpapiere des Umlaufvermögens, Erträge aus Gewinnabführungsverträgen ebenso wie Aufwendungen aus Verlustübernahmen. Damit sind die Bestandteile des Finanzergebnisses nur durch die Analyse des Anhangs ersichtlich, dessen Detailliertheit sich allerdings auch zwischen den Unternehmen unterscheidet und damit bereits eine Vergleichbarkeit der gesetzlichen Ergebnisse erschwert.

167  Wöhe (2002), S. 948, interpretiert den EBIT vom Betriebsergebnis her und verteilt die EBIT-Größen vor dem Zinsergebnis und den gesamten Unternehmenssteuern paritätisch ausgehend von den Umsatzerlösen her berechnet. Coenenberg (2001), S. 976, unterlässt eine Korrektur der sonstigen Steuern, womit er deren Betriebskostencharakter berücksichtigt, und nimmt nur eine imparitätische Korrektur des Zinsergebnisses vor, indem nur der Zinsaufwand zurückgerechnet wird.

168  Vgl. Kriete/Padberg/Werner (2002), S. 1091.

Jahresabschluss wird die Frage nach der Nachhaltigkeit nicht gestellt und ist auch nicht die Zielsetzung. Dafür sind die EBIT(DA)-Ergebniskennzahlen auch nicht geeignet. Mit dem Herausrechnen des gesamten Finanzergebnisses korrigieren die Unternehmen das Periodenergebnis nicht um alle notwendigen Bereiche für die Berechnung des bilanzpolitischen Betriebsergebnisses. Bei einer Bereinigung des EBIT(DA) um den Zinsaufwand und die Ertragsteuern und darüber hinaus um andere Positionen des Finanzergebnisses werden somit auch betrieblich bedingte Ergebnisse eliminiert.

Zusätzlich zum Zinsergebnis wird bei der EBIT-Berechnung der Steueraufwand herausgerechnet. Auf Grund einer nicht existierenden Definition der Kennzahl wird dabei überwiegend der komplette Ertragsteueraufwand, d.h. in Deutschland die Körperschaftsteuer, die Gewerbeertragsteuern, der Solidaritätszuschlag, die Zinsabschlagsteuern sowie latente Steuern, herausgerechnet.[169] Die im Untersuchungszeitraum nach HGB bilanzierenden Unternehmen korrigieren den EBIT(DA) nicht nur um den Zinsaufwand und die Ertragsteuern sondern auch um die sonstigen Steuern.[170] Dies ist darauf zurückzuführen, dass die sonstigen Steuern im Gegensatz zu IFRS und US-GAAP als eigene Position nach HGB § 275 Abs. 2 und Abs. 3 für das Gesamt- und Umsatzkostenverfahren als letzte Position vor dem Jahresüberschuss bzw. Jahresfehlbetrag auszuweisen sind. Diese Vorgehensweise ist nicht korrekt, da die in der Position enthaltenen Steuern, wie z.B. Kfz-Steuern, Betriebskosten darstellen und i.d.R. Teil des operativen Geschäfts sind und nicht wie die Ertragsteuern auf das Periodenergebnis erhoben werden. Bei einer solchen Bereinigung des EBIT werden somit auch betrieblich bedingte Ergebnisse eliminiert. Da auch andere Betriebskosten innerhalb der EBIT(DA)-Berechnung nicht herausgerechnet werden, ist diese Vorgehensweise für die sonstigen Steuern als nicht angemessen einzustufen.[171]

Empirische Untersuchungen zeigen, dass die Unternehmen bei der Berechnung des E-BIT(DA) über das Finanzergebnis und die Ertragsteuern hinaus auch außerordentliche Be-

---

[169] Vor allem ertragreiche Unternehmen haben Ertragsteuern zu zahlen, die das Vermögen der Gesellschaft und damit auch das der Gesellschafter mindern, da die Steuerzahlungen nicht für die Verteilung bei der Ergebnisverwendung in Form der Gewinnausschüttung zur Verfügung stehen, vgl. Küting/Heiden (2003), S. 1545, Volk (2002), S. 523.

[170] Diese Steueraufwendungen sind ertragsabhängig und unterscheiden sich somit von ertragsunabhängigen Steuern wie z.B. der Grund- und Grunderwerbsteuer oder der Kfz-Steuer, die als sonstige Steuern in der GuV unter anderen Positionen auszuweisen sind.

[171] Vgl. Kriete/Padberg/Werner (2002), S. 1092.

standteile oder andere Sondereffekte herausrechnen.[172] Der Begriff des außerordentlichen Ergebnisses ist in den verschiedenen Rechnungslegungsstandards unterschiedlich definiert; damit haben diese Anpassungen einen unterschiedlich hohen Einfluss auf die Berechnung des EBIT(DA).[173] Die bereinigten Kennzahlen, die auf unterschiedlichen Rechnungslegungsnormen aufbauen, sind auf Grund dessen nicht unmittelbar miteinander vergleichbar.[174] Dies wird sich allerdings mit der Umsetzung der IAS-Verordnung vereinfachen. Wertpapieremittenten, die an einem organisierten Kapitalmarkt auftreten, müssen ab 2005/2007 verpflichtend nach IFRS bilanzieren. Die Ausgangsbasis für eine Berechnung von Pro-forma-Ergebnissen, die auf dem Periodenergebnis aufsetzt, wird dadurch vereinheitlicht.

Bei der Berechnung des EBITDA werden i.d.R. zusätzlich die Abschreibungen auf das materielle und immaterielle Vermögen herausgerechnet. Die Nutzung der materiellen Vermögensgegenstände führt zu einem Werteverzehr, dem durch die ergebniswirksame Verbuchung der Abschreibung Rechnung getragen wird.[175] Insoweit der Werteverzehr durch die Geschäftstätigkeit verdient wird, ist eine entsprechende Reinvestition notwendig. Der Ansatz von Abschreibungen auf das Sachanlagevermögen ist eine betriebswirtschaftlich notwendige Maßnahme zur Erhaltung des Betriebsvermögens.[176] Die betriebswirtschaftliche Aussagekraft von Ergebniskennzahlen vor Abschreibungen ist somit zu bezweifeln.

Bei den Abschreibungen auf immaterielle Vermögenswerte ist zwischen Lizenzen und Patenten aus dem Produktionsprozess und der Behandlung eines Geschäfts- und Firmenwerts zu unterscheiden. Immaterielle Vermögenswerte, die im normalen Geschäftsprozess eingesetzt werden, werden wie das Sachanlagevermögen bewertet. Dies steht im Gegensatz zu einem

172 Vgl. Hillebrandt/Sellhorn (2002b), S. 18.

173 Beispielsweise zeigt das außerordentliche Ergebnis nach US-GAAP Naturkatastrophen und vergleichbare Ereignisse, während nach HGB darunter auch Restrukturierungsaufwendungen verstanden werden können. Mit dem 31.12.2004 dürfen nach IAS 1.85 weder in der GuV noch im Anhang Ertrags- oder Aufwandspositionen als außerordentliches Posten gezeigt werden.

174 Vgl. Kriete/Padberg/Werner (2002), S. 1093.

175 Die unter dem Gesichtspunkt der Steueroptimierung gebildeten stillen Reserven durch überhöhte Abschreibungen auf das Anlagevermögen sind auf Grund eingeschränkter steuerrechtlicher Abschreibungsregelungen und dem Verfolgen eines Shareholder Value Gedankens durch die Unternehmen zurückgegangen.

176 Es ist davon auszugehen, dass ein normal wachsendes Unternehmen mindestens in der Höhe des aktuellen Abschreibungsvolumens oder darüber hinaus wieder investieren muss. Denn dabei stellen andere Investitionskosten wie Forschungs- und Marketingkosten, Schulungskosten der Mitarbeiter sowie Kosten für den Aufbau neuer Vertriebswege sofortigen Aufwand für die Unternehmen dar. Es ist von der Branche abhängig, in welcher Höhe Sachinvestitionen vorzunehmen sind. Durch das Herausrechnen der Abschreibungen wird vor allem die Vergleichbarkeit branchenfremder Unternehmen unterminiert, vgl. Zimmerer (2002), S. 571.

selbst geschaffenen, originären, Firmenwert, der nicht zuletzt wegen seiner schweren Definierbarkeit nicht aktiviert und somit nicht abgeschrieben wird. Auf Grund der Entwicklungen der internationalen Rechnungslegung nach IFRS und US-GAAP werden keine planmäßigen Abschreibungen des derivativen Goodwills mehr vorgenommen. An diese Stelle treten mindestens jährliche durchzuführende Überprüfungen der Werthaltigkeit (Impairment-Test) und gegebenenfalls Wertberichtigungen.[177] Allerdings ist die Überprüfung der Werthaltigkeit eines Firmenwerts, wenn keine Marktpreise vorhanden sind, schwer nachvollziehbar und starken gestalterischen Möglichkeiten und Interpretationsspielräumen unterworfen. Daraus eröffnet sich ein Spielraum für die Höhe der ergebniswirksamen Bemessung einer Wertberichtigung bis hin zu deren Unterlassung.[178] Auf Grund der Tatsache, dass Goodwillwertberichtigungen häufig eine erhebliche Bedeutung auf das Gesamtergebnis haben, hat das Management einen erheblichen Bilanzierungsspielraum, obwohl der Abschreibung auf den Firmenwert auch immer ein tatsächlicher Werteverzehr gegenüber steht. Wenn diese Ergebnisbelastungen im Rahmen der Veröffentlichung von Pro-forma-Ergebnissen herausgerechnet werden, widerspricht dies der nachvollziehbaren Darstellung der Ergebnissituation des Unternehmens.[179]

### 2.3.4 Kritische Aspekte der Pro-forma-Berichterstattung

Aus der Verwendung unterschiedlicher Ergebniskennzahlen, der unternehmensspezifischen sowie zeitlich variierenden Bereinigung der Ergebnisgrößen resultiert eine hohe Intransparenz bezüglich der zwischenbetrieblichen und intertemporalen Vergleichbarkeit von Pro-forma-Ergebnissen,[180] die für Investoren, Regulierungsbehörden aber auch die Finanzpresse nur schwer oder teilweise gar nicht nachvollziehbar sind. Somit sind Zweifel angebracht, ob Pro-forma-Ergebnisse tatsächlich den Informationsbedürfnissen der Investoren gerecht werden. In diesem Zusammenhang äußerte sich der ehemalige SEC-Chairman Harvey L. Pitt wie folgt: „... *without appropriate disclosure, no investor - certainly not any ordinary investor - can*

---

[177] Siehe die Regelungen in IFRS 3 in Verbindung mit IAS 36 und FASB 141 in Verbindung mit FASB 142.

[178] Vgl. Volk (2002), S. 524.

[179] Stattdessen weist ein Herausrechnen des zugrunde liegenden Werteverzehrs aus dem Pro-forma-Ergebnis auf keinen Liquiditätsabfluss hin, denn mit der Firmenwertabschreibung ist kein direkter Mittelabfluss für das Unternehmen verbunden. Allerdings ergibt sich hieraus bereits ein indirekter Mittelabfluss, denn nur auf Grund einer negativen Entwicklung eines Konzernunternehmens oder -bereichs wird eine Firmenwertabschreibung überhaupt notwendig.

[180] Vgl. Bradshaw/Sloan (2002), S. 42.

*read these [pro-forma financials] in a way that's useful. An investor can't know what's been left out, why it's left out, or how it compares with other companies' earnings".*[181]

Beim Einsatz der Pro-forma-Ergebnisse der EBIT(DA)-Familie kommt hinzu, dass der E-BITDA weder die bewertungsrelevante Kenngröße Cashflow ersetzt noch eine zuverlässige Einschätzung der Liquidität der Unternehmen ermöglicht oder zutreffende Vergleiche der Profitabilität zwischen Unternehmen garantiert. Stattdessen sind stets weitere Angaben zur Interpretation des EBITDA erforderlich. Diese Angaben sind i.d.R. in den Geschäftsberichten der Unternehmen zu finden, so dass der Mehrwert einer EBITDA-Berichterstattung im Vergleich zur regulären Darstellung von Quartals- oder Jahresergebnissen zu hinterfragen ist. Die Kritik an einer Pro-forma-Berichterstattung bezieht sich somit nicht nur auf Pro-forma-EPS oder sonstige wertmäßige Pro-forma-Ergebnisse sondern auch auf Pro-forma-Ergebnisse der EBIT(DA)-Familie.

Der Eindruck des Missbrauchs von Pro-forma-Ergebnissen v.a. zur Beeinflussung von Investoren ist aber vor allem deshalb entstanden, da die Berechnung der Pro-forma-Ergebnisse bis zum Inkrafttreten des „Sarbanes-Oxley-Acts" (2002) sowie der Regulierung durch die SEC (2003a) i.d.R. intransparent, nicht konstant sowie nicht reguliert war, und Pro-forma-Ergebnisse im Vorfeld großer Unternehmensinsolvenzen zur Täuschung von Investoren missbraucht wurden.[182] In diesem Zusammenhang belegen experimentelle Untersuchungen sowie empirische Befunde, dass private Investoren ihre Investitionsentscheidungen auf der Basis der veröffentlichten Pro-forma-Ergebnisse treffen.[183] Kleinanleger sind somit in besonderem Maße darauf angewiesen, dass Pro-forma-Ergebnisse die tatsächliche wirtschaftliche Lage des Unternehmens erfassen und kein (auch unbeabsichtigtes) Täuschungsrisiko enthalten.

Aus Sicht der deutschen bzw. europäischen Normensetzer bzw. Regulatoren sind für die Beurteilung von Pro-forma-Ergebnissen somit folgende Fragen zentral:

---

[181] Business Week vom 26. 11.2001. Ähnlich äußerte sich Business Week am 14. Mai 2001: *„Companies report 'pro forma' earnings that are deceptive, unwarranted, and downright dangerous to the financial system ... still publish true figures according to GAAP, but they are usually hidden somewhere in quarterly reports, often in obscure footnotes".*

[182] ENRON hatte noch sechs Wochen vor der Insolvenz durch einen Ausschluss von 1,01 Mrd. US-Dollar (ein großer Teil bestand dabei aus Abschreibungen auf Beteiligungen und Sachanlagevermögen) einen 618 Mio. US-Dollar Verlust in einen Pro-forma-Gewinn von 393 Mio. US-Dollar umgewandelt. Bei der Berechnung der Pro-forma-Gewinne waren die Abschreibungen auf die letztendlich insolvenzverantwortlichen Hedge-Geschäfte ausgeschlossen worden, vgl. Sender (2002).

[183] Siehe Abschnitt 6.2.1.3.

1. Ist trotz der kritischen Presseberichterstattung sowie der Regulierung des Ausweises von Pro-forma-Ergebnissen in den USA eine Zunahme bei der Pro-forma-Berichterstattung sowie ein zunehmendes Herausrechnen von Aufwendungen, die Teil der auf Rechnungslegungsstandards basierenden Ergebnisse sind, festzustellen?

2. Schränken Pro-forma-Ergebnisse die Vergleichbarkeit von Unternehmen ein, indem Pro-forma-Ergebnisse überwiegend von weniger profitablen oder risikoreicheren Unternehmen genutzt werden?

3. Erlauben Pro-forma-Ergebnisse bessere Prognosen der zukünftigen wirtschaftlichen Entwicklung von Unternehmen, insbesondere der Einzahlungsüberschüsse und Unternehmenswerte als auf Rechnungslegungsstandards basierende Ergebnisse oder werden aus Sicht der Investoren bewertungsrelevante Informationen herausgerechnet, so dass von Pro-forma-Ergebnissen eine Täuschungsgefahr für Investoren ausgeht?

4. Erkennen Investoren zum Zeitpunkt der Ergebnisbekanntgabe mögliche Unterschiede zwischen Pro-forma-Ergebnissen und auf Rechnungslegungsstandards basierenden Ergebnissen oder resultieren daraus nicht adäquate Anlageentscheidungen, die in mittelfristig negativen Aktienkursentwicklungen zum Ausdruck kommen?

Diese zentralen Fragen sollen mit den folgenden empirischen Untersuchungen beantwortet werden.

# 3 Trends in der Pro-forma-Berichterstattung in den USA, Großbritannien und Deutschland

## 3.1 Pro-forma-Berichterstattung durch börsennotierte Unternehmen in den USA

### 3.1.1 Nutzung von Pro-Forma-EPS in der Unternehmensberichterstattung

Der Schwerpunkt des Pro-forma-Ergebnisausweises US-amerikanischer Unternehmen liegt auf dem Ausweis von Pro-forma-Ergebnissen je Aktie (Pro-forma-EPS) und modifizierten wertmäßigen Ergebnisgrößen mit angepassten Bewertungen einzelner GuV-Positionen.[184] Pro-forma-Ergebnisse je Aktie haben seit Mitte der 80iger Jahre in den USA breite Verwendung gefunden, obwohl die SEC bereits 1973 erstmals vor der Anwendung von Pro-forma-Ergebnissen in der Berichterstattung der Unternehmen gewarnt hatte.[185] Während um 1986 nur 17,5% der Unternehmen Pro-forma-Ergebnisse auswiesen, stieg deren Anteil bis 1999 auf ca. 71,5%.[186] Dabei ist der Anteil der Unternehmen, die in ihren Ergebnisveröffentlichung zuerst das Pro-forma-Ergebnis ausweisen von 6,5% in 1986 auf 43,5% in 1999 gestiegen. Die Anzahl der Unternehmen, die nur noch US-GAAP-Ergebnisse veröffentlichen, ist in diesem Zeitraum drastisch gesunken.

| Zeitraum | Nur US-GAAP | US-GAAP und dann Pro-forma | Pro-forma und dann US-GAAP | Nur Pro-forma | Summe |
|---|---|---|---|---|---|
| 1986 – 1987 | 82,5% | 11,0% | 6,5% | 0,0% | 100% |
| 1998 – 1999 | 28,5% | 28,0% | 42,0% | 1,5% | 100% |

**Tabelle 3: Stichprobe der Ergebnisveröffentlichungen 200 US-amerikanischer Unternehmen sowie die Reihenfolge der Ergebnisdarstellungen in deren Presseveröffentlichungen[187]**

In der Berichterstattung werden sowohl durch die Unternehmen als auch in der Presse Proforma-Ergebnisse gegenüber US-GAAP-Ergebnissen hervorgehoben: Ca. 60% der Unternehmen mit einem gemeinsamen Ausweis von US-GAAP und Pro-forma-EPS nennen zuerst die Pro-forma-Ergebnisse; dies trifft vor allem für Unternehmen zu, deren Pro-forma-Ergebnis das US-GAAP-Ergebnis übersteigt.[188] Die Finanzpresse folgt häufig dieser Darstel-

---

184 Vgl. Bradshaw/Sloan (2002), S. 42.

185 „If accounting net income computed in conformity with generally accepted accounting principles is not an accurate reflection of economic performance for a company or an industry, it is not an appropriate solution to have each company independently decide what the best measure of its performance should be and present that figures to its shareholders as Truth", SEC (1973), zitiert aus Dyck/Zingales (2003), S. 10.

186 Andere Studien geben den Anteil der Unternehmen mit einer eigenen Pro-forma-Berichterstattung mit ca. 60% - 74% an, vgl. Bhattacharya/Black/Christensen/Larson (2003), S. 293 f., Heflin/Hsu (2005), S. 28.

187 Vgl. Bruce/Bradshaw (2004), S. 42.

188 Vgl. Bhattacharya/Black/Christensen/Larson (2003), S. 302.

lung.[189] Experimentelle Studien belegen, dass mögliche (Handels-)Reaktionen und Fehleinschätzungen der Kleinanleger umso deutlicher ausfallen, je prominenter hervorgehoben das
Pro-forma-Ergebnis gegenüber dem US-GAAP-Ergebnis in den Ergebnisveröffentlichungen
positioniert wird.[190] Daher fallen die Kursreaktionen von Anlegern auf Pro-forma-Ergebnisse
in diesen Fällen besonders stark aus.[191]

Mit der Zunahme der Pro-forma-Berichterstattung der Unternehmen hat auch der Anteil der
Unternehmen, die Komponenten der jeweiligen Pro-forma-Ergebnisse erläutern sowie die
wertmäßige Höhe der einzelnen Anpassungen dokumentieren, zugenommen. Während 1998
nur 59% der Pro-forma-Ergebnisveröffentlichungen die Anpassungen sowie deren Höhe erläutern, waren es 2000 bereits 74%. Der Anteil der Unternehmen, die weder die ausgeschlossen Positionen sowie deren Höhe erläutern, ist im gleichen Zeitraum von 18% (1998) auf 6%
(2000) gesunken.[192] Diese Tendenz haben Sell-Side-Analysten und Finanzmanager in einem
Versuch der Selbstregulierung aufgegriffen; die FEI und NIRI haben im April 2001 Empfehlungen zur Darstellung von Pro-forma-Ergebnissen herausgegeben. Ergebnisveröffentlichungen sollen demnach auch die Ergebnisdarstellung nach US-GAAP beinhalten. Pro-forma-
Ergebnisse sind nur als ergänzendes Ergebnismaß darzustellen, um die derzeitige als auch die
zukünftige Unternehmensperformance aufzuzeigen. Pro-forma-Ergebnisse sind im Zusammenhang mit den US-GAAP-Ergebnissen darzustellen, um eine ausgeglichene Betrachtung
des operativen Ergebnisses des Unternehmens durch eine zusammenhängende Darstellung
und Überleitung zu ermöglichen. Die Abstimmung der US-GAAP- mit den Pro-forma-
Ergebnissen soll auf die gleiche Art und Weise über die Quartale hinweg erfolgen, um eine
Vergleichbarkeit der Ergebnisse zu ermöglichen.[193] Die NIRI empfiehlt den Unternehmen eine stärkere Gewichtung des US-GAAP-Ergebnisses gegenüber dem Pro-forma-Ergebnis, indem das US-GAAP-Ergebnis in einer Presseveröffentlichung vor dem Pro-forma-Ergebnis
dargestellt wird. Nur das US-GAAP-Ergebnis soll in den Überschriften der Ergebnisveröffentlichungen dargestellt werden. Pro-forma-Ergebnisse sollen auf die US-GAAP-Ergebnisse

---

189 Vgl. Dyck/Zingales (2003), S. 28.

190 Vgl. Bhattacharya/Black/Christensen/Allee (2003), Bowen/Davis/Matsumoto (2004), Elliott (2004).

191 Kursreaktionen auf in der Presse vorgehobene Pro-forma-Ergebnisse fallen ca. dreimal so stark aus wie auf
hervorgehobene US-GAAP-Ergebnisse, vgl. Dyck/Zingales (2003), S. 18.

192 Vgl. Bhattacharya/Black/Christensen/Larson (2003), S. 296 f.

193 Vgl. FEI/NIRI (2001).

übergeleitet werden, entweder verbal oder in tabellarischer Form.[194] Jedoch weichen die veröffentlichten Pro-forma-EPS bzw. modifizierten wertmäßigen Pro-forma-Ergebnisgrößen auch nach 2001 stark von diesen Empfehlungen ab. Der Anteil unzureichend oder gar nicht erläuterter Pro-forma-Ergebnisse ging dadurch nicht zurück.[195] Mit den Empfehlungen der FEI/NIRI ging der Anteil der Unternehmen mit einer freiwilligen Pro-forma-Berichterstattung im zweiten Quartal 2001 von 65% auf 59% zurück, stieg danach allerdings wieder bis auf 70% im ersten Quartal 2002 an und erreichte somit fast wieder das Niveau von 2000.[196] Vor diesem Hintergrund sowie dem Missbrauch von Pro-forma-Ergebnissen im Zusammenhang mit Unternehmensinsolvenzen hat die SEC im Dezember 2001 vor einer freiwilligen Pro-forma-Berichterstattung gewarnt.[197] Auf Grund der Warnung der SEC kam es zu einem geringfügigen Rückgang des Ausweises von Pro-forma-Ergebnissen: sowohl der Anteil der Unternehmen mit einer freiwilligen Pro-forma-Berichterstattung ging auf 58% zurück als auch der Anteil von in der Presse hervorgehobenen Pro-forma-Ergebnissen war rückläufig von 36% in 1998 bzw. 1999 auf 17% in 2002.[198]

Erst die Regulierung des Ausweises von Pro-forma-Ergebnissen durch die SEC im März 2003 durch die Regulation G und den Veränderungen des S-K, S-B-Filing sowie das 8-K-Furnishing auf Basis des „Sarbanes-Oxley-Acts" hat zu einem Rückgang der freiwilligen Pro-forma-Berichterstattung geführt.[199] Im Zentrum der Regulierung stehen eine Überleitung der Pro-forma-Ergebnisse auf die am besten vergleichbare US-GAAP-Kennzahl sowie eine verpflichtende Erläuterung der Zweckhaftigkeit und Verwendung der Pro-forma-Ergebnisse für die Unternehmenssteuerung. Dadurch soll eine opportunistische Nutzung von Pro-forma-

---

[194] Vgl. NIRI (2002a, b).

[195] Dies betrifft ca. 24% einer Stichprobe aus den im Dezember 2001 und Januar 2002 veröffentlichten Pro-forma-Ergebnissen, also dem Zeitpunkt der Veröffentlichung des Cautionary Advice der SEC (2001a), vgl. Wallace (2002), S. 23.

[196] Vgl. Marques (2005b), S. 37. Dies wird auch von Heflin/Hsu (2005), S. 40, auf Basis einer anderen Stichprobe gezeigt.

[197] Vgl. SEC (2001a, b, c).

[198] Vgl. Dyck/Zingales (2003), S. 28, Marques (2005b), S. 37. Im Unterschied zu Analysten werden in der Presse v.a. die Pro-forma-Ergebnisse kleinerer Unternehmen übernommen und in den Vordergrund gestellt. Ausschlaggebend dafür sind die höheren Informationsbeschaffungskosten bei kleineren Unternehmen.

[199] Marques (2005b), S. 37 stellt fest, dass der Anteil der Unternehmen mit einem Ausweis von Pro-forma-Ergebnissen mit Inkrafttreten der Regulierung zunächst auf 45% fiel; im letzten Quartal 2003 aber wieder auf 48% anstieg. Heflin/Hsu (2005) stellen in den letzten beiden Quartalen 2003 ebenfalls einen Anstieg um ca. 5% fest. Ein Grund dafür kann darin bestehen, dass Unternehmen die freiwillige Pro-forma-Berichterstattung nur temporär aussetzten, bis unternehmensintern alle Voraussetzungen zur Erfüllung der Regulierungsauflagen geschaffen wurden.

Ergebnissen verhindert und Transparenz über Unterschiede zwischen US-GAAP- und Pro-forma-Ergebnissen geschaffen werden.[200]

### 3.1.2 *Nutzung der Pro-forma-Kennzahlen der EBIT(DA)-Familie in der Unternehmensberichterstattung*

Pro-forma-Ergebnisse der EBIT(DA)-Familie haben ebenso eine weite Anwendung durch US-amerikanische Unternehmen gefunden. Sie werden häufig als Cashflow-ähnliche Kennzahlen zur Darstellung der Liquiditätskraft bzw. der Fähigkeit der Unternehmen zur Bedienung der Verbindlichkeiten genutzt;[201] für die Ergebnisdarstellung werden die Pro-forma-Ergebnisse der EBIT(DA)-Familie ebenfalls eingesetzt. Allerdings liegen dafür weniger Angaben über die Häufigkeit der Nutzung vor.[202] Auffällig ist aber, das US-amerikanische Unternehmen in fast gleicher Höhe, mit der durch die Unternehmen die Kennzahl EBITDA (32%) ausgewiesen wird, auch „Adjusted EBITDA" (27%) ausweisen, deren Ausschlüsse über Zinsaufwendungen, Steuern, Abschreibungen und Amortisationen hinausgehen und somit ausschließlich auf individuellen Berechnungsschemata der Unternehmen beruhen.[203] Auf Grund dieser unternehmensindividuellen Berechnung sind Pro-forma-Ergebnisse der E-BIT(DA)-Familie ebenso wenig für zwischenbetriebliche Vergleiche von Unternehmen hinsichtlich Ertragskraft, Liquiditätskraft oder Fähigkeit zur Bedienung der Verbindlichkeiten geeignet wie Pro-forma-EPS.

US-amerikanischen Studien und die kritische Auseinandersetzung der Presse mit Pro-forma-Kennzahlen zeigt, dass Pro-forma-Ergebnissen der EBIT(DA)-Familie in der Ergebnisberichterstattung von geringerer Bedeutung sind als Pro-forma-EPS.[204] Dies kann vor allem dadurch erklärt werden, dass Konsensus-Schätzungen der Analysten primär auf der Basis von

---

200 Vgl. SEC (2003a). Dabei sind alle Pro-forma-Ergebnisveröffentlichungen, unabhängig von der Kommunikationsform der Veröffentlichung, innerhalb von fünf Tagen bei der SEC zu hinterlegen (Furnishing im Rahmen des 8-K, Item 12).

201 Vgl. Moody's Investors Service (2000), S. 3.

202 68 von 276 US-Unternehmen (24,6%) wiesen am 30. - 31. Oktober 2000 EBITDA-Kennzahlen in ihren zu diesem Zeitpunkt veröffentlichten Ergebnisdarstellungen aus, vgl. Wallace (2002), S. 7.

203 Vgl. Wallace (2002), S. 15.

204 Alle empirischen Studien zur Pro-forma-Berichterstattung widmen sich Pro-forma-EPS, vgl. Bhattacharya/Black/Christensen/Larson (2003), Bowen/Davis/Matsumoto (2004), Bradshaw/Sloan (2002), Brown/Sivakumar (2003), Ciccone (2002), Doyle/Lundholm/Soliman (2003a), Doyle/McNichols/Soliman (2005), Doyle/Soliman (2002), Lougee/Marquardt (2004), McVay (2005). Siehe auch den Presseartikel von Forbes (2001).

Pro-forma-EPS abgegeben werden.[205] Seitens der Unternehmen erlangen Pro-forma-Ergebnisse der EBIT(DA)-Familie in der Ergebnisberichterstattung eine etwas geringere Priorität, da Investoren in erster Linie die Pro-forma-EPS mit den Analystenprognosen für Proforma-EPS abgleichen. Auf die Erfüllung der Analystenprognosen ausgerichtete interne Steuerungsmechanismen der Unternehmen sind deshalb eher auf Pro-forma-EPS ausgerichtet.

### 3.1.3 Positivdarstellung der Unternehmensperformance durch Pro-forma-Ergebnisse

Es existieren zwei verschiedene Vorgehensweisen der Ermittlung von Pro-forma-Ergebnissen: Pro-forma-Ergebnisse der Unternehmen und Pro-forma-Ergebnisse der Analysten (z.B. I/B/E/S-Ergebnisse). Die Pro-forma-Berichterstattung basiert somit entweder auf der Darstellung von eigenständig durch die Unternehmen definierten Pro-forma-Ergebnissen in Ergebnisveröffentlichungen oder der Anpassung von durch die Unternehmen veröffentlichten US-GAAP- oder Pro-forma-Ergebnissen durch die Analysten. Während Pro-forma-Ergebnisse der Unternehmen nur für die Unternehmen mit einem selbständigen Ausweis von Pro-forma-EPS oder EBIT(DA)-Kennzahlen vorliegen, werden von den Analysten für alle durch sie betreuten Unternehmen Pro-forma-Ergebnisse prognostiziert und zusätzlich auf der Basis der veröffentlichten US-GAAP- oder Pro-forma-Ergebnisse der Unternehmen ermittelt und abgeglichen. Obwohl Analysten mehrheitlich die Pro-forma-Ergebnisse der Unternehmen übernehmen, können doch deutliche Abweichungen zwischen den beiden Arten von Proforma-Ergebnissen bestehen. In den USA stimmen ca. 59 - 90% der Pro-forma-Ergebnisse der Unternehmen mit denen von den Analysten ermittelten überein.[206] In den anderen Fällen passen die Unternehmen die US-GAAP-Ergebnisse bei der Berechnung der Pro-forma-Ergebnisse stärker an wie die Analysten, um sich mehrheitlich besser darzustellen.[207] Dies wird durch ein aggressiveres Herausrechnen von mehr Aufwendungen im Vergleich zu den

---

[205] Vgl. I/B/E/S (2001), S. 7.

[206] Die Ergebnisse unterschieden sich auf Grund der Stichprobengröße sowie des Untersuchungszeitraums. Während Johnson/Schwartz (2005), S. 930, den Anteil identischer Pro-forma-Ergebnisse der Unternehmen und Analysten mit 58,7% angeben, liegt dieser Anteil bei Bhattacharya/Black/Christensen/Larson (2003), S. 301, bei 65%. Heflin/Hsu (2005), S. 12, gelangen zu anderen Ergebnissen; dabei wird ein Grad der Übereinstimmung der Pro-forma-Ergebnisse von zumindest 90% angegeben, ebenso Doyle/Lundholm/Soliman (2003a), S. 150. Auch Marques (2005a), S. 26, zeigt, dass Analysten-Tracking-Agenturen die meisten Ausschlüsse der Unternehmen übernehmen.

[207] Bei Abweichungen zwischen den Pro-forma-Ergebnissen der Analysten und den veröffentlichten der Unternehmen überschreiten 75% der Pro-forma-Ergebnisse der Unternehmen jene der Unternehmen; nur bei einem Viertel der Abweichungen fallen die Pro-forma-Ergebnisse der Unternehmen geringer als die der Analysten aus, vgl. Bhattacharya/Black/Christensen/Larson (2003), S. 301; ähnlich: Wallace (2002), S. 17.

Analysten erreicht. Deshalb übersteigen die Pro-forma-Ergebnisse der Unternehmen die Pro-forma-Ergebnisse der Analysten im Median um 0,02$ und im Mittelwert sogar um 0,04$.[208]

Tabelle 4 zeigt beispielhaft in einer Untersuchung von nahezu 170.000 Quartalsergebnissen amerikanischer Unternehmen aus dem Zeitraum 1988 - 2000, dass die Pro-forma-Ergebnisse der Analysten je Aktie (Street-Ergebnisse) mit durchschnittlich 0,28$ um 0,04$ höher ausfallen als die US-GAAP-Ergebnisse (0,24$).[209] Die Differenz der Ergebnisse in Höhe von vier Cent je Aktie kann auf den Ausschluss einmaliger Aufwendungen (0,03$) sowie den Ausschluss operativer Aufwendungen (0,01$) zurückgeführt werden.[210] Die Pro-forma-Ergebnisse von Unternehmen, die Aufwendungen ausschließen, betragen im Durchschnitt 0,27$; zugleich betragen die US-GAAP-Ergebnisse dieser Unternehmen durchschnittlich -0,01$, woraus deutlich höhere Ausschlüsse i.H.v. 0,28$ resultieren. Diese erklären sich vor allem durch extreme, einmalige Ergebnisbelastungen[211] sowie aus den Anreizen, bei einem Verfehlen von Analystenerwartungen oder bonusrelevanten Gewinnzielen für das Management,[212] Analystenerwartungen deutlichen zu unterschreiten oder sogar deutliche Verluste auszuweisen, um Reserven für ein ergebniserhöhendes Ergebnismanagement in künftigen Perioden zu schaffen.[213]

Unternehmen, die nur in geringem Maß Aufwendungen ausschließen, weisen sowohl höhere Pro-forma- als auch US-GAAP-Ergebnisse je Aktie im Vergleich zu anderen Unternehmen mit höheren ausgeschlossenen Aufwendungen auf. Durch die Verbindung der höheren Ergebnisse mit dem Ausschluss von Aufwendungen steigt die Wahrscheinlichkeit von 61 auf 67%, durch Pro-forma-Ergebnisse die Analystenprognosen zu treffen. Die Höhe der dafür erforderlichen Ausschlüsse beträgt im Durchschnitt 0,06$. Allerdings werden dafür verhältnismäßig

---

208 Hier liegen von I/B/E/S ermittelte Konsensus-Schätzungen der Analysten zugrunde. Diese Unterschiede sind statistisch signifikant, vgl. Bhattacharya/Black/Christensen/Larson (2003), S. 298 ff.

209 Zum Teil ergeben sich deutlich höhere Abweichungen: Ciccone (2002) weist einen Unterschied zwischen Pro-forma-Ergebnissen und US-GAAP-Ergebnissen i.H.v. 0,14$ aus, wobei die Pro-forma-EPS im Durchschnitt 0,62$ und die US-GAAP-EPS 0,48$ betragen, vgl. Ciccone (2002), S. 7 ff.

210 Vgl. Doyle/McNichols/Soliman (2005), S. 34 ff.

211 Vgl. Doyle/McNichols/Soliman (2005), S. 18. Die Wahrscheinlichkeit eines „Big Baths" bei negativen Ergebnisüberraschungen ist ungefähr 13 mal so hoch wie ein extremes Übertreffen der Analystenerwartungen (21,6 versus 1,6%), vgl. Brown (2001), S. 228. Ähnlich: Vgl. Abarbanell/Lehavy (2002), Dechow/Richardson/Tuna (2002).

212 Unterstützt wird dies dadurch, dass nur 55% der Unternehmen dieser Gruppe im Vergleich zu 67% der Unternehmen mit kleinen Ausschlüssen die Analystenprognosen treffen, vgl. Doyle/McNichols/Soliman (2005), S. 19.

213 Vgl. Baetge (1994), S. 2.

deutlich mehr operative als einmalige Aufwendungen zur Berechnung der Pro-forma-Ergebnisse ausgeschlossen.[214] Damit zeigt sich, dass vor allem kleinere Ausschlüsse genutzt werden, um Analystenprognosen zu treffen. Für dieses gezielte Ergebnismanagement werden die Aufwendungen des operativen Geschäfts herausgerechnet.

| Variablen | Gesamte Stichprobe | | Unternehmen mit Ausschlüssen | | Unternehmen mit geringen Ausschlüssen | |
|---|---|---|---|---|---|---|
| | Mittelwert | Median | Mittelwert | Median | Mittelwert | Median |
| Street Ergebnis je Aktie | 0,28$ | 0,24$ | 0,27$ | 0,23$ | 0,36$ | 0,30$ |
| US-GAAP Ergebnis je Aktie | 0,24$ | 0,22$ | -0,01$ | 0,07$ | 0,29$ | 0,25$ |
| Ausschlüsse je Aktie | 0,04$ | 0,00$ | 0,27$ | 0,10$ | 0,06$ | 0,04$ |
| „Special Items" je Aktie | 0,03$ | 0,00$ | 0,14$ | 0,00$ | 0,02$ | 0,00$ |
| Andere Ausschlüsse je Aktie | 0,01$ | 0,00$ | 0,12$ | 0,04$ | 0,02$ | 0,02$ |
| Anwendung von Ausschlüssen | 21% | | 100% | | 100% | |
| Treffen der Analystenerwartungen | 61% | | 61% | | 67% | |

Tabelle 4: Unterschiede zwischen Pro-forma-EPS und US-GAAP-EPS US-amerikanischer Unternehmen zwischen 1988 und 2000[215]

Empirische Untersuchungen für die USA bestätigen, dass die operativen US-GAAP-Ergebnisse nicht nur geringer als die Pro-forma-Ergebnisse der Analysten ausfallen sondern auch geringer als die selbstveröffentlichten Pro-forma-Ergebnisse der Unternehmen. Über alle Betrachtungszeitpunkte seit Mitte der 80iger Jahre fallen die Pro-forma-Ergebnisse höher aus als die US-GAAP-Ergebnisse.[216] Die Pro-forma-Ergebnisse der Unternehmen übersteigen in ca. 70% der untersuchten Fälle die US- Ergebnisse; nur in 30% der untersuchten Fälle fallen die selbstveröffentlichten Pro-forma-Ergebnisse der Unternehmen geringer aus als die US-GAAP-Ergebnisse der Unternehmen.[217] Aus diesem Grund zeigt sich für die USA, dass

---

[214] Der Anteil der anderen operativen Ausschlüsse steigt von 44% auf 66%, während der Anteil der „Special Items" von 56% auf 33% fällt, vgl. Doyle/McNichols/Soliman (2005), S. 18 und S. 34 ff.

[215] Vgl. Doyle/McNichols/Soliman (2005), S. 34 ff. Die Autoren untersuchen 167.126 Unternehmensquartale, 34.572 (21%) mit Ausschlüssen > 0; 108.175 (65%) mit Ausschlüssen = 0 und 24.379 (15%) mit Ausschlüssen < 0.

[216] Vgl. Bhattacharya/Black/Christensen/Larson (2003), Bowen/Davis/Matsumoto (2005), Bradshaw/Sloan (2002), Brown/Sivakumar (2003), Ciccone (2002), Doyle/Lundholm/Soliman (2003a), Doyle/McNichols/Soliman (2005), Doyle/Soliman (2002), Lougee/Marquardt (2004), McVay (2005).

[217] Auch das I/B/E/S-Ergebnis der Analysten ist in 63% höher als das US-GAAP-Ergebnis, nur in 36% ist das US-GAAP-Ergebnis höher als das I/B/E/S-Ergebnis, vgl. Bhattacharya/Black/Christensen/Larson (2003), S.

80,1% der von Unternehmen ausgewiesenen Pro-forma-Ergebnisse im Vergleich zu 77,5% der von Analysten berechneten Pro-forma-Ergebnissen (= I/B/E/S-Ergebnisse) die Analystenerwartungen genau treffen oder übertreffen.[218] Bei Vergleichen der US-GAAP-Ergebnisse mit den Analystenerwartungen für US-GAAP ergibt sich ein anderes Bild: lediglich 38,7% der US-GAAP-Ergebnisse erreichen die Analystenprognosen.[219]

Die Möglichkeit zur Positivdarstellung der Unternehmenslage durch Pro-forma-Ergebnisse wird vor allem von Unternehmen mit unterdurchschnittlicher Profitabilität, Verlusten nach US-GAAP sowie von Unternehmen mit größeren Schwankungen der US-GAAP-Ergebnisse genutzt.[220] Diesbezüglich zeigt sich, dass die Unternehmen mit der geringsten Volatilität der US-GAAP-Ergebnisse eine etwa gleich niedrige Volatilität der Pro-forma-Ergebnisse aufweisen; dagegen fällt die Volatilität der US-GAAP-Ergebnisse bei Unternehmen mit stark volatilen US-GAAP-Ergebnissen etwa doppelt so hoch aus wie deren Volatilität der Pro-forma-Ergebnisse.[221] Ebenso werden bei Unternehmen mit US-GAAP-Verlusten deutlich mehr Aufwendungen beim Ausweis von Pro-forma-Ergebnissen herausgerechnet als bei Unternehmen mit positiven US-GAAP-Ergebnissen. Damit zeigt sich, dass vor allem Manager der Unternehmen mit stark volatilen US-GAAP-Ergebnissen oder solchen mit Verlusten Pro-forma-Ergebnisse nutzen, um ihre Ergebnisse positiv darzustellen sowie im Zeitablauf zu glätten.[222]

---

301. Nur 4% der Unternehmen nehmen Ausschlüsse für Erträge und Aufwendungen gleichzeitig vor. Es dominieren dagegen Anpassungen der Aufwendungen sowie die Veränderung der Aktienanzahl, vgl. Bradshaw (2003), S. 329.

218 Vgl. Bhattacharya/Black/Christensen/Larson (2003), S. 303. Bei der Untersuchung von Doyle/McNichols/Soliman (2005) liegt das Erreichen der I/B/E/S-Ergebnisse bei 61-67%, wie Tabelle 4 zu entnehmen ist.

219 Vgl. Bhattacharya/Black/Christensen/Larson (2003), S. 303. Ähnlich: Doyle/Soliman (2002), S. 19: die Wahrscheinlichkeit des Treffens oder Übertreffens der Ergebnisprognosen bei einem Unternehmen mit Pro-forma-Ergebnisausweis liegt mit 67,2% deutlich höher als bei Unternehmen mit ausschließlichem US-GAAP-Ergebnisausweis (59,9%).

220 Diese Unternehmen tendieren dazu, höhere und geglättete Pro-forma-Ergebnisse zu veröffentlichen, vgl. Bhattacharya/Black/Christensen/Larson (2003), S. 303, Bhattacharya/Black/Christensen/Mergenthaler (2004a), S. 42, Ciccone (2002), S. 11, Lougee/Marquardt (2004), S. 791, UBS Warburg (2003), S. 7, Wallace (2002), S. 43. Inbesondere US-GAAP-Verluste sowie das Verfehlen der Analystenprognosen erhöhen die Wahrscheinlichkeit des Ausweises von Pro-forma-Ergebnissen um 11 bzw. 69%, vgl. Heflin/Hsu (2005), S. 43. Negative einmalige „Special Items", ein hoher Goodwill, eine hohe Analystencoverage bzw. eine hohe Marktkapitalisierung oder geringere Gewinne im Vergleich zum Vorjahr lassen außerdem die Nutzung von Pro-forma-EPS ansteigen, vgl. Heflin/Hsu (2005), S. 26 und 47, Hsu (2004), S. 22.

221 Vgl. Ciccone (2002), S. 10.

222 Vgl. Ciccone (2002), S. 14; wie ein Ergebnismanagement mit Accruals ist dies besonders stark bei Unternehmen ausgeprägt, die später insolvent werden oder in Bilanzskandale verwickelt sind, vgl. Rosner (2003), S. 361 ff.

Ziel des Einsatzes der Pro-forma-Ergebnisse ist es somit nicht nur, die Analystenerwartungen zu treffen oder ein stetiges Ergebniswachstum zu zeigen, sondern auch am Markt als weniger risikobehaftet zu erscheinen.[223] Insgesamt versucht das Management, die Annahmen der Investoren bezüglich der Unternehmensperformance sowie deren Erwartungen bezüglich der Kapitalkosten bzw. erwarteten Renditen zu beeinflussen. Zum Ausweis höherer und geglätteter Ergebnisse schließen Unternehmen bei der Berechnung von Pro-forma-Ergebnissen sowohl Sachverhalte aus, die nicht Teil der normalen operativen Geschäftstätigkeit der Unternehmung sind[224] als auch Aufwendungen, die Teil des operativen Geschäfts sind.[225]

Der Verdacht einer opportunistischen Nutzung von Pro-forma-Ergebnissen wird dadurch erhärtet, dass Pro-forma-Ergebnisse in enger Verbindung stehen mit

- einem Insiderhandel des Managements der Unternehmen und

- einer Optimierung des Gehalts des Managements durch Bonuszahlungen sowie Aktienoptionen.[226]

Die positive Investorenreaktion auf ein Erfüllen der Analystenprognosen eröffnet dem Management die Situation, eigene Aktien zu verkaufen. Dies ist der wesentliche Grund, die Analystenprognosen zu erfüllen oder knapp zu übertreffen.[227] Für das Treffen der Analystenprognosen stehen dem Unternehmensmanagement sowohl traditionelle Methoden des Ergebnismanagement (z.B. Ergebnisbeeinflussung durch Accruals)[228] als auch der Ausweis von Proforma-Ergebnissen zur Verfügung.[229] Empirische Studien belegen, dass Manager beide For-

---

[223] Vgl. Burgstahler/Dichev (1997), Degeorge/Patel/Zeckhauser (1999), Doyle/McNichols/Soliman (2005), Matsumoto (2002). Zum Zusammenhang zwischen Aktienmarktbewertung und Volatilität der Ergebnisse, vgl. Trueman/Titman (1988).

[224] Vgl. Hsu (2004), S. 37; ähnlich: Bradshaw/Sloan (2002), S. 50, Ciccone (2002), S. 7 ff., Kinney/Trezevant (1997), S. 47.

[225] Vgl. Doyle/Lundholm/Soliman (2003a), S. 165, Doyle/McNichols/Soliman (2005), S. 5, McVay (2005), S. 27 f. und S. 45.

[226] Vgl. McVay/Nagar/Tang (2005), S. 26. Allerdings ist dies bei Unternehmen mit einem unabhängigen Board mit vielen Outsidern nicht der Fall.

[227] McVay/Nagar/Tang (2005), S. 25.

[228] Unternehmen mit einem unabhängigen Board weisen eine geringere Höhe an diskretionären Accruals auf, vgl. Klein (2002). Die Entlohnung des Top-Managements durch einen Bonus ist dabei in der Vor-SOX- und Nach-SOX-Phase relativ stabil geblieben; im Gegensatz dazu ist die Entlohnung durch Optionen in der Vor-SOX-Phase massiv angestiegen und mit dem Inkrafttreten des „Sarbanes-Oxley-Act" wieder zurückgegangen, vgl. Cohen/Dey/Lys (2005), S. 26 f. und S. 38.

[229] Durch das Herausrechnen von Aufwendungen können durch die Unternehmen selbständig definierte Proforma-Ergebnisse im Vergleich zu den auf Rechnungslegungsstandards basierenden Ergebnissen erzielt werden; durch die Missklassifizierung und das Hervorheben von Aufwendungen als einmalige Sonderein-

men des Ergebnismanagements für Insidergeschäfte mit Aktien des Unternehmens, für das sie tätig sind, nutzen. Wenn das Treffen der Analystenprognosen durch traditionelle Maßnahmen des Ergebnismanagements erreicht wurde, erfolgen anschließend signifikant mehr Aktienverkäufe durch Manager und Insider als bei einem Erreichen der Analystenprognosen ohne Ergebnismanagementeingriffe.[230] Auch bei der Nutzung von Pro-forma-Ergebnissen zur Positivdarstellung der Unternehmen ist dieses Phänomen nachweisbar. Die Bekanntgabe dieser Pro-forma-Ergebnisse ist mit einer deutlichen Zunahme des Insiderhandels durch Manager verbunden.[231] Die Verkäufe von Aktien des eigenen Unternehmens durch Manager ist 56 mal höher für Unternehmen, die die Analystenprognosen getroffen oder ganz knapp übertroffen haben als für die Manager der Unternehmen, die diese Prognosen knapp verfehlt haben.[232]

Pro-forma-Ergebnisse werden in Verbindung mit einem Herausrechnen von Aufwendungen bzw. der Missklassifizierung von operativen Aufwendungen in einmalige Vorfälle häufiger bei einer erfolgsabhängigen Entlohnung des Managements durch Boni oder Aktienoptionen eingesetzt. Manager, die auf der Basis der US-GAAP-Ergebnisse einen niedrigeren Bonus als den Zielbonus erreichen, weisen deshalb signifikant mehr Aufwendungen als einmalige „Special Items" aus.[233] Dadurch werden höhere Pro-forma-Ergebnisse und höhere Boni erreicht. Wenn das Management keiner effektiven Kontrolle durch unabhängige Aufsichtsgremien unterliegt,[234] werden darüber hinaus häufiger operative Aufwendungen als einmalige Son-

---

flüsse können Analysten zum Herausrechnen dieser Aufwendungen motiviert und verbesserte Pro-forma-Ergebnisse der Analysten erreicht werden.

230 Vgl. McVay/Nagar/Tang (2005), S. 19 f. Die Studie erlaubt keine klare Abgrenzung zwischen Pro-forma-Ergebnisausweis und traditionellem Ergebnismanagement, da das Treffen der Analystenerwartungen anhand von I/B/E/S berechneten Konsensus-Prognosen bzw. Ergebnissen festgestellt wird; von I/B/E/S berechnete Konsensus-Prognosen und Ergebnisse basieren auf Pro-forma-Ergebnissen der Analysten, siehe Abschnitt 2.3.1.

231 Vgl. Frankel/McVay/Soliman (2005), S. 19 ff. Die Ergebnisse von McVay/Nagar/Tang (2005), die ebenfalls auf Pro-forma-Ergebnissen der Analysten nach I/B/E/S-Definition beruhen, legen die Vermutung nahe, dass vor allem Aktienverkäufe zu der Zunahme des Insiderhandels führen. Boyer/Ciccone/Zhang (2004), S. 16, gelangen aber zum entgegengesetzten Ergebnis, wonach Manager von Unternehmen mit höheren Pro-forma- als US-GAAP-Ergebnissen sowie optimistischen Analystenprognosen weniger stark zum Verkauf sondern stärker zum Kauf eigener Aktien neigen als andere Unternehmen.

232 Vgl. McVay/Nagar/Tang (2005), S. 2.

233 Unternehmen mit geringer externer Kontrolle im Board neigen häufiger zum Herausrechnen von für das Geschäftsmodell charakteristischen Aufwendungen, die nicht einmalig sind. Diese Ausschlüsse haben eine negative Prognosekraft bezüglich zukünftiger GAAP-Ergebnisse bzw. Aktienrenditen sowie erhöhen die Wahrscheinlichkeit, Analystenprognosen knapp zu treffen, vgl. Frankel/McVay/Soliman (2005), S. 19 ff.

234 Die NASDAQ und die NYSE haben auf diese Beobachtungen reagiert und ihre Corporate Governance Regeln dahingehend angepasst, dass alle bei ihnen notierten Unternehmen unabhängig besetzte Audit Committees einrichten müssen, die alle Ergebnismeldungen diskutieren und darüber im Board berichten müssen,

61

dereinflüsse klassifiziert; dadurch wird ein häufigeres Treffen der Ergebnisprognosen der Analysten erreicht.[235]

Der Anstieg des Insiderhandels des Managements kann in beiden Fällen als Signal einer abnehmenden Ertragskraft der Unternehmen angesehen werden;[236] die traditionellen Maßnahmen eines Ergebnismanagements werden in späteren Perioden als Aufwendungen erfolgswirksam vereinnahmt. Ein regelmäßiges Herausrechnen von Sondereinflüssen („Special Items") durch das Management der Pro-forma-Ergebnisse ist dauerhaft als nicht glaubwürdig anzusehen. Zugleich kann das Treffen oder Übertreffen der Analystenerwartungen durch ein traditionelles Ergebnismanagement oder die Gestaltung der Pro-forma-Ergebnisse durch das Management genutzt werden, um daraus kurzfristige positive Kursreaktion zu erzielen. Das Ausnutzen der aus den Kursreaktionen resultierenden Überbewertungen ist eine komplementäre Erklärung für den Anstieg des Insiderhandels.

In der Literatur gilt es als unbestritten, das traditionelle Maßnahmen des Ergebnismanagements genutzt werden, um die erfolgsabhängige Entlohnung durch Bonuszahlungen und Aktienoptionen zu optimieren.[237] Pro-forma-Ergebnisse bieten ein zusätzliches Instrument zur Optimierung der erfolgsabhängigen Entlohnung, wenn selbständig definierte Pro-forma-Ergebnisse ausgewiesen werden,[238] die einen Teil des Entlohnungssystems darstellen und Analysten bei der Berechnung des Pro-forma-Ergebnisses das Herausrechnen der als einmalige Sondereinflüsse („Special Items") klassifizierten Aufwendungen übernehmen. Bei einer Kopplung der Bonuszahlungen an das Ergebnis vor diesen Sondereinflüssen oder an die Pro-forma-Ergebnisse können die erfolgsabhängigen Bonuszahlungen maximiert werden, ohne die

vgl. SEC (2003b), S. 7 und 15. Ebenso sind darin die Anforderungen an die Unabhängigkeit der Board-Mitglieder detailliert aufgeführt.

235 Vgl. Frankel/McVay/Soliman (2005), S. 19 ff.

236 Ein wiederholtes Ergebnismanagements wird mit Bewertungsabschlägen quittiert, vgl. Black/Carnes/Richardson (2000), S. 406, ähnlich: Burgstahler/Eames (2003), S. 264.

237 Accruals werden überdurchschnittlich häufig eingesetzt, um die Basis für höhere Gewinne im nächsten Geschäftsjahr zu schaffen, wenn die Gewinne im laufenden Geschäftsjahr so gering ausfallen, dass ohnehin keine Bonuszahlung erreichbar ist oder die Obergrenze für die Bonuszahlung überschritten wird, vgl. Healy (1985), S. 106, Holthausen/Larcker/Sloan (1995), S. 49.

238 Unternehmen mit Ergebnissen oberhalb der Referenzwerte weisen für den Zielbonus höhere positive „Special Items" (Erträge, z.B. einmalige Gewinne aus Verkäufen von Vermögensgegenständen) aus, die die Pro-forma-Ergebnisse auf Grund der asymmetrischen Anpassung der Ergebnisse zwar nicht reduzieren aber auch die Erwartungen bezüglich der Ergebnisse künftiger Perioden nicht erhöhen. Unternehmen mit US-GAAP-Ergebnissen unterhalb des Schwellenwertes für den Zielbonus weisen dagegen höhere negative „Special Items" aus, vgl. Holthausen/Larcker/Sloan (1995), S. 63; dies wirkt ergebniserhöhend auf die Berechnung der Pro-forma-Ergebnisse. Ähnlich: Schrand/Walther (2000), S. 174.

negativen Wirkung einer erfolgswirksamen Vereinnahmung der Effekte traditioneller Ergebnismanagementmethoden auf zukünftige Ergebnisse in Kauf nehmen zu müssen.[239] Erst seit der Regulierung des Ausweises von Pro-forma-Ergebnissen durch die SEC (2003a) ist dieser opportunistische Einsatz von Pro-forma-Ergebnissen rückläufig.[240]

### 3.1.4 Ergebniswachstum durch Pro-forma-Ergebnisse und Trenddarstellung durch die veröffentlichten Ergebnissen

Mit dem zunehmenden Ausweis von Pro-forma-EPS im Zeitablauf hat auch das Ausmaß der Ergebnisbereinigungen bei der Pro-forma-Ergebnisberechnung zugenommen. Insbesondere das Herausrechnen von Aufwendungen, die Teil von auf Rechnungslegungsstandards basierenden Ergebnissen sind, hat statistisch wie ökonomisch signifikant zugenommen.[241] Deutlich wird dies in einem höheren Wachstum der Pro-forma-EPS im Vergleich zu US-GAAP-EPS: zwischen 1985 und 1997 nahmen die US-GAAP-EPS um durchschnittlich 4,9% zu während die Pro-forma-Ergebnisse im gleichen Zeitraum mit 7,1% pro Jahr deutlich stärker wuchsen. Abbildung 5 veranschaulicht diese Beobachtungen graphisch.

Für die zunehmende Differenz zwischen dem Pro-forma- und US-GAAP-Ergebnis in den 80iger und 90iger Jahren werden das Unternehmensmanagement, die Finanzanalysten sowie die Analyst Tracking Services verantwortlich gemacht. Dabei gab es Entwicklungen im Umfeld des Financial Reporting, die diese Entwicklung gefördert und legitimiert haben. Ein Grund liegt in der heutigen Informationstechnologie, die es möglich macht, dass Ergebnismeldungen weit verbreitet sind, lange bevor die gesetzlichen oder verpflichtenden Ergebnisveröffentlichungen auf der Basis der Rechnungslegungsstandards, z.B. bei der SEC, veröffentlicht werden. Insbesondere hatte die Regulierung nicht mit der Entwicklung der elektronischen Medien Schritt gehalten. Ergebnisveröffentlichungen und Konferenzschaltungen sind für die meisten Unternehmen das wichtigste Medium der externen Unternehmensdarstellung.

---

239 Grundsätzlich ist eine Zunahme der freiwilligen Berichterstattung der Unternehmen zu beobachten, wenn das Management stärker in Form von Aktienoptionen entlohnt wird, vgl. Lakhal (2003).

240 Insbesondere der Ausweis von Pro-forma-Ergebnissen, deren Ausschlüsse über Goodwill und Abschreibungen hinausgehen, ging durch die neue Regulierung deutlich zurück, vgl. Heflin/Hsu (2005), S. 23. Seit dem „Sarbanes-Oxley-Act" werden deutlich weniger opportunistische Ausschlüsse von operativen Aufwendungen vorgenommen, vgl. Heflin/Hsu (2005), S. 28, Marques (2005), S. 40.

241 Vgl. Bruce/Bradshaw (2004), S. 41. Die Unterschiede zwischen Pro-forma- und US-GAAP-Ergebnissen haben zwischen 1985 und 1997 im Durchschnitt um 17 - 21% zugenommen, vgl. Bradshaw/Sloan (2002), S. 54 f. Verantwortlich dafür ist eine stärkere Zunahme des Herausrechnens von Aufwendungen als von Erträgen; zwischen 1991 und 2001 stieg der Anteil der herausgerechneten Aufwendungen (Erträge) von 55% (30%) auf 74% (51%), vgl. Hsu (2004), S. 37.

Diese Veranstaltungen fanden allerdings außerhalb der regulierten Pflichten der Unternehmen für die Finanzberichterstattung statt und gaben dem Management einen weiten Spielraum.[242] Es ist davon auszugehen, dass einige Unternehmen diese nicht regulierten Freiräume aggressiv zum Herausrechnen von Aufwendungen beim Ausweis von Pro-forma-Ergebnissen nutzten und damit über Peer-Gruppen-Vergleiche Druck auf andere Unternehmen ausübten, in ähnlicher Weise Pro-forma-Ergebnisse zu berechnen.[243] Hier hat die SEC (2003a) mit der Regulation G bei der Verbreitung von Pro-forma-Ergebnissen in jeder möglichen Veröffentlichungsform angesetzt.

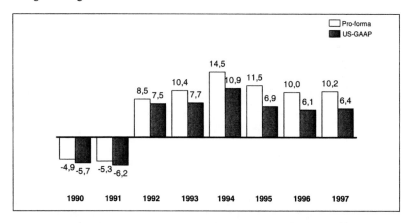

**Abbildung 5: Durchschnittliche Wachstumsraten (Mittelwerte) von Pro-forma- und US-GAAP-Ergebnissen im Vorjahresvergleich**[244]

Ein anderer Grund für die Zunahme der Pro-forma-Ergebnisse kann in der Verschiebung des Schwerpunkts der US-GAAP als auch der IFRS vom ergebnisgetriebenen Ansatz in der GuV (*„income statement approach"*) zum bilanzgetriebenen Ansatz (*„balance sheet approach"*) liegen.[245] Dadurch rücken anstelle der zusammenpassenden Bewertung von Erträgen und Aufwendungen zunehmend Fragestellungen der Bewertung von Aktiv- und Passivpositionen in den Vordergrund. Dabei wird dem wichtigsten Ansatz für Investoren, die zukünftigen Cashflows zu ermitteln, nicht ausreichend genüge getan. Insbesondere Impairment-Tests zur Ermittlung fairer Wertansätze für Aktivpositionen spielen dabei eine zentrale Rolle; die dar-

---

242 Vgl. Bruce/Bradshaw (2004), S. 45.
243 Vgl. Bruce/Bradshaw (2004), S. 45.
244 Vgl. Bradshaw/Sloan (2002), S. 55.
245 Vgl. FASB (1995, 2001b, 2001c).

aus resultierenden Wertberichtigungen haben bei amerikanischen Unternehmen zwischen 1985 bis 1997 zu einer Verdopplung der Häufigkeit von einmaligen Ergebnisbelastungen geführt. Zugleich hat ihr Anteil an den gesamten Aufwendungen von ein auf zwei Prozent zugenommen.[246] Da diese Einmalbelastungen die Prognostizierbarkeit der zukünftigen Erträge reduzieren, werden diese i.d.R. durch Analysten und Unternehmen herausgerechnet; der Anstieg dieser Einmalbelastungen sowohl in der Häufigkeit als auch ihrer Höhe führte somit zu einem Anstieg der Differenz zwischen Pro-forma- und US-GAAP-Ergebnissen.

### 3.2 Pro-forma-Berichterstattung durch FTSE100-Unternehmen in Großbritannien

#### 3.2.1 Besonderheiten der Rechnungslegung in Großbritannien – Abgrenzung von „Exceptional" und „Extraordinary Items" und Ausweis adjustierter EPS

Britische Unternehmen[247] können in ihren Jahresabschlüssen bereits ohne den Ausweis von Pro-forma-Ergebnissen auf außergewöhnliche Belastungen hinweisen, die zwar im operativen Kerngeschäft entstanden sind,[248] aber aus Sicht des Managements dennoch nicht repräsentativ für das normale operative Geschäft sind.[249] Diese Positionen werden als „Exceptional Items"[250] bezeichnet und sind in den Notes zu erläutern.[251] Davon abzugrenzen sind „Extra-

---

246 Vgl. Bruce/Bradshaw (2004), S. 45 f., ähnlich Hsu (2004), S. 37.

247 Bis zur FRS 3 Neuregelung 1992 war es für britische Unternehmen möglich, die weit gefassten Vorschriften anzuwenden, Positionen als „Exceptional" oder „Extraordinary" zu klassifizieren, vgl. ASC (1986), SSAP 6. Da „Extraordinary Items" beim EPS-Ausweis rausgerechnet werden konnten, nutzten die Unternehmen die Spielräume zum Management des Ergebnisausweises. Mit der Neuregelung der FRS 3 durch das ASB (1992) wurde dieser Spielraum erheblich eingeschränkt und stringentere Regeln für die Klassifikation von Positionen als „Exceptional" oder „Extraordinary" eingeführt, der substanzielle Veränderungen in Format und Inhalt der GuV gebracht hat. Sir David Tweedie, Chairman des Accounting Standards Board fasste die Ausnutzung der Spielräume durch die Unternehmen folgendermaßen zusammen: *„referred to companies deciding that material one-off items were exceptional if they were credits and extraordinary if the were debits"*, Günter (1995), S. 90.

248 Die gewöhnliche Geschäftstätigkeit wird in ASB (1992), FRS 3.2 definiert als *„ any activities which are undertaken by a reporting entity as part of is business and such related activities in which the reporting engages in furtherance of, incidental to, or arising from, these activities. Ordinary activities include the effects on the reporting entity of any event in the various environments in which it operates, including the political, regulatory, economic and geographical environments, irrespective of the frequency or unusual nature of the events"*.

249 Vgl. ASB (1992), FRS 3.5 und 3.20, Cook/Connor/Wilson (2002), S. 536 ff.

250 „Exceptional Items" sind definiert als *„material items which derive from events or transactions that fall within the ordinary activities of the reporting entity and which individually or, if a similar type, in aggregate, need to be disclosed by virtue of their size or incidence if the accounts are to give a true and fair view"*, ASB (1992), FRS 3.5.

251 Bis 1992 waren „Exceptional Items" beim Ausweis des Ergebnisses je Aktie zu berücksichtigen, „Extraordinary Items" aber herauszurechnen. Beide Kategorien waren aber nicht eindeutig voneinander abgegrenzt. Die Klassifikation von Aufwendungen bzw. Erträgen als „Exceptional" bzw. „Extraordinary Items" wurde deshalb zum Ergebnismanagement missbraucht, vgl. Barnea/Ronen/Sadan (1976) sowie Beat-

ordinary Items",[252] von denen das Management erwartet, dass sich diese Aufwendungen nicht wiederholen, da sie einem hohen Grad an Abnormalität unterliegen.[253] Dabei werden in anderen Rechnungslegungsstandards ebenfalls die Begriffe gewöhnliche Geschäftstätigkeit und außerordentliches Ergebnis definiert, doch nur FRS 3 definiert auch den Begriff „Exceptional Item". Weder IAS/IFRS, US-GAAP noch HGB kennen dabei den Begriff „Exceptional Item". Gemäß FRS 3.20 sind durch die Unternehmen folgende Sachverhalte als „Exceptional Items" auszuweisen:[254]

- Gewinne und Verluste aus dem Verkauf oder der Schließung von Geschäftsbereichen,

- Aufwendungen für eine fundamentale Reorganisation oder eine Restrukturierung und

- Gewinne und Verluste aus dem Verkauf des Sachanlagevermögens.[255]

„Exceptional Items" sind allerdings nur dann separat in der GuV darzustellen, wenn die Bedeutung dieser Positionen es notwendig macht und sonst kein adäquater Einblick in die Unternehmenslage gewährt wird.[256] Auf Grund der hohen diskretionären Spielräume bei der Klassifikation und der Darstellung von Aufwendungen als „Exceptional Items" nutzen britische Unternehmen „Exceptional Items" umfangreich zum Ergebnismanagement. Die meisten britischen Unternehmen des FTSE100 weisen in jeder Berichtsperiode „Exceptional Items" aus. Dabei klassifiziert eine große Anzahl britischer Unternehmen auch über FRS 3.20 hinausgehende Aufwendungen als „Exceptional Items".[257]

---

tie/Brown/Ewers/John/Manson/Thomas/Turner (1994). Dies gilt auch für an UK-GAAP angelehnte Rechnungslegungsstandards, vgl. Jaggi/Baydoun (2001), S. 228 ff. für Hong Kong und Craig/Walsh (1989) für Australien.

252 „Extraordinary Items" werden beschrieben als „*Material items possessing a high degree of abnormality which arise from events or transactions that fall outside the ordinary activities of the reporting entity and which are not expected to recur. They do not include exceptional items nor do they include prior period items merely because they relate to a prior period.*", ASB (1992), FRS 3.6. Ergänzend wird in FRS 3.48 darauf hingewiesen, dass „*items falling into the category of exceptional in accordance with the terms of the FRS cannot, by definition, be extraordinary*". Dies zeigt ebenfalls, dass „*extraordinary items are extremly rare*".

253 Vgl. ASB (1992), FRS 3.6. Für die „Exceptional Items" ist zu unterscheiden, ob sie innerhalb der „*continuing or discontinuing operations*" angefallen sind, vgl. ASB (1992), FRS 3.47.

254 „Exceptional Items" werden in einzelner oder aggregierter Form in der GuV dargestellt und im Anhang, häufig innerhalb einer tabellarischen Überleitung, erläutert. Im Anhang hat eine adäquate Beschreibung jedes einzelnen „Exceptional Items" zu erfolgen, vgl. ASB (1992), FRS 3.19.

255 Durch die explizite Darstellung der „Exceptional Items" in der GuV unterscheiden sich UK-GAAP von IFRS und US-GAAP, die nur in Ergebnisse aus gewöhnlicher und/oder der außerordentlichen Geschäftstätigkeit unterscheiden.

256 Vgl. ASB (1992), FRS 3.19.

257 Die Effekte der „Exceptional Items" auf das Steuerergebnis und, im Falle von Konzernabschlüssen, auf Minderheiten sollen im Anhang zur GuV gezeigt werden. Als Minimalanforderung sind die Effekte der

Vor diesem Hintergrund wird im Anhang (viii) zu FRS 3 die Darstellung der „Exceptional I-tems" in den Ergebnisveröffentlichungen kritisch hinterfragt. Insbesondere wird darauf hingewiesen, dass die einzelnen Positionen der „Exceptional Items" nicht in einer aggregierten Form als „Exceptional Items" in der GuV dargestellt werden sollen, da so das Ergebnis vor „Exceptional Items" in den besonderen Fokus der Ergebnispräsentation rückt. Dies würde bei Investoren die Annahmen unterstützen, dass zukünftig keine weiteren „Exceptional Items" zu erwarten sind.[258] Deshalb sollen die Bestandteile der „Exceptional Items" den GuV-Positionen der gewöhnlichen Geschäftstätigkeit[259] zugeordnet werden, entsprechend denen sie entstanden sind oder den Kategorien gemäß FRS 3.20 zugeordnet werden.[260] Die nachfolgend erläuterten eigenen empirischen Untersuchungen von Ergebnisveröffentlichungen der britischen FTSE100-Unternehmen zeichnen allerdings ein anderes Bild. In den Geschäftsberichten spielt die Angabe von Ergebnissen vor „Exceptional Items", auch innerhalb der GuV, eine sehr große Rolle. Die Ergebnisdarstellung der „Exceptional Items" zeigt somit ähnliche Konzeptionslücken wie die frühere, sehr umfassende Darstellung der Ergebnisse vor „Extraordinary Items"; diese treten in Höhe und Umfang nun so üblich und häufig in der Berichterstattung britischer Unternehmen auf wie die „Extraordinary Items" vor der Einführung des FRS 3.[261]

Neben der Möglichkeit, „Exceptional Items" in der GuV explizit darzustellen und zwischen einmaligen und operativen Ergebnissen zu unterscheiden, wird der Ausweis von weiteren Versionen der Ergebnisse je Aktie (Adjusted EPS), d.h. Pro-forma-Ergebnisse je Aktie, durch FRS 3 erlaubt. Zu den Voraussetzungen dafür zählen, dass

1. die Annahmen, auf denen die Ergebnisse beruhen, explizit veröffentlicht werden,

2. die Gründe für die Veröffentlichung dieser EPS-Kennzahlen erläutert werden und

3. eine Konsistenz in deren Anwendung besteht.[262]

---

„Exceptional Items" auf das Steuerergebnis und die Minderheiten in summierter Form anzugeben. Wenn die Effekte für die einzelnen Kategorien zu unterschiedlich sind, haben weitere Angaben zu erfolgen, vgl. ASB (1992), FRS 3.20.

258  Vgl. ASB (1992), FRS 3 v.

259  Im Rahmen der gewöhnlichen Geschäftstätigkeit wird dabei durch die Unternehmen noch häufig zwischen der operativen und nicht-operativen Geschäftstätigkeit unterschieden.

260  Vgl. ASB (1992), FRS 3.46.

261  Vgl. Kolitz (2000), S. 6. Unter dem Vorgänger des FRS 3, dem ASC (1986), SSAP 6 wurden die Underlying EPS als Ergebnis vor „Extraordinary Items" ausgewiesen.

262  Vgl. ASB (1992), FRS 3 iv.

Obwohl FRS 14 von den britischen Unternehmen zwingend den Ausweis der Ergebnisse je Aktie (EPS) inklusive aller Aufwendungen oder Erträge sowie „Exceptional" und „Extraordinary Items" verlangt,[263] sind damit sowohl ein gleichzeitiger Ausweis modifizierter EPS als auch eine Lenkung des Interesses der Investoren auf Ergebnisse vor „Exceptional Items" möglich. Da vor allem die Aufwendungen als „Exceptional Items" ausgewiesen werden und diese i.d.R. materiell sind, ist aus Sicht der britischen Unternehmen ein Ausweis von Proforma-Ergebnissen vor „Exceptional Items" oder darüber hinaus angepasster Pro-forma-Ergebnisse in besonderem Maße attraktiv. Aus Sicht der Befürworter von Pro-forma-Ergebnissen kann dadurch die Unternehmensperformance im Kerngeschäft deutlich besser dargestellt werden als durch reguläre Quartals- und Jahresabschlüsse.[264]

Für Großbritannien gibt es nur sehr wenige empirische Studien, die sich mit dem Informationsgehalt oder der Bewertungsrelevanz von „Extraordinary Items" und „Exceptional Items" beschäftigen.[265] Dennoch zeigen die vorliegenden Untersuchungen, dass „Exceptional Items" aus der Sicht der Investoren einen Informationsgehalt bezüglich der Prognose der zukünftigen Ertragslage bzw. Cashflows aufweisen, während dies für „Extraordinary Items" nicht nachgewiesen wurde.[266] Dementsprechend sind „Exceptional Items" auch bewertungsrelevant. Offensichtlich führen die Ergebnisbelastungen aus ihrem regelmäßigen Auftreten zu teilweise negative Bewertungsimplikationen; im Unterschied zu den Untersuchungen zum Informationsgehalt der EPS gilt dies auch für „Extraordinary Items".[267] Dies wird als Hinweis interpretiert, dass Manager beide Positionen zur Ergebnisglättung nutzen.[268] Es besteht potenziell das Risiko, dass Anleger getäuscht werden, wenn bewertungsrelevante Informationen beim Ergebnisausweis weggelassen werden, aber zugleich reagierte der Kapitalmarkt schon zwischen 1980 und 1990 auf beide Positionen, d.h. er erkennt die entsprechende Bewertungsrelevanz.

---

[263] Vgl. ASB (1992), FRS 14 b, g, h.

[264] Hier ist daran zu erinnern, dass sich „Exceptional Items" auf die gewöhnliche Geschäftätigkeit des Unternehmens beziehen und somit den Ausweis einer höheren Profitabilität im Kerngeschäft erlauben.

[265] Vgl. FitchRatings (2003), S. 13. Dabei untergliedert FitchRatings bei der Analyse der Unternehmen die „Exceptional Items" in die einzelnen Aufwands- und Ertragspositionen.

[266] Vgl. Bank of England (2002), S. 5, Strong/Walker (1993), S. 385 ff. Die erstgenannte Studie geht darüber hinaus und zeigt, dass bei der Pro-forma-Berichterstattung oft ausgeschlossene Positionen nützliche Informationen für die Prognose zukünftiger Cashflows beinhalten.

[267] Im Zeitraum 1980 – 1990, d.h. im Zeitraum vor der Umstellung auf den heute relevanten Rechnungslegungsstandard FRS 3, wurden „Exceptional Items" vom Markt bereits in 8 von 11 Jahren als bewertungsrelevant angesehen; ebenso werden „Extraordinary Items" in 7 von 11 Jahren als bewertungsrelevant vom Markt angesehen, vgl. Ballas (1999), S. 291 f.

[268] Vgl. Ballas (1999), S. 290.

Die Bewertungsrelevanz der „Extraordinary" oder „Exceptional Items" stellt die Regelungen des FRS 3 zur Trennung beider Positionen in Frage. Jedoch zeigen die Ergebnisse, dass Investoren „Exceptional Items" eine höhere Bewertungsrelevanz beimessen als „Extraordinary Items".[269] Hinsichtlich der Bewertungsrelevanz werden „Exceptional Items" empirisch sogar als gleichwertig wie das Ergebnis aus der gewöhnlichen Geschäftstätigkeit angesehen.[270] Deshalb sollte weder die Aufmerksamkeit der Investoren auf Ergebnisse vor „Exceptional Items" gelenkt noch Pro-forma-Ergebnisse unter Ausschluss von „Exceptional Items" ausgewiesen werden.[271] Der Einfluss der „Extraordinary Items" auf die Kursbildung an den Aktienmärkten fällt dagegen deutlich geringer aus,[272] d.h. diese Positionen werden nicht als gleichwichtig zum Ergebnis aus der gewöhnlichen Geschäftstätigkeit oder zu den „Exceptional Items" angesehen.[273] Diese Ergebnisse deuten darauf hin, dass „Exceptional Items" durch die Unternehmen in größerem Umfang zum Ergebnismanagement genutzt werden als „Extraordinary Items". Investoren unterscheiden aber dementsprechend zwischen beiden Positionen, worin der stärker einmalige Charakter der „Extraordinary Items" zum Ausdruck kommt.[274]

### 3.2.2 Nutzung von Pro-Forma-EPS und wertmäßigen Pro-forma-Ergebnissen in der Unternehmensberichterstattung

#### 3.2.2.1 Nutzung von „Headline Earnings"

Britische Unternehmen greifen historisch bedingt in weitaus stärkerem Ausmaß auf eine Eigenkapitalfinanzierung zurück als deutsche Unternehmen. Aus diesem Grund stehen britische Unternehmen unter einem höheren Druck, die Erwartungen des Kapitalmarktes, insbesondere von institutionellen Investoren und Finanzanalysten, zu erfüllen. Britische Unternehmen betreiben deshalb ein intensives Ergebnismanagement, um Analystenerwartungen zu erfül-

---

269 Vgl. Ballas (1999), S. 293.

270 „Exceptional Items" werden in 9 von 11 Jahren als genauso bewertungsrelevant angesehen wie das Ergebnis der gewöhnlichen Geschäftstätigkeit, vgl. Ballas (1999), S. 292.

271 Dies spricht gegen die heutige Praxis, Ergebnisse vor „Exceptional Items" auszuweisen, wenngleich sich die Zusammensetzung der „Exceptional Items" im Vergleich zum Untersuchungszeitraum durch FRS 3 geändert hat. Der Wechsel in den Klassifizierungsregeln durch FRS 3 bedeutet, dass etliche Positionen, die vorher als „Extraordinary Item" klassifiziert worden sind, nun als „Exceptional Item" behandelt werden.

272 „Extraordinary Items" werden nur in 3 von 11 Jahren als genauso bewertungsrelevant angesehen wie das Ergebnis aus der gewöhnlichen Geschäftstätigkeit, vgl. Ballas (1999), S. 292.

273 Die Annahme, dass „Extraordinary" und „Exceptional Items" die gleiche Bewertungsrelevanz haben, kann in 4 von 11 Jahren und bei der gepoolten Regression über alle 11 Jahre abgelehnt werden, vgl. Ballas (1999), S. 293.

274 Vgl. Ballas (1999), S. 287. Nur kosmetische Ausweisweiswechsel haben keinen Einfluss auf den Aktienkurs.

len.[275] „True-and-fair-Overrides", d.h. das Abweichen von einzelnen Rechnungslegungsstandards zur Wahrung eines True und Fair View, werden von britischen Unternehmen mit einer im Vergleich zur Peer-Group geringeren Profitabilität besonders häufig angewendet, um durch die von UK-GAAP abweichende Bilanzierung von geringeren Aufwendungen oder höheren Erträgen verbesserte Ergebnisse auszuweisen.[276] Ähnlich wie in den USA entstehen hieraus Anreize zum Ausweis von Pro-forma-Ergebnissen, die unter UK-GAAP trotz der Zielsetzung des FRS 3, die Kapitalmarktteilnehmer von der Fokussierung auf nur eine „bottom line" Größe abzubringen,[277] unter den oben genannten Bedingungen des FRS 14 beim Ausweis von „Adjusted EPS" toleriert werden.

In der Praxis erfolgte durch die „UK Society of Investment Professionals" die Entwicklung der Benchmark-Ergebniskennzahl „Headline Earnings", in der das Periodenergebnis um ungewöhnliche Positionen bereinigt wird.[278] Die „UK Society of Investment Professionals" empfiehlt explizit den Ausweis von „Benchmark", „Headline" Ergebnissen bzw. „Adjusted Earnings", d.h. Pro-forma-Ergebnissen, vor außergewöhnlichen Positionen („Extraordinary Items") und ungewöhnlichen Positionen, zu denen in erster Linie „Exceptional Items" zählen.[279] Aus der Sicht des ASB wird es dagegen als nicht adäquat angesehen, besondere Aufmerksamkeit auf „Headline Earnings" oder vergleichbare Pro-forma-Ergebnisse in der GuV zu lenken.[280] „Headline Earnings" unterliegen lediglich einer Selbstregulierung durch die „UK Society of Investment Professionals". Entgegen den Zielen der Regulierer bzw. Normensetzer haben „Headline Earnings" in der Ergebniskommunikation in Großbritannien eine weite Verbreitung gefunden und dominieren die Ergebnisberichterstattung in der Presse. Dies zeigt, dass die in Abschnitt 2.2.4 erläuterte Nachfrage nach Pro-forma-Ergebnissen vorliegt, wobei neben „Extraordinary Items" und „Exceptional Items" auch darüber hinaus weitere ungewöhnliche Positionen ausgeschlossen werden. Die von der „UK Society of Investment Professionals" empfohlenen Bereinigungen der Quartals- und Jahresergebnisse zur Ermittlung

---

275 Vgl. Gore/Pope/Singh (2002).
276 Vgl. Livne/McNichols (2003).
277 In diesem Zusammenhang messen britische Manager den bilanzierten Positionen, die Aufschluss über die Unternehmensperformance geben sollen, sowohl im Vergleich zu institutionellen Kapitalmarktteilnehmern als auch privaten Kleinanlegern eine geringere Bedeutung bei, vgl. Beattie/Pratt (2002).
278 Bis 2003 firmierte die „UK Society of Investment Professionals" als „Institute of Investment Management and Reseach".
279 Vgl. Ballas (1999), S. 282.
280 Vgl. ASB (1992), FRS 3v. Obwohl diese Pro-forma-Ergebnisse im Widerspruch zu UK-GAAP FRS 3 stehen, werden diese Pro-forma-Ergebnisse auch in der Finanzpresse veröffentlicht.

der „Headline Earnings" betreffen v.a. das Herausrechnen von Aufwendungen[281] und stehen damit im Widerspruch zu den Zielen des FRS 3 aber auch zu den separat zu veröffentlichenden Informationen nach IAS 1.87. Tabelle 5 gibt einen Überblick über die wesentlichen Unterschiede zwischen den „Headline Earnings" und IAS 1.87. Darin wird deutlich, dass „Headline Earnings" zu einem Ergebnisausweis vor „Exceptional Items" führen, jedoch hinsichtlich dem Herausrechnen von Aufwendungen und Erträgen auf Grund von permanenten Wertminderungen oder Abschreibungen von Teilen des Anlagevermögens sowie Rückstellungen deutlich darüber hinausgehen. Die herauszurechnenden Positionen der „Exceptional Items" nach FRS 3.20 sind vollständig auch in den Vorgaben nach IAS enthalten.

| Separat zu veröffentlichende Positionen nach IAS 1.87 | Anpassungen des Periodenergebnisses zur Erzielung von „Headline Earnings"[282] |
|---|---|
| Außerplanmäßige Abschreibung der Vorräte auf den Nettoveräußerungswert oder der Sachanlagen auf den erzielbaren Betrag sowie die Wertaufholung solcher außerplanmäßigen Abschreibungen | Gewinne oder Verluste auf Grund von permanenten Wertminderungen oder Abschreibungen von Teilen des Anlagevermögens |
| Restrukturierung der Tätigkeiten eines Unternehmens und die Auflösung von Rückstellungen für Restrukturierungsaufwand | Aufwendungen für eine fundamentale Reorganisation oder eine Restrukturierung |
| Abgang von Posten der Sachanlagen | Gewinne und Verluste aus dem Verkauf des Sachanlagevermögens |
| Veräußerung von Finanzanlagen | Nicht erwähnt |
| Aufgabe von Geschäftsbereichen | Gewinne und Verluste aus dem Verkauf oder der Schließung von Geschäftsbereichen |
| Beendigung von Rechtsstreitigkeiten | Nicht erwähnt |
| Sonstige Auflösung von Rückstellungen | Rückstellungen |

**Tabelle 5: Anpassungen des Periodenergebnisses zur Erzielung von „Headline Earnings"[283]**

3.2.2.2 Überblick über die deskriptiven Untersuchungen zur Pro-forma-Berichterstattung der FTSE100-Unternehmen

Obwohl für britische Unternehmen bislang keine umfangreichen Studien zur Nutzung von Pro-forma-Ergebnissen vorliegen,[284] ist zu vermuten, dass britische Unternehmen auf Grund

---

281 Viele Analysten schließen „Exceptional Items" und „Extraordinary Items" bei der Berechnung ihrer Ergebnisse je Aktie aus, da aus ihrer Sicht keine der beiden Positionen mit der gewöhnlichen Geschäftstätigkeit verbunden ist, vgl. Ballas (1999), S. 286.

282 Die Definition der „Headline Earnings" wird derzeit überarbeitet, vgl. United Kingdom Society of Investment Professionals (2005), S. 6.

283 Vgl. Kolitz (2000), S. 7 und IAS 1.87. Laut IAS 1.87 sind dies Umstände, die zu einer gesonderten Angabe dieser Aufwands- und Ertragspositionen führen.

284 Eine Ausnahme bildet eine Studie von Cortes/Marsh/Lyon (2002), die den Ausweis von Pro-forma-Ergebnissen in den USA und Großbritannien untersucht. Darin kommen die Autoren auf Basis einer Quelle von Companyreporting.com, siehe auch Companyreporting.com (2002), zum Ergebnis, dass nur 20% der FTSE100-Unternehmen Pro-forma-Ergebnisse ausweisen. Die Autoren vermischen dabei allerdings Aussagen bezüglich einer verpflichtenden Pro-forma-Berichterstattung und der freiwilligen Pro-forma-

der zuvor beschriebenen Beobachtungen in ähnlicher Art und Weise Pro-forma-Ergebnisse darstellen wie US-amerikanische Unternehmen.285

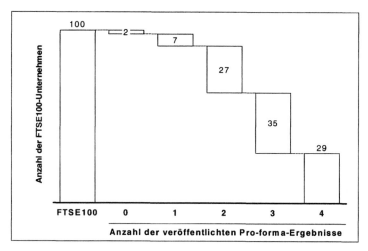

**Abbildung 6: Anzahl ausgewiesener Pro-forma-Ergebnisse durch FTSE100-Unternehmen in UK für 2003**

Deshalb wurde im Rahmen der vorliegenden Arbeit eine eigenständige empirische Erhebung zur freiwilligen Pro-forma-Berichterstattung der FTSE100-Unternehmen durchgeführt. In den nachfolgenden Abschnitten werden die Ergebnisse dieser Erhebung dargestellt. Grundlage der Untersuchung bildet die Analyse der Geschäftsberichte und Analystenpräsentationen der FTSE100-Unternehmen, d.h. der 100 größten britischen börsennotierten Aktiengesellschaften, aus den Geschäftsjahren 2002 und 2003 (unter Beachtung abweichender Geschäftsjahre). Im Vordergrund der deskriptiven Erhebung stehen die Fragen:

- Im welchen Umfang weisen britische Unternehmen Pro-forma-Ergebnisse aus?

- Welche Formen von Pro-forma-Ergebnissen, z.B. Pro-forma-EPS oder Pro-forma-Wertgrößen, werden eingesetzt?

---

Berichterstattung der Unternehmen bei ihren Performancekennzahlen. Letztgenannte werden von den Autoren als Operating Profit „*calculated as reported earnings, but without the deduction of some 'non-recurring' or 'non-cash' charges*" bezeichnet und nicht weiter ausführlich analysiert.

285 Eine Studie von Kolitz (2000) zeigt für den südafrikanischen Markt (die Rechnungslegungsstandards in Südafrika sind relativ ähnlich denen in Großbritannien), dass 73% der Top-100-Unternehmen an der Johannesburger Börse „Exceptional Items" ausweisen. Außerdem weisen 63% eine Position für die „Exceptional Items" in der GuV aus; diese werden als „Exceptional Items" (46%), „Abnormal Items" (1%) und „Non Trading Items" (6%) bezeichnet. Zusätzlich ist in Südafrika die Empfehlung abgegeben worden, sich an der Definition der „Headline Earnings" der „UK Society of Investment Professionals" zu orientieren. 57% der Unternehmen weisen eine Überleitung der „Headline Earnings" zum Periodenergebnis aus.

- Welche Aufwendungen werden beim Ausweis von Pro-forma-Ergebnissen am häufigsten herausgerechnet?

In der deskriptiven Erhebung werden alle ausgewiesenen Ergebnisse, die von UK-GAAP abweichen und keine verpflichtenden Pro-forma-Ergebnisse in Folge von Unternehmenszusammenschlüssen oder -verkäufen darstellen, als Pro-forma-Ergebnisse bewertet.

Die Ergebnisse der deskriptiven Analyse zeigen, dass nahezu alle FTSE100-Unternehmen Pro-forma-Ergebnisse ausweisen. Von den 100 Unternehmen aus dem FTSE100 weisen 98 Unternehmen Pro-forma-Ergebnisse aus. Abbildung 6 verdeutlicht, dass die meisten Unternehmen sogar mehrere Pro-forma-Kennzahlen aus zwei bis vier Pro-forma-Kennzahlkategorien ausweisen; am häufigsten werden drei Pro-forma-Kennzahlen gleichzeitig ausgewiesen. Der Ausweis von lediglich einem Pro-forma-Ergebnis kann dagegen vernachlässigt werden. Die ausgewiesenen Pro-forma-Ergebnisse gehören dabei folgenden Kategorien an: Pro-forma-EPS, wertmäßige Pro-forma-Ergebnisgrößen mit angepassten Bewertungen einzelner GuV-Positionen, in ähnlicher Weise angepasste wertmäßige operative Pro-forma-Ergebnisgrößen und Kennzahlen der EBITDA-Familie.

In Tabelle 6 sind die Häufigkeiten des Ausweises von Pro-forma-Ergebnissen aus den vier Pro-forma-Ergebniskategorien dargestellt. Ähnlich wie in den USA dominieren dabei Proforma-EPS sowie wertmäßige Pro-forma-Ergebnisse, die von jeweils 90% bzw. 80% der FTSE100-Unternehmen ausgewiesen werden. Wertmäßige Pro-forma-Ergebnisse folgen dabei wie in den USA der GuV, allerdings werden einzelne Aufwendungen und Erträge angepasst, um zu von der GuV abweichenden Pro-forma-Ergebnissen zu gelangen. Zusätzlich weist ca. die Hälfte der FTSE100-Unternehmen auch wertmäßige operative Pro-forma-Ergebnisse bzw. Kennzahlen der EBIT- bzw. EBITDA-Familie aus. Operative Pro-forma-Ergebnisse werden ähnlich wie wertmäßige Pro-forma-Ergebnisse berechnet. Die angepasste Bezugsgröße ist allerdings das operative Ergebnis, d.h. es werden explizit Aufwendungen und in geringerem Umfang Erträge aus dem operativen Ergebnis herausgerechnet.

| Kategorien des Pro-forma-Ergebnisausweises | Anzahl der FTSE100-Unternehmen |
|---|---|
| Pro-forma-EPS | 90 |
| Wertmäßige Pro-forma-Ergebnisgrößen (z.B. Pro-forma-Profit oder Normalised Earnings, Underlying Profit, Headline Earnings) | 80 |
| Wertmäßige operative Pro-forma-Ergebnisgrößen (z.B. Operating Profit) | 63 |
| Kennzahlen der EBIT/EBITDA-Familie | 49 |

Tabelle 6: Ausweis von Pro-forma-Ergebnissen durch die FTSE100-Unternehmen in UK für 2003

Der dominante Ausweis von Pro-forma-EPS bzw. wertmäßigen Pro-forma-Ergebnissen ist auf die Regulierung des FRS 14, die Empfehlungen der „UK Society of Investment Professionals" (UKSoIP) sowie die Nachfrage der Aktienanalysten, die Ergebnisprognosen als Pro-forma-EPS formulieren, zurückzuführen; Pro-forma-Ergebnisse haben sich in Großbritannien somit als Standard für die Formulierung von Ergebnisprognosen der Analysten sowie der Ergebnisberichterstattung der Unternehmen in der Presse etabliert. Um die Akzeptanz der institutionellen Kapitalmarktteilnehmer und somit eine möglichst hohe Marktkapitalisierung zu erzielen, sind die Unternehmen auf den Ausweis von wertmäßigen Pro-forma-Ergebnissen oder Pro-forma-EPS angewiesen. Deshalb weisen die FTSE100-Unternehmen nahezu geschlossen ein von UK-GAAP abweichendes Pro-forma-Ergebnis aus.

### 3.2.2.3 Berichterstattung von wertmäßigen Pro-forma-Ergebnissen durch die FTSE100-Unternehmen

Die Nutzung der Pro-forma-Ergebnisse durch die FTSE100-Unternehmen wird in Abbildung 7 graphisch veranschaulicht. Von den FTSE100-Unternehmen weisen 95 Unternehmen Pro-forma-EPS oder wertmäßige Pro-forma-Ergebnisse aus; dabei nutzen 75 Unternehmen sowohl Pro-forma-EPS als auch wertmäßige Pro-forma-Ergebnisse und 15 (5) Unternehmen setzen zumindest eine der beiden Pro-forma-Ergebnisse in Form von Pro-forma-EPS (wertmäßigen Pro-forma-Ergebnissen) ein. Lediglich fünf Unternehmen aus dem FTSE100 verzichten auf diese beiden Formen von Pro-forma-Ergebnissen. Von diesen fünf Unternehmen weisen allerdings drei Unternehmen wertmäßige operative Pro-forma-Ergebnisse aus.[286] Kennzahlen der EBIT- bzw. EBITDA-Familie sowie operative Pro-forma-Ergebnisse haben dagegen eine geringere Bedeutung bei der Pro-forma-Berichterstattung in Großbritannien. Insbesondere macht kein FTSE100-Unternehmen alleinigen Gebrauch von Pro-forma-Kennzahlen der E-BITDA-Familie. Demzufolge weisen alle 49 Unternehmen, die Kennzahlen der EBITDA-Familie in ihrer Pro-forma-Berichterstattung nutzen, auch Pro-forma-EPS, wertmäßige Pro-forma-Ergebnisse oder operative Pro-forma-Ergebnisse aus. Auch die 63 Unternehmen, die operative Pro-forma-Ergebnisse veröffentlichen, weisen bis auf drei Ausnahmen stets Pro-forma-EPS oder wertmäßige Pro-forma-Ergebnisse aus.

---

[286] Davon weisen zwei Unternehmen zugleich Kennzahlen der EBITDA-Familie aus.

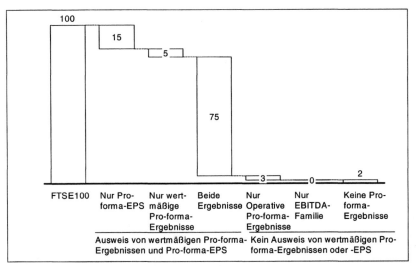

**Abbildung 7: Ausweis von wertmäßigen Pro-forma-Ergebnissen und Pro-forma-EPS sowie weiteren Pro-forma-Ergebnissen durch FTSE100-Unternehmen in UK für 2003**

Abbildung 8 zeigt stellvertretend am Beispiel von SAB Miller, dass Pro-forma-Ergebnisse substanziell von auf UK-GAAP basierenden Ergebnissen abweichen; aber auch die veröffentlichten Pro-forma-Ergebnisse unterscheiden sich untereinander deutlich. Für Investoren stellt sich somit nicht nur die Frage, wie Abweichungen zu UK-GAAP zu bewerten sind, sondern auch die Frage, welches der ausgewiesenen Pro-forma-Ergebnisse einen bestmöglichen Ausblick auf die wirtschaftliche Entwicklung erlaubt.

Tabelle 7 gibt einen Überblick über die prozentuale Verteilung der ausgeschlossenen Aufwendungen bei den ausgewiesenen wertmäßigen und operativen Pro-forma-Ergebnissen und -EPS der FTSE100-Unternehmen. Britische Unternehmen weisen sowohl Pro-forma-Wertgrößen als auch Pro-forma-EPS in großem Umfang vor „Exceptional Items" und Goodwill-Abschreibungen aus. Dies ist durch die Empfehlungen der UKSoIP sowie durch die Vorgaben aus FRS 3 zur Bereinigung der Periodenergebnisse zu erklären.

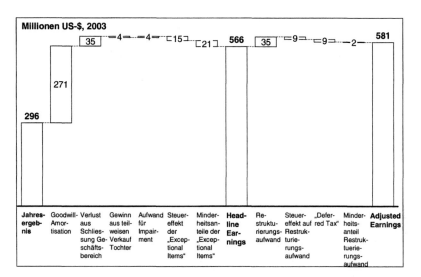

**Abbildung 8:** Berechnung wertmäßiger Pro-forma-Ergebnisse am Beispiel Headline Earnings und Adjusted Earnings durch SAB Miller für das Geschäftsjahr 2003[287]

Bezüglich der weniger umfangreich ausgewiesenen operativen Pro-forma-Ergebnisse zeigt sich ein ähnlicher Zusammenhang. Auch hier werden „Exceptional Items" (69,8%) und Goodwill-Abschreibungen (60,3%) am häufigsten beim operativen Pro-forma-Ergebnisausweis ausgeschlossen. Aufwendungen für die Aufgabe oder den Verkauf von Geschäftsbereichen (17,5%) werden in ähnlichem Umfang wie bei wertmäßigen Pro-forma-Ergebnissen herausgerechnet.

Da von „Exceptional Items" teilweise negative Bewertungsimplikationen ausgehen und britische Unternehmen „Exceptional Items" zum Ergebnismanagement nutzen, besteht das Risiko, dass Investoren durch Pro-forma-Ergebnisse vor „Exceptional Items" zu nicht adäquaten Handelsstrategien verleitet werden.[288]

---

[287] Siehe den Financial Report für 2003, S. 78. Zusätzlich zu den Headline Earnings und Adjusted Earnings weist SAB Miller folgende weitere Pro-forma-Ergebnisse aus: Headline EPS, Adjusted Basic EPS und Adjusted Diluted EPS, eine EBITA-Kennzahl, Profit before Tax und Adjusted Profit before Tax.

[288] Vgl. Ballas (1999), S. 290.

| Ausgeschlossene Aufwendungen | Pro-forma-EPS | Wertmäßige Pro-forma-Ergebnisse | Operative Pro-forma-Ergebnisse |
|---|---|---|---|
| Exceptional Items | 75,6% | 77,5% | 69,8% |
| Goodwill-Amortisation | 65,6% | 65,0% | 60,3% |
| Erträge und Aufwendungen aus Aufgabe oder Verkauf von Geschäftsbereichen oder Vermögenswerten | 26,7% | 16,3% | 17,5% |
| Amortisation von immateriellen Vermögensgegenständen | 12,2% | 11,3% | 11,1% |
| Finanzierungsaufwendungen | 7,8% | 8,8% | 3,2% |
| Aufwendungen für Restrukturierungen | 10,0% | 2,5% | 27,0% |
| Effekte aus M&A sowie Integration | 6,7% | 6,3% | 7,9% |
| Andere Ausschlüsse | 24,4% | 22,5% | 30,2% |
| Ohne Erläuterung | 4,4% | 3,8% | 9,5% |

Tabelle 7: Prozentuale Verteilung der am häufigsten ausgeschlossenen Aufwendungen beim Ausweis von Pro-forma-Ergebnissen der FTSE100-Unternehmen

3.2.2.4  Berichterstattung von Pro-forma-EPS durch die FTSE100-Unternehmen

Bei den ausgewiesenen Pro-forma-EPS haben sich drei Ergebnisbezeichnungen durchgesetzt: Basic EPS, Adjusted EPS und Underlying EPS. Gemäß Tabelle 8 repräsentieren diese drei Kennzahlbezeichnungen gemeinsam 80,7% aller ausgewiesenen Pro-forma-EPS.

| Pro-forma-EPS-Kennzahl | Anzahl Unternehmen | Häufigkeit |
|---|---|---|
| Basic EPS / EPS before Exceptional Items and Goodwill-Amortisation | 43 | 39,4% |
| Adjusted EPS | 33 | 30,3% |
| Underlying EPS | 12 | 11,0% |
| Operating EPS | 4 | 3,7% |
| Headline EPS | 4 | 3,7% |
| Normalized EPS | 4 | 3,7% |
| Non-GAAP-/Pro-forma-EPS | 4 | 3,7% |
| Cash Earnings/Cash Costs | 2 | 1,8% |
| Andere Bezeichnungen | 3 | 2,7% |

Tabelle 8: Bezeichnungen und Häufigkeiten der ausgewiesenen Pro-forma-EPS-Kennzahlen der FTSE100-Unternehmen (Ausweis von mehreren Pro-forma-EPS je Unternehmen möglich)

Aus der Sicht der Investoren ist die Interpretation von Pro-forma-EPS, die durch 90% der FTSE100-Unternehmen veröffentlicht werden, schwierig, da diese Pro-forma-EPS unternehmensindividuell in vielfältiger Art und Weise berechnet werden; sowohl die Bezeichnungen als auch die Berechnungsweisen bei gleichlautender Bezeichnung unterscheiden sich stark. Beispielhaft wird dies in Tabelle 9 für die 43 Pro-forma-EPS-Ausweise in Form des Basic EPS dargestellt. Keine der ausgeschlossenen Aufwendungen wird von allen Unternehmen herausgerechnet. Hohe Einigkeit besteht lediglich hinsichtlich der Bereinigung der EPS um „Exceptional Items" sowie Goodwill-Abschreibungen. Auf der Basis der unternehmensindividuellen Berechnung der Pro-forma-EPS ist keine zwischenbetriebliche Vergleichbarkeit der Unternehmensperformance möglich. Erschwert wird dies weiter durch Modifikationen bei der Berechnung der Pro-forma-EPS im Zeitablauf. Aus diesem Grund haben die UK Listing Authority im Januar 2003 und das Auditing Practices Board (APB) am 5. Februar 2003 jeweils Warnungen zum Ausweis von Pro-forma-Ergebnissen herausgegeben. Darin werden Unternehmen und Wirtschaftsprüfer aufgefordert, keine missverständlichen Pro-forma-Ergebnisse auszuweisen, Pro-forma-Ergebnisse im Vergleich zu UK-GAAP-Ergebnissen nicht überzugewichten und den Zweck der Pro-forma-Berichterstattung darzustellen.[289] Dies erscheint umso wichtiger, da neben der häufigen Verbreitung von Pro-forma-EPS in Großbritannien festzustellen ist, dass wie in den USA vor allem Unternehmen mit negativem UK-GAAP-Ergebnis – oft in Verbindung mit positiven Pro-forma-Ergebnissen der Analysten – oder großen Differenzen zwischen dem UK-GAAP-Ergebnis und dem Pro-forma-Ergebnis der Analysten dazu neigen, selbständig definierte Pro-forma-Ergebnisse darzustellen.[290]

| Ausgeschlossene Positionen | Häufigkeit Ausschluss | In % der Basic EPS |
|---|---|---|
| Sondereinflüsse (Exceptional Items) | 36 | 84% |
| Goodwill-Amortisation | 32 | 74% |
| Aufgabe oder Verkauf von Geschäftsbereichen oder Vermögenswerten | 9 | 21% |
| Andere Positionen | 16 | 37% |

Tabelle 9: Häufigkeitsverteilung der von den Basic-EPS ausgeschlossenen Ergbnispositionen der FTSE100-Unternehmen

### 3.2.2.5 Berichterstattung von Pro-forma-Ergebnissen der EBITDA-Familie durch die FTSE100-Unternehmen

Der Ausweis von Pro-forma-Kennzahlen der EBITDA-Familie erfolgt durch die Unternehmen selektiver als der Ausweis von Pro-forma-EPS oder von wertmäßigen Pro-forma-Ergebnissen. Dies deutet darauf hin, dass weniger die Nachfrage von institutionellen Kapitalmarktteilnehmern sondern vielmehr das selbständige Angebot dieser Kennzahlen durch das Management der Unternehmen für einen Ausweis maßgeblich ist.

Da die Vorgehensweise zur Berechnung des EBITDA auch in Großbritannien nicht definiert ist, wenden die Unternehmen bei der Ermittlung der Kennzahl EBITDA unterschiedliche Berechnungsmethoden an. Lediglich bei ca. 40% der FTSE100-Unternehmen entspricht der aus-

---

[289] Vgl. APB (2003a).
[290] Vgl. Choi/Lin/Walker/Young (2005).

gewiesene EBITDA annähernd dem grundlegenden Berechnungsschema.[291] Mehr als die Hälfte der von den Unternehmen veröffentlichten EBITDAs weicht um mehr als 5% von diesem grundlegenden Berechnungsschema ab. Bei 15% der Unternehmen ergibt sich sogar eine Varianz von über 100%.[292] Vor allem „Exceptional Items" werden im Rahmen der EBITDA-Berechnung häufig zusätzlich herausgerechnet. Darüber hinaus wechseln die Unternehmen die EBITDA-Berechnungsmethode regelmäßig, um eine möglichst positive Unternehmensdarstellung zu erreichen.[293] Somit sind auf Basis dieser Kennzahlen keine Vergleiche der Unternehmen möglich.

| Kennzahl | Anzahl der FTSE100-Unternehmen |
|---|---|
| EBITDA | 35 |
| EBITDAE[294] | 13 |
| EBITDA Interest Cover | 10 |
| EBITDA-Margin | 8 |
| Net Debt/EBITDA | 14 |
| | |
| EBITA | 8 |
| EBITAE[295] | 3 |
| EBITA Interest Cover | 3 |
| EBITA-Margin | 2 |
| | |
| EBIT | 10 |
| EBITE[296] | 2 |
| EBIT Interest Cover | 3 |
| EBIT-Margin | 2 |

Tabelle 10: Häufigkeiten des Ausweises der Kennzahlen der EBIT(DA)-Familie (mindestens zweifache Nennung) der FTSE100-Unternehmen (Ausweis von mehreren Kennzahlen durch ein Unternehmen möglich)[297]

Beim Angebot von Pro-forma-Kennzahlen der EBIT(DA)-Familie dominiert der Ausweis des EBITDA, der von 35 Unternehmen ausgewiesen wird.[298] Alle anderen Kennzahlen spielen eine geringere Rolle, insbesondere wenn alle auf dem EBITDA aufbauenden Kennzahlen (E-BITDA, EBITDAE, Net Debt/EBITDA, EBITDA Interest Cover, EBITDA-Marge) zusam-

---

[291] Vgl. Companyreporting.com (2003), S. 4.
[292] Vgl. Companyreporting.com (2003), S. 4.
[293] Vgl. Companyreporting.com (2003), S. 3.
[294] EBITDA vor „Exceptional Items".
[295] EBITA vor „Exceptional Items".
[296] EBIT vor „Exceptional Items".
[297] Nicht dargestellt werden die nur selten verwendeten Kennzahlen wie EBIT/Sales, EBITDA/Sales, Net Pension Adjusted Debt/EBITDAR oder Normalised EBITDA.
[298] Inkl. EBITDAR, Adjusted EBITDA, Headline EBITDA und EBITDA je Aktie aber ohne EBITDA bezogene Verhältniszahlen gegenüber anderen Rechnungslegungsgrößen wie EBITDA Interest Cover.

mengefasst werden.[299] Diese Kennzahlen werden durch 42 der 49 der FTSE100-Unternehmen ausgewiesen, so dass nur sieben der FTSE100-Unternehmen ausschließlich erweiterte Kennzahlen der EBITDA-Familie ausweisen. Deutlich wird dieser Zusammenhang in Tabelle 10.

| Darstellung bzw. Diskussion des EBITDA in Geschäftsberichten | FTSE100 | Sonstige gelistete Unternehmen |
|---|---|---|
| Financial Highlights | 40% | 41% |
| Chairman's Statement | 8% | 21% |
| Chief Executive's Review | 24% | 16% |
| Financial Review | 80% | 69% |
| Andere Formen | 20% | 9% |

Tabelle 11: Darstellung des EBITDA in Geschäftsberichten der FTSE100-Unternehmen und sonstigen gelisteten Unternehmen in 2003[300]

Das pro-aktive Angebot von EBITDA-Kennzahlen durch die Unternehmen im Vergleich zur Nachfrage nach Pro-forma-EPS oder wertmäßigen Pro-forma-Ergebnissen mit angepassten Bewertungen einzelner GuV-Positionen wird auch darin deutlich, dass die Kennzahl EBITDA vor allem in Geschäftsberichten aber auch bei Bilanzpressekonferenzen neben dem Proforma-EPS oder wertmäßigen Pro-forma-Ergebnissen prominent dargestellt wird. Tabelle 11 zeigt, dass in den Geschäftsberichten die Darstellung der Performance-Kennzahl EBITDA der FTSE100-Unternehmen bei der Diskussion der Unternehmensperformance immer an besonders prominenter Stelle erfolgt. In 40% der Fälle wird der EBITDA als eine der Kernerfolgskennzahlen in den „Financial Highlights" dargestellt. Im Financial Review wird der EBITDA sogar von 80% der diese Kennzahl nutzenden Unternehmen dargestellt.

| Präsentationsform des EBITDA im Geschäftsbericht | FTSE100 | Sonstige gelistete Unternehmen |
|---|---|---|
| Gemeinsam mit Gewinn- und Verlustrechnung | 20% | 18% |
| Fußnote zur Gewinn- und Verlustrechnung | 0% | 3% |
| Andere Stelle der Primary Financial Statements | 4% | 3% |
| Anhang zur Gewinn- und Verlustrechnung | 8% | 11% |

Tabelle 12: Präsentationsform des EBITDA in den Geschäftsberichten der FTSE100-Unternehmen und sonstigen gelisteten Unternehmen in 2003[301]

---

[299] Häufig werden im Rahmen der EBITDA-Berechnung zusätzlich zum Berechnungsschema die Werte für „Exceptional Items" herausgerechnet.

[300] Vgl. Companyreporting.com (2003), S. 5. Für das Geschäftsjahr 2003 (2002) sind von den FTSE100-Unternehmen 93 (94) Unternehmen in die Untersuchung eingegangen, von den sonstigen Unternehmen 399 (712).

[301] Vgl. Companyreporting.com (2003), S. 5.

Bei 20% der FTSE100-Unternehmen werden EBITDA-Kennzahlen bereits gemeinsam mit den Ergebniszahlen der GuV bzw. Pro-forma-EPS oder wertmäßigen Pro-forma-Ergebnissen präsentiert. Dieser Zusammenhang ist in Tabelle 12 dargestellt.

### 3.2.2.6 Überleitungsrechnungen für Pro-forma-Ergebnisse der FTSE100-Unternehmen

Obwohl FRS 3 den Ausweis von wertmäßigen Pro-forma-Ergebnissen oder Pro-forma-EPS der FTSE100-Unternehmen erlaubt, z.b. wenn diese einen besseren Ausblick auf die zukünftige Entwicklung ermöglichen, verlangt FRS 14, dass diese alternativen Kennzahlen der Ergebnisse je Aktie gegenüber den auf UK-GAAP basierenden Basic und Diluted Ergebnisse je Aktie nicht hervorgehoben werden.[302] Die Ergebnisse je Aktie, die nach FRS 14.9 und FRS 14.27 veröffentlicht werden, müssen mindestens gleichwertig präsentiert werden.[303] Zusätzlich ist eine Begründung zu veröffentlichen, warum das Unternehmen diese zusätzlichen Ergebnisse je Aktie veröffentlicht.[304] Darüber hinaus hat die Berechnung der Pro-forma-Ergebnisse („additional earnings per share") über den Zeitablauf in konsistenter Form zu erfolgen, und zukünftig wird eine Überleitungsrechnung auf das Periodenergebnis gemäß UK-GAAP verpflichtend.[305] Die Überleitung soll die Positionen auflisten, für die Anpassungen zum Periodenergebnis durchgeführt worden sind sowie deren Effekte auf die Berechnung der Pro-forma-EPS einzeln darstellen. Anders als in der praktischen Anwendung der Pro-forma-EPS in den USA ist eine Anpassung der Anzahl der Aktien in Großbritannien untersagt. Die Berechnung des Nenners, also der Aktienanzahl, hat sich auch bei Pro-forma-EPS-Angaben an FRS 14 zu orientieren.[306]

Der Standardsetzer in Großbritannien erkennt im Rahmen des FRS 3 mit der Akzeptanz von Pro-forma-Ergebnissen an, dass Pro-forma-Ergebnisse zusätzliche bewertungsrelevante Informationen enthalten können, die aus auf Rechnungslegungsstandards basierenden Ergebnissen nicht erkenntlich sind. Die Regelungen entsprechen damit weitgehend dem internationalen Rechnungslegungsstandard IFRS. Gemäß IAS 33 ist es möglich, dass Unternehmen mehr

---

302 Vgl. ASB (2003), Par. 18.
303 Es ist in Großbritannien nicht unüblich, auch Pro-forma-EPS-Angaben auf der Basis Basic und Diluted-EPS zu veröffentlichen. Diese sind allerdings mit gleicher Bedeutung in der Veröffentlichung darzustellen. Werden beispielsweise „EPS before Exceptional Items" dargestellt, wird die Überleitung auf das unverwässerte und verwässerte Ergebnis je Aktie häufig in tabellarischer Form vorgenommen.
304 „The reconciliation and explanation should appear adjacent to the earnings per share disclosure, or a reference should be given to where they can be found", ASB (1998), Par. 74.
305 Vgl. FSA (2003a), Consultation Paper 203.
306 Vgl. ASB (1998), Par. 73.

Informationen bezüglich der EPS veröffentlichen, als der Standard IAS 33 verlangt.[307] Auch das IASB erkennt damit an, dass solche zusätzlichen Informationen in Form von Pro-forma-EPS Kapitalmarktteilnehmern helfen können, die Performance des Unternehmens besser zu beurteilen. Diese zusätzlichen Ergebnisse je Aktie sollen gemäß IAS 33 gleichbedeutend mit den unverwässerten und verwässerten Ergebnissen je Aktie gezeigt werden und im Anhang veröffentlicht werden.[308] Auch die Anforderungen an die Veröffentlichungsdetails und an die Überleitungsrechnung des IAS 33 ähneln denen des FRS 3, da Unternehmen „...*Unternehmen zusätzlich zum unverwässerten und verwässerten Ergebnis je Aktie Beträge je Aktie angibt, die mittels eines im Bericht enthaltenen Bestandteils des Periodengewinns ermittelt werden, der von diesem Standard abweicht, so sind derartige Beträge unter Verwendung der gemäß diesem Standard ermittelten gewichteten durchschnittlichen Anzahl von Stammaktien zu bestimmen*".[309] IAS 33 erfordert somit ebenso wie FRS 3 eine Überleitung für die „other a-mounts per share". Allerdings erfolgt diese Überleitung gemäß FRS 3 auf der Basis des Periodenergebnisses je Aktie,[310] während IAS 33 solche Überleitungen für davon abweichende Positionen der GuV zulässt. Somit ist die Überleitung nach UK-GAAP mehr standardisiert und besser vergleichbar als die Vorgehensweise nach IAS 33.

| Pro-forma-Ergebnis | Wertmäßige Pro-forma-Ergebnisse | Operative Pro-forma-Ergebnisse | EBITDA |
|---|---|---|---|
| Häufigste Überleitung auf | Jahresergebnis | Cashflow | Operatives Ergebnis |
| Unternehmen mit Überleitung | 31 | 14 | 3 |
| Unternehmen mit Pro-forma-Ergebnis | 80 | 63 | 49 |
| Überleitungsquote | 38,8% | 22,2% | 6,1% |

Tabelle 13: Überleitungsquote von Pro-forma-Ergebnissen auf UK-GAAP konforme Kennzahlen der FTSE100-Unternehmen[311]

---

307 FRS 3 und IAS 33.73 fordern, dass eine Begründung für die Veröffentlichung zusätzlicher Ergebnisse je Aktie anzugeben ist.
308 Ein Unternehmen hat auf die Grundlage zur Ermittlung der(s) Nenner(s) hinzuweisen, einschließlich der Angabe, ob es sich bei den entsprechenden Beträgen je Aktie um Vor- oder Nachsteuerbeträge handelt.
309 IAS 33.73.
310 Vgl. ASB (1992), FRS 3, Appendix II – The Development of the FRS, Par. 21, IAS 33.73.
311 Einige Unternehmen bieten mehr als eine Überleitung an. Deshalb steht der Zahl der Unternehmen mit dem Angebot von Überleitungsrechnungen (46) eine größere Anzahl Überleitungen gegenüber (56, davon entfallen 48 auf die hier dargestellten Kategorien).

Unabhängig von diesen Forderungen bieten 46 britische Unternehmen des FTSE100 bereits vor dem Inkrafttreten der verpflichtenden Überleitung in den Geschäftsberichten Überleitungen von den Pro-forma- auf die UK-GAAP-Ergebnisse an. Davon beziehen sich 31 Überleitungen auf eine Herleitung vom wertmäßigen Pro-forma-Ergebnis auf das Jahresergebnis, d.h. 38,8% aller Unternehmen mit dem Ausweis von wertmäßigen Pro-forma-Ergebnissen bieten Überleitungen auf das Ergebnis nach UK-GAAP an. Bezüglich des operativen Ergebnisses erfolgt bei 22,2% der Unternehmen eine Überleitung auf den Cashflow. Kennzahlen der EBITDA-Familie werden vereinzelt auf das Jahresergebnis und den Cashflow übergeleitet. Am häufigsten erfolgt aber die Überleitung auf das operative Ergebnis. Allerdings entspricht dies lediglich 6,1% aller Unternehmen mit dem Ausweis von Kennzahlen der EBITDA-Familie.

Dies zeigt, dass die Überleitungen noch nicht in gefordertem Umfang veröffentlicht werden;[312] allerdings waren diese Regeln zum Untersuchungszeitpunkt noch nicht verbindlich durch die Unternehmen anzuwenden. Zudem ist die Wirksamkeit von Überleitungsrechnungen grundsätzlich fraglich. Einerseits wird damit der Ausweis von Pro-forma-Ergebnissen gemäß den Empfehlungen des UKSoIP in der Finanzpresse nicht unterbunden. In der Finanzpresse steht Investoren diese Überleitungsrechnung nicht zur Verfügung. Andererseits bleibt hierdurch die Pro-forma-Berichterstattung nicht standardisiert, so dass weder eine zwischenbetriebliche noch eine intertemporale Vergleichbarkeit der Pro-forma-Ergebnisse gewährleistet werden kann. Zusätzlich ist es fraglich, ob vor allem Privatinvestoren in der Lage sind, Überleitungsrechnungen angemessen zu interpretieren. In diesem Zusammenhang wurde für die USA durch Elliott (2004) gezeigt, dass vor allem die Reihenfolge der Präsentation von Pro-forma-Ergebnissen und Periodenergebnissen für die Interpretation der Investoren ausschlaggebend ist.

### 3.3 Pro-forma-Berichterstattung durch DAX30- und MDAX-Unternehmen in Deutschland

#### 3.3.1 Grundlage der empirischen Untersuchungen

Für Deutschland liegen bislang keine empirischen Analysen vor, die Unterschiede zwischen der Veröffentlichung von Pro-forma-Ergebnissen und Quartals- bzw. Jahresergebnissen untersuchen. In Anbetracht der konkurrierenden Meinungen zum Einsatz von Pro-forma-Ergebnissen, wobei entweder auf die Vorteile zusätzlicher Informationen über die Ertragskraft

---

312 Vgl. FSA (2003a), Par. 10.13.

von Unternehmen oder die Risiken einer Täuschung von Investoren infolge eines opportunistischen Einsatzes der Pro-forma-Ergebnisse abgestellt wird, sollen mittels der empirischen Untersuchungen folgende Fragen beantwortet werden:

1. Bestehen systematische Unterschiede zwischen Unternehmen mit und ohne Pro-forma-Berichterstattung?

2. Werden Pro-forma-Ergebnisse für ein Ergebnismanagement (z.B. Glättung von Verlusten) genutzt und welchem Entwicklungstrend unterliegt die Pro-forma-Berichterstattung?

3. Welchen Informationsgehalt haben Pro-forma-Ergebnisse im Vergleich zu Quartals- und Jahresergebnissen bezüglich der Prognosefähigkeit zukünftiger Cashflows und somit für die Schätzung gerechtfertigter Unternehmenswerte?

4. Welche Bewertungsrelevanz haben Pro-forma-Ergebnisse im Vergleich zu Quartals- und Jahresergebnissen, d.h. inwieweit können die konkurrierenden Ergebnisgrößen zukünftige Kursverläufe bzw. Aktienrenditen erklären?

Mit diesen Fragestellungen sind verschiedene ökonometrische Fragen und Untersuchungsmethoden verbunden. Die Untersuchungsverfahren sowie die verwendeten Daten werden detailliert in den nachfolgenden Abschnitten beschrieben.

In den empirischen Untersuchungen werden Pro-forma-Angaben aus den Geschäfts- und Quartalsberichten sowie Ergebnismeldungen der DAX30 sowie MDAX-Unternehmen für die Geschäftsjahre 2000 bis 2003 untersucht, d.h. über 16 Quartale.[313] Maßgeblich für die Untersuchung sind die Gesellschaften gewesen, die zum 31.12.2003 in den jeweiligen Indices enthalten waren. Aufgrund von Besonderheiten bei der Bilanzierung und dem Ergebnisausweis werden Finanzintermediäre in der Untersuchung nicht berücksichtigt. Zusätzlich bleiben Unternehmen ohne ausreichende Datenhistorie im Untersuchungssample unberücksichtigt, so dass insgesamt 63 Unternehmen über 16 Perioden untersucht werden; Tabelle 14 gibt den Überblick über die untersuchte Stichprobe.

---

[313] Rumpfgeschäftsjahre und abweichende Geschäftsjahresabschlüsse werden entsprechend berücksichtigt.

| | DAX30 | MDAX | Gesamt |
|---|---|---|---|
| Grundgesamtheit | 30 | 50 | 80 |
| Ausschluss Finanzintermediäre[314] | 5 | 8 | 13 |
| Ausschluss Firmen auf Grund nicht vorhandener Daten[315] | 1 | 3 | 4 |
| Untersuchungsgesamtheit | 24 | 39 | 63 |

**Tabelle 14: Empirisches Untersuchungsdesign - Übersicht der einbezogenen deutschen DAX30- und MDAX-Unternehmen**

Grundlage der empirischen Untersuchung für den Zeitraum Q1-2000 bis Q4-2003 (= 1008 Untersuchungspunkte) bilden die periodischen Quartalswerte der Konzernrechnungslegung der 63 untersuchten Konzerne sowie deren freiwilligen Pro-forma-Angaben zum EBITDA sowie den Pro-forma-EPS. Bilanz und GuV-Daten, die aus den Kapitalflussrechnungen stammen, operativen Cashflows sowie die Pro-forma-Ergebnisse EBITDA wurden aus dem Bloomberg-System entnommen. Die Übereinstimmung der Angaben der Unternehmen und der Angaben von Bloomberg wurde für die EBITDAs überprüft, weil für diese Pro-forma-Ergebniskennzahlen weder verbindliche Berechnungsregeln noch Testate der Wirtschaftsprüfer vorliegen. Dafür wurden die von den Unternehmen in Quartals- und Geschäftsberichten veröffentlichten EBITDAs manuell erhoben und mit den Angaben von Bloomberg abgeglichen. Außerdem wurden die Pro-forma-EPS Angaben der Unternehmen den veröffentlichten Quartals- und Geschäftsberichten entnommen. Aktienkursdaten, Marktkapitalisierungen sowie die Anzahl der Aktien sind für den gesamten Untersuchungszeitraum aus Datastream entnommen. Die Ergebniskonsensusschätzungen der Analysten bezüglich dem Ergebnis je Aktie vor dem außerordentlichen Ergebnis entsprechend dem jeweilig angewandten Rechnungslegungsstandard (*EPS-Prognose*) und dem Pro-forma-Ergebnis in Form des E-BITDA (*EBITDA-Prognose*) wurden über Datastream dem Institutional Brokers Estimate System (I/B/E/S) für den gesamten Untersuchungszeitraum entnommen; dort sind auch die Daten zur Anzahl der Analysten, die ein Unternehmen betreuen, entnommen worden.

---

[314] Ein Einbezug dieser Unternehmen in die Stichprobe würde den Informationswert der Untersuchungsergebnisse schmälern, da die Ergebnisdarstellung auf Grund der Besonderheiten dieser Branchen von anderen Unternehmen stark abweicht und zum Teil auch gesetzlichen Sondervorschriften unterliegt. Während die Nicht-Finanzintermediäre Kennzahlen der EBITDA-Familie und Pro-forma-EPS veröffentlichen, zeigen deutsche Finanzdienstleister in ihren Geschäftsberichten verstärkt branchenspezifische Als-ob-Größen.

[315] Es werden keine Unternehmen untersucht, die einen Insolvenzantrag bis zum Beginn der Untersuchung gestellt hatten oder den Index verlassen haben, da dann die Datenverfügbarkeit in kommerziellen Datenbanken nicht mehr gegeben ist.

*3.3.2 Überblick über die Pro-forma-Berichterstattung in Deutschland*

Auf Grund des zunehmenden Kapitalmarktbewusstseins der Unternehmen ist seit der Mitte der 90iger Jahre eine starke Hinwendung zu einer Internationalisierung der Rechnungslegung deutscher Unternehmen zu erkennen.[316] Entsprechende Veröffentlichungen in der Finanzpresse zeigen, dass die Kapitalmarktteilnehmer sich immer stärker auf Ergebnisgrößen bei der Unternehmensbewertung und den Prognosen beziehen, die sich nicht aus den Ergebnissen der Rechnungslegungsvorschriften ableiten lassen sondern auf weitergehende, von Rechnungslegungsvorschriften unabhängige, Performance- und Liquiditätskennzahlen. Für die folgende Untersuchung werden die Geschäfts- und Quartalsberichte für die Geschäftsjahre 2000 bis 2003 der DAX30- sowie die MDAX-Unternehmen hinsichtlich des Ausweises von Pro-forma-Angaben untersucht.

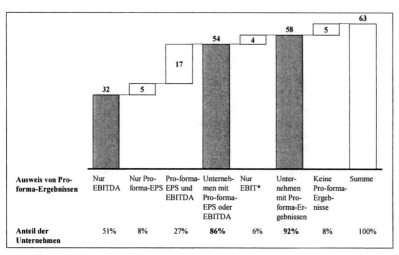

| Ausweis von Pro-forma-Ergebnissen | Nur EBITDA | Nur Pro-forma-EPS | Pro-forma-EPS und EBITDA | Unternehmen mit Pro-forma-EPS oder EBITDA | Nur EBIT* | Unternehmen mit Pro-forma-Ergebnissen | Keine Pro-forma-Ergebnisse | Summe |
|---|---|---|---|---|---|---|---|---|
| **Anteil der Unternehmen** | 51% | 8% | 27% | **86%** | 6% | **92%** | 8% | 100% |

Abbildung 9: Ausweis an Pro-forma-Ergebnissen der untersuchten DAX30- und MDAX-Unternehmen[317]

Abbildung 9 zeigt, dass deutsche Unternehmen die Pro-forma-Berichterstattung ebenso intensiv nutzen wie britische und US-amerikanische Unternehmen;[318] 86% der DAX30- und

---

316 Vgl. Küting/Zwirner (2002), S. 787.

317 Insgesamt weisen 49 Unternehmen die Kennzahl EBITDA aus, darüber hinaus weisen 8 Unternehmen (siehe *) zusätzlich einen EBIT aus; davon weisen 4 Unternehmen sowohl EBIT als auch Pro-forma-EPS aus, so dass 4 Unternehmen mit einem Ausweis von EBIT ohne Ausweis von Kennzahlen der EBITDA-Familie oder Pro-forma-EPS verbleiben. Es kann zum Mehrfachausweis von Kennzahlen der EBIT(DA)-Familie sowie von Pro-forma-EPS-Kennzahlen bei den Untenehmen kommen.

MDAX-Unternehmen weisen ein in dieser Arbeit nachfolgend empirisch untersuchtes Pro-forma-Ergebnis aus. Unter Hinzunahme des EBIT weisen 92% der Unternehmen ein Pro-forma-Ergebnis aus. Möglichkeiten zur Verbesserung der Vergleichbarkeit und vor allem der betriebswirtschaftliche Aussagekraft über die Ergebniserzielungsfähigkeit der Segmente er-klären die häufige Verwendung der Pro-forma-Ergebnisse durch die Unternehmen in der Ge-schäfts- bzw. der Segmentberichterstattung. Dabei werden von den Unternehmen auch in der Segmentberichterstattung unterschiedliche Definitionen der Pro-forma-Ergebnisse genutzt, so dass vergleichende, zwischenbetriebliche Aussagen nicht möglich sind.[319] Tabelle 15 fasst die Nutzung von Pro-forma-Ergebnissen durch deutsche DAX30- und MDAX-Unternehmen für die Quartals- und Jahresabschlüsse sowie Ergebnismeldungen aus dem Jahr 2003 zusam-men. Aus Tabelle 15 ist zu erkennen, dass der Schwerpunkt der Pro-forma-Berichterstattung in Deutschland auf der Darstellung einer Kennzahl der EBITDA-Familie liegt.

| Primärer Rechnungslegungsstandard | | Häufigkeit des Ausweises von Pro-forma-Kennzahlen | |
|---|---|---|---|
| Rechnungslegungsstandard | Häufigkeit | EBITDA-Kennzahlen* | Pro-forma-EPS |
| HGB | 10 | 8 | 2 |
| US-GAAP | 20 | 17 | 8 |
| IAS/IFRS[320] | 33[321] | 24 | 12 |
| Summe | 63 | 49 | 22 |

Tabelle 15: Gewählte Rechnungslegungsstandards und Pro-forma-Berichterstattung der DAX30- und MDAX-Unternehmen[322]

---

318 Untersuchungen für die Jahre 2001 und 2002 kommen zu dem Ergebnis, dass zu diesem Zeitpunkt ca. 90% der deutschen börsennotierten Unternehmen Pro-forma-Ergebnisse auswiesen, vgl. Hillebrandt/Sellhorn (2002a), S. 153, Küting/Heiden (2002), S. 1087 und Küting/Heiden (2003), S. 1547.

319 Der unterschiedliche Ausweis von Pro-forma-Kennzahlen korrespondiert mit einer unterschiedlichen Dar-stellung der Gewinn- und Verlustrechnung der internationalen Rechnungslegungsvorschriften, da bei-spielsweise die Formvorschriften im HGB sehr viel detaillierter vorgeschrieben sind wie nach IFRS oder US-GAAP. Dabei wird die Darstellung eines operativen Ergebnisses und eine entsprechende Darstellung durch die Unternehmen relativ weitläufig ausgelegt, so dass häufig die Berechnungs- und Vergleichsbasis zwischen den Unternehmen stark variiert, vgl. Wallace (2003), S. 2 ff.

320 Es lässt sich eine fortgesetzte Hinwendung der Unternehmen zu den internationalen Rechnungslegungsvor-schriften, insbesondere den IFRS erkennen, dies gilt für alle deutschen Börsensegmente. Dies wird sich mit der Umsetzung der IAS-Verordnung, bei der Wertpapieremittenten, die an einem organisierten Kapital-markt auftreten, verpflichtend ab 2005/2007 nach IFRS bilanzieren, weiter verstärken, vgl. Kü-ting/Boecker/Busch (2003), S. 316 ff., Küting/Zwirner (2002), S. 785 ff.

321 Außerdem gibt es zwei Unternehmen (Schering und Altana), die zusätzlich zu ihrem IFRS-Konzernabschluss noch eine Überleitung auf den US-GAAP-Konzernabschluss im Geschäftsbericht liefern.

322 Die verwendeten Rechnungslegungsstandards werden auf der Basis des Geschäftsjahrs 2003 (unter Beach-tung abweichender Geschäftsjahre) dargestellt. Dabei sind keine reinen HGB-Bilanzierer mehr im DAX30 zu finden. Allerdings gibt es zwei DAX30-Unternehmen (Deutsche Telekom und BASF), die noch einen HGB-Konzernabschluss im Geschäftsbericht zeigen, allerdings ebenso eine Überleitung auf den US-GAAP-Konzernabschluss.

Unternehmen, die nach US-GAAP bilanzieren, nutzen Pro-forma-Ergebnisse relativ am häufigsten; 85% der US-GAAP-Bilanzierer weisen die Kennzahl EBITDA und 40% ein Pro-forma-EPS aus. Der Anteil für die Unternehmen mit einer freiwilligen Pro-forma-Berichterstattung, die derzeitig nach IFRS oder noch HGB bilanzieren, ist geringer. Dies zeigt, dass vor allem Unternehmen, die nach US-GAAP bilanzieren – diese Unternehmen sind auch überwiegend an einer amerikanischen Börse notiert – und einer verstärkten Analystenbetrachtung unterliegen, Pro-forma-Kennzahlen zur Kommunikation am Aktienmarkt einsetzen.

49 (78%) Unternehmen publizieren die Pro-forma-Kennzahl EBITDA (EBITDA, EBITA, EBIDA). Zusätzlich veröffentlichen weitere 8 (13%) Unternehmen ausschließlich die Kennzahl EBIT.[323] Damit verwenden insgesamt 57 (91%) der untersuchten Unternehmen in Deutschland eine Kennzahl aus der EBIT(DA)-Familie. 45 (71%) Unternehmen nutzen mehr als eine Pro-forma-Kennzahl aus der EBIT(DA)-Familie. Daneben publizieren 22 (35%) Unternehmen ein Pro-forma-EPS. Dies sind vor allem solche, die nach US-GAAP oder I-AS/IFRS bilanzieren. Dabei zeigen 32 Unternehmen mindestens eine Kennzahl der EBITDA-Familie aber keine Pro-forma-EPS Kennzahl, 5 Unternehmen nur die Pro-forma-EPS Kennzahl und 17 Unternehmen gleichzeitig eine Kennzahl der EBITDA-Familie und eine Pro-forma-EPS Kennzahl.

Somit weicht die Pro-forma-Berichterstattung der DAX30- und MDAX-Unternehmen hinsichtlich der ausgewiesenen Kennzahlen in der Pro-forma-Berichterstattung zu den angelsächsischen Märkten ab.[324] Abbildung 10 zeigt am Beispiel der britischen FTSE100-Unternehmen, dass im Zeitraum 2002 bis 2003 die Pro-forma-Berichterstattung von Pro-forma-EPS klar dominiert und Kennzahlen der EBITDA-Familie eine untergeordnete Rolle spielen.

Die Veröffentlichung der Pro-forma-Ergebnisse erfolgt in den Geschäfts- und Quartalsberichten sehr häufig an hervorgehobener Stelle, d.h. zu Beginn der häufig gewählten Kennzahlen-Zusammenstellung in den „Financial Highlights". Häufig werden die Pro-forma-Ergebnisse vor den entsprechend dem Rechnungslegungsstandard ermittelten Kennzahlen und Ergebnissen dargestellt. Neben der Hervorhebung der Pro-forma-Kennzahlen wird die Pro-forma-Berichterstattung in den Geschäftsberichten sowohl im geprüften als auch im ungeprüften

---

[323] Insgesamt weisen 46 Unternehmen Pro-forma-Ergebnisse in Form des EBIT aus. Davon weisen 38 Unternehmen die Kennzahl EBIT gemeinsam mit anderen Kennzahlen der EBITDA-Familie aus.
[324] Vgl. Wallace (2002), S. 42.

Teile des Geschäftsberichts fortgesetzt, wobei eine Angabe im ungeprüften freien Teil sowie teilweise im Lagebericht gegenüber der GuV und dem Anhang stark präferiert wird.[325]

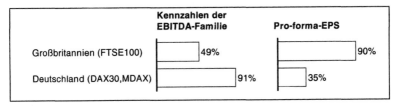

**Abbildung 10: Anteil der Unternehmen mit Ausweis von Kennzahlen in Form des EBITDA oder Proforma-EPS für Großbritannien und Deutschland**

Wenn unterstellt wird, das Unternehmen Pro-forma-Kennzahlen für die Investoren bereitstellen, um einen „true and fair view" der Ertragskraft zu vermitteln, ist eine relative einfache Nachvollziehbarkeit der Berechnung der Pro-forma-Kennzahl notwendig; zudem sollten Investoren in die Lage versetzt werden, aus den veröffentlichten Informationen die Überleitungen auf die gemäß den Rechnungslegungsstandards berechneten und somit zwischenbetrieblich vergleichbaren Liquiditäts- oder Performancekennzahlen leicht nachzuvollziehen. Die Überleitung der Pro-forma-Kennzahlen sollte deshalb auch für alle durch ein Unternehmen veröffentlichten Pro-forma-Kennzahlen und nicht nur für einige ausgewählte erfolgen. Dazu gehört die schnelle Auffindbarkeit der Überleitung der Pro-forma-Kennzahl auf das Periodenergebnis in den Ergebnisveröffentlichungen. In den USA hat die SEC (2003a) diese Forderungen in den Mittelpunkt der Regulierung von Pro-forma-Ergebnissen gestellt; im Unterschied zu den USA sind Überleitungsrechnungen und Erläuterungen in Deutschland derzeit nicht verpflichtend und deshalb nur selten vorzufinden. Problematisch an den Pro-forma-Ergebnissen und vor allem an den in Deutschland besonders verbreiteten Kennzahlen der E-BIT(DA)-Familie ist, dass es trotz der weiten Verbreitung keine feste Definition der Berechnungsschemata gibt. Auf Grund der Tatsache, dass neben den kennzahlenimmanenten Korrekturen zusätzliche Ausschlüsse vorgenommen werden, wird das Ziel einer erhöhten intertemporären und zwischenbetrieblichen Vergleichbarkeit der Unternehmen ausgehebelt. Dies ist unter anderem darauf zurückzuführen, dass der Aussagezweck, den die Unternehmen mit diesen Kennzahlen verfolgen, nicht einheitlich ist und auch gleich lautende Pro-forma-Ergebnisse deshalb unterschiedlich berechnet werden.

---

325 Vgl. Kley/Vater (2002), S. 1086, Kley/Vater (2003c), S. 494.

Zusätzlich führen einige Firmen in den Geschäftsbereichen eigene Abschnitte zur Pro-forma-Berichterstattung und zur Überleitung der Pro-forma-Ergebnisse in vergleichbare, auf Rechnungslegungsstandards beruhende Ergebniszahlen oder Kennzahlen;[326] andere Unternehmen stellen die Kennzahlen nur dar (teilweise auch in die Gewinn- und Verlustrechnung inkludiert), die Mehrheit der Unternehmen verzichtet jedoch auf eine Überleitung der Pro-forma-Ergebnisse auf das Quartals- oder Jahresergebnis.[327] Dabei ist festzustellen, dass Unternehmen, die mehrere Pro-forma-Ergebnisse veröffentlichen, nicht regelmäßig für jede Kennzahl eine Erläuterung oder Überleitung veröffentlichen. Somit ist die Information der Investoren über die Pro-forma-Ergebnisse in den Geschäftsberichten unzureichend, obwohl die Qualität der Erläuterungen und Überleitungen in den Geschäftsberichten sehr viel besser ist als in der Quartalsberichterstattung oder den zeitlich vorgelagerten, als Vorabinformation vor der Publikation des Geschäftsberichts veröffentlichten Unternehmensmitteilungen bzw. Bilanzpresse- oder Analystenkonferenzen, bei denen Pro-forma-Ergebnisse gegenüber den auf Rechnungslegungsstandards basierenden Ergebnissen deutlich hervorgehoben werden.[328]

Wenn über mehrere Abschlüsse hinweg ein gleich bezeichnetes Pro-forma-Ergebnis durch die Unternehmen veröffentlicht und die Berechnung des Pro-forma-Ergebnisses modifiziert wird, erfolgt teilweise eine Neuberechnung von Pro-forma-Vorjahresvergleichszahlen entsprechend dem neuen Berechnungsschema für das Pro-forma-Ergebnis.[329] Dadurch wird Investoren verdeutlicht, dass sich die Berechnung der Pro-forma-Ergebnisse geändert hat und damit eine Vergleichbarkeit der Pro-forma-Ergebnisse über den Zeitablauf nicht mehr zwangsläufig gegeben ist;[330] da keine Stetigkeit im Ausweis verpflichtend ist, wird dies durch die Unternehmen auch nicht durchgängig befolgt.[331]

---

[326] Siehe die besonders detaillierten Darstellungen und Überleitungsrechnungen in den Geschäftsberichten für 2003 der SAP AG oder der Deutschen Telekom AG.

[327] Pro-forma-Ergebnisse werden teilweise in die GuV inkludiert; nur 28% der Unternehmen, die eine EBIT-Kennzahl ausweisen, binden diese in ihre GuV ein bzw. bieten eine gesonderte Überleitung an, vgl. Küting/Heiden (2003), S. 1547.

[328] Vgl. Küting/Heiden (2002), S. 1088, Küting/Heiden (2003), S. 1547. Damit finden Pro-forma-Kennzahlen frühzeitig Eingang in die Informationsverarbeitungsprozesse der Kapitalmarktteilnehmer.

[329] IAS 1.38 verpflichtet den Abschlussersteller bei einer Änderung der Darstellung oder Klassifizierung von Posten im Abschluss, dies auch für die Vergleichsperiode vorzunehmen: „Werden Darstellung oder Gliederung von Posten im Abschluss geändert, sind, außer wenn praktisch undurchführbar, auch die Vergleichsbeträge neu zu gliedern."

[330] Vgl. die Geschäftsberichte des Konzernabschlusses der ProSiebenSat.1 Media AG; im Geschäftsjahr 2002 betrug der in den Kennzahlen ausgewiesene EBITDA 134 Mio. Euro, im Geschäftsjahr 2003 betrug der Vergleichswert für den EBITDA dann bereits 170 Mio. Euro.

[331] Vgl. Wallace (2003), S. 5 f.

### 3.3.3 Nutzung von Pro-Forma-EPS in der Unternehmensberichterstattung

Die 22 DAX30- und MDAX-Unternehmen mit einem selbständigen Ausweis von Pro-forma-EPS nutzen 33 unterschiedliche Pro-forma-EPS-Kennzahlen in ihrer Berichterstattung. Am häufigsten werden EPS vor Abschreibungen des Geschäfts- und Firmenwertes, EPS vor Sondereinflüssen und Pro-forma-EPS ausgewiesen; Tabelle 16 gibt einen Überblick über die Häufigkeitsverteilung der ausgewiesenen Pro-forma-Ergebnisse, wobei Mehrfachnennungen je Unternehmen möglich sind.

| Pro-forma-EPS-Bezeichnungen | Anteil |
|---|---|
| EPS ohne Abschreibung der Geschäfts- und Firmenwerte | 33,3% |
| EPS vor Sondereinflüssen[332] | 27,3% |
| Pro-forma-EPS/Normalisiertes EPS | 18,2% |
| Andere | 21,2% |

Tabelle 16: Häufigkeit der Pro-forma-EPS-Bezeichnungen der untersuchten DAX30- und MDAX-Unternehmen

Der häufige Ausweis von Pro-forma-EPS vor Goodwill-Amortisation bzw. Abschreibungen auf Geschäfts- und Firmenwerte ist nicht überraschend, da mit Goodwill-Amortisationen (vor allem bei US-GAAP-Bilanzierern) substantielle Aufwendungen verbunden sind. Insbesondere für Unternehmen, die keine adäquate Verzinsung auf den Goodwill erwirtschaften, ist der Ausweis von Pro-forma-Ergebnissen vor Goodwill-Amortisation attraktiv. Durch die Abschaffung regelmäßiger Goodwill-Abschreibungen nach IAS und US-GAAP durch Impairment-Tests werden zukünftig Goodwill-Abschreibungen konzentriert in wirtschaftlich angespannten Zeiten entstehen und dadurch die Anreize des Ausweises von Pro-forma-EPS vor Abschreibungen auf Geschäfts- und Firmenwerte verstärken.

Der besondere Anreiz des Ausweises von Pro-forma-EPS vor Goodwill-Amortisationen spiegelt sich auch in der Häufigkeitsverteilung der bei der Berechnung von allen Pro-forma-EPS ausgeschlossenen Aufwendungen in Tabelle 17 wider. In Übereinstimmung mit Tabelle 16 dominiert das Herausrechnen von Goodwill-Amortisationen und von den Unternehmen als Sondereinflüsse klassifizierten Positionen auch auf dem angelsächsischen Markt. Darüber hinaus ist bei 9,1% der Pro-forma-EPS in Deutschland die Berechnung nicht erläutert. Die großen Unterschiede bei der Berechnung der Pro-forma-EPS schränken nicht nur die Vergleichbarkeit der Pro-forma-EPS und somit auch der Unternehmen für Investoren stark ein,

---

332 Zum Teil auch als EPS vor One-Time-Effects bzw. vor außerordentlichem Ergebnis bezeichnet.

sondern von ihnen geht das Risiko einer Täuschung aus, wenn Pro-forma-Ergebnisse einge-setzt werden, um eine positive Ertragsdarstellung der Unternehmen zu erzielen.

Tabelle 17 zeigt, dass bei der Berechnung der Pro-forma-EPS ausgeschlossenen Aufwendun-gen Unterschiede zwischen deutschen, britischen und US-amerikanischen Unternehmen be-stehen. Deutsche Unternehmen sind beim Herausrechnen von Aufwendungen bei der Berech-nung der Pro-forma-EPS weniger aggressiv als britische FTSE100-Unternehmen.[333] Anderer-seits ist der Anteil der nicht detailliert erläuterten und somit für Investoren nicht nachvoll-ziehbaren Pro-forma-EPS mit 9,1% vergleichbar mit den USA (9,0%) nur leicht höher als in Großbritannien (4,4%); auch vom Management als Sondereinflüsse bewertete Aufwendun-gen, die für Investoren am wenigsten transparenten Ausschlüsse zur Gestaltung von Pro-forma-Ergebnissen, werden von deutschen Unternehmen häufiger beim Ausweis von Pro-forma-EPS herausgerechnet als in den USA vor der Regulierung der „Non-GAAP Financial Measures"[334]. Hierin kommt die mangelnde Transparenz der Berechnung der Pro-forma-Ergebnisse in Deutschland zum Ausdruck, da bei 12,1% aller Pro-forma-EPS die herausge-rechneten Sondereinflüsse nicht detailliert erläutert werden.

| Ausgeschlossene Aufwendungen | Großbritannien | USA | Deutschland |
|---|---|---|---|
| Amortisation des Goodwills und im-materieller Güter | 66,7% | 50,8% | 36,4% |
| Sondereinflüsse | 75,6%[335] | 14,8% | 30,3% |
| Aufgabe oder Verkauf von Ge-schäftsbereichen oder Vermögens-werten | 26,7% | 9,7% | 12,1% |
| Ohne weitere Erläuterung | 4,4% | 9,0% | 9,1% |

Tabelle 17: Anteile ausgeschlossener Aufwendungen beim Ausweis von Pro-forma-EPS in den USA (2. Quartal 2000), Großbritannien und Deutschland (jeweils 2002 - 2003)[336]

Insbesondere bei britischen Unternehmen ist ein aggressiver Gebrauch von Pro-forma-EPS festzustellen. Ausschlaggebend dafür sind die Tolerierung von Pro-forma-Ergebnissen durch FRS 3 und das Einfordern von Pro-forma-Ergebnissen durch die „UK Society of Investment

---

[333] Dies ist v.a. auf den etablierten Ausweis von Aufwendungen als „Exceptional Items", d.h. Aufwendungen aus dem gewöhnlichen Geschäftsbetrieb, die gemäß UK-GAAP auf Grund ihrer Größe separat ausgewiesen werden, um einen „true and fair view" zu ermöglichen, zurückzuführen, vgl. Gore/Pope/Singh (2002) sowie FRS 3.5 des ASB (1992).

[334] Vgl. SEC (2003a).

[335] Berücksichtigt werden die Ausschlüsse für „Exceptional Items".

[336] Vgl. Johnson/Schwartz (2005), S. 929 für die USA, eigene empirische Auswertung für Deutschland und Großbritannien.

Professionals".337 Britische Unternehmen rechnen in höherem Maße als US-amerikanische und deutsche Unternehmen materielle Aufwendungen wie Goodwill-Abschreibungen oder Sondereinflüsse heraus. Obwohl die Ausschlüsse der „Exceptional Items" in Großbritannien und der US-amerikanischen „Special Items" inhaltlich teilweise miteinander vergleichbar sind, zeigt sich eine Diskrepanz beim Ausweis von Pro-forma-EPS zwischen US-amerikanischen Unternehmen, die in nur 14,8% Aufwendungen für „Special Items" explizit ausschließen und britischen Unternehmen mit 75,6%. Auch beim Ausschluss von Aufwendungen aus Verlusten aus der Aufgabe oder dem Verkauf von Geschäftsbereichen oder Vermögensgegenständen erfolgt ein aggressiver Ausweis von Pro-forma-Ergebnissen durch britische Unternehmen. Lediglich beim Ausweis von Pro-forma-Ergebnissen vor Goodwill-Abschreibungen besteht eine vergleichbare Häufigkeit bei amerikanischen und britischen Unternehmen. Insgesamt zeigen die deskriptiven Ergebnisse, dass der Ausweis von Pro-forma-EPS im angelsächsischen Raum stärker ausfällt als in Deutschland.

### 3.3.4 Nutzung der Pro-forma-Kennzahlen der EBIT(DA)-Familie in der Unternehmensberichterstattung

Insgesamt weisen 57 der 63 untersuchten DAX30- und MDAX-Unternehmen 132 Pro-forma-Kennzahlen der EBIT(DA)-Familie aus; durchschnittlich nutzt jedes Unternehmen 2,3 Pro-forma-Kennzahlen der EBIT(DA)-Familie für die freiwillige Pro-forma-Berichterstattung. Dies ist vor allem auf den hohen Anteil der parallelen Berichterstattung von EBIT und EBIT-DA zurückzuführen; während 8 Unternehmen lediglich einen EBIT darstellen, weisen 45 (71,4%) aller Unternehmen mehr als eine Pro-forma-Kennzahl aus der EBIT(DA)-Familie aus.338 Deutlich wird dies in der Häufigkeitsverteilung der Pro-forma-Kennzahlen der E-BIT(DA)-Familie in Tabelle 18, wobei der Ausweis von mehreren Kennzahlen je Unternehmen möglich ist. Von den 49 Unternehmen ausgewiesene Pro-forma-Kennzahlen der EBIT-DA-Familie sind durch * gekennzeichnet, alle anderen Kennzahlen werden der EBIT-Familie zugeordnet.

Pro-forma-Ergebnisse der EBITDA-Familie unterliegen ebenso wie die Pro-forma-EPS der Bilanzpolitik der Unternehmen. Bilanzpolitische Maßnahmen des Ergebnismanagements (z.B. über Accruals) schlagen sich in den auf Rechnungslegungsstandards basierenden Ergebnissen

---

337 Siehe Abschnitt 3.2.2.1.
338 Vgl. Küting/Heiden (2003), S. 1547. Die Autoren zeigen in ihrer Untersuchung, dass 68% (61%) der Unternehmen in 2002 (in 2001) mindestens zwei Kennzahlen der EBIT-Familie ausweisen.

ebenso nieder wie in den Pro-forma-Ergebnissen (solange sie nicht herausgerechnete Aufwendungen betreffen). Zusätzlich können die Pro-forma-Ergebnisse der EBITDA-Familie durch ein Arrangieren der möglichen ausgeschlossenen Aufwendungen, d.h. der „Buchstabenkombinationen", beeinflusst werden.

| Pro-forma-Kennzahlen der EBIT(DA)-Familie | Anteil |
|---|---|
| EBIT | 34,9% |
| EBITDA* | 30,3% |
| EBT | 15,9% |
| EBITA | 6,0% |
| EBIT, EBITDA*, EBT, EBITA nach Sondereinflüssen | 6,0% |
| EAT | 3,0% |
| EBTA | 1,5% |
| EBITD* | 0,8% |
| EBITDAR* | 0,8% |
| EBTDA* | 0,8% |

**Tabelle 18: Häufigkeit der durch DAX30- und MDAX-Unternehmen ausgewiesenen Pro-forma-Kennzahlen der EBIT(DA)-Familie**[339]

Für Deutschland als auch das europäische Ausland kann gezeigt werden, dass die Kennzahlen EBIT, EBITA und EBITDA in stark unterschiedlicher Form durch die Unternehmen angewandt, ausgelegt und ausgewiesen werden.[340] Aus der Sicht der Investoren geht eine erschwerte Nachvollziehbarkeit von den unterschiedlichen Anwendungen bei der Berechnung des EBIT(DA) aus. Gründe dafür sind die imparitätische Behandlung der Aufwendungen und Erträge, der unterschiedliche Umfang der einbezogenen Steuerpositionen sowie die Bereinigung des EBIT(DA) um sonstige, über Zinsaufwand, Ertragssteuern, Abschreibungen und Amortisation hinausgehende, als außerordentlich ergebnisbelastend bezeichnete Positionen.

Die Unternehmensangaben zu Pro-forma-Ergebnissen der EBIT(DA)-Familie implizieren somit weder eine identische Ermittlung noch eine über den Zeitablauf konstante Vorgehensweise bei der Berechnung durch ein Unternehmen. Die fehlende Transparenz und Vergleich-

---

[339] Eine Überführung des EBITDA in ein quasi Pro-forma-Ergebnis je Aktie durch die Division des EBITDA durch die Anzahl der Aktien ist prinzipiell vorstellbar, wäre aber im hier vorliegenden Untersuchungskonzept verfehlt. Sowohl Unternehmen als auch Analysten verwenden die absoluten EBITDA-Werte als Ergebnismaßstab in ihren Ergebnismeldungen. Unternehmen heben den EBITDA deutlich hervor und diskutieren den wirtschaftlichen Erfolg des Unternehmens vorrangig anhand der Pro-forma-Ergebnisse in Form des EBITDA; deutlich wird dies auch beim Abrufen der Analystenprognosen in Reuters oder Bloomberg. EBITDA-Angaben je Aktie werden im Untersuchungszeitraum dagegen nur von 2 Unternehmen genutzt.

[340] Kriete/Padberg/Werner (2003), S. 497 ff. zeigen dies für die Unternehmen des „Dow Jones Euro Stoxx 50" und des „Dow Jones Stoxx 50" anhand von Jahresabschlüssen für 2001. Für deutsche DAX30-, MDAX- und NEMAX50-Unternehmen wird dies in einer Studie von Hillebrandt/Sellhorn (2002b), S. 14 ff., nachgewiesen.

barkeit wird insbesondere bei deutschen Unternehmen dadurch verstärkt, dass die Kennzahl EBIT(DA) immer auf der Basis des angewandten Rechnungslegungsstandards berechnet wird.[341] Die Unternehmen des DAX30 und MDAX haben in den letzten Jahren verstärkt auf die internationalen Rechnungslegungsstandards US-GAAP und IFRS umgestellt;[342] aus dem Wechsel der Berechnungsbasis durch eine Umstellung auf die internationalen Rechnungslegungsstandards folgt sowohl eine weitere Reduktion der Vergleichbarkeit der EBIT(DA) eines Unternehmens über den Zeitablauf (wenn der Vergleichszeitraum unterschiedlichen Bilanzierungsmethoden unterliegt) als auch zwischen Unternehmen, die nach unterschiedlichen Rechnungslegungsstandards bilanzieren.

### 3.3.5 Positivdarstellung der Unternehmensperformance durch Pro-forma-Kennzahlen

Die Gefahr einer Täuschung von Anlegern bei einer hervorgehobenen Darstellung von Proforma-Ergebnissen in Ergebnismeldungen besteht vor allem dann, wenn ein negatives Periodenergebnis in ein positives Pro-forma-Ergebnis umgewandelt wird; die SEC vermutet vor allem in diesem Fall einen Täuschungs- oder Betrugsversuch.[343]

Von den 49 Unternehmen, die einen EBITDA ausweisen, wurden in 87 Untersuchungspunkten (11%) im Untersuchungszeitraum 2000 bis 2003 negative Quartals- oder Geschäftsjahresergebnisse durch die Unternehmen veröffentlicht. Dies verteilt sich auf 30 Abschlüsse von DAX30-Unternehmen und 57 Abschlüsse von MDAX-Unternehmen. Von diesen 87 negativen Quartals- und Jahresergebnissen werden 66 Abschlüsse (76%) bei der Berechnung in eine positive EBITDA Pro-forma-Kennzahl umgewandelt. Dies betrifft 17 Abschlüsse der DAX30-Unternehmen und 49 Abschlüsse der MDAX-Unternehmen. Die 66 Abschlüsse, bei denen die negativen Quartals- und Jahresergebnisse in eine positive EBITDA Pro-forma-Kennzahl umgewandelt werden, verteilen sich auf 8 DAX30-Unternehmen und 16 MDAX-Unternehmen. Tabelle 19 zeigt den Zusammenhang im Mehrjahresvergleich.

---

341  Zur Berechnung der Pro-forma-Ergebnisse wird auf die in der GuV veröffentlichten Ist-Ergebnisse zurückgegriffen; ebenso basieren die Prognosen der Analysten auf Plankalkulationen für die GuV, vgl. Brösel/Heiden (2004), S. 345 ff., Heiden (2004), S. 609 ff.

342  Dies wird getrieben durch die Anforderungen des Kapitalmarktes, die Sicherstellung der Voraussetzungserfordernisse für Börsennotierungen im In- und Ausland sowie dem Umstellungserfordernis auf IAS für kapitalmarktorientierte Unternehmen ab 2005/2007 innerhalb der Europäischen Union.

343  Der frühere SEC Chairman Harvey L. Pitt hatte diese Warnung abgegeben: „in cases where pro forma statements change a loss into a profit, my view is there is an almost 100 percent chance that a company that is capable of doing that without appropriate disclosure will have defrauded or confused its investors.", Taub (2001a), ebenso Volk (2003), S. 505.

Der Vergleich über die Jahre 2000 bis 2003, insbesondere der steigende prozentuale Anteil der in positive Pro-forma-Ergebnisse transformierten Verluste, legt nahe, dass die neue SEC-Regulierung nicht zu einer reduzierten Verwendung von Pro-forma-Ergebnissen in Deutschland geführt hat.[344] Die häufige und zunehmende Transformation negativer auf Standards basierender Ergebnisse in positive Pro-forma-Ergebnisse legt zumindest nahe, dass das Management ergebnispolitische Spielräume bei der Bestimmung dieser Kennzahlen nutzt. Inwieweit allerdings EBITDA-Kennzahlen für Investoren missverständlich sind oder von diesen Kennzahlen die Gefahr der Täuschung von Kleinanlegern ausgehen kann, lässt sich hieraus nicht ableiten.

**Unternehmen mit EBITDA-Ausweis in Geschäfts- und Quartalsberichten - Aggregierte Betrachtungsweise**

| | | Gesamt | 2000 | 2001 | 2002 | 2003 |
|---|---|---|---|---|---|---|
| **Alle Unternehmen mit EBITDA Pro-forma Ausweis** | Quartale mit Verlust | 87 | 1 | 29 | 27 | 30 |
| | Quartale mit Verlust und positivem EBITDA-Ausweis | 66 | 0 | 15 | 24 | 27 |
| | Anteil Quartale mit Verlust und positivem EBITDA-Ausweis | 75,9% | 0,0% | 51,7% | 88,9% | 90,0% |
| **Nur DAX30 Unternehmen** | Quartale mit Verlust | 30 | 0 | 13 | 10 | 7 |
| | Quartale mit Verlust und positivem EBITDA-Ausweis | 17 | 0 | 4 | 7 | 6 |
| | Anteil Quartale mit Verlust und positivem EBITDA-Ausweis | 56,7% | 0,0% | 30,8% | 70,0% | 85,7% |
| **Nur MDAX Unternehmen** | Quartale mit Verlust | 57 | 1 | 16 | 17 | 23 |
| | Quartale mit Verlust und positivem EBITDA-Ausweis | 49 | 0 | 11 | 17 | 21 |
| | Anteil Quartale mit Verlust und positivem EBITDA-Ausweis | 86,0% | 0,0% | 68,8% | 100,0% | 91,3% |

Tabelle 19: Umwandlung eines negativen aggregierten Ergebnisses gemäß angewandtem Rechnungslegungsstandard in ein positives EBITDA Pro-forma-Ergebnis durch die DAX30/MDAX-Unternehmen

Die Umwandlung von negativen, auf Rechnungslegungsstandards basierenden Ergebnissen in positive Pro-forma-Ergebnisse ist nicht nur bei aggregierten Ergebnissen (z.B. Halbjahres-, Jahresergebnis) sondern auch bei den periodisierten Quartalsergebnissen nachzuweisen.[345]

Von den 49 Unternehmen, die selbständig die Pro-forma-Kennzahl EBITDA ausweisen, werden im Untersuchungszeitraum 2000 bis 2003 in 133 Quartalen negative Periodenergebnisse

---

[344] In den USA ist seit dem Inkrafttreten der Regulierung der freiwilligen Pro-forma-Berichterstattung durch die SEC ein leichter Rückgang des Ausweises von Pro-forma-Ergebnissen festzustellen. Auch die opportunistische Berechnung der Pro-forma-Ergebnisse ist seitdem rückläufig, vgl. Heflin/Hsu (2005), S. 28, Marques (2005), S. 40.

[345] Analysten arbeiten nicht nur mit aggregierten sondern vor allem mit Quartalswerten, um die Entwicklung des Unternehmens innerhalb des Geschäftsjahres zu analysieren.

ausgewiesen. Dies verteilt sich auf 50 Quartale der DAX30-Unternehmen und 83 Quartale der MDAX-Unternehmen. Von diesen 133 negativen Quartalsergebnissen werden 89 Quartalsergebnisse (67%) in ein positives EBITDA-Quartalsergebnis umgewandelt. Dies betrifft 33 Quartale (66%) der DAX30-Unternehmen und 56 Quartale (68%) der MDAX-Unternehmen. Dabei zeigt sich eine Gleichverteilung in der Vorgehensweise einer Positivdarstellung der DAX30- und MDAX-Unternehmen. Aus der Darstellung wird deutlich, dass diese Vorgehensweise der Umwandlung eines negativen Quartalsergebnisses in ein positives EBITDA-Quartalsergebnis im Untersuchungszeitraum stetig ansteigt.

**Unternehmen mit EBITDA-Ausweis in Geschäfts- und Quartalsberichten - Quartalsweise Betrachtungsweise**

| | | Gesamt | 2000 | 2001 | 2002 | 2003 |
|---|---|---|---|---|---|---|
| **Alle Unternehmen mit EBITDA Pro-forma Ausweis** | Quartale mit Verlust | 133 | 7 | 36 | 45 | 45 |
| | Quartale mit Verlust und positivem EBITDA-Ausweis | 89 | 1 | 18 | 35 | 35 |
| | Anteil Quartale mit Verlust und positivem EBITDA-Ausweis | 66,9% | 14,3% | 50,0% | 77,8% | 77,8% |
| **Nur DAX30 Unternehmen** | Quartale mit Verlust | 50 | 1 | 16 | 21 | 12 |
| | Quartale mit Verlust und positivem EBITDA-Ausweis | 33 | 0 | 6 | 16 | 11 |
| | Anteil Quartale mit Verlust und positivem EBITDA-Ausweis | 66,0% | 0,0% | 37,5% | 76,2% | 91,7% |
| **Nur MDAX Unternehmen** | Quartale mit Verlust | 83 | 6 | 20 | 24 | 33 |
| | Quartale mit Verlust und positivem EBITDA-Ausweis | 56 | 1 | 12 | 19 | 24 |
| | Anteil Quartale mit Verlust und positivem EBITDA-Ausweis | 67,5% | 16,7% | 60,0% | 79,2% | 72,7% |

Tabelle 20: Umwandlung eines negativen quartalsweisen Ergebnisses gemäß angewandtem Rechnungslegungsstandard in ein positives EBITDA Pro-forma-Ergebnis durch die DAX30/MDAX-Unternehmen

Tabelle 20 zeigt diesen Zusammenhang im Mehrjahresvergleich. Zusammenfassend ist festzustellen, dass die Untersuchung der aggregierten und quartalsweisen Ergebnisse zu ähnlichen Ergebnissen kommt.

### 3.3.6 *Ergebniswachstum durch Pro-forma-Kennzahlen und Trends bei den veröffentlichten Ergebnissen*

Die vorangehende Untersuchung zeigt, dass die Positivdarstellung der Unternehmen durch die Umwandlung eines negativen Periodenergebnisses in ein positives Pro-forma-Ergebnis im Zeitablauf zugenommen hat. Nachfolgend soll deshalb untersucht werden, ob bei den zur Berechnung der Pro-forma-Ergebnisse ausgeschlossenen Aufwendungen ein vergleichbarer Trend festzustellen ist; insbesondere wird untersucht, ob sich die Höhe der Differenz zwischen den durch die Unternehmen veröffentlichten EBITDAs und den Periodenergebnissen über den vorliegenden Untersuchungszeitraum (16 Quartale zwischen 2000 bis 2003) verändert. Es wird von der Hypothese ausgegangen, dass die Ausschlüsse für die Berechnung der Pro-forma-Kennzahl EBITDA im Zeitablauf gestiegen sind.[346] Die Ausschlussentwicklung wird definiert als:

$$
\text{Ausschlussentwicklung}_{i,t} = \frac{EBITDA_{i,t} - Quartalsergebnis\ vor\ außerordentlichen\ Positionen_{i,t}}{Marktkapitalisierung_{i,t-1}} \cdot 347 \tag{1}
$$

Dabei wird das Quartalsergebnis vor außerordentlichen Einflüssen betrachtet, um Verzerrungen zu vermeiden. Als Trendvariable wird die Kennzahl Quartal eingeführt, diese entspricht der aufsteigenden Quartalsnummer im Untersuchungszeitraum von 16 Quartalen, d.h. die Variable entspricht im ersten Quartal Q1/2000 = 1, im darauf folgenden Quartal Q2/2000 = 2 usw. bis im letzten Quartal Q4/2003 ein Wert von 16 erreicht wird. Wenn die Höhe der ausgeschlossenen Aufwendungen im Zeitablauf zugenommen hat, sollte die Trendvariable signifikant positiv die Ausschlussentwicklung erklären.

Zusätzlich zur Trendvariable werden das Umsatzwachstum, die Gesamtkapitalrendite und die Aktienrendite als Kontrollvariablen in die Querschnittsregressionen aufgenommen, um auszuschließen, dass andere betriebswirtschaftliche Faktoren für die Ausschlussentwicklung verantwortlich sind.[348] Das Umsatzwachstum ist definiert als Umsatz des laufenden Quartals dividiert durch den Umsatz des Vorquartals.[349] Die Gesamtkapitalrendite (RoA) ist definiert als

---

346 Welche Positionen bei der eigenständigen Definition der Unternehmen bei der Berechnung der Kennzahl EBITDA ausgeschlossen wird, variiert zwischen den Unternehmen; die Variation ist in einzelnen Positionen der GuV (z.B. Herausrechnen des Zinsaufwands oder des gesamten Finanzergebnisses) oder innerhalb der verschiedenen Kategorien der Accruals wieder zu finden. Daher werden die Ausschlüsse als Differenz zwischen dem EBITDA und dem Periodenergebnis (exklusive des außerordentlichen Ergebnisses) berechnet. Auf Grund enger Beziehungen zwischen Management und Analysten ist davon auszugehen, dass sich beide Parteien auf die gleiche Ergebnisdefinition und damit Berechnung fokussieren, vgl Heflin/Hsu (2005), S. 8.

347 Das Quartalsergebnis vor den außerordentlichen Positionen ist bei Bloomberg hinterlegt als „Net Income before Extraordinary Items". Die Marktkapitalisierung entspricht dem Wert zum Periodenbeginn. Untersucht wird dabei nur das jeweilige Quartalsergebnis, eine aggregierte Betrachtung ist für diese Untersuchung nicht sinnvoll.

348 Alle Kontrollvariablen sind gemessen zum Ende des jeweiligen Geschäftsquartals.

349 Vgl. Heflin/Hsu (2005), S. 42 ff., Lougee/Marquardt (2004), S. 781 ff., Matsumoto (2002), S. 502.

das Quartalsergebnis dividiert durch die Bilanzsumme des Vorquartals.[350] Die Rendite entspricht der Aktienrendite des jeweiligen Unternehmens im laufenden Quartals t und wird errechnet als $Ln[(Kurs_{i,t} + Dividenden_{i,t} + Bezugsrechte_{i,t}) / Kurs_{i,t-1}]$.

Vom Umsatzwachstum wird ein positiver Einfluss auf die Ausschlussentwicklung angenommen, d.h. ein positiver Regressionskoeffizient erwartet, da vor allem wachsende Unternehmen nachweisen wollen, dass dieses Wachstum profitabel ist. Ausschlaggebend dafür ist, dass der Unternehmenswert als Wert der heutigen Vermögensgegenstände (abzüglich der Verbindlichkeiten) zuzüglich des Wertes der Wachstumschancen interpretiert wird. Um das Wachstum profitabel erscheinen zu lassen und somit den Wert der Wachstumschancen sowie damit den Unternehmenswert zu maximieren, haben stark wachsende Unternehmen besondere Anreize zum Herausrechnen von Aufwendungen. Dies ist umso wichtiger, als Pro-forma-Kennzahlen in Form des EBITDA in der Finanzanalyse und Aktienanalyse über so genannte Multiplikatormodelle Eingang in die Unternehmensbewertung gefunden haben.[351] Der Unternehmenswert wird dabei als ein Vielfaches des EBITDA geschätzt. Diesem Vorgehen liegt die Annahme zu Grunde, dass der EBITDA als „cash-flow-orientierte Modifikation der Betriebsergebnisgröße"[352] interpretiert werden kann. Auf der anderen Seite bestehen vor allem für unterdurchschnittlich profitable Unternehmen mit schlechter Aktienmarktperformance besondere Anreize, möglichst viele Aufwendungen bei der EBITDA-Berechnung im Vergleich zum Quartals- bzw. Jahresergebnis auszuschließen. Daher werden für die Gesamtkapitalrendite und die Aktienrendite ein negativer Einfluss auf die Ausschlussentwicklung, d.h. negative Vorzeichen für die Regressionskoeffizienten, erwartet. Gegenstand der Trenduntersuchung ist somit folgende Querschnittsregression:

$$Ausschlussentwicklung_{i,t+1} = \alpha_0 + \alpha_1 \cdot Quartal_{t+1} + \alpha_2 \cdot Umsatzentwicklung_{i,t} + \alpha_3 \cdot RoA_{i,t}$$
$$+ \alpha_4 \cdot Rendite_{i,t} + \varepsilon_{i,t}. \tag{2}$$

Die Regressionsuntersuchungen werden für die 49 DAX30- und MDAX-Unternehmen durchgeführt, die einen eigenständigen Ausweis der Pro-forma-Kennzahl EBITDA in ihren Quartals- und Geschäftsberichten vornehmen. Als Untersuchungsmethode wird das Pooling-Verfahren mit gegenüber der Heteroskedastizität robusten Schätzern nach White eingesetzt.

---

350 Vgl. Doyle/McNichols/Soliman (2005), S. 9, Heflin/Hsu (2005), S. 42 ff., Marques (2005a), S. 18.

351 Vgl. Küting (2001), S. 118 ff., Lorson/Schedler (2002), S. 275.

352 Vgl. Küting (2001), S. 307.

Tabelle 21 fasst die Ergebnisse der Querschnittsregressionen (2) zusammen; der Regressionskoeffizient $\alpha_1$ für die Trendvariable ist in allen Untersuchungen positiv und statistisch auf dem 1%-Niveau signifikant. Dies verdeutlicht, dass die Höhe der für die Berechnung des E-BITDA ausgeschlossenen Aufwendungen im Vergleich zu den Quartalsergebnissen im Untersuchungszeitraum auch ökonomisch signifikant zugenommen hat.

Die Kontrollvariablen zeigen die erwarteten Vorzeichen und sind ebenfalls auf dem 1%-Niveau statistisch signifikant. Demzufolge erhöhen Unternehmen die Ausschlüsse bei einem zunehmenden Umsatzwachstum, um dieses profitabel erscheinen zu lassen. Ebenso nehmen die bei der Berechnung der Pro-forma-Ergebnisse im Vergleich zu den Quartals- und Jahresergebnissen herausgerechneten Aufwendungen bei einer negativen Entwicklung der an der Gesamtkapitalrendite gemessenen Profitabilität des Unternehmens sowie einer negativen Aktienkursentwicklung deutlich zu. Insbesondere die beiden letzten Kontrollvariablen zeigen, dass Pro-forma-Ergebnisse opportunistisch eingesetzt werden, um durch die freiwillige Unternehmensberichterstattung eine bessere Ertragskraft darstellen zu können wie dies mit Quartals- und Jahresergebnissen möglich ist. Ein solch opportunistischer Einsatz der Pro-forma-Ergebnisse stellt gemeinsam mit der mangelnden Transparenz bei der Berechnung sowie der geringen zwischenbetrieblichen Vergleichbarkeit der Pro-forma-Ergebnisse die Bewertungsrelevanz sowie den Informationsgehalt von Pro-forma-Ergebnissen in Frage.

| | $\alpha_0$ | $\alpha_1$ | $\alpha_2$ | $\alpha_3$ | $\alpha_4$ | Gesamte Regressionsgleichung | |
|---|---|---|---|---|---|---|---|
| Regressionskoeffizient | 0,0272 | 0,0018 | | | | Adjustiertes, gewichtetes $R^2$ | 16,065% |
| T-Statistik | 13,6656 | 8,5152 | | | | F-Statistik | 87,129 |
| p-Wert | 0,0000*** | 0,0000*** | | | | p-Wert | 0,0000*** |
| Regressionskoeffizient | 0,0096 | 0,0018 | 0,0161 | | | Adjustiertes, gewichtetes $R^2$ | 15,510% |
| T-Statistik | 1,8386 | 7,8706 | 3,5231 | | | F-Statistik | 39,917 |
| p-Wert | 0,0667* | 0,0000*** | 0,0005*** | | | p-Wert | 0,0000*** |
| Regressionskoeffizient | -0,0116 | 0,0020 | 0,0502 | -1,2634 | -0,0345 | Adjustiertes, gewichtetes $R^2$ | 39,705% |
| T-Statistik | -2,0302 | 7,8228 | 8,7337 | -9,3901 | -5,6994 | F-Statistik | 61,911 |
| p-Wert | 0,0431** | 0,0000*** | 0,0000*** | 0,0000*** | 0,0000*** | p-Wert | 0,0000*** |

**Tabelle 21: Untersuchung des Trends Ausschlussentwicklung bei der Berechnung des EBITDA über 16 (15) Quartale des Untersuchungszeitraums mittels der Kontrollvariablen Umsatzwachstum, RoA und Renditeentwicklung**

*** (**/*) deutet auf eine Signifikanz zum 1%- (5%-/10%-) Niveau hin.

Die vorangehenden Untersuchungen untermauern somit Bedenken bezüglich des Ausweises von Pro-forma-Ergebnissen. Es lässt sich nicht nur zeigen, dass Unternehmen ein negatives Quartalsergebnis in ein positives Pro-forma-Ergebnis umwandeln oder die Ausschlusshöhe im Untersuchungszeitraum gestiegen ist sondern auch, dass weniger profitable Unternehmen höhere Ausschlüsse vornehmen.

Tabelle 22 fasst den Einfluss der Profitabilität der 49 DAX-30 und MDAX-Unternehmen, die eigenständig die Pro-forma-Kennzahl EBITDA ausweisen, auf die Höhe der Ausschlüsse bei der EBITDA-Berechnung zusammen. Dafür werden die veröffentlichten EBITDA und die Quartalsergebnisse vor außerordentlichen Aufwendungen miteinander verglichen. Die dargestellten Ergebnisse zeigen die Mittelwerte der beiden Variablen, jeweils skaliert mit der Marktkapitalisierung.[353] Die Unternehmen werden zusätzlich in zwei Gruppen auf der Basis der Quartalsergebnisse unterteilt: die Gruppe der Gewinn-Unternehmen, bei denen das Quartalsergebnis größer oder gleich Null ist und die Gruppe der Verlust-Unternehmen, bei denen das Quartalsergebnis kleiner Null ist.

Aus Tabelle 22 ist ersichtlich, dass in jedem Quartal die ausgewiesenen EBITDA durchschnittlich über den auf Rechnungslegungsstandards basierenden Quartalsergebnissen liegen; über alle Quartale fällt der EBITDA im Durchschnitt bei allen untersuchten Unternehmen 5,58-mal so hoch aus wie das Quartalsergebnis. Bei den Gewinn-Unternehmen ist die Differenz deutlich geringer; im Durchschnitt fällt der EBITDA nur 3,24-mal so hoch aus wie das Quartalsergebnis. Verlust-Unternehmen nehmen deutlich höhere Ausschlüsse als Gewinn-Unternehmen vor. Die bezüglich der Höhe der ausgeschlossenen Aufwendungen aggressivere Berechnung von Pro-forma-Ergebnissen durch Verlust-Unternehmen kommt in den ausgeschlossenen Aufwendungen zur Berechnung des EBITDA zum Ausdruck. Während bei Gewinn-Unternehmen nur ca. 70% des EBITDA durch ausgeschlossene Aufwendungen generiert wird, liegt dieser Beitrag bei Verlust-Unternehmen bei ca. 165%.[354] Die Differenz zwischen dem EBITDA und dem Quartalsergebnis beträgt im Mittel für Verlust-Unternehmen 0,0854, während diese Differenz für Gewinn-Unternehmen im Mittel nur 0,0437 beträgt. Un-

---

353 Untersucht wird dabei nur das jeweilige Quartalsergebnis, eine aggregierte Betrachtung ist für diese Untersuchung nicht sinnvoll.

354 Für alle untersuchten und einen EBITDA-ausweisenden Unternehmen beträgt der Beitrag der ausgeschlossenen Aufwendungen am EBITDA ca. 82%.

ternehmen, die einen Quartalsverlust ausweisen, schließen fast doppelt so hohe Aufwendungen bei der Berechnung des EBITDA aus wie Unternehmen mit einem Quartalsgewinn.

Diese Untersuchung zeigt ebenfalls, dass die Ausschlüsse im Untersuchungszeitraum kontinuierlich zunehmen. Im Durchschnitt beträgt die Zunahme der Ausschlüsse für alle EBITDA-ausweisenden Unternehmen 68,95%. Gewinn-Unternehmen steigern den Ausschluss im Zeitablauf nur um 57,27%, Verlust-Unternehmen dagegen um 171,96%. Aus den empirischen Untersuchungen wird deutlich, dass vor allem Verlust-Unternehmen die Pro-forma-Kennzahl EBITDA zur verbesserten Ergebnisdarstellung gegenüber Investoren und Analysten nutzen. Dabei lässt sich zeigen, dass die vorgenommenen Ausschlüsse bei der Berechnung der Pro-forma-Kennzahl EBITDA umso höher ausfallen, je geringer die Profitabilität der Unternehmen ist.

102

| | Alle Unternehmen | | | Gewinn-Unternehmen | | | Verlust-Unternehmen | | |
|---|---|---|---|---|---|---|---|---|---|
| | EBITDA je Aktie | Ergebnis bevor extraordinary items je Aktie | Differenz / Ausschluss je Aktie | EBITDA je Aktie | Ergebnis bevor extraordinary items je Aktie | Differenz / Ausschluss je Aktie | EBITDA je Aktie | Ergebnis bevor extraordinary items je Aktie | Differenz / Ausschluss je Aktie |
| Mittelwert über alle 16 Quartale | 0,0614 | 0,0110 | 0,0504 | 0,0632 | 0,0195 | 0,0437 | 0,0519 | -0,0335 | 0,0854 |
| Mittelwert für 2000 | 0,0490 | 0,0110 | 0,0380 | 0,0467 | 0,0130 | 0,0337 | 0,0383 | -0,0103 | 0,0485 |
| Mittelwert für 2001 | 0,0531 | 0,0090 | 0,0442 | 0,0620 | 0,0191 | 0,0429 | 0,0155 | -0,0355 | 0,0511 |
| Mittelwert für 2002 | 0,0688 | 0,0134 | 0,0554 | 0,0717 | 0,0263 | 0,0454 | 0,0597 | -0,0504 | 0,1101 |
| Mittelwert für 2003 | 0,0747 | 0,0105 | 0,0642 | 0,0725 | 0,0196 | 0,0530 | 0,0942 | -0,0377 | 0,1319 |
| Mittelwerte der untersuchten Quartale | | | | | | | | | |
| 1 | 0,0553 | 0,0127 | 0,0425 | 0,0553 | 0,0127 | 0,0425 | NA | NA | NA |
| 2 | 0,0511 | 0,0149 | 0,0362 | 0,0511 | 0,0149 | 0,0362 | NA | NA | NA |
| 3 | 0,0449 | 0,0047 | 0,0402 | 0,0367 | 0,0078 | 0,0290 | 0,1016 | -0,0172 | 0,1188 |
| 4 | 0,0447 | 0,0116 | 0,0331 | 0,0437 | 0,0167 | 0,0271 | 0,0514 | -0,0239 | 0,0753 |
| 5 | 0,0548 | 0,0124 | 0,0424 | 0,0590 | 0,0175 | 0,0415 | 0,0317 | -0,0154 | 0,0470 |
| 6 | 0,0541 | 0,0107 | 0,0434 | 0,0582 | 0,0143 | 0,0439 | 0,0226 | -0,0169 | 0,0395 |
| 7 | 0,0542 | 0,0128 | 0,0414 | 0,0572 | 0,0166 | 0,0406 | 0,0420 | -0,0124 | 0,0543 |
| 8 | 0,0495 | 0,0000 | 0,0494 | 0,0734 | 0,0279 | 0,0454 | -0,0342 | -0,0976 | 0,0634 |
| 9 | 0,0537 | 0,0173 | 0,0364 | 0,0539 | 0,0237 | 0,0302 | 0,0526 | -0,0133 | 0,0660 |
| 10 | 0,0552 | 0,0069 | 0,0483 | 0,0585 | 0,0138 | 0,0447 | 0,0442 | -0,0160 | 0,0602 |
| 11 | 0,0786 | 0,0071 | 0,0715 | 0,0788 | 0,0227 | 0,0561 | 0,0769 | -0,1291 | 0,2060 |
| 12 | 0,0879 | 0,0225 | 0,0654 | 0,0958 | 0,0451 | 0,0507 | 0,0651 | -0,0429 | 0,1080 |
| 13 | 0,0806 | 0,0111 | 0,0695 | 0,0855 | 0,0240 | 0,0615 | 0,0641 | -0,0315 | 0,0957 |
| 14 | 0,0724 | 0,0114 | 0,0609 | 0,0742 | 0,0159 | 0,0583 | 0,0585 | -0,0232 | 0,0817 |
| 15 | 0,0710 | 0,0120 | 0,0590 | 0,0694 | 0,0199 | 0,0496 | 0,0781 | -0,0237 | 0,1018 |
| 16 | 0,0748 | 0,0075 | 0,0672 | 0,0610 | 0,0185 | 0,0425 | 0,1760 | -0,0726 | 0,2486 |

**Tabelle 22: Einfluss der Profitabilität der DAX-30/MDAX-Unternehmen auf die Höhe der Ausschlüsse bei der EBITDA-Berechnung**

# 4 Systematische Unterschiede zwischen Unternehmen mit und ohne Pro-forma-Ergebnisausweis in Deutschland

## 4.1 Kernfragen der empirischen Untersuchung

Die fehlende Regulierung und Standardisierung der Pro-forma-Berichterstattung in Deutschland eröffnet dem Unternehmensmanagement die Möglichkeit, Pro-forma-Ergebnisse opportunistisch einzusetzen, um eine positive Darstellung des Unternehmens, z.B. durch den Ausweis von Pro-forma-Gewinnen trotz negativer Quartals- oder Jahresergebnisse oder eine verbesserte Darstellung der Profitabilität des Unternehmens, zu erzielen. In diesem Fall erlauben Pro-forma-Ergebnisse keine zwischenbetrieblichen und intertemporalen Vergleiche und erschweren insbesondere privaten Investoren Anlageentscheidungen.[355] Durch die nachfolgende Untersuchung wird analysiert, ob es systematische Unterschiede zwischen Unternehmen mit und ohne Pro-forma-Kennzahlenausweis gibt. Dabei werden die Unternehmen, die eine Pro-forma-Kennzahl der EBITDA-Familie oder in Form von Pro-forma-EPS veröffentlichen, und Unternehmen, die keine dieser Kennzahlen veröffentlichen, miteinander verglichen. Im Vordergrund der Untersuchungen stehen die Fragen, ob sich

1. die Mittelwerte bzw. Mediane der Kennzahlen zwischen Unternehmen mit einem Ausweis von Pro-forma-Kennzahlen und Vergleichsunternehmen ohne Ausweis von Pro-forma-Kennzahlen unterscheiden sowie

2. die Kennzahlen eine Klassifikation der Unternehmen in Unternehmen mit bzw. ohne Ausweis von Pro-forma-Ergebnissen erlauben.

Anhand identifizierter Unterschiede zwischen Unternehmen mit bzw. ohne Ausweis von Pro-forma-Ergebnissen sollen mögliche Motive für das Angebot einer freiwilligen Pro-forma-Berichterstattung, z.B. eine verbesserte Darstellung der Unternehmenslage durch das Management, bzw. die Nachfrage nach Pro-forma-Ergebnissen, z.B. durch institutionelle Kapitalmarktteilnehmer, identifiziert werden.

---

[355] Die Motivation, ob Manager davon geleitet werden, Investoren zusätzlich zu informieren oder vom Wunsch, unternehmerische Sachverhalte zu verschleiern, ist nicht eindeutig durch externe Analysen beobachtbar. Daher werden bei den empirischen Untersuchungen die jeweiligen Hypothesen anhand von Indikatoren wie Unternehmens- und Marktkennzahlen analysiert.

## 4.2 Überblick über Ergebnisse empirischer Untersuchungen in den USA

Pro-forma-Ergebnisse sind in den USA in allen Branchen verbreitet, werden aber überproportional häufig von Unternehmen der High-Tech-Industrie und des Dienstleistungssektors ausgewiesen.[356] Am Informationsgehalt der Pro-forma-Ergebnisse dieser Unternehmen wird auf Grund der fehlenden Regulierung bis 2003[357] bezüglich der Bereinigung der Ergebnisse gezweifelt; beispielsweise neigen High-Tech-Unternehmen dazu, für das Geschäftsmodell inkrementelle, operative Aufwendungen für Forschung und Entwicklung beim Ausweis des Pro-forma-Ergebnisses im Vergleich zum US-GAAP-Ergebnis herauszurechnen.[358] Eine mögliche opportunistische Nutzung von Pro-forma-Ergebnissen durch US-amerikanische Unternehmen wird vor allem auf Grund folgender Beobachtungen angenommen:

- Pro-forma-Ergebnisse werden vor allem von US-amerikanischen Unternehmen mit einer geringen Qualität der US-GAAP-Abschlüsse, gemessen an der Erklärungskraft der Quartals- und Jahresergebnisse für die zukünftigen Aktienkursentwicklungen, ausgewiesen.[359]

- Pro-forma-Ergebnisse werden durch das Unternehmensmanagement so gestaltet, dass Ergebniserwartungen der Analysten genau getroffen oder leicht übertroffen werden;[360] Unternehmen mit einem Ausweis von Pro-forma-EPS verfehlen deutlich häufiger die Analystenprognosen für US-GAAP-Ergebnisse (61%) wie für Pro-forma-Ergebnisse (20%).[361]

Auf Grund der Unternehmenscharakteristika sind deutliche Unterschiede zwischen Unternehmen mit und ohne einem Ausweis von Pro-forma-Ergebnissen festzustellen; die Unterschiede erstrecken sich auf fundamentale Unternehmensdaten, die Kapitalmarktbewertung, die Akquisitionstätigkeit, die Profitabilität sowie finanzielle Stabilität der Unternehmen.

Bezüglich der fundamentalen Unternehmensdaten zeigen Unternehmensvergleiche, dass Unternehmen mit einem Ausweis von Pro-forma-EPS einen deutlich geringeren Umsatz aber ein

---

356 Vgl. Bhattacharya/Black/Christensen/Mergenthaler (2004a), S. 30 f., Johnson/Schwartz (2005). S. 933, Lougee/Marquardt (2004), S. 777, Yi (2006), S. 29.
357 Vgl. SEC (2003a).
358 Vgl. Bhattacharya/Black/Christensen/Mergenthaler (2004a), S. 37.
359 Vgl. Bianco/Smith/Burkett (2004), S. 3 ff., Lougee/Marquardt (2004), S. 784.
360 Vgl. Bhattacharya/Black/Christensen/Larson (2003), S. 303, Bhattacharya/Black/Christensen/Mergenthaler (2004a), S. 40, Doyle/McNichols/Soliman (2005), S. 38, Doyle/Soliman (2002), S. 19, Heflin/Hsu (2005), S. 42. Für eine ausführliche Diskussion siehe Abschnitt 6.2.1.2 bzw. 6.3 für die USA und Deutschland.
361 Vgl. Bhattacharya/Black/Christensen/Mergenthaler (2004a), S. 40.

stärkeres Umsatzwachstum aufweisen als Vergleichsunternehmen.[362] Dabei erzielen diese Unternehmen häufiger US-GAAP-Verluste und unterliegen stärkeren Ergebnisschwankungen;[363] das EPS vor außerordentlichen Positionen lag bei diesen Unternehmen bis 1997 im Marktdurchschnitt, ist aber seitdem stark schwankend mit fallender Tendenz.[364]

Die Unterschiede zwischen Unternehmen mit bzw. ohne Ausweis von Pro-forma-Ergebnissen spiegeln sich in einer höheren Marktkapitalisierung von Unternehmen mit einem Ausweis von Pro-forma-EPS wider.[365] Diese Unternehmen haben durchschnittlich zwischen 1997 und 1999 sogar höhere Aktienrenditen erzielt.[366] Dies spiegelt sich ebenso in höheren Kurs-Gewinn-Verhältnissen sowie geringeren Buchwert-Marktwert-Verhältnissen von Unternehmen mit einem Ausweis von Pro-forma-Ergebnissen wider.[367]

Hinsichtlich möglicher Unterschiede in der Akquisitionspolitik zwischen Unternehmen mit bzw. ohne Ausweis von Pro-forma-Ergebnissen gibt es in der Literatur keine eindeutige Evidenz. Allerdings stellen die Goodwill-Amortisationen die bei der Berechnung der Pro-forma-Ergebnisse mit am häufigsten ausgeschlossenen Aufwendungen dar;[368] dies deutet darauf hin, dass die Unternehmen mit einem Ausweis von Pro-forma-EPS im Vergleich zu anderen Unternehmen eine aggressivere und möglicherweise auch weniger erfolgreiche Akquisitionspolitik betreiben, die höhere Goodwill-Amortisationen nach sich zieht. Durch den Ausweis von Pro-forma-Ergebnissen vor Goodwill-Amortisationen können die Unternehmen im Vergleich zu US-GAAP-Ergebnissen deutlich verbesserte Pro-forma-Ergebnisse ausweisen.

Für eine opportunistische Nutzung der Pro-forma-Ergebnisse spricht, dass die Unternehmen mit einem selbständigen Ausweis von Pro-forma-Ergebnissen signifikant weniger profitabel sind als die Unternehmen ohne freiwillige Pro-forma-Berichterstattung. Dies kommt, bedingt durch den häufigeren Ausweis von US-GAAP-Verlusten, in durchschnittlich negativen Ge-

---

362 Vgl. Bhattacharya/Black/Christensen/Mergenthaler (2004a), S. 38 f., Lougee/Marquardt (2004), S. 781.

363 Vgl. Bhattacharya/Black/Christensen/Mergenthaler (2004a), S. 37, Johnson/Schwartz (2005), S. 931.

364 Vgl. Bhattacharya/Black/Christensen/Mergenthaler (2004a), S. 39.

365 Vgl. Johnson/Schwartz (2005), S. 932. Dies zeigt sich auch darin, dass Pro-forma-Unternehmen einem stärkeren Analystencoverage unterliegen.

366 Dies kann teilweise durch höhere Beta-Faktoren der Unternehmen mit einem Ausweis von Pro-forma-Ergebnissen, d.h. höhere Marktrisiken im Vergleich zum Marktportfolio und somit höheren erwarteten Renditen erklärt werden, vgl. Bhattacharya/Black/Christensen/Mergenthaler (2004a), S. 38, Johnson/Schwartz (2005), S. 932.

367 Vgl. Bhattacharya/Black/Christensen/Mergenthaler (2004a), S. 38. Lougee/Marquardt (2004), S. 784, können allerdings keine Unterschiede bezüglich der Buchwert-Marktwert-Verhältnisse feststellen.

368 Vgl. Bhattacharya/Black/Christensen/Larson (2003), S. 294, Bhattacharya/Black/Christensen/Mergenthaler (2004a), S. 35, Johnson/Schwartz (2005), S. 929.

samtkapital- und Umsatzrenditen zum Ausdruck; auch ein Vergleich der Medianwerte zeigt eine deutlich geringere Profitabilität der Unternehmen mit einer freiwilligen Pro-forma-Berichterstattung.[369] Auf Basis der Pro-forma-Ergebnisse wollen die Unternehmen den Eindruck einer besseren Profitabilität erzeugen und Schwächen bei der Ertragskraft kaschieren.

Trotz der deutlich geringeren Profitabilität der Unternehmen mit einem Ausweis von Pro-forma-Ergebnissen ist deren Cashflow-Kraft, gemessen als Anteil der erzielten Cashflows in Relation zu den Quartals- bzw. Jahresergebnissen, nicht geringer als bei den Vergleichsunternehmen ohne freiwillige Pro-forma-Berichterstattung; allerdings nimmt die Cashflow-Kraft der Unternehmen mit einem Ausweis von Pro-forma-EPS seit Ende der 90iger Jahre ab.[370] Die Abnahme der Cashflow-Kraft spiegelt sich bereits in einem höheren Fremdfinanzierungsbedarf wider; Unternehmen mit einem Ausweis von Pro-forma-EPS weisen durchschnittlich höhere Verschuldungsgrade auf.[371]

Insgesamt zeigen empirische Untersuchungen für die USA, dass der Ausweis von Pro-forma-EPS vor allem bei Unternehmen zu finden ist, die davon überproportional profitieren. Einerseits können hohe Aufwendungen bei der Berechnung der Pro-forma-EPS herausgerechnet werden; andererseits werden systematische Schwächen hinsichtlich der Profitabilität und finanziellen Stabilität nicht prominent dargestellt sondern können als deutlich besser ausgewiesen werden bzw. durch Sonderbelastungen, die nicht Teil des operativen Geschäfts sein sollen, erklärt werden. Die Vermutung einer opportunistischen Nutzung der Pro-forma-EPS kann somit nicht von der Hand gewiesen werden. Bezüglich systematischer Unterschiede zwischen Unternehmen mit bzw. ohne Ausweis von Pro-forma-Ergebnissen in Form des EBITDA liegen keine empirischen Untersuchungen für die USA vor.

### 4.3 Ergebnisse bisheriger Untersuchungen in Deutschland und Abgrenzung zu diesen Untersuchungen

Auf der Basis von Unternehmenskennzahlen werden mögliche Motive für eine freiwillige Pro-forma-Berichterstattung in Deutschland bisher lediglich durch Hillebrandt und Sellhorn (2002b) untersucht. Allerdings ist deren Untersuchung auf ein Jahr sowie die Pro-forma-

369 Vgl. Bhattacharya/Black/Christensen/Mergenthaler (2004a), S. 37. Johnson/Schwartz (2005), S. 932.
370 Vgl. Bhattacharya/Black/Christensen/Mergenthaler (2004a), S. 37 f.
371 Vgl. Bhattacharya/Black/Christensen/Mergenthaler (2004a), S. 37, Lougee/Marquardt (2004), S. 784, Yi (2006), S. 29.

Berichterstattung der EBITDA-Familie beschränkt.[372] Obwohl bereits 35% der deutschen DAX30- und MDAX-Unternehmen Pro-forma-Ergebnisse je Aktie ausweisen, wird der Ausweis von Pro-forma-EPS dagegen bisher nicht berücksichtigt. Da Pro-forma-Ergebnisse der EBITDA-Familie in allen Börsensegmenten eine weite Verbreitung gefunden haben,[373] sind zwischen Unternehmen mit bzw. ohne freiwilliger Berichterstattung von Kennzahlen der E-BITDA-Familie nur geringere Unterschiede hinsichtlich der relevanten Unternehmenscharakteristika zu erwarten. Dabei werden lediglich eine aktivere Akquisitionspolitik, die damit verbundene Aktivierung eines höheren Goodwills und somit auch höhere ergebniswirksamen Belastungen aus der Abschreibung des Goodwills als charakteristisch für Unternehmen mit einem Ausweis von EBITDAs erkannt. Bei anderen Kennzahlen werden keine robusten Unterschiede festgestellt.[374]

Die DAX30- und MDAX-Unternehmen orientieren sich bei der Pro-forma-Berichterstattung zunehmend an den USA und Großbritannien. Dadurch rücken Pro-forma-Ergebnisse je Aktie stärker in das Zentrum der Ergebnisbekanntgabe; bereits mehr als ein Drittel der DAX30- und MDAX-Unternehmen weisen Pro-forma-EPS aus. Vor allem große Unternehmen, die im Mittelpunkt des Interesses von institutionellen Anlegern stehen, richten ihre Ergebnisbekanntgabe auf Pro-forma-EPS aus. Von den 25% nach der Marktkapitalisierung für das Jahresende 2003 größten Unternehmen weisen 62,5% Pro-forma-EPS aus. Der Ausweis von Pro-forma-EPS durch die DAX30- und MDAX-Unternehmen ist somit deutlich stärker auf den Kapitalmarkt und Investoren ausgerichtet als der Ausweis der Pro-forma-Ergebnisse der EBITDA-Familie.

Die nachfolgende empirische Analyse untersucht, ob systematisch Unterschiede hinsichtlich ausgewählter Unternehmenskennzahlen zwischen Unternehmen mit und ohne Ausweis von Pro-forma-EPS bestehen; gleichfalls werden Unterschiede zwischen Unternehmen mit und

---

Vgl. Hillebrandt/Sellhorn (2002b). Die Autoren zeigen, dass für ihr Untersuchungssample der Geschäftsjahresabschlüsse 2000 der DAX100 und NEMAX50-Unternehmen 88,3% die Kennzahl EBIT und 42,2% die Kennzahl EBITDA ausweisen. In deskriptiven Auswertungen zeigen Küting/Heiden (2002), S. 1087 und Küting/Heiden (2003), S. 1547, dass für ihr Untersuchungssample der Geschäftsjahresabschlüsse 2001 der DAX, MDAX, NEMAX50 und SMAX-Unternehmen 154 der 205 die Kennzahl EBIT und 125 der 205 die Kennzahl EBITDA ausweisen. Übereinstimmend gelangen alle deskriptiven Untersuchungen für Deutschland zum Ergebnis, dass ca. 90% der Unternehmen Pro-forma-Kennzahlen der EBITDA-Familie ausweisen.

Vgl. Hillebrandt/Sellhorn (2002a), S. 153. Die Autoren zeigen, dass 89% der untersuchten Unternehmen aus DAX100 und NEMAX50 in 2000 Pro-forma-Ergebnisse veröffentlichen, vgl. Küting/Heiden (2002), S. 1087. Die Autoren zeigen eine relative Gleichverteilung der Anwendung von Pro-forma-Ergebnissen durch die Unternehmen über die Segmente der Deutschen Börse hinweg: 90% im DAX30, 90% im MDAX, 88% im NEMAX50, 89% im SMAX.

Vgl. Hillebrandt/Sellhorn (2002b).

ohne Ausweis von Pro-forma-Ergebnissen in Form des EBITDA über einen mehrjährigen Zeitraum erhoben und deren Motive für einen Ausweis von Pro-forma-Ergebnissen – sowohl in Form von Pro-forma-EPS als auch EBITDA – identifiziert. Aus der Sicht der Regulierer sowie der Investoren ist diese Untersuchung von Bedeutung, um anhand der Unternehmensvariablen mögliche Motive für das Angebot, z.b. eine verbesserte Darstellung der Unternehmenslage durch das Management, bzw. die Nachfrage, z.b. durch institutionelle Kapitalmarktteilnehmer, einer Pro-forma-Berichterstattung erkennen zu können. Nur in Verbindung dieser Erkenntnisse zur Motivation sowie den später folgenden Untersuchungen zum Informationsgehalt und zur Bewertungsrelevanz von Pro-forma-Ergebnissen sind Aussagen bezüglich eines Regulierungsbedarfs für die Pro-forma-Berichterstattung sinnvoll.

## 4.4 Ergebnisse der empirischen Untersuchungen

### 4.4.1 Erläuterung der untersuchten Variablen

Zur Identifikation von systematischen Unterschieden zwischen Unternehmen mit und ohne Ausweis von Pro-forma-Ergebnissen werden Unternehmen, die Pro-forma-Ergebnisse veröffentlichen und Unternehmen, die keine Pro-forma-Ergebnisse ausweisen, auf der Basis betriebswirtschaftlicher Kennzahlen miteinander verglichen. Im Vordergrund der Untersuchung stehen fundamentale Unternehmensdaten, die Akquisitionstätigkeit, Profitabilität, finanzielle Stabilität, das Investitions- und Finanzierungsverhalten, die Effizienz der Investitionstätigkeit und Kapitalverwendung sowie die Bewertung durch den Kapitalmarkt. In die Untersuchung werden insgesamt 36 Unternehmenskennzahlen einbezogen. Die Auswahl der Kennzahlen erfolgt auf der Basis von Empfehlungen der Literatur zur Bilanzanalyse sowie zur Kapitalmarkttheorie.[375] Tabelle 23 gibt einen Überblick über die untersuchten Kennzahlen der sechs Untersuchungsgruppen.

---

[375] In Verbindung mit den Hypothesen werden die Kennzahlen in Abschnitt 4.4.3 begründet. Zur Interpretation der Kennzahlen vergleiche stellvertretend für viele: Hail (2002), S. 53 ff.

| Kennzahl | Abkürzung | Berechnung | Quelle |
|---|---|---|---|
| **1. Bewertung durch den Kapitalmarkt** | | | |
| Marktkapitalisierung | Size | $Ln(Marktkapitalisierung_{i,t})$ | Datastream |
| Analystencoverage | Analysten | Anzahl der Sell-Side-Analysten, die Ergebnisprognosen für ein Unternehmen i zum Zeitpunkt t abgeben[376] | I/B/E/S aus Datastream |
| Streubesitz | Streubesitz | – | Financial Times |
| Aktienrendite | Rendite[377] | $Ln((Kurs_{i,t} + Dividenden_{i,t} + Bezugsrechte_{i,t})/ Kurs_{i,t-1)}$ | Datastream |
| Kurs-Gewinn-Verhältnis | KGV | $Kurs_{i,t}/Gewinn_{i,t}$ | Datastream |
| Buchwert-Marktwert-Verhältnis | BWMW | Buchwert des $Eigenkapitals_{i,t}$/$Marktkapitalisierung_{i,t}$ | Bloomberg, Datastream |
| **2. Fundamentale Unternehmensdaten** | | | |
| Bilanzsumme | BS | $Ln(Bilanzsumme_{i,t})$ | Bloomberg |
| Anlagevermögen | AV | $Ln(Anlagevermögen_{i,t})$ | Bloomberg |
| Umsatz | Umsatz | $Ln(Umsatz_{i,t})$ | Bloomberg |
| Operatives Ergebnis | Op_Income | $Ln(Operatives Ergebnis_{i,t})$ | Bloomberg |
| **3. Akquisitionstätigkeit** | | | |
| Anschaffungskosten des Goodwills | GWAHK | $LN(Goodwill AHK_{i,t})$ | Geschäftsberichte |
| Kumulierte Goodwillwertberichtigungen | GWKUM | $LN(Kumulierte Goodwillwertberichtigunge-n_{i,t})$ | Geschäftsberichte |
| Restbuchwert des Goodwills | GWRBW | $LN(Restbuchwert des Goodwills_{i,t})$ | Geschäftsberichte |
| Goodwill AHK in Relation zum Eigenkapital | GWAHK_EK | Goodwill zu $AHK_{i,t}$/$Eigenkapital_{i,t}$ | Geschäftsberichte, Bloomberg |
| Goodwill AHK in Relation zur Bilanzsumme | GWAHK_BS | Goodwill zu $AHK_{i,t}$/$Bilanzsumme_{i,t}$ | Geschäftsberichte, Bloomberg |
| Goodwill AHK in Relation zum Umsatz | GWAHK_U | Goodwill zu $AHK_{i,t}$/$Umsatz_{i,t}$ | Geschäftsberichte, Bloomberg |
| Kumulierte Goodwillwertberichtigungen in Relation zum Eigenkapital | GWKUM_EK | Kumulierte $Goodwillwertberichtigungen_{i,t}$/ $Eigenkapital_{i,t}$ | Geschäftsberichte, Bloomberg |
| Kumulierte Goodwillwertberichtigungen in Relation zur Bilanzsumme | GWKUM_BS | Kumulierte $Goodwillwertberichtigungen_{i,t}$/ $Bilanzsumme_{i,t}$ | Geschäftsberichte, Bloomberg |
| Kumulierte Goodwillwertberichtigungen in Relation zum Umsatz | GWKUM_U | Kumulierte $Goodwillwertberichtigungen_{i,t}$/ $Umsatz_{i,t}$ | Geschäftsberichte, Bloomberg |
| Restbuchwert des Goodwills in Relation zum Eigenkapital | GWRBW_EK | Restbuchwert des $Goodwills_{i,t}$/$Eigenkapital_{i,t}$ | Geschäftsberichte, Bloomberg |
| Restbuchwert des Goodwills in Relation zur Bilanzsumme | GWRBW_BS | Restbuchwert des $Goodwills_{i,t}$/$Bilanzsumme_{i,t}$ | Geschäftsberichte, Bloomberg |

---

[376] Für die abgegebenen Analystenprognosen wird der Durchschnittswert je Quartal verwendet. Normalerweise werden durch die Analysten jeden Monat Prognosen abgegeben, also wird im Quartal durchschnittlich dreimal eine Prognose durch die Analysten je Unternehmen abgegeben.

[377] Die Aktienrenditen werden logarithmiert in die Untersuchung zur Verstetigung der Entwicklung aufgenommen.

| Kennzahl | Abkürzung | Berechnung | Quelle |
|---|---|---|---|
| Restbuchwert des Goodwills in Relation zum Umsatz | GWRBW_U | Restbuchwert des Goodwills$_{i,t}$/Umsatz$_{i,t}$ | Geschäftsberichte, Bloomberg |
| **4. Finanzielle Stabilität sowie Kapitalstruktur/ Finanzierungsrisiko** | | | |
| Verschuldungsgrad | VG | Fremdkapital$_{i,t}$/Eigenkapital$_{i,t}$ | Bloomberg |
| Eigenkapitalquote | EKQ | Eigenkapital$_{i,t}$/Bilanzsumme$_{i,t}$ | Bloomberg |
| Liquiditätsgrad | LIQ | Cashflows$_{i,t}$/Fremdkapital$_{i,t}$ | Bloomberg |
| Cashflowkraft | Cashflow | Cashflows$_{i,t}$/Jahres- bzw. Quartalsergebnis$_{i,t}$ | Bloomberg |
| **5. Rentabilität** | | | |
| Eigenkapitalrendite | RoE | Jahres- bzw. Quartalsergebnis$_{i,t}$/Eigenkapital$_{i,t}$ | Bloomberg |
| Umsatzrendite | RoS | Jahres- bzw. Quartalsergebnis$_{i,t}$/Umsatz$_{i,t}$ | Bloomberg |
| Investitionsrendite | RoI | Jahres- bzw. Quartalsergebnis$_{i,t}$/Anlagevermögen$_{i,t}$ | Bloomberg |
| Gesamtkapitalrendite | RoA | Jahres- bzw. Quartalsergebnis$_{i,t}$/Bilanzsumme$_{i,t}$ | Bloomberg |
| **6A. Vermögensstruktur – Intensitätsgrad und Investitionsverhältnis** | | | |
| Anlageintensität | AV_BS | Anlagevermögen$_{i,t}$/Bilanzsumme$_{i,t}$ | Bloomberg |
| Investitionsverhältnis | UV_AV | Umlaufvermögen$_{i,t}$/Anlagevermögen$_{i,t}$ | Bloomberg |
| **6B. Vermögensstruktur – Umschlagskennzahlen** | | | |
| Kapitalumschlag | Kapital_U | Umsatz$_{i,t}$/Bilanzsumme$_{i,t}$ | Bloomberg |
| Umschlag des Anlagevermögens | AV_U | Umsatz$_{i,t}$/Anlagevermögen$_{i,t}$ | Bloomberg |
| **6C. Vermögensstruktur – Deckungsgrade** | | | |
| Anlagedeckungsgrad I | DGI | Eigenkapital$_{i,t}$/Anlagevermögen$_{i,t}$ | Bloomberg |
| Anlagedeckungsgrad II | DGII | (Eigenkapital$_{i,t}$ + langfristiges Fremdkapital$_{i,t}$)/ Anlagevermögen$_{i,t}$ | Bloomberg |

Tabelle 23: Überblick der untersuchten Unternehmenskennzahlen

### 4.4.2 Methoden der empirischen Untersuchung

Da durch die nachfolgenden Untersuchungen ermittelt werden soll, ob systematische Unterschiede zwischen Unternehmen mit und ohne Pro-forma-Kennzahlenausweis existieren, werden die Unternehmenskennzahlen beider Unternehmensgruppen aus Tabelle 23 miteinander verglichen.[378] Dafür werden die Verteilungen der untersuchten Kennzahlen beider Unternehmensgruppen auf statistisch und ökonomisch signifikante Unterschiede untersucht. Dadurch wird untersucht, inwieweit einzelne Unternehmensvariablen die freiwillige Veröffentlichung der Pro-forma-Ergebnisse erklären können. Grundlage dieser Untersuchungen bilden parametrische zweiseitige T-Tests, ANOVA-Verfahren sowie nicht-parametrische Wilcoxon-Tests.[379] Zusätzlich wird untersucht, ob auf Basis der Unternehmenskennzahlen eine Klassi-

---

378 Die deskriptiven Auswertungen aller Unternehmenskennzahlen für die Pro-forma-Ergebnisse (EBITDA und Pro-forma-EPS) ausweisenden und nicht ausweisenden Unternehmen bezüglich Mittelwert, Median, 25% und 75%-Perzentile, Minimum- und Maximum-Werte, Standardabweichung und der Test auf Normalverteilung entsprechend dem Kolmogorov-Smirnov-Test befinden sich im Anhang.

379 Die Ergebnisse des ANOVA-Tests werden zur Vollständigkeit ausgewiesen. Beim Vergleich von zwei Gruppen führen ANOVA- und Zweiseitige T-Tests aber stets zu bezüglich des p-Werts identischen Tester-

111

fikation der Unternehmen nach ihrer Pro-forma-Berichterstattung durch uni- (N = 1) oder multivariate (N > 1) Probit-Regressionen sowie faktorbasierte Diskriminanzanalysen möglich sind.[380] Zur Untersuchung von möglichen Unterschieden zwischen Unternehmen mit bzw. ohne Ausweis von Pro-forma-Ergebnissen werden drei Untersuchungsansätze mit verschiedenen Testverfahren gewählt:

1. Deskriptive Vergleiche der Mittelwerte sowie Mediane der Unternehmenskennzahlen auf der Basis von zweiseitigen T-Tests, ANOVA-Verfahren sowie verteilungsannahmefreien Wilcoxon-Tests,

2. Klassifizierung der Unternehmen nach der Pro-forma-Berichterstattung durch uni- und multivariaten Probit-Regressionen,

3. Klassifizierung von Unternehmen mit oder ohne Pro-forma-Berichterstattung mittels linearer multivariater Diskriminanzanalysen auf der Basis einer vorgeschalteten Faktoranalyse zur Eliminierung redundanter Kennzahlen.

Zweiseitige T-Tests untersuchen, ob sich die Mittelwerte identischer Kennzahlen von Unternehmen mit und ohne Pro-forma-Berichterstattung unterscheiden.[381] Ausgangsbasis der Untersuchung bildet stets die Nullhypothese identischer Mittelwerte sowie identischer Varianzen für die Gruppen von Unternehmen mit und ohne Pro-forma-Berichterstattung. Wenn diese Nullhypothese auf der Basis signifikanter T-Statistiken abgelehnt werden muss, kann statistisch gesichert von signifikanten Differenzen zwischen den Mittelwerten der untersuchten Kennzahlen zwischen Unternehmen mit und ohne Pro-forma-Berichterstattung ausgegangen werden. Bei dem zweiseitigen T-Test handelt es sich um einen parametrischen Test, der eine Normalverteilung der unabhängigen Variablen voraussetzt.[382]

Das ANOVA-Verfahren ist ein statistisches Untersuchungsverfahren, um zu erkennen, ob systematische Unterschiede zwischen den Mittelwerten von Gruppen bestehen.[383] Dabei han-

---

gebnissen. Wilcoxon-Tests erlauben zusätzliche Aussagen darüber, ob eine Unternehmensgruppe das Ranking der Kennzahlen nach der Größe dominiert.

380 Die statistischen Untersuchungsergebnisse sind nicht für jede Variable komplett identisch, da die unterschiedlichen Testverfahren mit unterschiedlichen Teststatistiken arbeiten. Größenunterschiede nivellieren sich bei der Bildung von Verhältniskennzahlen oder die Variablen werden in logarithmierter Form in der Untersuchung eingesetzt, um statistische Verzerrungen zu vermeiden.

381 Anwendung finden Testverfahren mit unabhängigen Messungen.

382 Vgl. Bamberg/Baur (1991), S. 185 ff.

383 Das ANOVA-Verfahren ist eine statistische Analysemethode, um Haupteffekte und Interaktionseffekte zwischen kategorisch unabhängigen Variablen bzgl. einer abhängigen Variablen, hier ob ein Unternehmen

delt es sich ebenfalls um ein parametrisches Prüfverfahren, welches auf der Annahme einer Normalverteilung der untersuchten Variablen basiert. Dieses Verfahren kann als Verallgemeinerung der zweiseitigen T-Tests angesehen werden, da es möglich ist, mehr als zwei Gruppenmittelwerte zu vergleichen. Bei einem Vergleich von zwei Gruppen, wie in den nachfolgenden Untersuchungen, führt ANOVA stets zu identischen Resultaten wie der zweiseitige T-Test. Insbesondere entspricht die ANOVA-F-Statistik dem Quadrat der T-Statistik aus dem vergleichbaren zweiseitigen T-Test. Die Teststatistik (ANOVA-F-Statistik) ist somit wie die T-Statistik aus dem zweiseitigen T-Test eine Funktion der Varianz einer Gruppe von Mittelwerten, dem Gesamtmittelwert und der Varianzen der Beobachtungen in allen Gruppen. Im Mittelpunkt des ANOVA-Verfahrens steht die Überlegung, dass Varianzen partitioniert werden können. Mit einem Levene-Test muss deshalb stets überprüft werden, ob die Voraussetzung der Varianzhomogenität in den Stichproben erfüllt ist, da sonst verzerrte Teststatistiken resultieren. Wenn die Teststatistik eine Abhängigkeit mit der abhängigen Variablen anzeigt, wird ein multipler Vergleichstest auf Signifikanz angewendet, um festzustellen, welche Gruppe den größten Einfluss auf die Beziehung hat. Die Teststatistik lässt somit Aussagen zu, ob sich die Mittelwerte der beiden zu untersuchenden Gruppen unterscheiden.

Die Normalverteilungsannahme, die dem zweiseitigen T-Test und dem ANOVA-Verfahren zugrunde liegt, muss überwiegend abgelehnt werden. Deshalb wird zusätzlich der nichtparametrische Wilcoxon-Test durchgeführt. Wilcoxon- bzw. Mann-Whitney U-Tests basieren im Unterschied zum zweiseitigen T-Test auf Rangfolge-Ordnungen und untersuchen, ob Unterschiede bei Rangfolgen der untersuchten Variablen festzustellen sind.[384] Dafür werden die untersuchten Kennzahlen von allen Unternehmen, d.h. Unternehmen mit und ohne Pro-forma-Berichterstattung, in wachsender Reihenfolge ihrer absoluten Zahlenwerte geordnet, mit Rangzahlen versehen und die Summe der Rangzahlen je Gruppe aus den Differenzen mit gleichem Vorzeichen, geordnet nach der Größe, gebildet. Durch den Vergleich der Rangsummen von Unternehmen mit bzw. ohne Pro-forma-Berichterstattung kann getestet werden, ob beide Unternehmensgruppen den gleichen Median bezüglich der untersuchten Variable aufweisen. Aus diesen Rangsummen wird die Teststatistik, in diesem Fall die U-Statistik im

---

eine Pro-forma-Kennzahl ausweist oder nicht, aufzudecken. Die Grundidee ist, dass wenn die beiden Subgruppen, nämlich Unternehmen mit oder ohne Pro-forma-Berichterstattung, den gleichen Mittelwert aufweisen, dann ist die Variabilität zwischen den beiden Subgruppen die Gleiche wie in jeder Subgruppe.

384 Dies entspricht ebenso dem Kruskal-Wallis-Test, der eine Verallgemeinerung des Mann-Whitney U-Tests für mehr als zwei Subgruppen darstellt. In der hier vorliegenden Arbeit wird ausschließlich der Begriff Wilcoxon-Test verwendet, auch wenn dies den Mann-Whitney U-Test beinhaltet.

Sinne der Mann-Whitney U-Tests, berechnet. Im Unterschied zum ANOVA- sowie zweiseitigen T-Test werden somit nur die Ranginformation der Daten zur Berechnung der Prüfgröße herangezogen. Wertmäßige Unterschiede zwischen den Kennzahlen bleiben bei der Berechnung der Teststatistik unberücksichtigt. Der Wilcoxon-Test stellt somit ein nichtparametrisches Testverfahren dar und erfordert nicht, dass die Messgrößen normalverteilt sind. Es wird nur vorausgesetzt, dass die Messgrößen stetig und symmetrisch verteilt sind. Wilcoxon-Tests haben dabei den Vorteil, dass sie eine konservative Teststatistik darstellen, d.h. dazu neigen, die untersuchte Hypothese zu häufig abzulehnen; zum Teil wird der Wilcoxon-Test deshalb als eines der schärfsten nicht-parametrischen Prüfverfahren bezeichnet.[385] Sie können deshalb zur Plausibilisierung der zweiseitigen T-Tests bzw. ANOVA-Tests verwendet werden. In den nachfolgenden Untersuchungen zeigt sich, dass die Ergebnisse der parametrischen und nicht-parametrischen Tests überwiegend übereinstimmen.

Für die Klassifizierung der Unternehmen durch Probit-Regressionen werden die Unternehmen nach ihrer Pro-forma-Berichterstattung klassifiziert; eine Dummy-Variable wird eingeführt, die den Wert 1 annimmt, wenn das Unternehmen Pro-forma-EPS oder EBITDA-Kennzahlen im Untersuchungszeitraum ausgewiesen hat. Sonst nimmt die Dummy-Variable den Wert Null an:

$$Dummy_{PF-EPS,i} = \begin{cases} 1 & \text{, bei Pro - forma - EPS - Ausweis durch die Unternehmen i} \\ 0 & \text{, sonst} \end{cases}$$

oder

$$Dummy_{EBITDA,i} = \begin{cases} 1 & \text{, bei EBITDA - Ausweis durch die Unternehmen i} \\ 0 & \text{, sonst} \end{cases}.$$

Die Einführung der Dummy-Variable hat gegenüber den deskriptiven Tests den Vorteil, dass untersucht werden kann, inwieweit die Unterschiede zwischen den untersuchten Kennzahlen ausreichen, um die Unternehmen nach ihrer Pro-forma-Berichterstattung zu klassifizieren. Dafür wird versucht, die Dummy-Variable durch die Kennzahlen aus Tabelle 23 mittels Probit-Regressionen zu erklären:

$$Dummy_{PF-EPS,i} = \alpha_0 + \sum_{i=1}^{N} \alpha_i \cdot Kennzahl_i \quad \text{bzw.} \quad Dummy_{EBITDA,i} = \alpha_0 + \sum_{i=1}^{N} \alpha_i \cdot Kennzahl_i$$

---

[385] Vgl. Sachs (1984), S. 342.

Bei den univariaten Untersuchungen gilt N = 1, während im multivariaten Fall N > 1 gilt. Im Unterschied zu herkömmlichen Regressionsverfahren besteht bei den Probit-Regressionen die Herausforderung, auf Basis der Kennzahlen sowie des N-dimensionalen Vektors der Regressionskoeffizienten $\alpha$ die Wahrscheinlichkeit zu schätzen, dass ein Unternehmen der Gruppe Eins, d.h. Unternehmen mit Pro-forma-Berichterstattung oder der Gruppe Null, d.h. Unternehmen ohne Pro-forma-Berichterstattung, angehört. Wenn die zugehörige Wahrscheinlichkeit, dass ein Unternehmen der Gruppe Eins angehört durch

$$\Pr\left( Dummy_{\substack{PF-EPS,i \\ oder \\ EBITDA,i}} = 1 \middle| \alpha^T \, Kennzahlen \right) = 1 - \Phi\left(- \alpha^T \, Kennzahlen\right)$$

beschrieben werden kann, wobei $\Phi$ eine stetige, kontinuierliche Funktion mit Werten zwischen Null und 1 darstellt, dann kann das Regressionsproblem mit Hilfe von Maximum-Liklihood-Schätzern

$$l(\alpha) = \log L(\alpha)$$

$$= \sum_{i=1}^{N} Dummy_{\substack{PF-EPS,i \\ oder \\ EBITDA,i}} \cdot \log\left[1 - \Phi\left(1 - \alpha^T \, Kennzahlen\right)\right] + \left(1 - Dummy_{\substack{PF-EPS,i \\ oder \\ EBITDA,i}}\right) \cdot \Phi\left(1 - \alpha^T \, Kennzahlen\right)$$

gelöst werden. Die Güte der Probit-Regressionen kann sowohl hinsichtlich der gesamten Regressionsgleichung mit Hilfe der LR-Statistik, die asymptotisch $\chi^2$-verteilt ist und den zugehörigen p-Werten sowie hinsichtlich der Regressionskoeffizienten durch die z-Statistik und den zugehörigen p-Werten beurteilt werden. Der McFadden-$R^2$-Wert ist als Liklihood-Ratio-Index konstruiert und kann analog zum $R^2$-Wert in linearen Regressionen interpretiert werden.

Da die Unternehmenskennzahlen nach betriebswirtschaftlichen Überlegungen ausgewählt und interpretiert werden, ist nicht sichergestellt, dass die Kennzahlen statistisch unabhängige Beschreibungen der Unternehmen ermöglichen. Deshalb wird eine Faktoranalyse zur Variablenreduktion vorgeschaltet, um dem Problem der Multikollinearität auf Grund hoher Abhängigkeiten zwischen redundanten Variablen zu begegnen. Die Faktoranalyse ist ein multivariates Verfahren zur Reduktion der Variablen, welches die Korrelationsrechnung als methodisches Hilfsmittel verwendet. Der Grundgedanke ist dabei, dass hinter den Variablen zentrale Einflussfaktoren stehen, denen sich die Variablen zuordnen lassen; dazu wird ein linearer Zusammenhang zwischen den Faktoren und den Variablen unterstellt. Die Zuordnung der Variablen zu den Faktoren gewährleistet, dass die Korrelationen der einzelnen Kennzahlen innerhalb der Faktoren hoch und die Korrelationen der Kennzahlen aus unterschiedlichen Faktoren gering sind und somit eine ökonomische wie auch statistische Interpretation der Unternehmenskennzahlen möglich ist. Auf der Grundlage der identifizierten Faktoren und zugrunde liegenden Unternehmenskennzahlen wird nach Eliminierung der redundanten Variablen eine lineare multivariate Diskriminanzanalyse[386] zur Klassifikation der Unternehmen entsprechend ihrer Pro-forma-Berichterstattung durchgeführt.[387] Mittels einer schrittweisen Berechnung der Diskriminanzfunktion werden, nachdem die erste Variable aufgenommen wurde, alle restlichen Variablen, die dem gleichen Faktor entstammen, von der weiteren Berechnung der Diskriminanzfunktion ausgeschlossen.[388] Mit den reduzierten Variablen wird jeweils ein weiterer Berechnungsschritt für die Diskriminanzfunktion gestartet und die nächste Kennzahl ermittelt. Mittels dieser Vorgehensweise wird aus jedem Faktor maximal eine Kennzahl in die Diskriminanzfunktion aufgenommen; falls die Variablen eines Faktors keine weitere Verbesserung der Diskriminanzfunktion ermöglichen, wird die Schätzung der Diskriminanzfunktion ohne Aufnahme von Kennzahlen aus jedem Faktor abgebrochen.[389]

### 4.4.3 *Ableitung der Hypothesen für die empirische Untersuchung*

4.4.3.1 Unterschiede bei der Bewertung durch den Kapitalmarkt

Die Analyse der Kapitalmarktreaktionen soll mittels der Market Comparables (Buchwert-Marktwert-Verhältnis, Kurs-Gewinn-Verhältnis, Marktkapitalisierung), unternehmensspezifischer Kapitalmarktresonanz wie Streubesitz und Analystencoverage sowie Aktienkursrenditen erfolgen.

---

[386] Die lineare multivariate Diskriminanzanalyse ist ein bekanntes empirisch-induktives verteilungsabhängiges Verfahren, das bereits seit langer Zeit zur Klassifizierung von Jahresabschlüssen eingesetzt wird, vgl. Backhaus/Erichson/Plinke/Weiber (2003), S. 156.

[387] Die Diskriminanzanalyse ist ein multivariates Verfahren zur Analyse von Gruppenunterschieden. Das Maß für die Unterschiedlichkeit der beiden Gruppen wird durch die Distanz zwischen den Gruppen-Zentroiden (Mittelwerten) dargestellt. Die Unterscheidung zwischen zwei Gruppen ist einerseits besser möglich, je größer die Distanz der Zentroiden ist, wird aber erschwert, wenn die Gruppen stark streuen. Die Gesamtstreuung setzt sich aus der Streuung zwischen den Gruppen und der Streuung in den Gruppen zusammen. Die Streuung zwischen den Gruppen wird als durch die Diskriminanzfunktion erklärte Streuung und die Streuung innerhalb der Gruppen als nicht erklärte Streuung bezeichnet. Dabei soll die Streuung zwischen den beiden Gruppen möglichst groß und diejenige in den Gruppen möglichst klein sein, vgl. Backhaus/Erichson/Plinke/Weiber (2003), S. 166.

[388] Vgl. Niehaus (1987), S. 113. Niehaus diskutiert den Vorschlag, der die Faktorladung (die als Korrelationskoeffizient zwischen einer Variablen und ihrem Faktor interpretiert werden kann) als Auswahlkriterium für die Diskriminanzvariablen vorsieht. Er verwirft diesen Vorschlag, da eine hohe Faktorladung nicht zwangsläufig auf einen besonders hohe Trennfähigkeit schließen lässt.

[389] Vgl. Backhaus/Erichson/Plinke/Weiber (2003), S. 216.

Als eine Hauptursache für den Ausweis von Pro-forma-Ergebnissen wird der Performance-Druck durch institutionelle Investoren auf Aktiengesellschaften mit geringer Eigentümerkonzentration und hohem Streubesitz angesehen.[390] Der kurzfristige Anlagehorizont dieser Anleger forciert den Leistungsdruck auf das Management und motiviert das Herausrechnen von Aufwendungen, die nicht als charakteristisch für das Geschäftsmodell angesehen werden. Als Hypothese wird untersucht:

*H₁: Der Ausweis von Pro-forma-Ergebnissen ist positiv mit dem Anteil des Streubesitzes korreliert.*

Gleichzeitig hat der Erfolgsdruck durch den Kapitalmarkt für die Unternehmen in den letzten Jahren deutlich zugenommen. Eine Nichterfüllung von Erwartungen der Analysten kann gravierende Rückgänge der Aktienkurse und damit der Marktkapitalisierung auslösen. Negative Ergebnisüberraschungen haben dabei deutlich stärkere Auswirkungen auf die Aktienkurse als positive Ergebnisüberraschungen,[391] wodurch die Möglichkeit von Unternehmensübernahmen deutlich zunimmt. Die Erfüllung von Analystenerwartungen kann entweder durch das gezielte Management der Analystenerwartungen oder das Herausrechnen vom Management als bewertungsirrelevant angesehene Aufwendungen beim Pro-forma-Ergebnisausweis erreicht werden. Empirisch finden sich für beide Vorgehensweisen Belege.[392]

Das Management der Analystenerwartungen setzt voraus, dass die Unternehmen gleiche Ergebnisausweise nutzen wie die Analysten. Analysten formulieren ihre Ergebnisprognosen mehrheitlich mittels Pro-forma-Ergebnissen. Seitens der Analysten besteht somit die aktive Nachfrage nach Pro-forma-Ergebnissen. Auf der anderen Seite erfordert das Treffen von Analystenprognosen durch ein bewusstes Herausrechnen von Aufwendungen selbst eine Pro-forma-Berichterstattung der Unternehmen, also ein Angebot von Pro-forma-Ergebnissen durch die Unternehmen.[393] Es wird folgende Hypothese aufgestellt:

*H₂: Mit einer zunehmenden Anzahl von Analysten (Analystencoverage), die Prognosen für das Unternehmen abgeben, neigen Unternehmen zum Ausweis von Pro-forma-Ergebnissen.*

---

390 Vgl. Matsumoto (2002), S. 490 ff.
391 Vgl. Kinney/Burgstahler/Martin (2000), Skinner/Sloan (2002).
392 Vgl. Bradshaw/Sloan (2002), S. 60, Matsumoto (2002), S. 501 ff.
393 Vgl. Johnson/Schwartz (2005), S. 932. Die Autoren zeigen, dass Unternehmen, die Pro-forma-Ergebnisse ausweisen, stärker durch Analysten gecovert werden.

Der größte Teil des Handelsvolumens in deutschen Aktien entfällt auf die DAX30-Unternehmen.[394] Demzufolge sollte der Performance-Druck des Kapitalmarkts vor allem auf bezüglich der Marktkapitalisierung großen Unternehmen liegen. Ein aktives Angebot als auch eine Nachfrage nach Pro-forma-Ergebnissen ist deshalb vor allem für die bezüglich der Marktkapitalisierung großen Unternehmen zu erwarten, woraus sich diese Hypothese ergibt:

*$H_3$: Mit zunehmender Marktkapitalisierung (SIZE) neigen Unternehmen zum Ausweis von Pro-forma-Ergebnissen.*

Der Nachfrage nach Pro-forma-Ergebnissen durch institutionelle Investoren und Analysten steht ein Angebot an Pro-forma-Ergebnissen durch die Unternehmen gegenüber. Durch den Ausweis von Pro-forma-Ergebnissen soll ein optimistischer Ausblick auf die wirtschaftliche Lage des Unternehmens und entsprechende Kursanpassungen stimuliert werden; entweder durch das Treffen von Analystenerwartungen in Folge des Herausrechnens von Aufwendungen oder durch die Erklärung von Profitabilitätsschwächen durch aus Sicht des Managements einmalige oder nicht zahlungsrelevante Aufwendungen. Ein so motiviertes Angebot von Pro-forma-Kennzahlen ist vor allem durch Unternehmen zu erwarten, die ein besonderes Interesse an einer vorteilhaften Außendarstellung haben. Dies ist vor allem bei Unternehmen mit einer unterdurchschnittlichen Aktienkursentwicklung, ungünstigen Bewertungsmultiples und einem damit verbundenen höherem Übernahmerisiko zu vermuten. Aus diesem Grund ist zu erwarten, dass

*$H_4$: Unternehmen mit einem Ausweis von Pro-forma-Ergebnissen geringere jährliche Aktienrenditen (Rendite) aufweisen als Unternehmen ohne Ausweis von Pro-forma-Ergebnissen,*

*$H_5$: Unternehmen mit einem Ausweis von Pro-forma-Ergebnissen geringere Kurs-Gewinn-Verhältnisse (KGV) aufweisen als Unternehmen ohne Ausweis von Pro-forma-Ergebnissen,*

*$H_6$: Unternehmen mit einem Ausweis von Pro-forma-Ergebnissen höhere Buchwert-Marktwert-Verhältnisse (BWMW) aufweisen als Unternehmen ohne Ausweis von Pro-forma-Ergebnissen.*

Die Hypothesen $H_4$ bis $H_6$ setzen rationale Kapitalmärkte mit einem dominierenden Einfluss kenntnisreicher Investoren voraus. Allerdings werden kurzfristige Kursbewegungen um den Zeitpunkt der Ergebnisbekanntgabe häufig durch erhöhte Handelsvolumina weniger kenntnis-

---

reicher Kleinanleger bestimmt. Zugleich treffen Kleinanleger ihre Investitionsentscheidungen oft auch auf der Grundlage von Pro-forma-Ergebnissen.[395] Unter diesen Voraussetzungen gelingt es Unternehmen durch den Ausweis von Pro-forma-Ergebnissen, die tatsächliche wirtschaftliche Lage positiver darzustellen und positive Bewertungsimplikationen zu erzielen. In diesem Fall können sich negative Aktienkursverläufe, geringe Kurs-Gewinn- bzw. hohe Buchwert-Marktwert-Verhältnisse als Motivation zum Ausweis von Pro-forma-Ergebnissen mit positiven Aktienkursverläufen, höheren Kurs-Gewinn- bzw. geringen Buchwert-Marktwert-Verhältnissen als Reaktion auf den Ausweis von Pro-forma-Ergebnissen vermischen und zu unklaren statistischen Ergebnissen führen.

Mit einem Nachweis der statistischen Signifikanz der Hypothese $H_3$ ist zu erwarten, dass zahlreiche Unternehmen mit einer hohen Marktkapitalisierung und tendenziell geringen Buchwert-Marktwert-Verhältnissen Pro-forma-Ergebnisse ausweisen. Die Hypothesen $H_3$ und $H_6$ stehen in einem konkurrierenden Verhältnis, weshalb bei statistisch signifikanten Ergebnissen bei einer der beiden Hypothesen mit keinem statistisch signifikanten Ergebnissen der anderen Hypothese zu rechnen ist.

Die Signifikanz der Untersuchungsergebnisse kann dadurch beeinträchtigt werden, dass Proforma-Ergebnisse eingesetzt werden, um dem Leistungsdruck institutioneller Anleger zu begegnen. Dies kann z.B. dann eintreten, wenn Unternehmen mit einem hohen Streubesitz und einem hohen Anteil institutioneller Investoren bisherige positive Kapitalmarktbewertungen verstetigen wollen. Unternehmen mit einer freiwilligen Pro-forma-Berichterstattung werden in diesem Fall bereits positivere Aktienkursverläufe, höhere Kurs-Gewinn-Verhältnisse und geringere Buchwert-Marktwert-Verhältnisse aufweisen. Die Vorzeichen der Hypothesen $H_4$ bis $H_6$ müssen sich dann notwendigerweise umkehren.

Bezüglich der kapitalmarktgetriebenen Hypothesen kann einerseits ein Angebot von Proforma-Ergebnissen der Unternehmen erwartet werden, um bisherige bereits positive Bewertungsrelationen zu verstetigen und negative Unternehmensentwicklungen nicht prominent darstellen zu müssen, und andererseits eine Nachfrage nach Pro-forma-Ergebnissen durch Analysten und institutionellen Investoren. Die Hypothesen und die in der empirischen Untersuchung erwarteten Vorzeichen werden in Tabelle 24 zusammengefasst. Das erwartete Vor-

---

395 Vgl. Bhattacharya/Black/Christensen/Mergenthaler (2004b), S. 19, Collins/Li/Xie (2005), S. 6 ff. weisen dies für die USA nach. In experimentellen Studien gelangen Elliott (2003, 2004), Frederickson/Miller (2004), S. 677 ff. zu übereinstimmenden Ergebnissen.

zeichen +/- gibt an, ob die Mittelwerte der untersuchten Kennzahlen für Unternehmen mit einem Ausweis von Pro-forma-Ergebnissen höher/geringer sein sollten als bei Vergleichsunternehmen ohne Ausweis von Pro-forma-Ergebnissen. Diese Darstellung wird ebenso für alle folgenden Hypothesen des Kapitels 4.4.3 gewählt.

| Hypothese | Kennzahl | Vorzeichen der Hypothese |
|---|---|---|
| $H_1$ | Streubesitz | + |
| $H_2$ | Analystencoverage | + |
| $H_3$ | Marktkapitalisierung | + |
| $H_4$ | Aktienrenditen | - |
| $H_5$ | Kurs-Gewinn-Verhältnis | - |
| $H_6$ | Buchwert-Marktwert-Verhältnis | + |

**Tabelle 24: Hypothesen für die empirische Untersuchung der Kapitalmarktdaten**

4.4.3.2 Unterschiede bei fundamentalen Unternehmensdaten

Analysten konzentrieren ihre Analysen und Prognosen auf die größten Unternehmen; kleinere Unternehmen müssen dagegen die Analysten i.d.R. bezahlen, damit Prognosen erstellt werden und diese Unternehmen über die Prognosen in den Mittelpunkt des Interesses von Investoren gelangen. Die 25% größten DAX30- und MDAX-Unternehmen werden von durchschnittlich 33,19 Analysten betreut, während für die verbleibenden Unternehmen durchschnittlich nur 17,91, also nur halb so viele, Analysten Schätzungen abgeben. Bei einer aktiven Nachfrage von Analysten nach Pro-forma-Ergebnissen ist deshalb damit zu rechnen, dass Pro-forma-Ergebnisse vor allem durch die größten Unternehmen – nicht nur hinsichtlich der Marktkapitalisierung[396] sondern auch hinsichtlich der Bilanz- und GuV-Kennzahlen – ausgewiesen werden. Für die USA und Großbritannien kann dieser Zusammenhang empirisch belegt werden. Deshalb sollen folgende Hypothesen in der empirischen Analyse getestet werden:

*$H_7$: Unternehmen mit einem Ausweis von Pro-forma-Ergebnissen sind gemessen an der Bilanzsumme (BS) und am Umsatz größer als Vergleichsunternehmen ohne Ausweis von Pro-forma-Ergebnissen.*

*$H_8$: Unternehmen mit einem Ausweis von Pro-forma-Ergebnissen weisen ein höheres Anlagevermögen (AV) als Vergleichsunternehmen ohne Ausweis von Pro-forma-Ergebnissen auf.*

---

[396] Vgl. Johnson/Schwartz (2005), S. 932.

$H_9$: *Unternehmen mit einem Ausweis von Pro-forma-Ergebnissen sind gemessen am operativen Ergebnis (OP_Income) größer als Vergleichsunternehmen ohne Ausweis von Pro-forma-Ergebnissen.*

Ausschlaggebend dafür sind die in Tabelle 25 ersichtlichen hohen Bravais-Person-Korrelationskoeffizienten

$$\rho_{i,j} = \frac{cov_{i,j}}{\sqrt{\sigma_i^2 \sigma_j^2}} \; 397$$

(3)

der Marktkapitalisierung mit den fundamentalen Unternehmensdaten Bilanzsumme, Anlagevermögen und Umsatz. Das operative Ergebnis ist als einzige Variable nicht stark mit den anderen fundamentalen Unternehmensdaten sowie der Marktkapitalisierung korreliert.

| | Size | Bilanzsumme | AV | Umsatz | Op_Income |
|---|---|---|---|---|---|
| **SIZE** | 1,0000 | 0,8176 | 0,7366 | 0,8087 | 0,3519 |
| **Bilanzsumme** | | 1,0000 | 0,9285 | 0,9447 | 0,2810 |
| **AV** | | | 1,0000 | 0,8751 | 0,2173 |
| **Umsatz** | | | | 1,0000 | 0,3097 |
| **Op_Income** | | | | | 1,0000 |

**Tabelle 25: Korrelationskoeffizienten für Marktkapitalisierung, Bilanzsumme, Anlagevermögen, Umsatz und operatives Ergebnis**

Die Hypothesen und die in den empirischen Untersuchungen erwarteten Vorzeichen werden in Tabelle 26 zusammengefasst:

| Hypothese | Kennzahl | Vorzeichen der Hypothese |
|---|---|---|
| $H_7$ | Bilanzsumme | + |
| $H_7$ | Umsatz | + |
| $H_8$ | Anlagevermögen | + |
| $H_9$ | Op_Income (Operatives Ergebnis) | + |

**Tabelle 26: Hypothesen für die empirische Untersuchung der fundamentalen Unternehmensdaten**

4.4.3.3   Unterschiede bei der Akquisitionstätigkeit

Im Unterschied zur Nachfrage nach Pro-forma-Ergebnissen durch Analysten und institutionelle Investoren geht von einer aggressiven Akquisitionspolitik ein nachhaltiges Motiv zum Angebot von Pro-forma-Ergebnissen aus, da die bilanzielle Behandlung des Goodwills künftige Ergebnisgrößen beeinflusst und somit die steigende Relevanz des Goodwills innerhalb einer

---

397 Vgl. Bamberg/Baur (1991), S. 36. Der Nenner der Gleichung besitzt dabei lediglich eine normierende Funktion, er sorgt dafür, dass $-1 \leq \rho \leq 1$ gilt und damit der Korrelationskoeffizient maßstabsunabhängig wird.

kapitalmarktorientierten Rechnungslegung erklärt. Der Ausweis von Pro-forma-Ergebnissen vor der Goodwill-Abschreibung wird damit gerechtfertigt, dass Goodwill-Positionen aus der Sicht der Unternehmensbewertung auf der Basis von Discounted Cashflow-Methoden nicht zahlungswirksame und somit nicht bewertungsrelevante Positionen darstellen und so den Vergleich von aus eigener Kraft und durch Akquisitionen gewachsenen Unternehmen ermöglichen. Pro-forma-Ergebnisse vor Goodwill-Abschreibungen sollen dadurch bessere Prognosen zukünftiger Cashflows und Schätzungen gerechtfertigter Unternehmenswerte zulassen, obwohl die Akquisitionstätigkeit normalerweise einen wesentlichen Bestandteil des Geschäftsmodells darstellt. Deshalb weisen nicht nur ca. 51% der US-amerikanischen Unternehmen sowie ca. 67% der FTSE100-Unternehmen Pro-forma-EPS vor Aufwendungen für Goodwill-Abschreibungen aus. Auch in Deutschland werden 36% der Pro-forma-EPS der DAX30- bzw. MDAX-Unternehmen vor Goodwill-Abschreibungen gezeigt.[398]

Durch die verpflichtende IAS-Bilanzierung ab 2005 (Ausnahmen gemäß IAS-Verordnung bis 2007 lt. Verordnung (EG) Nr. 1606/2002 Artikel 9) müssen planmäßige Goodwill-Abschreibungen für alle kapitalmarktorientierten Unternehmen nach IFRS im Konzernabschluss unterbleiben, bis eine außerplanmäßige Abschreibung des Goodwills erforderlich ist.[399] Diese Neuregelungen durch die Neuerarbeitung des IFRS 3 „Business Combinations"[400] sowie die Veränderung von IAS 36 „Impairment of Assets" und IAS 38 „Intangible Assets" im Rahmen der ersten der beiden Phasen des Projekts Business Combinations verkörpern einen Paradigmenwechsel in der Bilanzierung und Bewertung von Unternehmenszusammenschlüssen und vollziehen eine Annäherung an die existierenden Richtlinien des US-GAAP.[401]

Durch die Neuregelungen wird der Werthaltigkeitstest „Impairment-Only Approach" nach IAS 36 hinsichtlich der Berücksichtigung eines Geschäfts- oder Firmenwerts grundlegend geändert. Die Änderungen zur Berücksichtigung eines Geschäfts- oder Firmenwerts beziehen

---

[398] Siehe Tabelle 17.

[399] Vgl. Pellens/Sellhorn (2003), S. 401 ff.

[400] Änderungen ergeben sich bei der Definition zukünftiger Business Combinations (keine Durchführung der Interessenzusammenführungsmethode mehr (Uniting of interest method)), wonach zwingend nach der Purchase-Methode sowie der durchzuführenden Purchase Price Allocation zu bilanzieren ist. IFRS 3 ersetzt dabei den bisherigen IAS 22.

[401] Gemäß FASB 141 und FASB 142 ist der Impairment-Only Approach angezeigt, d.h. planmäßige Abschreibung auf den Goodwill entfallen. Stattdessen ist der Goodwill auf die Reporting Units zu allokieren und ein jährlicher, zweistufiger Impairment-Test durchzuführen, vgl. FASB (2001a, 2001b), Pellens/Sellhorn, (2001b), S. 713 ff.

sich einerseits auf die Zuordnung des Geschäfts- oder Firmenwerts zu zahlungsmittelgenerierenden Einheiten und andererseits auf die Ermittlung und Zuordnung eines Wertberichti-
gungsbedarfs auf den Geschäfts- oder Firmenwert. Insbesondere ist ein bei Unternehmenszusammenschlüssen regelmäßig entstehender Goodwill unverändert in der Bilanz fortzuführen.
Die periodische Goodwillabschreibung entsprechend einem Abschreibungsplan ist somit nicht
mehr zugelassen. Somit wird das Konzept der unbestimmten Nutzungsdauer eingeführt; der
Goodwill als Residualgröße aus der Purchase Price Allokation weist per Definition bereits eine unbestimmte Nutzungsdauer auf. Eine Goodwill-Abschreibung wird erst dann notwendig,
wenn der mindestens jährlich durchzuführende Werthaltigkeitstest (Impairment-Test) ein Ge-
samtwert der Reporting Unit abzüglich des bilanziellen Eigenkapitals auf Fair Value-Basis
ausweist,[402] der den bilanzierten Goodwill unterschreitet.[403]

Im Hinblick auf den neu geregelten Werthaltigkeitstest soll der entstehende Goodwill bereits
beim Zusammenschluss der Unternehmen den Cash Generating Units zugewiesen werden.
Das neu erworbene Unternehmen besteht somit aus mehreren aufteilbaren Einheiten, denen
zuvor die Vermögensgegenstände und Schulden und später der Goodwill, der durch die Einheiten verdient werden soll, zugeordnet wird.[404] Durch diese Zuordnung erfolgen die Wert-
haltigkeitstests auf Ebene der gleichen Einheiten, die vom Management auch zur Überwachung der operativen Performance genutzt werden. Bei diesen untergeordneten Einheiten wird
verlangt, das die zahlungsmittelgenerierende Einheit die kleinste identifizierbare Gruppe von
Vermögenswerten, die Mittelzuflüsse aus der fortgesetzten Nutzung erzeugen, die weitestgehend unabhängig von den Mittelzuflüssen anderer Vermögenswerte oder anderer Gruppen
von Vermögenswerten ist. Dabei fordern sowohl IFRS 3 als auch FASB 142, dass die zahlungsmittelgenerierende Cash-Generating-Unit bzw. Reporting Unit, der ein Goodwill zugeordnet wird, nicht größer sein darf als ein Segment gemäß IAS 14 „Segment Reporting" und
FASB 131 „Disclosures about Segments of an Enterprise and Related Information".[405]

---

402 Ein zusätzlicher Impairment-Test bei einem auslösenden Ereignis ist davon unbenommen durchzuführen,
vgl. Küting/Dawo/Wirth (2003), S. 177 ff.

403 Vgl. Pellens/Sellhorn (2001b), S. 719. Entgegen einer planmäßigen Abschreibung wird mittels FASB 142
und IAS 36 dem Kapitalmarkt erst dann der Vermögensverlust gezeigt, wenn sich im Rahmen einer Ge-
samtbewertung der derivative und originäre Goodwill zuzüglich aller nicht aktivierten immateriellen Vermögenswerte als Bewertungseinheit im Wert vermindert haben.

404 Übereinstimmend mit IAS 36 verlangt IAS 38, dass der Goodwill Impairment-Test auf der Stufe Cash-
Generating-Unit (CGU) durchgeführt werden soll.

405 Zur Vorgehensweise eines Impairment-Test, vgl. FASB (1997a), Pellens/Sellhorn (2003), S. 402 ff.

Der Impairment-Only Approach des IAS 36 bzw. FASB 142 wird in der Literatur häufig mit dem Vorwurf der Willkür und Subjektivität konfrontiert;[406] ausschlaggebend dafür sind vor allem die Vermischung von originärem und derivativem Goodwill, die Bevorzugung extern wachender Unternehmen, die mit fortlaufenden Unternehmensbewertungen verbundenen Kosten sowie die erheblichen bilanzpolitischen Freiräume.[407] Aus Sicht der Berichterstattung eröffnet der Impairment-Only Approach erhebliche unternehmerische Ermessensspielräume: einerseits können die Zeitpunkte der Goodwill-Abschreibungen durch die Beeinflussung der Impairment-Tests gesteuert werden,[408] andererseits ermöglichen Pro-forma-Ergebnisse den Ausweis von Ergebnissen vor Goodwill-Abschreibungen. Da die Goodwill-Bilanzierung bereits mit einer Reihe von bilanzpolitischen Spielräumen hinsichtlich der Definition der zahlungsmittelgenerierenden Einheiten sowie der Verteilung des Gesamtgoodwills auf die einzelnen Reporting Units ausgestattet ist, wird die Goodwill-Bilanzierung und Abschreibung für Investoren zunehmend schwieriger nachvollziehbar.[409] Vor allem werden durch den Impairment-Only Approach Möglichkeiten eines externen Unternehmensvergleichs stark eingeschränkt. Überwiegend intern gewachsene Unternehmen sind gezwungen, die Aufwendungen, die zur Steigerung des Unternehmenswerts notwendig sind und die nicht einzelnen Vermögenswerten zuordenbar sind, sofort erfolgswirksam zu vereinnahmen. Demgegenüber müssen überwiegend extern gewachsene Unternehmen ihre Auszahlungen zur Steigerung des originären Goodwills nur bei entsprechendem Wertverlust erfolgswirksam vereinnahmen.[410] Hieraus resultiert die Schwierigkeit, die Vermögens- und Ertragslage intern sowie überwiegend extern gewachsener Unternehmen miteinander zu vergleichen. Pro-forma-Ergebnisse vor Goodwill-Abschreibungen sollen aus Sicht ihrer Befürworter genau dieses Dilemma auflösen und neutrale Vergleichsmaßstäbe für Investoren liefern.

Durch die verpflichtende IAS-Bilanzierung ab 2005 müssen planmäßige Goodwill-Abschreibungen für alle kapitalmarktorientierten Unternehmen nach IFRS im Konzernab-

---

406 Vgl. Pellens/Sellhorn (2003), S. 408.

407 Vgl. Pellens/Sellhorn (2001a), S. 1685.

408 Unternehmen, die im Rahmen einer „Big Bath"-Strategie einen großen Teil ihres werthaltigen Goodwills abschreiben, um mit verbesserten Renditekennzahlen Prognosen für eine vermeintlich rosige Zukunft zu zeigen, können nur durch den Wirtschaftsprüfer in ihren bilanzpolitischen Freiräumen beschnitten werden. Allerdings wird es in der Unternehmenspraxis häufiger vorkommen, dass das Management vor allem in wirtschaftlich schlechteren Zeiten betriebswirtschaftlich notwendige Goodwillabschreibungen unterlassen will, vgl. Pellens/Sellhorn (2002), S. 114.

409 Vgl. Pellens/Sellhorn (2001b), S. 719.

410 Vgl. Pellens/Sellhorn (2001b), S. 720.

schluss unterbleiben, bis eine außerplanmäßige Abschreibung des Goodwills erforderlich wird. Dabei kumulieren sich dann die für eine Abschreibung verantwortlichen operativen Verluste oder schlechteren Ergebnisaussichten dieser Tochtergesellschaft(en) bzw. Cash Generating Units mit den Goodwillabschreibungen und tragen damit zu erheblichen Ergebnisschwankungen bei. Diese dann ggf. zusätzlich auftretenden Goodwillabschreibungen werden vor allen in Perioden mit schwächeren Ergebnissen zu einer Hervorhebung von Pro-forma-Ergebnissen führen. Verbleibt der Goodwill auf Grund entfallender planmäßiger Abschreibungen in der Zukunft dagegen in der Bilanz, ist durch das Unternehmen jährlich eine entsprechende Rendite auf diesen Wert zu verdienen, da das investierte Vermögen durch den Goodwill nachhaltig erhöht wird und die absoluten Renditeansprüche bei gegebenen Return on Investment (RoI) oder gegebenen wertorientierten Steuerungsgrößen wie dem Return on Capital Employed (RoCE) oder dem Economic Value Added (EVA) entsprechend zunehmen, d.h. der Goodwill ist durch das Management nachhaltig zu verzinsen.[411] Diese zusätzlichen Ergebnisschwankungen in schwachen Ertragszeiten sowie die zusätzlichen Verzinsungsansprüche können Unternehmen in der Zukunft in noch stärkerem Umfang zu einem Ausweis von Pro-forma-Ergebnissen motivieren.

Es ist davon auszugehen, dass Impairment-Abschreibungen tendenziell am häufigsten in den Zeiten auftreten, in denen die gesamtwirtschaftliche Entwicklung und die Finanzmärkte rückläufig sind und die finanzielle Performance des Unternehmens bereits schlecht ist. Daher belastet eine notwendige Goodwill-Abschreibung auf Grund eines Impairment-Tests das Periodenergebnis vor allem in ökonomisch schwierigen Unternehmensphasen und gibt daher Anlass, Impairment-Abschreibungen durch die Annahme positiver Zukunftsaussichten zu vermeiden. Von den Impairment-Tests gehen somit schwer kalkulierbare Ergebnisrisiken für die Unternehmen aus, die zu einer erheblich zunehmenden Ergebnisvolatilität beitragen und aus der Sicht der Unternehmen ein Angebot von Pro-forma-Ergebnissen vor Goodwill-Abschreibungen noch vorteilhafter erscheinen lassen. In der Zukunft wird die ergebniswirksame Goodwill-Abschreibung der kapitalmarktorientierten Unternehmen somit noch stärker an der allgemeinen Markt- und Unternehmensentwicklung hängen, was zu einer verstärkten Nutzung von Pro-forma-Ergebnissen vor ausgeschlossenen Goodwill-Abschreibungen führen wird. Es werden folgende Hypothesen in der empirischen Analyse getestet:

---

411 Vgl. Pellens/Sellhorn (2001a), S. 1681.

125

*H₁₀: Unternehmen mit einem Ausweis von Pro-forma-Ergebnissen weisen als Folge einer verstärkten Akquisitionstätigkeit einen höheren aktivierten Goodwill (Anschaffungskosten) aus als Vergleichsunternehmen ohne Ausweis von Pro-forma-Ergebnissen.*

*H₁₁: Unternehmen mit einem Ausweis von Pro-forma-Ergebnissen weisen als Folge einer verstärkten Akquisitionstätigkeit höhere kumulierte Wertberichtigungen des Goodwills aus als Vergleichsunternehmen ohne Ausweis von Pro-forma-Ergebnissen.*

*H₁₂: Unternehmen mit einem Ausweis von Pro-forma-Ergebnissen weisen als Folge einer verstärkten Akquisitionstätigkeit höhere Restbuchwerte für den Goodwill aus als Vergleichsunternehmen ohne Ausweis von Pro-forma-Ergebnissen.*

Da davon auszugehen ist, das Finanzanalysten vor allem von größeren Unternehmen aktiv Pro-forma-Ergebnisse nachfragen und vermieden werden soll, dass dieser Effekt auch bei Untersuchungen der Akquisitionspolitik die Ergebnisse bestimmt, werden nicht nur die logarithmierten Absolutwerte der Goodwill-Positionen untersucht sondern auch die Goodwillintensität durch die Verhältniskennzahlen des Goodwills im Vergleich zur Bilanzsumme, zum verfügbaren Eigenkapital sowie zum Umsatz. Dadurch werden die Größeneffekte nivelliert und Unterschiede der Unternehmen hinsichtlich des Anteils des durch Akquisitionen zugekauften Goodwills in Relation zum Eigenkapital, zur Bilanzsumme und zum Umsatz erfasst.

Die hier dargestellten empirischen Untersuchungen finden für einen Zeitraum statt, in dem die Mehrheit der Unternehmen planmäßige Goodwill-Abschreibungen vorgenommen hat.[412] Im Untersuchungszeitraum gab es somit geringfügige Unterschiede in der Abschreibungspolitik der untersuchten Unternehmen. Die Hypothesen und die in den empirischen Untersuchungen erwarteten Vorzeichen werden in Tabelle 27 zusammengefasst:

---

[412] Während nach HGB und IAS im Untersuchungszeitraum eine planmäßige Abschreibung des Goodwills vorzunehmen war, hatten die US-GAAP-Bilanzierer bereits für alle Geschäftsjahre, die nach dem 15.12.2001 begonnen haben, einen jährlichen Impairment-Test anstelle der planmäßigen Abschreibung vorzunehmen. Die Ausnahmen bilden die an einer amerikanischen Börse notierten Unternehmen des DAX30 sowie MDAX sowie die Unternehmen, die nach § 292a HGB freiwillig nach US-GAAP bilanzierten. Das US-amerikanische FASB hat mit FASB 142 „Goodwill and Other Intangible Assets" im Sommer 2001 die planmäßige Firmenwertabschreibung abgeschafft und den Impairment-Only Approach eingeführt. Nur für die nach US-GAAP bilanzierenden Unternehmen kommt es somit im Untersuchungszeitraum zu einer massiven Änderung der Rechnungslegungsvorschrift. Für die IAS- (IAS 36) und HGB-Bilanzierer (§ 309 Abs. 1 HGB) hat bezüglich der Goodwill-Behandlung kein derartiger Umbruch der Rechnungslegungsvorschrift im Untersuchungszeitraum stattgefunden. IFRS 3 in Zusammenhang mit dem IAS 36 schreibt den Impairment-Only Approach erst für die Geschäftsjahre nach dem 31.03.2004 verbindlich vor.

| Hypothese | Kennzahl | Vorzeichen der Hypothese |
|-----------|----------|--------------------------|
| H$_{10}$ | GWAHK | + |
| | GWAHK_BS | + |
| | GWAHK_EK | + |
| | GWAHK_U | + |
| H$_{11}$ | GWKUM | + |
| | GWKUM_BS | + |
| | GWKUM_EK | + |
| | GWKUM_U | + |
| H$_{12}$ | GWRBW | + |
| | GWRBW_BS | + |
| | GWRBW_EK | + |
| | GWRBW_U | + |

Tabelle 27: Hypothesen für die empirische Untersuchung der Akquisitionstätigkeit

### 4.4.3.4 Unterschiede bei finanzieller Stabilität und Kapitalstruktur

Deutsche Unternehmen weisen bereits historisch deutlich geringere Eigenkapitalquoten auf als Vergleichsunternehmen im angelsächsischen Wirtschaftsraum. Verantwortlich werden dafür vor allem die engen Hausbankbeziehungen der Unternehmen in Deutschland gemacht.[413] Auch haben Manager gemäß der Agency-Theorie sowie der Pecking-Order-Theorie eine Präferenz für die Fremdkapital- gegenüber der Eigenkapitalfinanzierung,[414] da die Rechte von Gläubigern trotz Financial Covenants weniger umfangreich sind als die Rechte von Eigenkapitalgebern und somit die diskretionären Spielräume der Manager weniger stark einschränken. Mit einem stärkeren ökonomischen und regulatorischen Kapitalmanagement der Kreditinstitute, d.h. der risikoabhängigen Unterlegung von Kreditrisiken mit knappem Eigenkapital, erfolgt die Kreditvergabe durch die Banken deutlich restriktiver. Ein erfolgreicher Zugang zu finanziellen Mitteln in Form von Krediten setzt bei geringeren Eigenkapitalquoten vor allem eine hohe Ertrags- und Ergebniskraft der Unternehmen voraus.[415] Durch eine verbesserte Darstellung der Ergebnislage soll vor allem der Zugang zu einer stabilen Kreditfinanzierung

---

413 Die Analyse der Liquidität der Unternehmen untersucht die Fähigkeit, den fälligen Zahlungsansprüchen jederzeit Folge leisten zu können sowie den Umfang, in welchem sich ein Unternehmen über Dritte finanziert. Die Aufteilung der Passiva in Fremd- und Eigenkapital sowie die damit verbundenen Zahlungsströme ermöglichen einen Überblick in das Risikoverhalten und die Risikopositionen des Unternehmens. Die Analyse der Kapitalstruktur gibt Aufschluss über Art, Sicherheit und Fristigkeit des Kapitals zur Untersuchung von Finanzierungsrisiken.

414 Vgl. Shyam-Sunder/Myers (1999), S. 242.

415 Eine höhere Eigenkapitalquote signalisiert ein höheres Maß an Unabhängigkeit von Fremdkapitalgebern, kann aber indirekt auch eine Aussage über die Kapitalrentabilität des Unternehmens beinhalten. Wenn man davon ausgeht, dass Fremdkapital preiswerter als Eigenkapital ist, wird der Leverage-Effekt durch Unternehmen mit einer höheren Eigenkapitalquote nicht genutzt.

mit möglichst geringen Finanzierungskosten und ggf. Optionen zur Beschaffung von Eigenkapital aufrechterhalten werden. Da Pro-forma-Ergebnisse aus der Sicht der Befürworter eines Pro-forma-Ausweises von Ergebnissen eine zutreffendere Darstellung der Unternehmensperformance erlauben und zudem durch das vorrangige Herausrechnen von Aufwendungen eine positivere Darstellung der Unternehmenslage ermöglichen, ist davon auszugehen, dass:

*$H_{13}$: Unternehmen mit einem Ausweis von Pro-forma-Ergebnissen eine geringere Eigenkapitalquote (EKQ) und einen höheren Verschuldungsgrad (VG) aufweisen als Vergleichsunternehmen ohne Ausweis von Pro-forma-Ergebnissen.*

In besonderem Maße auf den Zugang zu Krediten sind Unternehmen angewiesen, die über eine geringe Ausstattung an liquiden Mitteln verfügen und einen geringen Zufluss liquider Mittel erzielen. Aus diesem Grund können davon betroffene Unternehmen besondere Anreize zum Ausweis von Pro-forma-Ergebnissen haben. Deshalb werden auch folgende Hypothesen untersucht:

*$H_{14}$: Unternehmen mit einem geringen Verhältnis des Cashflows im Vergleich zum Fremdkapital (LIQ) neigen zum Ausweis von Pro-forma-Ergebnissen,*

*$H_{15}$: Unternehmen mit einer geringen Cashflow-Generierung (Cashflow) aus dem Quartalsoder Jahresergebnis neigen zum Ausweis von Pro-forma-Ergebnissen.*

Die Hypothesen und die in den empirischen Untersuchungen erwarteten Vorzeichen werden in Tabelle 28 nochmals zusammengefasst:

| Hypothese | Kennzahl | Vorzeichen der Hypothese |
|-----------|----------|--------------------------|
| $H_{13}$  | VG       | +                        |
|           | EKQ      | -                        |
| $H_{14}$  | LIQ      | -                        |
| $H_{15}$  | Cashflow | -                        |

**Tabelle 28: Hypothesen für die empirische Untersuchung der finanziellen Stabilität, Kapitalstruktur und des Finanzierungsrisikos**

4.4.3.5 Unterschiede bei der Rentabilität

Für das Management ist es vorteilhaft, Pro-forma-Ergebnisse auszuweisen und die wirtschaftliche Lage des Unternehmens zu beschönigen, wenn die gegenwärtige Profitabilität nur ungenügend ausfällt. Durch den Ausschluss von Aufwendungen beim Ausweis von Pro-forma-Ergebnissen können bestehende Rentabilitätslücken verschleiert oder die Rentabilitätslücken zumindest scheinbar durch aus Sicht des verantwortlichen Managements als einmalige sowie bewertungsirrelevante Aufwendungen (z.B. Goodwill-Abschreibungen) erklärt werden.[416]

Empirische Untersuchungen für die USA bestätigen diesen Zusammenhang. Unternehmen, die Pro-forma-Ergebnisse ausweisen, erreichen im Vergleich zu Unternehmen der gleichen Peer-Gruppe nur eine geringere Profitabilität.[417] Zusätzlich zeigen diese Untersuchungen, dass der Ausschluss von Aufwendungen bei der Berechnung von Pro-forma-Ergebnissen im Zeitablauf substanziell zugenommen hat und über einmalige und nicht zahlungswirksame Aufwendungen hinausgeht. Insbesondere hat der Ausschluss von Aufwendungen im Zeitablauf stärker zugenommen als der Ausschluss von Erträgen.[418] Außerdem wählen Unternehmen häufig das jeweils vorteilhafteste Berechnungsschema für die Pro-forma-Ergebnisse.[419] Es werden folgende Hypothese empirisch untersucht:

*H[16]: Unternehmen mit einem Ausweis von Pro-forma-Ergebnissen weisen eine geringere Rentabilität, gemessen anhand des RoE, RoS, RoI und RoA, aus als Vergleichsunternehmen ohne Ausweis von Pro-forma-Ergebnissen.*[420]

Die Hypothesen und die in den empirischen Untersuchungen erwarteten Vorzeichen werden in Tabelle 29 nochmals zusammengefasst:

| Hypothese | Kennzahl | Vorzeichen der Hypothese |
|-----------|----------|--------------------------|
| H[16] | RoE | - |
| | RoS | - |
| | RoI | - |
| | RoA | - |

**Tabelle 29: Hypothesen für die empirische Untersuchung der Profitabilität**

### 4.4.3.6 Unterschiede bei der Vermögensstruktur

Zusätzliche Motive zum Angebot von Pro-forma-Ergebnissen können aus einer ineffizienten Kapitalverwendung bzw. Investitionstätigkeit und höheren Finanzierungsrisiken folgen. Inef-

---

416 Überlegungen der Agency-Theorie unterstützen diese Hypothese. Durch die verbesserte Außendarstellung gewinnen Manager diskretionäre Spielräume und reduzieren das persönliche Humankapitalrisiko erheblich, vgl. Jensen/Meckling (1976).

417 Vgl. Bhattacharya/Black/Christensen/Mergenthaler (2004a), S. 42, Lougee/Marquardt (2004), S. 791.

418 Vgl. Bradshaw/Sloan (2002), S. 56, Heitger/Ballou (2003).

419 Vgl. Bhattacharya/Black/Christensen/Mergenthaler (2004a), S. 36 ff.

420 Einem so motivierten Angebot von Pro-forma-Ergebnissen kann entgegengehalten werden, dass die Unternehmen aus DAX30 und MDAX unter einem erheblichen Erfolgsdruck durch Analysten, Aktionäre und Wirtschaftspresse stehen. Dies könnte einen gegenteiligen Effekt auslösen, wonach Unternehmen mit einem Ausweis von Pro-forma-Ergebnissen diejenigen Unternehmen mit höheren Marktkapitalisierungen und höherer Rentabilität sind.

fizienzen bezüglich der Kapitalverwendung und Investitionstätigkeit sind auf Grund der Trennung von Management und Eigentum bei börsennotierten Unternehmen mit hohem Streubesitzanteil generell zu vermuten. Ausschlaggebend dafür ist die teilweise Inkongruenz zwischen den Zielen des Managements und denen der Investoren. Während das Management vor allem nicht diversifizierbares Humankapital in das Unternehmen einbringt und deshalb sowohl an einer hohen Kapitalbindung zur Schaffung von Sicherheit und Reputation als auch an Investitionen mit geringem Risiko interessiert ist, bringen Investoren diversifizierbares Geldvermögen ein und sollten aus optionspreistheoretischer Sicht ein Interesse an Investitionen mit höherem Risiko und geringerer Kapitalbindung haben.[421] Sanktionen hat das Management nur bei Transparenz über ein deutliches Verfehlen von Zielansprüchen der Investoren sowie organisiertem Verhalten der Investoren zu befürchten. Pro-forma-Ergebnisse bieten dem Management deshalb ein Instrument, die Transparenz über die Ertragskraft zu reduzieren, die Unternehmenslage günstiger darzustellen und Sanktionsmechanismen der Eigentümer zu vermeiden.

Die bilanzielle Struktur der Aktivseite gibt Hinweise auf das Geschäftsmodell und insbesondere die Investitionstätigkeit eines Unternehmens. Zugleich kann damit die Kapitalbindung des Unternehmens eingeschätzt werden. Eine hohe Kapitalbindung bedeutet, dass Unternehmen einem erhöhten Fixkostenremanenzrisiko unterliegen. Vor allem bei konjunkturellen Abschwüngen oder starken konjunkturellen Schwankungen sind diese Unternehmen anfälliger gegenüber Verlusten bzw. starken Ergebnisschwankungen. Zudem unterliegt die Gewinn- und Verlustrechnung von Unternehmen mit einer hohen Kapitalbindung in höherem Maße Belastungen durch Abschreibungen sowie einem Werteverzehr durch langfristige Lagerbindung. Um solche Belastungen in der Kommunikation mit Investoren und Analysten nicht darstellen zu müssen und das Fixkostenremanenzrisiko auf Grund positiver Ergebnisse geringer erscheinen zu lassen, ist zu vermuten, dass:

*$H_{17}$: Unternehmen mit einem Ausweis von Pro-forma-Ergebnissen eine höhere Anlageintensität (AV_BS) und ein geringeres Investitionsverhältnis (UV_AV) aufweisen als Vergleichsunternehmen ohne Ausweis von Pro-forma-Ergebnissen.*

Eine hohe Anlageintensität kann allerdings auch auf ein erwartetes Umsatzwachstum oder Investitionen zur Schaffung strategischer Optionen hindeuten. Um diese möglichen Erklärungs-

---

421 Zu den Ergebnissen der Agency-Theorie, vgl. Jensen/Meckling (1976).

ursachen für die Hypothese $H_{17}$ zu kontrollieren, werden in die empirischen Untersuchungen der Kapitalumschlag sowie der Umschlag des Anlagevermögens integriert. Umschlagskennzahlen zeigen die Beziehung zwischen dem aktuellen Leistungsniveau und den dafür notwendigen Investitionen. Aus dem Kapitalumschlag lassen sich Aussagen ableiten, wie effizient die Kapitalnutzung durch das Unternehmen erfolgt und ob sowohl Möglichkeiten zur Profitabilisierung als auch zur Freisetzung liquider Mittel durch eine Reduzierung des Anlagevermögensbestands bestehen. In ähnlicher Weise können aus dem Umschlag des Anlagevermögens Aussagen über die Effizienz der langfristigen Investitionspolitik abgeleitet werden. Insofern die Kapitalnutzung oder die Nutzung des Anlagevermögens im Vergleich zu anderen Unternehmen ineffizienter ist, besteht für die betroffenen Unternehmen der Anreiz zum Ausweis von Pro-forma-Ergebnissen. Auf dieser Grundlage wird die folgende Hypothese getestet:

$H_{18}$: *Unternehmen mit einem Ausweis von Pro-forma-Ergebnissen weisen einen geringeren Kapitalumschlag (Kapital_U) und einen geringeren Umschlag des Anlagevermögens (AV_U) auf als Vergleichsunternehmen ohne Ausweis von Pro-forma-Ergebnissen.*

Deckungsgrade geben Aufschluss über Finanzierungsrisiken und die Sensitivität der Quartals- und Jahresergebnisse gegenüber Zinsänderungsrisiken. Grundsätzlich wird in diesem Zusammenhang eine möglichst langfristige Finanzierung des Anlagevermögens, d.h. durch Eigenkapital und langfristiges Fremdkapital, gefordert.[422] Gravierende Abweichungen von diesem Prinzip deuten auf Finanzierungslücken hin, die eine Motivation für Unternehmen darstellen, diese Risiken durch den Ausweis verbesserter Pro-forma-Ergebnisse gering erscheinen zu lassen. Durch die damit einhergehende verbesserte Darstellung der wirtschaftlichen Lage können mögliche Anfälligkeiten des Geschäftssystems gegenüber steigenden Zinsbelastungen und Finanzierungslücken als weniger relevant dargestellt werden. Es wird nachfolgende Hypothese überprüft:

$H_{19}$: *Unternehmen mit einem Ausweis von Pro-forma-Ergebnissen weisen geringere Anlagedeckungsgrade I und II (DGI, DGII) aus als vergleichbare Unternehmen ohne Ausweis von Pro-forma-Ergebnissen.*

Die Hypothesen und die in den empirischen Untersuchungen erwarteten Vorzeichen werden in Tabelle 30 zusammengefasst:

---

422 Die Fristenkongruenz zwischen Kapitalbindung und Finanzierung steht dabei im Mittelpunkt der betriebswirtschaftlichen Betrachtung.

| Hypothese | Kennzahl | Vorzeichen der Hypothese |
|---|---|---|
| $H_{17}$ | AV_BS | + |
| | UV_AV | - |
| $H_{18}$ | Kapital_U | - |
| | AV_U | - |
| $H_{19}$ | DGI | - |
| | DGII | - |

Tabelle 30: Hypothesen für die empirische Untersuchung der Vermögensstruktur

### 4.4.4 Unterschiede zwischen Unternehmen mit/ohne EBITDA-Ausweis

4.4.4.1 Unterschiede bei der Bewertung durch den Kapitalmarkt

Tabelle 31 zeigt, dass DAX30- bzw. MDAX-Unternehmen mit einem Ausweis von Pro-forma-Ergebnissen in Form des EBITDA durchschnittlich einen höheren Streubesitz, aber auch geringere Marktkapitalisierungen aufweisen und daher durch weniger Analysten betreut werden, jedoch höhere Aktienrenditen und damit marginal höhere Buchwert-Marktwert-Verhältnisse sowie höhere Kurs-Gewinn-Verhältnisse aufweisen als Unternehmen ohne Ausweis von EBITDA-Ergebnissen.[423] Die Mittelwerte der Differenzen zwischen den Kennzahlen von Unternehmen mit bzw. ohne Ausweis von Pro-forma-Ergebnissen in Form des E-BITDA stimmen für die Hypothesen $H_1$ und $H_6$ mit den Erwartungen bezüglich eines Angebots von Pro-forma-Ergebnissen überein. Hinsichtlich Aktienrenditen, Kurs-Gewinn-Verhältnissen, logarithmierten Marktkapitalisierungen sowie dem Analystencoverage fallen die Unterschiede statistisch signifikant aus, weisen aber jeweils zu den Hypothesen entgegengesetzte Vorzeichen auf.[424] Der Unterschied beim Kurs-Gewinn-Verhältnis kann als schwach signifikant angesehen werden. Die Unterschiede für das Buchwert-Marktwert-Verhältnis fallen in keinem Fall statistisch signifikant aus. Die Ergebnisse bestätigen somit lediglich Hypothese $H_1$; die Hypothesen $H_4$ und $H_5$ zeigen, dass die Unternehmen EBITDA-Pro-forma-Ergebnisse möglicherweise bereits in der Vergangenheit erfolgreich eingesetzt haben, um positive Bewertungseffekte zu erzielen.

---

[423] Die gemischten Ergebnisse zur Hypothese $H_3$ und $H_6$ können einerseits auf die unterschiedlichen statistischen Methoden aber vor allem auf die konkurrierende Beziehung der Hypothesen $H_3$ und $H_6$ zurückgeführt werden. Wenn Unternehmen mit geringeren Markkapitalisierungen signifikant eher EBITDA-Kennzahlen ausweisen, ist zu vermuten, dass diese höhere Buchwert-Marktwert-Verhältnisse aufweisen, da die Marktkapitalisierung als Nenner in die Berechnung der Buchwert-Marktwert-Verhältnisse eingeht.

[424] Bezüglich Streubesitz, Analystencoverage, Marktkapitalisierung und Rendite fallen die Ergebnisse auf dem 5%-Niveau statistisch signifikant aus.

132

| | Streube-sitz | Analysten | Size | Rendite | KGV | BWMW |
|---|---|---|---|---|---|---|
| **Mittelwert der Differenz[425]** | 7,6561 | -3,4633 | -0,4723 | 0,0931 | 9,3626 | 0,0099 |
| **Zwei-Stichproben-T-Test** | | | | | | |
| T-Statistik | 3,9509 | -4,4622 | -3,9327 | 2,9236 | 2,1495 | 0,1892 |
| p-Wert | 0,0001*** | 0,0000*** | 0,0001*** | 0,0036*** | 0,0330** | 0,8500 |
| **ANOVA-F-Test** | | | | | | |
| F-Statistik | 15,6093 | 19,9111 | 15,4658 | 8,5477 | 4,6204 | 0,0358 |
| p-Wert | 0,0001*** | 0,0000*** | 0,0001*** | 0,0036*** | 0,0330** | 0,8500 |
| **Wilcoxon-Test** | | | | | | |
| Z-Statistik | 4,5300 | 4,1220 | 4,0628 | 1,9618 | 1,6305 | 0,8728 |
| p-Wert | 0,0000*** | 0,0000*** | 0,0000*** | 0,0498** | 0,1030 | 0,3828 |
| **Probit Regression** | | | | | | |
| Koeffizient | 0,0069 | -0,0186 | -0,1131 | 0,4541 | 0,0134 | 0,0178 |
| Z-Statistik | 4,1816 | -3,9503 | -3,8309 | 3,3145 | 2,3955 | 0,1857 |
| p-Wert (Z-Statistik) | 0,0000*** | 0,0001*** | 0,0001*** | 0,0009*** | 0,0166** | 0,8527 |
| LR-Statistik | 15,7599 | 18,8283 | 15,1557 | 9,3649 | 5,6474 | 0,0358 |
| p-Wert (LR-Statistik) | 0,0001*** | 0,0000*** | 0,0001*** | 0,0022*** | 0,0175** | 0,8500 |
| McFadden R² | 0,0148 | 0,0180 | 0,0150 | 0,0116 | 0,0319 | 0,0000 |

**Tabelle 31: Ergebnisse der empirischen Untersuchungen beim EBITDA-Ausweis bezüglich der Bewertung des Kapitalmarkts**

*** (**/*) deutet auf eine Signifikanz zum 1%- (5%-/10%-) Niveau hin.

Der höhere Streubesitz von Unternehmen mit einem Ausweis von EBITDA-Kennzahlen deutet darauf hin, dass Pro-forma-Ergebnisse in Form des EBITDA eingesetzt werden, um dem Leistungsdruck des Kapitalmarktes und insbesondere kurzfristig orientierter institutioneller Investoren zu begegnen. Dies wird dadurch unterstützt, dass diese Unternehmen einen höheren Streubesitz aufweisen, d.h. in einem hohen Maße von Anlageentscheidungen institutioneller Anleger abhängig sind. Damit konsistent sind Beobachtungen, wonach Unternehmen die Berechnung der EBITDA unternehmensindividuell und für Investoren kaum nachvollziehbar gestalten.[426] Auch können die höheren Aktienrenditen sowie Kurs-Gewinn-Verhältnisse die-

[425] Mittelwert der Unternehmen mit Ausweis von Pro-forma-EBITDA abzüglich des Mittelwerts für die Unternehmen ohne Ausweis von Pro-forma-EBITDA.

[426] Hillebrandt/Sellhorn (2002a), S. 153, zeigen für den EBITDA, dass „viele Unternehmen deren Berechnung nicht oder nur unzureichend erläutern. Damit ist es außenstehenden Analysten nicht mehr möglich, diese Ergebnisgrößen nachzuvollziehen". Hillebrandt/Sellhorn (2002b), S. 14 ff. zeigen, dass die von DAX30-, MDAX- und NEMAX50-Unternehmen ausgewiesenen EBITDAs, auch bei einer Analyse des Anhangs des

ser Unternehmen ggf. durch eine stärkere Nachfrage institutioneller Investoren nach diesen Ergebnissen erklärt werden.

Die Ergebnisse lassen hinsichtlich der Bewertung durch den Kapitalmarkt in der Reaktion auf den Leistungsdruck institutioneller Investoren Motive für ein Angebot von Pro-forma-Ergebnissen in Form des EBITDA erkennen. Eine gezielte Nachfrage von Finanzanalysten nach Pro-forma-Ergebnissen in Form des EBITDA ist dagegen statistisch nicht nachweisbar.

### 4.4.4.2    Unterschiede bei fundamentalen Unternehmensdaten

Tabelle 32 zeigt in Übereinstimmung mit der durchschnittlich geringeren Marktkapitalisierung von DAX30- und MDAX-Unternehmen mit einem Ausweis von Pro-forma-Kennzahlen in Form des EBITDA, dass diese Unternehmen durchschnittlich eine geringere Bilanzsumme und einen geringeren Umsatz aufweisen; jedoch arbeiten diese Unternehmen kapitalintensiver mit einem höheren Anlagevermögen und erzielen höhere operative Ergebnisse. Allerdings sind diese Ergebnisse in keinem Fall statistisch signifikant. Somit untermauern die empirischen Ergebnisse aus Tabelle 32 die Ergebnisse aus dem vorangehenden Abschnitt, wonach keine Nachfrage der Analysten nach EBITDA-Kennzahlen bei den durch die Analysten intensiv betreuten größten Unternehmen erkennbar ist. Die Hypothesen $H_7$ bis $H_9$ sind demzufolge abzulehnen.

Allerdings lässt das durchschnittlich höhere Anlagevermögen der Unternehmen mit einem Ausweis von EBITDA vermuten, dass diese Unternehmen auch höheren Abschreibungen unterliegen als Unternehmen ohne Ausweis von EBITDA. Somit profitieren diese Unternehmen stärker von einem Ergebnis vor Abschreibungen. Dies kann ein Motiv zum Angebot von Pro-forma-Ergebnissen in Form des EBITDA darstellen.

---

Geschäftsberichts teilweise nicht nachvollziehbar sind. Auch für Großbritannien können unternehmensspezifische Bereinigungen der EBITDAs nachgewiesen werden, vgl. Companyreporting.com (2003).

| | Bilanzsumme | AV | Umsatz | Op_Income |
|---|---|---|---|---|
| **Mittelwert der Differenz** | -0,0700 | 0,1755 | -0,1957 | 0,4104 |
| **Zwei-Stichproben-T-Test** | | | | |
| T-Statistik | -0,4642 | 0,9813 | -1,4369 | 1,5927 |
| p-Wert | 0,6427 | 0,3268 | 0,1511 | 0,1116 |
| **ANOVA-F-Test** | | | | |
| F-Statistik | 0,2154 | 0,9629 | 2,0648 | 2,5367 |
| p-Wert | 0,6427 | 0,3268 | 0,1511 | 0,1116 |
| **Wilcoxon-Test** | | | | |
| Z-Statistik | 0,5311 | 0,1332 | 1,2276 | 0,0560 |
| p-Wert | 0,5954 | 0,8941 | 0,2196 | 0,9554 |
| **Probit Regression** | | | | |
| Koeffizient | -0,0144 | 0,0269 | -0,0441 | 0,0241 |
| Z-Statistik | -0,4729 | 0,9675 | -1,4368 | 1,4689 |
| p-Wert (Z-Statistik) | 0,6363 | 0,3333 | 0,1508 | 0,1419 |
| LR-Statistik | 0,2172 | 0,9566 | 2,0660 | 2,3648 |
| p-Wert (LR-Statistik) | 0,6412 | 0,3280 | 0,1506 | 0,1241 |
| McFadden R² | 0,0003 | 0,0013 | 0,0024 | 0,0028 |

**Tabelle 32: Ergebnisse der empirischen Untersuchungen beim EBITDA-Ausweis bezüglich fundamentaler Unternehmensdaten**

*\*\*\* (\*\*/\*) deutet auf eine Signifikanz zum 1%- (5%-/10%-) Niveau hin.*

### 4.4.4.3 Unterschiede bei der Akquisitionstätigkeit

In Abschnitt 4.4.3.3 ist erläutert, dass eine aggressive Akquisitionstätigkeit ein wesentliches Motiv für ein Angebot von Pro-forma-Ergebnissen vor Goodwill-Abschreibungen, d.h. auch von Kennzahlen der EBITDA-Familie, darstellt. Untersuchungen bezüglich der absolut ausgewiesenen Goodwill-Positionen erlauben einen Plausibilitätstest der vorangehenden Ergebnisse, wonach der EBITDA-Ausweis nicht durch eine Nachfrage nach Pro-forma-Ergebnissen sondern durch ein Angebot durch die Unternehmen bestimmt wird. Somit werden hinsichtlich der absoluten Goodwill-Positionen keine signifikanten Unterschiede zwischen Unternehmen mit und ohne EBITDA-Ausweis festzustellen sein. Die Ergebnisse in Tabelle 33 zeigen, dass Unternehmen mit einem Ausweis von EBITDA-Kennzahlen durchschnittlich weder einen statistisch signifikant höheren Goodwill zu Anschaffungskosten, höhere kumulierte Wertberichtigungen für den Goodwill oder Restbuchwerte des Goodwills aufweisen. Obwohl Unternehmen mit einem Ausweis von EBITDAs durchgängig höhere Goodwill-Positionen aufweisen, sind die Differenzen der Mittelwerte in keiner Untersuchung statistisch signifikant. Dies zeigt, dass EBITDA-Unternehmen nicht die absolut größten Akquisitionen tätigen bzw. höchsten Übernahmeprämien gewähren.

| | GWAHK | GWKUM | GWRBW |
|---|---|---|---|
| **Mittelwert der Differenz** | 0,5283 | 0,3620 | 0,4933 |
| **Zwei-Stichproben-T-Test** | | | |
| T-Statistik | 0,8972 | 0,6113 | 0,8451 |
| p-Wert | 0,3715 | 0,5422 | 0,3997 |
| **ANOVA-F-Test** | | | |
| F-Statistik | 0,8049 | 0,3737 | 0,7143 |
| p-Wert | 0,3715 | 0,5422 | 0,3997 |
| **Wilcoxon-Test** | | | |
| Z-Statistik | 0,6494 | 0,2958 | 0,7604 |
| p-Wert | 0,5161 | 0,7674 | 0,4470 |
| **Probit Regression** | | | |
| Koeffizient | 0,0468 | 0,0326 | 0,0417 |
| Z-Statistik | 0,9548 | 0,6179 | 0,9169 |
| p-Wert (Z-Statistik) | 0,3397 | 0,5366 | 0,3592 |
| LR-Statistik | 0,8083 | 0,3713 | 0,7287 |
| p-Wert (LR-Statistik) | 0,3686 | 0,5423 | 0,3933 |
| McFadden R² | 0,0069 | 0,0033 | 0,0058 |

Tabelle 33: Ergebnisse der empirischen Untersuchungen beim EBITDA-Ausweis bezüglich der Akquisitionstätigkeit

*** (**/*) deutet auf eine Signifikanz zum 1%- (5%-/10%-) Niveau hin.

Allerdings lassen die absoluten Höhen der Goodwill-Positionen noch keine Vergleiche der Aggressivität der Akquisitionspolitik von Unternehmen mit bzw. ohne Ausweis von Proforma-Ergebnissen in Form des EBITDA zu, da kein Bezug zum verfügbaren Eigenkapital, zur Bilanzsumme oder zum Umsatz der Unternehmen genommen wird. Dies soll zum einen Größenunterschiede zwischen Unternehmen nivellieren, die bereits im Abschnitt 4.4.4.2 untersucht wurden und andererseits Unterschiede bei der Höhe der Akquisitionstätigkeit der Unternehmen hinsichtlich des Anteils von durch Akquisitionen zugekauften Umsätzen, Bilanzsumme sowie Eigenkapital erfassen. Im Verhältnis zur Bilanzsumme (*GWAHK_BS*), dem verfügbaren Eigenkapital (*GWAHK_EK*) und dem Umsatz (*GWAHK_U*) haben Unternehmen mit einem Ausweis von EBITDA-Kennzahlen stets höhere Goodwill-Positionen gebildet, d.h. eine aktivere und aggressivere Akquisitionspolitik betrieben. Dabei wird in Tabelle 34 deutlich, dass für diese Verhältniszahlen stets ein positiver Mittelwert der Differenzen zwischen diesen Kennzahlen für Unternehmen mit und ohne EBITDA-Ausweis festzustellen ist. Bezüglich der Bilanzsumme und dem Eigenkapital kann dieser Zusammenhang auch als statistisch gesichert angesehen werden, da alle zugehörigen Test-Statistiken und Probit-Regressionen mindestens auf dem 5%- oder 1%-Niveau signifikant sind. Gleiches gilt überwiegend für das Verhältnis aus Anschaffungskosten des Goodwills zum Umsatz (GWAHK_U). Demnach sind Unternehmen mit einem Ausweis von Pro-forma-Ergebnissen in Form durch eine signifikant stärkere Akquisitionstätigkeit gekennzeichnet als Unternehmen ohne Ausweis des EBITDA. Diese höhere Sensitivität des Ergebnisses gegenüber ergebniswirksamen Goodwill-Abschreibungen führt somit zu einer verstärkten Nutzung von EBITDAs vor Goodwill-Abschreibungen. Dadurch kann die Ertragskraft des Unternehmens deutlich verbessert dargestellt werden. Insgesamt kann Hypothese $H_{10}$ als bestätigt angesehen werden.

| | GWAHK_BS | GWAHK_EK | GWAHK_U |
|---|---|---|---|
| **Mittelwert der Differenz** | 68,4518 | 330,3289 | 83,2245 |
| **Zwei-Stichproben-T-Test** | | | |
| T-Statistik | 2,0234 | 2,8553 | 1,6425 |
| p-Wert | 0,0458** | 0,0053*** | 0,1036 |
| **ANOVA-F-Test** | | | |
| F-Statistik | 4,0943 | 8,1525 | 2,6979 |
| p-Wert | 0,0458** | 0,0053*** | 0,1036 |
| **Wilcoxon-Test** | | | |
| Z-Statistik | 2,2265 | 3,1077 | 2,1284 |
| p-Wert | 0,0260** | 0,0019*** | 0,0333** |
| **Probit Regression** | | | |
| Koeffizient | 0,0025 | 0,0011 | 0,0014 |
| Z-Statistik | 2,0840 | 3,0456 | 1,5559 |
| p-Wert (Z-Statistik) | 0,0372** | 0,0023*** | 0,1197 |
| LR-Statistik | 4,6378 | 9,4040 | 3,1890 |
| p-Wert (LR-Statistik) | 0,0313** | 0,0022*** | 0,0741* |
| McFadden R² | 0,0444 | 0,0910 | 0,0298 |

**Tabelle 34: Ergebnisse der empirischen Untersuchungen beim EBITDA-Ausweis bezüglich des Goodwills zu Anschaffungskosten**

*** *(**/*) deutet auf eine Signifikanz zum 1%- (5%-/10%-) Niveau hin.*

Die aggressivere Akquisitionspolitik von Unternehmen mit einem Ausweis von Pro-forma-Ergebnissen in Form des EBITDA schlägt sich in höheren kumulierten Goodwill-Wertberichtigungen in Relation zum verfügbaren Eigenkapital, der Bilanzsumme und dem Umsatz nieder. Dies ist aus den positiven Mittelwerten der Differenzen für die untersuchten Quotienten zugunsten der Unternehmen mit einem Ausweis von EBITDA-Kennzahlen aus Tabelle 35 ersichtlich. Hinsichtlich des Verhältnisses der kumulierten Wertberichtigungen zum Eigenkapital können diese Ergebnisse auch als schwach statistisch gesichert angesehen werden; somit kann Hypothese $H_{11}$ als bestätigt angesehen werden. Da bezüglich des Umsatzes und der Bilanzsumme keine statistisch signifikanten Unterschiede zwischen den Unternehmen erkennbar sind, lässt dies darauf schließen, dass Unternehmen mit einem EBITDA-Ausweis Zukäufe vor allem fremdfinanziert haben. Durch den Ausweis von Pro-forma-Kennzahlen in Form des EBITDA, d.h. vor der Goodwill-Abschreibungen und Zinszahlungen, können diese Unternehmen somit ein deutlich besseres Ergebnis im Vergleich zu den ausgewiesenen Quartals- und Jahresergebnissen darstellen.

| | GWKUM_BS | GWKUM_EK | GWKUM_U |
|---|---|---|---|
| **Mittelwert der Differenz** | 13,0150 | 70,2148 | 10,0168 |
| **Zwei-Stichproben-T-Test** | | | |
| T-Statistik | 1,2451 | 1,9403 | 0,7672 |
| p-Wert | 0,2162 | 0,0554* | 0,4448 |
| **ANOVA-F-Test** | | | |
| F-Statistik | 1,5502 | 3,7647 | 0,5886 |
| p-Wert | 0,2162 | 0,0554* | 0,4448 |
| **Wilcoxon-Test** | | | |
| Z-Statistik | 1,2940 | 1,9425 | 1,2260 |
| p-Wert | 0,1957 | 0,0521* | 0,2202 |
| **Probit Regression** | | | |
| Koeffizient | 0,0052 | 0,0028 | 0,0024 |
| Z-Statistik | 1,4409 | 2,1939 | 0,7426 |
| p-Wert (Z-Statistik) | 0,1496 | 0,0282** | 0,4577 |
| LR-Statistik | 1,8096 | 4,8145 | 0,6617 |
| p-Wert (LR-Statistik) | 0,1786 | 0,0282** | 0,4160 |
| McFadden $R^2$ | 0,0179 | 0,0482 | 0,0064 |

**Tabelle 35: Ergebnisse der empirischen Untersuchungen beim EBITDA-Ausweis bezüglich der kumulierten Goodwill-Wertberichtigungen**

*** (**/*) deutet auf eine Signifikanz zum 1%- (5%-/10%-) Niveau hin.*

Unternehmen mit einem Ausweis von Pro-forma-Ergebnissen in Form des EBITDA unterliegen auch zukünftig höheren Risiken aus ergebniswirksamen Wertberichtigungen des Goodwills. Tabelle 36 zeigt, dass die Restbuchwerte des Goodwills für diese Unternehmen im Vergleich zum verfügbaren Eigenkapital aber auch zum Umsatz sowie zur Bilanzsumme größer sind als bei Unternehmen ohne Ausweis von EBITDA. Für die Quotienten aus dem Restbuchwert des Goodwills und dem Eigenkapital (*GWRBW_EK*) bzw. dem Umsatz (*GWRBW_U*) sind diese Differenzen der Mittelwerte mindestens auch auf dem 5%- bzw. 10%-Niveau signifikant. Diese Unternehmen werden auch zukünftig einen höheren Nutzen aus einem Ausweis von Pro-forma-Ergebnissen vor Goodwill-Abschreibungen ziehen als andere Unternehmen, wenn Impairment-Tests einen zukünftigen ergebniswirksamen Abschreibungsbedarf implizieren. Die Hypothese $H_{12}$ kann somit als bestätigt angesehen werden.

| | GWRBW_BS | GWRBW_EK | GWRBW_U |
|---|---|---|---|
| **Mittelwert der Differenz** | 38,7169 | 207,3376 | 67,6074 |
| **Zwei-Stichproben-T-Test** | | | |
| T-Statistik | 1,4953 | 2,3395 | 1,6819 |
| p-Wert | 0,1380 | 0,0214** | 0,0956* |
| **ANOVA-F-Test** | | | |
| F-Statistik | 2,2360 | 5,4731 | 2,8289 |
| p-Wert | 0,1380 | 0,0214** | 0,0956* |
| **Wilcoxon-Test** | | | |
| Z-Statistik | 1,6485 | 2,6215 | 1,7342 |
| p-Wert | 0,0992* | 0,0088*** | 0,0829* |
| **Probit Regression** | | | |
| Koeffizient | 0,0021 | 0,0010 | 0,0017 |
| Z-Statistik | 1,5905 | 2,4373 | 1,8495 |
| p-Wert (Z-Statistik) | 0,1117 | 0,0148*** | 0,0644* |
| LR-Statistik | 2,4706 | 6,1668 | 3,4935 |
| p-Wert (LR-Statistik) | 0,1160 | 0,0130** | 0,0616* |
| McFadden R² | 0,0219 | 0,0551 | 0,0303 |

**Tabelle 36: Ergebnisse der empirischen Untersuchungen beim EBITDA-Ausweis bezüglich der Restbuchwerte des Goodwills**

*** (**/*) deutet auf eine Signifikanz zum 1%- (5%-/10%-) Niveau hin.*

Insgesamt zeigen die Ergebnisse, dass Unternehmen mit einem Ausweis von Pro-forma-Ergebnissen in Form des EBITDA eine aggressivere Akquisitionspolitik verfolgen als andere Unternehmen. Dies kommt vor allem darin zum Ausdruck, dass im Verhältnis zum Eigenkapital deutlich mehr Goodwill zugekauft wurde, höhere kumulierte Goodwill-Abschreibungen verkraftet werden mussten und auch zukünftig größere Ergebnisrisiken aus höheren Restbuchwerten des Goodwills drohen. Diese Unternehmen bieten somit Pro-forma-Ergebnisse an, um durch den Ausweis von EBITDAs vor Goodwill-Abschreibungen signifikante Aufwandspositionen herauszurechnen und eine deutlich verbesserte Unternehmensperformance darstellen zu können. Auf Grund der verpflichtenden IAS-Bilanzierung ab 2005 bzw. 2007 wird die ergebniswirksame Goodwill-Abschreibung bei kapitalmarktorientierten Unternehmen zukünftig noch stärker an der allgemeinen Markt- und Unternehmensentwicklung hängen. Diese dann ggf. kumuliert auftretenden Goodwillabschreibungen werden vor allen in Perioden mit schwächeren Ergebnissen zu einer zusätzlichen Ergebnisvolatilität beitragen und zu einer Hervorhebung von Pro-forma-Ergebnissen führen.

### 4.4.4.4 Unterschiede bei finanzieller Stabilität und Kapitalstruktur

Die Untersuchungsergebnisse aus Tabelle 37 zeigen, dass Unternehmen mit einem Ausweis des EBITDA höhere Verschuldungsgrade bzw. geringere Eigenkapitalquoten sowie Liquiditätsgrade aufweisen als Unternehmen ohne EBITDA-Ausweis. Lediglich bezüglich der Cashflowkraft scheinen EBITDA-Unternehmen stärker zu sein. Allerdings sind diese Ergebnisse nicht statistisch signifikant; lediglich der höhere Verschuldungsgrad von Unternehmen mit einem Ausweis des EBITDA kann auf dem 1%-Niveau als statistisch signifikant angesehen werden. Bei der Eigenkapitalquote ist zusätzlich zu beobachten, dass der Wilcoxon-Vorzeichen-Rang-Test signifikant ausfällt. Diese bedeutet, dass innerhalb der Gruppen von Unternehmen mit bzw. ohne EBITDA-Ausweis große Schwankungen bei den Eigenkapital-quoten auftreten und deshalb weder T- bzw. Anova-Tests noch die Probit-Regression statistisch signifikant ausfallen. Die Mehrzahl der Eigenkapitalquoten von Unternehmen mit einem Ausweis des EBITDA liegt unterhalb des Gesamtmedians für die Eigenkapitalquote. Der höhere Verschuldungsgrad von Unternehmen mit einem Ausweis von EBITDA ist mit den vorangehenden Untersuchungen zum Akquisitionsverhalten konsistent. Da diese Unternehmen Zukäufe vorrangig fremdfinanziert haben, fällt der Verschuldungsgrad höher aus. Somit bestätigt sich, dass diese Unternehmen in besonderem Maße von einem Ergebnisausweis vor Zinsaufwendungen profitieren. Der höhere Verschuldungsgrad der EBITDA-Unternehmen ist ein Indiz für eine höhere Zinsbelastung dieser Unternehmen wie bei den Vergleichsunternehmen. Durch die Veröffentlichung der Kennzahl EBITDA kann nicht nur ein höherer Wert für Goodwill-Abschreibungen sondern zusätzlich eine höhere Zinsbelastung aus dem Ergebnis herausgerechnet werden. Die Hypothese $H_{13}$ kann somit als bestätigt angesehen werden, während die Hypothesen $H_{14}$ und $H_{15}$ abgelehnt werden müssen.

| | VG | EKQ | LIQ | Cashflow |
|---|---|---|---|---|
| **Mittelwert der Differenz** | 1,2066 | -0,0301 | -0,0140 | 0,4702 |
| **Zwei-Stichproben-T-Test** | | | | |
| T-Statistik | 3,4406 | -1,4198 | -1,0642 | 0,4311 |
| p-Wert | 0,0006*** | 0,1561 | 0,2877 | 0,6666 |
| **ANOVA-F-Test** | | | | |
| F-Statistik | 11,8380 | 2,0158 | 1,1326 | 0,1858 |
| p-Wert | 0,0006*** | 0,1561 | 0,2877 | 0,6666 |
| **Wilcoxon-Test** | | | | |
| Z-Statistik | 3,6721 | 3,6018 | 0,9185 | 0,8707 |
| p-Wert | 0,0002*** | 0,0003*** | 0,3584 | 0,3839 |
| **Probit Regression** | | | | |
| Koeffizient | 0,1773 | -0,3155 | -0,3696 | 0,0020 |
| Z-Statistik | 4,9147 | -1,6163 | -0,8354 | 0,4341 |
| p-Wert (Z-Statistik) | 0,0000*** | 0,1060 | 0,4035 | 0,6642 |
| LR-Statistik | 26,6446 | 2,0756 | 0,9149 | 0,1885 |
| p-Wert (LR-Statistik) | 0,0000*** | 0,1497 | 0,3388 | 0,6642 |
| McFadden R² | 0,0352 | 0,0027 | 0,0014 | 0,0003 |

**Tabelle 37: Ergebnisse der empirischen Untersuchungen beim EBITDA-Ausweis bezüglich der finanziellen Stabilität**

*** (**/*) deutet auf eine Signifikanz zum 1%- (5%-/10%-) Niveau hin.

### 4.4.4.5 Unterschiede bei der Rentabilität

Anreize zur besseren Darstellung der Unternehmensperformance liegen vor allem bei Unternehmen mit unterdurchschnittlicher Rentabilität vor. Gemäß den vorangehenden Untersuchungen verfügen Unternehmen mit einem Ausweis von EBITDA über ein höheres Anlagevermögen, jedoch auch über weniger Eigenkapital, geringere Bilanzsummen und Umsätze als Unternehmen ohne EBITDA-Ausweis. Zugleich erzielen die DAX30- und MDAX-Unternehmen mit einem EBITDA-Ausweis höhere operative Ergebnisse. Demzufolge ist zu erwarten, dass jene Unternehmen mit einem Ausweis von EBITDA höhere Eigenkapital-, Umsatz- und Gesamtkapitalrenditen erzielen als Vergleichsunternehmen ohne EBITDA-Ausweis. Die Ergebnisse aus Tabelle 38 bestätigen diesen Zusammenhang. Diese Ergebnisse sind jedoch statistisch nicht signifikant. Dagegen kann es als statistisch gesichert angesehen werden, dass Unternehmen mit einem Ausweis von Pro-forma-Ergebnissen in Form des E-BITDA signifikant geringere Investitionsrenditen *(RoI)* als Vergleichsunternehmen ohne E-BITDA-Ausweis erzielen. Die Hypothese $H_{16}$ hinsichtlich eines Angebots von Pro-forma-Ergebnissen kann demzufolge nur bezüglich des RoI bestätigt werden. Durch den Ausweis von Pro-forma-Ergebnissen vor Abschreibungen auf das Anlagevermögen können diese Unternehmen das Offenlegen eines ineffizienten Investitionsverhaltens und eines unterdurchschnittlichen RoI vermeiden bzw. Profitabilitätslücken durch nicht zahlungsrelevante Abschreibungen oder einmalige Aufwendungen erklären. Aus der Sicht von Investoren ist dies jedoch kritisch, da die geringere Profitabilität der Investitionen den Wert der Wachstumsaussichten der Unternehmen maßgeblich reduziert und somit eigentlich ein entscheidendes Kriterium für das Treffen von Anlageentscheidungen bildet, welches durch den Ausweis der E-BITDA nivelliert wird.

| | RoE | RoI | RoS | RoA |
|---|---|---|---|---|
| **Mittelwert der Differenz** | 0,0045 | -0,2352 | 0,0086 | 0,0020 |
| **Zwei-Stichproben-T-Test** | | | | |
| T-Statistik | 0,4795 | -3,7090 | 1,3216 | 0,5205 |
| p-Wert | 0,6317 | 0,0002*** | 0,1867 | 0,6029 |
| **ANOVA-F-Test** | | | | |
| F-Statistik | 0,2300 | 13,7569 | 1,7467 | 0,2709 |
| p-Wert | 0,6317 | 0,0002*** | 0,1867 | 0,6029 |
| **Wilcoxon-Test** | | | | |
| Z-Statistik | 0,3278 | 2,0674 | 0,3922 | 0,8324 |
| p-Wert | 0,7431 | 0,0387** | 0,6949 | 0,4052 |
| **Probit Regression** | | | | |
| Koeffizient | 0,2414 | -0,2562 | 0,8935 | 0,6477 |
| Z-Statistik | 0,4790 | -3,5455 | 1,3871 | 0,4987 |
| p-Wert (Z-Statistik) | 0,6320 | 0,0004*** | 0,1654 | 0,6180 |
| LR-Statistik | 0,2285 | 11,3757 | 1,8195 | 0,2681 |
| p-Wert (LR-Statistik) | 0,6327 | 0,0007*** | 0,1774 | 0,6046 |
| McFadden R² | 0,0003 | 0,0162 | 0,0021 | 0,0004 |

**Tabelle 38: Ergebnisse der empirischen Untersuchungen beim EBITDA-Ausweis bezüglich der Rentabilität**

*** (**/*) deutet auf eine Signifikanz zum 1%- (5%-/10%-) Niveau hin.

## 4.4.4.6 Unterschiede bei der Vermögensstruktur

Das Angebot von Pro-forma-Ergebnissen zum Kaschieren einer ineffizienten Investitionspolitik bzw. ineffizienten Kapitalverwendung wird auch durch die Untersuchungsergebnisse in Tabelle 39 bestätigt. In allen Fällen entsprechen die Mittelwerte der Differenzen der untersuchten Kennzahlen von Unternehmen mit bzw. ohne EBITDA-Ausweis den Erwartungen. Es kann als statistisch gesichert angesehen werden, dass Unternehmen mit einem Ausweis des EBITDA überdurchschnittlich kapitalintensiv wirtschaften, d.h. im Vergleich zur Bilanzsumme ein überproportional hohes Anlagevermögen verwenden *(UV_AV, AV_BS)* und das im Anlagevermögen gebundene Kapital weniger effizient *(AV_U)* einsetzen. Diesbezüglich fällt zumindest immer eine Teststatistik auf dem 1%-Niveau statistisch signifikant aus. Zusätzlich wird das Anlagevermögen weniger stark durch Eigenkapital bzw. langfristiges Fremdkapital finanziert; allerdings fallen die Teststatistiken bezüglich der Deckungsgrade überwiegend nicht statistisch signifikant aus. Die Hypothesen $H_{17}$ und $H_{18}$ können demzufolge bestätigt werden, während aus statistischer Sicht $H_{19}$ abgelehnt werden muss.[427]

| | AV_BS | UV_AV | Kapital_U | AV_U | DGI | DGII |
|---|---|---|---|---|---|---|
| **Mittelwert der Differenz** | 0,0293 | -4,2552 | -0,0267 | -4,0820 | -0,8468 | -0,5124 |
| **Zwei-Stichproben-T-Test** | | | | | | |
| T-Statistik | 2,3272 | -4,9339 | -1,8102 | -5,2433 | -1,1413 | -0,5352 |
| p-Wert | 0,0203** | 0,0000*** | 0,0707* | 0,0000*** | 0,2542 | 0,5927 |
| **ANOVA-F-Test** | | | | | | |
| F-Statistik | 5,4158 | 24,3429 | 3,2767 | 27,4923 | 1,3025 | 0,2864 |
| p-Wert | 0,0203** | 0,0000*** | 0,0707* | 0,0000*** | 0,2542 | 0,5927 |
| **Wilcoxon-Test** | | | | | | |
| Z-Statistik | 2,1503 | 2,9796 | 0,5934 | 0,9711 | 4,6554 | 4,3561 |
| p-Wert | 0,0315** | 0,0029*** | 0,5529 | 0,3315 | 0,0000*** | 0,0000*** |
| **Probit Regression** | | | | | | |
| Koeffizient | 0,9582 | -0,0257 | -0,5143 | -0,0474 | -0,0073 | -0,0029 |
| Z-Statistik | 2,4504 | -5,5706 | -1,6789 | -5,2065 | -1,1838 | -0,6241 |
| p-Wert (Z-Statistik) | 0,0143** | 0,0000*** | 0,0932* | 0,0000*** | 0,2365 | 0,5325 |
| LR-Statistik | 5,6234 | 19,8847 | 2,8695 | 25,8836 | 1,2675 | 0,2982 |
| p-Wert (LR-Statistik) | 0,0177** | 0,0000*** | 0,0903* | 0,0000*** | 0,2602 | 0,5850 |
| McFadden R² | 0,0078 | 0,0276 | 0,0038 | 0,0367 | 0,0018 | 0,0004 |

**Tabelle 39: Ergebnisse der empirischen Untersuchungen beim EBITDA-Ausweis bezüglich der Vermögensstruktur**

*** (**/*) deutet auf eine Signifikanz zum 1%- (5%-/10%-) Niveau hin.*

Die DAX30- und MDAX-Unternehmen mit einem selbständigen Ausweis der EBITDA-Ergebnisse unterliegen demzufolge in einem höheren Maße Fixkostenremanenzrisiken wie andere Unternehmen und streben durch das Angebot von Pro-forma-Ergebnissen vor Abschreibungen an, diese Fixkostenremanenzrisiken mit der Pro-forma-Berichterstattung zu minimieren.

---

[427] Die Deckungsgrade streuen stark um ihre Mittelwerte, so dass weder Zwei-Stichproben-T-Test, ANOVA-F-Test noch Probit-Regressionen zu signifikanten Ergebnissen führen. Trotz der hohen Streuung zeigt sich aber beim Wilcoxon-Test, dass Unternehmen mit einem EBITDA-Ausweis in den Rangfolgen mehrheitlich unterdurchschnittliche Deckungsgrade unterhalb der jeweiligen Mediane ausweisen.

4.4.4.7    Multivariate Untersuchungen zum Ausweis des EBITDA

Die Berichterstattung von Pro-forma-Kennzahlen in Form des EBITDA (EBITDA, EBITA, EBTDA) hat sich in Deutschland etabliert; 77,8% der Unternehmen – bei Berücksichtigung der EBIT-Kennzahl sogar 90,5% der Unternehmen – weisen bereits diese Kennzahlen aus. Obwohl infolge dieser starken Verbreitung kaum signifikante Unterschiede zwischen Unternehmen mit bzw. ohne Ausweis von EBITDA-Kennzahlen zu erwarten sind, zeigen die vorangehenden univariaten Untersuchungen, dass dennoch Motive für ein Angebot von Proforma-Ergebnissen in Form des EBITDA identifiziert werden können. Durch den EBITDA-Ausweis können diese Unternehmen deutlich verbesserte Ergebnisse vor höheren Belastungen aus Goodwill-Abschreibungen infolge einer aggressiveren Akquisitionspolitik *(GWAHK_EK)*, aus Zinsaufwendungen infolge einer stärkeren Fremdfinanzierung *(VG)* sowie aus Abschreibungen auf Grund eines überdurchschnittlich großen Anlagevermögens *(UV_AV)* ausweisen. Dadurch können diese Unternehmen von ungünstigeren Zukunftsaussichten auf Grund unprofitablerer Investitionsrenditen *(RoI)* und höheren Fixkostenremanenzrisiken ablenken oder diese zumindest durch aus Sicht des Managements einmalige oder nicht auszahlungsrelevante Aufwendungen erklären. Entsprechend statistisch signifikant in den univariaten Untersuchungen fällt dabei, wenn vom Vorzeichen auch entgegen der angenommenen Hypothese, das *Analystencoverage* aus.

Allerdings kann nicht ausgeschlossen werden, dass verschiedene Kennzahlen ähnliche Informationen wiedergeben. Deshalb wird untersucht, ob die Kennzahlen und Erklärungsansätze auch in multivariaten Probit-Regressionen einen signifikanten Erklärungsbeitrag zum Ausweis von Pro-forma-Ergebnissen in Form des EBITDA leisten. Um einerseits die Interpretation der Ergebnisse zu ermöglichen und andererseits singuläre Varianz-Kovarianz-Matrizen bei den Probit-Regressionen zu vermeiden, wird die Anzahl der unabhängigen Variablen beschränkt. Es werden nur die Kennzahlen als unabhängige Variablen in die multivariate Untersuchung aufgenommen, die bei allen univariaten Analysen mindestens auf dem 5%-Niveau signifikant sind. Insofern dies für mehr als nur eine Kennzahl aus einer Untersuchungsgruppe zutrifft, wird jene Kennzahl übernommen, die in der univariaten Probit-Regression den höchsten McFadden-$R^2$ aufweist. Dies sind das Analystencoverage *(ANALYSTEN)*, der Goodwill zu Anschaffungskosten im Verhältnis zum Eigenkapital *(GWAHK_EK)*, der Verschuldungsgrad *(VG)*, die Investitionsrendite *(RoI)* sowie das Investitionsverhältnis *(UV_AV)*. Mit Ausnahme der hohen Korrelation zwischen dem Investitionsverhältnis und der Investitionsrendite sowie dem Goodwill zu Anschaffungskosten im Verhältnis zum Eigenkapital und dem Verschuldungsgrad sind die Korrelationsbeziehungen entsprechend Tabelle 40 zwischen den Variablen statistisch gering. Ausschlaggebend dafür sind die stärkere Fremdfinanzierung der getätigten Akquisitionen sowie offenbar der geringere betriebswirtschaftliche Erfolg der durch Unternehmen mit einem EBITDA-Ausweis getätigten Akquisitionen, die nur zu einer unterdurchschnittlichen Verzinsung des gebildeten Goodwills geführt haben.

| | Analysten | GWAHK_EK | VG | ROI | UV_AV |
|---|---|---|---|---|---|
| **Analysten** | | | | | |
| Korrelationskoeffizient | 1,0000 | 0,0552 | 0,1196 | -0,1270 | -0,1292 |
| einseitige Signifikanz | - | 0,2986 | 0,0008*** | 0,0007*** | 0,0005*** |
| | | | | | |
| **GWAHK_EK** | | | | | |
| Korrelationskoeffizient | | 1,0000 | 0,3613 | -0,2206 | -0,1605 |
| einseitige Signifikanz | | - | 0,0001*** | 0,0158** | 0,0601* |
| | | | | | |
| **VG** | | | | | |
| Korrelationskoeffizient | | | 1,0000 | -0,1126 | 0,0693 |
| einseitige Signifikanz | | | - | 0,0021*** | 0,0384** |
| | | | | | |
| **ROI** | | | | | |
| Korrelationskoeffizient | | | | 1,0000 | 0,7200 |
| einseitige Signifikanz | | | | - | 0,0000*** |
| | | | | | |
| **UV_AV** | | | | | |
| Korrelationskoeffizient | | | | | 1,0000 |
| einseitige Signifikanz | | | | | - |

**Tabelle 40: Bravais-Pearson-Korrelationskoeffizienten für die Variablen der multivariaten Untersuchung beim EBITDA-Ausweis**

*** (**/*) deutet auf eine Signifikanz zum 1%- (5%-/10%-) Niveau hin.

Die Korrelationsbeziehungen kommen auch in den Ergebnissen der multivariaten Probit-Regressionen (4) in Tabelle 41 zum Ausdruck.

$$Dummy_{EBITDA} = \alpha_0 + \alpha_1 \cdot Analysten + \alpha_2 \cdot GWAHK\_EK + \alpha_3 \cdot RoI$$
$$+ \alpha_4 \cdot VG + \alpha_5 \cdot UV\_AV \tag{4}$$

Insgesamt bleiben die ausgewählten Kennzahlen auch in den multivariaten Probit-Regressionen mindestens auf dem 10%-Niveau signifikant,[428] die gesamten Probit-

---

[428] Der Verschuldungsgrad fällt nicht signifikant aus, wenn gleichzeitig der Goodwill zu Anschaffungskosten in die Regression aufgenommen wird. Dies war zu erwarten, da in beide Kennzahlen das Eigenkapital als Divisor eingeht. Beide Kennzahlen sind demnach gleichnormiert. Dies wird dadurch verstärkt, dass Akquisitionen vor allem fremdfinanziert werden und Akquisitionen i.d.R. mit einem Anstieg des Verschuldungs-

Regressionen sind immer auf dem 1%-Niveau signifikant. Auch die Vorzeichen behalten identische Vorzeichen wie in den univariaten Untersuchungen. Nur das Vorzeichen für das Analystencoverage entspricht in der multivariaten Untersuchung dem Vorzeichen der Hypothese $H_2$. Somit können die bisherigen Schlussfolgerungen als gesichert angesehen werden, wonach weniger die Nachfrage sondern vielmehr das aktive Angebot von Pro-forma-Ergebnissen in Form des EBITDA durch die Unternehmen für die weite Verbreitung des E-BITDA in der Pro-forma-Berichterstattung verantwortlich ist. Das Angebot kann einerseits auf den Leistungsdruck institutioneller Anleger und andererseits auf Anreize zur verbesserten Darstellung der Unternehmensperformance auf Grund einer geringeren Investitionsrentabilität, einer ineffizienten Kapitalverwendung sowie höheren Ergebnisbelastungen durch Zinszahlungen und Goodwill-Abschreibungen zurückgeführt werden.

---

grades verbunden sind. Die Widergabe ähnlicher Informationen kommt auch im statistisch auf dem 1%-Niveau signifikanten Korrelationskoeffizienten von 36% zwischen beiden Kennzahlen in Tabelle 40 zum Ausdruck.

| | $\alpha_0$ | ANA-LYSTEN | GWAHK_EK | ROI | VG | UV_AV | LR-Statistik / p-Wert / McFadden $R^2$ |
|---|---|---|---|---|---|---|---|
| Koeff. | 0,9658 | -0,0283 | 0,0011 | | | | 13,2215 |
| Z-Statistik | 2,1858 | -1,8335 | 3,1719 | | | | 0,0013*** |
| p-Wert | 0,0288** | 0,0667* | 0,0015*** | | | | 0,1293 |
| Koeff. | 1,1587 | -0,0301 | 0,0010 | -0,2742 | | | 15,6912 |
| Z-Statistik | 2,3686 | -1,8636 | 2,8643 | -1,9181 | | | 0,0013*** |
| p-Wert | 0,0179** | 0,0624* | 0,0042*** | 0,0551* | | | 0,1542 |
| Koeff. | 0,8269 | -0,0331 | 0,0008 | | 0,1669 | | 15,2368 |
| Z-Statistik | 1,6867 | -2,1068 | 2,2337 | | 1,4748 | | 0,0016*** |
| p-Wert | 0,0917* | 0,0351** | 0,0255** | | 0,1403 | | 0,1490 |
| Koeff. | 1,2323 | -0,0310 | 0,0010 | | | -0,0481 | 17,1478 |
| Z-Statistik | 2,4559 | -1,8912 | 2,9863 | | | -2,5067 | 0,0007*** |
| p-Wert | 0,0141** | 0,0586* | 0,0028*** | | | 0,0122** | 0,1685 |
| Koeff. | 1,0665 | -0,0341 | 0,0008 | -0,2449 | 0,1201 | | 16,9993 |
| Z-Statistik | 1,9842 | -2,0679 | 2,0502 | -1,7160 | 1,1113 | | 0,0019*** |
| p-Wert | 0,0472** | 0,0386** | 0,0403** | 0,0862* | 0,2665 | | 0,1671 |
| Koeff. | 1,2142 | -0,0369 | 0,0007 | | 0,1342 | -0,0563 | 19,2759 |
| Z-Statistik | 2,1290 | -2,1639 | 2,0135 | | 1,2315 | -2,0878 | 0,0007*** |
| p-Wert | 0,0333** | 0,0305** | 0,0441** | | 0,2181 | 0,0368** | 0,1894 |
| Koeff. | 1,0365 | -0,0287 | | -0,2994 | 0,1988 | | 59,8632 |
| Z-Statistik | 5,5604 | -4,6279 | | -3,4474 | 5,1284 | | 0,0000*** |
| p-Wert | 0,0000*** | 0,0000*** | | 0,0006*** | 0,0000*** | | 0,0868 |
| Koeff. | 1,0334 | -0,0283 | | | 0,2218 | -0,0372 | 76,2972 |
| Z-Statistik | 5,4865 | -4,5442 | | | 5,6099 | -5,3699 | 0,0000*** |
| p-Wert | 0,0000*** | 0,0000*** | | | 0,0000*** | 0,0000*** | 0,1079 |

Tabelle 41: Ergebnisse der Regressionskoeffizienten der multivariaten Probit-Regressionen gemäß (4) beim EBITDA-Ausweis

*** (**/*) deutet auf eine Signifikanz zum 1%- (5%-/10%-) Niveau hin.

### 4.4.5 Unterschiede zwischen Unternehmen mit/ohne Pro-forma-EPS-Ausweis

#### 4.4.5.1 Unterschiede bei der Bewertung durch den Kapitalmarkt

Die Pro-forma-Berichterstattung bezüglich Pro-forma-EPS erfolgt durch die DAX30- und MDAX-Unternehmen deutlich selektiver als bezüglich der Kennzahlen der EBITDA-Familie. Während der Ausweis des EBITDA von nahezu drei Viertel der untersuchten Unternehmen vorgenommen wird und daher ein starkes Angebot von Pro-forma-Kennzahlen der EBITDA-

Familie gezeigt werden kann, weisen lediglich 22 der 63 untersuchten DAX30- bzw. MDAX-Unternehmen Pro-forma-EPS aus. Es wird gezeigt, dass bei diesen Unternehmen eine gezielte Nachfrage nach Pro-forma-EPS durch Finanzanalysten neben einem Angebot durch die Unternehmen besteht. Pro-forma-EPS sind vor allem in Großbritannien sowie den USA das gebräuchlichste veröffentlichte Pro-forma-Ergebnis und liegen häufig den Konsensusschätzungen der Analysten zugrunde. Zudem ist auf Grund der Liberalisierung und Globalisierung der Finanzmärkte auch in Deutschland mit einem weiteren Anstieg der Pro-forma-Berichterstattung entsprechend internationalen Gepflogenheiten, d.h. in Form von Pro-forma-EPS, zu rechnen.

Der Vergleich der Mittelwerte der Kennzahlen zur Bewertung der DAX30- und MDAX-Unternehmen durch den Kapitalmarkt in Tabelle 42 zeigt, dass Unternehmen mit einem Ausweis von Pro-forma-EPS durchschnittlich einen um 1,5% höheren Streubesitz, eine höhere Marktkapitalisierung sowie höhere Kurs-Gewinn- und Buchwert-Marktwert-Verhältnisse aufweisen. Zudem weisen diese Unternehmen eine schlechtere Aktienrendite auf, obwohl mehr Sell-Side-Analysten Prognosen für die Ergebnisse dieser Unternehmen abgeben (Analystencoverage). Für die Analystencoverage, die Marktkapitalisierung sowie die Aktienrendite sind diese Unterschiede sowohl bei Zwei-Stichproben-T-Tests als auch in univariaten Probit-Regressionen statistisch auf dem 1%-Niveau signifikant. Die Hypothesen $H_2$, $H_3$ und $H_4$ können somit als bestätigt angesehen werden.

| | Streube-sitz | Analysten | Size | Rendite | KGV | BWMW |
|---|---|---|---|---|---|---|
| Differenz der Mittelwerte | 1,4026 | 4,9541 | 0,9994 | -0,1080 | 2,8835 | 0,0020 |
| **Zwei-Stichproben-T-Test** | | | | | | |
| T-Statistik | 0,8238 | 7,3974 | 9,9181 | -3,8919 | 0,7642 | 0,0455 |
| p-Wert | 0,4102 | 0,0000*** | 0,0000*** | 0,0001*** | 0,4458 | 0,9637 |
| **ANOVA-F-Test** | | | | | | |
| F-Statistik | 0,6787 | 54,7208 | 98,3693 | 15,1465 | 0,5840 | 0,0021 |
| p-Wert | 0,4102 | 0,0000*** | 0,0000*** | 0,0001*** | 0,4458 | 0,9637 |
| **Wilcoxon-Test** | | | | | | |
| Z-Statistik | 0,2613 | 7,4387 | 9,0741 | -3,7174 | 2,2213 | 1,2184 |
| p-Wert | 0,7938 | 0,0000*** | 0,0000*** | 0,0002*** | 0,0263** | 0,2231 |
| **Probit Regression** | | | | | | |
| Koeffizient | 0,0014 | 0,0299 | 0,2673 | -0,5399 | 0,0031 | 0,0039 |
| Z-Statistik | 0,9094 | 7,0273 | 9,5234 | -4,0149 | 0,6932 | 0,0444 |
| p-Wert (Z-Statistik) | 0,3632 | 0,0000*** | 0,0000*** | 0,0001*** | 0,4882 | 0,9645 |
| LR-Statistik | 0,7067 | 52,9293 | 91,5233 | 16,0184 | 0,5696 | 0,0021 |
| p-Wert (LR-Statistik) | 0,4005 | 0,0000*** | 0,0000*** | 0,0001*** | 0,4504 | 0,9639 |
| McFadden $R^2$ | 0,0005 | 0,0419 | 0,0745 | 0,0163 | 0,0026 | <0,0001 |

Tabelle 42: Ergebnisse der empirischen Untersuchungen beim Pro-forma-EPS-Ausweis bezüglich der Bewertung des Kapitalmarkts

*** (**/*) deutet auf eine Signifikanz zum 1%- (5%-/10%-) Niveau hin.

Die Ergebnisse verdeutlichen, dass die Pro-forma-Berichterstattung nicht allein durch den Anreiz für die Unternehmen, eine bessere Außendarstellung zu erreichen, motiviert ist. Stattdessen fragen Analysten gezielt Pro-forma-Ergebnisse nach; Unternehmen mit einem Ausweis von Pro-forma-EPS werden durchschnittlich durch fünf zusätzliche Analysten betreut. Die Nachfrage von Analysten nach Pro-forma-Ergebnissen konzentriert sich auf die der Marktkapitalisierung nach größeren Unternehmen und verdeutlicht dies durch das hohe Analystencoverage. Deutlich wird dies an einem Ranking der untersuchten DAX30- und MDAX-Unternehmen nach der Marktkapitalisierung für das Geschäftsjahresende 2003. Von den 25% größten Unternehmen weisen 62,5% Pro-forma-EPS aus. Dabei werden die 25% größten Unternehmen durch durchschnittlich 33,19 Analysten betreut, während für die verbleibenden Unternehmen durchschnittlich nur 17,91, also nur halb so viele, Analysten ihre Schätzungen abgeben. Auch in den USA und Großbritannien ist eine aktive Nachfrage der Finanzanalysten nach Pro-forma-Ergebnissen zu beobachten. Analysten formulieren ihre Konsensusprognosen in Form von Pro-forma-EPS.[429]

Dieser Nachfrage durch Analysten steht ein Angebot an Pro-forma-Ergebnissen durch die Unternehmen gegenüber. Eine Hauptursache dafür ist der Performance-Druck institutioneller Investoren. Tatsächlich weisen Unternehmen mit dem Ausweis von Pro-forma-EPS einen höheren Streubesitz auf und unterliegen somit einer stärkeren Einflussnahme institutioneller Investoren. Der kurzfristige Anlagehorizont dieser Anleger forciert den Leistungsdruck auf das Management und motiviert das Herausrechnen von Aufwendungen, die nicht als charakteristisch für das Geschäftsmodell angesehen werden, um verbesserte Ergebnisse ausweisen zu können. Dadurch kann das Verfehlen von Erwartungen von Analysten und Investoren vermieden werden, denn negative Ergebnisüberraschungen ziehen i.d.R. gravierende Kursabschläge nach sich,[430] wodurch die Möglichkeit von Unternehmensübernahmen deutlich zunimmt. Somit ist der Ausweis von Pro-forma-Ergebnissen vor allem für Unternehmen attraktiv, die eine unterdurchschnittliche Aktienkursentwicklung aufweisen. Pro-forma-EPS sollen dann einen optimistischen Ausblick auf die wirtschaftliche Lage des Unternehmens und entsprechende Kursanpassungen stimulieren. Die durchschnittlich schlechtere Aktienrendite von Unternehmen mit dem Ausweis von Pro-forma-EPS bildet somit eine wesentliche Erklärung für das Angebot von Pro-forma-EPS.

Bezüglich der verbleibenden Kennzahlen ergibt sich ein gemischtes Bild. Die Vorzeichen der Differenzen der Mittelwerte für den Streubesitz und das Buchwert-Marktwert-Verhältnis stimmen zwar mit den Erwartungen überein, sind aber nur marginal größer Null und nicht statistisch signifikant.[431]

### 4.4.5.2 Unterschiede bei fundamentalen Unternehmensdaten

Der Vergleich der Mittelwerte von Bilanzsumme, Anlagevermögen, Umsatz und operativen Ergebnis in Tabelle 43 zeigt, dass Unternehmen mit einem Ausweis von Pro-forma-EPS sowohl hinsichtlich der bilanziellen Kennzahlen als auch der GuV-Kennzahlen größer sind als Vergleichsunternehmen ohne Ausweis von Pro-forma-EPS. Bezüglich des Anlagevermögens,

---

[429] Vgl. I/B/E/S (1999), I/B/E/S (2001), S. 7.

[430] Vgl. Skinner/Sloan (2002).

[431] Die Ablehnung von $H_6$ kann auf die konkurrierende Hypothese $H_3$ zurückgeführt werden. Unternehmen mit einem Pro-forma-EPS-Ausweis weisen signifikant höhere Marktkapitalisierungen auf wie Vergleichsunternehmen, wodurch die Buchwert-Marktwert-Verhältnisse geringer ausfallen.

der Bilanzsumme und dem Umsatz können diese Ergebnisse auch als statistisch gesichert angesehen werden und die Hypothesen $H_7$ und $H_8$ bestätigt werden. Diese Ergebnisse können, wie bereits im vorangehenden Abschnitt dargestellt, auf die stärkere Nachfrage von Analysten nach Pro-forma-EPS bei größeren Unternehmen zurückgeführt werden. Die aus GuV- bzw. Bilanzsicht erkennbaren Größenunterschiede zwischen Unternehmen mit und ohne Ausweis eines Pro-forma-EPS kommen auch im positiven Vorzeichen der Differenz der Mittelwerte des operativen Ergebnisses zum Ausdruck. Obwohl Unternehmen mit einer Pro-forma-EPS-Berichterstattung hinsichtlich Bilanzsumme, Umsatz und Anlagevermögen deutlich größer sind als ihre Vergleichsunternehmen, erzielen sie nur knapp höhere operative Ergebnisse. Es ist davon auszugehen, dass Unternehmen mit einem Pro-forma-EPS-Ausweis weniger profitabel hinsichtlich Umsatzrendite, Gesamtkapitalrendite und Investitionsrendite sind.

| | Bilanzsumme | AV | Umsatz | Op_Income |
|---|---|---|---|---|
| **Mittelwert der Differenz** | 1,1339 | 1,2667 | 1,3334 | 0,3724 |
| **Zwei-Stichproben-T-Test** | | | | |
| T-Statistik | 9,2649 | 8,5146 | 12,4303 | 1,6827 |
| p-Wert | 0,0000*** | 0,0000*** | 0,0000*** | 0,0928* |
| **ANOVA-F-Test** | | | | |
| F-Statistik | 85,8381 | 72,4976 | 154,5118 | 2,8314 |
| p-Wert | 0,0000*** | 0,0000*** | 0,0000*** | 0,0928* |
| **Wilcoxon-Test** | | | | |
| Z-Statistik | 8,3806 | 7,2506 | 11,4669 | 5,2991 |
| p-Wert | 0,0000*** | 0,0000*** | 0,0000*** | 0,0000*** |
| **Probit Regression** | | | | |
| Koeffizient | 0,2646 | 0,2277 | 0,3578 | 0,0243 |
| Z-Statistik | 8,7666 | 8,8232 | 10,7759 | 1,4634 |
| p-Wert (Z-Statistik) | 0,0000*** | 0,0000*** | 0,0000*** | 0,1434 |
| LR-Statistik | 79,6873 | 69,4964 | 139,2943 | 2,7345 |
| p-Wert (LR-Statistik) | 0,0000*** | 0,0000*** | 0,0000*** | 0,0982* |
| McFadden R² | 0,0835 | 0,0795 | 0,1301 | 0,0026 |

**Tabelle 43: Ergebnisse der empirischen Untersuchungen beim Pro-forma-EPS-Ausweis bezüglich fundamentaler Unternehmensdaten**

*** (**/*) deutet auf eine Signifikanz zum 1%- (5%-/10%-) Niveau hin.*

### 4.4.5.3 Unterschiede bei der Akquisitionstätigkeit

Im Unterschied zu der Nachfrage nach Pro-forma-EPS geht von einer aggressiven Akquisitionspolitik ein nachhaltiges Motiv zum Angebot von Pro-forma-EPS aus, da die bilanzielle Behandlung des Goodwill künftige Ergebnisgrößen beeinflusst und somit die steigende Relevanz des Goodwills innerhalb einer kapitalmarktorientierten Rechnungslegung erklärt. Tabelle 44 zeigt, dass Unternehmen mit einem Ausweis von Pro-forma-EPS signifikant höhere Goodwill-Positionen aufweisen wie Unternehmen ohne Ausweis von Pro-forma-EPS. Im

Vergleich der Mittelwerte der Differenzen sind die Anschaffungskosten des Goodwills (*GWAHK*) als auch die kumulierten Goodwill-Wertberichtigungen (*GWKUM*) sowie die Restbuchwerte des Goodwills (*GWRBW*) bei diesen Unternehmen größer. Diese Relation kann statistisch als gesichert angesehen werden, denn sowohl die T- und ANOVA-Tests, der Wilcoxon-Test sowie die Regressionskoeffizienten aus den univariaten Probit-Regressionen sind auf dem 1%-Niveau signifikant.

| | GWAHK | GWKUM | GWRBW |
|---|---|---|---|
| **Mittelwert der Differenz** | 2,1138 | 2,2572 | 2,1830 |
| **Zwei-Stichproben-T-Test** | | | |
| T-Statistik | 4,6932 | 5,1167 | 4,7663 |
| p-Wert | 0,0000*** | 0,0000*** | 0,0000*** |
| **ANOVA-F-Test** | | | |
| F-Statistik | 22,0258 | 26,1811 | 22,7177 |
| p-Wert | 0,0000*** | 0,0000*** | 0,0000*** |
| **Wilcoxon-Test** | | | |
| Z-Statistik | 4,6944 | 4,8384 | 4,6742 |
| p-Wert | 0,0000*** | 0,0000*** | 0,0000*** |
| **Probit Regression** | | | |
| Koeffizient | 0,2697 | 0,3208 | 0,2537 |
| Z-Statistik | 4,3085 | 4,6978 | 4,3770 |
| p-Wert (Z-Statistik) | 0,0000*** | 0,0000*** | 0,0000*** |
| LR-Statistik | 22,4680 | 26,8067 | 22,8414 |
| p-Wert (LR-Statistik) | 0,0000*** | 0,0000*** | 0,0000*** |
| McFadden R² | 0,1466 | 0,1794 | 0,1440 |

**Tabelle 44: Ergebnisse der empirischen Untersuchungen beim Pro-forma-EPS-Ausweis bezüglich der Akquisitionstätigkeit**

*** (**/*) *deutet auf eine Signifikanz zum 1%- (5%-/10%-) Niveau hin.*

Unternehmen mit einem Ausweis von Pro-forma-EPS verfolgen demzufolge eine aktivere Akquisitionspolitik, d.h. sie haben vor allem im Rahmen der Kapitalkonsolidierung mehr Goodwillbestand im Konzern (*GWAHK*) aufgebaut. Auf Grund der aktiveren Akquisitionspolitik waren bei diesen Unternehmen auch die bisherigen ergebniswirksamen Belastungen durch Goodwill-Wertberichtigungen (*GWKUM*) höher, d.h. von einem Ausweis von Pro-forma-EPS vor Goodwill-Abschreibungen konnten diese Unternehmen in der Vergangenheit überdurchschnittlich profitieren. Auch zukünftig werden diese Unternehmen in höherem Maße von einem Ausweis von Pro-forma-EPS vor Goodwill-Abschreibungen profitieren, da der Restbuchwert des Goodwills (*GWRBW*) höher ist und somit auch zukünftige ergebniswirksame Goodwill-Abschreibungen im Rahmen der Impairment-Tests höher ausfallen können.

| | GWAHK_BS | GWAHK_EK | GWAHK_U |
|---|---|---|---|
| **Mittelwert der Differenz** | 56,9311 | 404,6325 | 52,1067 |
| **Zwei-Stichproben-T-Test** | | | |
| T-Statistik | 1,9525 | 4,2404 | 1,1965 |
| p-Wert | 0,0538* | 0,0001*** | 0,2343 |
| **ANOVA-F-Test** | | | |
| F-Statistik | 3,8123 | 17,9809 | 1,4316 |
| p-Wert | 0,0538* | 0,0001*** | 0,2343 |
| **Wilcoxon-Test** | | | |
| Z-Statistik | 2,6162 | 3,7866 | 2,1068 |
| p-Wert | 0,0089*** | 0,0002*** | 0,0351** |
| **Probit Regression** | | | |
| Koeffizient | 0,0018 | 0,0011 | 0,0007 |
| Z-Statistik | 1,8207 | 4,0989 | 1,1726 |
| p-Wert (Z-Statistik) | 0,0687* | 0,0000*** | 0,2409 |
| LR-Statistik | 3,7365 | 15,9940 | 1,4285 |
| p-Wert (LR-Statistik) | 0,0532* | 0,0001*** | 0,2320 |
| McFadden R² | 0,0288 | 0,1250 | 0,0106 |

**Tabelle 45: Ergebnisse der empirischen Untersuchungen beim Pro-forma-EPS-Ausweis bezüglich des Goodwills zu Anschaffungskosten**

*** (**/*) deutet auf eine Signifikanz zum 1%- (5%-/10%-) Niveau hin.

Die vorangehenden Tests zeigen, dass größere Unternehmen auch auf Grund der Nachfrage von Analysten dazu tendieren, Pro-forma-EPS auszuweisen und vermieden werden soll, dass auch bei Untersuchungen der Akquisitionspolitik dieser Effekt die Ergebnisse wieder bestimmt, werden zusätzlich auch hier das Verhältnis der jeweiligen Goodwill-Positionen im Vergleich zur Bilanzsumme, zum verfügbaren Eigenkapital sowie zum Umsatz untersucht.

Die Ergebnisse aus Tabelle 45 zeigen, dass bezüglich des Verhältnisses des Goodwills zu Anschaffungskosten zum Umsatz (*GWAHK_U*) keine signifikanten Unterschiede zwischen Unternehmen mit und ohne Ausweis von Pro-forma-EPS zu erkennen sind. Allerdings sind Unternehmen mit einem Ausweis von Pro-forma-EPS aggressiver beim Zukauf vorgegangen. Deutlich wird dies daran, dass Unternehmen mit einem Ausweis von Pro-forma-EPS im Verhältnis zur Bilanzsumme (*GWAHK_BS*) mehr Goodwill zugekauft haben und die Goodwill-Positionen schneller abgeschrieben haben. Zugleich wurden die Zukäufe vorrangig mit Fremdkapital finanziert, wie der Goodwill zu Anschaffungskosten im Verhältnis zum Eigenkapital (*GWAHK_EK*) zeigt. Diese Unterschiede sind für das Verhältnis des Goodwills zu Anschaffungskosten zum Eigenkapital bzw. zur Bilanzsumme sowohl bei T- als auch bei Anova- und Wilcoxon-Tests sowie der univariaten Probit-Regression stets statistisch auf dem 1%-Niveau bzw. zumindest dem 10%-Niveau signifikant; Hypothese $H_{10}$ kann somit als bestätigt angesehen werden.

Der gemessen an Bilanzsumme und Eigenkapital überproportionale Zukauf von Goodwill deutet bereits darauf hin, dass Unternehmen mit einem Ausweis von Pro-forma-EPS in höherem Maße den Risiken einer Goodwill-Abschreibung unterliegen. Auf Grund gezahlter Überpreise und der geringeren Eigenkapitalausstattung im Vergleich zum aktivierten Goodwill haben diese Unternehmen bei sonst gleicher Gewinn- bzw. Verlustlage nur eine geringere Fähigkeit, Quartals- und Jahresfehlbeträge auf Grund von signifikanten Abschreibungen zu absorbieren. Durch den Ausweis von Pro-forma-EPS vor Goodwill-Abschreibungen können die Unternehmen die Transparenz über diese Risiken reduzieren. Als Motivation für den Ausweis von Pro-forma-EPS ist entscheidend, dass diese Unternehmen vom Ausweis eines deutlich verbesserten Ergebnisses vor Goodwill-Abschreibungen im Vergleich zu den ausgewiesenen Periodenergebnissen überproportional profitieren. Im Unterschied zu den vorangehenden Untersuchungen unterliegen Unternehmen mit einem Ausweis von Pro-forma-EPS signifikant höheren kumulierten Goodwill-Wertberichtigungen im Vergleich zum Umsatz ($GWKUM\_U$). Diese Unternehmen haben den gebildeten Goodwill in der Vergangenheit somit schneller abgeschrieben und die aggressivere Akquisitionspolitik dieser Unternehmen hat sich in höheren ergebniswirksamen Belastungen durch Abschreibungen des Goodwills niedergeschlagen.

Die gesamten Ergebnisse in Tabelle 46 können als statistisch gesichert angesehen werden, da die Quotienten aus kumulierten Goodwill-Wertberichtigungen und Eigenkapital ($GWKUM\_EK$), Bilanzsumme ($GWKUM\_BS$) und Umsatz ($GWKUM\_U$) sowohl bei Vergleichen der Mittelwerte der Differenzen als auch bei den univariaten Probit-Regressionen auf einem 1%-Niveau statistisch signifikant sind; Hypothese $H_{11}$ kann somit statistisch nicht falsifiziert werden.

| | GWKUM_BS | GWKUM_EK | GWKUM_U |
|---|---|---|---|
| **Mittelwert der Differenz** | 26,5348 | 125,7059 | 29,3588 |
| **Zwei-Stichproben-T-Test** | | | |
| T-Statistik | 3,0951 | 4,3658 | 2,7448 |
| p-Wert | 0,0026*** | 0,0000*** | 0,0072*** |
| **ANOVA-F-Test** | | | |
| F-Statistik | 9,5796 | 19,0599 | 7,5337 |
| p-Wert | 0,0026*** | 0,0000*** | 0,0072*** |
| **Wilcoxon-Test** | | | |
| Z-Statistik | 3,0461 | 4,2740 | 2,6412 |
| p-Wert | 0,0023*** | 0,0000*** | 0,0083*** |
| **Probit Regression** | | | |
| Koeffizient | 0,0099 | 0,0041 | 0,0075 |
| Z-Statistik | 3,1135 | 3,0420 | 2,9404 |
| p-Wert (Z-Statistik) | 0,0018*** | 0,0023*** | 0,0033*** |
| LR-Statistik | 9,0894 | 17,1387 | 7,4563 |
| p-Wert (LR-Statistik) | 0,0026*** | 0,0000*** | 0,0063*** |
| McFadden $R^2$ | 0,0716 | 0,1370 | 0,0567 |

**Tabelle 46: Ergebnisse der empirischen Untersuchungen beim Pro-forma-EPS-Ausweis bezüglich der kumulierten Goodwill-Wertberichtigungen**

*** (**/*) deutet auf eine Signifikanz zum 1%- (5%-/10%-) Niveau hin.

Tabelle 47 fasst die Untersuchungen für die Verhältniszahlen aus dem Restbuchwert des Goodwills und der Bilanzsumme, dem Eigenkapital und dem Umsatz zusammen. Durch die Analysen wird untersucht, welche zukünftigen Vorteile Unternehmen aus dem Ausweis von Pro-forma-Ergebnissen vor Goodwill-Abschreibungen ziehen können, wenn zukünftige Impairment-Tests einen Abschreibungsbedarf implizieren. Trotz des höheren gebildeten Goodwills sind auf Grund der bisherigen schnelleren Abschreibung des Goodwills weniger signifikante Unterschiede bezüglich des Restbuchwerts des Goodwills zwischen den Unternehmen zu erwarten. Es ergeben sich zwar stets positive Mittelwerte für die Differenzen der Quotienten zugunsten der Unternehmen mit einem Ausweis von Pro-forma-EPS. Allerdings kann dieser Größenunterschied nur im Verhältnis des Restbuchwerts des Goodwills zum verfügbaren Eigenkapital (*GWRBW_EK*) als statistisch gesichert eingestuft werden.[432] Bezüglich der anderen Quotienten (*GWRBW_BS, GWRBW_U*) fallen nur die Wilcoxon-Tests in beiden Fällen signifikant aus. Die Streuung der Quotienten um die jeweiligen Mittelwerte ist demzufolge sowohl bei Unternehmen mit als auch ohne Ausweis von Pro-forma-EPS zu hoch, um zu sta-

---

[432] Dies ist darauf zurückzuführen, dass hoch signifikante Unterschiede bei den aktivierten Anschaffungskosten des Goodwills nur im Verhältnis zum Eigenkapital festzustellen waren. Bezüglich der Bilanzsumme waren diese Unterschiede schwächer und bezüglich des Umsatzes nicht mehr statistisch signifikant zu erkennen. Da Unternehmen mit einem Ausweis von Pro-forma-EPS-Ausweis den Goodwill schneller abgeschrieben haben, können die Unterschiede beim Restbuchwert des Goodwills nur noch in geringerer Form auftreten.

tistisch signifikanten Differenzen zu führen. Dennoch liegen bei Rangfolgen der Quotienten nach ihrer Größe die Quotienten der Unternehmen mit einem Ausweis von Pro-forma-EPS signifikant oberhalb der jeweiligen Mediane. Somit sind die Untersuchungsergebnisse aus Tabelle 47 mit den vorangehenden Untersuchungsergebnissen im Einklang; die Hypothese $H_{12}$ wird somit bestätigt.

Das Aktivieren hoher Goodwill-Positionen in Kombination mit hohen Goodwill-Abschreibungen sowie die daraus folgenden hohen ergebniswirksamen Belastungen der GuV durch Goodwill-Abschreibungen bilden somit ein Motiv zum Ausweis von Pro-forma-EPS. Durch den Ausweis eines Pro-forma-Ergebnisses vor Goodwill-Abschreibungen werden signifikante Aufwandspositionen beim Ergebnisausweis herausgerechnet und eine deutlich verbesserte Unternehmensperformance von Unternehmen mit einem Ausweis von Pro-forma-EPS erzielt. Aus Sicht der Investoren ist dies bedenklich, da die Akquisitionstätigkeit einen wesentlichen Bestandteil des bisherigen Geschäftsmodells dieser Unternehmen darstellt.

| | GWRBW_BS | GWRBW_EK | GWRBW_U |
|---|---|---|---|
| **Mittelwert der Differenz** | 36,7407 | 287,1647 | 20,5042 |
| **Zwei-Stichproben-T-Test** | | | |
| T-Statistik | 1,6109 | 3,8189 | 0,5747 |
| p-Wert | 0,1104 | 0,0002*** | 0,5667 |
| **ANOVA-F-Test** | | | |
| F-Statistik | 2,5951 | 14,5839 | 0,3303 |
| p-Wert | 0,1104 | 0,0002*** | 0,5667 |
| **Wilcoxon-Test** | | | |
| Z-Statistik | 2,7740 | 3,7757 | 2,4052 |
| p-Wert | 0,0055*** | 0,0002*** | 0,0162** |
| **Probit Regression** | | | |
| Koeffizient | 0,0018 | 0,0013 | 0,0004 |
| Z-Statistik | 1,5008 | 3,5676 | 0,5951 |
| p-Wert (Z-Statistik) | 0,1334 | 0,0004*** | 0,5518 |
| LR-Statistik | 2,5924 | 13,5079 | 0,3420 |
| p-Wert (LR-Statistik) | 0,1074 | 0,0002*** | 0,5587 |
| McFadden R² | 0,0191 | 0,1011 | 0,0025 |

**Tabelle 47: Ergebnisse der empirischen Untersuchungen beim Pro-forma-EPS-Ausweis bezüglich der Restbuchwerte des Goodwills**

*** (**/*) deutet auf eine Signifikanz zum 1%- (5%-/10%-) Niveau hin.

### 4.4.5.4 Unterschiede bei finanzieller Stabilität und Kapitalstruktur

Die bisherigen Untersuchungen von Unternehmen mit einem Ausweis von Pro-forma-EPS zeigen, dass vor allem größere Unternehmen mit unterdurchschnittlicher Rendite und höheren ergebniswirksamen Belastungen durch Goodwill-Abschreibungen Pro-forma-EPS veröffentlichen, um die Ertragslage der Unternehmen deutlich verbessert darzustellen. Von einer verbesserten Darstellung der Unternehmenslage können vor allem jene Unternehmen profitieren, die in hohem Maße auf Zugang zu Fremdkapital angewiesen sind. Durch eine verbesserte Darstellung der Profitabilität mit Hilfe von Pro-forma-Ergebnissen kann die Kreditwürdigkeit von Unternehmen mit geringer Eigenkapitalausstattung bzw. hoher Verschuldung günstiger dargestellt und der Zugang zu Krediten erleichtert werden. Deshalb ist davon auszugehen, dass vor allem diese Unternehmen zu einem Ausweis von Pro-forma-EPS neigen.

| | VG | EKQ | LIQ | Cashflow |
|---|---|---|---|---|
| **Mittelwert der Differenz** | 2,1004 | -0,1239 | -0,0195 | 1,3261 |
| **Zwei-Stichproben-T-Test** | | | | |
| T-Statistik | 7,1343 | 7,0135 | 1,6892 | 1,3638 |
| p-Wert | 0,0000*** | 0,0000*** | 0,0917* | 0,1731 |
| **ANOVA-F-Test** | | | | |
| F-Statistik | 50,8987 | 49,1885 | 2,8535 | 1,8600 |
| p-Wert | 0,0000*** | 0,0000*** | 0,0917* | 0,1731 |
| **Wilcoxon-Test** | | | | |
| Z-Statistik | 7,7135 | 7,7158 | 0,3925 | 2,0251 |
| p-Wert | 0,0000*** | 0,0000*** | 0,6947 | 0,0429** |
| **Probit Regression** | | | | |
| Koeffizient | 0,2287 | -3,0534 | -0,8374 | 0,0055 |
| Z-Statistik | 6,5387 | -8,8236 | -2,1864 | 1,0996 |
| p-Wert (Z-Statistik) | 0,0000*** | 0,0000*** | 0,0288** | 0,2715 |
| LR-Statistik | 74,1028 | 79,6253 | 3,3462 | 1,7421 |
| p-Wert (LR-Statistik) | 0,0000*** | 0,0000*** | 0,0674* | 0,1869 |
| McFadden $R^2$ | 0,0789 | 0,0848 | 0,0044 | 0,0021 |

**Tabelle 48: Ergebnisse der empirischen Untersuchungen beim Pro-forma-EPS-Ausweis bezüglich der finanziellen Stabilität**

*\*\*\* (\*\*/\*) deutet auf eine Signifikanz zum 1%- (5%-/10%-) Niveau hin.*

Für den Verschuldungsgrad, die Eigenkapitalquote und den Liquiditätsgrad ergeben sich die erwarteten Vorzeichen für die Differenzen der Mittelwerte. Tabelle 48 zeigt, dass Unternehmen mit einem Ausweis von Pro-forma-EPS statistisch wie auch ökonomisch signifikant höhere Verschuldungsgrade bzw. geringere Eigenkapitalquoten aufweisen als Vergleichsunternehmen und eine längeren Zeitraum benötigen, um das aufgenommene Fremdkapital aus den generierten Cashflows zurückzuzahlen. Diese Unternehmen haben demzufolge zusätzliche Anreize, Pro-forma-Ergebnisse auszuweisen und durch das vorrangige Herausrechnen von Aufwendungen eine positivere Darstellung der Ertrags- bzw. Ergebniskraft sowie einen verbesserten Zugang zur Kreditfinanzierung zu erreichen sowie ggf. Rating-Analysten zu beeinflussen. Dies erscheint umso wichtiger, als die vorangehenden Ergebnisse gezeigt haben, dass diese Unternehmen eine schlechtere Aktienmarktperformance aufweisen und sich demzufolge

auch größeren Schwierigkeiten bei einer alternativen Eigenkapitalbeschaffung gegenüberse-
hen. Verstärkt werden diese Anreize zum Angebot von Pro-forma-EPS durch den statistisch
leicht signifikanten (10% Niveau), geringeren Zufluss liquider Mittel (LIQ) bei diesen Unternehmen im Vergleich zu Unternehmen ohne Ausweis von Pro-forma-EPS. Lediglich bei der
Cashflowkraft scheinen Pro-forma-EPS-Unternehmen stärker zu sein. Allerdings sind diese
Ergebnisse nicht signifikant.

### 4.4.5.5 Unterschiede bei der Rentabilität

Entsprechend den Ergebnissen aus Tabelle 43 sind jene DAX30- und MDAX-Unternehmen
mit einem Ausweis von Pro-forma-EPS hinsichtlich Bilanzsumme, Umsatz und Anlagevermögen deutlich größer sind als die Vergleichsunternehmen ohne Ausweis von Pro-forma-
EPS. Allerdings erzielen diese Unternehmen nur knapp höhere operative Ergebnisse. Es ist
davon auszugehen, dass die Unternehmen mit einem Pro-forma-EPS-Ausweis weniger profitabel hinsichtlich Umsatzrendite, Gesamtkapitalrendite und Investitionsrendite sind wie die
Vergleichsunternehmen.

| | RoE | RoS | RoI | RoA |
|---|---|---|---|---|
| **Mittelwert der Differenz** | -0,0163 | -0,2108 | -0,0271 | -0,0164 |
| **Zwei-Stichproben-T-Test** | | | | |
| T-Statistik | -2,0095 | -3,8073 | -4,9128 | -5,1233 |
| p-Wert | 0,0449** | 0,0002*** | 0,0000*** | 0,0000*** |
| **ANOVA-F-Test** | | | | |
| F-Statistik | 4,0381 | 14,4956 | 24,1352 | 26,2480 |
| p-Wert | 0,0449** | 0,0002*** | 0,0000*** | 0,0000*** |
| **Wilcoxon-Test** | | | | |
| Z-Statistik | 1,4745 | 4,0010 | 6,4084 | 5,2839 |
| p-Wert | 0,1403 | 0,0001*** | 0,0000*** | 0,0000*** |
| **Probit Regression** | | | | |
| Koeffizient | -0,9517 | -0,6499 | -3,5625 | -6,6700 |
| Z-Statistik | -2,1136 | -4,4037 | -4,4057 | -4,9657 |
| p-Wert (Z-Statistik) | 0,0345** | 0,0000*** | 0,0000*** | 0,0000*** |
| LR-Statistik | 4,0608 | 23,5910 | 26,9859 | 27,8776 |
| p-Wert (LR-Statistik) | 0,0439** | 0,0000*** | 0,0000*** | 0,0000*** |
| McFadden R² | 0,0044 | 0,0276 | 0,0254 | 0,0297 |

Tabelle 49: Ergebnisse der empirischen Untersuchungen beim Pro-forma-EPS-Ausweis bezüglich der
Rentabilität

*** (**/*) deutet auf eine Signifikanz zum 1%- (5%-/10%-) Niveau hin.

Die empirischen Untersuchungsergebnisse aus Tabelle 49 zeigen, dass eine geringere Profitabilität auch für die deutschen DAX30- und MDAX-Unternehmen ein wichtiges Motiv für das
Angebot der Pro-forma-EPS durch die Unternehmen darstellt. Unternehmen mit einem Ausweis von Pro-forma-EPS sind weniger profitabel als Vergleichsunternehmen ohne Ausweis

von Pro-forma-EPS. Bezüglich der Umsatzrendite (RoS), der Investitionsrendite (RoI) und der Gesamtkapitalrendite (RoA) können diese Unterschiede auch als statistisch gesichert angesehen werden. Für die Eigenkapitalrendite (RoE) fallen sowohl der T-Test als auch die Probit-Regression auf dem 5%-Niveau statistisch signifikant aus. Die Untersuchungsergebnisse sind mit den vorangehenden Untersuchungen konsistent, wonach diese Unternehmen auch eine schlechtere Aktienkursentwicklung aufweisen als Vergleichsunternehmen.

### 4.4.5.6 Unterschiede bei der Vermögensstruktur

Die Vergleiche der Mittelwerte der Kennzahlen zur Vermögensstruktur in Tabelle 50 zeigen, dass Unternehmen mit einem Ausweis von Pro-forma-EPS überdurchschnittlich kapitalintensiv (geringeres Investitionsverhältnis) wirtschaften, dabei das eingesetzte Kapital weniger effizient einsetzen (geringerer Anlagevermögensumschlag) und das Anlagevermögen weniger stark durch Eigenkapital bzw. langfristiges Fremdkapital (geringere Deckungsgrade I und II) finanzieren. Dieser Zusammenhang kann bezüglich dem Investitionsverhältnis, dem Anlagevermögensumschlag und den Deckungsgraden I bzw. II auch als statistisch gesichert angesehen werden. Da der Kapitalumschlag ebenso wie der Umschlag des Anlagevermögens nur statistisch schwach zur Erklärung des Ausweises der Pro-forma-EPS ausfällt, wird zu einem gewissen Umfang durch die Zugehörigkeit einzelner Unternehmen zu bestimmten Industriezweigen bestimmt.[433] Die Anlageintensität bei Unternehmen mit einem Ausweis von Pro-forma-EPS kann nicht auf ein erwartetes Umsatzwachstum oder Investitionen zur Schaffung strategischer Optionen erklärt werden. Der geringere Umschlag des Anlagevermögens verdeutlicht, dass diese Unternehmen auch eine ineffizientere langfristige Investitionspolitik verfolgen.

Zusätzlich scheinen Unternehmen mit dem Ausweis von Pro-forma-EPS im stärkeren Maße eine riskantere Finanzierungspolitik zu betreiben. Zusätzlich zu einer höheren Verschuldung greifen diese Unternehmen im stärkeren Maße auf kurzfristige Finanzierungsinstrumente zur Finanzierung des Anlagevermögens zurück, während im Allgemeinen eine möglichst langfristige Finanzierung des Anlagevermögens, d.h. durch Eigenkapital und langfristiges Fremdkapital, gefordert wird. Deutlich wird dies in den statistisch signifikant geringeren Deckungsgraden I und II. Pro-forma-EPS können von diesen Unternehmen demzufolge genutzt werden, um Risiken aus Finanzierungslücken gering erscheinen zu lassen sowie mögliche Anfälligkei-

---

433 Vgl. Soliman (2004).

ten des Geschäftssystems gegenüber steigenden Zinsbelastungen und Finanzierungslücken als weniger relevant darzustellen.

| | AV_BS | UV_AV | Kapital_U | AV_U | DGI | DGII |
|---|---|---|---|---|---|---|
| **Mittelwert der Differenz** | -0,0029 | -1,9656 | 0,0075 | -1,3298 | -2,8507 | -3,1975 |
| **Zwei-Stichproben-T-Test** | | | | | | |
| T-Statistik | -0,2646 | -2,5677 | 0,5911 | -1,9279 | -4,4408 | -3,7615 |
| p-Wert | 0,7914 | 0,0105** | 0,5547 | 0,0543* | 0,0000*** | 0,0002*** |
| **ANOVA-F-Test** | | | | | | |
| F-Statistik | 0,0700 | 6,5930 | 0,3494 | 3,7168 | 19,7204 | 14,1487 |
| p-Wert | 0,7914 | 0,0105** | 0,5547 | 0,0543* | 0,0000*** | 0,0002*** |
| **Wilcoxon-Test** | | | | | | |
| Z-Statistik | -0,9627 | -2,5063 | 0,7481 | -1,8862 | -5,3856 | -2,7579 |
| p-Wert | 0,3357 | 0,0122** | 0,4544 | 0,0593* | 0,0000*** | 0,0058*** |
| **Probit Regression** | | | | | | |
| Koeffizient | -0,0990 | -0,0208 | 0,1709 | -0,0214 | -0,1845 | -0,0606 |
| Z-Statistik | -0,2863 | -3,6919 | 0,5787 | -2,9008 | -4,9038 | -4,6139 |
| p-Wert (Z-Statistik) | 0,7746 | 0,0002*** | 0,5628 | 0,0037*** | 0,0000*** | 0,0000*** |
| LR-Statistik | 0,0724 | 8,7066 | 0,3461 | 5,4395 | 45,8927 | 25,3927 |
| p-Wert (LR-Statistik) | 0,7879 | 0,0032*** | 0,5563 | 0,0197** | 0,0000*** | 0,0000*** |
| McFadden R² | 0,0001 | 0,0100 | 0,0004 | 0,0063 | 0,0530 | 0,0314 |

**Tabelle 50: Ergebnisse der empirischen Untersuchungen beim Pro-forma-EPS-Ausweis bezüglich der Vermögensstruktur**

*** (**/*) deutet auf eine Signifikanz zum 1%- (5%-/10%-) Niveau hin.

Insgesamt stimmen diese Ergebnisse sowohl mit den dargestellten Überlegungen der Agency-Theorie, wonach Manager Entscheidungsspielräume nutzen, um aus ihrer Sicht - aber nicht notwendigerweise aus Unternehmenssicht - optimale Investitions- und Finanzierungsstrategien zu verfolgen, als auch mit den vorangehenden Untersuchungen überein, wonach Unternehmen mit einem Pro-forma-EPS-Ausweis geringere Investitionsrenditen und eine geringere finanzielle Stabilität aufweisen als Vergleichsunternehmen ohne Ausweis von Pro-forma-EPS. In Verbindung mit einem höheren Fixkostenremanenzrisiko sowie dem ineffizienten Einsatz des Anlagevermögens soll die Veröffentlichung von Pro-forma-EPS durch die Unternehmen dazu dienen, die zugehörigen Unternehmensrisiken geringer erscheinen zu lassen.

4.4.5.7 Multivariate Untersuchungen zum Ausweis von Pro-forma-EPS

Im Unterschied zu Unternehmen mit einem Ausweis von EBITDA sind sowohl eine Nachfrage als auch vielfältigere Motive für ein Angebot von Pro-forma-EPS zu erkennen. Charakteristisch sind die Nachfrage nach Pro-forma-Ergebnissen durch Finanzanalysten bei größeren Unternehmen *(Size* und *Umsatz)* als auch das Angebot von Pro-forma-EPS auf Grund hoher Belastungen auf Grund einer aggressiveren Akquisitionspolitik *(GWKUM_EK)*, einer geringeren Profitabilität *(RoA)*, geringeren finanziellen Stabilität *(EKQ)* sowie ineffizienteren Kapitalverwendung *(DGI)*.[434] Nachfolgend wird untersucht, ob diese ausgewählten Kennzahlen und somit die Erklärungsansätze auch in multivariaten Probit-Regressionen der Form

$$Dummy_{EPS} = \alpha_0 + \alpha_1 \cdot Size + \alpha_2 \cdot Umsatz + \alpha_3 \cdot GWKUM\_EK$$
$$+ \alpha_4 \cdot RoA + \alpha_5 \cdot EKQ + \alpha_6 \cdot DGI \tag{5}$$

einen signifikanten Erklärungsbeitrag zum Ausweis von Pro-forma-EPS leisten. Tabelle 51 zeigt, dass Marktkapitalisierung und Umsatz so hoch miteinander korreliert sind, dass beide Kennzahlen nicht gleichzeitig in ein Regressionsmodell aufgenommen werden. Das Gleiche gilt für den Deckungsgrad I und die Eigenkapitalquote.

Die Ergebnisse der multivariaten Probit-Regressionen (5) aus Tabelle 52 bestätigen die oben dargestellten univariaten Untersuchungen und sind alle auf dem 1%-Niveau statistisch signifikant.[435] Die McFadden-$R^2$-Werte sind deutlich höher als in den univariaten Regressionen; gleichfalls kommen die Korrelationsbeziehungen aus Tabelle 51 deutlich zum Ausdruck. Die in allen Fällen statistisch signifikant positiven Regressionskoeffizienten für die logarithmierte Marktkapitalisierung sowie den logarithmierten Umsatz reflektieren die Nachfrage nach Pro-forma-EPS bei großen Unternehmen durch Finanzanalysten. Das Angebot an Pro-forma-EPS kommt dagegen in den signifikanten positiven Regressionskoeffizienten für die kumulierten Goodwill-Abschreibungen im Verhältnis zum bilanziellen Eigenkapital sowie den negativen Korrelationskoeffizienten für die Eigenkapitalquote und für den Deckungsgrad I (beide mehr-

---

434 Hinsichtlich des Angebots wird auf das *Analystencoverage* als Variable verzichtet, da dieses zu 75 – 80% mit *Size* und *Umsatz* korreliert ist. Um einerseits die Interpretation der Ergebnisse zu ermöglichen und andererseits singuläre Varianz-Kovarianz-Matrizen bei den Probit-Regressionen zu vermeiden, wird die Anzahl der unabhängigen Variablen beschränkt. Es werden die Unternehmenskennzahlen als unabhängige Variablen in die multivariate Untersuchung übernommen, die bei allen univariaten Analysen auf dem 1%-Niveau signifikant sind. Sollte dies für mehr als eine Kennzahl je Untersuchungsgruppe zutreffen, wird jene Kennzahl in die multivariate Probit-Regression aufgenommen, die univariat den höchsten McFadden-$R^2$-Wert aufweist.

435 Mit der Präsenz der Marktkapitalisierung in den Probit-Regressionen sind die unabhängigen Variablen *RoA*, *EKQ* und *DGI* weniger stark statistisch signifikant wie bei der Präsenz des *Umsatzes*.

heitlich signifikant) zum Ausdruck.[436] Durch das Angebot von Pro-forma-EPS können diese Unternehmen überproportional verbesserte Ergebnisse je Aktie ausweisen, da überdurchschnittliche ergebniswirksame Belastungen aus einer aggressiveren Akquisitionspolitik und höhere ergebniswirksame Zinsaufwendungen herausgerechnet oder durch andere Ausschlüsse gemildert werden können. Zusätzlich kann dadurch die Transparenz über Finanzierungsrisiken oder eine geringere Kapitaleffizienz gemindert werden.

| | SIZE | UMSATZ | GWKUM_EK | ROA | EKQ | DGI |
|---|---|---|---|---|---|---|
| **SIZE** | | | | | | |
| Korrelationskoeffizient | 1,0000 | 0,8087 | 0,1290 | -0,0145 | -0,0974 | -0,0612 |
| einseitige Signifikanz | - | 0,0000*** | 0,1334 | 0,3529 | 0,0057*** | 0,0636* |
| | | | | | | |
| **UMSATZ** | | | | | | |
| Korrelationskoeffizient | | 1,0000 | 0,2167 | -0,2486 | -0,1929 | -0,0378 |
| einseitige Signifikanz | | - | 0,0179** | 0,0000*** | 0,0000*** | 0,1681 |
| | | | | | | |
| **GWKUM_EK** | | | | | | |
| Korrelationskoeffizient | | | 1,0000 | -0,3257 | -0,2588 | -0,1320 |
| einseitige Signifikanz | | | - | 0,0007*** | 0,0059*** | 0,1036 |
| | | | | | | |
| **ROA** | | | | | | |
| Korrelationskoeffizient | | | | 1,0000 | 0,2252 | 0,0854 |
| einseitige Signifikanz | | | | - | 0,0000*** | 0,0152** |
| | | | | | | |
| **EKQ** | | | | | | |
| Korrelationskoeffizient | | | | | 1,0000 | 0,7577 |
| einseitige Signifikanz | | | | | - | 0,0000*** |
| | | | | | | |
| **DGI** | | | | | | |
| Korrelationskoeffizient | | | | | | 1,0000 |
| einseitige Signifikanz | | | | | | - |

**Tabelle 51: Bravais-Pearson-Korrelationskoeffizienten für die Variablen der multivariaten Untersuchung beim Pro-forma-EPS-Ausweis**

*** (**/*) deutet auf eine Signifikanz zum 1%- (5%-/10%-) Niveau hin.

Im Widerspruch zu den vorangehenden Untersuchungen steht lediglich die Vorzeichenumkehr bei der Gesamtkapitalrendite. Dies kann auf die signifikanten negativen Korrelationen von *RoA* mit den kumulierten Goodwill-Abschreibungen im Verhältnis zum Eigenkapital sowie zum Umsatz zurückgeführt werden. Ausschlaggebend ist dabei, dass die univariat festgestellten geringeren Gesamtkapitalrenditen von Unternehmen mit einem Ausweis von Pro-

---

[436] Die teilweise fehlende multivariate Signifikanz des *DGI* kann darauf zurückgeführt werden, dass die der Berechnung von *DGI* zugrunde liegenden Kennzahlen *Anlagevermögen* und *Eigenkapital* bereits in die Berechnung von *RoA* sowie *GWKUM_EK* eingehen.

forma-EPS vor allem auf die unzureichende Verzinsung des zugekauften Goodwills und damit dessen Abschreibung sowie auch unterdurchschnittliche Umsatzrenditen zurückzuführen sind. Diese Effekte werden aber bereits durch *GWKUM_EK* und *Umsatz* aufgefangen, so dass der *RoA* nur noch Residualeffekte reflektiert.

Insgesamt kann es somit als gesichert angesehen werden, dass Unternehmen mit dem Ausweis von Pro-forma-EPS größer sind, eine aggressivere Akquisitionspolitik betrieben haben sowie weniger profitabel und finanziell instabiler sind und eine ineffizientere Kapitalverwendung aufweisen. Somit sind sowohl die Nachfrage durch Analysten als auch das selbständige Angebot der Unternehmen für die Berichterstattung von Pro-forma-EPS verantwortlich. Unternehmen versuchen mit dem Angebot von Pro-forma-Ergebnissen, die Ertragslage durch das Herausrechnen von materiellen Aufwendungen besser darzustellen. Die Nachfrage nach Proforma-EPS muss demgegenüber erfüllt werden, um die Akzeptanz bei den Analysten und institutionellen Investoren sowie die ggf. hohen Kapitalmarktbewertungen aufrechtzuerhalten.

| | $\alpha_0$ | SIZE | UMSATZ | GWKUM_EK | ROA | EKQ | DGI | LR-Statistik / p-Wert / McFadden $R^2$ |
|---|---|---|---|---|---|---|---|---|
| Koeff. | -2,7718 | 0,2442 | | 0,0038 | | | | 17,0365 |
| Z-Statistik | -2,8928 | 2,2594 | | 2,3057 | | | | 0,0002*** |
| p-Wert | 0,0038*** | 0,0239** | | 0,0211** | | | | 0,1658 |
| Koeff. | -2,9513 | 0,2508 | | 0,0041 | 2,2138 | | | 17,4724 |
| Z-Statistik | -2,8999 | 2,2948 | | 2,5017 | 0,7950 | | | 0,0006*** |
| p-Wert | 0,0037*** | 0,0217** | | 0,0124** | 0,4266 | | | 0,1700 |
| Koeff. | -2,1436 | 0,2380 | | 0,0032 | | -1,4999 | | 18,5652 |
| Z-Statistik | -1,9417 | 2,2128 | | 1,9446 | | -1,3816 | | 0,0003*** |
| p-Wert | 0,0522* | 0,0269** | | 0,0518* | | 0,1671 | | 0,1807 |
| Koeff. | -2,5625 | 0,2319 | | 0,0037 | | | -0,0448 | 16,6776 |
| Z-Statistik | -2,6001 | 2,1409 | | 2,2417 | | | -0,8870 | 0,0008*** |
| p-Wert | 0,0093*** | 0,0323** | | 0,0250** | | | 0,3751 | 0,1640 |
| Koeff. | -2,1655 | 0,2506 | | 0,0038 | 6,0926 | -2,6703 | | 20,8449 |
| Z-Statistik | -2,0135 | 2,3426 | | 2,2622 | 1,8501 | -2,2577 | | 0,0003*** |
| p-Wert | 0,0441** | 0,0191** | | 0,0237** | 0,0643* | 0,0240** | | 0,2028 |
| Koeff. | -2,7235 | 0,2375 | | 0,0040 | 3,1124 | | -0,0780 | 17,4333 |
| Z-Statistik | -2,6595 | 2,1950 | | 2,4910 | 1,0696 | | -0,9879 | 0,0016*** |
| p-Wert | 0,0078*** | 0,0282** | | 0,0127** | 0,2848 | | 0,3232 | 0,1714 |
| Koeff. | -2,7996 | | 0,2593 | 0,0040 | | | | 23,7741 |
| Z-Statistik | -4,0381 | | 2,9167 | 2,5836 | | | | 0,0000*** |
| p-Wert | 0,0001*** | | 0,0035*** | 0,0098*** | | | | 0,1900 |
| Koeff. | -3,5574 | | 0,3233 | 0,0047 | 4,6504 | | | 25,7772 |
| Z-Statistik | -3,9603 | | 3,1521 | 2,7968 | 1,6865 | | | 0,0000*** |
| p-Wert | 0,0001*** | | 0,0016*** | 0,0052*** | 0,0917* | | | 0,2060 |
| Koeff. | -2,3181 | | 0,2445 | 0,0035 | | -0,8569 | | 25,6522 |
| Z-Statistik | -3,1361 | | 2,7257 | 2,3740 | | -1,9045 | | 0,0000*** |
| p-Wert | 0,0017*** | | 0,0064*** | 0,0176** | | 0,0568* | | 0,2050 |
| Koeff. | -2,7013 | | 0,2656 | 0,0036 | | | -0,0380 | 25,6188 |
| Z-Statistik | -3,8006 | | 2,9093 | 2,4539 | | | -3,0445 | 0,0000*** |
| p-Wert | 0,0001*** | | 0,0036*** | 0,0141** | | | 0,0023*** | 0,2064 |
| Koeff. | -2,9569 | | 0,3054 | 0,0043 | 5,6940 | -1,2662 | | 28,4015 |
| Z-Statistik | -2,8967 | | 2,8680 | 2,5756 | 2,0403 | -1,7923 | | 0,0000*** |
| p-Wert | 0,0038*** | | 0,0041*** | 0,0100*** | 0,0413** | 0,0731* | | 0,2270 |
| Koeff. | -3,4137 | | 0,3264 | 0,0044 | 4,9929 | | -0,0557 | 27,7897 |
| Z-Statistik | -3,7338 | | 3,1056 | 2,6898 | 1,8065 | | -1,7212 | 0,0000*** |
| p-Wert | 0,0002*** | | 0,0019*** | 0,0071*** | 0,0708* | | 0,0852* | 0,2239 |

**Tabelle 52: Ergebnisse der Regressionskoeffizienten der multivariaten Probit-Regressionen gemäß (5) beim Pro-forma-EPS-Ausweis**

*** (**/*) deutet auf eine Signifikanz zum 1%- (5%-/10%-) Niveau hin.

### 4.4.6 Faktor- und Diskriminanzanalytische Untersuchungen zum Ausweis von Pro-forma-Ergebnissen

#### 4.4.6.1 Faktoranalytische Untersuchung der Wirkungszusammenhänge der unabhängigen Unternehmenskennzahlen

Das Ziel der linearen Faktoranalyse ist die Offenlegung der statistischen Wirkungszusammenhänge zwischen den Unternehmenskennzahlen. Insbesondere sollen redundante Unternehmenskennzahlen entfernt und die verbleibenden unabhängigen Variablen einer geringen Anzahl von statistisch wie auch ökonomisch erklärbaren Faktoren zugeordnet werden, wobei die Faktoranalyse keine Verteilungsannahmen voraussetzt.[437] Die Faktoren ergeben sich dabei als Linearkombination der Unternehmenskennzahlen. Somit wird der betriebswirtschaftliche Ausgangspunkt der vorangehenden uni- und multivariaten Untersuchungen durch den statistischen Ansatz der Faktoranalyse ergänzt.

| Faktorenanzahl | Eigenwert[438] | Erklärte Varianz je Faktor, % | Kumulierte Varianz, % |
|---|---|---|---|
| 1 | 10,92734 | 30,4 | 30,4 |
| 2 | 5,65531 | 15,7 | 46,1 |
| 3 | 4,12288 | 11,5 | 57,6 |
| 4 | 2,88958 | 8,0 | 65,6 |
| 5 | 2,17005 | 6,0 | 71,6 |
| 6 | 1,74320 | 4,8 | 76,4 |
| 7 | 1,34617 | 3,7 | 80,2 |
| 8 | 1,14261 | 3,2 | 83,3 |

**Tabelle 53: Faktoranalyse der Unternehmenskennzahlen und Darstellung der Faktoren mit ihren Eigenwerten > 1 (Kaiser-Kriterium)**

Ausgangsbasis der Faktoranalyse ist die Überlegung, wonach die Varianz jeder Variable vollständig erklärt werden kann, wenn die Anzahl der Faktoren genau der Anzahl der Variablen entspricht; in diesem Fall entsprechen die Kommunalitäten der Variablen Eins. Ziel der Faktoranalyse ist jedoch eine deutliche Reduktion der Anzahl der Faktoren. Um dennoch einen möglichst großen Anteil der Varianz der Unternehmenskennzahlen erklären zu können, wer-

---

[437] Die Tests (Bartlett-Test, Kaiser-Meyer-Olkin-Kriterium sowie der MSA „measure of sampling adequacy" für die Variablen der Anti-Image-Korrelations-Matrix und die Auswertung der Anti-Image-Kovarianz-Matrix) zur Eignung der Ausgangsdaten für faktoranalytische Zwecke fallen zufriedenstellend aus.

[438] Summiert man die quadrierten Faktorladungen eines Faktors über alle Variablen auf, so erhält man den Teil der Gesamtvarianz aller Variablen, der durch diesen Faktor erklärt wird. In der unrotierten Lösung einer Hauptkomponentenanalyse entspricht dieser Anteil dem Eigenwert des Faktors.

den nur die Faktoren extrahiert, die mehr Varianz als die Eigenvarianz erklären, d.h. deren Eigenwert entsprechend dem so genannten Kaiser-Kriterium größer Eins ist.[439] Im Unterschied zur betriebswirtschaftlichen Gruppierung der Unternehmenskennzahlen in sechs Gruppen ergeben sich bei einer Hauptkomponentenanalyse in Verbindung mit der Anwendung des Kaiser-Kriteriums acht Faktoren,[440] die insgesamt 83,3% der Gesamtvarianz der Unternehmenskennzahlen erklären. Die Ergebnisse sind in Tabelle 53 zusammengefasst.

Die Faktoren werden aus den Kennzahlen gebildet, die einen möglichst hohen Varianzanteil erklären, d.h. eine hohe Kommunalität aufweisen.[441] In Tabelle 54 erfolgt eine Darstellung der Kommunalitäten.

---

[439] Vgl. Backhaus/Erichson/Plinke/Weiber (2003), S. 295.

[440] Die Hauptkomponentenanalyse verfolgt das Ziel, die Varianz der zugrunde liegenden Variablen durch eine möglichst geringe Anzahl von Faktoren, den Hauptkomponenten, zu extrahieren. Sie wird gegenüber der Hauptachsenanalyse gewählt, da keine spezifische Hypothese über die Größenordnung der Kommunalitäten vorliegt und sie eine mathematisch exakte und methodisch nachvollziehbare Zerlegung der gesamten Varianz aller Indikatoren über eine Eigenwert-Analyse der Korrelationsmatrix darstellt. Die Hauptkomponenten werden ausschließlich nach dem formalen Kriterium der Maximierung der Eigenwerte der Faktoren gebildet. Werden weniger Faktoren als Variablen extrahiert, so ergeben sich auch bei der Hauptkomponentenanalyse im Ergebnis Kommunalitätenwerte von kleiner 1, wobei der nicht erklärte Varianzanteil jedoch nicht als Einzelrestvarianz, sondern als durch die Faktoren nicht reproduzierter Varianzanteil und damit als bewusst in Kauf genommener Informationsverlust deklariert wird. Die Begründung für die Verwendung des Kaiser-Kriteriums liegt darin, dass ein Faktor, dessen Varianzerklärungsanteil über alle Variablen kleiner als eins ist, weniger Varianz erklärt als eine einzelne Variable, da die Varianz einer standardisierten Variable ja gerade 1 beträgt, vgl. auch Backhaus/Erichson/Plinke/Weiber (2003), S. 289 ff., Litz (2000), S. 285.

[441] Die Kommunalität beschreibt den Varianzanteil, der durch die Summe der quadrierten Ladungen aller Faktoren im Hinblick auf eine Variable erklärt werden kann, während der Eigenwert den Erklärungsanteil eines Faktors im Hinblick auf die Varianz aller Variablen beschreibt, vgl. Backhaus/Erichson/Plinke/Weiber (2003), S. 295.

| Kennzahl | Abkürzung | Kommunalitäten |
|---|---|---|
| **1. Bewertung durch den Kapitalmarkt** | | |
| Marktkapitalisierung | Size | 0,94760 |
| Analystencoverage | Analysten | 0,77974 |
| Streubesitz | Streubesitz | 0,59703 |
| Aktienrendite | Rendite | 0,45989 |
| Kurs-Gewinn-Verhältnis | KGV | 0,37731 |
| Buchwert-Marktwert-Verhältnis | BWMW | 0,74508 |
| **2. Fundamentale Unternehmensdaten** | | |
| Bilanzsumme | BS | 0,97215 |
| Anlagevermögen | AV | 0,96291 |
| Umsatz | Umsatz | 0,95652 |
| Operatives Ergebnis | OP_Income | 0,67221 |
| **3. Akquisitionstätigkeit** | | |
| Anschaffungskosten des Goodwills | GWAHK | 0,93272 |
| Kumulierte Goodwillwertberichtigungen | GWKUM | 0,92258 |
| Restbuchwert des Goodwills | GWRBW | 0,90383 |
| Goodwill AHK in Relation zum Eigenkapital | GWAHK_EK | 0,92420 |
| Goodwill AHK in Relation zur Bilanzsumme | GWAHK_BS | 0,93264 |
| Goodwill AHK in Relation zum Umsatz | GWAHK_U | 0,94150 |
| Kumulierte Goodwillwertberichtigungen in Relation zum Eigenkapital | GWKUM_EK | 0,88266 |
| Kumulierte Goodwillwertberichtigungen in Relation zur Bilanzsumme | GWKUM_BS | 0,89158 |
| Kumulierte Goodwillwertberichtigungen in Relation zum Umsatz | GWKUM_U | 0,82400 |
| Restbuchwert des Goodwills in Relation zum Eigenkapital | GWRBW_EK | 0,87873 |
| Restbuchwert des Goodwills in Relation zur Bilanzsumme | GWRBW_BS | 0,88349 |
| Restbuchwert des Goodwills in Relation zum Umsatz | GWRBW_U | 0,93145 |
| **4. Finanzielle Stabilität sowie Kapitalstruktur/ Finanzierungsrisiko** | | |
| Verschuldungsgrad | VG | 0,87262 |
| Eigenkapitalquote | EKQ | 0,87168 |
| Liquiditätsgrad | LIQ | 0,54374 |
| Cashflowkraft | Cashflow | 0,45525 |
| **5. Rentabilität** | | |
| Eigenkapitalrendite | RoE | 0,88202 |
| Umsatzrendite | RoS | 0,86416 |
| Investitionsrendite | RoI | 0,96123 |
| Gesamtkapitalrendite | RoA | 0,91065 |
| **6A. Vermögensstruktur – Intensitätsgrade und Investitionsverhältnis** | | |
| Anlageintensität | AV_BS | 0,54058 |
| Investitionsverhältnis | UV_AV | 0,97944 |
| **6B. Vermögensstruktur – Umschlagskennzahlen** | | |
| Kapitalumschlag | Kapital_U | 0,91791 |
| Umschlag des Anlagevermögens | AV_U | 0,96416 |
| **6C. Vermögensstruktur – Deckungsgrade** | | |
| Anlagedeckungsgrad I | DGI | 0,98426 |
| Anlagedeckungsgrad II | DGII | 0,92962 |

**Tabelle 54: Kommunalitäten der Unternehmenskennzahlen aus der Faktoranalyse**

Um die Unterschiede zwischen der betriebswirtschaftlichen Gruppierung der Kennzahlen in sechs Gruppen und der statistischen Wirkung der Unternehmenskennzahlen über acht Faktoren einer betriebswirtschaftlichen Interpretation zugänglich zu machen, wird die Faktorenmatrix nach der orthogonalen Rotationsmethode Varimax rotiert.[442] Die Ergebnisse der Faktorrotation kommen in den Faktorladungen der Unternehmenskennzahlen in Tabelle 55 zum Ausdruck.[443] Die Faktorladung gibt die Zusammenhänge zwischen dem Faktor und den Ausgangsvariablen wieder. Im mathematisch-statistischen Sinne entsprechen Faktorladungen einem Korrelationskoeffizient zwischen Faktor und Variablen.[444]

---

442 Das Varimax-Rotationsverfahren, welches eine maximale Unterschiedlichkeit der Spalten der Faktorladungsmatrix herstellt, maximiert die Ladungen je Variable auf jeweils einem Faktor und minimiert die Ladungen dieser Variable auf den übrigen Faktoren. Dieses Verfahren liefert i.d.R. die am einfachsten zu interpretierenden Lösungen. Die Kommunalität der Variablen bleibt durch die Rotation unverändert, vgl. Litz (2000), S. 312 ff.

443 Die umgekehrten Vorzeichen für die Faktorladungen des Verschuldungsgrades sowie der Eigenkapitalquote sowie des Buchwert-Marktwert-Verhältnisses und der Aktienrendite sind betriebswirtschaftlich erklärbar. Ein hoher Verschuldungsgrad geht mit einer verhältnismäßigen geringen Eigenkapitalausstattung einher. Ebenso erhöhen positive Aktienrenditen den Marktwert des Eigenkapitals, weshalb das Buchwert-Marktwert-Verhältnis sinkt. Aus diesen Zusammenhängen ergeben sich die umgekehrten Vorzeichen.

444 Vgl. Backhaus/Erichson/Plinke/Weiber (2003), S. 278.

| Kennzahl | Faktor 1 | Faktor 2 | Faktor 3 | Faktor 4 | Faktor 5 | Faktor 6 | Faktor 7 | Faktor 8 |
|---|---|---|---|---|---|---|---|---|
| GWAHK_BS | 0,95665 | | | | | | | |
| GWRBW_BS | 0,92594 | | | | | | | |
| GWAHK_EK | 0,84837 | | | | | | | |
| GWRBW_EK | 0,80653 | | | | | | | |
| GWAHK_U | 0,80623 | | | | | | | |
| GWRBW_U | 0,75933 | | | | | | -0,57284 | |
| GWKUM_BS | 0,74487 | | | | | | | |
| GWKUM_EK | 0,70886 | | | | | | | |
| GWKUM_U | 0,67090 | | | -0,50603 | | | | |
| SIZE | | 0,93035 | | | | | | |
| UMSATZ | | 0,91916 | | | | | | |
| BS | | 0,90955 | | | | | | |
| AV | | 0,85666 | | | | | | |
| ANALYSTEN | | 0,85230 | | | | | | |
| GW_KUM | | 0,72279 | | | | | | |
| GW_AHK | 0,54877 | 0,71542 | | | | | | |
| GW_RBW | 0,57429 | 0,67613 | | | | | | |
| OP_INCOME | | 0,51651 | | | | | | 0,50237 |
| UV_AV | | | 0,97212 | | | | | |
| AV_U | | | 0,96455 | | | | | |
| DGI | | | 0,96203 | | | | | |
| ROI | | | 0,94281 | | | | | |
| DGII | | | 0,93397 | | | | | |
| KAPITAL_U | | | 0,70931 | | | | 0,57732 | |
| AV_BS | | | | | | | | |
| ROS | | | | 0,89513 | | | | |
| ROE | | | | 0,87446 | | | | |
| ROA | | | | 0,79964 | | | | |
| KGV | | | | | | | | |
| VG | | | | | 0,86743 | | | |
| EKQ | | | | | -0,72697 | | | |
| BWMW | | | | | | -0,79786 | | |
| RENDITE | | | | | | 0,59878 | | |
| STREUBSITZ | | | | | | | 0,73751 | |
| LIQ | | | | | | | | 0,50500 |
| CASHFLOW | | | | | | | | |

**Tabelle 55: Faktorladungen der rotierten Faktormatrix nach dem Varimax-Rotationsverfahren einer Faktoranalyse für alle untersuchten Unternehmenskennzahlen der DAX30 und MDAX-Unternehmen[445]**

Von den 36 ausgewählten Unternehmenskennzahlen üben 33 Kennzahlen einen signifikanten Einfluss auf die Faktoren aus; nur drei Kennzahlen, nämlich die Anlageintensität (*AV_BS*), das Kurs-Gewinn-Verhältnis (*KGV*) und die Cashflowkraft (*Cashflow*) erscheinen auf Grund ihrer geringen Faktorladung als redundant.[446] Hohe Korrelationen zu einzelnen anderen Unternehmenskennzahlen sind dafür nicht verantwortlich, wie Abbildung 11 verdeutlicht. Dafür ist die Berechnung der drei Unternehmenskennzahlen verantwortlich. Alle Kennzahlen wer-

---

445 Faktorladungen < |0,5| werden nicht gezeigt, vgl. Backhaus/Erichson/Plinke/Weiber (2003), S. 299.

446 Zusätzlich gehen vom operativen Ergebnis (*Op_Income*) und dem Liquiditätsgrad (*LIQ*) nur marginale unabhängige Informationen aus.

169

den als Quotienten berechnet, wobei Divisoren und/oder Dividenden der Anlageintensität *(schwarzer Graph)*, der Cashflowkraft *(dunkelgrauer Graph)* und des Kurs-Gewinn-Verhältnisses *(hellgrauer Graph)* bereits in andere Kennzahlen (z.B. Liquiditätsgrad, Aktienrenditen, Anlagevermögen und Bilanzsumme) eingehen. Diese drei Kennzahlen leisten keinen weiteren relevanten Erklärungsbeitrag zur Beschreibung der Varianz der Unternehmenskennzahlen und gehen daher auch nicht in die Diskriminanzanalyse ein.

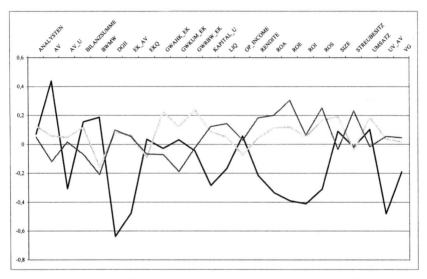

**Abbildung 11: Korrelationskoeffizienten der redundanten Kennzahlen mit den übrigen Kennzahlen**

Bei der Interpretation der Faktoren aus der Hauptkomponentenanalyse lautet die Frage, wie sich die auf einen Faktor hochladenden Variablen durch einen Sammelbegriff zusammenfassen lassen.[447] Sieben der acht Faktoren sind einer direkten betriebswirtschaftlichen Interpretation zugänglich: Faktor 1 beschreibt über die jeweiligen Verhältnisse des Goodwills zu Anschaffungskosten, den kumulierten Goodwillwertberichtigungen sowie dem Restbuchwert des Goodwills zur Bilanzsumme, zum Eigenkapital und zum Umsatz die Aggressivität der Akquisitionspolitik. Die logarithmierten Absolutwerte der Goodwill-Positionen Anschaffungskosten sowie Restbuchwert gehen ebenfalls in den ersten Faktor ein. Insofern stimmt der erste Faktor weitestgehend mit der dritten nach betriebswirtschaftlichen Kriterien gebildeten Untersuchungsgruppe aus Tabelle 23 überein und bringt das Angebot an Pro-forma-Ergebnissen vor

---

[447] Vgl. Backhaus/Erichson/Plinke/Weiber (2003), S. 293.

Goodwill-Abschreibungen zum Ausdruck. Der zweite Faktor reflektiert dagegen die Nachfrage nach Pro-forma-Ergebnissen durch Analysten bei großen Unternehmen; alle in den zweiten Faktor einfließenden Unternehmenskennzahlen beschreiben die absolute Größe der Unternehmen. Der dritte Faktor bewertet die Effektivität des Investitionsverhaltens bzw. der Kapitalverwendung der Unternehmen; sowohl die erreichte Verzinsung von Investitionen (*RoI*) als auch die Effizienz der Kapitalverwendung (*Kapital_U, AV_U*) sowie die Kapitalbindung anhand der Anlageintensität bzw. des Investitionsverhältnisses werden berücksichtigt. Zusätzlich fließt die Finanzierung der Investitionen über die Deckungsgrade in den dritten Faktor ein. Faktor 4 erfasst die Profitabilität bzw. Rentabilität der Unternehmen;[448] die finanzielle Stabilität eines Unternehmens wird im fünften Faktor zusammengefasst, während der sechste Faktor die relative Bewertung des Unternehmens durch den Kapitalmarkt anhand des größenunabhängigen Buchwert-Marktwert-Verhältnisses des Eigenkapitals sowie der Aktienrendite zusammenfasst. Der siebte Faktor fasst den Restbuchwert des Goodwills im Verhältnis zum Umsatz sowie den Kapitalumschlag zusammen. Der Restbuchwert des Goodwills erhöht die Bilanzsumme und wirkt c.p. hemmend auf den Kapitalumschlag.[449]

Lediglich der achte Faktor, bestehend aus dem operativen Ergebnis, dem Liquiditätsgrad und dem Streubesitz, der zugleich den geringsten Beitrag zur Erklärung der Varianz der Unternehmenskennzahlen leistet, ist nicht eindeutig interpretierbar. Offenbar ist dieser Faktor nur statistisch interpretierbar; insbesondere der Liquiditätsgrad *(schwarzer Graph)* und der Streubesitz *(grauer Graph)* sind gemäß Abbildung 12 mit den übrigen Kennzahlen vergleichsweise gering korreliert und erklären deshalb einen geringen Anteil der Restvarianz, die durch die anderen Kennzahlen bzw. Faktoren nicht erklärt werden können. Dabei ist zu berücksichtigen, dass der Eigenwert des achten Faktors mit ≈1,14 nur geringfügig größer als Eins ist, d.h. der achte Faktor erklärt einen Varianzanteil, der nur marginal höher ist als die Eigenvarianz der drei Kennzahlen. Auch die wechselseitige Korrelation des Liquiditätsgrades und des Streubesitzes fällt sowohl ökonomisch (Bravais-Pearson-Korrelationskoeffizient < 4%) als auch statistisch insignifikant (p-Wert des Bravais-Pearson-Korrelationskoeffizienten 22,6%) aus.

---

[448] Mit marginaler Bedeutung gehen zusätzlich die kumulierten Goodwillwertberichtigungen in Relation zum Umsatz ein.

[449] Dieser Faktor kann statistisch erklärt werden, da beide Kennzahlen ähnlich konstruiert werden und die Kennzahlen des siebten Faktors bezüglich *GWRBW_U* in den ersten Faktor und auch bezüglich *Kapital_U* in den dritten Faktor eingehen. Zudem fließt der Umsatz in beide zugrunde liegenden Kennzahlen als Dividend (*Kapital_U*) bzw. Divisor (*GWKUM_U*) ein. Dieser Faktor ist somit redundant.

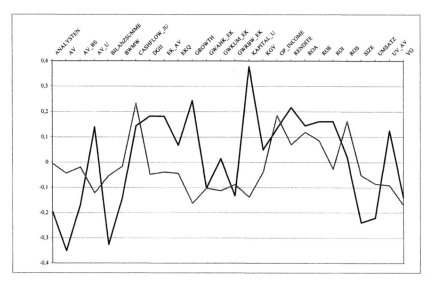

**Abbildung 12: Korrelationskoeffizienten des Liquiditätsgrades und Streubesitzes mit den übrigen Kennzahlen**

| | Streubesitz | Liq | OP_Income |
|---|---|---|---|
| **Streubesitz** | | | |
| Korrelationskoeffizient | 1,0000 | -0,0317 | 0,0455 |
| einseitige Signifikanz | - | 0,2261 | 0,0971* |
| | | | |
| **Liq** | | | |
| Korrelationskoeffizient | | 1,0000 | 0,0613 |
| einseitige Signifikanz | | - | 0,0729* |
| | | | |
| **Op_Income** | | | |
| Korrelationskoeffizient | | | 1,0000 |
| einseitige Signifikanz | | | - |

**Tabelle 56: Bravais-Pearson-Korrelationskoeffizienten für die Kennzahlen des achten Faktors**

*** (**/*) deutet auf eine Signifikanz zum 1%- (5%-/10%-) Niveau hin.*

### 4.4.6.2 Untersuchung der Anwendungsvoraussetzungen für die Diskriminanzanalyse

#### 4.4.6.2.1 Kriterien der Anwendungsvoraussetzungen der Diskriminanzanalyse

Vor der Ermittlung der Diskriminanzfunktion sind lediglich die Gruppenzugehörigkeiten und die unabhängigen Merkmalsvariablen bekannt. Die Diskriminanzanalyse erfordert die Erfüllung einiger Anwendungsvoraussetzungen. Die abhängige Variable, also die Kennzeichnung, ob ein Pro-forma-Ergebnis ausgewiesen wird oder nicht, muss nominal skaliert sein; die unabhängigen Variablen müssen metrisch skaliert sein.[450] Diese Voraussetzung gilt als erfüllt. Weiteren Voraussetzungen stellen die multivariate Normalverteilung, die Trennfähigkeit und Unabhängigkeit der Variablen sowie die Gleichheit der Varianz-Kovarianz-Matrizen dar.

### 4.4.6.2.2 Untersuchung der Normalverteilung

Der Test auf Normalverteilung steht am Anfang der Untersuchung, da die Normalverteilung nicht nur Voraussetzung für die lineare Diskriminanzanalyse sondern auch für die vorgehenden Tests (z.b. T-Test) darstellt. Dabei wird die univariate Normalverteilung untersucht, obwohl die Diskriminanzanalyse die multivariate Normalverteilung voraussetzt. Dies erfolgt deshalb, da bei nicht bestätigter univariater Normalverteilung auf eine nicht vorhandene multivariate Normalverteilung geschlossen werden muss. Dies wird mit dem Kolmogorov-Smirnov-Anpassungstest als verteilungsunabhängigem Test durchgeführt.[451] Vor Durchführung des Tests werden die Null- und die Alternativhypothese formuliert:

*H₀: Die Unternehmenskennzahlenverteilungen der Stichprobe stammen aus einer univariat normalverteilten Grundgesamtheit.*

*H₁: Die Unternehmenskennzahlenverteilungen der Stichprobe stammen nicht aus einer univariat normalverteilten Grundgesamtheit.*

Die Kolmogorov-Smirnov-Anpassungstests zeigen, dass die Unternehmenskennzahlen mit Ausnahme der Goodwill-Kennzahlen überwiegend nicht normalverteilt sind.[452] Das Ergebnis der Überprüfung auf Normalverteilung überrascht nicht, da in bisherigen Arbeiten, die die Normalverteilung von Unternehmenskennzahlen untersuchten, diese ebenfalls nicht festgestellt werden konnte.[453] Dies bedeutet, dass mittels des Verfahrens der Diskriminanzanalyse eine optimale Gruppentrennung nicht möglich ist. Allerdings hat sich die Diskriminanzanaly-

---

[450] Vgl. Litz (2000), S. 351.

[451] Der beobachtete Mittelwert, die Standardabweichung und der Stichprobenumfang werden benutzt, um eine hypothetische Normalverteilung, die auf diesen Parametern basiert, zu generieren. Es erfolgt die Berechnung einer maximalen Abweichung zwischen der beobachteten und der hypothetischen (normalverteilten) Verteilung. Ist die tatsächliche Abweichung größer als die errechnete maximale Abweichung, dann wird die Normalverteilung abgelehnt.

[452] Die Untersuchung der Normalverteilung aller Unternehmensvariablen ist im Anhang abgebildet.

[453] Vgl. Deakin (1976), S. 91 ff., Gebhardt (1980), S. 190 ff., Niehaus (1987), S. 92, Pytlik (1995), S. 240 f., Schönbrodt (1981), S. 93 f.

se gegenüber der Verletzung der Normalverteilungsannahme als relativ robust erwiesen und soll daher auch in dieser Arbeit eingesetzt werden.[454]

### 4.4.6.2.3 Untersuchung der Trennfähigkeit

Die Überprüfung der Trennfähigkeit der Variablen gibt Aufschluss darüber, ob die Variablen für alle Beobachtungszeitpunkte und die beiden Gruppen hinweg gleichgerichtete Aussagen über Unterschiede zwischen Unternehmen mit bzw. ohne Ausweis von Pro-forma-Ergebnissen ermöglichen. Dabei wird für jede Unternehmenskennzahl eine Arbeitshypothese aufgestellt, die darüber Aufschluss gibt, ob der Kennzahlenmittelwert für das Pro-forma-Ergebnis ausweisende Unternehmen größer oder kleiner ist als für die Unternehmen, die keine Pro-forma-Kennzahl ausweisen. Zur Überprüfung der Trennfähigkeit der Unternehmenskennzahlen bieten sich die oben bereits dargestellten verteilungsunabhängigen Wilcoxon-Tests an. Die Hypothesen werden dabei folgendermaßen definiert.

$H_0$: Die beiden Stichproben stammen aus der gleichen Grundgesamtheit.

$H_0$: Die beiden Stichproben stammen nicht aus der gleichen Grundgesamtheit.

Bezüglich des Ausweises von Pro-forma-EPS können die zugehörigen Ergebnisse aus Tabelle 42 bis Tabelle 50 entnommen werden. Bei 6 der 36 untersuchten Unternehmenskennzahlen für den Pro-forma-EPS-Ausweis muss die Nullhypothese gemäß dem Wilcoxon-Test auf dem 10%-Signifikanzniveau abgelehnt werden, es muss also von einer nicht vorhandenen Trennfähigkeit dieser Variablen ausgegangen werden. Bei 24 der 36 Unternehmenskennzahlen kann die Nullhypothese auf den 1%-Signifikanzniveau dagegen nicht abgelehnt werden; es kann für die Pro-forma-EPS und die nicht Pro-forma-EPS ausweisenden Unternehmen bezüglich der Unternehmenskennzahlen von einer sehr guten Trennfähigkeit der Variablen ausgegangen werden. Bei der Untersuchung der Trennfähigkeit der Unternehmenskennzahlen zwischen Unternehmen mit bzw. ohne Ausweis von Pro-forma-Ergebnissen in Form des EBITDA ist entsprechend den Ergebnissen aus Tabelle 31 bis Tabelle 39 die Trennfähigkeit für 50% der Unternehmenskennzahlen abzulehnen. Für 10 der 36 Unternehmenskennzahlen kann die Nullhypothese auf den 1%-Signifikanzniveau dagegen nicht abgelehnt werden.

---

454 Vgl. Fahrmeier/Häußler/Tutz (1984), S. 323, Feilmeier/Fergel/Segerer (1981), S. B 26, Gebhardt (1980), S. 243, Pytlik (1995), S. 241.

*4.4.6.2.4  Untersuchung der Unabhängigkeit*

Im Rahmen der Diskriminanzanalyse ist dem Problem der Multikollinearität der Variablen besondere Aufmerksamkeit zu widmen. Da eine Reihe sehr ähnlicher Kennzahlen verwendet werden, ist zu erwarten, dass einige der Kennzahlen hoch untereinander korrelieren. Werden hoch korrelierte Kennzahlen in einer Diskriminanzfunktion miteinander kombiniert, würde dies zu kaum interpretierbaren Diskriminanzkoeffizienten führen. Es wäre möglich, dass eine univariat trennschwache Variable auf Grund ihrer hohen Korrelation mit einer univariat trennstarken Kennzahl einen überproportional hohen Diskriminanzkoeffizienten erhält, der dann fälschlicherweise eine besonders hohe Diskriminanzstärke suggerieren würde. Die vorgelagerte Faktoranalyse stellt sicher, dass in die Diskriminanzfunktion nur Kennzahlen eingehen, die schwach oder gar nicht miteinander korrelieren, also weitgehend unabhängig sind.

*4.4.6.2.5  Homogenität der Varianz-Kovarianz-Matrizen*

Es wird angenommen, dass die Varianz-Kovarianz-Matrizen der Variablen für die Gruppen homogen sind. Die Überprüfung der Gleichheit der Varianz-Kovarianz-Matrizen mit multivariaten Box`M-Tests, also Tests auf Gleichheit der Streuungen,[455] kann erst nach dem Vorliegen der Diskriminanzfunktion gezeigt werden, da sie sich lediglich auf die in der Funktion enthaltenen Variablen bezieht. Trotzdem soll er unter den Anwendungsvoraussetzungen gezeigt werden. Die aufgestellten Diskriminanzfunktion für die Pro-forma-Kennzahl EBITDA und Pro-forma-EPS ergeben folgende Werte im Box`M-Test:

|  | **Pro-forma-EBITDA** | **Pro-forma-EPS** |
|---|---|---|
| **M** | 109,95118 | 89,49789 |
| **F** | 6,48500 | 2,85318 |
| **Freiheitsgrad 1** | 15 | 28 |
| **Freiheitsgrad 2** | 3983,2 | 14554,6 |
| **Signifikanzniveau α** | 0,0000 | 0,0000 |

**Tabelle 57: Untersuchung der Gleichheit der Varianz-Kovarianz-Matrizen mittels Box`M-Tests**

Der F-Werte sind für beide Diskriminanzfunktionen so groß, dass die Annahme gleicher Streuungen nicht aufrechterhalten werden kann. Die Verletzung der Annahme gleicher Varianz-Kovarianz-Matrizen war auf Grund früherer Untersuchungen anderer Autoren zu erwarten gewesen. Allerdings ist die lineare Diskriminanzanalyse im Hinblick auf die Verletzung

---

455  Vgl. Backhaus/Erichson/Plinke/Weiber (2003), S. 212.

dieser Voraussetzung relativ robust.[456] Daher ist davon auszugehen, dass die Verletzung dieser Voraussetzung die Ergebnisse nicht signifikant verschlechtert. Zudem ist der multivariate Box`M-Test auf Homogenität der Varianzen bzw. Kovarianzen sehr empfindlich gegenüber Abweichungen von einer multivariaten Normalverteilung. Da diese Voraussetzung nicht erfüllt ist, sollten die Ergebnisse des Box`M-Tests nicht überbewertet werden.[457]

### 4.4.6.3 Schätzung einer Diskriminanzfunktion zur Klassifikation der Unternehmen entsprechend ihrem EBITDA-Ausweis

Aufbauend auf den Ergebnissen der Faktoranalyse wird nachfolgend eine multivariate Diskriminanzanalyse zur Klassifikation der Unternehmen nach ihrem EBITDA-Ausweis durchgeführt.[458] Dafür wird nachfolgend eine auf den Ergebnissen der Faktoranalyse basierende Diskriminanzfunktion geschätzt. Der Vergleich der betriebswirtschaftlich motivierten uni- und multivariaten Untersuchungen aus dem Abschnitt 4.4.4 mit den Ergebnissen der statistisch motivierten Diskriminanzanalyse erlaubt eine Plausibilisierung der oben erzielten Ergebnisse aus Tabelle 31 bis Tabelle 39.

Die Verbindung von Faktoranalyse und Diskriminanzanalyse wird dadurch sichergestellt, dass einerseits nur die 33 nicht redundanten Kennzahlen aus der Faktoranalyse in die Diskriminanzanalyse übernommen werden und andererseits jeweils nur eine Unternehmenskennzahl je Faktor in die Diskriminanzanalyse übernommen wird. Dadurch wird sichergestellt, dass keine wechselseitig hoch korrelierten Kennzahlen – mit ähnlicher betriebswirtschaftlicher Aussage – aus einem Faktor in die Diskriminanzfunktion übernommen werden.

Zur Ermittlung der Diskriminanzfunktion werden zunächst alle 33 nicht redundanten Kennzahlen schrittweise einbezogen. Eine schrittweise Methode wählt zunächst die am besten geeigneten unabhängigen Variablen aus, und berücksichtigt in einem abschließenden Modell nur diese Variablen. Im ersten Schritt wird aus den 33 Kennzahlen jene Unternehmenskennzahl als erklärende Variable der Diskriminanzfunktion ausgewählt, die eine bestmögliche Unter-

---

[456] Vgl. Fahrmeier/Häußler/Tutz (1984), S. 323, Feilmeier/Fergel/Segerer (1981), S. B 28, Niehaus (1987), S. 146, Pytlik (1995), S. 244.

[457] Vgl. Litz (2000), S. 360 f.

[458] Eine gute Diskriminanzfunktion zeichnet sich dadurch aus, dass sich die Mittelwerte der Diskriminanzfunktion in beiden Gruppen deutlich voneinander unterscheiden. Dabei wird die Varianz innerhalb der Gruppen minimiert und die zwischen den Gruppen maximiert, dies bedeutet, dass das Verhältnis der Summe der Abweichungsquadrate zwischen den Gruppen zur Summe der Abweichungsquadrate innerhalb der Gruppen maximiert wird. Die Vorgehensweise bewirkt, dass sich die Funktionswerte der Diskriminanzfunktion von Fällen verschiedener Gruppen möglichst deutlich voneinander unterscheiden, vgl. Litz (2000), S. 355 ff.

scheidung von Unternehmen mit bzw. ohne EBITDA-Ausweis ermöglicht. Als Selektionskriterium der Trennfähigkeit der Kennzahlen dient das Wilks' Lambda.[459] Anschließend werden alle mit der selektierten Kennzahl hoch korrelierten Kennzahlen des gleichen Faktors aus dem Pool der verbleibenden Kennzahlen gestrichen.[460] Aus den verbleibenden Kennzahlen der anderen Faktoren werden in den nächsten Schritten sukzessive weitere Kennzahlen in die Diskriminanzfunktion aufgenommen, die eine verbesserte Unterscheidung der Unternehmen erlauben. Bei der Aufnahme einer Kennzahl in die Diskriminanzfunktion werden stets alle übrigen Kennzahlen des gleichen Faktors, aus dem die Kennzahl entstammt, von der weiteren Analyse ausgeschlossen. Das Selektionsverfahren wird beendet, wenn keine weitere Verbesserung der Diskriminanzfunktion möglich ist; entweder wenn eine Kennzahl aus jedem Faktor in die Diskriminanzfunktion aufgenommen ist oder keine der verbleibenden Kennzahlen zur Verbesserung der Trennschärfe der Diskriminanzfunktion beiträgt.

Bei dieser schrittweisen Vorgehensweise werden fünf Unternehmenskennzahlen ausgewählt und in eine gemeinsame Diskriminanzfunktion aufgenommen, d.h. die Kennzahlen aus drei Faktoren leisten keinen Beitrag zur Klassifikation der Unternehmen. Nicht aufgenommen werden Kennzahlen aus dem siebten und achten Faktor, die bereits in der vorgeschalteten Faktoranalyse die geringsten Beiträge zur Erklärung der Varianz leisten sowie aus dem vierten Faktor. Die Unterschiede bei der Rentabilität sind offenbar nicht ausreichend, um Unternehmen entsprechend ihrem EBITDA-Ausweis zu klassifizieren. Dies ist in Übereinstimmung mit den Ergebnissen aus Tabelle 38. Dort können lediglich für die Investitionsrendite Unterschiede zwischen Unternehmen mit bzw. ohne EBITDA-Ausweis nachgewiesen werden. Die Investitionsrendite ist kein Bestandteil des vierten Faktors sondern des dritten Faktors, der die

---

[459] Das Maß kennzeichnet das Verhältnis der Streuung innerhalb der Gruppen (unerklärte Streuung) zur gesamten Streuung. Somit wird ein kleinstmöglicher Wert von Wilks' Lambda angestrebt. Mit Wilk's Lambda lässt sich vor Durchführung einer Diskriminanzanalyse für jede Merkmalsvariable isoliert deren Trennfähigkeit berechnen, vgl. Backhaus/Erichson/Plinke/Weiber (2003), S. 182.

[460] Da beim schrittweisen Selektionsverfahren nur solche Variablen ausgewählt werden, die einen Mindesterklärungsgehalt aufweisen, ist eine Untergrenze für den Einfluss der Variablen erforderlich. Diese Grenze wird anhand der sich jeweils ergebenden F-Statistik (F-Wert oder die Signifikanz von F) festgelegt. Als Kriterium für die Aufnahme oder den Ausschluss einer Variablen dient Wilks' Lambda. Da die Veränderung, die sich an Wilks' Lambda durch die Berücksichtigung einer Variablen ergibt, auch rein zufällig aus der vorliegenden Stichprobe resultieren kann, wird die Signifikanz der Veränderung zur Beurteilung herangezogen. Damit eine Variable in das Modell aufgenommen wird, muss der partielle F-Wert für diese Variable eine vorgegebene Untergrenze (Aufnahmegrenze 5% Signifikanzniveau) überschreiten. Wird eine neue Variable in das Modell aufgenommen, kann sich der partielle F-Wert der bereits im Modell enthaltenen Variablen dadurch verändern. Wenn der F-Wert eine vorgegebene Obergrenze (Ausschlussgrenze 10% Signifikanzniveau) unterschreitet, wird die Variable daher wieder aus dem Modell ausgeschlossen.

Effektivität des Investitionsverhaltens wie der Kapitalverwendung aufzeigt. Die ausgewählten Variablen sind in Tabelle 58 dargestellt und leisten jeweils auf dem 1%-Niveau bzw. die Analystenanzahl sowie die Aktienrendite auf dem 5%-Niveau statistisch signifikante, positive Beiträge zur Verbesserung der Diskriminanzfunktion.

| Schritt | Variable | Aus Faktor | Wilks' Lambda | F-Wert | p-Wert |
|---|---|---|---|---|---|
| 1 | GWAHK_EK | 1 | 0,90027 | 7,42228 | 0,0082*** |
| 2 | ANALYSTEN | 2 | 0,93779 | 4,44451 | 0,0388** |
| 3 | UV_AV | 3 | 0,94847 | 24,17572 | 0,0000*** |
| 4 | EKQ | 5 | 0,97629 | 12,21550 | 0,0005*** |
| 5 | RENDITE | 6 | 0,98903 | 5,57908 | 0,0186** |

**Tabelle 58: Auswahl der Kennzahlen für die EBITDA-Diskriminanzfunktion und zusätzliche Angabe der Gruppenmittelwerte aus dem Gleichheitstest[461]**

*** (**/*) deutet auf eine Signifikanz zum 1%- (5%-/10%-) Niveau hin.*

Insgesamt erreicht die Diskriminanzfunktion[462] eine auf dem 1%-Niveau signifikante und somit zufrieden stellende Güte bei der Klassifikation der Unternehmen entsprechend ihrem EBITDA-Ausweis. Ca. 83% der untersuchten Unternehmen werden korrekt als Unternehmen mit bzw. ohne Ausweis von Pro-forma-EBITDA klassifiziert.[463] Die Ergebnisse sind in Tabelle 59 zusammengefasst.

Die der Diskriminanzfunktion zugehörigen standardisierten kanonischen Diskriminanzkoeffizienten sind ebenso wie die Korrelationskoeffizienten der einzelnen unabhängigen Variablen mit der Diskriminanzfunktion in Tabelle 60 ersichtlich.

---

[461] Für je Variable wird als Signifikanztest zur Beurteilung der Trennungseigenschaft bzgl. der Gruppen der F-Test durchgeführt. Der F-Wert wird als Verhältnis (Quotient) von Zwischen-Gruppen-Streuung und gepoolter (mittlerer) Inner-Gruppen-Streuung berechnet. Wenn die Zwischen-Gruppen-Streuung (Varianz) dabei signifikant größer ist, muss es signifikante Differenzen zwischen den Mittelwerten geben.

[462] In einem letzten Schritt werden die fünf Variablen isoliert betrachtet, um die endgültige, von anderen Variablen unbeeinflusste Diskriminanzfunktion zu ermitteln: D = -1,53302 - 0,00145*GWAHK_EK + 0,06996*ANALYSTEN + 0,07660*UV_AV + 0,61372*EKQ - 0,54187*RENDITE. In die Diskriminanzfunktion gehen die unstandardisierten Diskriminanzkoeffizienten ein. Diese sind für die Beurteilung der diskriminatorischen Bedeutung der Variablen ungeeignet, da die Größe eines Diskriminanzkoeffizienten von der Standardabweichung der zugehörigen Variablen und damit von möglichen Skalierungseffekten abhängt. Die unstandardisierten Diskriminanzkoeffizienten sind mit der Standardabweichung der Variablen zu multiplizieren, um zu den standardisierten Diskriminanzkoeffizienten zu gelangen, vgl. Backhaus/Erichson/Plinke/Weiber (2003), S. 186 f.

[463] Bei zufälliger Zuordnung in die Gruppen Pro-forma-EBITDA ausweisendes und Nicht-ausweisendes Unternehmen wäre (unter Vernachlässigung der unterschiedlichen Gruppengröße) eine Trefferquote von 50% zu erwarten gewesen.

| Eigenwert[464] | Kanonischer Korrelations- koeffizient[465] | Wilks' Lamb- da | Chi-Quadrat | p-Wert | Klassifizie- rungsquote |
|---|---|---|---|---|---|
| 0,2808 | 0,4682 | 0,780761 | 17,943 | 0,0030*** | 83,12% |

**Tabelle 59: Überblick der Gütemaße zur Beurteilung der EBITDA-Diskriminanzfunktion**

*** (**/*) deutet auf eine Signifikanz zum 1%- (5%-/10%-) Niveau hin.

Für die Interpretation der Ergebnisse ist zu berücksichtigen, dass sich die Werte der Diskriminanzfunktion indirekt proportional zu den definierten Dummy-Variablen verhalten, d.h. die Gruppenmittelwerte (Gruppen-Zentroiden) für Unternehmen mit einem EBITDA-Ausweis ($Dummy_{EBITDA}$ = 1) bzw. ohne EBITDA-Ausweis ($Dummy_{EBITDA}$ = 0) betragen -0,2289 bzw. 0,9468. Ein negativer Korrelationskoeffizient deutet darauf hin, dass mit einer höheren Ausprägung der einbezogenen Unternehmenskennzahlen der Diskriminanzfunktionswert abnimmt und so die Wahrscheinlichkeit eines EBITDA-Ausweises durch das Unternehmen zunimmt.

| Variable | Standardisierte Diskriminanzkoeffizienten | Anteil der erklärten Varianz der Standardisierten Diskriminanzkoeffizienten | Korrelationskoeffizienten $\kappa$ |
|---|---|---|---|
| GWAHK_EK | -0,69739 | 32,29% | -0,64137 |
| ANALYSTEN | 0,67246 | 31,14% | 0,46026 |
| UV_AV | 0,50614 | 23,43% | 0,40468 |
| EKQ | 0,08803 | 4,08% | 0,27849 |
| RENDITE | -0,19568 | 9,06% | -0,07089 |

**Tabelle 60: Standardisierte kanonische Diskriminanzfunktionskoeffizienten und Korrelationskoeffizienten der EBITDA-Diskriminanzfunktion**

Die diskriminatorische Bedeutung der einzelnen Variablen bemisst sich an ihren standardisierten Diskriminanzkoeffizienten,[466] aus denen der Anteil der erklärten Varianz an der Gesamtvarianz abgelesen werden kann, also die Bedeutung der einzelnen Variablen für die

---

[464] Der Eigenwert ergibt sich aus dem Quotienten der Quadratsumme zwischen den Gruppen (Erklärte Streuung) und der Quadratsumme innerhalb der Gruppen (Nicht Erklärte Streuung), vgl. Backhaus/Erichson/Plinke/Weiber (2003), S. 181.

[465] Der kanonische Korrelationskoeffizient ergibt sich aus der Quadratwurzel des Quotienten aus der Quadratsumme zwischen den Gruppen (erklärte Streuung) und der gesamten Quadratsumme (Gesamt-Streuung). Je größer der Wert ist, desto größer ist die Streuung zwischen den Gruppen im Verhältnis zur Streuung innerhalb der Gruppen, so dass ein großer kanonischer Korrelationskoeffizient auf eine gute Trennung zwischen den Gruppen hinweist. Ein Vergleich mit der Formel zur Berechnung des kanonischen Korrelationskoeffizienten zeigt, dass Wilks' Lambda und das Quadrat des Korrelationskoeffizienten in der Summe stets 1 ergeben. Damit ist die Angabe beider Werte in gewisser Weise redundant, vgl. Backhaus/Erichson/Plinke/Weiber (2003), S. 182.

[466] Die relative Bedeutung der unabhängigen Variablen in der Diskriminanzfunktion wird mittels der standardisierten Diskriminanzkoeffizienten ausgedrückt. Die standardisierten Koeffizienten ergeben sich, indem die Ausgangswerte der erklärenden Variablen so transformiert werden, dass sie einen Mittelwert von 0 und eine Standardweichung von 1 aufweisen. Dadurch werden die Einflüsse unterschiedlicher Dimensionen in verschiedenen Variablen eliminiert. Je größer der standardisierte Koeffizient, desto größer ist der Beitrag der entsprechenden Variablen zur Trennung zwischen den Gruppen.

Trennung zwischen den Gruppen der Unternehmen mit und ohne Ausweis des EBITDA.[467] Dafür wird der absolute Betrag des standardisierten Diskriminanzkoeffizienten durch die Summe aller absoluten standardisierten Diskriminanzkoeffizienten dividiert und mit 100 multipliziert.[468] Die diskriminatorische Bedeutung der Variablen hängt stets von den anderen in der Diskriminanzfunktion enthaltenen Variablen ab und kann deshalb nur in Abhängigkeit von dieser angegeben werden.[469] Insgesamt handelt es sich um ein gemischtes Ergebnis. Während keine Unternehmenskennzahl dominant ist und mehr als 50% der Varianz erklärt, erklären die drei wichtigsten Variablen, der Goodwill zu Anschaffungskosten in Relation zum Eigenkapital (32,29%), das Analystencoverage (31,14%) sowie das Investitionsverhältnis (23,43%) insgesamt 86,86% der Gesamtvarianz. Die anderen beiden Kennzahlen spielen nur eine untergeordnete Rolle bei der Erklärung der Varianz.

Hinsichtlich des Einflusses der standardisierten kanonischen Diskriminanzkoeffizienten auf die Diskriminanzfunktion können Verzerrungen durch Wechselwirkungen zwischen den unabhängigen Variablen nicht ausgeschlossen werden. In diesem Fall lassen die standardisierten kanonischen Diskriminanzkoeffizienten keine vollständige Bewertung des Einflusses der Unternehmenskennzahlen auf die Diskriminanzfunktion zu. Stattdessen werden dafür die Korrelationskoeffizienten $\kappa$ zwischen der Diskriminanzfunktion und den Unternehmenskennzahlen aus Tabelle 60 herangezogen.[470] Vor diesem Hintergrund verdeutlichen die Korrelationskoeffizienten, dass Unternehmen mit einem Ausweis von Pro-forma-Ergebnissen in Form des EBITDA durchschnittlich eine aggressivere Akquisitionspolitik betreiben [$\kappa$(*GWAHK_EK*) < 0], durch weniger Analysten betreut werden [$\kappa$(*Analysten*) > 0], höheren Fixkostenremanenzrisiken auf Grund eines geringeres Investitionsverhältnisses unterliegen [$\kappa$(*UV_AV*) > 0], eine geringere finanzielle Stabilität bezüglich der verfügbaren Eigenkapitalausstattung [$\kappa$(EKQ) > 0] sowie höhere Aktienrenditen [$\kappa$(Rendite) < 0] aufweisen als Unternehmen ohne EBITDA-Ausweis. Die Eigenkapitalquote und die Rendite tragen dabei allerdings nur marginal zur Verbesserung der Diskriminanzfunktion bei. Deutlich wird dies in den hohen Werten für Wilks' Lambda bei der Auswahl der Variablen für die Diskriminanzfunktion in Tabelle 58

---

[467] Vgl. Pytlik (1995), S. 139 f.

[468] Diese Berechnungsmethode ist nur dann korrekt, wenn die Unternehmenskennzahlen unabhängig voneinander sind. Da in dieser Untersuchung der Diskriminanzanalyse eine Faktoranalyse vorgeschaltet worden ist, erscheint diese Berechnungsweise als zulässig, vgl. Eisenbeis/Avery (1972), S. 70 f.

[469] Vgl. Niehaus (1987), S. 127.

[470] Vgl. Litz (2000), S. 378. Dabei ergibt die analog zur kanonischen Analyse definierte Strukturmatrix unter Einbezug der Variablen die besten Hinweise zur Interpretation der Diskriminanzfunktion.

sowie der geringen Korrelation des Streubesitzes mit der Diskriminanzfunktion gemäß den Ergebnissen aus Tabelle 60. Die Ergebnisse der statistisch motivierten Faktor- und Diskriminanzanalyse stimmen somit mit den Ergebnissen der vorangehenden univariaten und multivariaten, betriebswirtschaftlich motivierten Untersuchungen aus dem Abschnitt 4.4.4 überein.

### 4.4.6.4 Schätzung einer Diskriminanzfunktion zur Klassifikation der Unternehmen entsprechend ihrem Pro-forma-EPS-Ausweis

In den univariaten Untersuchungen in Abschnitt 4.4.5 werden deutlicher signifikante Unterschiede zwischen Unternehmen mit und ohne Ausweis von Pro-forma-EPS nachgewiesen als zwischen Unternehmen mit und ohne EBITDA-Ausweis. Auf der Basis der Unternehmenskennzahlen sollte eine Klassifikation der Unternehmen nach dem Ausweis von Pro-forma-EPS mittels der Diskriminanzfunktion möglich sein. Dafür wird, wie im vorangehenden Abschnitt, eine auf den Ergebnissen der Faktoranalyse aufbauende Diskriminanzfunktion geschätzt. Die Verbindung von Faktoranalyse und Diskriminanzanalyse wird genau wie in Abschnitt 4.4.6.3 dadurch sichergestellt, dass jeweils nur eine nicht redundante Unternehmenskennzahl je Faktor in die Diskriminanzanalyse übernommen wird.

| Schritt | Kennzahl | Aus Faktor | Wilks' Lambda | F-Wert | p-Wert |
|---------|----------|-----------|---------------|--------|--------|
| 1 | GWAHK_EK | 1 | 0,78303 | 18,56489 | 0,0001*** |
| 2 | GW_KUM | 2 | 0,78739 | 18,09145 | 0,0001*** |
| 3 | EKQ | 5 | 0,89795 | 50,57454 | 0,0000*** |
| 4 | DGI | 3 | 0,96888 | 14,29308 | 0,0002*** |
| 5 | ROA | 4 | 0,97357 | 13,65585 | 0,0002*** |
| 6 | RENDITE | 6 | 0,97822 | 11,24243 | 0,0009*** |
| 7 | STREUBESITZ | 8 | 0,99219 | 4,42309 | 0,0359** |

**Tabelle 61: Auswahl der Kennzahlen für die Pro-forma-EPS-Diskriminanzfunktion und zusätzliche Angabe der Gruppenmittelwerte aus dem Gleichheitstest**

*** (**/*) deutet auf eine Signifikanz zum 1%- (5%-/10%-) Niveau hin.

Bei dieser schrittweisen Vorgehensweise werden sieben Unternehmenskennzahlen ausgewählt und in die Diskriminanzfunktion aufgenommen. Die ausgewählten Variablen sind in Tabelle 61 dargestellt und leisten jeweils auf dem 1%-Niveau bzw. der Streubesitz auf dem 5%-Niveau statistisch signifikante, positive Beiträge zur Verbesserung der Diskriminanzfunktion. Ausgeschlossen werden lediglich die Kennzahlen des siebten Faktors. Da die Kennzahlen des siebten Faktors bezüglich der kumulierten Abschreibungen des Goodwills im Verhältnis zum Umsatz in den ersten Faktor und auch bezüglich des Kapitalumschlags in den dritten Faktor eingehen und dieser Faktor somit nur die Residualvarianz der übrigen Faktoren abdeckt, ist dies nicht überraschend.

Insgesamt erreicht die Diskriminanzfunktion[471] eine zum 1%-Niveau signifikante und somit zufrieden stellende Güte bei der Klassifikation der Unternehmen nach ihrem Ausweis von Pro-forma-EPS. Ca. 75% der untersuchten Unternehmen werden korrekt als Unternehmen mit bzw. ohne Ausweis von Pro-forma-EPS klassifiziert. Die Ergebnisse sind in Tabelle 62 zusammengefasst.[472]

| Eigenwert | Kanonischer Korrelations- koeffizient | Wilks' Lamb- da | Chi-Quadrat | p-Wert | Klassifizie- rungsquote[473] |
|---|---|---|---|---|---|
| 0,3650 | 0,5171 | 0,732608 | 21,625 | 0,0029*** | 74,67% |

**Tabelle 62: Überblick der Gütemaße zur Beurteilung der EPS-Diskriminanzfunktion**
*** (**/*) deutet auf eine Signifikanz zum 1%- (5%-/10%-) Niveau hin.

Die der Diskriminanzfunktion zugehörigen standardisierten kanonischen Diskriminanzkoeffizienten sind ebenso wie die Korrelationskoeffizienten der unabhängigen Variablen mit der Diskriminanzfunktion aus Tabelle 63 ersichtlich.

| Variable | Standardisierte Diskrimi- nanzkoeffizienten | Anteil der erklärten Vari- anz der Standardisierten Diskriminanzkoeffizienten | Korrelationskoeffizienten κ |
|---|---|---|---|
| GWAHK_EK | 0,43761 | 18,07% | 0,76490 |
| GW_KUM | 0,75484 | 31,17% | 0,78392 |
| EKQ | -0,28097 | 11,60% | -0,51090 |
| DGI | 0,14795 | 6,11% | -0,21560 |
| ROA | 0,46204 | 19,08% | -0,17576 |
| RENDITE | -0,30168 | 12,46% | -0,13891 |
| STREUBESITZ | 0,03631 | 1,50% | 0,03279 |

**Tabelle 63: Standardisierte kanonische Diskriminanzfunktionskoeffizienten und Korrelationskoeffizienten der EPS-Diskriminanzfunktion**

Insgesamt handelt es sich um ein gemischtes Ergebnis. Während keine Unternehmenskennzahl dominant ist und mehr als 50% der Varianz erklärt, erklären die vier wichtigsten Variab-

---

[471] Im letzten Schritt werden die sieben Variablen isoliert betrachtet, um die endgültige, von anderen Variablen unbeeinflusste Diskriminanzfunktion zu ermitteln: D = -4,57366 + 0,00094*GWAHK_EK + 0,35069*GW_KUM - 2,00235*EKQ + 0,04855*DGI + 8,26678*ROA - 0,83553*RENDITE + 0,00150*STREUBESITZ.

[472] Die Gruppenmittelwerte (Gruppen-Zentroiden) liegen sehr weit auseinander, es ist also möglich, einen Fall anhand seines Funktionswertes einer der beiden Gruppen zuzuordnen. Für die Pro-forma-EPS-Unternehmen liegt er bei 0,71009, bei den kein Pro-forma-EPS ausweisenden Unternehmen bei -0,50029.

[473] Die Klassifizierungsergebnisse basieren auf den A-priori-Wahrscheinlichkeiten entsprechend der Gruppengröße.

len, der Goodwill zu Anschaffungskosten in Relation zum Eigenkapital (18,07%), die kumulierten Goodwillwertberichtigungen (31,17%), die Gesamtkapitalrentabilität (19,08%) sowie die Aktienrendite (12,46%) insgesamt 80,78% der Gesamtvarianz. Die anderen Kennzahlen spielen eine untergeordnetere Rolle bei der Erklärung der Varianz.

Die standardisierten kanonischen Diskriminanzkoeffizienten werden durch Wechselwirkungen zwischen den unabhängigen Variablen verzerrt und lassen deshalb wiederum keine Bewertung des Einflusses der Unternehmenskennzahlen auf die Diskriminanzfunktion zu. Stattdessen müssen dafür die Korrelationskoeffizienten $\kappa$ zwischen der Diskriminanzfunktion und den Unternehmenskennzahlen aus Tabelle 63 herangezogen werden. Die Korrelationskoeffizienten verdeutlichen, dass Unternehmen mit einem Ausweis von Pro-forma-EPS eine durchschnittlich aggressivere Akquisitionspolitik betreiben [$\kappa$($GWAHK\_EK$) > 0], dabei größer sind und deshalb auch einen absolut höheren Goodwill angesammelt und abgeschrieben haben [$\kappa$($GW\_KUM$) > 0], eine geringere finanzielle Stabilität bezüglich der verfügbaren Eigenkapitalausstattung aufweisen [$\kappa$(EKQ) < 0], eine riskantere Finanzierungspolitik hinsichtlich der Finanzierung des Anlagevermögens durch Fremdkapital anstatt durch Eigenkapital betreiben [$\kappa$(DGI) < 0], eine geringere Gesamtkapitalrendite [$\kappa$(ROA) < 0] sowie eine unterdurchschnittliche Aktienmarktperformance [$\kappa$(Rendite) < 0] und einen höheren Streubesitz [$\kappa$(Streubesitz) > 0] aufweisen als Unternehmen ohne Ausweis von Pro-forma-EPS. Der Streubesitz trägt dabei allerdings nur marginal zur Verbesserung der Diskriminanzfunktion bei. Deutlich wird dies im hohen Wert für Wilks' Lambda bzw. dem geringen F-Wert bei der Auswahl der Kennzahlen für die Diskriminanzfunktion aus Tabelle 61 sowie der geringen Korrelation des Streubesitzes mit der Diskriminanzfunktion gemäß den Ergebnissen aus Tabelle 63; untermauert wird dieses Ergebnis auch durch die oben dargestellten univariaten Zwei-Stichproben-T-Tests sowie univariate Probit-Regressionen zur Klassifizierung der Unternehmen nach ihrem Pro-forma-Ausweis aus Tabelle 42 bis Tabelle 50. Während sich die Mittelwerte aller anderen ausgewählten Kennzahlen zwischen Unternehmen mit bzw. ohne Ausweis von Pro-forma-EPS statistisch signifikant unterscheiden, trifft dies für den Streubesitz nicht zu. Auch bei der univariaten Probit-Regression leistet der Streubesitz keinen signifikanten Beitrag zur Klassifikation der Unternehmen. Dennoch stimmt das Vorzeichen des Streubesitzes sowohl bei Probit-Regressionen als auch bei den Vergleichen der Mittelwerte mit dem Vorzeichen des Korrelationskoeffizienten aus Tabelle 63 überein. Die drei wichtigsten Kennzahlen der Diskriminanzfunktion, GWAHK_EK, GW_KUM und die Eigenkapitalquote, erreichen auch univariat eine sehr hohe Trennkraft. Für alle anderen Variablen stimmen die Ergebnisse aus den univariaten Untersuchungen mit den Ergebnissen der Diskriminanzanalyse aus Tabelle 63 hinsichtlich Signifikanz und Vorzeichen überein.

### 4.4.7 Zusammenfassung systematischer Unterschiede der Unternehmen mit und ohne Pro-forma-Ergebnisausweis

Die Untersuchungsergebnisse zeigen eine deutlichere Diskrepanz bezüglich der Unterschiede zwischen Unternehmen mit bzw. ohne einen Ausweis von Pro-forma-EPS im Vergleich zu Unterschieden zwischen Unternehmen mit bzw. ohne EBITDA-Ausweis. Obgleich sich die Mehrheit der deutschen Literatur bislang deskriptiv mit Pro-forma-Ergebnissen der E-BIT(DA)-Familie beschäftigt, bestehen nur geringere Unterschiede zwischen Unternehmen mit bzw. ohne EBITDA-Ausweis. Bezüglich des Ausweises von Pro-forma-Ergebnissen in Form des EBITDA überwiegt ein proaktives Angebot durch die Unternehmen. Ausschlaggebend dafür scheinen einerseits der kurzfristige Leistungsdruck des Kapitalmarkts und institutioneller Investoren sowie die verbesserte Darstellung der Unternehmensperformance auf Grund einer geringeren Investitionsrendite sowie höherer ergebniswirksamer Belastungen der GuV durch Goodwill-Abschreibungen und Zinszahlungen zu sein. Außerdem ist bei den Unternehmen mit einem EBITDA Pro-forma-Ergebnisausweis eine ineffizientere Investitionspolitik bzw. Kapitalverwendung bei gleichzeitig höheren Finanzierungsrisiken erkennbar. Eine verstärkte Nachfrage nach EBITDA seitens der Finanzanalysten kann jedoch nicht nachgewiesen werden; im Gegenteil, EBITDA-ausweisende Unternehmen werden durchschnittlich von weniger Analysten betreut.

Bezüglich des Ausweises von Pro-forma-EPS zeigen sich sowohl eine Nachfrage von Finanzanalysten nach diesen Ergebniskennzahlen als auch vielfältige Motive für ein Angebot dieser freiwilligen Unternehmensberichterstattung. Die Nachfrage nach Pro-forma-Ergebnissen äußert sich darin, dass vor allem größere Unternehmen mit hoher Marktkapitalisierung, einem hohen Umsatz und hoher Analystencoverage Pro-forma-Ergebnisse ausweisen. Wie EBITDA-Unternehmen verfolgen auch diese Unternehmen eine aggressivere Akquisitionspolitik, sind auf Grund der starken Fremdfinanzierung dieser Akquisitionen höher verschuldet und haben eine ineffizientere Investitionspolitik bzw. Kapitalverwendung bei gleichzeitig höheren Finanzierungsrisiken aufzuweisen. Zusätzliche Motive für ein Angebot von Pro-forma-EPS entstehen aus einer unterdurchschnittlichen Aktienmarktperformance sowie deutlich ungünstigeren Zukunftsaussichten aus einer signifikant geringeren Rentabilität hinsichtlich der Investiti-

onen, des Umsatzes aber auch des gesamten Kapitaleinsatzes. Der Leistungsdruck institutioneller Anleger in Verbindung mit dem Versuch der Verstetigung von positiven Bewertungsrelationen erscheint als ausschlaggebend für einen Ausweis von Pro-forma-EPS. Da Pro-forma-
EPS das Verdecken schwächerer Unternehmenskennzahlen im Vergleich zu anderen Unternehmen durch das Herausrechnen von signifikanten Aufwendungen bzw. durch scheinbar
einmalige oder nicht zahlungsrelevante Aufwendungen sowie anderen Sondereffekten erlauben, können Investoren durch Pro-forma-EPS in deutlich stärkerem Maße zu falschen Investitionsentscheidungen motiviert werden als durch einen EBITDA-Ausweis.

# 5 Informationsgehalt von Pro-forma-Ergebnissen in Deutschland

## 5.1 Kernfragen der empirischen Untersuchung

Bei der Diskussion um die Vor- und Nachteile eines Pro-forma-Ergebnisausweises stehen sich zwei gegensätzliche Meinungen gegenüber. Einerseits argumentieren Unternehmen, dass Pro-forma-Ergebnisse eine zutreffende Darstellung der Unternehmenslage,[474] d.h. der Performance im abgelaufenen Geschäftsjahr und einen Ausblick auf die zukünftige Ertragslage erlauben. Andererseits befürchten Aufsichtsbehörden und Gesetzgeber einen gegenteiligen Effekt, wonach durch Pro-forma-Ergebnisse wesentliche Informationen verschwiegen und Investoren zu Fehlentscheidungen bezüglich ihrer Anlagestrategie verleitet werden. Die Kritiker eines Pro-forma-Ausweises argumentieren, dass durch das Management opportunistisch und selektiv Positionen aus dem Periodenergebnis ausgeschlossen werden, um die Unternehmensperformance in einem bestmöglichen Licht erscheinen zu lassen. Auch die Wirtschaftspresse und die Investmentbanken äußern sich zunehmend kritisch gegenüber Pro-forma-Ergebnissen; insbesondere werden Täuschungsabsichten als Motiv für den Ausweis von Pro-forma-Ergebnissen angenommen, wie nachfolgendes Zitat verdeutlicht: *„firms may release pro forma earnings to obscure losses in a given reporting period, inflate conservative U.S. GAAP profits, or meet consensus EPS forecasts".*[475]

Trotz dieser Befürchtungen schätzt die Mehrheit der Finanz- und Aktienmarktexperten den Informationsgehalt von Pro-forma-Ergebnissen wie EBIT oder EBITDA höher als den Informationsgehalt des Periodenergebnisses ein. Dies zeigen die in Tabelle 64 dargestellten Ergebnisse einer für Deutschland durchgeführten Befragung von Analysten und institutionellen Investoren aus dem Jahr 2001. Dabei wird den Cashflows der höchste Informationsgehalt vor den Pro-forma-Ergebnissen EBIT bzw. EBITDA und den veröffentlichten Periodenergebnissen eingeräumt. Die besonders starke Akzeptanz des Cashflows durch die Finanzmarktexperten vermeint die Überlegenheit der zahlungsstromorientierten Sichtweise gegenüber der rechnungslegungsorientierten Betrachtung zu zeigen. Dabei wird die Aussagekraft des EBIT/EBITDA mit 77,2% geringer durch die Finanzmarktexperten eingeschätzt als die des

---

[474] Der damalige SEC Chairman Harvey L. Pitt äußerte sich wie folgt: *„investors anxious for current, simplified and comprehensible financial reporting are today more likely to rely on a company's pro-forma disclosures than on the same company's meticulously prepared, mandated GAAP financial disclosures"*, SEC (2001e), S. 3.

[475] Zitat von Gabrielle Napolitano, Managing Director bei Goldman Sachs & Co., vgl. Doyle/Soliman (2002), S. 4.

Cashflows mit 87,2%, da die Kennzahlen EBIT/EBITDA weniger zahlungsstromorientiert sind als der Cashflow.[476] Die Zahlungsstromorientierung der Cashflows liegt auch den Discounted-Cashflow-Verfahren der Unternehmensbewertung zugrunde;[477] Discounted-Cashflow-Verfahren ermitteln den Unternehmenswert als Barwert der erwarteten zukünftigen Einzahlungsüberschüsse und haben den Vorteil, dass diese sich den Bewertungsspielräumen der Rechnungslegung weitestgehend entziehen sowie mit Residualgewinnmodellen (z.b. dem EVA-Konzept) und so mit Managementtools zur Unternehmenssteuerung kompatibel sind.[478]

| | Finanzexperten – Gesamt | Aktienexperten |
|---|---|---|
| Cashflow | 87,2% | 89,3% |
| EBIT/EBITDA | 77,2% | 79,8% |
| Ausgewiesener Nettogewinn | 60,7% | 61,9% |

Tabelle 64: Informationsgehalt ausgewählter Kennzahlen zur Unternehmensbewertung, angegeben sind die Prozentzahlen 330 befragter Finanzmarktexperten, die den einzelnen Kennzahlen einen sehr hohen bis hohen Informationsgehalt beimessen[479]

Pro-forma-Ergebnisse in Form des EBIT bzw. EBITDA basieren wie Periodenergebnisse auf einer rechnungslegungsorientierten Sichtweise und unterliegen im Vergleich zum Cashflow Einschränkungen bezüglich der Aussagekraft. Die bessere Beurteilung des Informationsgehalts von EBIT bzw. EBITDA gegenüber dem Periodenergebnis erfolgt vor dem Hintergrund, dass Pro-forma-Ergebnisse die Effekte von Sondereinflüssen, nicht zahlungswirksamen Positionen sowie der Bilanzpolitik mindern und somit einen zwischenbetrieblichen Unternehmensvergleich erleichtern sollen. Die Verwendung von Pro-forma-Ergebnissen ist dann unproblematisch, wenn

- Pro-forma-Ergebnisse einen guten Schätzer für die zukünftige Finanz- und Ertragslage des Unternehmens darstellen, d.h. genauere Prognosen der künftigen Cashflows erlauben und

- die bei der Berechnung der Pro-forma-Ergebnisse ausgeschlossenen Aufwendungen keine Prognosekraft für die zukünftigen Ergebnisse des Unternehmens haben.

Die Mehrzahl der deutschen DAX30- und MDAX-Unternehmen weist im Unterschied zu britischen oder US-amerikanischen Unternehmen Pro-forma-Kennzahlen der EBITDA-Familie aus und hebt diese in den Ergebnismeldungen prominent hervor. Deshalb sollen die oben ge-

---

[476] Vgl. Hess/Lehmann/Lüders (2002), S. 145.
[477] Vgl. Wallmeier (1999), S. 1475.
[478] Vgl. Steiner/Wallmeier (1999), S. 7.
[479] Vgl. Hess/Lehmann/Lüders (2002), S. 144, zur Befragung der Bewertung von Technologieunternehmen.

nannten Fragestellungen zur Bewertung des Informationsgehalts von Pro-forma-Ergebnissen stellvertretend für alle Pro-forma-Ergebnisse am Beispiel des EBITDA nachfolgend untersucht werden. Periodenergebnisse stellen genau die Summe aus dem EBITDA und den ausgeschlossenen Aufwendungen dar und werden in der Literatur gewöhnlich definiert als:

$$Jahres - / Quartalsergbnis = EBITDA - Zinsaufwand - Ertragssteuern \atop - Abschreibungen - Amortisationen}.480 \qquad (6)$$

Unternehmen weichen bei dem Ausweis von Pro-forma-Kennzahlen in Form des EBITDA allerdings regelmäßig von dieser Lehrbuchformel (6) ab. Einerseits werden vom Management als einmalig oder nicht zahlungswirksam angesehene Aufwendungen als Sondereinflüsse zusätzlich zu den gemäß der Lehrbuchformel herauszurechnenden Aufwendungen ausgeschlossen. Andererseits werden häufig nicht nur Zinsaufwendungen sondern auch andere Bestandteile des Finanzergebnisses herausgerechnet.[481] Dabei stellen einige Ausschlüsse Accruals dar, die zukünftige Auszahlungen (z.B. geschätzte Abfindungskosten bei einer durchzuführenden Restrukturierung) indizieren, während andere Accruals Ausschlüsse darstellen, die bereits mit bereits durchgeführten Auszahlungen der Vergangenheit zusammenhängen (z.B. Abschreibungen auf das Vorratsvermögen).

Statistisch bedeutet die Annahme einer besseren Eignung von Pro-forma-Ergebnissen in Form des EBITDA zur Prognose der Unternehmenswerte, dass die ausgeschlossenen Aufwendungen für Zinsen, Ertragsteuern, Abschreibungen, Amortisationen sowie darüber hinaus gehende Sondereinflüsse ein Rauschen darstellen, das selbst keinerlei Aussagekraft für zukünftige Cashflows hat, aber die Prognosefähigkeit von Periodenergebnissen für zukünftige Cashflows reduziert.[482] Von einer unzureichenden Information von Investoren ist dann auszugehen, wenn von den ausgeschlossenen Aufwendungen wesentliche Informationen über zukünftige Cashflows, v.a. Cashflow-Belastungen, ausgehen. In diesem Fall führt ein vorrangiger EBITDA-Ausweis zu einer Überschätzung der zukünftigen Cashflows bzw. des Unternehmenswer-

---

[480] Vgl. Coenenberg (2001), S. 939, außerdem werden noch „extraordinary items", „discontinued operations" und „minority of interest of consolidated subsidaries" herausgerechnet.

[481] Vgl. Hillebrandt/Sellhorn (2002b), S. 17 ff. Der EBITDA und somit auch die im Vergleich zum Periodenergebnis ausgeschlossenen Aufwendungen werden durch deutsche Unternehmen individuell berechnet. Beispielsweise berechnet Fresenius Medical Care AG den EBITDA als „*EBITDA is reported separately for special items primarily currency related from intercompany financing activities*", Wallace (2002), S. 10. Auch in den USA sind vielfältige, unternehmensindividuelle Ansätze zur Berechnung des EBITDA vorzufinden, vgl. Wallace (2002), S. 5 f.

[482] Vgl. Doyle/Lundholm/Soliman (2003a), S. 152.

tes und einer Fehlleitung von Investoren. Experimentelle Untersuchungen sowie empirische Befunde aus den USA belegen, dass private Investoren bzw. Kleinanleger Unternehmenswerte auf der Basis von Pro-forma-Ergebnissen überschätzen, mehr Kapital in diese Unternehmen investieren und somit in besonderem Maße von einer Fehlinterpretation betroffen sind.[483]

Aus der Sicht des Regulierers ergibt sich dann ein Handlungsbedarf für eine Regulierung der Pro-forma-Berichterstattung, wenn Investoren durch den Pro-forma-Ausweis des EBITDA unvollständige Informationen für die Einschätzung der zukünftigen Ertragslage erhalten. In der Literatur soll nach Anhaltspunkten gesucht werden, ob es Hinweise für eine generelle opportunistische Berechnung von Pro-forma-Kennzahlen gibt. Da sich die existierenden empirischen und experimentellen Untersuchungen jedoch i.d.R. auf die USA und auf Pro-forma-EPS oder von der EBITDA-Familie abweichende Wertgrößen beziehen, sind keine unmittelbaren Ergebnisse zur Aussagekraft von Pro-forma-Ergebnissen aus der EBIT(DA)-Familie und für Deutschland zu erwarten. Eine Übertragung der Ergebnisse in eine andere Rechts- und Wirtschaftsordnung bei unterschiedlichen Eigentümerstrukturen (mit spezifischen Informationsbedürfnissen) und anderen Governance-Arrangements würde mit erheblichen Problemen nicht berücksichtigter Variablen einhergehen.

## 5.2    Überblick über Ergebnisse der empirischen Untersuchungen in den USA

### 5.2.1    Prognose zukünftiger Quartals- und Jahresergebnisse sowie Pro-forma-Ergebnisse durch Pro-forma-Ergebnisse

In der wissenschaftlichen Literatur gibt es Untersuchungen, die zu dem Ergebnis kommen, dass der Informationsgehalt von Pro-forma-Ergebnissen bei der Prognose zukünftiger Pro-forma-Ergebnisse höher ist als derjenige von US-GAAP-Ergebnissen bei der Prognose zukünftiger US-GAAP-Ergebnisse.[484] Brown und Sivakumar (2003) zeigen, dass Pro-forma-Ergebnisse (= I/B/E/S-Ergebnisse) besser in der Lage sind, künftige Pro-forma-Ergebnisse zu prognostizieren als dies bei der Prognose von zukünftigen US-GAAP-Ergebnissen durch his-

---

483  Vgl. Bhattacharya/Black/Christensen/Allee (2003), Bhattacharya/Black/Christensen/Larson (2003), Bhattacharya/Black/Christensen/Mergenthaler (2004b), Elliott (2004), Frederickson/Miller (2004), Xie (2002). Zu ähnlichen Ergebnissen gelangen Dilla/Janvrin/Jeffrey (2006).

484  Bray (2001) zeigt, dass die Bereinigung von US-GAAP-Ergebnissen um „Non-Recurring" und „Non-Cash Items" die Qualität der Ergebnisse verbessert. Bradshaw/Sloan (2002), S. 51 f. und Brown/Sivakumar (2003), S. 565 ff., zeigen bei ihren Untersuchungen, dass die Marktreaktionen mehr mit dem Prognosefehler des Pro-forma-Ergebnisses als mit dem Prognosefehler des US-GAAP-Ergebnisses assoziiert sind.

torische US-GAAP-Ergebnisse auf Basis 10-Q/10-K-Files möglich ist.[485] Diese Resultate sind ökonomisch plausibel, lassen aber keine Einschätzung des opportunistischen Charakters von Pro-forma-Ergebnissen zu. Die in der auf Standards basierenden Rechnungslegung enthaltenen einmaligen und nicht wiederkehrenden Transaktionen führen zu (komparativ) stärkeren Ergebnisschwankungen.[486] Aus diesem Grund sind US-GAAP-Ergebnisse allein schon konstruktionsbedingt weniger gut zur Prognose zukünftiger US-GAAP-Ergebnisse geeignet. Da Pro-forma-Ergebnisse so berechnet werden, dass ein stabiles Pro-forma-Ergebniswachstum erreicht wird,[487] müssen Pro-forma-Ergebnisse schon von ihrer Anlage her zu überlegenen Prognosen zukünftiger Pro-forma-Ergebnisse im Vergleich zur Prognose von US-GAAP-Ergebnissen durch realisierte US-GAAP-Ergebnisse führen. Die empirischen Ergebnisse folgen deshalb einem nahezu tautologischen Zusammenhang. Ein Vergleich der Prognosekraft innerhalb der jeweiligen Ergebniskategorien ist daher wenig aussagekräftig.[488]

Um einen korrekten Vergleich zu ermöglichen, untersuchen Lougee und Marquardt (2003, 2004) die Prognostizierbarkeit von Core Earnings ("Kerngeschäftserfolg" definiert als US-GAAP-EPS abzüglich „Special Items")[489] durch Pro-forma- und US-GAAP-Ergebnisse.[490] Dafür werden die Quartals- und Jahresergebnisse nach einer einheitlichen Methode um einmalige Aufwendungen für „Special Items" (z.B. Aufwendungen für Restrukturierungen, Abschreibungen auf Vermögensgegenstände, Fusionen und Akquisitionen) bereinigt, so dass starke Ergebnisschwankungen der US-GAAP-Ergebnisse auf Grund einmaliger und nicht wiederkehrender Transaktionen weitgehend ausgeschlossen werden. Die Ergebnisse von Lougee und Marquardt zeigen, dass Pro-forma-Ergebnisse im Unterschied zu US-GAAP-Ergebnissen nach diesen Anpassungen keinen zusätzlichen Informationsgehalt, d.h. keine sig-

---

[485] Vgl. Brown/Sivakumar (2003), S. 563 f.

[486] Brown/Sivakumar (2003), S. 561 zeigen, dass„... *GAAP net income contains many non-operating items that reduce its value relevance compared to operating earnings, comparing the value relevance of GAAP net income with operating earnings unduly favors operating earnings.*"

[487] Empirische Untersuchungen zeigen, dass Pro-forma-Ergebnisse genutzt werden, um die Schwankungen der US-GAAP-Ergebnisse zu glätten; die Volatilität von Pro-forma-Ergebnissen ist deshalb deutlich geringer als die von US-GAAP-Ergebnissen, vgl. Bryan/Lilien (2003), S. 1, Ciccone (2002), S. 10.

[488] Allerdings stellt sich dabei die Frage, warum die Fähigkeit einer Kennzahl, die eigene Entwicklung vorhersagen zu können, eine wünschenswerte Eigenschaft einer Performancekennzahl sein soll. Nur Cashflows stellen eine robuste Maßgröße dar, die sowohl gegenüber möglichen Verzerrungen der Quartals- und Jahresergebnisse durch nicht zahlungswirksame bzw. einmalige Erträge oder Aufwendungen als auch einer Glättung der Pro-forma-Ergebnissen robust ist, vgl. Doyle/Lundholm/Soliman (2003a), S. 147.

[489] Vgl. Lougee/Marquardt (2003), S. 26.

[490] Vgl. Lougee/Marquardt (2003), S. 25 ff. Diese Untersuchungen sind nur im Working Paper, nicht aber in der späteren Veröffentlichung dargestellt. Der Prognosezeitraum beträgt ein Jahr.

nifikante Prognosekraft für den Kerngeschäftserfolg haben. Nur bei Unternehmen mit einer qualitativ geringen US-GAAP-Berichterstattung sind Pro-forma- und US-GAAP-Ergebnisse gleichermaßen geeignet.[491]

Zu ähnlichen Ergebnissen gelangen Gu und Chen (2004); die Autoren untersuchen die Prognostizierbarkeit zukünftiger US-GAAP-Ergebnisse je Aktie durch von Analysten berechnete Pro-forma-Ergebnisse und die zur Berechnung der Pro-forma-Ergebnisse ausgeschlossenen Positionen; dabei werden die Pro-forma-Ergebnisse der Analysten in den Kerngeschäftserfolg (Core-EPS von Compustat)[492] sowie von Unternehmen als einmalig klassifizierte Positionen, die von Analysten bei der Berechnung des Pro-forma-Ergebnisses aber nicht herausgerechnet werden, aufgespalten.[493] Zusätzlich werden die zur Berechnung der Pro-forma-Ergebnisse ausgeschlossenen Aufwendungen in Ausschlüsse einmaliger Positionen sowie sonstige Ausschlüsse unterteilt.[494] Dabei zeigt sich, dass alle – ausgeschlossene wie auch nicht herausgerechnete – Positionen einen ökonomisch wie auch statistisch signifikanten Beitrag zur Prognose zukünftiger US-GAAP-Ergebnisse leisten. Analysten sind bei der Berechnung der Pro-forma-Ergebnisse insofern erfolgreich, dass die Core-EPS sowie die von Analysten nicht herausgerechneten einmaligen Positionen die höchste Prognosekraft für zukünftige US-GAAP-EPS haben.[495] Somit leisten die Pro-forma-Ergebnisse der Analysten einen wesentlichen Beitrag zur Prognose zukünftiger US-GAAP-Ergebnisse, die Vernachlässigung der von Analysten herausgerechneten Positionen reduziert aber die Prognosequalität der Pro-forma-Ergebnisse. Von Unternehmen ausgewiesene Pro-forma-Ergebnisse mit höheren Ausschlüssen, d.h. es werden auch Positionen herausgerechnet, die von Analysten bei der Berechnung der Pro-forma-Ergebnisse nicht ausgeschlossen werden, erlauben demzufolge nur eine

---

[491] Vgl. Lougee/Marquardt (2004), S. 788 ff.

[492] Compustat weist das Core-EPS als EPS vor außergewöhnlichen Positionen und vor einmaligen Positionen sowie anderen Ausschlüssen auf, vgl. Gu/Chen (2004), S. 136.

[493] Analysten sehen diese von Unternehmen als einmalig klassifizierten Positionen somit nicht als einmalig sondern als Teil des operativen Geschäfts an. Dazu zählen v.a. Goodwill-Amortisationen, Gewinne aus dem Verkauf von Vermögensgegenständen, Rechtsstreitkosten, Verluste oder Gewinne aus nicht fortgeführten Geschäftsaktivitäten sowie Abschreibungen auf Lagerbestände sowie sonstige Ausstattungen, vgl. Gu/Chen (2004), S. 147.

[494] Vgl. Gu/Chen (2004), S. 136.

[495] Vgl. Gu/Chen (2004), S. 152 f.

schlechtere Prognose zukünftiger US-GAAP-Ergebnisse je Aktie wie die Pro-forma-Ergebnisse der Analysten.[496]

Die Definition eines Kerngeschäftserfolgs bestimmt jedoch im Wesentlichen die Prognose-qualität. Die erzielten Ergebnisse sind damit unmittelbar vom gewählten Forschungsdesign abhängig. Als objektiveres und auch für die Unternehmensbewertung unmittelbar bedeuten-des Maß sollen zukünftige Cashflows als Referenzgröße herangezogen werden. Mit einem solchen Untersuchungsdesign kann die Frage gestellt werden, mit welcher Präzision Pro-forma-Ergebnisse zukünftige Cashflows voraussagen und ob die im Vergleich zu US-GAAP-Ergebnissen ausgeschlossenen Aufwendungen Prognosekraft auf zukünftige Cashflows ha-ben.[497] Ausgeschlossene Aufwendungen, die auf zukünftige Cashflow-Belastungen hinwei-sen, konterkarieren den Anspruch von Pro-forma-Ergebnissen, durch Adjustierungen einen im Vergleich zu auf Rechnungslegungsstandards basierenden Ergebnissen nachhaltigeren Ge-schäftserfolg auszuweisen.

### 5.2.2 Prognose zukünftiger Cashflows durch Pro-forma-Ergebnisse

Die Höhe des Periodenergebnisses hängt von der jeweiligen Ausnutzung der gesetzlich zuläs-sigen Bewertungsspielräume beim Ergebnismanagement ab und ist daher für die Beurteilung des tatsächlichen Periodenerfolgs des Unternehmens nur bedingt geeignet. Beim Cashflow ist davon auszugehen, dass dieser eine robuste Maßgröße darstellt, die sowohl gegenüber mögli-chen Verzerrungen der Quartals- und Jahresergebnisse durch nicht zahlungswirksame bzw. einmalige Aufwendungen oder Erträge als auch einem Ausweis von Pro-forma-Ergebnissen robust ist. Aus diesem Grund beruht auch die Unternehmensbewertung mehrheitlich auf Dis-counted-Cashflow-Verfahren, wobei der Unternehmenswert als Barwert der zukünftigen Ein-

---

[496] Unternehmen klassifizieren im Vergleich zu Analysten bei der Berechnung von Pro-forma-Ergebnissen deutlich häufiger regelmäßig anfallende, operative Positionen als einmalige Positionen. Dies erklärt, warum Pro-forma-Ergebnisse der Unternehmen in den USA zwischen 1998 und 2000 in 26% der Fälle höher aus-fallen als die Pro-forma-Ergebnisse der Analysten. In nur 9% der Fälle fallen die Pro-forma-Ergebnisse der Analysten höher aus als jene der Unternehmen; in 65% der Fälle stimmen beide Pro-forma-Ergebnisse ü-berein, vgl. Bhattacharya/Black/Christensen/Larson (2003), S. 301.

[497] Dies ist auch deswegen entscheidend, da Pro-forma-Ergebnisse durch keine Bestandsrechung begleitet wer-den, die etwa die Berechnung von Residualeinkommen ermöglicht. Andererseits bezweifelt Easton (2003), S. 178, dass die Cashflows der unmittelbar folgenden (ein bis drei) Geschäftsjahre geeignete Indikatoren für den Unternehmenswert sind, da der Unternehmenswert dem Barwert aller zukünftigen Cashflows ent-spricht. McKinsey&Company/Copeland/Koller/Murrin (2000), S. 276, zeigen, dass ca. 85% des Unterneh-menswertes aus dem geschätzten Fortführungswert, d.h. aus den erwarteten Cashflows von mehr als acht Jahren in der Zukunft liegenden Perioden stammen.

zahlungsüberschüsse, d.h. der Free Cashflows, ermittelt wird.[498] Einige Studien untersuchen deshalb die Prognostizierbarkeit zukünftiger Cashflows über einen Prognosezeitraum von bis zu drei Jahren durch Pro-forma-EPS.[499] Bei der Analyse von Unternehmen, die bei der Pro-forma-Berichterstattung Aufwendungen ausschließen, zeigen sich nachfolgende Ergebnisse:[500]

- Pro-forma-Ergebnisse einen signifikanten Beitrag zur Erklärung zukünftiger Cashflows leisten,[501]

- der Ausschluss von "Non-Recurring" und "Special Items" keinen signifikanten Einfluss auf zukünftige Cashflows hat,[502] aber

- darüber hinausgehende ausgeschlossene Aufwendungen mit Cashflow-Belastungen in der Zukunft verbunden sind.

Pro-forma-Ergebnisse unterstützen Investoren bei ihren Entscheidungsprozessen im Vergleich zu US-GAAP-Ergebnissen, wenn sich Unternehmen beim Ausweis der Pro-forma-Ergebnisse auf den Ausschluss von tatsächlich einmaligen „Non-Recurring Items" und "Special Items" beschränken.[503] Werden bei der Berechnung der Pro-forma-Ergebnisse aber darüber hinausgehende Aufwendungen des operativen Geschäfts ausgeschlossen, besteht die Gefahr der Ü-

---

[498] Vgl. Arbeitskreis „Wertorientierte Führung in mittelständischen Unternehmen" der Schmalenbachgesellschaft für Betriebswirtschaft e.V. (2004), S. 245, Coenenberg (2001), S. 945, Steiner/Wallmeier (1999), S. 1 ff.

[499] Vgl. Doyle/Lundholm/Soliman (2003a), S. 159 ff., Doyle/McNichols/Soliman (2005), S. 23 f. und S. 42, Gu/Chen (2004), S. 156 ff. Im Unterschied zu Lougee/Marquardt (2003, 2004), die von Unternehmen selbständig veröffentlichte Pro-forma-Ergebnisse auswerten, basieren diese Untersuchungen auf von Datenbankanbietern wie I/B/E/S gesammelten Pro-forma-Ergebnissen.

[500] Vgl. Doyle/Lundholm/Soliman (2003a), S. 160, dabei wird die Untersuchung für den „Cashflow from Operations", der einen Teil der Ergebnisveröffentlichung der Unternehmen darstellt sowie den „Free Cashflow" als nicht manipulierbare Bewertungsgröße durchgeführt. Gu/Chen (2004), S. 154, gelangen zu hinsichtlich der Vorzeichen der Regressionskoeffizienten gleichen Ergebnissen bezüglich der Erklärungskraft des Proforma-Ergebnisses sowie der Ausschlüsse auf den Cashflow; nur die absolute Höhe der zukünftigen Cashflowbelastungen fällt geringer aus. Die Studien greifen aber auf Daten unterschiedlicher Analysten-Tracking-Agenturen zurück.

[501] Auch für Großbritannien wird dies durch Choi/Lin/Walker/Young (2005), S. 22 ff., gezeigt. Während Proforma-Ergebnisse der Analysten und Unternehmen einen vergleichbaren Informationsgehalt bezüglich zukünftiger Cashflows haben, fällt die Erklärungskraft der UK-GAAP-Ergebnisse deutlich geringer aus.

[502] Burgstahler/Jiambalvo/Shevlin (2002), S. 585 ff., zeigen, dass „Special Items" überwiegend einmaligen Charakter haben und somit bewertungsirrelevant sind.

[503] Dadurch werden Verzerrungen auf Grund der in US-GAAP-Ergebnissen enthaltenen, für die Prognose zukünftiger Cashflows irrelevanten Aufwendungen für „Non-Recurring Items" und „Special Items" vermieden.

berschätzung der zukünftigen Performance des Unternehmens.[504] Dafür dürfen durch die Unternehmen im Rahmen ihrer Pro-forma-Berichterstattung keine Missklassifizierungen von operativen Aufwendungen als einmalige Aufwendungen vorgenommen werden, oder Analysten müssen die Missklassifizierungen erkennen und korrigieren.[505] Dies gilt insbesondere für Unternehmen, die operative Aufwendungen als einmalige Aufwendungen klassifizieren, um mit dem Pro-forma-Ergebnis die Analystenerwartungen knapp zu treffen oder zu übertreffen.[506] In diesem Fall ist die negative Beziehung zwischen den ausgeschlossenen Aufwendungen und den zukünftigen Cashflows statistisch besonders signifikant.[507]

Die vorangehenden Ergebnisse stehen im Einklang mit Ergebnissen früherer Studien, wonach das Ergebnis vor außerordentlichen Positionen einen höheren Informationsgehalt hat als das Ergebnis vor Goodwill-Abschreibungen, die wiederum zu den wesentlichen Ausschlüssen bei Pro-forma-Ergebnissen US-amerikanischer Unternehmen zählen.[508] Die separate Veröffentlichung von Ergebnissen vor Goodwill-Abschreibungen ist aus der Sicht von Investoren somit ohne zusätzlichen weiteren Informationsgehalt; demzufolge erscheint die Regelung der unbegrenzten Nutzungsdauer des Goodwills in IFRS und US-GAAP sinnvoll. Die teilweise bessere Eignung von US-GAAP-Ergebnissen als Schätzer für zukünftige Cashflows im Vergleich zu Pro-forma-Ergebnissen kann darauf zurückgeführt werden, dass die Verzerrungen von US-GAAP-Ergebnissen durch ein Ergebnismanagement überschätzt werden.[509] Ausschlaggebend

---

504 Vgl. Doyle/Lundholm/Soliman (2003a), S. 159 ff., Hsu (2004), S. 35.

505 Von Analysten korrigierte Pro-forma-Ergebnisse fallen geringer aus als von Unternehmen selbst ausgewiesene Pro-forma-Ergebnisse, d.h. Analysten korrigieren Missklassifizierungen der Unternehmen. Zudem haben von Analysten ausgeschlossene Positionen eine deutlich geringere Bedeutung für die zukünftige Ertragslage als die Pro-forma-Ergebnisse. Analysten sind somit vergleichsweise erfolgreich bei der Aufbereitung der Ergebnisse, vgl. Frankel/Roychowdhury (2004), S. 12 f., Gu/Chen (2004), S. 152. Demgegenüber zeigen andere Untersuchungen, dass Analysten häufig nur die Pro-forma-Kennzahlen der Unternehmen aufnehmen, auch wenn sie nicht konsistent mit den entsprechenden Definitionen der Analysten-Tracking-Agenturen sind, vgl. Forbes (2001).

506 Der Anteil der ausgeschlossenen operativen Aufwendungen steigt bei diesen Unternehmen im Vergleich zu anderen Unternehmen mit ausgeschlossenen Aufwendungen von 44% auf 66%, während der Anteil der einmaligen Aufwendungen von 56% auf 33% fällt, vgl. Doyle/McNichols/Soliman (2005), S. 18 und S. 34 ff.

507 Dies bedeutet, dass die ausgeschlossenen Aufwendungen operative Aufwendungen des Kerngeschäfts darstellen und keineswegs transistorische, wie vom Management dargestellt, vgl. Doyle/McNichols/Soliman (2005), S. 42.

508 Vgl. Moehrle/Reynolds-Moehrle/Wallace (2001), S. 251.

509 Auch Ineffizienzen des Kapitalmarkts können dafür verantwortlich sein. Die Dominanz von Multiplikatorverfahren bei der Unternehmensbewertung, z.B. die Beurteilung von Unternehmenswerten durch das Kurs-Gewinn-Verhältnis führt tautologisch zu einem engen Zusammenhang von Ergebnissen und an der Marktkapitalisierung gemessen Unternehmenswerten. Dementsprechend zeigen Penman/Sougiannis (1998), dass

dafür ist, dass traditionelle Maßnahmen des Ergebnismanagements (z.B. durch Accruals) in den Folgeperioden wieder aufgelöst werden müssen und auf Rechnungslegungsstandards basierende Ergebnisse somit durchschnittlich gute Schätzer für die zukünftige Ertragslage sind.[510] Zum Teil schlagen sich Maßnahmen des Ergebnismanagements auch teilweise in den Cashflows nieder. Dies ist dann der Fall, wenn die ökonomische Lage der Unternehmen manipuliert wird (z.B. durch Verkäufe auf Kredit ohne adäquate Verzinsung) oder Cashflowrelevante Maßnahmen (z.B. Verkäufe von Vermögensgegenständen oder Geschäftsbereichen) so zeitlich gestaltet werden, dass die angestrebten Ergebnis- und Cashflowziele erreicht werden.[511] Cashflows bilden dann einen ebenso verzerrten Maßstab für die zukünftige Ertragslage wie Ergebnisse. In beiden Fällen sollten Ergebnisse dann durchschnittlich gute Schätzer für zukünftige Cashflows sein.[512]

Inwieweit von Pro-forma-Ergebnissen deutscher Unternehmen die Gefahr der Überschätzung der zukünftigen Performance oder die Chance zusätzlicher Informationen für Investoren ausgeht, ist aus empirischer Sicht eine offene Frage. Die Aussagekraft des EBITDA sowie der für die Berechnung des EBITDA ausgeschlossenen Aufwendungen für die zukünftigen operativen Cashflows wurde bislang weder für die USA noch für Deutschland empirisch untersucht. Der opportunistische Charakter von Pro-forma-Größen, insbesondere für das in Deutschland populäre, aber in der Literatur nicht analysierte EBITDA ist eine weiterhin offene Frage. Im Folgenden wird untersucht, ob zukünftige Cashflows durch EBITDAs und die bei der Berechnung der EBITDAs ausgeschlossenen Aufwendungen prognostiziert werden können. Auf dieser Basis soll empirisch validiert werden, ob Pro-forma-Ergebnisse in Form des EBITDA Investoren eine zutreffende Prognose zukünftiger Cashflows und damit indirekt des Unternehmenswertes erlauben und somit Unternehmensleitungen eine opportunistische Ausgestaltung der Berechnung vornehmen.

---

Vier-Jahres-Cashflows anders als US-GAAP-Ergebnisse nur in einem schwachen Zusammenhang mit Unternehmenswerten stehen.

510 Vgl. Easton (2003), S. 178.

511 Vgl. Burgstahler/Dichev (1997), S. 116 ff., Burgstahler/Eames (2003), S. 264 ff., McVay (2005), S. 1. Dechow/Richardson/Tuna (2003), S. 377, widerlegen allerdings, dass ein Ergebnismanagement eingesetzt wird, um operative Cashflows zu manipulieren. Stattdessen machen die Autoren statistische Verzerrungen auf Grund der Skalierung der Variablen für die Ergebnisse der vorangehenden Studien verantwortlich.

512 Empirische Untersuchungen belegen, dass US-GAAP-Ergebnisse besser zur Prognose zukünftiger operativer Cashflows geeignet sind als die gegenwärtigen operativen Cashflows, vgl. Dechow/Kothari/Watts (1998), S. 152.

**5.3 Kritische Betrachtung der Nutzung der Pro-forma-Kennzahlen der EBITDA-Familie in der Unternehmensberichterstattung**

*5.3.1 Überblick über kritische Aspekte der Nutzung der Pro-forma-Kennzahlen der E-BITDA-Familie*

Befürworter eines Ausweises von Kennzahlen der EBITDA-Familie sehen einen Vorteil darin, dass die Kennzahl EBITDA als annähernd gleichbedeutend zum Cashflow des Unternehmens angesehen wird.[513] Wesentliche Limitierungen der EBITDA-Kennzahl, vor allem im Vergleich zum Cashflow, werden von Anwendern und Investoren dagegen häufig übersehen. Diese Limitierungen bestehen vor allem darin, dass:[514]

1. die Kennzahl EBITDA keine zutreffende Einschätzung des (Free) Cashflows und somit des Unternehmenswertes erlaubt, da

   a. der EBITDA im Unterschied zum Free Cashflow keine Veränderungen des Working Capitals berücksichtigt und deshalb bei einem starken Wachstum des Working Capitals die Cashflows überschätzt werden,

   b. EBITDA-Kennzahlen bei Unternehmen mit einer vor allem kurzlebigen Anlagevermögensstruktur keinen Aufschluss über zukünftige Cashflowbelastungen durch notwendige Ersatzinvestitionen zulassen,

   c. der EBITDA die Unterschiede in den angewandten Rechnungslegungsmethoden ignoriert und so zu starken Abweichungen im Vergleich zum Cashflow führen kann.

2. die Kennzahl EBITDA ein irreführendes Maß für die Liquidität darstellen kann.

3. die Kennzahl EBITDA kein zuverlässigen Vergleichsmaßstab für die Profitabilität von Unternehmen darstellt, da

   a. keine Rückschlüsse über die Qualität und vor allem die Nachhaltigkeit der Ergebnisse eines Unternehmens möglich sind,

   b. EBITDA auf Grund der unterschiedlichen Rechnungslegungsstandards keinen international verlässlichen Vergleichsmaßstab für Unternehmen darstellen,

---

[513] Vgl. Moody`s Investors Service (2000), S. 3.
[514] Vgl. Moody`s Investors Service (2000), S. 1.

c. branchenspezifische Faktoren ignoriert werden und deshalb der EBITDA auch branchenübergreifend kein adäquater Vergleichsmaßstab für Unternehmen darstellt,

d. EBITDA im gleichen Maß dem Ergebnismanagement von Unternehmen wie Quartalsoder Jahresergebnisse unterliegen.

Nachfolgend werden die Punkte 1) bis 3) erläutert.[515]

### 5.3.2 Keine Berücksichtigung von Veränderungen des Working Capitals

Die Interpretation von EBITDA-Kennzahlen als Maßstab für den Cashflow basiert auf der Annahme, dass Erträge und Aufwendungen, die außerhalb von Zinsen, Steuern und Abschreibungen anfallen, gleichbedeutend mit Ein- bzw. Auszahlungen der Unternehmen sind. Dies ist allerdings dann nicht der Fall, wenn Zahlungen in anderen Perioden anfallen als die Erträge bzw. Aufwendungen. In diesem Fall führen Erträge bzw. Aufwendungen lediglich zu Veränderungen des Working Capitals durch Zu- oder Abnahmen von Forderungen bzw. Verbindlichkeiten. Während eine EBITDA-Betrachtung zu der Annahme stark zunehmender Cashflows führen würde, nehmen die Cashflows tatsächlich nicht zu sondern sogar ab, wenn die Veränderungen des Working Capitals nicht durch Anpassungen der Finanzierung ausgeglichen werden.[516] Diese Effekte werden insbesondere dann stark auftreten, wenn ein starkes Umsatzwachstum zu einem ebenso starken Anstieg der Forderungen aus Lieferungen und Leistungen führt.

### 5.3.3 Kein Aufschluss über zukünftige Cashflowbelastungen durch notwendige Ersatzinvestitionen

Die Interpretation des EBITDA als Indikator für die Profitabilität von Unternehmen unterstellt, dass Abschreibungen auf das Anlagevermögen auch mittelfristig zu keinen Cashflowbelastungen durch erforderliche Reinvestitionen führen.[517] Diese Reinvestitionen sind aus den zukünftigen operativen Cashflows zu bedienen, insoweit keine Cashüberschüsse vorhanden sind, eine weitere Kapitalaufnahme erfolgen kann oder dies durch Verkäufe aus dem Anlagevermögen finanziert werden soll. Deshalb bilden EBITDA-Kennzahlen nur dann einen guten

---

[515] Die Diskussion der Nachteile einer EBITDA-Berichterstattung für die Punkte 1a) bis 3d) in den Abschnitten 5.3.2 bis 5.3.9 orientiert sich an Moody's Investor Service (2000).

[516] Jede vierte Insolvenz im deutschen Baugewerbe wird beispielsweise auf die schlechte Zahlungsmoral von Kunden zurückgeführt, vgl. Pressemeldung des Zentralverbands des Deutschen Baugewerbes (2004).

[517] Die Belastung des Ergebnisses mit der Buchwertabschreibung muss nicht mit der ökonomischen Abschreibung übereinstimmen. Dabei kann die ökonomische die buchhalterische Abschreibung überschreiten.

Vergleichsmaßstab für die Profitabilität von Unternehmen, wenn der Anlagevermögensbestand gleich langlebig ist; kaum geeignet ist der EBITDA für Unternehmen mit kurzlebigem Anlagevermögen sowie für Unternehmen aus Branchen mit einem hohen technologischen Wandel.

### 5.3.4 Verarbeitung der Unterschiede der angewandten Rechnungslegungsmethoden

Unterschiedliche Rechnungslegungsstandards und -methoden nehmen einen signifikanten Einfluss auf die Berechnung und die Qualität des EBITDA. Die Interpretation des EBITDA als eine Annäherung an den Cashflow erfordert, dass alle ausgewiesenen Erträge tatsächlich zu Einzahlungen führen. Rechnungslegungsmethoden, die die ergebniswirksame Vereinnahmung des Umsatzes ohne eine zeitnahe Begleichung der Forderung beschleunigen, machen den EBITDA zu einer schlechten Grundlage der Vergleichbarkeit zum Cashflow der Unternehmen.

Zu den Regeln der Umsatzvereinnahmung, bei denen Umsatzlegung und Zahlungseingang nicht zeitnah miteinander korrelieren, gehört die „Percentage-of-Completion"-Methode.[518] Unternehmen, die Dienstleistungen und Anlagen durch Langfristverträge verkaufen, nutzten häufig die POC-Methode. Der Fertigstellungsgrad und damit der Umfang der zu bilanzierenden Umsätze wird anhand input- oder outputorientierter Methoden durch das Unternehmen und nicht durch Abnahmen des Kunden ermittelt.[519] Die tatsächlichen Kundenforderungen werden allerdings entsprechend den Vertragsbedingungen gestellt. Die Beträge, die bereits als Umsatz entsprechend der POC-Methode gelegt worden sind, aber dem Kunden noch nicht in Rechnung gestellt sind, werden als nicht eingeforderter Forderungsbestand geführt. Unternehmen, die einen hohen Anteil der Umsätze ihrer Langfristaufträge nach der POC-Methode bilanzieren, erzeugen einen großen Unterschied zwischen der Kennzahl EBITDA und dem tatsächlich verfügbaren Liquiditätsbestand vor allem durch den hohen Bestand an nicht in Rechnung gestellten Forderungen.[520] Auch wenn der EBITDA ein gutes Maß für die Profita-

---

518 Vgl. IAS 11, SOP 81-1 ff., SOP 97-2 und ARB 45. Im IAS-Sprachgebrauch wird davon abweichend von der „Stage-of-Completion-Methode" gesprochen. Der Begriff der langfristigen Auftragsfertigung ist nach US-GAAP und in den IAS definiert. Auch der Vorgang der Revenue Recognition ist, im Gegensatz zum HGB, dort möglich. Da bereits ein großer Teil der deutschen Unternehmen des DAX30 sowie MDAX nach diesen Rechnungslegungsstandards bilanziert, wird diese Vorgehensweise umfangreich eingesetzt.

519 Vgl. IAS 11.30 f., SOP 81-1-1.46. Die Realisierung entsprechend dem Fertigstellungsgrad ist an die Voraussetzungen der verlässlichen Bestimmbarkeit der Gesamtkosten und der Gesamterlöse geknüpft.

520 Um die POC-Methode adäquat anwenden zu können, ist die Voraussetzung einer entsprechenden Kostenprognose und Kostenkontrolle zu erfüllen. Unternehmen haben dabei das Risiko, entsprechend des Kosten-

bilität darstellt, gilt dies somit nicht für den Cashflow. Der operative Cashflow bleibt die besere Kennzahl, um zu zeigen, wie viele finanzielle Mittel ein Unternehmen erwirtschaftet, denn Änderungen des Working Capitals (Änderungen in den Forderungen, Verbindlichkeiten und Vorräten), werden explizit berücksichtigt.

### 5.3.5 *Irreführende Messung der Liquidität der Unternehmen*

Ein Vergleich des Liquiditätspotentials von Unternehmen erfordert vor allem Aussagen über die Fähigkeiten der Unternehmen, zukünftigen Zahlungsverpflichtungen nachzukommen. Allerdings erlaubt der EBITDA nur eine zeitpunktbezogene Darstellung der Liquiditätssituation. Die zeitliche Struktur der Zahlungsströme fließen in eine EBITDA-Betrachtung ebenso wenig ein wie Beschränkungen oder Rückzahlungsverpflichtungen von Kreditlinien auf Grund von Financial Covenants.[521] Darüber hinaus müssen der EBITDA-Berechnung zugrunde liegende Erträge, wie zuvor dargestellt, nicht mit einem Zufluss von Einzahlungen einhergehen, so dass auch die zeitpunktbezogene Einschätzung der Liquiditätslage irreführend sein kann. Der EBITDA erlaubt somit kaum Aussagen, ob ein Unternehmen in der Lage ist, das operative Geschäft betreiben sowie die Bedienung der finanziellen Verpflichtungen realisieren zu können.[522]

### 5.3.6 *Keine Rückschlüsse über Qualität bzw. Nachhaltigkeit der Ergebnisse ermittelbar*

Das Herausrechnen von Abschreibungen basiert auf der Annahme, dass die historisch getätigten Auszahlungen „sunk costs" darstellen und keine zukünftigen Belastungen der operativen Ergebnisse und Cashflows verursachen werden. Inwieweit diese nicht zahlungswirksamen Belastungen tatsächlich durch die Unternehmen genutzt werden können und für die Rückzahlung der Verbindlichkeiten zur Verfügung stehen, kann allerdings angezweifelt werden.[523]

---

anfalls einen hohen Bestand an nicht in Rechnung gestellten Forderungen aufzubauen und entsprechend die Umsätze zu bilanzieren (revenue recognition), ohne das dem ein entsprechend zeitnaher Zahlungseingang gegenübersteht. Dies ist vor allem dann problematisch, wenn die tatsächlichen Kosten die ursprünglich geplanten Erwartungen bzgl. der Kosten übersteigen. Damit wird die Kennzahl EBITDA zu einem inadäquaten Vergleichsmaßstab.

521 Dabei wird der EBITDA als Vertragsbestandteil genutzt, der bei weiteren Kreditaufnahmen den zulässigen Wert der Verschuldung für das Unternehmen aufzeigt (z.B. Consolidated Coverage Ratio, Maximum Leverage Ratio).

522 Dabei kann ein Unternehmen einen hohen EBITDA auf Konzernebene ausweisen und doch nicht in der Lage sein, die Verbindlichkeiten inkl. Zinsen zurückzuzahlen. Dabei kann der Cash-Bestand bei der Tochter liegen, die ihn bereits investiert hat oder bei einer ausländischen Tochtergesellschaft liegen, wo er Restriktionen bei der Rückführung an die Muttergesellschaft z.B. in Form von Rückführungsbeschränkungen, Quellensteuer oder Dividendenzahlungen unterliegt.

523 Je größer der Anteil des EBIT am EBITDA, umso höher ist der dazugehörige Cashflow.

Wenn das Unternehmen vom Cash-Bestand aus dem operativen Geschäft abhängt, um neue Investments zu finanzieren, sind die Beträge aus den Abschreibungen nicht oder nur teilweise für die Bedingung der Verbindlichkeiten vorhanden. Beispielsweise deuten Goodwill-Abschreibungen auf Grund eines Impairment-Tests darauf hin, dass bislang die Ertragskraft der zugekauften Unternehmen überschätzt worden ist. Demzufolge war nicht nur der Kaufpreis überschätzt worden, sondern es ist auch auf Konzernebene zukünftig mit geringeren operativen Ergebnisbeiträgen dieses Konzernunternehmens im Rahmen der Folgekonsolidierung und somit mit insgesamt geringeren Konzernergebnissen zu rechnen. Somit sind Goodwillabschreibungen auf Grund von Impairment-Tests von nachhaltigem Interesse für Investoren, den diese geben Auskunft über die zukünftige Ertragslage bzw. Cashflowkraft. Dagegen kann der EBITDA vor diesen Goodwill-Abschreibungen zu einer deutlichen Überschätzung der Ertragskraft führen. Da die Kennzahl EBITDA in der Praxis häufig eingesetzt wird, um Bewertungsmultiples von Unternehmen oder Kaufpreise von Unternehmen zu vergleichen, können auch Vergleiche von EBITDA-Multiples zu Fehleinschätzungen von Unternehmenswerten führen.

### 5.3.7 *International kein adäquater Vergleichsmaßstab für Unternehmen*

Die Kennzahl EBITDA, die auf Basis von Jahres- oder Quartalsergebnissen unterschiedlicher Rechnungslegungsstandards ermittelt wird, wird sich auch für identische Unternehmen signifikant unterscheiden. Es bestehen teilweise signifikante Bilanzierungs- und Bewertungsunterschiede zwischen US-GAAP, IAS/IFRS und HGB.

### 5.3.8 *Branchenübergreifend kein adäquater Vergleichsmaßstab für Unternehmen*

Insbesondere High-Tech-Unternehmen, aber auch von starken technischen Entwicklungen abhängige Branchen sind mit dem Problem konfrontiert, in kürzeren Zeiträumen ihre Infrastruktur, d.h. ihr Anlagevermögen, ersetzen oder modernisieren zu müssen. Im Unterschied zu traditionellen Industrien, die ihr Anlagevermögen langfristig nutzen können, weisen Abschreibungen dann auf in naher Zukunft zu erwartende, regelmäßig wiederkehrende Cashflow-Belastungen hin. Eine Nicht-Berücksichtigung dieser Abschreibungen im EBITDA unterstellt aber, dass die Unternehmen adäquate Finanzierungsmöglichkeiten für die notwendigen Investitionen finden und die bisherige Rentabilität des Geschäftsmodells aufrechterhalten können. Insbesondere bei High-Tech-Unternehmen muss dies in Abhängigkeit des technischen Fortschritts bei Wettbewerbern nicht der Fall sein. Ein Vergleich des EBITDA von Unternehmen, die nicht auf einen Ersatz oder Modernisierung ihres Anlagevermögens angewiesen sind mit Unternehmen, für die dies in hohem Maße zutrifft, führt somit zu starken Verzerrungen.

### 5.3.9 Hohe Abhängigkeit vom Ergebnismanagement der Unternehmen

Ebenso wie Periodenergebnisse können die EBITDA durch Ergebnismanagementmaßnahmen beeinflusst werden. Einerseits besteht die Möglichkeit, Aufwendungen zu Gunsten des derzeitigen EBITDA und zu Lasten des zukünftigen EBITDA zu kürzen, indem z.B. Aufwendungen für Forschung und Entwicklung reduziert und Gegenstände des Anlagevermögens verkauft werden. Anderseits können Bewertungsspielräume genutzt werden, um den EBITDA zu beeinflussen. Insbesondere Impairment-Tests bilden hierfür eine geeignete Grundlage, da bereits kleine Anpassungen in Discounted-Cashflow-Modellen, etwa beim Diskontierungsfaktor, zu massiven Anpassungen der Unternehmenswerte führen. Da diese Aufwendungen beim Ergebnisausweis herausgerechnet werden, ist die Kennzahl EBITDA in noch stärkerem Maße für ein Ergebnismanagement anfällig als das Periodenergebnis.

### 5.4 Ergebnisse der empirischen Untersuchung zum Informationsgehalt von Proforma-Ergebnissen in Deutschland

### 5.4.1 Untersuchungsmethoden und Hypothesen

Die Bestimmung eines EBITDA kann korrekt, (unbewusst) fehlerhaft oder ergebnispolitisch motiviert (opportunistisch) sein. Um den ergebnispolitischen Charakter der EBITDA-Berechnung beurteilen zu können, wird folgende Überlegung angestellt:

Die EBITDA-Berechnung gilt dann als ergebnispolitisch motiviert, wenn die bei der Bestimmung ausgeschlossenen Aufwendungen Prognosekraft für zukünftige operative Cashflows aufweisen.

Bei einer fehlerfreien Ermittlung wären nur einmalige, nicht wiederkehrende und nicht zahlungswirksame Bestandteile ausgeschlossen. Diese Aufwendungen haben keine Prognosekraft. Gleiches kann für den Fall einer (unbewusst) fehlerhaften Berechnung angenommen werden. Es ist denkbar, dass Unternehmen (systematisch) fehlerhaft rechnen; dies ist aber weder plausibel noch gibt es für eine solche Vermutung Anhaltspunkte. Allerdings sind die Ergebnisse im Hinblick auf diese Annahme eingeschränkt. Statistisch bedeutet eine korrekte Ermittlung des EBITDA, dass die ausgeschlossenen Aufwendungen ein Rauschen darstellen, das selbst keinerlei Aussagekraft für zukünftige Cashflows hat. Eine opportunistisch angelegte Berechnung ist dagegen dann anzunehmen, wenn von den ausgeschlossenen Aufwendungen Informationen über zukünftige Cashflow-Belastungen ausgehen. Dann wären die ausgeschlossenen Aufwendungen im statistischen Mittel nicht einmalig, sondern (zumindest zum Teil) wiederkehrend und zahlungswirksam.

Die operativen Cashflows werden gewählt, da diese anders als die Free Cashflows, nicht diejenigen Investitionsauszahlungen beinhalten, die durch Abschreibungen und Goodwill-Amortisationen periodisiert werden; gleichfalls ist der Finanzierungscashflow aus der Eigen- und Fremdfinanzierung nicht Teil des operativen Cashflows. Nachfolgend werden operativer Cashflow und Cashflow synonym verwendet. Die ausgeschlossenen Aufwendungen werden als Differenz des Quartals- bzw. Jahresergebnisses und dem EBITDA ermittelt.[524] Alle Variablen werden mit der Bilanzsumme skaliert, um Verzerrungen durch Größenunterschiede der untersuchten Unternehmen zu vermeiden. Von den 63 Unternehmen werden die 49 MDAX und DAX30-Unternehmen, die in ihren Quartals- und Jahresabschlussgeschäftsberichten einen EBITDA ausweisen, für den Zeitraum Q1-2000 bis Q4-2003 in die Untersuchung einbezogen (784 Untersuchungspunkte).

Da unklar ist, über welchen Zeitraum Cashflows durch EBITDAs oder die ausgeschlossenen Aufwendungen prognostizierbar sind, wird die empirische Untersuchung für verschiedene Prognosezeiträume zwischen einem und acht Quartalen $\tau = \{1, 2, 3, 4, 5, 6, 7, 8\}$ durchgeführt. Für $\tau \geq 2$ werden dafür jeweils die Cashflows aus den im Prognosezeitraum liegenden Quartalen für $t = 1, \ldots, \tau$ aggregiert.

Ein Pooling der 49 Konzernunternehmen, die EBITDA-Kennzahlen ausweisen, würde in Verbindung mit der Aggregation der Cashflows für $\tau \geq 2$ in (9) ein erhebliches ökonometrisches Problem darstellen.[525] Ursache dafür ist die Messung der EBITDAs und ausgeschlossenen Aufwendungen in jedem Quartal, während die Cashflows für $\tau \geq 2$ über mehrere Quartale aggregiert werden. Dadurch gingen Cashflows aus einem Quartal mehrfach in die Querschnittsregressionen (9) ein. Nachfolgendes Beispiel für $\tau = 3$ soll dies illustrieren:

---

524 Auf Grund der unterschiedlichen Berechnungsschemata für den EBITDA sowie der von – für US-amerikanische Studien verwendeten – Compustat-Datenbank abweichenden Datenbankstrukturen von Bloomberg aber auch Datastream ist eine weitere Unterteilung der zur Berechnung der Pro-forma-Ergebnisse in Form des EBITDA ausgeschlossenen Aufwendungen in herausgerechnete (i) Zinsen, Steuern, Abschreibungen und Amortisationen, (ii) einmalige Sondereinflüsse und (iii) andere Ausschlüsse nicht möglich.

525 Vgl. Doyle/Lundholm/Soliman (2003a), S. 153.

1. Cashflow(2001:Q1) + Cashflow(2001:Q2) + **Cashflow(2001:Q3)** = $\alpha_0$ + $\alpha_1$ * EBIT-
   DA(2000:Q4) + $\alpha_2$ * Ausgeschlossene Aufwendungen(2000:Q4)

2. Cashflow(2001:Q2) + **Cashflow(2001:Q3)** + Cashflow(2001:Q4) = $\alpha_0$ + $\alpha_1$ * EBIT-
   DA(2001:Q1) + $\alpha_2$ * Ausgeschlossene Aufwendungen(2001:Q1)

3. **Cashflow(2001:Q3)** + Cashflow(2001:Q4) + Cashflow(2002:Q1) = $\alpha_0$ + $\alpha_1$ * EBIT-
   DA(2001:Q2) + $\alpha_2$ * Ausgeschlossene Aufwendungen(2001:Q2).

Auf Grund der mehrfachen Berücksichtigung von Cashflows[526] aus einzelnen Quartalen bei der Aggregation der zu prognostizierenden Cashflows entstehen Autokorrelationen, die bei der Anwendung gepoolter Querschnittsregressionen über mehrere Quartale zu erheblich verzerrten Schätzwerten für die Regressionskoeffizienten und Teststatistiken führen würden. Um solche Verzerrungen zu vermeiden, wird das Verfahren von Fama und MacBeth (1973) mit gegenüber Autokorrelationen robusten Newey-West-Schätzern angewendet. Dieses Verfahren ist in der empirischen Kapitalmarktforschung etabliert.[527] Kernelement des Verfahrens von Fama und MacBeth ist ein zweistufiges Vorgehen. In einem ersten Schritt werden für alle Quartale im Untersuchungszeitraum einzelne Querschnittsregressionen durchgeführt. Unter den bekannten Annahmen der linearen Einfachregression lassen sich die Regressionskoeffizienten zu jedem Quartal berechnen, so dass für die Regressionskoeffizienten $\alpha_i$ aus jedem Quartal Schätzwerte $\hat{\alpha}_i$, d.h. Zeitreihen von Regressionskoeffizienten mit insgesamt T Beobachtungen, vorliegen. Die Schätzungen unterliegen einer Zufallskomponente $\hat{\varepsilon}$. Die Schätzwerte $\hat{\alpha}_i$ können als Realisierungen der Zufallsvariablen $\alpha_i$ interpretiert werden, so dass unter der Annahme $E(\hat{\varepsilon}) = 0$ in einem zweiten Schritt die Regressionskoeffizienten $\alpha_i$ für den gesamten Untersuchungszeitraum durch die Mittelwerte der Schätzungen für die Regressionskoeffizienten $\hat{\alpha}_i$ bestimmt werden als

---

526 Bei der Prognose der zukünftigen Cashflows zur Untersuchung des Informationsgehalts von Pro-forma-Ergebnissen ist es erforderlich, die abhängige Variable über mehrere Quartale zu aggregieren, während die unabhängige Variable nur zu einem Zeitpunkt gemessen wird. Auf Grund der durch die Aggregation entstehenden Autokorrelationen werden herkömmliche Pooling-Verfahren mit traditionellen Kleinste-Quadrate-Schätzern zu stark verzerrten Schätzern führen. Deshalb wird bei den betroffenen Untersuchungen das Fama-MacBeth-Verfahren angewendet, in dem die Querschnittsregressionen für jedes Quartal separat durchgeführt werden, die Schätzer und T-Statistiken mit Hilfe des Schätzverfahrens von Newey und West um die Auswirkungen der Autokorrelationen bereinigt werden, um abschließend nach dem Verfahren von Fama und MacBeth die Schätzwerte und Teststatistiken für den gesamten Untersuchungszeitraum als Durchschnitt der einzelnen Schätzer aus den Quartalen zu berechnen.

527 Vgl. Campbell/Lo/MacKinley (1997), S. 535, Wallmeier (2000), S. 39 f.

$$\alpha_i = \frac{1}{T}\sum_{t=1}^{T}\hat{a}_{i,t} \; .$$

Die Fama-MacBeth-t-Statistiken werden dann ebenfalls auf Basis der geschätzten Regressionskoeffizienten errechnet als

$$t(\alpha_i) = \frac{\alpha_i\sqrt{T}}{\sigma(\alpha_i)} \; \text{mit} \; \sigma(\alpha_i) = \sqrt{\frac{1}{T-1}\sum_{t=1}^{T}(\hat{a}_{i,t}-\alpha_i)^2} \; .$$

Auf Grund der vorliegenden Autokorrelationen besteht eine zusätzliche Schwierigkeit in einer korrekten Erfassung der Varianz des Schätzers aus der Regressionsgleichung. Newey und West (1987) haben für diesen Fall ein Verfahren entwickelt, das sowohl gegenüber heteroskedastischen Residuen als auch Autokorrelationen robust ist, ohne dass die Formen von Autokorrelation oder Heteroskedastizität bekannt sein müssen. Das Verfahren beruht auf einer Korrektur der Varianz des Schätzers aus den Regressionen. Gibt T die Anzahl der Beobachtungen und k die Anzahl der Regressoren wieder, so kann die Varianz des Schätzers gemäß dem Verfahren von Newey und West berechnet werden als:[528]

$$Var(\alpha) = T(\mathbf{X}^T\mathbf{X})^{-1}\Sigma(\mathbf{X}^T\mathbf{X})^{-1}$$

mit der Varianz-Kovarianz-Matrix:

$$\Sigma = \frac{T}{T-k}\left\{\sum_{t=1}^{T}\varepsilon_t^2\mathbf{x}_t\mathbf{x}_t^T + \sum_{v=1}^{q}\left[\left(1-\frac{v}{q+1}\right)\sum_{t=1+v}^{T}\left(\mathbf{x}_t\varepsilon_t\varepsilon_{t-v}\mathbf{x}_{t-v}^T + \mathbf{x}_{t-v}\varepsilon_{t-v}\varepsilon_t\mathbf{x}_t^T\right)\right]\right\} \; .$$

Dabei stellt $\mathbf{x}$ den k-dimensionalen Vektor der unabhängigen Variablen zu einem Beobachtungspunkt t dar. $\mathbf{X}$ stellt dann die (T x k)-Matrix aller Beobachtungen der unabhängigen Variablen dar. Der linke Teil der Gleichung für die Varianz-Kovarianz-Matrix $\Sigma$, d.h. $\sum_{t=1}^{T}\varepsilon_t^2\mathbf{x}_t\mathbf{x}_t^T$, stellt sicher, dass der Kleinste-Quadrate-Schätzer gegenüber heteroskedastischen Residuen robust ist. Der verbleibende Teil der Gleichung für $\Sigma$ korrigiert dagegen den Einfluss autokorrelierter Residuen mit $E(\varepsilon_t\varepsilon_{t-v}) \neq 0$.[529] Von nachhaltiger Bedeutung ist die Festlegung von $q$. Dieser Parameter stellt sicher, dass der Kleinste-Quadrate-Schätzer trotz Autokorrelationen konsistent ist. Die Gewichtung $\left(1-\frac{v}{q+1}\right)$ der Korrekturen um die Auto-

---

[528] Vgl. Newey/West (1987), S. 703 ff.
[529] Vgl. Campbell/Lo/MacKinley (1997), S. 535.

korrelationen entsprechen Barlett-Gewichten, die linear mit zunehmendem Lag v der Auto-korrelationen abnehmen und dadurch sicherstellen, dass der Schätzer für die Varianz-Kovarianz-Matrix nicht positiv definit wird.

Das hier nicht angewandte Pooling-Verfahren kann unter gewissen Annahmen wie das Fama-MacBeth-Verfahren als Zeitreihe von Querschnittsregressionen dargestellt werden. Dennoch bleiben signifikante Unterschiede zwischen dem Pooling-Verfahren und dem hier angewende-ten Fama-MacBeth-Verfahren bestehen. Diese Unterschiede kommen in der Berechnung der Regressionskoeffizienten sowie ihrer Standardabweichungen zum Ausdruck. Beim Pooling-Verfahren werden zur Berechnung der Regressionskoeffizienten für den gesamten Untersu-chungszeitraum die in den einzelnen Querschnittsregressionen ermittelten Regressionskoeffi-zienten gewichtet. Die Gewichte stehen in einem umgekehrten Verhältnis zur geschätzten Va-rianz der Koeffizienten. Im Extremfall, in dem sich zufällig in einem der Quartale eine fast exakte Schätzung mit einem Standardfehler von nahezu Null ergibt, führt dies dazu, dass die Regressionskoeffizienten aus diesem Quartal als Schätzergebnis übernommen werden. Alle anderen Quartale mit positiven Standardfehlern haben dagegen keine Bedeutung für die Pa-rameterschätzung. Diesem Vorgehen liegt die Grundannahme von Pooling-Modellen zugrun-de, dass eine einmalige exakte Schätzung der Regressionskoeffizienten ausreicht, wenn in je-dem Quartal der gleiche statistische Zusammenhang, d.h. die gleiche Regressionsgleichung, gilt. Im Gegensatz dazu verzichtet das Verfahren von Fama und MacBeth auf eine Übernah-me der Regressionskoeffizienten aus einzelnen Quartalen mit Standardfehlern von Null. Dies wird lediglich als ein Zufallsereignis interpretiert. Diese Zufallsereignisse werden ebenso wie die anderen Schätzwerte mit positiven Standardfehlern in die Ermittlung der Schätzfehler ü-bernommen.

Pooling-Verfahren haben damit gegenüber dem Fama-MacBeth-Verfahren den Nachteil, dass in Folge der Gewichtung der periodischen Regressionskoeffizienten bei im Zeitablauf variab-len Regressionskoeffizienten, z.B. auf Grund autokorrelierter abhängiger Variablen, überhöh-te t-Statistiken ausgewiesen werden, weil die Standardabweichungen der Regressionskoeffi-zienten die Variation der Regressionskoeffizienten nicht widerspiegeln.[530] Im Zweifel sollten

---

[530] Vgl. Chopra/Lakonishok/Ritter (1992), S. 253.

die Regressionskoeffizienten deshalb nach dem Verfahren von Fama und MacBeth berechnet werden,[531] was in dieser Untersuchung auch durchgeführt worden ist.

Methodisch wird ermittelt, ob ein EBITDA bzw. die ausgeschlossenen Aufwendungen einen statistisch signifikanten Erklärungsbeitrag für zukünftige Cashflows leisten. Um dabei nicht zu verzerrten Ergebnissen zu gelangen, werden bei der Untersuchung die von einem Umsatzwachstum und den Periodenabgrenzungen (nachfolgend als "Accruals" bezeichnet) ausgehenden Effekte auf die zukünftigen Cashflows kontrolliert. Die Verwendung weiterer Kontrollvariablen erscheint zunächst nicht erforderlich. Ein Vergleich der Rechnungslegungsstandards untereinander bezüglich der Prognosekraft wäre zwar wünschenswert, ist aber auf Grund der Zusammensetzung des Samples nicht möglich.

Wachsende Unternehmen zeigen typischerweise geringere Cashflows auf Grund von stärkeren Investitionen in das Umlauf- und Anlagevermögen.[532] Aus diesem Grund wird das Umsatzwachstum als Kontrollvariable in die Querschnittsregressionen zur Prognose der zukünftigen Cashflows aufgenommen. Das Umsatzwachstum des jeweiligen Quartals ist dabei folgendermaßen definiert:

$$\text{Umsatzwachstum}_{i,t} = \frac{\dfrac{\text{Umsatz}_{i,t}}{\text{Umsatz}_{i,t-1}} - 1}{\text{Bilanzsumme}_{i,t}}. \tag{7}$$

Accruals dienen der periodengerechten Ergebnisermittlung, indem sie Zahlungen in die Perioden ihrer Erfolgswirksamkeit transferieren. Somit wirken Accruals auch auf das Verhältnis von Ergebnis und operativem Cashflow und werden ebenfalls als Kontrollvariable in die Regressionsgleichung aufgenommen. Die Accruals werden berechnet als:

$$\text{Accruals}_{i,t} = \frac{\text{Quartalsergebnis}_{i,t} - \text{Operativer Cashflow}_{i,t}}{\text{Bilanzsumme}_{i,t}}. \tag{8}$$

Ausgangsbasis für die empirische Untersuchung ist somit die lineare Querschnittsregression:

$$\begin{aligned}
\text{Operativer Cashflow}_{i,t+\tau} = {}& \alpha_0 + \alpha_1 \cdot \text{EBITDA}_{i,t} \\
& + \alpha_2 \cdot \text{Ausgeschlossene Aufwendungen}_{i,t} \\
& + \alpha_3 \cdot \text{Umsatzwachstum}_{i,t} + \alpha_4 \cdot \text{Accruals}_{i,t} + \varepsilon_{i,t+\tau}.
\end{aligned} \tag{9}$$

---

531 Vgl. Wallmeier (1997), S. 219.
532 Vgl. Doyle/Lundholm/Soliman (2003a), S. 152.

Wenn der EBITDA einen zuverlässigeren Ausblick auf die zukünftige Unternehmenslage zulässt als das Quartals- oder Jahresergebnis, muss der Regressionskoeffizient $\alpha_1$ signifikant positiv sein. Zugleich muss der Koeffizient $\alpha_2$ den Wert Null annehmen oder zumindest sehr klein und statistisch nicht signifikant ausfallen. Sollte $\alpha_2$ allerdings negativ und statistisch signifikant ausfallen, würde dies bedeuten, dass die bei der EBITDA-Berechnung ausgeschlossenen Aufwendungen Prognosekraft für zukünftige Cashflow-Belastungen haben. In diesem Fall werden den Investoren durch einen EBITDA-Ausweis wesentliche Informationen zur Einschätzung der zukünftigen Finanz- und Ertragslage vorenthalten.

Zusätzlich werden die Regressionskoeffizienten $\alpha_3$ und $\alpha_4$ als Kontrollvariablen zur Abschätzung der Robustheit der Regressionsgleichung genutzt. Einerseits sollten die Regressionskoeffizienten $\alpha_1$ und $\alpha_2$ auch bei Präsenz der Kontrollvariablen ihre Vorzeichen und statistische Aussagekraft behalten. Andererseits sollte $\alpha_3$ ein negatives Vorzeichen annehmen, weil bei einem Umsatzwachstum ein Cashflow-Verzehr zu erwarten ist. Eine statistische Signifikanz von $\alpha_3$ ist allerdings nicht zu erwarten, da nicht alle Unternehmen ein starkes Umsatzwachstum aufweisen und Cashflow-Effekte eines sinkenden Umsatzes sowohl positiv (z.B. durch geringere Investitionen in das Umlaufvermögen) als auch negativ sein können.

Trotz der Bedeutung der Accruals für das Verhältnis der Cashflows zum Ergebnis wird für die Accruals ($\alpha_4$) weder ein bestimmtes Vorzeichen noch eine statistische Signifikanz erwartet.[533] Ausschlaggebend dafür ist, dass sich zum einen ergebniserhöhende und ergebnisreduzierende Accruals, die sich wechselseitig neutralisieren können, gegenüberstehen.[534] Zum zweiten beeinträchtigt die Nutzung der Accruals für ein Ergebnismanagement im Rahmen der geltenden Rechnungslegungsstandards deren Aussagekraft für zukünftige Ergebnisse und Cashflows erheblich.[535] Damit eng verbunden sind zum Teil erhebliche Schätzfehler bei der Bilanzierung der Accruals. Da in späteren Perioden die Schätzfehler erfolgswirksam aufgelöst werden müssen, reduzieren die Schätzfehler den Zusammenhang zwischen zukünftigen Er-

---

533 In der neueren US-amerikanischen Literatur wird festgestellt, dass Accruals nur eine eingeschränkte Bedeutung für die Prognose der zukünftigen operativen Cashflows haben, vgl. Krishnan/Largay (2000), S. S. 240 ff. Insbesondere hohe ergebnis-reduzierende Accruals (z.B. Restrukturierungsaufwand, Impairment-Abschreibungen) reduzieren den Zusammenhang zwischen Accruals und zukünftigen Cashflows sowie Ergebnissen, vgl. Dechow/Ge (2005), S. 15 ff., Sloan (1996), S. 289 ff.

534 Vgl. Zimmermann/Gontcharov (2003), S. 9.

535 Zum Ergebnismanagement mit Accruals, vgl. Burgstahler/Dichev (1997), S. 116 ff., Burgstahler/Eames (2003), S. 264 ff., Degeorge/Patel/Zeckhauser (1999), S. 5 ff., Holthausen/Larcker/Sloan (1995), S. 63, McVay (2005), S. 1 ff. Für Deutschland siehe Zimmermann/Gontcharov (2003), S. 10 f.

gebnissen und Cashflows.[536] Zum dritten zeigen empirische Untersuchungen, dass Accruals über zunehmende Prognosezeiträume weniger wichtig werden, um die Unternehmensperformance zu beschreiben.[537] Tabelle 65 fasst die unterschiedlichen Standpunkte von Befürwortern und Kritikern eines Ausweises von Pro-forma-Ergebnissen hinsichtlich des erwarteten Einflusses der Pro-forma-Ergebnisse, der ausgeschlossenen Aufwendungen sowie der Kontrollvariablen auf die Prognose zukünftiger Cashflows zusammen.

| Regressions-koeffizienten | Befürwortung des Ausweises von Pro-forma-Ergebnissen | Kritik am Ausweis von Pro-forma-Ergebnissen |
|---|---|---|
| $\alpha_0$ | +/- | +/- |
| $\alpha_1$ | ++ | ++ |
| $\alpha_2$ | 0 | -- |
| $\alpha_3$ | - | - |
| $\alpha_4$ | 0 | 0 |

**Tabelle 65: Hypothesen bezüglich der Vorzeichen der Regressionskoeffizienten in den empirischen Untersuchungen zum Informationsgehalt des Pro-forma-Ergebnisses EBITDA aus der Sicht von Befürwortern und Kritikern**

++/-- kennzeichnen dabei ein signifikant positives/negatives Vorzeichen; +/- kennzeichnen ein positives/negatives, nicht aber signifikantes Vorzeichen; 0 soll einen Regressionskoeffizienten von nahezu Null kennzeichnen.

### 5.4.2 Ergebnisse der empirischen Untersuchungen

Tabelle 66 bis Tabelle 71 fassen die empirischen Untersuchungsergebnisse zusammen. Ausgewiesen werden jeweils die Regressionskoeffizienten mit zugehöriger Fama-MacBeth-t-Statistik sowie adjustierte $R^2$-Werte zur Beurteilung der Güte der Regressionen. Wegen des zweistufigen Untersuchungsverfahrens werden in den Tabellen keine p-Werte ausgewiesen.

Tabelle 66 untersucht die grundlegende Form der Regressionsgleichung (9), in der nur der EBITDA sowie die ausgeschlossenen Aufwendungen als unabhängige Variablen untersucht werden. Die positiven Ordinatenabschnitte $\alpha_0$ reflektieren ein positives Basisniveau der Cashflows. Die Ergebnisse zeigen, dass der zum EBITDA gehörende Koeffizient $\alpha_1$ durchgehend positiv und signifikant ist. Der Absolutwert der Koeffizienten nimmt im Zeitablauf stark zu. Dies ist plausibel, weil über längere Zeiträume höhere aggregierte Cashflows zu erwarten sind. Damit ist festzustellen, dass Pro-forma-Ergebnisse in Form der Kennzahl EBITDA auf zukünftige positive und nachhaltige Cashflows hinweisen. Die Koeffizienten $\alpha_2$ für die ausge-

---

536 Vgl. Dechow/Dichev (2002).
537 Vgl. Dechow (1994), S. 23 ff.

schlossenen Aufwendungen sind ab dem dritten Quartal negativ, ab dem vierten Quartal weisen sie mindestens eine Signifikanz auf dem 5%-Niveau auf. Dies zeigt, dass in der Proforma-Kennzahl EBITDA Bestandteile enthalten sind, die nachhaltigen Charakter haben und damit auf laufende Zahlungen hindeuten. Das $R^2$ der Regressionsgleichungen fällt insbesondere über die längeren Zeiträume zufrieden stellend aus.

Aus Tabelle 66 lässt sich ablesen, dass 1 EUR ausgewiesener Quartals-EBITDA durchschnittlich auf 2,41 EUR Cashflows im kommenden Jahr hinweist. Zugleich prognostiziert aber ein Ausschluss von Aufwendungen für die EBITDA-Berechnung in Höhe von 1 EUR ca. 0,97 EUR Cashflow-Belastungen im nächsten Jahr. Eine Steigerung des EBITDA um 1 EUR, die nicht durch erhöhte Umsatzerlöse sondern durch das Herausrechnen von Aufwendungen erreicht wird, hätte somit einen Nettoeffekt von nur noch 1,44 EUR auf den Cashflow im nächsten Jahr. Noch deutlicher wird dieser Zusammenhang für Prognosen der Cashflows für die nächsten zwei Jahre. Während 1 EUR EBITDA auf zukünftige Cashflows in Höhe von 5,89 EUR hinweist, prognostiziert 1 EUR ausgeschlossene Aufwendungen zukünftige Cashflow-Belastungen im gleichen Zeitraum i.H.v. 4,46 EUR. Der Nettoeffekt beträgt somit nur 1,43 EUR. Die alleinige Betrachtung der Kennzahl EBITDA würde zu deutlich überhöhten Erwartungen bezüglich zukünftiger Cashflows und somit dem Unternehmenswert führen.

Der negative Einfluss der ausgeschlossenen Aufwendungen auf die Prognose zukünftiger Cashflows lässt sich nicht unmittelbar durch die von Accruals ausgehenden Effekte erklären. Im Vergleich zu den ausgeschlossenen Aufwendungen wirken die Accruals bei der Untersuchung der Regressionsgleichung

$$\text{Operativer Cashflow}_{i,t+\tau} = \alpha_0 + \alpha_1 \cdot \text{EBITDA}_{i,t} + \alpha_4 \cdot \text{Accruals}_{i,t} + \varepsilon_{i,t+\tau} \tag{10}$$

nur schwach auf die zukünftigen Cashflows ein; statistisch kann in Tabelle 67 nur in zwei Perioden ein statistisch signifikanter Einfluss der Accruals auf die operativen Cashflows festgestellt werden. Dies ist auf die wechselseitige Neutralisierung von ergebniserhöhenden und -reduzierenden Accruals sowie auf die beschriebenen Effekte von Schätzfehlern bei der Bildung der Accruals sowie dem Ergebnismanagement durch Accruals zurückzuführen. Im Unterschied zu den Ergebnissen aus Tabelle 66 sind die $R^2$-Werte bei Prognosen über mehr als einem Jahr mit zunehmenden Prognosezeiträumen leicht rückläufig. Darin kommt die abnehmende Eignung der Accruals zur Beschreibung der längerfristigen Unternehmensperformance zum Ausdruck, die auch für die USA bestätigt wurde.[538]

In Tabelle 68 wird die gleichzeitige Wirkung der ausgeschlossenen Aufwendungen und der Accruals auf die zukünftigen operativen Cashflows untersucht. Dabei zeigen sich ähnliche Ergebnisse wie in Tabelle 66 und Tabelle 67. Der Regressionskoeffizient $\alpha_1$ für den EBITDA fällt durchgehend positiv und signifikant aus. Für Prognosen des Cashflows über vier oder mehr Quartale sind die Regressionskoeffizienten für die ausgeschlossenen Aufwendungen wie in Tabelle 66 statistisch signifikant negativ. Auch bei der Kontrolle der von Accruals ausgehenden Effekte auf zukünftige Cashflows deuten die zur Berechnung der EBITDAs ausgeschlossenen Aufwendungen somit auf zukünftige Belastungen der operativen Cashflows hin. Pro-forma-Ergebnisse in Form des EBITDA lassen somit alleine keine zuverlässigen Prognosen der künftigen operativen Cashflows zu. Bei den Accruals ($\alpha_4$) ist dagegen ein Vorzeichenwechsel zu beobachten; in zwei Perioden wirken die Accruals negativ auf die zukünftigen Cashflows ein. Allerdings kann überwiegend kein statistisch signifikanter Einfluss der Accruals auf die künftigen operativen Cashflows festgestellt werden.

Die Ergebnisse aus Tabelle 66 sind auch gegenüber dem Hinzuziehen des Regressors Umsatzwachstum als Kontrollvariable robust. Die Kontrollvariable absorbiert von einem Umsatzwachstum ausgehende Effekte und führt zu verbesserten Schätzungen für die übrigen Regressionskoeffizienten. Diese Ergebnisse der Kontrolluntersuchung

$$\text{Operativer Cashflow}_{i,t+\tau} = \alpha_0 + \alpha_1 \cdot \text{EBITDA}_{i,t} + \alpha_2 \cdot \text{Ausgeschlossene Aufwendungen}_{i,t}$$
$$+ \alpha_3 \cdot \text{Umsatzwachstum}_{i,t} + \varepsilon_{i,t+\tau}. \tag{11}$$

sind in Tabelle 69 zusammengefasst.

Das Umsatzwachstum weist, wie ökonomisch erwartet, in fünf der acht untersuchten Prognosezeiträume ein negatives Vorzeichen des Regressionskoeffizienten auf. Dies lässt sich durch einen Cashflow-Verzehr etwa in Form von Aufstockungen des Umlaufvermögens erklären. Allerdings ist das Umsatzwachstum statistisch überwiegend nicht signifikant. Dies ist auf eine hohe Streuung des Umsatzwachstums bei den Unternehmen und dem Einfluss von tatsächlich einmaligen Auszahlungen auf die Beziehung zwischen Cashflows und Umsatzwachstum zurückzuführen und dementsprechend nicht überraschend.

---

[538] Vgl. Dechow/Dichev (2002).

Während die positiven Ordinatenabschnitte $\alpha_0$ ein positives Basisniveau der Cashflows reflektieren, das unabhängig von Umsatzwachstum und Ergebnisverbesserung erreicht wird, nehmen die Koeffizienten $\alpha_1$ und $\alpha_2$ als Absolutwerte mit dem Prognosezeitraum stetig zu. Die Regressionskoeffizienten für den EBITDA und die ausgeschlossenen Aufwendungen weisen für Prognosezeiträume von mehr als drei Quartalen stets zueinander umgekehrte Vorzeichen auf. Für Prognosen des Cashflows ab dem vierten Quartal sind die Regressionskoeffizienten für den EBITDA sowie die ausgeschlossenen Aufwendungen wie auch in Tabelle 66 statistisch signifikant.

Die Größenordnungen der Regressoren verändern sich in Tabelle 69 unterschiedlich im Vergleich zu Tabelle 66. Ein ausgewiesener Quartals-EBITDA von 1 EUR Quartals-EBITDA weist nun auf durchschnittlich auf 2,37 EUR (vorher 2,41 EUR) Cashflows im kommenden Jahr hin. Der Ausschluss von Aufwendungen für die EBITDA-Berechnung in Höhe von 1 EUR prognostiziert nun 0,76 EUR (vorher 0,97 EUR) Cashflow-Belastungen im nächsten Jahr. Die Veränderungen von $\alpha_1$ sind nur gering; die Absolutwerte des Koeffizienten $\alpha_2$ verringern sich im Vergleich zu Tabelle 66. Jedoch nimmt die statistische Signifikanz der Koeffizienten durchgängig zu. Dies ist statistisch wie ökonomisch plausibel und kann auf die Wirkung der Kontrollvariable Umsatzwachstum zurückgeführt werden. Offenbar werden die überwiegend negativen Effekte eines Umsatzwachstums auf die zukünftigen Cashflows in Tabelle 66 teilweise durch die ausgeschlossenen Aufwendungen erfasst. Durch die Hinzunahme des Umsatzwachstums werden die negativen Effekte des Umsatzwachstums und der ausgeschlossenen Aufwendungen auf die zukünftigen Cashflows separiert. Dadurch sinken zwar die Absolutwerte des Koeffizienten $\alpha_2$; jedoch nimmt deren statistische Signifikanz zu.

In Tabelle 70 wird die Wirkung des EBITDA und der Accruals unter Hinzunahme der Kontrollvariable Umsatzwachstum auf die zukünftigen operativen Cashflows untersucht. Der Koeffizient $\alpha_1$ für den EBITDA ist wie zuvor durchgehend positiv und signifikant. Die Regressionskoeffizienten für die Accruals fallen in sechs der acht Untersuchungen negativ aus. Allerdings wirken die Accruals wie bereits in Tabelle 68 nur schwach signifikant auf die zukünftigen operativen Cashflows ein; lediglich in zwei Prognosezeiträumen fallen die zugehörigen Regressionskoeffizienten $\alpha_4$ auf dem 10%-Niveau statistisch signifikant aus.

Obwohl das Umsatzwachstum wie in den vorangehenden Untersuchungen statistisch nicht signifikant auf die zukünftigen operativen Cashflows einwirkt, ist diese Kontrollvariable offenbar wichtig, um die von einem Umsatzwachstum oder -rückgang ausgehenden Effekte zu separieren; ohne Hinzunahme des Umsatzwachstums würden diese Effekte aus statistischer Sicht das Rauschen verstärken. Das Separieren dieser Effekte zeigt sich schon in Tabelle 69; in Tabelle 70 kommen diese Effekte im Vorzeichenwechsel bei den Accruals zum Ausdruck.

Im nächsten Schritt wird empirisch untersucht, ob der EBITDA bzw. die ausgeschlossenen Aufwendungen statistisch signifikant auf zukünftige Cashflows wirken, wenn beide Kontrollvariablen, Umsatzwachstum und Accruals, in die Regressionsgleichung aufgenommen werden. Tabelle 71 zeigt, dass die Ergebnisse aus Tabelle 66 bis Tabelle 70 auch gegenüber dem Hinzuziehen beider Kontrollvariablen robust sind. Die Kontrollvariablen Accruals und Umsatzwachstum absorbieren die von ihnen ausgehenden Effekte und führen, gemessen an den $R^2$-Werten und der Signifikanz der ausgeschlossenen Aufwendungen, zu verbesserten Schätzungen. Die Regressionskoeffizienten für die Kennzahl EBITDA und die ausgeschlossenen Aufwendungen weisen für Prognosezeiträume von mehr als drei Quartalen stets zueinander umgekehrte Vorzeichen auf. Für Prognosen des Cashflows ab dem vierten Quartal sind die Regressionskoeffizienten für den EBITDA sowie die ausgeschlossenen Aufwendungen wie in den vorangehenden Untersuchungen statistisch signifikant.

Die Höhe der Regressoren verändern sich im Vergleich zu den Ergebnissen aus Tabelle 66 unterschiedlich stark. Ein ausgewiesener Quartals-EBITDA von 1 EUR weist nun auf 2,25 EUR (vorher 2,41 EUR) Cashflows im kommenden Jahr hin. Der Ausschluss von Aufwendungen für die EBITDA-Berechnung in Höhe von 1 EUR prognostiziert nun ca. 1,43 EUR (vorher 0,97 EUR) Cashflow-Belastungen im nächsten Jahr. Bei Prognosezeiträumen von über einem Jahr nimmt $\alpha_1$ in Vergleich zu Tabelle 66 nochmals deutlich zu. Ein ausgewiesener Quartals-EBITDA von 1 EUR weist durchschnittlich auf 7,50 EUR (vorher 5,88 EUR) Cashflows in den kommenden zwei Jahren hin. Ausgeschlossene Aufwendungen in Höhe von 1 EUR prognostizieren nun 4,60 EUR (vorher 4,46 EUR) Cashflow-Belastungen in den nächsten zwei Jahren; gleichzeitig nimmt die Signifikanz der Wirkung der ausgeschlossenen Aufwendungen auf die zukünftigen operativen Cashflows zu. Dies ist plausibel und auf die erwartete Wirkung der Kontrollvariablen Umsatzwachstum und Accruals zurückzuführen.

Die Ergebnisse aus Tabelle 66 und Tabelle 71 zeigen, dass Aufwendungen, die von Unternehmen beim Ausweis des EBITDA im Vergleich zum Quartals- oder Jahresergebnis ausgeschlossen werden, sowohl ökonomisch als auch statistisch eine signifikante Prognosekraft für zukünftige Cashflow-Belastungen haben. Für eine Prognose zukünftiger Cashflows sind somit sowohl der EBITDA als auch die bei einer Berechnung des EBITDA ausgeschlossenen Aufwendungen bedeutend. Die Pro-forma-Kennzahl EBITDA alleine ist nicht ausreichend, um die Performance eines Unternehmens angemessen zu beschreiben und Investoren einen zutreffenden Ausblick auf die zukünftige Unternehmenslage bzw. eine Einschätzung des Unternehmenswerts zu ermöglichen; denn die EBITDA-Zahlen sind durch bilanz- und ergebnispolitische Überlegungen (mit-)motiviert und opportunistisch berechnet.

Die Argumente der Befürworter eines Ausweises der Pro-forma-Kennzahl EBITDA, wonach diese Kennzahl näher an den operativen Cashflows wie das Quartals- oder Jahresergebnisse liegt und eine zutreffende Prognose zukünftiger Cashflows sowie des Unternehmenswertes zulässt, kann demnach nicht bestätigt werden. Ganz im Gegenteil zeigen die Untersuchungsergebnisse, dass die Quartals- und Jahresergebnisse inklusive der ausgeschlossenen Aufwendungen durchschnittlich zuverlässigere Prognosen der zukünftigen Cashflows zulassen.

| Cashflows in dem/den nächsten | | $\alpha_0$ | $\alpha_1$ | $\alpha_2$ | $\alpha_3$ | $\alpha_4$ | Regressionsgleichung |
|---|---|---|---|---|---|---|---|
| Quartal | K. | 0,0121 | 0,4627 | 0,1473 | | | $R^2$ 0,1076 |
| | t. | 3,5293*** | 2,0425** | 0,3757 | | | |
| zwei Quartalen | K. | 0,0177 | 0,8023 | 0,2074 | | | $R^2$ 0,1961 |
| | t. | 2,9291*** | 2,5924** | 0,5016 | | | |
| drei Quartalen | K. | 0,0385 | 0,8986 | -0,1887 | | | $R^2$ 0,1682 |
| | t. | 5,1430*** | 2,6650*** | -0,7437 | | | |
| vier Quartalen | K. | 0,0388 | 2,4061 | -0,9694 | | | $R^2$ 0,3358 |
| | t. | 4,8182*** | 8,3305*** | -2,1468** | | | |
| fünf Quartalen | K. | 0,0433 | 3,6736 | -1,6896 | | | $R^2$ 0,3664 |
| | t. | 3,1563*** | 6,3989*** | -2,9510*** | | | |
| sechs Quartalen | K. | 0,0419 | 4,6065 | -1,7934 | | | $R^2$ 0,3606 |
| | t. | 2,0577** | 5,2650*** | -2,3229** | | | |
| sieben Quartalen | K. | 0,0627 | 4,9849 | -2,3992 | | | $R^2$ 0,1758 |
| | t. | 2,6251** | 4,7813*** | -2,2316** | | | |
| acht Quartalen | K. | 0,0857 | 5,8880 | -4,4577 | | | $R^2$ 0,3358 |
| | t. | 4,6522*** | 4,5571*** | -3,0564*** | | | |

**Tabelle 66: Querschnittsregressionen gemäß Ausschnitten der Regressionsgleichung (9) mit dem Fama-MacBeth-Verfahren**

*** (**/*) deutet auf eine Signifikanz zum 1%- (5%-/10%-) Niveau hin. $R^2$ gibt die adjustierten $R^2$ wieder. K. entspricht dem Regressionskoeffizienten. t. gibt die T-Statistik wieder.

214

| Cashflows in dem/den nächsten | | $\alpha_0$ | $\alpha_1$ | $\alpha_2$ | $\alpha_3$ | $\alpha_4$ | Regressionsgleichung |
|---|---|---|---|---|---|---|---|
| Quartal | K. | 0,0118 | 0,4193 | | | 0,0630 | $R^2$ 17,11 |
| | t. | 0,0236 | 2,7608*** | | | 0,3808 | |
| zwei Quartalen | K. | 0,0216 | 0,9362 | | | 0,1926 | $R^2$ 16,82 |
| | t. | 4,7951*** | 4,6690*** | | | 0,8308 | |
| drei Quartalen | K. | 0,0443 | 0,9678 | | | 0,3599 | $R^2$ 18,51 |
| | t. | 5,9819*** | 3,2446*** | | | 1,2869 | |
| vier Quartalen | K. | 0,0404 | 1,8288 | | | 0,1065 | $R^2$ 20,81 |
| | t. | 4,8874*** | 5,3286*** | | | 0,2482 | |
| fünf Quartalen | K. | 0,0356 | 2,9617 | | | 0,1398 | $R^2$ 15,57 |
| | t. | 2,8355*** | 5,3942*** | | | 0,2790 | |
| sechs Quartalen | K. | 0,0324 | 4,2224 | | | 0,8136 | $R^2$ 9,95 |
| | t. | 1,6861* | 4,7094*** | | | 1,2386 | |
| sieben Quartalen | K. | 0,0384 | 4,7069 | | | 1,4881 | $R^2$ 3,37 |
| | t. | 1,3193 | 3,9680*** | | | 1,8121* | |
| acht Quartalen | K. | 0,0509 | 4,5721 | | | 1,6488 | $R^2$ 12,56 |
| | t. | 1,8145* | 3,7362*** | | | 1,5067* | |

**Tabelle 67: Querschnittsregressionen gemäß Regressionsgleichung (10) mit dem Fama-MacBeth-Verfahren**

*** (**/*) deutet auf eine Signifikanz zum 1%- (5%-/10%-) Niveau hin. $R^2$ gibt die adjustierten $R^2$ wieder; K. entspricht dem Regressionskoeffizienten, t. gibt die T-Statistik wieder.

| Cashflows in dem/den nächsten | | $\alpha_0$ | $\alpha_1$ | $\alpha_2$ | $\alpha_3$ | $\alpha_4$ | Regressionsgleichung |
|---|---|---|---|---|---|---|---|
| **Quartal** | K. | 0,0078 | 0,5286 | 0,4088 | | 0,1866 | $R^2$ 0,2705 |
| | t. | 0,0157 | 1,7819** | 1,0194 | | 0,6876 | |
| **zwei Quartalen** | K. | 0,0170 | 0,7590 | 0,5466 | | 0,3237 | $R^2$ 0,2328 |
| | t. | 3,9994*** | 2,0838** | 1,2076 | | 0,8722 | |
| **drei Quartalen** | K. | 0,0348 | 1,3752 | -0,5844 | | 0,8701 | $R^2$ 0,3364 |
| | t. | 5,2528*** | 3,3031*** | -0,7126 | | 1,2247 | |
| **vier Quartalen** | K. | 0,0410 | 2,4476 | -1,0011 | | -0,0169 | $R^2$ 0,3290 |
| | t. | 4,7880*** | 4,8914*** | -2,4462** | | -0,0393 | |
| **fünf Quartalen** | K. | 0,0343 | 4,3867 | -2,0875 | | -0,0451 | $R^2$ 0,3946 |
| | t. | 2,4897** | 5,7775*** | -3,1398*** | | -0,0759 | |
| **sechs Quartalen** | K. | 0,0359 | 5,7942 | -2,5729 | | 0,6194 | $R^2$ 0,2800 |
| | t. | 2,0730** | 5,4169*** | -3,4340*** | | 0,8849 | |
| **sieben Quartalen** | K. | 0,0341 | 6,0397 | -2,6936 | | 1,7321 | $R^2$ 0,3232 |
| | t. | 1,2937 | 4,5618*** | -2,2418** | | 1,7428* | |
| **acht Quartalen** | K. | 0,0479 | 7,1198 | -3,9585 | | 1,2330 | $R^2$ 0,2463 |
| | t. | 2,2713** | 4,9266*** | -2,6930*** | | 1,2752 | |

**Tabelle 68: Querschnittsregressionen gemäß Ausschnitten der Regressionsgleichung (9) mit dem Fama-MacBeth-Verfahren**

*** (**/*) deutet auf eine Signifikanz zum 1% (5%-/10%-) Niveau hin. $R^2$ gibt die adjustierten $R^2$ wieder. K. entspricht dem Regressionskoeffizienten. t. gibt die T-Statistik wieder.

| Cashflows in dem/den nächsten | | $\alpha_0$ | $\alpha_1$ | $\alpha_2$ | $\alpha_3$ | $\alpha_4$ | Regressionsgleichung |
|---|---|---|---|---|---|---|---|
| **Quartal** | K. | 0,0121 | 0,4643 | 0,4289 | 0,0179 | | $R^2$  0,2866 |
| | t. | 2,2746** | 1,8967** | 1,2148 | 0,0284 | | |
| **zwei Quartalen** | K. | 0,0209 | 0,6132 | 0,3783 | 1,1832 | | $R^2$  0,3841 |
| | t. | 3,4023*** | 2,0485** | 0,8764 | 1,2741 | | |
| **drei Quartalen** | K. | 0,0340 | 0,9723 | -0,1166 | -0,5654 | | $R^2$  0,2784 |
| | t. | 4,5202*** | 2,8334*** | -0,3958 | -0,6851 | | |
| **vier Quartalen** | K. | 0,0328 | 2,3700 | -0,7569 | -1,9259 | | $R^2$  0,3090 |
| | t. | 3,4979*** | 6,6517*** | -1,8310** | -1,4755* | | |
| **fünf Quartalen** | K. | 0,0393 | 3,5458 | -1,1171 | -0,8818 | | $R^2$  0,2552 |
| | t. | 2,6612** | 5,9990*** | -2,7058*** | -1,2587 | | |
| **sechs Quartalen** | K. | 0,0370 | 4,6583 | -1,6388 | 0,7905 | | $R^2$  0,4426 |
| | t. | 1,7612* | 4,7994*** | -1,9876** | 0,8384 | | |
| **sieben Quartalen** | K. | 0,0287 | 6,1838 | -2,6531 | -1,3358 | | $R^2$  0,4018 |
| | t. | 1,1967 | 5,8093*** | -2,0805** | -0,6598 | | |
| **acht Quartalen** | K. | 0,0617 | 5,9678 | -3,7764 | -1,0902 | | $R^2$  0,4959 |
| | t. | 3,0211*** | 4,0989*** | -2,3872** | -0,7205 | | |

**Tabelle 69: Querschnittsregressionen gemäß Regressionsgleichung (11) mit dem Fama-MacBeth-Verfahren**

*** (**/*) deutet auf eine Signifikanz zum 1%- (5%-/10%-) Niveau hin. $R^2$ gibt die adjustierten $R^2$ wieder; K. entspricht dem Regressionskoeffizienten. t. gibt die T-Statistik wieder.

| Cashflows in dem/den nächsten | | $\alpha_0$ | $\alpha_1$ | $\alpha_2$ | $\alpha_3$ | $\alpha_4$ | Regressionsgleichung |
|---|---|---|---|---|---|---|---|
| **Quartal** | K. | 0,0121 | 0,4126 | | -0,0489 | -0,2410 | $R^2$ 0,3988 |
| | t. | 0,0243 | 2,5489** | | -0,3068 | -0,5069 | |
| **zwei Quartalen** | K. | 0,0251 | 0,7685 | | 0,1458 | 1,4872 | $R^2$ 0,4145 |
| | t. | 5,4513*** | 3,8221*** | | 0,6622 | 1,5635* | |
| **drei Quartalen** | K. | 0,0357 | 1,1560 | | 0,1644 | -0,6107 | $R^2$ 0,3176 |
| | t. | 4,5644*** | 3,0797*** | | 0,5598 | -0,6406 | |
| **vier Quartalen** | K. | 0,0337 | 1,9635 | | -0,0336 | -0,7519 | $R^2$ 0,3172 |
| | t. | 3,2947*** | 4,0342*** | | -0,0722 | -0,7376 | |
| **fünf Quartalen** | K. | 0,0255 | 3,3311 | | -0,2469 | -2,0732 | $R^2$ 0,2444 |
| | t. | 1,8383** | 5,3888*** | | -0,4382 | -1,3895* | |
| **sechs Quartalen** | K. | 0,0228 | 4,4802 | | 0,5282 | 0,2824 | $R^2$ 0,2962 |
| | t. | 1,1235 | 4,5364*** | | 0,7340 | 0,1641 | |
| **sieben Quartalen** | K. | 0,0182 | 5,3640 | | 1,1208 | -3,1347 | $R^2$ 0,2798 |
| | t. | 0,6333 | 4,4078*** | | 1,2860 | -1,2048 | |
| **acht Quartalen** | K. | 0,0289 | 5,1360 | | 1,0212 | -7,8336 | $R^2$ 0,2552 |
| | t. | 1,0512 | 3,9466*** | | 0,8172 | -1,3998 | |

**Tabelle 70: Querschnittsregressionen gemäß Ausschnitten der Regressionsgleichung (9) mit dem Fama-MacBeth-Verfahren**

*** (**/*) deutet auf eine Signifikanz zum 1% (5%/10%) Niveau hin. $R^2$ gibt die adjustierten $R^2$ wieder. K. entspricht dem Regressionskoeffizienten, t. gibt die T-Statistik wieder.

| Cashflows in dem/den nächsten | | $\alpha_0$ | $\alpha_1$ | $\alpha_2$ | $\alpha_3$ | $\alpha_4$ | Regressionsgleichung |
|---|---|---|---|---|---|---|---|
| Quartal | K. | 0,0098 | 0,3400 | 0,1595 | 0,1804 | -0,1670 | $R^2$ 0,4724 |
| | t. | 0,0197 | 1,0866 | 0,4121 | 0,3072 | -0,9777 | |
| zwei Quartalen | K. | 0,0221 | 0,6447 | 0,1440 | -0,1692 | 1,6376 | $R^2$ 0,4979 |
| | t. | 3,9478*** | 1,6939* | 0,2335 | -0,6922 | 1,4020* | |
| drei Quartalen | K. | 0,0354 | 0,8325 | -0,5849 | 0,5528 | 0,6031 | $R^2$ 0,4587 |
| | t. | 4,0303*** | 1,4636* | -0,9032 | 0,9034 | 0,8590 | |
| vier Quartalen | K. | 0,0403 | 2,2511 | -1,4306 | -0,0852 | -1,0167 | $R^2$ 0,4929 |
| | t. | 3,5551*** | 3,2158*** | -3,4920*** | -0,1609 | -0,6838 | |
| fünf Quartalen | K. | 0,0321 | 4,6595 | -2,3724 | -0,3651 | -1,0042 | $R^2$ 0,4601 |
| | t. | 2,0727** | 5,7743*** | -3,7420*** | -0,6243 | -1,9304** | |
| sechs Quartalen | K. | 0,0324 | 5,9052 | -2,8616 | -0,1142 | 1,1028 | $R^2$ 0,4325 |
| | t. | 1,7811* | 5,3283*** | -3,1921*** | -0,1719 | 0,7485 | |
| sieben Quartalen | K. | 0,0276 | 7,0910 | -4,1296 | 0,0039 | -2,2848 | $R^2$ 0,4543 |
| | t. | 1,0551 | 5,8086*** | -2,8152*** | 0,0051 | -1,1225 | |
| acht Quartalen | K. | 0,0408 | 7,5006 | -4,6030 | -0,1303 | -7,5311 | $R^2$ 0,4331 |
| | t. | 1,7932* | 4,6820*** | -2,9616*** | -0,1713 | -1,8287* | |

Tabelle 71: Querschnittsregressionen gemäß Regressionsgleichung (9) mit dem Fama-MacBeth-Verfahren

*** (**/*) deutet auf eine Signifikanz zum 1% (5%–10%) Niveau hin. $R^2$ gibt die adjustierten $R^2$ wieder; K. entspricht dem Regressionskoeffizienten, t. gibt die T-Statistik wieder.

## 5.5 Fazit der empirischen Untersuchungen

Die vorgelegte Untersuchung bestätigt die Kritik an der Berechnung von Pro-forma-Kennzahlen. Sie ergänzt die in den USA für die Pro-forma-EPS durchgeführten Untersuchungen. Auch die Ermittlung des in Deutschland eher gebräuchlichen EBITDA erscheint problematisch. Aufwendungen, die beim Ausweis dieses Pro-forma-Ergebnisses im Vergleich zu Quartals- oder Jahresergebnis ausgeschlossen werden, sind signifikant mit zukünftigen negativen Cashflows korreliert. Damit erscheint die Berechnung des EBITDA ergebnispolitisch (mit-)motiviert, und der Anspruch, die Prognose eines Kern-Geschäftsergebnisses zu verbessern und Investoren einen zutreffenden Ausblick auf die zukünftige Unternehmenslage bzw. eine Einschätzung des Unternehmenswerts zu ermöglichen, wird nicht eingelöst. Ganz im Gegenteil kann die alleinige Verwendung dieser Pro-forma-Kennzahl Anleger zu falschen Schlüssen über zukünftig anfallende Zahlungsströme verleiten. Auch in Deutschland lässt sich somit ein Handlungsbedarf für Regulierungsbehörden daher nicht von der Hand weisen. Inwieweit der Kapitalmarkt die opportunistische Berechnung der EBITDA-Kennzahl durchschaut und seine Bewertungen entsprechend anpasst, kann aus dieser Untersuchung jedoch nicht gefolgert werden. Hierzu muss die Bewertungsrelevanz der einzelnen Erfolgsgrößen unter Einbeziehung der Kapitalmarktdaten erfasst werden. Diese Fragestellung wird im nachfolgenden Abschnitt untersucht.

# 6 Bewertungsrelevanz von Pro-forma-Ergebnissen in Deutschland

## 6.1 Kernfragen der empirischen Untersuchung

Der Ausweis von Pro-forma-Ergebnissen sollte an informationseffizienten Kapitalmärkten unproblematisch sein. Rationale Anleger würden bei ihren Investitionsentscheidungen zwischen Pro-forma- und Rechnungslegungsergebnissen unterscheiden und ihr Investitionsverhalten entsprechend ausrichten. Dieser Idealvorstellung stehen – vor allem bei privaten Investoren – hohe Kosten der Informationsbeschaffung und -verarbeitung entgegen. Weniger kenntnisreiche Kleinanleger sind deshalb auf die Ergebnisprognosen von Sell-Side-Analysten und die Ergebnisdarstellungen der Unternehmen, d.h. auf Pro-forma-Ergebnisse, angewiesen.

Die Ergebnisse der empirischen Untersuchungen im vorangehenden Abschnitt am Beispiel von Pro-forma-Ergebnissen in der Form des EBITDA zeigen, dass Pro-forma-Ergebnisse alleine nicht ausreichend sind, um die Performance eines Unternehmens angemessen zu beschreiben und Investoren einen Ausblick auf die zukünftige Unternehmenslage bzw. eine Einschätzung des Unternehmenswerts zu ermöglichen. Inwieweit davon tatsächliche Risiken für Investoren ausgehen, soll aber erst anhand von Reaktionen der Anleger und daraus resultierenden kurz- bis langfristigen Kursreaktionen beurteilt werden. Aus der Sicht des Gesetzgebers, anderer Regulierungsinstanzen oder der Finanzpresse stellt sich deshalb die Frage, wie am Kapitalmarkt auf die Veröffentlichung von Pro-forma-Ergebnissen reagiert wird. Dabei sind die folgenden Fragen von Interesse:

1. Reagieren Investoren zum Zeitpunkt der Ergebnisbekanntgabe stärker auf Pro-forma-Ergebnisse oder auf Jahres- bzw. Quartalsergebnisse?

2. Sind zum Zeitpunkt der Ergebnisbekanntgabe die Informationen der Pro-forma-Ergebnisse oder Jahres- bzw. Quartalsabschlüsse für die Investoren ausreichend, um zutreffende Einschätzungen des Unternehmenswertes abzuleiten oder erfolgen zu späteren Zeitpunkten weitere Kursanpassungen auf Grund von Neuinterpretationen der Pro-forma-Ergebnisse oder Jahres- bzw. Quartalsergebnisse?

Wenn Pro-forma-Ergebnisse keinen Einfluss auf Anlageentscheidungen der Investoren haben, dürfen Aktienkurse zum Zeitpunkt der Ergebnisbekanntgabe nicht auf Pro-forma-Ergebnisse reagieren. Gewinnen Investoren stattdessen alle bewertungsrelevanten Informationen aus den Quartals- bzw. Jahresergebnissen, müssen die Aktienrenditen kurzfristig um den Zeitpunkt der Ergebnisbekanntgabe auf diese Quartals- bzw. Jahresergebnisse reagieren; über den Zeitpunkt der Ergebnisbekanntgabe hinaus sollten Aktienrenditen aber unabhängig von den Quartals- bzw. Jahresergebnissen sein. Stattdessen würde ein längerfristiger Kurseinfluss von Quartals- und Jahresergebnissen auf mittel- bis langfristige Neubewertungen von Quartals- oder Jahresergebnissen hindeuten.

Sollten Aktienkurse neben der Bekanntgabe von Quartals- oder Jahresergebnissen auch auf Pro-forma-Ergebnisse reagieren, ziehen Investoren zusätzlich Pro-forma-Ergebnisse heran, um den Unternehmenswert einzuschätzen und Anlageentscheidungen zu treffen. Von Pro-forma-Ergebnissen gehen dann zusätzliche Bewertungsinformationen aus, die in den Quartals- oder Jahresergebnissen nicht enthalten sind. In diesem Fall hängt die Beurteilung von Pro-forma-Ergebnissen davon ab, ob sich die Prognostizierbarkeit zukünftiger Cashflow-Belastungen durch bei der Berechnung von Pro-forma-Ergebnissen ausgeschlossenen und nicht einzeln erläuterten Aufwendungen auch in einem negativen Kurseinfluss dieser ausgeschlossenen Aufwendungen niederschlägt. Investoren werden dann durch Pro-forma-Ergebnisse sowohl zu einer Überschätzung der Unternehmenswerte und zum Treffen nicht adäquater Anlageentscheidungen veranlasst als auch dem Risiko ausgesetzt, Vermögensverluste zu erleiden.

Handlungsbedarf für eine Regulierung von Pro-forma-Ergebnissen zum Schutz der Investoren vor möglichen Vermögensverlusten ist in diesem Fall nicht von der Hand zu weisen. Allerdings fehlen für Deutschland bisher Untersuchungen, die sich explizit mit der Bewertungsrelevanz von Pro-forma-Ergebnissen beschäftigen. Der nachfolgende Abschnitt untersucht deshalb die Bewertungsrelevanz von Pro-forma-Ergebnissen auf Basis einer empirischen Untersuchung für die DAX30- und MDAX-Unternehmen. Insbesondere wird der Frage nachgegangen, inwieweit bewertungsrelevante Informationen aus den Pro-forma-Ergebnissen und den herausgerechneten Aufwendungen aus der Sicht der Investoren gewonnen werden können.

## 6.2 Überblick über Ergebnisse empirischer Untersuchungen in den USA

### 6.2.1 Erklärungsansätze zum Kurseinfluss von Pro-forma-Ergebnissen

#### 6.2.1.1 Wirkung des traditionellen Ergebnismanagements auf die Bewertungsrelevanz von US-GAAP-Ergebnissen

Das Management von Unternehmen verfolgt mit dem Ergebnismanagement[539] i.d.R. drei Ziele:[540] höchste Priorität in der Vergangenheit hatte die Vermeidung eines Verlustausweises,[541] das zweitwichtigste Ziel bestand in der Erzielung eines Ergebnisanstiegs im Vergleich zur Vorperiode;[542] drittens wurde darüber hinaus ein Treffen oder leichtes Übertreffen der Ergebnisprognosen der Analysten angestrebt.[543] Eine Maximierung der Ergebnisse wird dagegen i.d.R. nicht angestrebt, um die Erwartungen bezüglich zukünftiger Ergebnisse nicht überproportional zu steigern.[544]

Bezüglich der Wirkung des Ergebnismanagements auf die Bewertungsrelevanz von US-GAAP-Ergebnissen stehen sich zwei Effekte gegenüber: einerseits gelangen durch das Ergebnismanagement der Manager Insider-Informationen an den Markt, die für Investoren nützlich

---

[539] Das Ergebnismanagement erfolgt auf Grund einer Reihe von Gründen, dazu gehören die Beeinflussung der Investorenerwartungen bezüglich der Aktienentwicklung, der Steigerung der Entlohnung des Managements, die Reduktion der Wahrscheinlichkeit eines Verstoßes gegen Kreditvereinbarungen und das Vermeiden regulatorischer Eingriffe.

[540] Vgl. dazu das Schwellenwertmodell (Threshold-Modell) von Degeorge/Patel/Zeckhauser (1999), S. 8 ff. Empirisch kann diese Hierarchie der Ergebnismanagementziele bis 1993 nachgewiesen werden, vgl. Brown/Caylor (2005), S. 429 ff.

[541] Vgl. Burgstahler/Dichev (1997), S. 108 ff., Burgstahler/Eames (2003), S. 267, Degeorge/Patel/Zeckhauser (1999), S. 22. Dechow/Richardson/Tuna (2003), S. 373 ff., führen diese Ergebnisse auf tatsächliche Maßnahmen des Managements zur Verlustvermeidung, statistische Verzerrungen auf Grund der überwiegenden Börsennotierung von profitablen Firmen („selection bias") sowie auf Grund der Skalierung von Variablen mit nicht normalverteilten Marktkapitalisierungs- und Kursdaten sowie die Gestaltung der Rechnungslegungsstandards zurück. Mit einem US-GAAP-Verlust steigt die Wahrscheinlichkeit des Ausweises von Pro-forma-Ergebnissen um 11%, vgl. Heflin/Hsu (2005), S. 43. Damit können überwiegend positive Pro-forma-Ergebnisse trotz eines US-GAAP-Verlusts ausgewiesen werden, vgl. Bowen/Davis/Matsumoto (2004), S. 18.

[542] Vgl. Burgstahler/Dichev (1997), S. 105 f., Burgstahler/Eames (2003), S. 267, Degeorge/Patel/Zeckhauser (1999), S. 19. Der Anteil der Unternehmen, die auf einem Rechnungslegungsstandard basierende Vorjahresergebnisse übertreffen, ist seit Mitte der 80iger Jahren nicht signifikant gestiegen, vgl. Matsumoto (2002), S. 488. Demgegenüber bieten Pro-forma-Ergebnisse durch das gezielte Herausrechnen von Aufwendungen die Möglichkeit, ein Ergebniswachstum auszuweisen; bei Unternehmen ohne ein Wachstum von auf Rechnungslegungsstandards basierenden Ergebnissen steigt deshalb die Wahrscheinlichkeit eines Ausweises von Pro-forma-Ergebnissen um 14%, vgl. Heflin/Hsu (2005), S. 43.

[543] Vgl. Brown/Caylor (2005), S. 430 ff., Degeorge/Patel/Zeckhauser (1999), S. 20 f., Genauso: Doyle/McNichols/Soliman (2005), Matsumoto (2002), Skinner/Sloan (2002).

[544] Vgl. Degeorge/Patel/Zeckhauser (1999), S. 5 ff., Healy (1985), S. 106.

sein können. Andererseits reduziert das Ergebnismanagement die Aussagefähigkeit von Ergebnissen bezüglich der wirtschaftlichen Lage des Unternehmens.

Generell ist für den US-amerikanischen Aktienmarkt zu beobachten, dass die Varianz der Aktienkurse um den Zeitpunkt der Ergebnisbekanntgabe mit der Intensivierung des Ergebnismanagements US-amerikanischer Unternehmen signifikant zugenommen hat; gleiches gilt für die Handelsvolumina. In der Literatur wird dies häufig als Evidenz interpretiert, dass den Investoren durch das Ergebnismanagement mehr bewertungsrelevante Informationen zufließen, d.h. die Bewertungsrelevanz der US-GAAP-Ergebnisse zugenommen hat.[545] Auf der anderen Seite kann nicht ausgeschlossen werden, dass die ausführlichere Darstellung der Ergebnisse in der Presse oder die gleichzeitig zunehmende Pro-forma-Berichterstattung diese Effekte ausgelöst haben, während die Bewertungsrelevanz von US-GAAP-Ergebnissen sogar sank.[546] Für die letztere Annahme spricht, dass die Zunahme der Varianz der Aktienkurse nicht nur durch Ergebnisüberraschungen bezüglich des US-GAAP-Ergebnisses erklärt werden kann; stattdessen nimmt die Erklärungskraft der Ergebnisüberraschungen bezüglich des US-GAAP-Ergebnisses sogar ab.[547]

Eine im Zeitablauf veränderte Hierarchie der Managementziele beim Ergebnismanagement ist mit ausschlaggebend für eine Abnahme der Bewertungsrelevanz von US-GAAP-Ergebnissen. Empirische Untersuchungen zeigen, dass seit Mitte der 90iger Jahre das Treffen der Ergebnisprognosen der Analysten, d.h. auch das Treffen von Pro-forma-Ergebnisprognosen der Analysten, das wichtigste Ziel des Managements darstellt, denn Ergebnisüberraschungen bezüglich der Prognosen der Analysten haben sich zu einem der wichtigsten Kurseinflussparameter entwickelt.[548] Die Vermeidung von Verlusten oder Ergebnisrückgängen wurden in ihrer Bedeutung dagegen verhältnismäßig zurückgedrängt.[549]

---

[545] Vgl. Cohen/Dey/Lys (2005), S. 28, Collins/Li/Xie (2005), S. 17.

[546] Die Zunahme der Handelsvolumina kann zumindest teilweise auf die zunehmende Veröffentlichung von Cashflow-Statements in Presseveröffentlichungen zurückgeführt werden, allerdings nicht auf eine detaillierte Veröffentlichung der Positionen der GuV, vgl. Collins/Li/Xie (2005), S. 30.

[547] Der Informationsgehalt der quartalsweisen Ergebnisveröffentlichungen, gemessen anhand des Handelsvolumens und der Renditevolatilität um den Zeitpunkt der Ergebnisbekanntgabe, hat sich in den letzten 30 Jahren gesteigert. Die Marktreaktionen auf die Pro-forma-Ergebnisse in bezug auf Kursreaktion, Handelsvolumen und Renditevolatilität ist höher als die auf US-GAAP-Ergebnisse, vgl. Collins/Li/Xie (2005), S. 16 ff.

[548] Die durchschnittliche Überrendite über eine wertgewichtete Gesamtmarktrendite innerhalb des auf die Ergebnisbekanntgabe folgenden Quartals lag zwischen 1984 und 1996 bei positive Ergebnisüberraschungen bei 5,50% und bei negativen Ergebnisüberraschungen bei -5,05%, vgl. Skinner/Sloan (2002), S. 302 ff. Ähnlich: Bartov/Givoly/Hayn (2002), S. 182. Der Ausweis von Pro-forma-Ergebnissen ist besonders stark

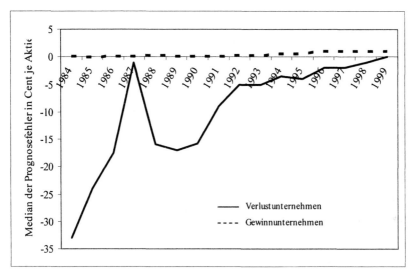

**Abbildung 13: Nicht-skalierter Median-Prognosefehler US-amerikanischer Aktien zwischen 1984 und 1999**[550]

Deutlich wird die zunehmende Bedeutung des Treffens von Analystenprognosen darin, dass die in Abbildung 13 abgebildeten durchschnittlichen Ergebnisüberraschungen seit Mitte der 80iger Jahre kontinuierlich abnehmen; dies trifft vor allem für Unternehmen zu, die Verluste ausweisen. Offenbar ist es für Verlustunternehmen zunehmend wichtiger, trotz eines Verlustausweises die Analystenprognosen zu treffen. Die Abnahme der Ergebnisüberraschungen kann durch fünf Effekte erklärt werden: (i) eine verzerrte Ergebnisaufbereitung durch Datenbankanbieter bzw. Analysten-Tracking-Agenturen, (ii) eine Verbesserung der Prognosequalität der Analysten, (iii) ein intensiveres Ergebnismanagement der Unternehmen, (iv) ein besseres Management der Analystenerwartungen durch das Management und (v) die gezielte Beeinflussung von Pro-forma-Ergebnissen durch die Klassifizierung von Aufwendungen als einmalige Sondereinflüsse. Keiner der fünf Erklärungsansätze allein kann für die abnehmende Höhe der Ergebnisüberraschungen verantwortlich gemacht werden.

---

bei Unternehmen ausgeprägt, die von überdurchschnittlich vielen Analysten betreut werden, vgl. Heflin/Hsu (2005), S. 26.

[549] Vgl. Brown/Caylor (2005), S. 430. Die Autoren sehen die Zielumkehr in der Hierarchie des Ergebnismanagements ab der Mitte der 90iger Jahre. Bis zu diesem Zeitpunkt entspricht die Hierarchie der von Degeorge/Patel/Zeckhauser (1999).

[550] Vgl. Brown (2001), S. 230 f. Die Prognosefehler werden berechnet als Differenz der US-GAAP-Quartalsergebnisse abzüglich der Konsensusprognosen von I/B/E/S.

Die geringeren Prognosefehler infolge einer verzerrten Ergebnisaufbereitung (i) können die gesteigerten Bemühungen von konkurrierenden Datenbankanbietern, eine bestmögliche Übereinstimmung zwischen den Konsensus-Prognosen der Aktienanalysten für das Ergebnis je Aktie und den später veröffentlichten Ergebnissen je Aktie, widerspiegeln. Kommerzielle Datenbankanbieter oder Analysten-Tracking-Agenturen haben klare wirtschaftliche Anreize, die realisierten Ergebnisse der Unternehmen so zu bereinigen, dass im Vergleich zu anderen Datenbankanbietern möglichst geringe Prognosefehler entstehen.[551] Eine höhere Genauigkeit der Daten, v.a. eine möglichst vertrauenswürdige Berechnung der Konsensus-Prognosen für das Ergebnis je Aktie, soll die Wettbewerbsposition der Datenbankanbieter bzw. Analysten-Tracking-Agenturen stärken. Die Fokussierung der Investoren und Unternehmen auf die Prognoseergebnisse hat diesen Anreiz verstärkt.[552]

Gegen die Dominanz des zweiten Effekts (ii) spricht, dass die Qualität der Ergebnisprognosen erst in den letzten Monaten vor der Ergebnisbekanntgabe signifikant zunimmt, die Analysten zuvor aber deutlich zu optimistisch sind;[553] offenbar gelingt es den Unternehmen, die Erwartungen der Analysten im Zeitablauf nach unten zu managen. Eine Intensivierung des Ergebnismanagements (iii) wird einerseits durch die rechtlichen Rahmenbedingungen der Rechnungslegungsstandards eingeschränkt, andererseits reagieren Investoren sowohl auf ein wiederholtes Ergebnismanagement als auch auf den Einsatz von Ergebnismanagement-Maßnahmen zum Treffen von Analystenprognosen mit Bewertungsabschlägen.[554] Die beiden anderen Erklärungsansätze (iv) und (v) werden im nächsten Kapitel detaillierter untersucht.

---

551 Doyle/Lundholm/Soliman (2003b) interpretieren ihre Ergebnisse im Vergleich zu früheren Untersuchungen als Evidenz für unterschiedliche Berechnungen der Konsensus-Prognosen sowie Ergebnisse durch Value Line und I/B/E/S. Abarbanell/Lehavy (2002) weisen ebenfalls Unterschiede der Datenbankanbieter zwischen I/B/E/S, Zacks und First Call nach.

552 Vgl. Bradshaw (2003), S. 324.

553 Vgl. Ali/Klein/Rosenfeld (1992), Kang/O'Brien/Sivaramakrishnan (1994), Lys/Soo (1995); für Deutschland vgl. Henze/Röder (2005), Wallmeier (2004).

554 Vgl. Bartov/Givoly/Hayn (2002), S. 195 ff. sowie die in Fußnote 108 angegebene Literatur.

6.2.1.2 Nutzung der Pro-forma-Ergebnisse zum Treffen von Analystenprognosen

Empirische Untersuchungen[555] zeigen, dass eine unverhältnismäßig große Anzahl an Unternehmen Ergebnisse melden, die die Konsensusschätzungen der Analysten treffen oder leicht übertreffen, und dass sich diese Vorgehensweise sich in den letzten 20 Jahren verstärkt hat.[556] Analysten formulieren Ergebnisprognosen vor allem ʾauf der Basis von Pro-forma-Ergebnissen.[557] Ausschlüsse sind dabei schwer zu prognostizieren, da sie von Natur aus transistorisch, einmalig und unvorhersehbar sind.[558] Die Sondereinflüsse sind deshalb generell nicht Teil des operativen Ergebnisses und somit kein Bestandteil des Kernergebnisses, welches Analysten prognostizieren. Die Prognosen werden entsprechend der GuV-Gliederung von „oben nach unten" erstellt, d.h. deren Berechnung erfolgt ausgehend vom prognostizierten Umsatz, den zugehörigen operativen Aufwendungen wie den Herstellkosten, den Vertriebs- und Verwaltungskosten sowie den sonstigen operativen Kosten. Dagegen ist es kein Ziel der Analysten, nicht-operative Ergebnisbestandteile zu prognostizieren und diese aus einem Gesamtergebnis herauszurechnen.[559] Bei den Ergebnisprognosen der Analysten spielen

---

[555] Empirische Untersuchungen, die sich mit dem Treffen von Analystenprognosen beschäftigen, unterteilen sich in zwei Gebiete: das Erwartungsmanagement und das Ergebnismanagement. Im Rahmen des Erwartungsmanagement wurde gezeigt, dass Unternehmen die Analystenerwartungen nach unten managen, um diese Benchmark sicher erreichen zu können, vgl. Kasznik/Lev (1995), Matsumoto (2002). Auf der anderen Seite wurde im Rahmen von Untersuchungen des Ergebnismanagements durch die Ausnutzung der Ermessensspielräume bei der Bildung von Accruals sowie bei Formen von Cashflow-Manipulation gezeigt, dass diese genutzt werden, um die Vorgaben der Analysten zu erreichen, vgl. Burgstahler/Eames (2003), Dechow/Richardson/Tuna (2002).

[556] Vgl. Brown (2001), Burgstahler/Eames (2003), Degeorge/Patel/Zeckhauser (1999), Matsumoto (2002).

[557] Analystenprognosen werden an ein einheitliches Berechnungsschema angepasst, d.h. die Schätzungen der Sell-Side-Analysten, die für das jeweilige börsennotierte Unternehmen eine Ergebnisprognose abgeben, werden gegebenenfalls noch verändert und zusammengefasst. Bei der Berechnung der I/B/E/S Ist-Werte sind die gleichen Positionen ausgeschlossen wie bei den I/B/E/S Prognose-Werten. Auf Grund der Anpassungen sind die Ist-Ergebnisse, die durch I/B/E/S vorgehalten werden, sowie die Ist-US-GAAP-Ergebnisse, die durch die Unternehmen veröffentlicht werden, nicht zwangsläufig identisch. Nur bei der Ermittlung der I/B/E/S-Prognose und der I/B/E/S Ist-Werte werden die gleichen Positionen ein- und ausgeschlossen, was bei den anderen beiden Ergebniskennzahlen nicht der Fall ist. Dies liegt daran, dass Analysten Tracking Agenturen bei der Berechnungsweise ihrer Ist- sowie Prognoseergebnisse überwiegend einem eigenen, auch über die Zeit konsistenten Schema folgen; bei Unternehmen ist dies überwiegend nicht der Fall, die Proforma-Ergebnisse werden eher eingesetzt, um Verluste oder nicht erreichte Ergebnisprognosen in einem besseren Licht erscheinen zu lassen. I/B/E/S-Prognosen wie I/B/E/S-Istergebnisse werden deshalb durch weniger Rauschen bekleidet wie US-GAAP-Ergebnisse oder durch die Unternehmen veröffentlichte Proforma-Ergebnisse. Philbrick/Ricks (1991) zeigen, dass das Matching von Analystenprognosen mit den aktuellen Ergebnissen der gleichen Analysten Tracking Agentur ein exakteres Maß für Ergebnisüberraschungen bietet.

[558] Sell-Side-Analysten prognostizieren keine „Special Items", weder absichtlich noch unabsichtlich, das deren Markterwartung Null ist, vgl. Hsu (2004), S. 27. Ähnlich Doyle/Lundholm/Soliman (2003a), Elliott/Hanna (1996).

[559] Vgl. Doyle/McNichols/Soliman (2005), S. 6 f.

demnach einmalige Ergebnisse nur eine untergeordnete Rolle. Um die Vergleichbarkeit der Ergebnisprognosen vor Sondereinflüssen mit den realisierten Ergebnissen sicherzustellen, bereinigen Analysten die US-GAAP-Ergebnisse um darin enthaltene Sondereinflüsse (Proforma-Ergebnisse der Analysten). Für das Management der Unternehmen besteht die Möglichkeit, durch die Klassifizierung von operativen Aufwendungen als einmalige Sondereinflüsse („Special Items") die Berechnung der Pro-forma-Ergebnisse der Analysten zu beeinflussen oder selbst Pro-forma-Ergebnisse mit diesen herausgerechneten Aufwendungen auszuweisen. Einer solchen Täuschung von Anlegern steht die legitime Möglichkeit des Managements gegenüber, die Analystenerwartungen so zu managen, dass ein Treffen der Analystenerwartungen möglich wird.

Bei Analysten ist ebenfalls zu erwarten, dass sie sowohl zu optimistischen Prognosen als auch einer Positivdarstellung der Unternehmen durch höhere Pro-forma-Ergebnisse neigen, da einerseits Kundenbeziehungen von Banken zu Unternehmen geschützt werden sollen und andererseits durch positive Kaufempfehlungen höhere Aktienhandelsumsätze erzielbar sind.[560]

Empirische Untersuchungen zeigen, dass der Markt auf Ergebnisüberraschungen asymmetrisch reagiert; die Aktienkursreaktion fallen signifikant stärker auf negative als auf positive Ergebnisüberraschungen aus.[561] Unternehmen haben deshalb einen starken Anreiz, negative Ergebnisüberraschungen zu vermeiden. Um negative Ergebnisüberraschungen zu vermeiden, verfolgt das Unternehmensmanagement zwei gegenseitige Ansatzpunkte zur Steuerung der Analystenprognosen:[562]

1. Gezieltes Management der Analystenerwartungen (legitimes Vorgehen): Unternehmen managen die Analystenerwartungen gezielt nach unten, so dass ohne zusätzliche Bereinigungen der Ergebnisse ein Treffen der Analystenmeinungen möglich ist.[563]

---

560 Bei einem Aussprechen von Halte- oder Verkaufsempfehlungen durch die Analysten sinken die Anreize zum Treffen der Analystenprognosen. Empirisch zeigt sich, dass in diesem Fall häufiger negative Accruals als Bewertungsreserven gebildet werden, um bei künftigen Kaufempfehlungen Analystenprognosen treffen und dadurch Kursanstiege realisieren zu können. Bei Kaufempfehlungen ist die Sensitivität der Kurse gegenüber einem Übertreffen der Analystenprognosen am höchsten, vgl. Abarbanell/Lehavy (2003), S. 19.

561 Vgl. Skinner/Sloan (2002).

562 Empirische Untersuchungen lassen den Schluss zu, dass beide Effekte auftreten.

563 Vgl. Matsumoto (2002). Analystenprognosen werden oft als repräsentativ für die Ergebniserwartungen des Marktes angesehen. Es gibt unterschiedliche Formen des Managements von Analystenerwartungen; auf der einen Seite die Ergebnisveröffentlichungen und Analystenmeetings aber auch eher informelle Informationen.

2. Gezieltes Herausrechnen von Aufwendungen bei Pro-forma-Ergebnissen (Täuschung von
   Investoren): Unternehmen rechnen mit internen Steuerungsmechanismen gezielt Aufwendungen der Pro-forma-Ergebnisse heraus, um die Analystenerwartungen zu erfüllen oder
   sogar zu übertreffen sowie nutzen zusätzlich ein starkes Ergebnismanagement mittels der
   Möglichkeiten, die die bilanziellen Spielräume innerhalb der Rechnungslegungsstandards
   bieten.[564]

Für das legitime Management der Analystenerwartungen finden sich in den USA zahlreiche
empirische Belege, die wie in Abbildung 13 eine Abnahme der Prognosefehler von Analysten
über die Zeit nachweisen.[565] Diese Abnahme der Prognosefehler wird häufig als Beweis für
das "Abwärts-Management" der Analystenprognosen im Zeitablauf interpretiert, so dass die
Unternehmen Ergebnisse veröffentlichen können, die die Analystenprognosen treffen oder
übertreffen.[566] Dabei korrigieren Analysten zu optimistische Prognosen im Zeitablauf, d.h.
die Prognosefehler nehmen mit dem Näherrücken des Zeitpunkts der Ergebnisveröffentlichung ab. So sank zwischen 1985 und 2000 der Anteil der negativen Ergebnisüberraschungen
(Ergebnisprognose > erzieltes Ergebnis) von ca. 59% auf bis zu 28%;[567] diese Entwicklung
ist in Abbildung 14 dargestellt. Der Anteil der positiven Ergebnisüberraschungen (erzieltes
Ergebnis ≥ Ergebnisprognose), die Analystenprognosen infolge eines Abwärtsmanagements
treffen oder übertreffen, beträgt 42%; d.h. die ursprünglichen Analystenprognosen lagen o-
berhalb des erzielten Ergebnisses, als Folge des Abwärtsmanagements wurden die Analystenprognosen im Zeitablauf so stark nach unten korrigiert, dass die Analystenprognosen trotzdem

---

564 Die Möglichkeiten, das Periodenergebnis entsprechend dem angewandten Rechnungslegungsstandard zu
    beeinflussen, sind begrenzt. Die Beeinflussung der Wertermittlung von Pro-forma-Kennzahlen ist für die
    Unternehmen allerdings auf Grund der früher fehlenden und auch der jetzigen bestehenden Regulierung
    einfacher möglich als bei einem testierten Jahresergebnis.

565 Vgl. Ang/Ciccone (2002), S 14 ff., Doyle/McNichols/Soliman (2005), S. 18, Doyle/Soliman (2002), S. 19,
    Matsumoto (2002), S. 488.

566 Vgl. Brown (2001), S. 230, Ciccone (2004), S. 14, Ciccone (2005), S. 18. Dies ist vor allem bei Unterneh-
    men mit einem überdurchschnittlich hohen Anteil institutioneller oder spekulativer, kurzfristig orientierter
    Investoren, einem historisch hohen Zusammenhang zwischen Ergebnissen und Aktienkursen sowie einer
    höheren Abhängigkeit von Stakeholdern festzustellen, vgl. Matsumoto (2002), S. 507 ff.

567 In der Literatur sind folgende Angaben zu finden: Matsumoto (2002), S. 488, 59,0% (1985) auf 29,9%
    (1997); Doyle/McNichols/Soliman (2005), S. 38, 46,5% (1988) auf 37,7% (2000); Bartov/Givoly/Hayn
    (2002), S. 192, 47,2% (1983 - 1993) auf 30,7% (1994 – 1997). Bhattacharya/Black/Christensen/Larson
    (2003), S. 303, geben für den Zeitraum 1998 - 2000 einen Wert von 22,5% (19,9%) für die Pro-forma-
    Ergebnisse der I/B/E/S-Analysten (der Unternehmen) an. Im Unterschied zu den eben genannten Untersu-
    chungen basiert diese Studie auf einer kleineren Stichprobe und berücksichtigt nur Unternehmen, die eigene
    Pro-forma-Ergebnisse ausweisen. Die Pro-forma-Ergebnisse der Unternehmen fallen höher aus als jene der
    Analysten; dies kommt auch in dem geringeren Anteil negativer Ergebnisüberraschungen der Pro-forma-
    Ergebnisse der Unternehmen zum Ausdruck.

getroffen werden konnten.[568] Im Vergleich dazu ist der Anteil der im Zeitablauf gestiegenen Ergebnisprognosen, so dass Analystenprognosen nicht mehr getroffen werden, obwohl dies bei den ursprünglichen Prognosen der Fall gewesen wäre, mit nur 9% deutlich geringer.[569] Börsennotierte Unternehmen steuern die Analystenerwartungen aktiv, indem die Ertragslage konservativ dargestellt wird. Dadurch können Analystenerwartungen frühzeitig reduziert und später leichter getroffen oder übertroffen werden; Ziel des aktiven Ergebnismanagements ist somit das relativ genaue Treffen oder knappe Übertreffen der Analystenprognosen des Pro-forma-Ergebnisses je Aktie. Ein sehr deutliches Übertreffen der Ergebnisprognosen der Analysten wird aus der Sicht des Managements nicht angestrebt, um die Erwartungshaltung der Analysten nicht nach oben zu schrauben und die Ergebniserwartungen auch in der Zukunft erfüllen zu können.[570]

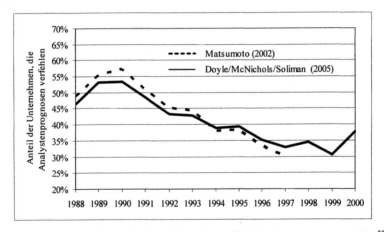

**Abbildung 14: Anteil US-amerikanischer Unternehmen, die die Analystenprognosen verfehlen[571]**

Diesem legitimen Management der Analystenerwartungen steht der Verdacht der Täuschung der Anleger gegenüber, wenn durch ein Herausrechnen von Aufwendungen oder die Miss-

---

568 Vgl. Matsumoto (1999), S. 9 f. Zu ähnlichen empirischen Untersuchungsergebnissen gelangen Bartov/Givoly/Hayn (2002), S. 194. Der Anteil der auf ein Abwärtsmanagement der Analystenerwartungen zurückzuführenden positiven Ergebnisüberraschungen wird dort mit durchschnittlich 35% ausgewiesen; zwischen 1983 und 1997 ist dieser Anteil systematisch von 29% auf 42% angestiegen. Ähnlich äußert sich Matsumoto (2002), S. 505.

569 Vgl. Matsumoto (1999), S. 9 f. Bartov/Givoly/Hayn (2002), S. 194, geben dafür einen Durchschnittswert von 15% an. Zwischen 1983 und 1997 ist dieser Wert von 20% auf 11% gefallen.

570 Vgl. Schrand/Walther (2000), S. 174 ff.

571 Vgl. Doyle/McNichols/Soliman (2005), S. 38, Matsumoto (2002), S. 488.

klassifizierung von operativen Aufwendungen als einmalige Sonderbelastungen Pro-forma-Ergebnisse erzielt werden, die Analystenerwartungen erfüllen oder sogar übertreffen, obwohl dies bei der Ermittlung der Ergebnisse unter Anwendung des Rechnungslegungsstandards nicht der Fall gewesen wäre.[572] Gerade dieses Szenario tritt in den USA häufig auf; während 80,1% der von Unternehmen ausgewiesenen Pro-forma-Ergebnisse genau die Analystenerwartungen treffen oder übertreffen, trifft dies lediglich für 38,7% der US-GAAP-Ergebnisse zu.[573] Für das Treffen oder Übertreffen der Ergebnisprognosen veränderten 68% dieser Unternehmen die Methode der Berechnung von Pro-forma-Ergebnissen mindestens einmal zwischen 1998 und 2000,[574] so dass auf Grund der geringen Vergleichbarkeit der Pro-forma-Ergebnisse sowohl im Zeitablauf für das ausweisende Unternehmen selbst als auch über alle Unternehmen hinweg von einer Täuschung der Anleger auszugehen ist.

Der Verdacht einer Täuschung von Investoren durch den opportunistischen Einsatz von Pro-forma-Ergebnissen wird zusätzlich dadurch gestützt, dass Unternehmen, die operative Aufwendungen als einmalige Sonderbelastungen missklassifizieren,[575] häufiger Ergebnisprognosen der Analysten treffen als andere Unternehmen;[576] insbesondere gilt dies für Unternehmen, die Analystenergebnisse genau treffen oder knapp übertreffen.[577] Die Missklassifizierung der Aufwendungen wird offenbar in großem Umfang genutzt, um Ergebnisprognosen der Analysten zu erreichen und positive Aktienkurseffekte auszulösen.[578] Da die missklassifizierten und bei der Berechnung der Pro-forma-Ergebnisse herausgerechneten Aufwendungen Teil des operativen Geschäfts sind sowie regelmäßig anfallen, haben diese Aufwendungen eine besonders hohe Prognosekraft bezüglich zukünftiger Cashflow-Belastungen.[579] Durch die Missklassifizierung von Positionen nimmt deshalb die Aussagekraft der ausgewie-

---

572 Vgl. Hsu (2004), S. 42.
573 Vgl. Bhattacharya/Black/Christensen/Larson (2003), S. 303. Zu ähnlichen Ergebnissen gelangen Doyle/McNichols/Soliman (2005), S. 38, die Autoren können ein Treffen und Übertreffen der Ergebnisprognosen für 60,7% nachwiesen, sowie Matsumoto (2002), S. 488.
574 Vgl. Bhattacharya/Black/Christensen/Mergenthaler (2004a), S. 36.
575 Als Sonderbelastungen werden primär zahlungsrelevante Aufwendungen missklassifiziert, vgl. McVay (2005), S. 27 f. und S. 45 ff, die eine hohe Prognosekraft für zukünftige Cashflow-Belastungen und negative Aktienrenditen haben, vgl. Doyle/Lundholm/Soliman (2003a), S. 160, Doyle/McNichols/Soliman (2005), S. 5 ff., Gu/Chen (2004), S. 156.
576 Vgl. Heflin/Hsu (2005), S. 28.
577 Vgl. Doyle/McNichols/Soliman (2005), S. 19.
578 Der Anteil der Unternehmen, die Aufwendungen als Sonderbelastungen („Special Items") klassifizieren, ist zwischen 1985 und 1997 erheblich angestiegen, vgl. Bradshaw/Sloan (2002), S. 56 f., Bruce/Bradshaw (2004), S. 41.
579 Vgl. Doyle/McNichols/Soliman (2005), S. 41 f.

senen Pro-forma-Ergebnisse für die wirtschaftliche Entwicklung der Unternehmen ab. Dies kommt auch darin zum Ausdruck, dass traditionell zur Einschätzung der Qualität der Ergebnisse sowie der Ertragsstärke verwendete Kennzahlen der Bilanzanalyse (z.B. auf der Basis der Rechnungslegungsstandards berechnete Gesamtkapitalrendite, Cashflowkraft) seit dem Aufkommen der Pro-forma-Ergebnisse nur noch geringe Aussagen darüber zulassen, ob Unternehmen Analystenprognosen treffen oder verfehlen.[580]

### 6.2.1.3 Beeinflussung des Handelsverhaltens von Kleinanlegern durch Pro-forma-Ergebnisse

Die Verwendung von Pro-forma-Ergebnissen ist dann unproblematisch, wenn rationale Anleger bei ihren Investitionsentscheidungen genau zwischen Pro-forma- und US-GAAP-Ergebnissen unterscheiden und Unterschiede in den Berechnungsmethoden der Ergebnisse bei Einschätzungen der zukünftigen Ertragslage von Unternehmen berücksichtigen sowie ihr Investitionsverhalten entsprechend daran ausrichten. Dieser Idealvorstellung stehen v.a. bei Kleinanlegern hohe Kosten der Informationsbeschaffung und -verarbeitung entgegen. Weniger kenntnisreiche Kleinanleger sind deshalb auf die Ergebnisprognosen von Sell-Side-Analysten und die Ergebnisdarstellungen der Unternehmen angewiesen. Analysteninformationen liegen primär für häufig durch Kleinanleger gekaufte Aktien vor.[581]

Verschiedene empirische Untersuchungen beschäftigen sich deshalb mit den Reaktionen von professionellen Investoren und Kleinanlegern auf den Ausweis von Pro-forma- und US-GAAP-Ergebnissen. Im Vordergrund der Untersuchungen stehen folgende Fragen:

a) sind Investoren in der Lage, Pro-forma-Ergebnisse korrekt zu interpretieren und

b) reagieren private und institutionelle Investoren unterschiedlich auf Pro-forma-Ergebnisse.

Die erste Frage wird durch experimentelle Studien untersucht, während hinsichtlich der zweiten Fragestellung sowohl experimentelle Studien eingesetzt als auch abnormale Handelsvolumina von professionellen und privaten Investoren ausgewertet werden.

---

580  Vgl. Bates/Dempster/Go/Young (2004), S. 38 f.

581  Dabei wird auf Investoren-Informationsseiten der US-Börse oder von CNN (siehe www.money.cnn.com und www.earnings.nasdaq.com) sehr häufig mit Pro-forma-Kennzahlen der Analysten gearbeitet sowie Vergleiche von Analystenprognose und erzieltem Ergebnis auf der Basis von Pro-forma-Ergebnissen durchgeführt.

Die experimentellen Studien legen nahe, dass Pro-forma-Informationen zu Verzerrungen bei der Informationsverarbeitung und Informationsbewertung bei unterschiedlichen Investorengruppen führen. Zwischen professionellen und privaten Investoren bestehen signifikante Unterschiede hinsichtlich der Interpretation und somit Reaktion auf Pro-forma- und US-GAAP-Ergebnisse. Die Untersuchungen gelangen dabei zu dem Ergebnis, dass nur professionelle Investoren den Ausschluss von Aufwendungen bei der Berechnung der Pro-forma-Ergebnisse erkennen und unabhängig vom gewählten Ergebnismaßstab zu korrekteren Einschätzungen der zukünftigen Ertragskraft der Unternehmen gelangen;[582] Analysten reduzieren beispielsweise dann Prognosen für zukünftige Quartalsergebnisse, wenn das Unternehmen im gegenwärtigen Quartal trotz US-GAAP-Verlusten positive Pro-forma-Ergebnisse ausweist oder wenn willkürliche Anpassungen der Pro-forma-Ergebnisse, z.B. Veränderungen der Anzahl der Aktien, durch das Management des Unternehmens vorgenommen werden.[583] Private Investoren bzw. Kleinanleger überschätzen dagegen die zukünftige Ertragskraft der Unternehmen mit einem Ausweis von Pro-forma-Ergebnissen und würden signifikant mehr Kapital in Aktien dieser Unternehmen investieren als in identische Unternehmen mit ausschließlichem US-GAAP-Ergebnisausweis.[584] Diese Fehleinschätzungen fallen dabei umso deutlicher aus, je prominenter das Pro-forma-Ergebnis gegenüber dem US-GAAP-Ergebnis in der Ergebnisveröffentlichung hervorgehoben wird.[585]

Das Handelsvolumen von kleineren privaten Investoren ist signifikant positiv mit Ergebnisüberraschungen der Pro-forma-Ergebnisse assoziiert, während dies für Großinvestoren und institutionelle Anleger nicht zutrifft;[586] auch das anormale Handelsvolumen kleinerer privater Investoren ist stärker mit den Ergebnisüberraschungen der Pro-forma-Ergebnisse wie der US-GAAP-Ergebnisse korreliert, während die Handelsvolumina professioneller Investoren stärker US-GAAP-Ergebnisüberraschungen folgen.[587] So nutzen professionelle Investoren ihren Wissensvorsprung gegenüber privaten Investoren sogar aus: während private Investoren beim

582 Vgl. Elliott (2004), S. 20, Frederickson/Miller (2004), S. 677; ähnlich: Dilla/Janvrin/Jeffrey (2006). Zu anderen Ergebnissen gelangen Andersson/Hellmann (2004), S. 13, indem diese Autoren beim Vergleich von auf schwedischen Standards beruhenden Ergebnissen und Pro-forma-Ergebnissen auch bei kenntnisreicheren Analysten eine Überschätzung der Ergebnisse auf Basis von Pro-forma-Ergebnissen feststellen.

583 Vgl. Bhattacharya/Black/Christensen/Larson (2003), S. 314 f.

584 Vgl. Elliott (2004), S. 18 f., Frederickson/Miller (2004), S. 681.

585 Vgl. Elliott (2003), S. 20 f., Elliott (2004), S. 19 f. Wird gleichzeitig eine Überleitung der Pro-forma-Ergebnisse auf das US-GAAP-Ergebnis angeboten, geht die Überschätzung signifikant zurück.

586 Vgl. Bhattacharya/Black/Christensen/Mergenthaler (2004b), S. 34 ff.

587 Vgl. Bhattacharya/Black/Christensen/Mergenthaler (2004b), S. 20, Collins/Li/Xie (2005), S. 21, Xie (2002), S. 16.

Erzielen von positiven Pro-forma-Ergebnisüberraschungen überdurchschnittlich viele Aktien des betreffenden Unternehmens erwerben, neigen professionelle Investoren zum gleichen Zeitpunkt zum Verkauf dieser Aktien. Eine durch Pro-forma-Ergebnisse ausgelöste Überschätzung der Unternehmenswerte durch private Investoren kann somit auch mit einem Vermögenstransfer von privaten zu professionellen Investoren verbunden sein.[588]

Wie auch die Fehleinschätzungen bezüglich der Ertragskraft der Unternehmen fallen die Handelsreaktionen der privaten Investoren umso deutlicher aus, je prominenter das Pro-forma-Ergebnis gegenüber dem US-GAAP-Ergebnis in den Ergebnisveröffentlichungen hervorgehoben wird.[589] Insbesondere kurzfristige Kursbewegungen um den Zeitpunkt der Ergebnisbekanntgabe werden häufiger durch erhöhte Handelsvolumina von weniger kenntnisreichen privaten Investoren bestimmt.[590] Unter diesen Voraussetzungen kann es Unternehmen durch den Ausweis von Pro-forma-Ergebnissen gelingen, die tatsächliche wirtschaftliche Lage positiver darzustellen und positive Bewertungsimplikationen zu erzielen.

### 6.2.2 *Bewertungsrelevanz von Pro-forma-Ergebnissen in den USA*

6.2.2.1 Überblick über die empirischen Untersuchungen in den USA

Den Ausgangspunkt der empirischen Untersuchungen zur Bewertungsrelevanz von Proforma-Ergebnissen bilden Beobachtungen, wonach die Bewertungsrelevanz von auf Rechnungslegungsstandards basierenden Ergebnissen mit der zunehmenden Verbreitung von Proforma-Ergebnissen abgenommen hat sowie das private Investoren ihre Anlageentscheidungen stärker an Pro-forma-Ergebnissen ausrichten, obwohl sie dabei zu einer Überschätzung der Ergebnisse neigen.[591] Im Mittelpunkt der empirischen Untersuchungen der Bewertungsrelevanz von Pro-forma-Ergebnissen stehen deshalb folgende Fragestellungen:

---

588 Vgl. Bhattacharya/Black/Christensen/Mergenthaler (2004b), S. 23 ff. In diesem Zusammenhang zeigen Bianco/Smith/Burkett (2004), S. 3 ff., dass Unternehmen, die Pro-forma-Ergebnisse deutlich oberhalb der US-GAAP-Ergebnisse ausweisen, eine zukünftig unterdurchschnittliche Aktienmarktperformance aufweisen. Investitionen von privaten Investoren in diese Unternehmen auf der Basis von Pro-forma-Ergebnissen führen somit zu einem Vermögensverlust bei privaten Investoren.

589 Vgl. Bhattacharya/Black/Christensen/Allee (2003), S. 22 f., Elliott (2004), S. 19 f. Wird gleichzeitig eine Überleitung des Pro-forma-Ergebnisses auf das US-GAAP-Ergebnis angeboten, geht die Überschätzung signifikant zurück.

590 Vgl. Bhattacharya/Black/Christensen/Mergenthaler (2004b), S. 38.

591 Zur Abnahme der Bewertungsrelevanz siehe Abschnitt 2.2.1 sowie die dort angegebene Literatur. Zum Handelsverhalten privater Investoren siehe Abschnitt 6.2.1.3.

1. üben Pro-forma-Ergebnisse einen höheren Kurseinfluss aus wie auf Rechnungslegungsstandards basierende Ergebnisse und

2. sind die zusätzlichen Informationen der Pro-forma-Ergebnisse für Investoren nützlich oder
   besteht das Risiko einer (auch unbeabsichtigten) Täuschung der Investoren durch den Einfluss der ausgeschlossenen Aufwendungen auf den Aktienkurs.

Zur Beantwortung dieser Fragen werden unterschiedliche Untersuchungsdesigns gewählt, die
sich nicht nur hinsichtlich der gewählten Untersuchungsmethoden sondern auch unterscheiden
bezüglich der

- Verwendung der Pro-forma-Ergebnisse der Analysten oder der Unternehmen,[592]

- Messung des Kurseinflusses auf kurzfristige Renditen (Ein- oder Drei-Tages- sowie Quartalsrenditen) oder auf langfristige Renditen (Ein- bis Drei-Jahresrenditen) und

- Berücksichtigung aller ausgeschlossenen Aufwendungen durch die Differenz zwischen
  den US-GAAP- und Pro-forma-Ergebnissen oder nur eine partielle Erfassung einzelner
  Sondereinflüsse (z.B. „Special Items").

Tabelle 72 gibt einen Überblick[593] über die wichtigsten empirischen Untersuchungen zur
Bewertungsrelevanz von Pro-forma-Ergebnissen US-amerikanischer Unternehmen. Mit zunehmender Stichprobengröße gelangen sowohl die empirischen Untersuchungen über die Pro-
forma-Ergebnisse der Analysten als auch der Unternehmen überwiegend zu dem Ergebnis,
dass Pro-forma-Ergebnisse einen stärkeren Kurseinfluss ausüben als die US-GAAP-

---

[592] US-Börsen und Finanzpresse publizieren die Ergebnisprognosen und Kaufempfehlungen der Analysten.

[593] Betrachtet man die aktuelle Literatur zum Thema Pro-forma-Accounting in den USA, so ergibt sich kein
homogenes Bild. Dies ist auf unterschiedliche Prämissen, die Stichprobenauswahl sowie das gewählte Untersuchungsdesign und die Methodik zurückzuführen. Insoweit Pro-forma-Ergebnisse durch Autoren selbst
zusammengetragen werden, ist die Auswahl, was als „Pro-forma-Ergebnis" zu qualifizieren ist, unterschiedlich erfolgt. Auch die Studien, bei denen auf die selbstveröffentlichten Pro-forma-Ergebnisse zurückgegriffen wird, unterscheiden sich bei der Auswahl der Ergebnisse. Bhattacharya/Black/Christensen/Larson
(2003) untersuchen nur Ergebnisveröffentlichungen, die als „Pro-forma" bezeichnet sind, andere Formen
wie „Adjusted Net Income", „Normalised EPS" oder „Earnings before" werden nicht weiter untersucht.
Damit wird auch bei diesen handgesammelten Untersuchungen eine Vorauswahl getroffen, die nur einen
Teil der selbstveröffentlichten Pro-forma-Ergebnisse widerspiegelt. Bei einer Stichprobenerhebungstechnik
(eingeschränkte Auslegung der Suchstring-Abfragen), die nach dem Begriff „Pro forma" sucht, würden
rund 90% der Unternehmensveröffentlichungen, die ein Ergebnis abweichend von US-GAAP beinhalten,
nicht ermittelt. Dies entspricht den Erkenntnissen, dass für Pro-forma-Ergebnisse verschiedenste Begrifflichkeiten benutzt werden, vgl. Doyle/McNichols/Soliman (2005), S. 15. Auch die SEC (2003a) hat bei ihrer Regulierung der „Non-GAAP Financial Measures" alle von US-GAAP abweichenden Performance- und
Liquiditätsmasse miteinbezogen und diese nicht auf einzelne Begrifflichkeiten reduziert, da durch die Unternehmen eine sehr große Anzahl an Pro-forma-Bezeichnungen verwendet wird.

Ergebnisse und die Reaktionen bzw. Anlageentscheidungen der Anleger stärker bestimmen. In der Literatur besteht ein ausgewogenes Verhältnis der Untersuchungen der Bewertungsrelevanz von Pro-forma-Ergebnissen der Analysten und der Unternehmen. Da Pro-forma-Ergebnisse der Analysten für eine sehr große Anzahl börsennotierter Unternehmen unabhängig von einer freiwilligen Pro-forma-Berichterstattung durch die Unternehmen ermittelt werden, fallen die untersuchten Stichproben für diese Untersuchungen deutlich größer aus.

Die Verwendung von Pro-forma-Ergebnissen der Analysten anstelle von Pro-forma-Ergebnissen der Unternehmen wird damit gerechtfertigt, dass nur so Ergebnisüberraschungen, d.h. die Differenz zwischen erzieltem und prognostiziertem Ergebnis, konsistent berechnet werden können und dass keine systematischen Unterschiede zwischen beiden Pro-forma-Ergebnisgrößen bestehen; bezüglich der letzten Annahme bestehen widersprüchliche Aussagen.[594] Hinzu kommen Beobachtungen, wonach Analysten teilweise unterschiedliche Berechnungsmethoden für Pro-forma-Ergebnisse und Ergebnisprognosen anwenden; die Ergebnisüberraschungen wären somit verzerrt.[595] Demzufolge sind die von Analysten-Tracking-Agenturen gesammelten Pro-forma-Ergebnisse der Analysten nur bedingt geeignete Schätzer für die Pro-forma-Ergebnisse der Unternehmen; Unterschiede in den Untersuchungsergebnissen sind möglicherweise auch darauf zurückzuführen.

Jedoch erlaubt auch die Verwendung von Pro-forma-Ergebnissen der Unternehmen keine statistisch einwandfreien Untersuchungen. Wird die Bewertungsrelevanz der Ergebnisse anhand der unerwarteten Ergebnisbestandteile, d.h. der Differenz von Analystenprognosen und erzielten US-GAAP-Ergebnissen, untersucht, müssen die Pro-forma-Ergebnisse der Unternehmen mit anders berechneten Prognosen der Pro-forma-Ergebnisse der Analysten abgeglichen werden. Die Unterschiede zwischen den Pro-forma-Ergebnissen der Unternehmen und Analysten zeigen Unterschiede bei den Berechnungsmethoden für die jeweiligen Pro-forma-

---

[594] Es wird durch eine große Anzahl an Studien vereinfachend auf die Werte von I/B/E/S oder Zacks zurückgegriffen, um in den empirischen Untersuchungen eine entsprechend große Stichprobe zu erreichen. Doyle/Lundholm/Soliman (2003a), S. 150, finden bei 50 Ergebnismeldungen keine nennenswerten Unterschiede zwischen beiden Größen. Doyle/McNichols/Soliman (2005), S. 15, gelangen bei 100 Ergebnismeldungen zum gleichen Ergebnis. Heflin/Hsu (2005), S. 12, geben den Grad der Übereinstimmung beider Pro-forma-Ergebnisse bei 1.928 untersuchten Ergebnismeldungen mit 90% an. Zu anderen Ergebnissen gelangen: Bhattacharya/Black/Christensen/Larson (2003), S. 298 ff., die den Anteil der nicht übereinstimmenden Ergebnisse mit 35% angeben und Johnson/Schwartz (2005), S. 930, die diesen Anteil mit 41,3% angeben.

[595] Vgl. Skantz/Pierce (2000), S. 232 f.

Ergebnisse.[596] Der Vergleich von unterschiedlich berechneten Pro-forma-Ergebnissen der Unternehmen und Konsensus-Prognosen für Pro-forma-Ergebnisse der Analysten kann deshalb zu statistisch verzerrten Ergebnissen führen.

Bleiben Analystenprognosen dagegen unberücksichtigt und wird die Bewertungsrelevanz anhand der Kursreaktionen auf die gesamten Pro-forma-Ergebnisse bzw. auf US-GAAP-Ergebnisse beurteilt, müssen ineffiziente Kapitalmärkte unterstellt werden. Implizit liegt diesem Vorgehen die Annahme zu Grunde, dass sowohl erwartete (z.B. Konsensus-Prognosen der Analysten) als auch unerwartete Ergebnisbestandteile (z.b. die Differenz zwischen realisierten Ergebnissen und Konsensus-Prognosen der Analysten) erst nach Bekanntgabe der Ergebnisse auf die Aktienkurse einwirken. Die empirische Kapitalmarktforschung geht davon aus, dass öffentlich bekannte Informationen, wie z.B. Konsensus-Prognosen, sofort mit ihrer Veröffentlichung in den Aktienkursen verarbeitet werden.[597]

Deshalb erscheint die Untersuchung von Pro-forma-Ergebnissen der Analysten vorteilhaft. Ausschlaggebend dafür ist die vergleichsweise konsistente Berechnung von Analystenprognosen und Ergebnissen durch die Datenbankanbieter sowie die Beobachtung, wonach Pro-forma-Ergebnisse der Analysten mehrheitlich geringer ausfallen als Pro-forma-Ergebnisse der Unternehmen.[598] Pro-forma-Ergebnisse der Analysten können somit als konservative Schätzer der Pro-forma-Ergebnisse der Unternehmen angesehen werden. Auch der Kapitalmarkt unterscheidet zwischen beiden Größen. Während von Analysten ausgeschlossene Aufwendungen vom Kapitalmarkt als weniger bewertungsrelevant angesehen werden als die Pro-forma-Ergebnisse, werden von Unternehmen zusätzlich herausgerechnete Aufwendungen teilweise sogar negativ bewertet, d.h. mit Misstrauensabschlägen versehen.[599]

---

[596] Im Mittelwert (Median) fallen die Pro-forma-Ergebnisse je Aktie von Unternehmen um 4 Cent (2 Cent) höher aus als die Pro-forma-Ergebnisse der Analysten, d.h. Unternehmen gehen beim Herausrechnen von Aufwendungen aggressiver vor, vgl. Bhattacharya/Black/Christensen/Larson (2003), S. 298 ff., Gu/Chen (2004), S. 152. Positionen, die von I/B/E/S aus dem US-GAAP-Ergebnis herausgerechnet werden, sind sehr stark korreliert mit den „Special Items" von Compustat. Allerdings reflektieren die I/B/E/S-Ausschlüsse nicht nur die „Special Items". Frankel/Roychowdhury (2004), S. 24, vergleichen die Ausschlüsse der Analysten zur Ermittlung des I/B/E/S-Ergebnisses und die „Special Items" aus der Datenbank von Compustat. Im Durchschnitt sind die „Special Items" um 6 Cent höher als die Ausschlüsse von I/B/E/S. Beide Formen von Ausschlüssen fallen im vierten Quartal viel höher aus als in den anderen drei Unternehmensquartalen.
[597] Vgl. Steiner/Bruns (2002), S. 40 ff.
[598] In nur 9% der Fälle übersteigen die Pro-forma-Ergebnisse der Analysten jene der Unternehmen; in 26% der Fälle fallen sie geringer aus, vgl. Bhattacharya/Black/Christensen/Larson (2003), S. 301.
[599] Vgl. Gu/Chen (2004), S. 157. Der Einfluss der Ausschlüsse von I/B/E/S auf kurzfristige Renditen ist etwas geringer als die der „Special Items" von Compustat, vgl. Frankel/Roychowdhury (2004), S. 26.

| Studie | Pro-forma-Ergebnisse | | Kurseinfluss (Renditen) | | Ausschlüsse | | Untersuchungs-sample | Untersuchungsergebnis |
|---|---|---|---|---|---|---|---|---|
| | Unter-nehmen | Analysten-Agenturen | Kurzfristige Renditen | Langfristige Renditen | Alle | Special Items | | |
| Johnson/Schwartz (2005) | X | | X | | X | X | 433 Unternehmen (Juni-August 2000) | • Unterschiede bei der Berechnung der Ausschlüsse zwischen Pro-forma-Ergebnissen der Analysten und Unternehmen<br>• Aktienkursrendite von Unternehmen mit Pro-forma-Ergebnissen weichen nicht signifikant von Vergleichsunternehmen ab, die nur US-GAAP-Ergebnisse ausweisen |
| Bhattacharya/Black/ Christensen/Larson (2003) | X | X | X | | X | | 1.149 Ergebnis-meldungen (1998 - 2000) | • Höhere Bewertungsrelevanz der Prognosefehler von Pro-forma-Ergebnissen im Vergleich zu US-GAAP-Ergebnissen<br>• Pro-forma-Ergebnisse der Analysten (I/B/E/S) besser zur Erklärung der Renditeverläufe geeignet wie die der Unternehmen<br>• Obwohl Pro-forma-Ergebnisse der Analysten-Tracking-Agenturen (I/B/E/S) die Aktienkursbildung (Renditen) besser erklären als US-GAAP-Ergebnisse, ist der Einfluss der Pro-forma-Ergebnisse auf die Renditen deutlich geringer, wenn zugleich US-GAAP-Ergebnisse die US-GAAP-Ergebnisprognosen verfehlen |

| Studie | Pro-forma-Ergebnisse | | Kurseinfluss (Renditen) | | Ausschlüsse | | Untersuchungs-sample | Untersuchungsergebnis |
|---|---|---|---|---|---|---|---|---|
| | Unternehmen | Analysten-Agenturen | Kurzfristige Renditen | Langfristige Renditen | Alle | Special Items | | |
| Bhattacharya/Black/Christensen/Mergenthaler (2004b) | X | | | | | | 1.134 Ergebnis-meldungen (1998 - 2000) | • Asymmetrische Interpretation der Pro-forma-Ergebnissen durch Investoren<br>• Professionelle Investoren handeln nicht auf der Basis von Pro-forma-Informationen<br>• Handel auf der Basis von Pro-forma-Ergebnissen wird durch Kleinanleger getrieben, Handelsvolumina von Kleinanlegern sind stärker mit Prognosefehlern der Pro-forma-Ergebnisse als der US-GAAP-Ergebnissen korreliert |
| Bhattacharya/Black/Christensen/Allee (2003) | X | | | | | | 1.134 Ergebnis-meldungen (1998 - 2000) | • Reaktionen der Kleinanleger (hohe Handelsvolumina) fallen umso deutlicher aus, je prominenter die Pro-forma-Ergebnisse im Vergleich zu den US-GAAP-Ergebnissen in der Ergebnisveröffentlichung platziert werden<br>• Beziehung zwischen abnormaler Handelsaktivität kleiner (großer) Investoren ist positiv (negativ) korreliert mit der Höhe der Ergebnisüberraschungen<br>• Kleinanleger handeln stärker, wenn die Ergebnisüberraschung höher ist; große Investoren vermeiden das Handeln bei Ergebnisveröffentlichungen mit hohen Ergebnisüberraschungen |

| Studie | Pro-forma-Ergebnisse | | Kurseinfluss (Renditen) | | Ausschlüsse | | Untersuchungs-sample | Untersuchungsergebnis |
|---|---|---|---|---|---|---|---|---|
| | Unter-nehmen | Analysten-Agenturen | Kurzfristige Renditen | Langfristige Renditen | Alle | Special Items | | |
| Dyck/Zingales (2003) | X | | X | | X | | 600 Ergebnis-meldungen (1998 - 2002) | • Höhere Bewertungsrelevanz von Pro-forma-Ergebnissen im Vergleich zu US-GAAP-Ergebnissen<br>• Bewertungsrelevanz der Pro-forma-Ergebnisse nimmt mit dem prominentem Hervorheben in der Presse und abnehmender Analystenzahl zu |
| Lougee/Marquardt (2003, 2004) | X | | | X | X | | 249 Ergebnis-meldungen (1997 -1999) | • Unternehmen mit geringerer Qualität des US-GAAP-Abschlusses veröffentlichen häufiger Pro-Forma-Ergebnisse<br>• Pro-forma-Ergebnisse werden strategisch, ggf. auch zur Täuschung der Anleger, eingesetzt: Unternehmen, die Ergebnisprognosen nach US-GAAP nicht erreichen, neigen verstärkt zum Ausweis von Pro-forma-Ergebnissen<br>• Pro-forma-Ergebnisse haben bei geringer Qualität der US-GAAP-Abschlüsse und dem Übertreffen von Pro-forma-Ergebnisprognosen hohe Erklärungskraft für die Renditeentwicklung<br>• Pro-forma-Ergebnisse haben bei hoher Qualität der US-GAAP-Abschlüsse und dem Verfehlen von Pro-forma-Ergebnisprognosen geringen Einfluss auf die Renditeentwicklung |

| Studie | Pro-forma-Ergebnisse | | Kurseinfluss (Renditen) | | Ausschlüsse | | Untersuchungs-sample | Untersuchungsergebnis |
|---|---|---|---|---|---|---|---|---|
| | Unter-nehmen | Analysten-Agenturen | Kurzfristige Renditen | Langfristige Renditen | Alle | Special Items | | |
| Marques (2005a, b) | X | X | X | | X | | 361 Unternehmen (2001 - 2003) | • Geringe Unterschiede der Bewertungs-relevanz der Prognosefehler von Pro-forma-Ergebnissen und von US-GAAP-Ergebnissen seit der Regulierung der Pro-forma-Berichterstattung <br> • Über Anpassungen der Pro-forma-Ergebnisse der Analysten hinausgehen-de Anpassungen der Pro-forma-Ergebnisse durch die Unternehmen mit geringerem Kurseinfluss; seit der SEC-Regulierung 2003 mit überwiegend ne-gativem Kurseinfluss |
| Bradshaw/Sloan (2002) | | X | X | | | X | 98.647 Pro-forma-Ergebnisse von I/B/E/S (1985 - 1997) | • Deutliche Zunahme der von Analysten bei der Berechnung von Pro-forma-Ergebnissen ausgeschlossenen Aufwen-dungen seit 1987 <br> • Gleichzeitig signifikante Zunahme des Ausweisens von einmaligen Sonderbe-lastungen („Special Items") durch die Unternehmen <br> • Aktienkurse (Renditen) reagieren stär-ker auf das Verfehlen von Analysten-erwartungen für Pro-forma-Ergebnisse als von US-GAAP-Ergebnissen |

| Studie | Pro-forma-Ergebnisse | | Kurseinfluss (Renditen) | | Ausschlüsse | | Untersuchungssample | Untersuchungsergebnis |
|---|---|---|---|---|---|---|---|---|
| | Unternehmen | Analysten-Agenturen | Kurzfristige Renditen | Langfristige Renditen | Alle | Special Items | | |
| Abarbanell/Lehavy (2002) | | X | X | | X | X | 163.703 / 137.748 / 90.792 Pro-forma-Ergebnisse von I/B/E/S / First Call (1985 - 1998 / 1985 - 1998 / 1992 - 1998) | • Wenige extreme negative Ausreißer durch hohe, einmalige Aufwendungen sind dafür verantwortlich, dass Aktienkurse stärker auf Pro-forma-Ergebnisse reagieren als auf Quartals- und Jahresergebnisse, da diese Ausreißer bei den Pro-forma-Ergebnissen herausgerechnet werden. Ohne diese extremen Ausreißer haben US-GAAP- und Pro-forma-Ergebnisse den gleichen Kurseinfluss. <br> • Stärkerer Kurseinfluss der Ergebnisüberraschungen bezüglich der Pro-forma-Ergebnisse wird durch einen Strukturbruch bei den Pro-forma-Ergebnissen im Jahr 1991 verursacht, da Pro-forma-Ergebnisse durch Analysten (I/B/E/S) vor und nach 1991 unterschiedlich berechnet werden <br> • Andere empirische Untersuchungen statistisch verzerrt, da Umstellung bei der Ermittlung der Pro-forma-Ergebnissen durch Analysten in 1991 nicht berücksichtigt wird |
| Xie (2002) | | X | | | | | 113.555 Pro-forma-Ergebnisse (1985-2000) | • Abnormale Handelsvolumen von Kleinanlegern steigt mit der Höhe der Pro-forma- und US-GAAP-Ergebnisse <br> • Seit 1990 bestimmen Pro-forma-Ergebnisse das Handelsvolumen von Kleinanlegern |

| Studie | Pro-forma-Ergebnisse | | Kurseinfluss (Renditen) | | Ausschlüsse | | Untersuchungs-sample | Untersuchungsergebnis |
|---|---|---|---|---|---|---|---|---|
| | Unter-nehmen | Analysten-Agenturen | Kurzfristige Renditen | Langfristige Renditen | Alle | Special Items | | |
| Brown/Sivakumar (2003) | | X | X | | X | X | 67.905 Pro-forma-Ergebnisse (1989-1997) | • Pro-forma-Ergebnisse (I/B/E/S) haben höhere Qualität als in 10-K bzw. 10-Q Files an SEC gemeldete US-GAAP-Ergebnisse hinsichtlich Prognosefähigkeit, Informationsgehalt und Bewertungsrelevanz für die Aktienmärkte<br>• Pro-forma-Ergebnisse besser zur Erklärung der 3-Tages-Renditen um den Zeitpunkt der Ergebnisveröffentlichung geeignet als US-GAAP-Ergebnisse<br>• Bewertungsrelationen an den Aktienmärkten (z.B. KGV) können durch Pro-forma-Ergebnisse besser erklärt werden als durch US-GAAP-Ergebnisse |
| Doyle/Lundholm/Soliman (2003a) | | X | X | X | X | X | 143.462 Pro-forma-Ergebnisse (1988-1999) | • Kurzfristige 3-Tages-Renditen stark mit der Erfüllung von Pro-forma-Ergebnisprognosen korreliert<br>1. Positive Korrelation der Renditen mit Pro-forma-Ergebnisüberraschungen<br>2. Negative Korrelation der Renditen mit dem Ausschluss von Aufwendungen<br>1. Investoren unterschätzen kurzfristig die Bedeutung der Erfüllung von Pro-forma-Ergebnisprognosen, langfristige Kurskorrekturen (über 3 Jahre) zeigen (1) Positive Korrelation langfristiger Renditen mit Pro-forma-Ergebnisüberraschungen, (2) starke negative Korrelation der Renditen mit dem Ausschluss von nicht-einmaligen Aufwendungen |

| Studie | Pro-forma-Ergebnisse | | Kurseinfluss (Renditen) | | Ausschlüsse | | Untersuchungs-sample | Untersuchungsergebnis |
|---|---|---|---|---|---|---|---|---|
| | Unter-nehmen | Analysten-Agenturen | Kurzfristige Renditen | Langfristige Renditen | Alle | Special Items | | |
| Gu/Chen (2004) | | X | X | X | X | X | 22.013 Pro-forma-Ergebnisse (1990 - 2003) | • Positionen, die in Pro-forma-Ergebnissen der Analysten enthalten sind, haben eine höhere Bewertungsrelevanz als von Analysten ausgeschlossene Positionen<br>• Ausgeschlossene Positionen korrelieren aber dennoch mit zukünftigen Aktienrenditen<br>• Im Vergleich zur Gesamtmarktrendite gehen sowohl von Analysten in Pro-forma-Ergebnissen berücksichtigten als auch ausgeschlossenen einmaligen Positionen negative Aktienkurs-Performanceeinflüsse aus |
| Hsu (2004) | | X | X | | | X | 32.286 Pro-forma-Ergebnisse (1991 - 2001) | • Positive „Special Items" (einmalige Erträge) werden von Investoren positiv und ähnlich wie Erträge aus dem operativen Geschäft bewertet, d.h. Investoren erkennen den einmaligen Charakter dieser Erträge nicht<br>• Negative „Special Items" (einmalige Aufwendungen) sind ohne signifikanten Kurseinfluss, d.h. Investoren bewerten diese Positionen als einmalig |

| Studie | Pro-forma-Ergebnisse | | Kurseinfluss (Renditen) | | Ausschlüsse | | Untersuchungs-sample | Untersuchungsergebnis |
|---|---|---|---|---|---|---|---|---|
| | Unter-nehmen | Analysten-Agenturen | Kurzfristige Renditen | Langfristige Renditen | Alle | Special Items | | |
| Frankel/Roychowd-hury (2004) | | X | X | | X | X | 122.145 Pro-forma-Ergebnisse (1989 - 2001) | • Vergleichbare Bewertungsrelevanz von US-GAAP- und Pro-forma-Ergebnissen (Pro-forma-Ergebnisse mit marginal höherem Kurseinfluss) <br> • Höhere Bewertungsrelevanz der Pro-forma-Ergebnisse der Analysten im Vergleich zu den ausgeschlossenen Aufwendungen und Erträgen, aber auch die ausgeschlossenen Positionen sind mit den zukünftigen Renditen korreliert |
| Collins/Li/Xie (2005) | | X | X | | X | | 115.450 Pro-forma-Ergebnisse (1985 - 2000) | • Aktienkursvolatilität um den Zeitpunkt der Ergebnisbekanntgabe wird stärker durch Pro-forma-Ergebnisüberraschungen bestimmt als durch US-GAAP-Ergebnisüberraschungen <br> • Handelsvolumen um den Zeitpunkt der Ergebnisbekanntgabe wird stärker durch Pro-forma-Ergebnisüberraschungen bestimmt als durch US-GAAP-Ergebnisüberraschungen |
| Heflin/Hsu (2005) | | X | X | | X | X | 28.060 Pro-forma-Ergebnisse (1999 - 2003) | • Opportunistische Nutzung von Pro-forma-Ergebnissen zum Treffen von Analystenerwartungen rückläufig seit Regulierung der Pro-forma-Berichterstattung durch SEC 2003 <br> • Zunahme der Bewertungsrelevanz der Pro-forma-Ergebnisüberraschungen seit der Regulierung der Pro-forma-Berichterstattung durch die SEC |

| Studie | Pro-forma-Ergebnisse | | Kurseinfluss (Renditen) | | Ausschlüsse | | Untersuchungs-sample | Untersuchungsergebnis |
|---|---|---|---|---|---|---|---|---|
| | Unter-nehmen | Analysten-Agenturen | Kurzfristige Renditen | Langfristige Renditen | Alle | Special Items | | |
| Abarbanell/Lehavy (2005) | | X | X | | X | X | 159.220 Pro-forma-Ergebnisse (1985 – 1998) | • Vergleichbare Bewertungsrelevanz von US-GAAP- und Pro-forma-Ergebnissen, wenn die größten Differenzen zwischen Pro-forma- und US-GAAP-Ergebnissen ausgeschlossen werden<br>• Bewertungsrelevanz der Pro-forma-Ergebnisse teilweise auf Strukturbrüche in den Datenbanken um 1991 zurückzuführen |
| Zhang/Zheng (2005) | X | | | X | X | | 4.735 Pro-forma-Ergebnisse (1998 – 2002) | • Investoren unterschätzen die Bedeutung der Erfüllung von Pro-forma-Ergebnis-Prognosen, insbesondere besteht eine negative Korrelation der Renditen mit dem Ausschluss von Aufwendungen<br>• Durch Überleitungsrechnungen zwischen den Pro-forma- und US-GAAP-Ergebnissen können Fehleinschätzungen vermieden werden, detaillierte Überleitungsrechnungen vermeiden eine Fehlbepreisung |

| Studie | Pro-forma-Ergebnisse | | Kurseinfluss (Renditen) | | Ausschlüsse | | Untersuchungs-sample | Untersuchungsergebnis |
|---|---|---|---|---|---|---|---|---|
| | Unter-nehmen | Analysten-Agenturen | Kurzfristige Renditen | Langfristige Renditen | Alle | Special Items | | |
| Yi (2006) | X | | X | | X | X | 2.458 Pro-forma-Ergebnisse (2001 – 2004) | • Keine Bewertungsrelevanz von Pro-forma-Ergebnissen vor Inkrafttreten der Regulation G<br>• Höhere Bewertungsrelevanz der Pro-forma-Ergebnisse seit Inkrafttreten der Regulation G auf Grund einer Verbesserung des Informationsgehalts der Pro-forma-Ergebnisse |

Tabelle 72: Überblick über wesentliche empirische Untersuchungen der Bewertungsrelevanz von Pro-forma-Ergebnissen in den USA zu den Fragen des Einflusses von Pro-forma- und US-GAAP-Ergebnissen auf kurzfristige (bis zu einem Quartal) und langfristige Kursverläufe und das Handelsvolumen

6.2.2.2 Kurseinfluss der durch Unternehmen veröffentlichten Pro-forma-Ergebnisse

Bisherige empirische Untersuchungen für die USA zum Kurseinfluss von Pro-forma-Ergebnissen der Unternehmen beschäftigen sich mit der Frage, ob Ergebnisüberraschungen[600] bezüglich dieser Pro-forma-Ergebnisse oder der US-GAAP-Ergebnisse besser in der Lage sind, kurz- oder langfristiger Renditeverläufe nach dem Zeitpunkt der Ergebnisbekanntgabe zu erklären;[601] teilweise wird der Kurseinfluss von Pro-forma-Ergebnissen börsennotierter Unternehmen sowie der entsprechenden Pro-forma-Ergebnisse der Analysten verglichen.

Die empirischen Untersuchungen von durch die Unternehmen in Presseveröffentlichungen selbst ausgewiesenen Pro-forma-Ergebnissen gelangen zu unterschiedlichen Resultaten. Bezüglich der Erklärung kurzfristiger Renditeverläufe (3-Tages-Renditen) um den Zeitpunkt der Ergebnisbekanntgabe finden JOHNSON und SCHWARTZ (2005) keinen Unterschied zwischen US-GAAP- und Pro-forma-Ergebnisüberraschungen. BHATTACHARYA, BLACK, CHRISTENSEN und LARSON (2003) zeigen dagegen bei einer größeren Stichprobe, dass Pro-forma-Ergebnisüberraschungen einen stärkeren Einfluss auf Aktienkurse haben als US-GAAP-Ergebnisüberraschungen.[602] Bei langfristigen Renditeverläufen (1-Jahres-Renditen) können LOUGEE und MARQUARDT (2004) nur dann einen stärkeren Einfluss von Pro-forma-Ergebnisüberraschungen nachweisen, wenn historisch bereits ein geringer Zusammen-

---

[600] Die empirischen Untersuchungen greifen überwiegend auf Ergebnisüberraschungen im Vergleich zu Analystenprognosen als Vergleichsmaßstab zurück. Aus den empirischen Untersuchungen können keine alleinigen Aussagen zur Überlegenheit von Rechnungslegungs- oder Pro-forma-Informationen gewonnen werden sondern lediglich Aussagen zur besseren Erklärung von Renditeverläufen durch Rechnungslegungs- oder Pro-forma-Informationen in Verbindung mit Ergebnisprognosen der Analysten gewonnen werden.

[601] Gegenstand der Untersuchungen sind somit verbundene Hypothesen, wonach Konsensus-Prognosen der Pro-forma-Ergebnisse der Analysten faire Markterwartungen widerspiegeln, keine signifikanten Unterschiede zwischen den Berechnungsmethoden für Konsensus-Prognosen und Pro-forma-Ergebnisse der Unternehmen bestehen und Pro-forma- oder US-GAAP-Ergebnisse besser zur Erklärung der Renditeverläufe geeignet sind, vgl. Abarbanell/Lehavy (2002), S. 3.

[602] Ausschlaggebend für die unterschiedlichen Untersuchungsergebnisse von Bhattacharya/Black/Christensen/Larson (2003) und Johnson/Schwartz (2005) scheint der Untersuchungszeitraum zu sein; Bhattacharya/Black/Christensen/Larson (2003), S. 310 f., untersuchen auch die drei Untersuchungsmonate von Johnson/Schwartz (2005) und gelangen innerhalb des sehr viel kürzeren Untersuchungszeitraums und des geringeren Stichprobenumfangs zu den gleichen Ergebnissen wie Johnson/Schwartz (2005). In diesem Fall ist kein stärkerer Kurseinfluss von Pro-forma-Ergebnissen festzustellen. Wenn allerdings die methodische Vorgehensweise von Johnson/Schwartz (2005) auf den gesamten Stichprobenumfang und den Zeitraum der Untersuchung von Bhattacharya/Black/Christensen/Larson (2003) übertragen wird, bestätigen sich die Untersuchungsergebnisse von Bhattacharya/Black/Christensen/Larson (2003), nämlich das von Pro-forma-Ergebnissen ein höherer Informationsgehalt ausgeht als von US-GAAP-Ergebnissen der Unternnehmen. Bhattacharya/Black/Christensen/Larson (2003) zeigen so, dass der Untersuchungszeitraum sowie die Stichprobengröße einen erheblichen Einfluss auf die Bewertungsrelevanz von Pro-forma-Ergebnissen haben.

hang zwischen US-GAAP-Ergebnis und Aktienkurs bestand. Dies wird als Indikator für eine geringe Qualität der US-GAAP-Rechnungslegung dieser Unternehmen interpretiert.

Private Investoren orientieren sich bei ihren Anlageentscheidungen stärker an den Ergebnisüberraschungen der Pro-forma-Ergebnisse als der US-GAAP-Ergebnisse; die Möglichkeit, dass Pro-forma-Ergebnisse dem Kernergebnis des operativen Geschäfts entsprechen und somit einen Ausblick auf die tatsächliche Ertragskraft vermitteln, wird gegenüber einer von Pro-forma-Ergebnissen ausgehenden möglichen Täuschungsgefahr überbewertet.[603] Letztere kommt in einer durch die empirische Forschung nachgewiesenen, systematisch geringeren Profitabilität der Unternehmen mit einem Ausweis von Pro-forma-Ergebnissen, einem häufigeren Verfehlen der Analystenprognosen bezüglich der US-GAAP-Ergebnisse oder in der Vermeidung des prominenten Ausweises von US-GAAP-Verlusten zum Ausdruck.[604]

### 6.2.2.3 Kurseinfluss der durch Analysten veröffentlichten Pro-forma-Ergebnisse

Bei Untersuchungen von durch Analysten-Tracking-Agenturen gesammelten Pro-forma-Ergebnissen der Analysten und somit deutlich größeren Stichproben wird eine stärkere Erklärungskraft von Pro-forma- gegenüber US-GAAP-Ergebnisüberraschungen auf kurzfristige Aktienkursverläufe (3-Tages-Renditen) festgestellt.[605] Insbesondere seit 1992 nimmt die Erklärungskraft der Ergebnisüberraschungen von Pro-forma-Ergebnissen je Aktie im Vergleich zu US-GAAP-Ergebnissen je Aktie deutlich zu.[606]

Vor allem bei Untersuchungen von langfristigen Renditeverläufen von einem bis zu drei Jahren ist zu beobachten, dass Pro-forma-Ergebnisüberraschungen zwar einen starken positiven Einfluss auf zukünftige Aktienkursverläufe beibehalten, die zur Berechnung der Pro-forma-

---

603 Vgl. Bhattacharya/Black/Christensen/Mergenthaler (2004b), S. 34 f.

604 In einer älteren Version des Working Papers von Bhattacharya/Black/Christensen/Mergenthaler (2004b) wird gezeigt, dass private Investoren auch in den Fällen mit steigenden Handelsvolumina reagieren, in denen die SEC Täuschungsabsichten des Managements vermutet, da trotz eines US-GAAP-Verlusts positive Pro-forma-Ergebnisse ausgewiesen werden.

605 Vgl. Bradshaw/Sloan (2002), S. 51, Brown/Sivakumar (2003) S. 567 ff., Doyle/Lundholm/Soliman (2003a), S. 164 f. Abarbanell/Lehavy (2005), S. 19, führen diese Ergebnisse auf wenige, jedoch betragsmäßig sehr hohe Abweichungen zwischen Pro-forma- und US-GAAP-Ergebnissen zurück. Ohne Berücksichtigung dieser Ausreißer wird eine vergleichbare Bewertungsrelevanz beider Ergebnisgrößen festgestellt. Auch für Großbritannien wird dies durch Choi/Lin/Walker/Young (2005), S. 24 ff., festgestellt. Pro-forma-Ergebnisse der Analysten wie auch der Unternehmen weisen einen vergleichbaren Kurseinfluss auf, der deutlich über jenen von UK-GAAP-Ergebnissen hinausgeht.

606 Vgl. Bruce/Bradshaw (2004), S. 41 ff. Abarbanell/Lehavy (2005), S. 9, machen dafür einen Strukturbruch in den Differenzen zwischen Pro-forma- (= I/B/E/S-Daten) und US-GAAP-Ergebnissen um 1991 verantwortlich.

EPS ausgeschlossenen Aufwendungen aber negativ auf die Kursverläufe einwirken.[607] Während zwischen 1988 und 1999 eine positive Ergebnisüberraschung des Pro-forma-Ergebnisses der Analysten in Höhe von 1$ in den kommenden drei Jahren auf eine Aktienrendite von 28,1% hindeutete, verursachte 1$ zur Berechnung des Pro-forma-Ergebnisses ausgeschlossenen Aufwendungen über den gleichen Zeitraum eine Aktienrendite von -24,7%.[608] Demzufolge sind die bei der Berechnung der Pro-forma-EPS ausgeschlossenen Aufwendungen nicht bewertungsirrelevant sondern aus der Sicht der Investoren von hoher Bedeutung für Anlageentscheidungen.[609] Trotz der möglichen Täuschung von Investoren ist festzustellen, dass Ergebnisüberraschungen der Pro-forma-EPS kurz- und langfristig einen stärkeren Kurseinfluss ausüben als die der US-GAAP-Ergebnisse; Pro-forma-Ergebnisse der Analysten weisen dabei eine höhere Bewertungsrelevanz auf als jene Ergebnisse der Unternehmen; Pro-forma-Ergebnissen der Analysten wird somit ein vergleichsweise hohes Vertrauen entgegengebracht.[610] Durch das Management der von den Unternehmen vorgenommenen Anpassungen der Pro-forma-Ergebnisse, die über von Analysten akzeptierte Bereinigungen hinausgehen, werden von Investoren deutlich geringer und teilweise sogar negativ bewertet. Ein vorrangiger Ausweis von Pro-forma-Ergebnissen kann somit zu einer Täuschung der Investoren führen.

Die zur Berechnung der Pro-forma-EPS der Analysten ausgeschlossenen Positionen umfassen als einmalig oder als nicht zahlungswirksam klassifizierte Aufwendungen und Erträge sowie darüber hinausgehende Ausschlüsse.[611] Empirische Untersuchungen zeigen, dass als einmalige „Special Items" klassifizierte Positionen im Unterschied zu anderen Positionen durchschnittlich tatsächlich einen vorläufigen Charakter aufweisen;[612] auf der anderen Seite sind einzelne Positionen nicht immer nur einmalig oder wiederkehrend und somit haben gleiche Positionen im Zeitablauf eine unterschiedliche Wirkungsdauer und Bewertungsrelevanz.[613]

---

607 Vgl. Doyle/Lundholm/Soliman (2003a), S. 164 f., Gu/Chen (2004), S. 162.

608 Vgl. Doyle/Lundholm/Soliman (2003a), S. 164.

609 Vgl. Gu/Chen (2004), S. 157 ff.

610 Vgl. Bhattacharya/Black/Christensen/Larson (2003), S. 305, Gu/Chen (2004), S. 159.

611 Analysten scheinen auf eine gewisse Expertise zurückzugreifen, wenn sie Einschlüsse oder Ausschlüsse in ein Pro-forma-Ergebnis vornehmen. Da die Bewertungsrelevanz das primäre Ziel der Pro-forma-Ergebnisse darstellt, ist die Vornahme dieser Ein- und Ausschlüsse durch die veröffentlichten Analystenprognosen und –ergebnisse von besonderer Bedeutung, vgl. Gu/Chen (2004), S. 130.

612 Vgl. Bernard/Thomas (1990), S. 310, Burgstahler/Jiambalvo/Shevlin (2002), S. 603. Ähnlich: Frankel/Roychowdhury (2004), S. 12.

613 Vgl. Burgstahler/Jiambalvo/Shevlin (2002), S. 587, Gu/Chen (2004), S. 134. Die Positionen, die gemeinhin als nicht-wiederkehrend definiert sind, werden bei der Betrachtung durch die Analysten bei der Ermittlung

Ein- und Ausschlüsse einmaliger Position bei der Ermittlung der Pro-forma-Prognose der A-
nalysten basieren eher auf einer Sachverhaltsabwägung wie der Zuordnung einzelner Positionen zu einer bestimmten Kategorie.[614] Im Unterschied zu einer durchschnittlichen Betrachtung können einzelne als einmalig klassifizierte Positionen somit eine erhebliche Bewertungsrelevanz aufweisen. Analysten obliegt es, bewertungsrelevante und -irrelevante einmalige Positionen zu identifizieren und bei der Berechnung ihrer Pro-forma-Ergebnisse zu berücksichtigen oder herauszurechnen. In vielen Fällen basieren die Ein- und Ausschlüsse in die Pro-
forma-Ergebnisse der Analysten auf den Vorgaben der Pro-forma-Ergebnisse der Unternehmen, trotzdem untersuchen Analysten diese Angaben und nehmen Ein- und Ausschlüsse vor,
die von den Vorgaben der Unternehmen abweichen können.[615]

In als einmalig klassifizierte Ergebnisbestandteilen („Special Items" bzw. „Non-Recurring I-
tems") sind vielfältige Positionen zusammengefasst; Tabelle 73 gibt einen Überblick über die
von Unternehmen am häufigsten als einmalig klassifizierten Positionen. Dabei ist auffällig,
dass (i) deutlich mehr Aufwendungen (56,5%) wie Erträge (24,5%) als einmalige Positionen
klassifiziert werden[616] und (ii) Analysten mehrheitlich die Klassifikation der Unternehmen
übernehmen.[617] Jedoch werden 11,8% der von Unternehmen als einmalig klassifizierten
Aufwendungen bzw. 14,4% der von Unternehmen als einmalige ausgewiesenen Erträge von
den Analysten nicht als einmalig akzeptiert sondern als Teil des operativen Geschäfts angesehen und bei der Berechnung der Pro-forma-Ergebnisse nicht herausgerechnet.[618] Dabei ist die
Häufigkeit, dass transistorische Positionen eingeschlossen werden, sechs Mal geringer als
dass sie ausgeschlossen werden.[619] Diese Vermischung von einmaligen und wiederkehrenden
Positionen in den „Special Items" kann u.a. auf eine mögliche Missklassifikation von operativen Aufwendungen durch das Management, um die Berechnung der Pro-forma-Ergebnisse zu
beeinflussen, zurückgeführt werden. Zugleich werden dadurch Befunde der empirischen For-

---

ihrer Prognose wie auch des erreichten Ergebnisses teilweise unterschiedlich bei den verschiedenen Unternehmen behandelt.

[614] Vgl. Gu/Chen (2004), S. 133.

[615] Vgl. Gu/Chen (2004), S. 142.

[616] 19% der einmaligen Positionen entsprechen Sammelposten ohne Erläuterung bzw. enthaltenen Aufwendungen und Erträge.

[617] Genauso äußern sich Marques (2005a), S. 26, Skantz/Pierce (2000), S. 232 f.

[618] Während die inkludierten transistorischen Positionen des Pro-forma-Ergebnisses im Zeitablauf relativ konstant geblieben sind, sind die transistorischen Ausschlüsse durch die Analysten wie auch der Unternehmen
bei der Berechnung der Pro-forma-Ergebnisse zwischen 1993 und 2002 stark angestiegen, vgl. Gu/Chen
(2004), S. 146.

[619] Vgl. Gu/Chen (2004), S. 144 f.

schung erklärt, wonach „Special Items" durchschnittlich auch im nächsten Geschäftsjahr kleine positive Gewinne nach sich ziehen; dies gilt sowohl für positive „Special Items" (einmalige Erträge) als auch für negative „Special Items" (einmalige Aufwendungen).[620] Wenn es Analysten gelingt, die bewertungsrelevanten, einmaligen Positionen zu identifizieren und in den Pro-forma-Ergebnissen zu berücksichtigen, sollten im Umkehrschluss die aus den Proforma-Ergebnissen der Analysten herausgerechneten einmaligen Positionen keinen Einfluss auf die Aktienrenditen ausüben.

| | Insgesamte Häufigkeit | Anteil der nicht herausgerechneten Positionen | Anteil der herausgerechneten Positionen |
|---|---|---|---|
| **Aufwendungen** | **56,5%** | **11,8%** | **82,2%** |
| Aufwand für Restrukturierung | 22,1% | 9,9% | 90,1% |
| Aufwand für Akquisitionen | 13,6% | 8,0% | 92,0% |
| Aufwand für Rechtsstreitigkeiten | 4,0% | 16,0% | 84,0% |
| Aufwand für Goodwill-Amortisationen | 3,1% | 23,6% | 76,4% |
| Realisierte Verluste aus Finanzanlagen | 3,1% | 5,0% | 95,0% |
| Verluste aus dem Verkauf von Vermögensgegenständen | 2,4% | 14,8% | 85,2% |
| Verluste aus der Aufgabe von Geschäftsaktivitäten | 2,0% | 13,7% | 86,3% |
| Abschreibungen auf Lagerbestände, Ausstattungen | 1,9% | 17,0% | 83,0% |
| Aufwendungen auf Grund des Wechsels von Bilanzierungsregeln | 1,6% | 8,9% | 91,1% |
| Aufwand für noch nicht abgeschlossene F&E | 1,4% | 7,5% | 92,5% |
| Verluste aus steuerlichen Effekten für „Special Items" | 1,4% | 47,5% | 52,5% |
| **Erträge** | **24,5%** | **14,4%** | **85,6%** |
| Gewinne aus dem Verkauf von Vermögensgegenständen | 10,9% | 18,2% | 81,8% |
| Realisierte Gewinne aus Finanzanlagen | 7,9% | 5,7% | 94,3% |
| Gewinne aus steuerlichen Effekten für „Special Items" | 2,9% | 20,7% | 79,3% |
| Gewinne aus Rechtsstreitigkeiten | 1,5% | 15,2% | 84,8% |
| Gewinne aus der Aufgabe von Geschäftsaktivitäten | 1,3% | 20,2% | 79,8% |
| **Sonstige Kategorien** | **19,0%** | **20,7%** | **79,3%** |
| Nicht erläuterte Positionen | 7,6% | 16,0% | 84,0% |
| Andere Kategorien | 11,4% | 23,8% | 76,2% |
| **Gesamt** | **100%** | **14,1%** | **85,9%** |

**Tabelle 73: Überblick über wesentliche, von US-amerikanischen Unternehmen zwischen 1990 – 2003 als einmalig klassifizierte Positionen**[621]

In Übereinstimmung mit den vorangehenden Darstellungen zeigen empirische Untersuchungen, dass der negative Einfluss bei der Berechnung der Pro-forma-EPS ausgeschlossenen Aufwendungen auf die zukünftigen Aktienrenditen durch den Ausschluss von über einmalige

---

[620] Burgstahler/Jiambalvo/Shevlin (2002), S. 606, interpretieren als negative „Special Items" klassifizierte Aufwendungen deshalb nicht als einmalige, außergewöhnliche Sonderbelastungen sondern als Vorziehen von eigentlich in kommenden Perioden anfallenden, operativen Aufwendungen.

[621] Vgl. Gu/Chen (2004), S. 147.

Positionen hinausgehenden Aufwendungen verursacht wird. „Special Items" sind dagegen im Durchschnitt bewertungsirrelevant.[622] Dies spiegelt die unterschiedlichen Eigenschaften von einmaligen „Special Items" und sonstigen Rechnungslegungspositionen wider.[623]

Tabelle 74 gibt einen Überblick über den Einfluss von Pro-forma-Ergebnissen und ausgeschlossenen Aufwendungen auf die Aktienrenditen US-amerikanischer Unternehmen. Dem deutlich positiven Renditeeinfluss von Ergebnisüberraschungen bezüglich der Pro-forma-Ergebnisse der Analysten steht stets ein signifikant negativer Renditeeinfluss der über einmalige Positionen hinausgehenden, ausgeschlossenen Aufwendungen gegenüber; der Anteil der durch andere Ausschlüsse aufgezehrten Effekte der Ergebnisüberraschungen steigt dabei im Zeitablauf von 22% (3-Tages-Renditen) bis auf 62% (3-Jahres-Renditen) an. Je mehr über einmalige Positionen hinausgehende Aufwendungen zur Erzielung von positiven Pro-forma-Ergebnisüberraschungen ausgeschlossen werden, desto verhaltener werden sich die Aktienrenditen in der Zukunft entwickeln. Ein Herausrechnen von über nicht zahlungswirksame oder einmalige „Special Items" hinausgehende Positionen führt somit nicht nur zu einer Fehlinformation der Investoren bezüglich der zukünftigen Cashflows sondern auch hinsichtlich der zu erwartenden Aktienrenditen. Dies kann vor allem bei privaten Investoren zu nicht-adäquaten Anlageentscheidungen und zukünftigen Vermögensverlusten führen.

| Zeitraum | Ergebnisüberraschung bez. der Pro-forma-Ergebnisse der Analysten | Ausgeschlossene Aufwendungen | |
|---|---|---|---|
| | | Special Items | Andere Ausschlüsse |
| 3 Tage | 0,059 | -0,004 | -0,013 |
| 1 Jahr | 0,126 | -0,012 | -0,062 |
| 2 Jahre | 0,212 | -0,025 | -0,108 |
| 3 Jahre | 0,259 | -0,001 | -0,161 |

Tabelle 74: Einfluss von Pro-forma-Ergebnissen der Analysten und zur Berechnung der Pro-forma-Ergebnisse ausgeschlossene Aufwendungen auf den Aktienkurs (Regressionskoeffizienten) über Prognose-zeiträume von drei Tagen bis zu drei Jahren für die USA für den Zeitraum 1988 bis 1999[624]

Aus der Sicht der Investoren sind Pro-forma-Ergebnisse der Analysten dann als Grundlage von Anlageentscheidungen geeignet, wenn die US-GAAP-Ergebnisse seitens der Analysten um bewertungsirrelevante „Special Items" (und nicht durch das Management der Unternehmen missklassifizierte operative Aufwendungen) bereinigt werden. Für die Prognose zukünf-

---

[622] Auch andere Untersuchungen zeigen, dass „Special Items" insgesamt nicht durch den Kapitalmarkt bepreist werden; nur die positiven „Special Items" werden korrekt bewertet; die kleinen positiven Bewertungssimpli-kationen von negativen „Special Items" werden dagegen nicht erkannt, vgl. Burgstahler/Jiambalvo/Shevlin (2002), S. 607.

[623] Vgl. Doyle/Lundholm/Soliman (2003a), S. 165, Gu/Chen (2004), S. 162.

[624] Vgl. Doyle/Lundholm/Soliman (2003a), S. 165.

tiger Cashflows und Aktienrenditen sind auf diese Weise bereinigte Pro-forma-Ergebnisse besser geeignet als US-GAAP-Ergebnisse, die auf Grund einmaliger inkludierter Positionen verrauscht sind. Werden aber über „Special Items" hinausgehende Aufwendungen, die Teil des operativen Geschäfts sind, herausgerechnet (z.b. infolge einer Missklassifizierung von operativen Aufwendungen als „Special Items"), sind Pro-forma-Ergebnisse im Vergleich zu US-GAAP-Ergebnissen nicht mehr zur Prognose von zukünftigen Aktienkursentwicklungen und somit zum Treffen von Anlageentscheidungen geeignet; stattdessen geht von solchen Pro-forma-Ergebnissen das Risiko einer Täuschung der Investoren aus.

Analysten sind bei der Bereinigung der Ergebnisse der Unternehmen somit bedingt erfolgreich.[625] Einerseits werden auch bei den Pro-forma-Ergebnissen der Analysten bewertungsrelevante, über „Special Items" hinausgehende Aufwendungen bei der Berechnung der Pro-forma-Ergebnisse ausgeschlossen.[626] Auf der anderen Seite sind Analysten bei der Bereinigung der Ergebnisse um „Special Items" erfolgreich, d.h. die von Analysten herausgerechneten „Special Items" sind bewertungsirrelevant.[627]

Während sich alle vorangehenden Untersuchungen auf Pro-forma-EPS beziehen, gibt es in der Literatur keine Untersuchungen zur Bewertungsrelevanz von Ergebnisüberraschungen für Pro-forma-Ergebnisse in Form des EBITDA. Allerdings deuten empirische Untersuchungen, die versuchen, Bewertungsmultiplikatoren der Form Marktkapitalisierung/EBITDA² durch bereinigte EBITDAs, d.h. durch einen EBITDA vor Sondereinflüssen, zu erklären darauf hin,

---

[625] Die eingeschlossenen transistorischen Positionen des Pro-forma-Ergebnisses der Analysten haben eine höhere Bewertungsqualität und sind langfristig wiederkehrend im Vergleich zu den ausgeschlossenen transistorischen Positionen des Pro-forma-Ergebnisses der Analysten, vgl. Gu/Chen (2004), S. 152 ff.

[626] Wenn so genannte „Price-Level-Regressionen" als Alternative zu Renditeregressionen eingesetzt werden, zeigt sich ein ähnliches Bild. Aus den Regressionen resultieren Bewertungsmultiplikatoren, die den Aktienkurs im Verhältnis zum jeweiligen EPS-Bestandteil ausdrücken. Dabei ergibt sich für die Core-EPS vor allen einmaligen Positionen sowie allen Ausschlüssen ein Multiplikator von 10,17 (d.h. 1$ Core-EPS wird mit einem Aktienkurs von 10,17$ bewertet), die von Analysten in das Pro-forma-Ergebnis hineingerechneten einmaligen Positionen werden mit einem Multiplikator von 1,17 bewertet. Der Multiplikator der ausgeschlossenen einmaligen Positionen (sonstigen Ausschlüsse) entspricht -1,36 (0,39). Somit haben die eingeschlossenen einmaligen Positionen des Pro-forma-Ergebnisses der Analysten eine höhere Bewertungsqualität als die ausgeschlossenen und sind somit langfristig wiederkehrend. Allerdings gehen von durch Analysten bei der Berechnung der Pro-forma-Ergebnisse ausgeschlossenen einmaligen Positionen negative Effekte auf den Aktienkurs aus, vgl. Gu/Chen (2004), S. 159. Mit Price-Level-Regressionen sind erhebliche statistische Probleme verbunden, vgl. Kothari/Zimmerman (1995), S. 155 ff. Deshalb wird nachfolgend stets auf Renditeregressionen Bezug genommen.

[627] Grundsätzlich zeigen die Ergebnisse, dass Unternehmen, die viele einmalige Ergebnispositionen aufweisen, langfristig im Vergleich zum Gesamtmarkt nur eine unterdurchschnittliche Aktienperformance erzielen. Sowohl von den in Pro-forma-Ergebnissen inkludierten als auch den herausgerechneten „Special Items" gehen negative Einflüsse auf die Überrendite im Vergleich zum Gesamtmarktindex aus, vgl. Gu/Chen (2004), S. 162.

dass die Bewertungsrelevanz von Pro-forma-Ergebnissen in Form des EBITDA vor Sondereinflüssen gering ist.[628]

## 6.3 Erklärungsansätze für die Bewertungsrelevanz von Pro-forma-Ergebnissen in Deutschland

### 6.3.1 Relevanz der Ergebnisprognosen der Finanzanalysten zur Beurteilung der Bewertungsrelevanz der Ergebnisse

In den nachfolgenden empirischen Untersuchungen wird die Bewertungsrelevanz von Proforma-Ergebnissen sowie auf Rechnungslegungsstandards basierenden Periodenergebnissen anhand des Kurseinflusses der jeweiligen Ergebnisüberraschungen, d.h. der Differenz zwischen dem realisierten Ergebnis und der Konsensus-Prognose der Finanzanalysten, untersucht.[629] Gegenstand der empirischen Untersuchungen sind somit verbundene Hypothesen, wonach:

1. Ergebnisprognosen der Analysten faire Markterwartungen widerspiegeln[630] und

2. Pro-forma- oder auf Rechnungslegungsstandards basierende Ergebnisse zur Erklärung der Renditeverläufe geeigneter sind.

Ausschlaggebend dafür sind empirische Beobachtungen, wonach Ergebnisüberraschungen einer der wichtigsten Treiber der Aktienkurse um den Zeitpunkt der Ergebnisbekanntgabe sind.[631] Darin kommen (i) halb-streng effiziente Kapitalmärkte und (ii) eine Beeinflussung der Erwartungen der Investoren bezüglich der Ergebnisse durch die Analysten zum Ausdruck.[632]

An halb-streng effizienten Kapitalmärkten werden öffentlich verfügbare Informationen zeitnah in den Aktienkursen verarbeitet. Prognosen der Analysten für Pro-forma-Ergebnisse so-

---

628 Vgl. McNish/Palys (2005), S. 22.

629 Alternativ kann die Annahme getroffen werden, dass von erwarteten und unerwartetem Ergebnisbestandteilen Kurseinflüsse ausgehen: $R_{i,t+\tau} = f(EPS_{i,t}, Pro\text{-}forma\text{-}Ergebnis_{i,t})$. Diesem Vorgehen liegt die Annahme zugrunde, dass entweder nur wenige Informationen über die Ergebnislage der Unternehmen vor der Ergebnisbekanntgabe nach außen dringen und Analystenprognosen somit irrelevant sind oder die Informationen unabhängig vom Zeitpunkt der Ergebnisbekanntgabe nur mittel- bis langfristig in den Aktienkursen verarbeitet werden, d.h. der Aktienmarkt nicht effizient ist.

630 Dazu vgl. auch Abarbanell/Lehavy (2002), S. 3.

631 Vgl. Bartov/Givoly/Hayn (2002), S. 182 ff., Skinner/Sloan (2002), S. 302 ff.

632 Finanzanalysten sind maßgeblich am Informationsaustausch zwischen Unternehmen und Investoren involviert. Dabei nehmen sie eine Schlüsselrolle bei den Anlageentscheidungen der Investoren ein und besitzen somit eine große Bedeutung für die Funktionsfähigkeit des Kapitalmarkts.

wie für Periodenergebnisse sind langfristig, i.d.R bereits 36 Monate vor der Ergebnisbekannt-gabe, verfügbar und sollten dementsprechend bereits frühzeitig in den Aktienkursen verarbei-tet werden. Das entstehen zusätzlicher Informationen kommt vor der Ergebnisbekanntgabe nur noch in Anpassungen der Konsensus-Prognosen der Analysten und zum Zeitpunkt der Er-gebnisbekanntgabe in den unerwarteten Ergebnisbestandteilen, d.h. den Ergebnisüberra-schungen, zum Ausdruck. Zum Zeitpunkt der Ergebnisbekanntgabe sollten Aktienkurse des-halb nur noch auf die Ergebnisüberraschungen reagieren. Anhand der Reaktion auf Ergebnis-überraschungen bezüglich der Pro-forma-Ergebnisse sowie auf Rechnungslegungsstandards basierenden Ergebnissen soll die Bewertungsrelevanz der Ergebnismaße beurteilt werden.

Zur Ermittlung der Ergebnisüberraschungen sind Annahmen über die Erwartungsbildungs-prozesse der Investoren notwendig; in der empirischen Forschung haben sich dafür drei Al-ternativen etabliert: (i) naive Erwartungen, wobei Ergebnisse genau in Höhe der Vorjahreser-gebnisse erwartet werden, (ii) Konsensus-Prognosen der Analysten und (iii) lineare Progno-semodelle, bei denen mit Zeitreihenregressionen auf Basis historischer Informationen ver-sucht wird, überlegene Prognosen für künftige Ergebnisse abzuleiten.[633]

Mehrheitlich hat sich die Verwendung von Konsensus-Prognosen der Analysten als Maßstab für von Investoren erwartete Ergebnisse durchgesetzt;[634] insbesondere für deutsche Unter-nehmen erscheint die Verwendung von Konsensus-Prognosen der Analysten als geeigneter Maßstab für erwartete Ergebnisse. Einerseits fällt die Qualität der deutschen Analystenprog-nosen im internationalen Vergleich relativ gut aus;[635] zugleich werden in der Presse vorran-gig Ergebnisse im Vergleich zu Analystenprognosen dargestellt.[636] Andererseits belegten empirische Untersuchungen, dass naive Modelle oder lineare Modelle im Vergleich zu Ana-lystenprognosen weniger geeignet sind, die Erwartungen der Investoren zu beschreiben.[637] Für Deutschland erscheint somit die Verwendung von Konsensus-Prognosen der Analysten

---

633 Vgl. Wallmeier (2004), S. 18 f. bezüglich des Vergleichs der Methoden. Zu (iii) vgl. auch McVay (2005), S. 18 ff. Zu (ii) vgl. stellvertretende für viele: Bradshaw/Sloan (2002), Doyle/Lundholm/Soliman (2003a).

634 Andersson (2004), S. 13 ff., stellt in Frage, ob Analysten zu besseren Schätzungen als private Investoren ge-langen. Zur Analyse von Prognosefehlern deutscher Analysten siehe Abschnitt 6.3.3 und die dort angege-bene Literatur.

635 Dies ist vermutlich auf die DVFA-Standards zurückzuführen, vgl. Orpurt (2003), S. 3 ff. Auch Har-ris/Lang/Möller (1994), S. 204 ff., zeigen, dass die DVFA-Ergebnisse signifikant auf die Aktienkurse Ein-fluss nehmen.

636 Vgl. Dyck/Zingales (2003), S. 14 ff.

637 Burgstahler/Jiambalvo/Shevlin (2002), S. 604, zeigen, dass naive Erwartungen ungeeignet sind, um die Er-gebnisentwicklung bei Unternehmen zu beschreiben. Wallmeier (2004), S. 18 f., zeigt, dass naive oder line-are Modelle i.d.R. zu höheren Prognosefehlern für deutsche Aktien führen.

als Maßstab für erwartete Ergebnisse sowie die Ergebnisüberraschungen als Indikator für unerwartete Ergebnisse als sinnvoll.[638]

Durch die Verwendung von Konsensus-Prognosen der Analysten können weitere Vorteile genutzt werden. Insbesondere werden die erwarteten Ergebnisse unabhängig vom verwendeten Rechnungslegungsstandard in gleicher Qualität bestimmt.[639] Somit kann auch die empirische Untersuchung der Bewertungsrelevanz der unerwarteten Ergebnisse der deutschen DAX30- und MDAX-Unternehmen unabhängig von der gewählten Bilanzierung nach HGB, US-GAAP oder IAS im Untersuchungszeitraum durchgeführt werden. Zusätzlich werden anders als bei naiven oder linearen Modellen branchenspezifische Unterschiede der Prognosequalität berücksichtigt.[640]

Die Verwendung von Konsensus-Prognosen stellt sicher, dass Fehleinschätzungen einzelner Analysten nur einen geringen Einfluss auf die Untersuchungsergebnisse haben.[641] Die Qualität der Konsensus-Prognosen fällt vor allem dann hoch aus, wenn die untersuchten Unternehmen eine überdurchschnittliche Marktkapitalisierung aufweisen,[642] durch viele Analysten betreut werden[643] und ein hohes Maß an Unternehmenspublizität gefordert wird.[644] Im Vergleich zum deutschen Gesamtmarkt treffen diese Anforderungen genau auf die DAX30- und

---

638 Anders als in Deutschland wird in den USA die Qualität der Konsensus-Prognosen einzelner Datenbankanbieter kritisiert. Sowohl extreme Ausreißer als auch Rundungsfehler, z.B. bei Kapitalmaßnahmen, beim rückwärtsgerichteten Anpassen der Ergebnisdaten durch I/B/E/S führen zu statistischen Verzerrungen, vgl. Abarbanell/Lehavy (2002), S. 3 ff., Payne/Thomas (2003), S. 1060. Jedoch zeigen Vergleiche der Konsensus-Prognosen verschiedener Datenbankanbieter, dass die erzielten empirischen Ergebnisse davon nicht berührt werden, vgl. die ähnlichen Untersuchungsergebnisse von Doyle/Lundholm/Soliman (2003a) und Gu/Chen (2004) auf Basis von I/B/E/S- bzw. Value Line-Daten.

639 Brown (1983) zeigt, dass Änderungen in den Bilanzierungsregeln keinen Einfluss auf die Prognosefehler der Analysten haben. Zu einem anderen Ergebnis gelangen Elliott/Philbrick (1990). Basu/Hwang/Jan (1998) stellen fest, dass die Qualität der Analystenprognosen mit abnehmender Cashflow- und Marktpreisorientierung der Bilanzierungssysteme, zusätzlichen Bilanzierungswahlrechten und übereinstimmenden Handels- sowie Steuerbilanzen steigt.

640 O'Brien (1987) zeigt, dass systematische Unterschiede zwischen Industrien und Jahren, jedoch nicht zwischen den Analysten bestehen.

641 Es kann keine analystenspezifische, über die Zeit konstante Genauigkeit der Analysten nachgewiesen werden, vgl. Butler/Lang (1991), Capstaff/Paudyal/Rees (1999), Jacquillat/Grandin (1994). Einige Untersuchungen, vgl. Das (1998), stellen Unterschiede bezüglich der Prognosefehler zwischen Gewinn- und Verlust-Unternehmen fest, die allerdings zuletzt stark zurückgegangen und jetzt nicht mehr feststellbar sind, vgl. Brown (2001). Grundsätzlich sind deshalb abnehmende negative Prognosefehler der Analysten festzustellen. Nachteilig ist jedoch, dass Analysten ihre Prognosefehler strategisch einsetzen, um eine gewünschte Reaktion bei Investoren zu erreichen, vgl. Karamanou (2003) und die dort angegebene Literatur.

642 Vgl. Eddy/Seifert (1992), Lys/Soo (1995).

643 Vgl. Alford/Berger (1999), Lys/Soo (1995).

644 Vgl. Higgins (1998), Hope (2003).

MDAX-Unternehmen zu. Insgesamt erscheint somit die Verwendung von Konsensus-Prognosen der Analysten als Maßstab für die erwarteten Ergebnisse als gerechtfertigt.

Die Untersuchung der Bewertungsrelevanz von Pro-forma-Ergebnissen und Periodenergebnissen erfolgt in zwei Schritten: zunächst werden die Ergebnisüberraschungen bezüglich beider Ergebnisse sowie der Unternehmen mit und ohne freiwilliger Pro-forma-Berichterstattung untersucht, um systematische Unterschiede zwischen den Ergebnissen und den Unternehmensgruppen zu bestimmen. Anschließend wird der Kurseinfluss von Pro-forma-Ergebnissen und Periodenergebnissen auf kurzfristige (bis zu einem Quartal um den Zeitpunkt der Ergebnisbekanntgabe) sowie auf langfristige Renditen (über ein Jahr nach dem Zeitpunkt der Ergebnisbekanntgabe) untersucht.

### 6.3.2 Einsatz von Pro-forma-Ergebnissen und „Abwärts-Management" der Analystenerwartungen zum Erreichen von Konsensus-Prognosen

Für deutsche Aktiengesellschaften liegen die von I/B/E/S zusammengestellten Konsensus-Prognosen sowohl für das Ergebnis je Aktie vor außerordentlichen Positionen (*EPS-Prognose*) entsprechend dem jeweilig angewandten Rechnungslegungsstandard als auch für Pro-forma-Ergebnisse in der Form des EBITDA (*EBITDA-Prognose*) vor.[645] Vom Ergebnis je Aktie werden die außerordentlichen Positionen ausgeschlossen, um Verzerrungen durch ungewöhnlich oder selten auftretende Aufwendungen zu vermeiden. Die Erfolgsbestandteile, welche die Bildung eines außerordentlichen Postens rechtfertigen, liegen außerhalb der gewöhnlichen Geschäftstätigkeit und induzieren in dem hier gewählten Untersuchungsdesign ihren Ausschluss.[646] Für Deutschland werden die Konsensus-Prognosen von I/B/E/S[647] im Untersuchungszeitraum immer nur für das Geschäftsjahresende, auch unter Beachtung abweichender Geschäftsjahre oder Rumpfgeschäftsjahre, des jeweiligen Unternehmens hin abgege-

---

[645] Damit besteht ein deutlicher Unterschied zu den empirischen Untersuchungen für die USA, in denen überwiegend Analystenschätzungen für Pro-forma-EPS den Untersuchungsgegenstand bilden, vgl. Bradshaw/Sloan (2002), Doyle/Lundholm/Soliman (2003a). Durch I/B/E/S wird außerdem eine Konsensus-Prognose für den EBIT je DAX30- und MDAX-Unternehmen ermittelt.

[646] Die Zuordnung zum außerordentlichen Ergebnis erfolgt nur in wenigen Ausnahmefällen. Die Qualifikation als außerordentliches Ergebnis wird nach IAS (IAS 8.6, im Untersuchungszeitraum relevanter Rechnungslegungsstandard bis 31.12.2004, geändert ab 01.01.2005) und US-GAAP (APS 30.20) restriktiver gehandhabt als nach HGB (§ 277 Abs. 4 HGB).

[647] I/B/E/S stellt im Zusammenhang mit den Untersuchungen zu Analystenprognosen die am häufigsten untersuchte Datenquelle dar. DeFond/Hung (2001), S. 10, halten I/B/E/S für die größte und umfassendste Datenbank im Bereich der Analystenprognosen.

ben.[648] Konsensus-Prognosen für den EBITDA werden auch dann durch die Datenbankanbieter gebildet, wenn das Unternehmen selbst keinen EBITDA oder andere Kennzahlen der E-BITDA-Familie ausweist. Die Ergebnisüberraschungen *(Prognosefehler)* werden für EPS ($PF_{EPS}$) als auch EBITDA ($PF_{EBITDA}$) folgendermaßen berechnet:[649]

$$PF_{EPS,i,t} = EPS_{i,t} - \text{EPS-Prognose}_{i,t} \text{ und}$$

$$PF_{EBITDA,i,t} = EBITDA_{i,t} - \text{EBITDA-Prognose}_{i,t}.\text{[650]}$$

(12)

Dabei kennzeichnen i = 1, ..., 63 die untersuchten DAX30- und MDAX-Unternehmen und t das jeweils untersuchte Quartal aus dem Untersuchungszeitraum Q1-2000 bis Q4-2003.[651] Als *EPS-Prognose* und *EBITDA-Prognose* wird die letzte gebildete Konsensusschätzung für das jeweilige Geschäftsjahr vor der Veröffentlichung des Ist-Ergebnisses durch die Unternehmen herangezogen.

| | BLOOMBERG | Geschäftsberichte der Unternehmen |
|---|---|---|
| **Mittelwert** (in Mio. Euro) | 1.742,73 | 1.739,48 |
| **Median** (in Mio. Euro) | 473,11 | 505,30 |
| **Maximum** (in Mio. Euro) | 18.313,00 | 18.300,00 |
| **Minimum** (in Mio. Euro) | -127,00 | 25,40[652] |
| **Standardabweichung** | 3.487,19 | 3.414,26 |
| **Schiefe** | 3,295515 | 3,380252 |
| **Kurtosis** | 13,72234 | 14,44181 |

**Tabelle 75: Deskriptive Statistik zu den EBITDA-Angaben aus Bloomberg und den Geschäftsberichten der DAX30- und MDAX-Unternehmen**

Pro-forma-Ergebnisse in der Form des EBITDA wurden aus verschiedenen Datenquellen gewonnen. Für den vorliegenden Untersuchungszeitraum stehen sowohl EBITDAs des Daten-

---

[648] Dies stellt einen Unterschied zu den USA dar, wo für die Unternehmen auch Prognosen für die Quartalsabschlüsse der Unternehmen durch die Sell-Side-Analysten erstellt werden.

[649] Prognosefehler werden nachfolgend als Synonym für Ergebnisüberraschungen verwendet.

[650] Dargestellt werden die Prognosefehler als Werte je Aktie. Die Skalierung der Prognosefehler mit dem Aktienkurs oder anderen Bilanzkennzahlen führt zu keinen abweichenden Ergebnissen. Jedoch werden diese Werte nicht dargestellt und nicht verwendet, um von der Skalierung ausgehende Verzerrungen der statistischen Auswertungen zu vermeiden. Zu aus der Skalierung entstehenden statistischen Verzerrungen, vgl. Dechow/Richardson/Tuna (2003), S. 375 ff., Durtschi/Easton (2004a), S. 8 ff. Der EBITDA-Prognosefehler wird deshalb ebenfalls durch die Aktienanzahl des jeweiligen Unternehmens dividiert, um eine Standardisierung und Vergleichbarkeit zu erreichen. Siehe dazu auch Abschnitt 6.4.2.

[651] Die Veröffentlichung des Jahresabschlusses erfolgt i.d.R. ein bis drei Monate nach dem jeweiligen Jahresabschlusstermin. Auf Grund von Besonderheiten bei der Bilanzierung und dem Ergebnisausweis werden Finanzintermediäre in der empirischen Untersuchung nicht berücksichtigt. Auch Unternehmen ohne ausreichende Datenhistorie im Untersuchungssample werden ausgeschlossen, so dass insgesamt 63 Unternehmen über 16 Perioden untersucht werden.

[652] Der Ausweis eines negativen EBITDA im Geschäftsbericht wird durch den Ausweis eines EBITDA vor Sondereffekten vermieden. Bei Bloomberg wird stattdessen der EBITDA mit Sondereffekten ausgewiesen.

bankanbieters Bloomberg als auch die von den Unternehmen selbst ausgewiesenen EBITDAs aus den Quartals- und Geschäftsberichten zur Verfügung. Die deskriptive Statistik zu beiden EBITDA-Angaben ist aus Tabelle 75 ersichtlich.

In den empirischen Untersuchungen wird auf die Daten von Bloomberg zurückgegriffen, weil darin sowohl die von den Unternehmen selbständig ausgewiesenen EBITDAs als auch EBIT-DAs für Unternehmen enthalten sind, die selbständig keine EBITDAs in der freiwilligen Unternehmensberichterstattung nutzen. Letztere werden von Finanzanalysten berechnet, auch wenn die Unternehmen kein Pro-forma-Ergebnis in der Form des EBITDA veröffentlichen. Zwischen beiden Angaben bestehen nur sehr geringe Unterschiede, die statistisch nicht signifikant sind. Dies belegt die in Tabelle 76 dargestellte Untersuchung der Differenzen zwischen den EBITDAs von Bloomberg und den aus den Geschäftsberichten. Mit Hilfe des zweiseitigen T-Tests und des Anova-F-Tests wird untersucht, ob die Differenzen zwischen von Bloomberg ausgewiesenen EBITDAs und den in den Geschäftsberichten dargestellten EBIT-DAs signifikant verschieden ausfallen. Da lediglich zwei Gruppen untersucht werden, müssen die p-Werte für beide Tests notwendigerweise identisch sein. Die Tests zeigen, dass die Differenzen zwischen beiden EBITDA-Angaben nicht statistisch signifikant sind.

| Methode | Test-Statistik | p-Wert |
|---|---|---|
| T-Test | 0,010322 | 0,9927 |
| Anova F-Statistik | 0,000107 | 0,9927 |

**Tabelle 76: Statistischer Vergleich der EBITDAs von Bloomberg und den Geschäftsberichten der DAX30- und MDAX-Unternehmen**

Um Verzerrungen durch extreme Ausreißer zu vermeiden, werden diese aus dem hier vorliegenden Untersuchungssample herausgenommen. Eine Ursache dafür ist, dass Unternehmen nach einem „Big Bath"[653] relativ große Abweichungen des Jahresergebnisses von der Konsensus-Ergebnisschätzung aufweisen. Extremwerte außerhalb der Intervallgrenzen von 1,5 Euro und −1,5 Euro beim $PF_{EPS}$ sowie von 3,0 Euro und −3,0 Euro beim $PF_{EBITDA}$ werden ausgeschlossen. Dazu zählen in beiden Gruppen weniger als 2% der Beobachtungspunkte.

Wie in den USA ist auch in Deutschland der Trend zu erkennen, dass Unternehmen in stärkerem Umfang die Ergebnisprognosen der Analysten treffen oder übertreffen.[654] Mit abnehmendem Prognosehorizont erhöht sich dabei auch für deutsche Unternehmen signifikant die

---

[653] An den Aktienmärkten ist die Besonderheit von Unternehmen bekannt, große einmalige außerplanmäßige Abschreibungen und Abwertungen vorzunehmen, um in späteren Perioden bessere Ergebnisse vorweisen zu können, als „taking a big bath" bekannt, siehe Fußnote 211.

[654] Vgl. Wallmeier (2004), S. 8.

Prognosegenauigkeit.[655] Ausschlaggebend dafür können, wie im Abschnitt 6.2.1.2 beschrieben, ein legitimes „Abwärts-Management" der Analystenerwartungen oder eine nicht-legitime, opportunistische Berechnung der Pro-forma-Ergebnisse sein, so dass durch eine Missklassifizierung von laufenden Aufwendungen als einmalige Sonderbelastungen und dem Ausweis der Pro-forma-Ergebnisse vor diesen Aufwendungen die Konsensus-Prognosen der Analysten getroffen werden.[656]

In Deutschland ist ähnlich wie im Ausland bei mittel- und langfristigen Ergebnisprognosen ein ausgeprägter Optimismus der Analysten festzustellen; die Ergebnisprognosen der Analysten übersteigen i.d.R. die von den Unternehmen später erzielten Ergebnisse deutlich.[657] Im Zeitablauf nimmt die Überschätzung der Ergebnisse der Unternehmen jedoch stark ab. Die Korrekturen der zu optimistischen Prognosen im Zeitablauf, d.h. die Abnahme der Prognosefehler mit dem Näherrücken des Zeitpunkts der Ergebnisveröffentlichung deuten auf ein intensives „Abwärts-Management" der Analystenerwartungen hin. Graphisch ist dies am Beispiel der SAP AG für das Geschäftsjahr 2003 bezüglich des Ergebnisses je Aktie vor außerordentlichen Ergebnis in Abbildung 15 dargestellt; die Erwartungen der Analysten wurden so gesteuert, dass die ursprüngliche Ergebnisprognose zwar klar verfehlt aber infolge des „Abwärts-Management" der Analystenerwartungen letztendlich die korrigierten Ergebnisprognosen sogar leicht übertroffen wurden.

---

[655] Vgl. Henze/Röder (2005), S. 24. Dabei wird gezeigt, dass die Prognosen zu Verlusten eine signifikant geringere Genauigkeit aufweisen als die Prognosen zu Gewinnen.

[656] Vgl. Henze/Röder (2005), S. 30 f. Mit abnehmender Anzahl an Analysten, die sich zu einem Unternehmen äußern, nimmt auch die Prognosegenauigkeit signifikant ab. Die Prognosen zu Unternehmen in einer günstigen Gewinnsituation sind signifikant genauer als die Prognosen zu Unternehmen in ungünstiger Gewinnsituation und ebenso bei einer positiven Gewinnüberraschung gegenüber der Vorperiode genauer als bei einer negativen Gewinnüberraschung.

[657] Die Abgabe von Kaufs-, Verkaufs- und Halteempfehlungen der Finanzanalysten in Deutschland steht allerdings in keinem Zusammenhang zu deren Prognosegenauigkeit, das Gleiche gilt für die Häufigkeit der Prognoserevisionen, vgl. Henze/Röder (2005), S. 40 f.

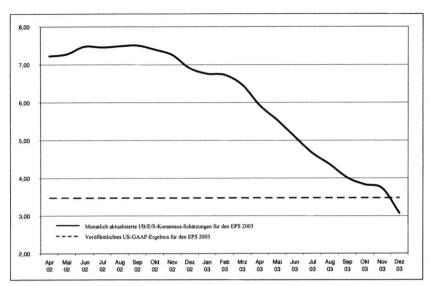

**Abbildung 15: Entwicklung der Konsensus-Schätzung für das Ergebnis je Aktie (EPS) der SAP AG für das Geschäftsjahresende 2003**

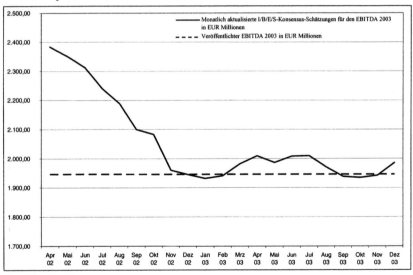

**Abbildung 16: Entwicklung der Konsensus-Schätzung für den EBITDA der SAP AG für das Geschäftsjahresende 2003**

Inwieweit das Treffen oder Übertreffen der Analystenerwartungen zusätzlich durch die opportunistische Nutzung von Pro-forma-Ergebnissen erreicht wird, ist aus der zeitlichen Entwicklung der Prognosefehler nicht ersichtlich. Jedoch ist auch bei Pro-forma-Ergebnissen in Form des EBITDA ein deutliches „Abwärts-Management" der Analystenerwartungen erkennbar; dies ist in Abbildung 16 am Beispiel der SAP AG veranschaulicht. Das "Abwärts-Management" der Analystenerwartungen im Zeitablauf bezüglich des EPS kommt auch bei allen untersuchten DAX30- und MDAX-Unternehmen in abnehmenden Prognosefehlern zum Ausdruck;[658] in Abbildung 17 ist die Entwicklung des durchschnittlichen EPS-Prognosefehlers über einen Zeitraum von 12 Monaten vor der Ergebnisveröffentlichung bis zur Ergebnisveröffentlichung dargestellt. Der Zeitpunkt der Ergebnisveröffentlichung entspricht dem Prognosezeitraum von 0 Monaten.

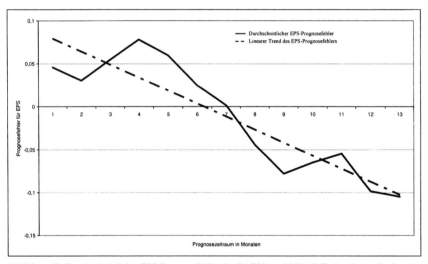

**Abbildung 17: Durchschnittlicher EPS-Prognosefehler der DAX30- und MDAX-Unternehmen für Prognosezeiträume von 1 bis 12 Monaten vor der Ergebnisveröffentlichung**

Mit einem abnehmenden Prognosezeitraum ist in Abbildung 17 die sukzessive Umkehrung von einer Überschätzung in eine knappe Unterschätzung der EPS durch die Analysten zu erkennen. Für ein "Abwärts-Management" der Analystenerwartungen durch das Management der Unternehmen spricht auch, dass die Standardabweichung der Prognosefehler umso gerin-

---

[658] Vgl. dazu auch Wallmeier (2004), S. 6 ff. Der Autor untersucht die deutschen DAX100-Unternehmen für die 90iger Jahre. Er zeigt, dass die optimistischen Verzerrungen während des gesamten Untersuchungszeitraums empirisch nachgewiesen werden konnten. Im Durchschnitt haben die Analysten ihre allzu optimistischen Prognosen nach unten korrigiert, je näher der Prognosehorizont heranrückte, was mit den hier dargestellten Untersuchungsergebnissen übereinstimmt. Die optimistischen Verzerrungen der Prognosen der Analysten haben sich im Untersuchungszeitraum verringert. Der Grad der optimistischen Verzerrungen war im Durchschnitt größer für kleinere Unternehmen und Aktien mit einer größeren Unsicherheit.

ger wird, je näher der Zeitpunkt der Ergebnisveröffentlichung durch das Unternehmen rückt; dieser Zusammenhang wird in Abbildung 18 dargestellt.

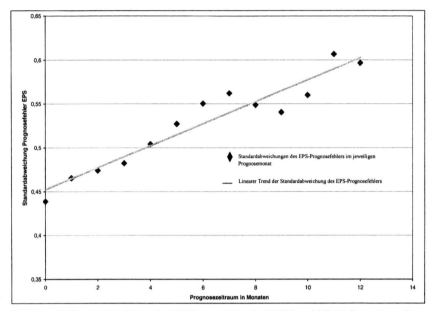

**Abbildung 18: Standardabweichung der EPS-Prognosefehler für DAX30- und MDAX-Unternehmen für Prognosezeiträume von 1 bis 12 Monaten vor der Ergebnisveröffentlichung**

Ebenso wie am vorangehend dargestellten Beispiel der SAP AG ist das "Abwärts-Management" der Analystenerwartungen auch für Pro-forma-Ergebnisse in Form des EBIT-DA erkennbar. In Abbildung 19 sind die Entwicklungen der durchschnittlichen EBITDA-Prognosefehler aller Untenehmen sowie der nur EBITDA ausweisenden Unternehmen dargestellt. Über den gesamten Prognosezeitraum liegt der Prognosefehler für Unternehmen mit einem selbständigen Ausweis des EBITDA unterhalb des Prognosefehlers für alle Unternehmen. Darin kommen sowohl ein gezieltes Management als auch eine stärkere Kommunikation des EBITDA gegenüber den Analysten zum Ausdruck. In Abbildung 20 wird die Standardabweichung der Prognosefehler bezüglich der EBITDA ausweisenden Unternehmen gezeigt. Die Standardabweichung nimmt auf Grund der zunehmenden Informationen sowie des potenziellen "Abwärts-Management" der Analystenerwartungen ab, je näher der Zeitpunkt der Jahresergebnisbekanntgabe rückt. Der Zeitpunkt der Ergebnisveröffentlichung entspricht dem Prognosezeitraum von 0 Monaten.

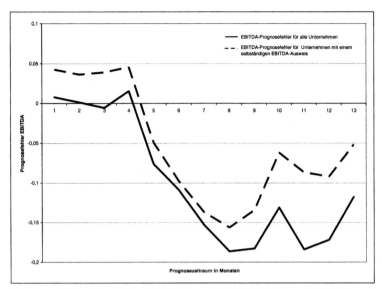

**Abbildung 19: Durchschnittlicher EBITDA-Prognosefehler der DAX30- und MDAX-Unternehmen für Prognosezeiträume von 1 bis 12 Monaten vor der Ergebnisveröffentlichung**

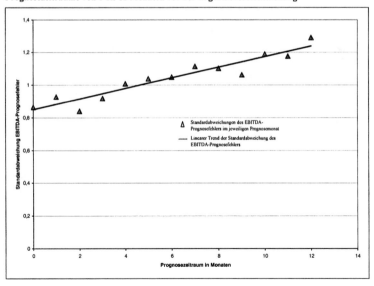

**Abbildung 20: Standardabweichung der EBITDA-Prognosefehler für DAX30- und MDAX-Unternehmen für Prognosezeiträume von 1 bis 12 Monaten vor der Ergebnisveröffentlichung**

*6.3.3    Prognosegenauigkeit der Rechnungslegungsinformation Ergebnis je Aktie und der Pro-forma-Kennzahl EBITDA*

Der Einfluss von Ergebnisüberraschungen auf die Aktienkurse ist in der empirischen Kapitalmarktforschung nachgewiesen, die Mehrheit der empirischen Studien weist eine statistisch signifikante Bewertungsrelevanz dieser Prognosefehler nach. Tabelle 77 fasst die deskriptive Statistiken sowie die Verteilungsparameter für die Prognosefehler bezüglich des Ergebnisses je Aktie vor außerordentlichen Positionen (EPS) der DAX30- und MDAX-Unternehmen zusammen. Durchschnittlich übertreffen die Unternehmen im Untersuchungszeitraum die Ergebnisprognosen für den EPS der Finanzanalysten um 4,6 Cent; im Median wird dagegen die Ergebnisprognose genau getroffen. Dies deutet darauf hin, dass mehr Unternehmen die EPS-Ergebnisprognosen deutlich übertreffen als deutlich zu verfehlen. Unterstützt wird dies durch den Vergleich der 25% bzw. 75%-Perzentile: mit 20 Cent je Aktie fällt das Übertreffen der Analystenprognosen im 75%-Perzentil absolut nahezu doppelt so hoch aus wie das Verfehlen der Analystenprognosen im 25%-Perzentil mit einem Prognosefehler von -11 Cent je Aktie.

Insgesamt zeigt sich, dass die Prognosefehler aller Unternehmensgruppen im Median nahe Null verteilt sind. Unternehmen mit einem Ausweis von Pro-forma-Ergebnissen (Pro-forma-EPS oder EBITDA) in der freiwilligen Berichterstattung übertreffen dabei stets die Analystenprognosen knapp. Darin kann sowohl ein intensiveres Ergebnismanagement als auch ein gezielteres "Abwärts-Management" der Analystenerwartungen von Unternehmen mit einem Ausweis von Pro-forma-Ergebnissen unter der Maßgabe des Treffens der Analystenerwartungen zum Ausdruck kommen. Lediglich Unternehmen ohne selbständigen Ausweis von E-BITDAs verfehlen die EPS-Analystenprognosen im Durchschnitt. Der Ausweis von Pro-forma-Ergebnissen in der Form des EBITDA spielt in Deutschland eine dominierende Rolle. Daher ist anzunehmen, dass ein Ergebnis- und Analystenmanagement bei deutschen Unternehmen mit einem Ausweis von Pro-forma-Ergebnissen in der Form des EBITDA am stärksten bzw. bei Unternehmen ohne Ausweis von EBITDAs unterdurchschnittlich stark ausgeprägt ist. Ein Verfehlen der Analystenerwartungen bei diesen Unternehmen im Median ist somit plausibel.

Unterschiede hinsichtlich des Ergebnis- und Analystenmanagements zwischen diesen Unternehmensgruppen kommen auch im Vergleich der durchschnittlichen Prognosefehler zum Ausdruck, obwohl diese im Unterschied zu den Median-Werten stärker durch Ausreißer, insbesondere das häufigere deutliche Übertreffen wie ein deutliches Verfehlen der Analystenerwartungen, bestimmt werden. Durchschnittlich übertreffen Unternehmen, die Pro-forma-Ergebnisse ausweisen, EPS-Ergebnisprognosen mit 3,4 (EBITDA) bzw. 4,0 Cent je Aktie (Pro-forma-EPS) knapper als Unternehmen ohne Pro-forma-Ergebnisausweis mit 9,3 und 4,9 Cent je Aktie. Ergebnisprognosen der Analysten werden durch diese Unternehmen nicht massiv übertroffen, um die Erwartungen der Analysten auch in der Zukunft erfüllbar zu halten. Dagegen verfehlen die Unternehmen ohne EBITDA-Ausweis die EPS-Ergebnisprognosen um 2,0 Cent je Aktie und die Unternehmen ohne Ausweis von Pro-forma-EPS treffen die EPS-Ergebnisprognosen im Median centgenau. Darin kommt ein gezielteres Ergebnismanagement, was das knappe Übertreffen von Ergebnisprognosen betrifft, von Unternehmen mit dem Ausweis von Pro-forma-Ergebnissen im Vergleich zu anderen Unternehmen zum Ausdruck.

Das aktive Ergebnismanagement dieser Unternehmen wird auch durch den Vergleich von Excess-Kurtosis sowie Schiefe der Prognoseverteilung verdeutlicht. Die Excess-Kurtosis ist bei allen Verteilungen stärker gewölbt als bei einer Normalverteilung, was eine spitzere Verteilungsfunktion bedeutet und eine stärkere Bündelung der Häufigkeiten der EPS-Prognosefehler im Zentrum der Verteilung. Die Excess-Kurtosis von Unternehmen mit einem Ausweis von Pro-forma-Ergebnissen in Form des EBITDA i.H.v. 2,82 ist deutlich größer als bei Unternehmen ohne EBITDA-Ausweis (1,73). Demnach ist die Verteilung der EPS-Prognosefehler für Unternehmen mit einem Ausweis des EBITDA stärker gewölbt als bei Unternehmen ohne EBITDA-Ausweis oder etwa bei einer Normalverteilung. Bei Unternehmen, die Pro-forma-EPS ausweisen, ist nochmals eine absolut höhere Excess-Kurtosis i.H.v. 3,39 zu beobachten. Die Differenz zur Excess-Kurtosis von Unternehmen ohne Ausweis von Pro-forma-EPS i.H.v. 1,85 ist sehr viel größer und damit die Verteilung stärker gewölbt bei Unternehmen, die Pro-forma-EPS ausweisen. Generell liegt bei Unternehmen mit dem Ausweis von Pro-forma-Ergebnissen somit stets mehr Wahrscheinlichkeitsdichte im Zentrum der Verteilung der Prognosefehler als bei Unternehmen ohne Ausweis von Pro-forma-Ergebnissen oder gar der Normalverteilung, was auf eine stärkeres Ergebnismanagements des Treffens der EPS-Analystenergebnisprognosen hindeutet. Da zugleich die Verteilungen der EPS-Prognosefehler für Unternehmen mit einem Ausweis von Pro-forma-Ergebnissen stets linksschief (negative Schiefe mit rechtssteiler Verteilung) und für Unternehmen ohne Pro-forma-Ausweis stets rechtsschief (positive Schiefe mit linkssteiler Verteilung) sind, bedeutet dies statistisch, dass mehr Wahrscheinlichkeitsdichte sowohl im Vergleich zu einer Normalverteilung als auch im Vergleich zu Unternehmen ohne Ausweis von Pro-forma-Ergebnissen rechts vom Mittelwert bzw. Median liegt. Der Grund dafür ist, dass das Zentrum der Verteilung rechts vom Mittelwert liegt (Linksschiefe mit Modus > Mittelwert) und im Verteilungszentrum die Wahrscheinlichkeitsdichte konzentriert ist (höhere Excess-Kurtosis).[659] Deshalb zeigen auch die Jarque-Bera-Statistiken sowie die zugehörigen p-Werte, dass die Verteilungen der Prognosefehler mit sehr hoher Wahrscheinlichkeit nicht normalverteilt sind.[660] Ökonomisch bedeutet dies, dass Unternehmen mit einem Ausweis von Pro-forma-Ergebnissen im Vergleich zu anderen Unternehmen ohne einen Ausweis von Pro-forma-Ergebnissen somit eine höhere Wahrscheinlichkeit aufweisen, Ergebnisprognosen zu treffen bzw. zu übertreffen.

| | Alle Unternehmen | Unternehmen mit Ausweis der Pro-forma-Kennzahl Pro-forma-EPS | Unternehmen ohne Ausweis der Pro-forma-Kennzahl Pro-forma-EPS | Unternehmen mit Ausweis der Pro-forma-Kennzahl EBITDA | Unternehmen ohne Ausweis der Pro-forma-Kennzahl EBITDA |
|---|---|---|---|---|---|
| Mittelwert | 0,0459 | 0,0402 | 0,0489 | 0,0336 | 0,0933 |
| Median | 0,0000 | 0,0050 | 0,0000 | 0,0100 | -0,0200 |
| 25%-Quartil | -0,1100 | -0,1200 | -0,1100 | -0,0950 | -0,1200 |
| 75%-Quartil | 0,2000 | 0,1575 | 0,2600 | 0,1950 | 0,1750 |
| Maximum | 1,4900 | 1,4900 | 1,2400 | 1,4900 | 1,2400 |
| Minimum | -1,4100 | -1,4100 | -1,2200 | -1,4100 | -0,6000 |
| Standardabweichung | 0,4389 | 0,4866 | 0,4138 | 0,4453 | 0,4178 |
| | | | | | |
| Schiefe | 0,0806 | -0,0943 | 0,2391 | -0,1733 | 1,3741 |
| Excess-Kurtosis | 2,7685 | 3,3942 | 1,8469 | 2,8240 | 1,7252 |
| Jarque-Bera-Test | 41,9778 | 22,1489 | 12,8905 | 35,0797 | 11,8448 |
| p-Wert des Jarque-Bera-Tests | 0,0000*** | 0,0000*** | 0,0016*** | 0,0000*** | 0,0027*** |

**Tabelle 77: Statistische Auswertung der Ergebnisüberraschungen des PF$_{EPS}$**

*** *deutet auf eine Signifikanz mindestens zum 10%-Niveau hin.*

Tabelle 78 fasst die deskriptiven Statistiken sowie die Verteilungsparameter der Prognosefehler bezüglich des EBITDA zusammen; daraus sind deutliche Unterschiede zwischen Unternehmen mit und ohne eigenem EBITDA-Ausweis zu erkennen. Während Unternehmen mit einem selbständigem EBITDA-Ausweis in Ergebnisveröffentlichungen oder Pressemeldungen die Ergebnisprognosen des EBITDA durchschnittlich um 4,3 Cent je Aktie übertreffen, verfehlen jene Unternehmen ohne selbständigen Ausweis von Pro-forma-Ergebnissen die E-

---

[659] Daske/Gebhardt/McLeay (2003) zeigen ebenfalls, dass ein aktives Ergebnismanagement zu linksschiefen Verteilungen führt.

[660] Die geringen p-Werte des Jarque-Bera-Tests führen zur Ablehnung der Nullhypothese einer Normalverteilung.

BITDA-Prognosen der Analysten um 17,1 Cent je Aktie.[661] Beide gegensätzlichen Effekte führen dazu, dass die Analystenprognosen für den EBITDA im Gesamtmarktdurchschnitt um weniger als 1 Cent je Aktie nur knapp übertroffen werden. Ausreißer sind für diese Unterschiede nicht verantwortlich, da auch im Median die Unternehmen mit einem selbständigen Ausweis von Pro-forma-Ergebnissen in Form des EBITDA die Analystenprognosen um 4,1 Cent je Aktie übertreffen, während die anderen Unternehmen die EBITDA-Prognosen um 3,2 Cent je Aktie verfehlen.

Offensichtlich betreiben Unternehmen mit einem selbständigen EBITDA-Ausweis ein intensiveres Ergebnis- und Analystenmanagement, weshalb gemäß der Jarque-Bera-Statistik die Normalverteilungsannahme für den EBITDA-Prognosefehler zuverlässig abgelehnt werden kann. Die EBITDA-Prognosefehler sind stets rechtsschief verteilt. Demgegenüber kann die Normalverteilungsannahme für den EBITDA-Prognosefehler bei Unternehmen ohne selbständigen EBITDA-Ausweis nicht abgelehnt werden. Dies zeigt, dass für Unternehmen, die selbständig keinen EBITDA ausweisen, weder Anreiz noch Grundlage zum Ergebnismanagement des EBITDA bestehen. Deutlich wird dies auch in den höheren Werten der EBITDA-Prognosefehler für Unternehmen mit einem selbständigen EBITDA-Ausweis in den 25%- bzw. 75%-Perzentilen.

| | Alle Unternehmen | Unternehmen mit Ausweis der Pro-forma-Kennzahl EBITDA | Unternehmen ohne Ausweis der Pro-forma-Kennzahl EBITDA |
|---|---|---|---|
| Mittelwert | 0,0078 | 0,0425 | -0,1709 |
| Median | 0,0131 | 0,0411 | -0,0322 |
| 25%-Quartil | -0,3008 | -0,2932 | -0,3817 |
| 75%-Quartil | 0,3400 | 0,3580 | 0,0811 |
| Maximum | 2,9867 | 2,9867 | 2,5860 |
| Minimum | -2,0037 | -2,0037 | -1,9104 |
| Standardabweichung | 0,8780 | 0,8640 | 0,9483 |
| | | | |
| Schiefe | 0,6255 | 0,6503 | 0,6448 |
| Excess-Kurtosis | 1,7978 | 1,8094 | 1,8909 |
| Jarque-Bera-Test | 25,7858 | 22,3446 | 4,5836 |
| p-Wert des Jarque-Bera-Tests | 0,0000*** | 0,0000*** | 0,1011 |

Tabelle 78: Statistische Auswertung der Ergebnisüberraschungen des $PF_{EBITDA}$

*** deutet auf eine Signifikanz mindestens zum 10%-Niveau hin.

---

661 In diesem Zusammenhang sei daran erinnert, dass Analysten Prognosen für den EBITDA unabhängig davon angeben, ob das Unternehmen selbständig einen EBITDA in den Pressemeldungen oder Quartals- bzw. Jahresergebnisveröffentlichungen ausweist.

Insgesamt erscheint das Ergebnis- und Analystenmanagement in Deutschland bezüglich der Pro-forma-Ergebnisse in Form des EBITDA weniger stark ausgeprägt als bezüglich der EPS. Die Verteilung der Prognosefehler beim EBITDA verläuft deutlich geringer gewölbt im Vergleich zu den EPS-Prognosefehlern. Dennoch ist die Wölbung bei allen Verteilungen größer als bei einer Normalverteilung, was eine spitzere Verteilungsfunktion und eine stärkere Bündelung von Häufigkeiten der EBITDA-Prognosefehler im Zentrum der Verteilung aufzeigt. Dabei ist die Verteilung der EBITDA-Prognosefehler der Unternehmen mit einem selbständigen EBITDA-Ausweis mit 1,81 leicht stärker gewölbt wie die Verteilung über alle Unternehmen mit 1,80. Das intensivere Ergebnis- und Analystenmanagement kommt auch im Vergleich der Standardabweichungen aus Tabelle 77 und Tabelle 78 zum Ausdruck; die EBITDA-Prognosefehler streuen ca. doppelt so stark um ihren Mittelwert wie die EPS-Prognosefehler.

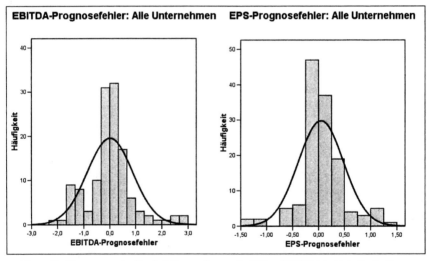

**Abbildung 21: Histogramme der Ergebnisüberraschungen für EPS und EBITDA je Aktie für die 63 DAX30- und MDAX-Aktiengesellschaften (Zeitraum 2000 – 2003)[662]**

Abbildung 21 stellt die Häufigkeitsverteilungen der Prognosefehler aller untersuchten Aktiengesellschaften bezüglich des EPS und EBITDA je Aktie graphisch dar; zusätzlich werden die Abweichungen von den zugehörigen Normalverteilungen dargestellt. In den Histogrammen

---

662 Die Ergebnisüberraschungen wurden um extreme Ausreißer bereinigt, die außerhalb der dargestellten Grenzen liegen. Die dunkle Linie gibt die zugehörige Normalverteilung wieder.

ist die oben beschriebene Häufung der Prognosefehler um den Nullpunkt herum zu erkennen, die auf das Bestreben der Unternehmen, die Ergebnisprognosen der Analysten relativ genau zu treffen, zurückzuführen ist. Die vorangehenden Darstellungen zeigen, dass dies vor allem auf die Unternehmen mit einem Ausweis von Pro-forma-Ergebnissen zurückzuführen ist. Auffällig ist in diesem Zusammenhang die Abweichung der Häufigkeitsverteilung von der Normalverteilung, die oben durch die Excess-Kurtosis und Schiefe beschrieben werden. Vor allem beim Prognosefehler des EBITDA weisen im Vergleich zur Normalverteilung mehr Unternehmen Ergebnisüberraschungen oberhalb des Mittelwerts auf. Dies zeigt, dass trotz der geringeren Wölbung der Verteilungskurve der EBITDA-Prognosefehler im Vergleich zum EPS-Prognosefehler und des daher weniger intensiv vermuteten Ergebnismanagements zahlreiche Unternehmen ein systematisches Ergebnismanagement bezüglich des EBITDA betreiben, um negative Ergebnisüberraschungen bzw. Prognosefehler und die damit verbundenen Konsequenzen auf den Börsenkurs zu vermeiden.

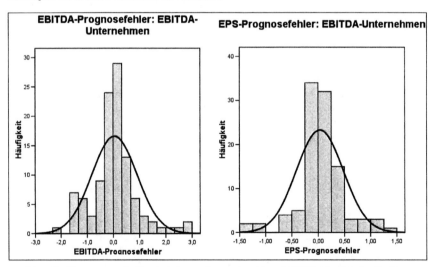

Abbildung 22: Histogramme der Ergebnisüberraschungen für EPS und EBITDA je Aktie für die 49 DAX30- und MDAX-Aktiengesellschaften mit einem eigenen EBITDA-Kennzahlenausweis (Zeitraum 2000 – 2003)[663]

Da ein intensives Ergebnis- und Analystenmanagement vor allem bei Unternehmen mit einem selbständigen Einsatz von Pro-forma-Ergebnissen in der freiwilligen Berichterstattung zu fin-

---

663 Die Ergebnisüberraschungen wurden um extreme Ausreißer bereinigt, die außerhalb der dargestellten Grenzen liegen. Die dunkle Linie gibt die zugehörige Normalverteilung wieder.

den ist, sind in Abbildung 22 die Häufigkeitsverteilungen sowie deren Abweichungen von den zugehörigen Normalverteilungen für die Prognosefehler bei Unternehmen, die selbständig die Kennzahl EBITDA ausweisen, bezüglich des EPS und EBITDA je Aktie dargestellt. Dabei ist erkennbar, dass diese Unternehmen die Finanzanalystenprognosen für den EPS und EBITDA häufiger übertreffen als der Durchschnitt aller Unternehmen; der größere Anteil der Unternehmen liegt rechts vom Scheitelpunkt der Normalverteilung und dem Nullpunkt, der ein genaues Treffen der Konsensus-Prognose kennzeichnet.

Als weitere Evidenz für ein aktives Ergebnis- und Analystenmanagement der Unternehmen mit einem selbständigen Ausweis von Pro-forma-Ergebnissen ist in Tabelle 79 die Verteilung der untersuchten Unternehmen hinsichtlich des Übertreffens (Prognosefehler > 10 Cent bzw. Prognosefehler zwischen 0 und 10 Cent) bzw. Verfehlens (Prognosefehler < -10 Cent bzw. Prognosefehler zwischen < 0 und -10 Cent) der Analystenerwartungen für den EPS in Abhängigkeit des selbständigen Ausweises von Pro-forma-Ergebnissen dargestellt. Die Ergebnisse zeigen, dass die Konsensus-Prognosen für den EPS durchschnittlich in 52,7% der Fälle getroffen oder übertroffen werden. Dies scheint zunächst mit einem fairen Zufallsergebnis vereinbar zu sein. Die genauere Betrachtung der positiven EPS-Prognosefehler zeigt aber, dass Unternehmen mit einem Ausweis von Pro-forma-EPS (56,5%) und EBITDA (54,8%) eine höhere Wahrscheinlichkeit zum Übertreffen der Analystenprognosen haben als Unternehmen ohne Ausweis von Pro-forma-EPS (50,6%) bzw. EBITDA (44,4%).

| EPS-Prognosefehler | Alle Unternehmen | Unternehmen mit Ausweis der Pro-forma-Kennzahl Pro-forma-EPS | Unternehmen ohne Ausweis der Pro-forma-Kennzahl Pro-forma-EPS | Unternehmen mit Ausweis der Pro-forma-Kennzahl EBITDA | Unternehmen ohne Ausweis der Pro-forma-Kennzahl EBITDA |
|---|---|---|---|---|---|
| Prognosefehler > 10 Cent | 29,0% | 26,1% | 30,6% | 29,8% | 25,9% |
| Prognosefehler zwischen 0 und 10 Cent | 23,7% | 30,4% | 20,0% | 25,0% | 18,5% |
| Prognosefehler zwischen < 0 und -10 Cent | 21,4% | 17,4% | 23,5% | 20,2% | 25,9% |
| Prognosefehler < -10 Cent | 26,0% | 26,1% | 25,9% | 25,0% | 29,6% |

Tabelle 79: Analyse des Treffens, Übertreffens und Verfehlens der Konsensus-Schätzungen für den EPS der Finanzanalysten durch die Ergebnismeldungen der DAX30- und MDAX-Unternehmen

Deutlicher wird dies bei der Analyse der knapp erzielten positiven Ergebnisüberraschungen zwischen 0 und 10 Cent. Dabei weisen Unternehmen mit einem Ausweis von Pro-forma-EPS (30,4%) und EBITDA (25,0%) eine höhere Wahrscheinlichkeit zum knappen Übertreffen der

Analystenprognosen aus als Unternehmen ohne Ausweis von Pro-forma-EPS (20,0%) bzw. EBITDA (18,5%). Da das Ergebnismanagement vorrangig auf das Treffen der Analysten-prognosen und weniger stark auf das Übertreffen der Prognosen ausgerichtet ist,[664] kommt in diesen höheren Wahrscheinlichkeiten des Treffens oder leichten Übertreffens der EPS-Konsensusprognosen das insgesamt stärkere Ergebnismanagement von Unternehmen mit einem Ausweis von Pro-forma-Ergebnissen zum Ausdruck.

In ähnlicher Weise wie zuvor wird in Tabelle 80 die Verteilung der untersuchten Unternehmen hinsichtlich des Übertreffens bzw. des Verfehlens der Konsensus-Prognosen der Pro-forma-Ergebnisse in Form des EBITDA dargestellt. Die Ergebnisse zeigen, dass Unternehmen mit einem selbständigen Ausweis der Kennzahl EBITDA in Presseveröffentlichungen, Ergebnisbekanntgaben und Geschäftsberichten deutlich häufiger die Analystenerwartungen übertreffen (53,7%) als Vergleichsunternehmen ohne selbständigen EBITDA-Ausweis (38,1%). Bei Unternehmen mit einem Ausweis von Pro-forma-Kennzahlen in Form des E-BITDA ist daher ein ausgeprägtes Ergebnismanagement der Kennzahl EBITDA zu erkennen; das häufigere Übertreffen der Konsensus-Prognose ist für diese Unternehmen bedeutend, da der EBITDA bewusst zur Kommunikation mit den Analysten eingesetzt und in Ergebnisver-öffentlichungen genutzt wird.

| EBITDA-Prognosefehler | Alle Unternehmen | Unternehmen mit Ausweis der Pro-forma-Kennzahl EBITDA | Unternehmen ohne Ausweis der Pro-forma-Kennzahl EBITDA |
|---|---|---|---|
| Prognosefehler > 20 Cent | 33,3% | 35,2% | 23,8% |
| Prognosefehler zwischen 0 und 20 Cent | 17,8% | 18,5% | 14,3% |
| Prognosefehler zwischen < 0 und -20 Cent | 20,2% | 18,5% | 28,6% |
| Prognosefehler < -20 Cent | 28,7% | 27,8% | 33,3% |

Tabelle 80: Analyse des Treffens, Übertreffens und Verfehlens der Konsensus-Schätzungen für den E-BITDA der Finanzanalysten durch die Ergebnismeldungen der DAX30- und MDAX-Unternehmen

Abbildung 23 fasst die Ergebnisse aus Tabelle 79 und Tabelle 80 nochmals graphisch zu-sammen. Darin wird verdeutlicht, dass Unternehmen mit einem selbständigen Ausweis von Pro-forma-Ergebnissen ein stärkeres Ergebnis- und Analystenmanagement betreiben.

---

664 Vgl. Bhattacharya/Black/Christensen/Larson (2003), S. 312. Zu ähnlichen Ergebnissen kommen ebenso Doyle/McNichols/Soliman (2005) und Doyle/Soliman (2002).

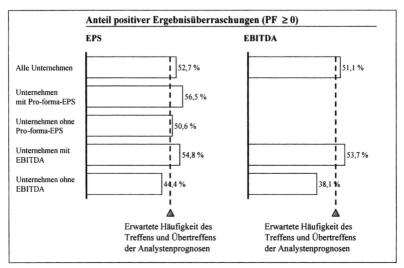

**Abbildung 23: Anteil positiver Ergebnisüberraschungen für den EPS und die Pro-forma-Kennzahl E-BITDA der DAX30- und MDAX-Unternehmen (Zeitraum 2000 – 2003)**

## 6.4 Methoden und Hypothesen für Untersuchungen der Bewertungsrelevanz von Pro-forma-Ergebnissen

### 6.4.1 Untersuchungsmethoden und Hypothesen

Obwohl deutliche Unterschiede zwischen der Pro-forma-Berichterstattung in Deutschland und den USA bestehen und die Ergebnisse US-amerikanischer Studien nicht ohne weiteres auf Deutschland übertragen werden können, existieren für Deutschland bislang keine empirischen Untersuchungen zur Bewertungsrelevanz von Pro-forma-Ergebnissen. Nachfolgend wird deshalb untersucht, wie Investoren am Kapitalmarkt auf die Veröffentlichung von Pro-forma-Ergebnissen in Form des EBITDA und der Pro-forma-EPS reagieren. Dabei ist von besonderem Interesse, ob Investoren zum Zeitpunkt der Ergebnisbekanntgabe stärker auf Pro-forma-Ergebnisse oder Ergebnisse vor außerordentlichen Positionen reagieren und ob Pro-forma-Ergebnisse oder Ergebnisse vor außerordentlichen Positionen für die Investoren ausreichend sind, um zutreffende Einschätzungen der Unternehmenslage abzuleiten oder zu späteren Zeitpunkten weitere Kursanpassungen auf Grund von Neuinterpretationen der Ergebnisse notwendig sind.

Somit leistet diese Untersuchung in zweierlei Hinsicht einen Beitrag zur aktuellen Forschung: einerseits wird die Lücke zu empirischen Untersuchungen der USA geschlossen, indem erstmals die Bewertungsrelevanz von Pro-forma-Ergebnissen der EBITDA-Familie untersucht wird und anderseits wird erstmals die Bewertungsrelevanz von Pro-forma-Ergebnissen deutscher börsennotierter Aktiengesellschaften empirisch untersucht.

Den empirischen Untersuchungen liegt die Annahme zugrunde, dass vor der Ergebnisbekanntgabe alle öffentlich bekannten Informationen in den Aktienkursen verarbeitet sind und zum Zeitpunkt der Ergebnisbekanntgabe nur unerwartete Ergebnisse die Aktienkurse beeinflussen:

$$R_{i,t+\tau} = f[EPS_{i,t} - E(EPS_{i,t}), \text{ Pro-forma-Ergebnis}_{i,t} - E(\text{Pro-forma-Ergebnis}_{i,t})]. \qquad (13)$$

Finanzanalysten geben auch dann Ergebnisprognosen für den EBITDA ab, wenn das analysierte Unternehmen selbst keinen EBITDA ausweist; ebenso werden Ergebnisprognosen für den EPS gebildet, wenn das Unternehmen Pro-forma-EPS in der freiwilligen Unternehmensberichterstattung an den Kapitalmärkten nutzt. Ob in diesen Fällen die Ergebnisprognosen der Finanzanalysten repräsentative Erwartungen des Kapitalmarktes wiedergeben, kann nicht als unmittelbar gesichert angenommen werden. Um davon ausgehende statistische Verzerrungen zu vermeiden, werden die empirischen Untersuchungen in drei Schritten durchgeführt.

In einem ersten Schritt wird der Einfluss der Pro-forma-Ergebnisse und der Periodenergebnisse für alle 63 untersuchten Aktiengesellschaften unabhängig von einem selbständigen Ausweis des EBITDA oder Pro-forma-EPS durchgeführt. Um systematische Unterschiede bei der Bewertung von Unternehmen mit EBITDA-Ausweis bzw. Pro-forma-EPS-Ausweis zu identifizieren, werden die Dummy-Variablen verwendet:[665]

$$Dummy_{PF-EPS,i} = \begin{cases} 1 & \text{, bei Pro-forma} - EPS - \text{Ausweis durch die Unternehmen } i \\ 0 & \text{, sonst} \end{cases}$$

$$Dummy_{EBITDA,i} = \begin{cases} 1 & \text{, bei EBITDA} - \text{Ausweis durch die Unternehmen } i \\ 0 & \text{, sonst.} \end{cases}$$

$$(14)$$

Der Einfluss von Perioden- und Pro-forma-Ergebnissen auf die Aktienrenditen $R_{i,t+\tau}$ wird sowohl durch die Ergebnisüberraschungen des EPS und des EBITDA sowie als auch der Dummy-Variablen erfasst. In einer zweiten Untersuchung wird die Bewertungsrelevanz von Pro-forma-Ergebnissen ausschließlich für Unternehmen mit einem selbständigen Ausweis der Pro-

---

[665] Siehe Abschnitt 4.4.2.

forma-Kennzahl EBITDA analysiert; in einem dritten Schritt werden nur Unternehmen mit einem Ausweis von Pro-forma-EPS untersucht.

Für die Untersuchungen besteht die Anforderung, die 63 untersuchten Unternehmen des DAX30 und MDAX über den Untersuchungszeitraum in gemeinsamen Querschnittsregressionen zusammenzufassen. Für die empirischen Untersuchungen werden auf Pooling-Verfahren[666] aufbauende Kleinste-Quadrate-Querschnittsregressionen mit gegenüber heteroskedastischen Aktienrenditen robusten White-Schätzern eingesetzt.[667] Kurzfristige Kursreaktionen auf Ergebnisüberraschungen werden als Aktienrendite zwischen Beginn und Ende des Quartals, in dem die Ergebnisbekanntgabe erfolgt, gemessen (Prognosezeitraum $\tau = 1$).

Um längerfristige Kursreaktionen zu messen, werden zusätzlich Aktienrenditen zwischen dem jeweiligen Quartalsende vor Ergebnisbekanntgabe und dem Ende des darauf folgenden zweiten bis vierten Quartals gemessen (Prognosezeiträume $\tau = \{2, 3, 4\}$). Insgesamt wird durch dieses Vorgehen die Bewertungsrelevanz von Pro-forma-Ergebnissen nicht nur um den Zeitpunkt der Ergebnisbekanntgabe ($\tau = 1$) sondern auch für längerfristige Zeiträume über zwei bis vier Quartale ($\tau = \{2, 3, 4\}$) gemessen.

Bei einer alleinigen Bewertungsrelevanz von Quartals- und Jahresergebnissen gemäß dem geltenden Rechnungslegungsstandard müssen Aktienrenditen um den Zeitpunkt der Ergebnisbekanntgabe ($\tau = 1$) ökonomisch und statistisch signifikant auf unerwartete Quartals- bzw. Jahresergebnisse, d.h. auf Ergebnisüberraschungen bezüglich des EPS ($PF_{EPS}$), reagieren. Der Kurseinfluss dieser Ergebnisüberraschungen sollte zudem positiv ausfallen, da positive Ergebnisüberraschungen eine über den Erwartungen liegende Ertragskraft widerspiegeln und mit steigenden Erwartungen bezüglich der Free Cashflows und somit des Unternehmenswerts verbunden sein sollten.[668] Über den Zeitpunkt der Ergebnisbekanntgabe hinaus ($\tau > 1$) sollten

---

[666] Beim Pooling-Verfahren werden zur Berechnung der Regressionskoeffizienten für den gesamten Untersuchungszeitraum die in den einzelnen Querschnittsregressionen ermittelten Regressionskoeffizienten gewichtet. Die Gewichte stehen in einem umgekehrten Verhältnis zur geschätzten Varianz der Koeffizienten. Im Extremfall, in dem sich zufällig in einem der Quartale eine fast exakte Schätzung mit einem Standardfehler von nahezu Null ergibt, führt dies dazu, dass die Regressionskoeffizienten aus diesem Quartal als Schätzergebnis übernommen werden. Alle anderen Quartale mit positiven Standardfehlern haben dagegen keine Bedeutung für die Parameterschätzung.

[667] Dafür wird die Varianz-Kovarianz-Matrix des Kleinste-Quadrate-Schätzers gemäß dem Verfahren von White angepasst. Ausschlaggebend dafür sind Beobachtungen der empirischen Kapitalmarktforschung, die deutliche Hinweise auf heteroskedastische Renditen liefern. Zu gegenüber der Heteroskedastizität robusten Kleinste-Quadrate-Schätzern nach White, vgl. Campbell/Lo/MacKinley (1997), S. 174.

[668] Nur wenn ein wiederholtes Ergebnismanagement zum Treffen der Analystenprognosen eingesetzt wird, ist mit negativen Kursreaktionen zu rechnen, vgl. Black/Carnes/Richardson (2000), S. 403 f., Burgstah-

Aktienrenditen unabhängig von den Ergebnisüberraschungen des EPS ($PF_{EPS}$) sein, wenn alle bewertungsrelevanten Informationen zum Zeitpunkt der Ergebnisbekanntgabe in den Kursen verarbeitet werden. Zugleich sollten Aktienrenditen weder zum Zeitpunkt der Ergebnisbekanntgabe ($\tau=1$) noch später ($\tau >1$) auf Ergebnisüberraschungen des Pro-forma-Ergebnisses EBITDA ($PF_{EBITDA}$) reagieren, da alle bewertungsrelevanten Informationen in den Quartals- und Jahresergebnissen enthalten sein sollten. Ein zusätzlicher Ausweis von Pro-forma-Ergebnissen in Form der Pro-forma-EPS ($Dummy_{PF-EPS}$) sollte um dem Zeitpunkt der Ergebnisbekanntgabe keinen Einfluss auf die Aktienkursentwicklung haben; gleiches gilt für einen Ausweis von Pro-forma-Ergebnissen in Form des EBITDA ($Dummy_{EBITDA}$). Nur langfristig könnte der Kurseinfluss negativ ausfallen, wenn Täuschungsrisiken durch Pro-forma-EPS oder EBITDA erkannt und Bewertungen adjustiert werden.

Ein über den Zeitpunkt der Ergebnisbekanntgabe hinaus bestehender Kurseinfluss von Quartals- und Jahresergebnissen deutet auf mittel- bis langfristige Neubewertungen dieser Ergebnisse hin. Auf Rechnungslegungsstandards basierende Quartals- oder Jahresergebnisse wären in diesem Fall nicht ausreichend, um alle bewertungsrelevanten Informationen zeitnah um den Zeitpunkt der Ergebnisbekanntgabe zu erkennen und korrekte Anlageentscheidungen zu treffen.[669] Insoweit Aktienkurse zum Zeitpunkt der Bekanntgabe von Quartals- oder Jahresergebnissen ($\tau = 1$) zusätzlich auf Ergebnisüberraschungen der Pro-forma-Ergebnisse in Form des EBITDA oder die Dummy-Variablen reagieren, bedeutet dies, dass Investoren zusätzlich Pro-forma-Ergebnisse heranziehen, um Informationsdefizite der Rechnungslegungsinformationen auszugleichen und aus ihrer Sicht gerechtfertigte Bewertungen der Unternehmen abzuleiten sowie Anlageentscheidungen zu treffen.

Im vorangehenden Abschnitt wurde gezeigt, dass zur Berechnung der Pro-forma-Ergebnisse ausgeschlossene und nicht einzeln erläuterte Aufwendungen

$$Ausgeschlossene\ Aufwendungen_{i,j} = EBITDA_{i,j} - Periodenergebnis_{i,j} \qquad (15)$$

i.d.R. keine einmaligen Sonderbelastungen sondern regelmäßige Aufwendungen darstellen, die Teil des operativen Geschäfts sind und deshalb auf zukünftige Cashflow-Belastungen

---

ler/Eames (2003), S. 264. Ähnlich äußern sich Bhojraj/Hribar/Picconi (2003), Donoth/Radhakrishnan/Ronen (2005).

669 Die allgemein akzeptierte Annahme halbstreng effizienter Kapitalmärkte unterstellt die sofortige Verarbeitung von öffentlich verfügbaren Informationen in den Aktienkursen, vgl. Steiner/Bruns (2002), S. 40 ff.

hinweisen.[670] Pro-forma-Ergebnisse in Form des EBITDA stellen dann keine sinnvollen, zusätzlichen Informationen dar, wenn von zur Berechnung der Pro-forma-Ergebnisse ausgeschlossene und nicht einzeln erläuterte Aufwendungen Bewertungseinflüsse ausgehen. In diesem Fall werden Investoren bei einer vorrangigen Darstellung von Pro-forma-Ergebnissen zu einer nicht gerechtfertigten Einschätzung der Unternehmenswerte gelangen.[671] Wenn allerdings auch in späteren Perioden ($\tau = 2, 3, 4$) die EBITDA-Ergebnisüberraschungen statistisch signifikanten Einfluss auf die Aktienrenditen nehmen, sind aus der Sicht der Investoren auch Pro-forma-Ergebnisse allein nicht ausreichend, um zum Zeitpunkt der Ergebnisbekanntgabe alle bewertungsrelevanten Informationen aus den Pro-forma-Ergebnissen zu erkennen.

Die aus der Sicht von Befürwortern und Kritikern eines Ausweises von Pro-forma-Ergebnissen erwarteten Vorzeichen des Aktienkurseinflusses von Quartals- und Jahresergebnissen sowie Pro-forma-Ergebnissen können zusammenfassend Tabelle 81 entnommen werden. + (+/-, 0, -) sollen auf einen signifikanten positiven (undefinierten, keinen, signifikant negativen) Kurseinfluss hindeuten.

| Untersuchte (unabhängige) Variablen | Abkürzung | Befürworter eines Ausweises von Pro-forma-Ergebnissen | | Kritiker eines Ausweises von Pro-forma-Ergebnissen | |
|---|---|---|---|---|---|
| | | $\tau = 1$ | $\tau = 2, 3, 4$ | $\tau = 1$ | $\tau = 2, 3, 4$ |
| Ergebnisüberraschung bezüglich EPS | PF(EPS) | + | +/- | + | 0 |
| Ergebnisüberraschung bezüglich EBITDA | PF(EBITDA) | + | 0 | 0 | 0 |
| Selbständiger Ausweis von EBITDAs | Dummy(EBITDA) | + | 0 | 0 | 0/- |
| Selbständiger Ausweis von Pro-forma-EPS | Dummy(EPS) | + | 0 | 0 | 0/- |
| Ausgeschlossene Aufwendungen bei der EBITDA-Berechnung | Ausgeschlossene Aufwendungen | 0 | 0 | - | - |

Tabelle 81: Erwartete Vorzeichen der untersuchten Variablen auf den Kurseinfluss

Da in diesem Zusammenhang nicht ausgeschlossen werden kann, dass Kursreaktionen auf Ergebnisüberraschungen und den Ausweis von Pro-forma-Ergebnissen in Wahrheit durch andere Preisbildungsprozesse am Aktienmarkt verursacht werden, soll zusätzlich die Robustheit

---

670 Die ausgeschlossenen Aufwendungen werden ebenso wie die Ergebnisüberraschungen des Periodenergebnisses und des EBITDA mit der Aktienanzahl skaliert.

671 Die vorangehenden Untersuchungen zum Informationsgehalt von Pro-forma-Ergebnissen, wonach durch die Kennzahl EBITDA die zukünftigen Cashflows und somit Unternehmenswerte deutlich überschätzt würden, lassen einen negativen Kurseinfluss der ausgeschlossenen Aufwendungen v.a. bei Unternehmen mit einem selbständigen Ausweis der Kennzahl EBITDA erwarten. Ausschlaggebend dafür sind Anpassungen der überhöhten Erwartungen für die Free Cashflows sowie Unternehmenswerte im Zeitablauf.

des Kurseinflusses von Ergebnisüberraschungen und dem Einfluss des Ausweises von Pro-forma-Ergebnissen durch von der empirischen Kapitalmarktforschung als wichtige bewer-tungsrelevante identifizierte Variablen untersucht werden. In Deutschland besteht dabei die Besonderheit, dass der Beta-Faktor aus dem CAPM keinen signifikanten Bewertungseinfluss hat.[672] Stattdessen bestimmen so genannte Renditeanomaliefaktoren die Preisbildung an den Aktienmärkten. Zu den wichtigsten Renditeanomaliefaktoren gehören das Buchwert-Marktwert-Verhältnis (*BWMW*) und das Kurs-Gewinn-Verhältnis (*KGV*) bzw. das nahezu ä-quivalente Kurs-Cashflow-Verhältnis.[673] Dadurch werden der so genannte Buchwert-Marktwert-Effekt, bei dem so genannte Growth-Aktien mit geringen Buchwert-Marktwert-Verhältnissen geringere Renditen erzielen als Value-Aktien mit hohen Buchwert-Marktwert-Verhältnissen sowie der Kurs-Gewinn-Verhältnis-Effekt, wonach Aktien mit geringen Kurs-Gewinn-Verhältnissen durchschnittlich höhere Renditen erzielen als Unternehmen mit bereits hohen Bewertungen bzw. Kurs-Gewinn-Verhältnissen, erfasst. Beide Effekte können auch als Wertaufholungsbedarf interpretiert werden, wobei sich Unternehmen mit hohem *BWMW* bzw. geringem *KGV* dem Marktdurchschnitt annähern. Die empirische Kapitalmarktforschung geht davon aus, dass beide Renditeanomalien den Einfluss systematischer Risikofaktoren reflektie-ren. Insbesondere werden ein hohes *BWMW* und ein geringes *KGV* mit einem erhöhten Insol-venzrisiko in Verbindung gebracht.[674] Deshalb werden die Renditeanomalie-Faktoren *BWMW* und *KGV* als Kontrollvariablen in die Querschnittsregression aufgenommen. Grund-sätzlich ist in der empirischen Untersuchung zu fordern, dass die Vorzeichen der Regressi-onskoeffizienten auch bei Präsenz der Kontrollvariablen erhalten bleiben.

### 6.4.2   Einfluss von Skalierungseffekten auf die statistischen Untersuchungen

In der wissenschaftlichen Literatur existieren mit Renditeregressionen, bei denen die Rendite als abhängige Variable fungiert, und Aktienkursregressionen, bei denen der Aktienkurs die abhängige Variable darstellt, unterschiedliche Verfahren zur Untersuchung der Bewertungsre-levanz von Ergebnissen. Zusätzliche Unterschiede bestehen bei der Skalierung der Variablen, mit der versucht wird, Größenunterschiede zwischen den Unternehmen zu eliminieren. Wäh-

---

672 Vgl. Perridon/Steiner (2003), Steiner/Bruns (2002), Wallmeier (1997). In diesem Zusammenhang hat die empirische Kapitalmarktforschung in den vergangenen Jahren gezeigt, dass die Preisbildung an den deut-schen Aktienmärkten nicht durch das CAPM (Capital Asset Pricing Model) beschrieben werden kann.

673 Vgl. Stehle (1997), Wallmeier (1997, 2000) sowie für US-amerikanische Aktienmärkte vgl. Basu (1977, 1983), Fama/French (1992, 1993, 1995, 1996) sowie Reinganum (1981).

674 Vgl. Daniel/Titman (1997), Fama/French (1992, 1993, 1995, 1996).

rend sich hinsichtlich der ersten Alternative Renditeregressionen als präferierte ökonometrische Untersuchungsmethode durchgesetzt haben, da deren Anfälligkeit gegenüber der Heteroskedastizität deutlich geringer ist als bei Aktienkursregressionen,[675] bestehen bezüglich der Skalierung der unabhängigen Variablen Widersprüche.

| EPS | Median Umsatz/Aktie | Median Marktkapitalisierung | Median Kurs/Eigenkapital | Median Kurs/Aktie |
|---|---|---|---|---|
| -0,04 – (-$1,00) | 1,19 | 15,06 | 2,28 | 2,25 |
| -0,03 | 0,15 | 5,97 | 3,08 | 0,50 |
| -0,02 | 0,08 | 4,74 | 2,85 | 0,38 |
| -0,01 | 0,03 | 4,39 | 2,98 | 0,22 |
| 0,00 | 0,02 | 5,05 | 2,58 | 0,27 |
| 0,01 | 0,95 | 9,94 | 1,6 | 1,44 |
| 0,02 | 1,36 | 10,77 | 1,56 | 1,63 |
| 0,03 | 1,49 | 12,53 | 1,56 | 1,88 |
| 0,04 - $1,00 | 7,92 | 54,95 | 1,74 | 8,13 |

Tabelle 82: Vergleich der Mediane für Umsatz je Aktie, Aktienkurs sowie Marktkapitalisierung für Unternehmen mit kleinen Gewinnen bzw. Verlusten je Aktie nach Durtschi/Easton[676]

Die Skalierung der unabhängigen Variablen mit dem Aktienkurs bzw. der Marktkapitalisierung wird in empirischen Untersuchungen häufig angewendet.[677] Allerdings zeigen neuere Untersuchungen, dass die Vorteile einer Skalierung der unabhängigen Variablen mit dem Aktienkurs gering sind und stattdessen sogar Verzerrungen bei den empirischen Untersuchungen entstehen können.[678] Ausschlaggebend dafür sind erhebliche bilanzielle Unterschiede sowie stark voneinander abweichende Bewertungen von Unternehmen mit kleinen Verlusten bzw. Gewinnen je Aktie; letzteres kommt in signifikant geringeren Aktienkursen und Marktkapitalisierungen von Unternehmen mit kleinen Verlusten im Vergleich zu Unternehmen mit kleinen Gewinnen zum Ausdruck.[679] Tabelle 82 zeigt diesen Zusammenhang beispielhaft an ausgewählten Variablen für US-amerikanische Unternehmen.

Eine Skalierung des Gewinns bzw. Verlusts je Aktie mit dem Aktienkurs oder bilanziellen Variablen, wie z.B. dem Umsatz, führt somit zu stark unterschiedlichen Quotienten trotz iden-

---

675 Vgl. Kothari/Zimmerman (1995).

676 Vgl. Durtschi/Easton (2004a), S. 44. Ähnlich: Durtschi/Easton (2004b), S. 55 f.

677 Stellvertretend für viele, vgl. Bhattacharya/Black/Christensen/Larson (2003), Bradshaw/Sloan (2002). Alternativ skalieren Doyle/Lundholm/Soliman (2003a) die unabhängigen Variablen mit der Bilanzsumme.

678 Nur dann, wenn sowohl die unabhängigen als auch die abhängigen Variablen als absolute Größen ohne Skalierung verwendet werden (z.B. bei Aktienkursreaktionen), resultieren aus der fehlenden Skalierung ebenfalls Verzerrungen der empirischen Ergebnisse, vgl. Easton (1998), S. 238 f.

679 Vgl. Durtschi/Easton (2004a), S. 43 ff., Durtschi/Easton (2004b), S. 15 ff. Auch die Studien von Burgstahler/Dichev (1997) und Hayn (1995) zeigen, dass sich die Verhältnisse für das Ergebnis je Aktie und den Marktwert für Gewinn- und Verlustunternehmen unterscheiden.

tischer (absoluter) Ausgangswerte für die unabhängigen Variablen und somit zu gravierenden statistischen Verzerrungen.[680] Trotz bis auf das Vorzeichen identische Ergebnisse je Aktie unterscheiden sich die skalierten Variablen um den Faktor 31 (Umsatz) bzw. 2 (Kurs).[681] Tabelle 83 fasst diesen Effekt in einem Beispiel zusammen. Noch deutlicher werden diese Unterschiede bei absolut größeren Ergebnissen je Aktie.

| EPS | EPS/Umsatz | EPS/Kurs |
|---|---|---|
| -0,01 | -0,3333 | 0,0023 |
| 0,01 | 0,0105 | 0,0010 |

**Tabelle 83: Beispiel für die Wirkung der Skalierung mit dem Aktienkurs und dem Umsatz auf Vergleichsunternehmen mit einem EPS von +/- 1 Cent**

Insbesondere werden Unternehmen mit kleinen Gewinnen je Aktie durch die Skalierung näher an den Nullpunkt gerückt als Vergleichsunternehmen mit kleinen Verlusten je Aktie, wodurch ausschließlich auf Grund der Skalierung ein Strukturbruch in den Daten entsteht; der Strukturbruch kommt in einer Diskontinuität in der Häufigkeitsverteilung der mit der Marktkapitalisierung oder anderen bilanziellen Größen skalierten EPS sowie der zugehörigen skalierten Ergebnisüberraschungen bzw. Veränderungen der Jahresergebnisse[682] um den Nullpunkt zum Ausdruck.[683] Diese durch die Skalierung entstehenden oder zumindest verstärkten Diskontunitäten werden i.d.R. als Evidenz für ein Ergebnismanagement der Unternehmen interpretiert;[684] in ähnlicher Weise führt die Skalierung dazu, dass scheinbar mehr Unternehmen die

---

680 Vgl. Dechow/Richardson/Tuna (2003), S. 377, Durtschi/Easton (2004a), S. 26, Durtschi/Easton (2004b), S. 20, stellen solche statistische Verzerrungen ebenfalls fest.

681 In einer neueren Untersuchung stellen Durtschi/Easton (2004b), S. 55, noch größere Unterschiede zwischen den Aktienkursen von Unternehmen mit 1 Cent Gewinn bzw. Verlust je Aktie fest. Trotz bis auf das Vorzeichen identischer Ergebnisse je Aktie unterscheiden sich die skalierten Variablen um den Faktor 5.

682 Bei der Veränderung des Ergebnisses je Aktie kommt es zu keiner Diskontinuität um den Nullpunkt sondern zu einer Asymmetrie um den Nullpunkt: es gibt mehr Untersuchungspunkte mit einer positiven Ergebnisentwicklung als mit einer negativen Ergebnisentwicklung. Dies wird auch damit begründet, dass mehr Unternehmen mit einer positiven Ergebnisentwicklung und damit verbundenen längerfristigen Existenz durch Compustat geführt werden als Unternehmen, deren Existenz durch eine negative Geschäftsentwicklung bedroht ist, vgl. Durtschi/Easton (2004a), S. 6 ff., Durtschi/Easton (2004b), S. 9 f.

683 Vgl. Beaver/McNichols/Nelson (2003), S. 17 ff., Burgstahler/Dichev (1997), Durtschi/Easton (2004a), S. 35 f. Zu den gleichen Ergebnissen kommen Studien, wenn das Ergebnis je Aktie mit dem Umsatz, dem Buchwert des Eigenkapitals oder der Bilanzsumme skaliert wird, vgl. Beaver/McNichols/Nelson (2003), Burgstahler/Dichev (1997), Dechow/Richardson/Tuna (2003). Dabei zeigen die Untersuchungen von Beaver/McNichols/Nelson (2003), dass die Diskontinuität um den Nullpunkt bei einer Skalierung mit den Unternehmenscharakteristika für das Jahresergebnis sehr viel höher ausfällt wie für den Vorsteuergewinn sowie das operative Ergebnis. Die Verteilungskurven der Ergebnisse mit der Aktienanzahl skaliert weisen diese Diskontinuität um den Nullpunkt nicht auf, vgl. Durtschi/Easton (2004a), S. 5, Durtschi/Easton (2004b), S. 35.

684 Siehe Abschnitt 6.2.1.1.

Ergebnisse knapp übertreffen als knapp verfehlen.[685] Dies wird häufig als Evidenz für den opportunistischen Einsatz von Pro-forma-Ergebnissen angesehen.

Die durch eine Skalierung entstehenden Strukturbrüche stellen die Untersuchungsergebnisse zum Ergebnismanagement ebenso in Frage wie Untersuchungen zur Bewertungsrelevanz von Pro-forma-Ergebnissen,[686] die i.d.R. auf skalierten Daten beruhen.[687] Insbesondere zeigt die Häufigkeitsverteilung für die nicht skalierten (unverwässerten und verwässerten) Ergebnisse je Aktie keine Diskontinuität um den Nullpunkt,[688] d.h. im Unterschied zu den skalierten Ergebnissen ist bei nicht skalierten Ergebnissen je Aktie eine kontinuierliche, ohne Strukturbrüche verlaufende Verteilung festzustellen.[689] Die Verwendung von skalierten Daten kann somit zu signifikanten statistischen Verzerrungen führen, während dies bei der Verwendung von nicht skalierten Daten wohl weniger der Fall ist.[690] Dagegen ist eine Verwendung von Ergeb-

---

[685] Siehe Abschnitt 6.2.1.2. Die Basisprämisse der bisherigen wissenschaftlichen Literatur, die sich mit der Diskontinuität der Verteilungen skalierter Ergebnisse um den Nullpunkt beschäftigt, geht davon aus, dass es sich dabei vor allem um eine Form des Ergebnismanagements handelt, um keine Verluste ausweisen zu müssen. Die empirischen Untersuchungen von Durtschi/Easton (2004a, b) zeigen, dass es sich bei der Diskontinuität zwar auch um ein Ergebnismanagementeffekt handelt, die Diskontinuität allerdings auf der Grundlage unterschiedlicher Bepreisung geringer Verluste und geringer Gewinne durch den Markt erfolgt, vgl. Durtschi/Easton (2004a), S. 29. Unterschiede in der Bewertung von Gewinn- und Verlustunternehmen zeigen, dass die Diskontinuität der Ergebnisse nicht ausschließlich ein Zeichen des Ergebnismanagements ist; es ist ebenso eine Manifestation fundamentaler Unterschiede zwischen Gewinn- und Verlustunternehmen, vgl. Durtschi/Easton (2004a), S. 5.

[686] Die Bedenken gegen eine Skalierung nehmen bei der Verwendung von Daten aus Datenbanken noch deutlich zu. Datenbanken kommerzieller Analysten-Trecking-Agenturen neigen dazu, mehr Unternehmen zu berücksichtigen, die kleine Gewinne als kleine Verluste erzielen. Die von bilanziellen sowie Bewertungsunterschieden ausgehenden Verzerrungen infolge einer Skalierung werden durch die Verwendung von Datenbanken, die Unternehmen mit kleinen Verlusten häufiger ausschließen, noch weiter verstärkt, vgl. Durtschi/Easton (2004b), S. 24 ff.

[687] Die bestehenden gravierenden Unterschiede zwischen den Unternehmenscharakteristika von Unternehmen mit Verlusten und Gewinnen werden durch den Kapitalmarkt bepreist und beeinflussen somit den Skalierungsfaktor entweder direkt bei einer Skalierung mit bilanziellen Größen oder indirekt durch den Aktienpreis bzw. die Marktkapitalisierung; dies führt zu statistischen Verzerrungen in Folge der Skalierung. Durtschi/Easton (2004a), S. 26, Durtschi/Easton (2004b), S. 20, zweifeln deshalb die Ergebnisse bisheriger Untersuchungen an, bei denen Rechnungslegungsinformationen mit dem Aktienkurs bzw. Marktwert oder bilanziellen Größen wie dem Umsatz skaliert werden, vgl. auch Dechow/Richardson/Tuna (2003), S. 377.

[688] Vgl. Durtschi/Easton (2004a), S. 5, Durtschi/Easton (2004b), S. 1.

[689] Dadurch ergibt sich eine Asymmetrie der Häufigkeitsverteilung, da Unternehmen, die verglichen nach dem wertmäßigen absoluten EPS identisch um den Nullpunkt verteilt sind, nach der Skalierung mit dem Aktienkurs nicht mehr gleichverteilt um den Nullpunkt liegen.

[690] Beaver/McNichols/Nelson (2003), S. 30 f., zeigen, dass die Diskontinuität in den skalierten Ergebnissen auftritt; auch ohne Ergebnismanagement können eine konservative Auslegung der Rechnungslegungsvorschriften und asymmetrische Effekte von Ertragsteuern (Verlustunternehmen unterliegen einer sehr viel geringeren Steuerbelastung als Gewinnunternehmen) und „Special Items" (Verlustunternehmen weisen einen höheren Anteil an transistorischen Sonderbelastungen auf als Gewinnunternehmen) bei Gewinn- und Verlustunternehmen zu Diskontinuitäten führen. Mit diesen Annahmen können bis zu 2/3 der Diskontinuität der skalierten Ergebnisse um den Nullpunkt erklärt werden, allerdings nicht deren vollständiger Umfang.

nisgrößen je Aktie unproblematisch. Es bestehen mehrheitlich keine statistisch oder ökonomisch signifikanten Unterschiede bezüglich der Anzahl der Aktien von Unternehmen mit hinsichtlich der absoluten Höhe ähnlichen Gewinnen und Verlusten.[691] Die Verwendung nicht skalierter Ergebnisse je Aktie in den Renditeregressionen zur Untersuchung der Bewertungsrelevanz von Pro-forma-Ergebnissen erscheint aus statistischen Gründen daher vorteilhaft.[692] Aus betriebswirtschaftlicher Sicht ist die Verwendung nicht mit bilanziellen Größen oder Marktbewertungen (z.B. Aktienkurs, Marktkapitalisierung) skalierten Daten bei der Untersuchung der Bewertungsrelevanz von Pro-forma-Ergebnissen zu bevorzugen. Grundlage der empirischen Untersuchungen zum Ergebnismanagement sind die unerwarteten Ergebnisse, die in Prognosefehlern der Analysten zum Ausdruck kommen.

Bei der Verteilung der Prognosefehler ist auf Grund des Analystenverhaltens a priori eine asymmetrische Verteilung der Prognosefehler zu erwarten: insbesondere sollten weniger kleine negative Prognosefehler im Vergleich zu größeren negativen Prognosefehlern sowie kleinen positiven Prognosefehlern auftreten, d.h. die Verteilung sollte eine „Delle" links vom Nullpunkt aufweisen. Beispielhaft wird diese Delle für die Prognosefehler des Ergebnisses je Aktie für die DAX30- und MDAX-Unternehmen in Abbildung 24 dargestellt. Ausschlaggebend für diese „Delle" bzw. asymmetrische Verteilung der Prognosefehler ist der überwiegende Optimismus der Analysten.[693] Analysten neigen nicht nur dazu, die Ergebnisse der Unternehmen zu überschätzen, sondern die Prognosefehler fallen bei optimistischen Prognosen (Prognose der Analysten > Ergebnis der Unternehmen) signifikant höher aus als bei pessimistischen Prognosen (Prognose der Analysten < Ergebnis der Unternehmen).[694] Für die Verteilung der Prognosefehler bedeutet dies, dass Prognosefehler der Analysten aus pessimistischen Prognosen häufiger näher am Nullpunkt liegen (kleine positive Prognosefehler) als Prognosefehler der Analysten aus optimistischen Prognosen (negative Prognosefehler). Infolge der optimistischen Analystenprognosen müssen mehr positive kleine Prognosefehler auftreten als kleine negative Prognosefehler; genauso sollten größere negative Prognosefehler im Vergleich zu kleinen negativen Prognosefehlern häufiger auftreten. Diese Diskontinuität in der

---

[691] Vgl. Durtschi/Easton (2004b), S. 22 f.

[692] Easton/Sommers (2000), S. 36, zeigen, dass Renditeregressionen mit dem Ergebnis je Aktie als unabhängige Variable nicht von statistischen Verzerrungen durch die Größenunterschiede der Unternehmen betroffen sind.

[693] Vgl. Karamanou (2003), Wallmeier (2004).

[694] Vgl. Durtschi/Easton (2004b), S. 27 ff.

Verteilung der Prognosefehler kann deshalb nicht ausschließlich als Evidenz für ein Ergeb-nismanagement der Unternehmen angesehen werden.[695]

Bezüglich einer Skalierung der Prognosefehler zeigen empirische Untersuchungen, dass die Prognosefehler der Analysten mit zunehmender Unternehmensgröße abnehmen.[696] Eine Ska-lierung der Prognosefehler mit größenabhängigen Variablen, z.B. der Marktkapitalisierung oder dem Umsatz, kann somit ebenfalls zu einer Veränderung von bestehenden Diskontinuitä-ten in der Verteilung der Prognosefehler und somit zu irreführenden statistischen Untersuchungsergebnissen führen.[697]

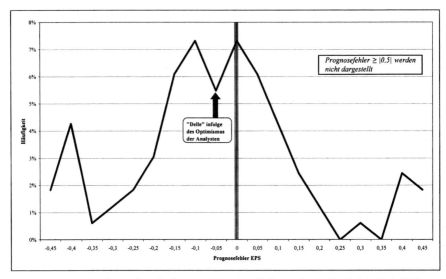

**Abbildung 24: Häufigkeitsverteilung der Prognosefehler ohne Skalierung für das Ergebnis je Aktie (EPS) für die DAX30- und MDAX-Unternehmen**

Nachfolgend sollen die durch eine Skalierung induzierten Verschiebungen in den Häufig-keitsverteilungen der Prognosefehler untersucht werden. Um trotz der Größenunterschiede

---

695 Vgl. Durtschi/Easton (2004b). S. 30 f.

696 Vgl. für Deutschland: Wallmeier (2004), S. 11, sowie für die USA: Eddy/Seifert (1992), Lys/Soo (1995).

697 Durch die Skalierung kleiner Prognosefehler mit überdurchschnittlich hohen Quotienten rücken die Progno-sefehler großer Unternehmen nahe an den Nullwert während die höher ausfallenden Prognosefehler durch die Skalierung mit geringer ausfallenden Quotienten einen relativ großen Abstand zum Nullpunkt aufwei-sen werden. Dieses Prinzip greift aber auch für größere Prognosefehler, d.h. auch hohe Prognosefehler grö-ßerer Unternehmen werden stärker an den Nullpunkt herangerückt als gleich hohe Prognosefehler kleinerer Unternehmen. Somit ergeben sich durch die Skalierung Häufigkeitsverschiebungen entlang der gesamten Verteilung.

zwischen skalierten und nicht skalierten Prognosefehlern je Aktie vergleichbare Häufigkeitsverteilungen zu erhalten, werden sowohl die skalierten wie auch die nicht skalierten Prognosefehler je Aktie normalisiert. Dies erfolgt durch:

$$NPF_{i,t} = \frac{PF_{i,t} - \mu(PF_i)}{\sigma(PF_i)},$$

(16)

wobei NPF den normalisierten Prognosefehler und PF den Prognosefehler für das Ergebnis$_i$
(Ergebnis vor außerordentlichen Positionen oder EBITDA je Aktie) darstellen. Durch die
Normalisierung weisen beide Verteilungen einen Mittelwert von Null und eine Standardab-
weichung von Eins auf.

| Absoluter NPF für das Ergebnis je Aktie | Aktienkurs in EUR | | | Umsatz in Mio. EUR | | |
|---|---|---|---|---|---|---|
| | Negativer NPF(EPS) | Positiver NPF(EPS) | Differenz | Negativer NPF(EPS) | Positiver NPF(EPS) | Differenz |
| >0,5 | 39,40 | 37,63 | 1,77 | 4.519 | 5.234 | -714 |
| [0,5;0,2⟩ | 29,14 | 51,73 | -22,59 | 1.939 | 5.991 | -4.053 |
| [0,2;0,1⟩ | 35,09 | 27,55 | 7,54 | 2.389 | 3.440 | -1.051 |
| [0,1;0,05⟩ | 36,90 | 62,17 | -25,26 | 2.957 | 1.372 | 1.584 |
| [0,05;0⟩ | 40,81 | 42,66 | -1,84 | 8.930 | 2.177 | 6.753 |
| *Gesamt* | *36,11* | *42,15* | *-6,04* | *3.871* | *4.340* | *-468* |

**Tabelle 84: Aktienkurse und Umsätze der DAX30- und MDAX-Unternehmen in Abhängigkeit des norma-
lisierten EPS-Prognosefehlers**

In der Literatur werden Prognosefehler häufig mit dem Aktienkurs skaliert. Tabelle 84 zeigt,
dass diese Vorgehensweise zu Strukturbrüchen und Verschiebungen in den Häufigkeitsverteilungen der Daten führen kann, da deutliche Unterschiede zwischen den Aktienkursen von Unternehmen mit unterdurchschnittlichen (negativen normalisierten) und überdurchschnittlichen
(positiven normalisierten) Prognosefehlern bestehen.[698] In drei der fünf Größenklassen für
den absoluten normalisierten EPS-Prognosefehler weisen Unternehmen mit einem negativen
normalisierten Prognosefehler geringere Aktienkurse auf als Unternehmen mit einem positiven normalisierten Prognosefehler; dies gilt insbesondere für Prognosefehler, die eng um den
Nullpunkt (0 bis 0,1) verteilt sind. Über alle Größenklassen der normalisierten Prognosefehler
hinweg fallen die Aktienkurse von Unternehmen mit negativem normalisierten Prognosefehler geringer aus als die Aktienkurse der Unternehmen mit positivem normalisiertem Prognosefehler.

---

[698] Da die Normalisierung so erfolgt, dass der Mittelwert der normalisierten Prognosefehler Null entspricht,
kann der Mittelwert der normalisierten, nicht skalierten Prognosefehler i.H.v. Null als äquivalent zum Mittelwert der nicht normalisierten und nicht skalierten Prognosefehler i. H. v. 4,6 Cent je Aktie aus Abschnitt
6.3.3 angesehen werden.

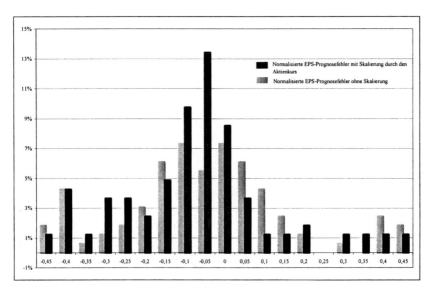

**Abbildung 25: Häufigkeitsverteilung der normalisierten Prognosefehler EPS ohne und mit Skalierung durch den Aktienkurs für die DAX30- und MDAX-Unternehmen**

Eine Skalierung des Prognosefehlers mit dem Aktienkurs führt bei nach Absolutwerten identischen Prognosefehlern somit zu deutlich geringeren Quotienten für ursprünglich positive normalisierte Prognosefehler im Vergleich zu negativen normalisierten Prognosefehlern. Beispielsweise ergibt sich durchschnittlich für einen normalisierten Prognosefehler i.H.v. -0,1 ein skalierter Wert von -0,0027 während sich aus dem absolut gleich hohen positiven normalisierten Prognosefehler i.H.v. 0,1 ein Wert von ein 0,0016 ergibt; trotz absolut identischer nicht skalierter normalisierter Prognosefehler unterscheiden sich die absoluten skalierten normalisierten Prognosefehler um ca. 40%. Durch die Skalierung rücken die ursprünglich positiven (nicht skalierten) Prognosefehler näher an den Nullpunkt als die negativen Prognosefehler; hierdurch können Prognosefehler, die nicht skaliert oberhalb des Mittelwertes lagen, in skalierter Form unterhalb des Mittelwerts fallen. Somit ist eine Verschiebung in der Häufigkeitsverteilung von positiven nicht skalierten, normalisierten Prognosefehlern zu negativen skalierten, normalisierten Prognosefehlern zu erwarten.

Die in Abbildung 25 dargestellten Häufigkeitsverteilungen der normalisierten und mit dem Aktienkurs skalierten sowie die nicht skalierten Prognosefehler für die untersuchten DAX30- und MDAX-Unternehmen bestätigen diese Annahme: von einer Skalierung der Prognosefehler mit dem Aktienkurs gehen Verschiebungen in den Häufigkeitsverteilungen aus. Insbesondere ist eine deutliche Verschiebung der Häufigkeiten von kleinen positiven nicht skalierten zu kleinen negativen skalierten Prognosefehlern feststellbar. Die größten Häufigkeitszunahmen treten bei einem normalisierten Prognosefehler von -0,1 bzw. -0,05 und 0 auf. Dafür sinkt die Anzahl der positiven normalisierter Prognosefehler vor allem in den Wertebereichen von 0,05 bis 0,15 deutlich. Tabelle 85 fasst die Verschiebungen in den Häufigkeitsverteilungen der normalisierten EPS-Prognosefehler zusammen. Die Skalierung der Prognosefehler mit dem Aktienkurs führt zu einer Zunahme der Häufigkeit der negativen normalisierten Prognosefehler um 13%; die Häufigkeit der positiven Prognosefehler nimmt um 6% ab.[699]

| Normalisierter Prognosefehler | Häufigkeit nicht skalierte PF(EPS) | Skalierung mit dem Aktienkurs | | Skalierung mit dem Umsatz je Aktie | |
|---|---|---|---|---|---|
| | | Häufigkeit skalierte PF(EPS) | Differenz | Häufigkeit skalierte PF(EPS) | Differenz |
| <0 | 32% | 45% | 13% | 32% | 0% |
| 0 | 7% | 9% | 2% | 13% | 6% |
| >0 | 19% | 13% | -6% | 22% | 3% |

**Tabelle 85: Häufigkeitsverteilung der normalisierten Prognosefehler EPS ohne und mit Skalierung durch den Aktienkurs bzw. den Umsatz für die DAX30- und MDAX-Unternehmen;** *normalisierte Prognosefehler* $\geq |0,5|$ *werden nicht dargestellt*

Durch eine Verwendung der skalierten Ergebnisüberraschungen bzw. Prognosefehler in den empirischen Untersuchungen würden die Effekte unterschiedlicher Größen der Aktienkurse in die Regression übernommen und zu statistischen Verzerrungen führen. Somit ist die Skalierung mit dem Aktienkurs sowohl betriebswirtschaftlich als auch statistisch zweifelhaft und wird daher unterlassen.

---

[699] Demzufolge liegen mindestens 6% der normalisierten Prognosefehler ohne Skalierung oberhalb des Mittelwerts der unskalierten Prognosefehler. Durch die Skalierung mit durchschnittlich höheren Aktienkursen fallen die skalierten Werte unterhalb des Mittelwerts der skalierten Prognosefehler. Die übrigen Verschiebungen entstehen durch die in Tabelle 85 bzw. Abbildung 25 nicht dargestellten normalisierten Prognosefehler $\geq |0,5|$.

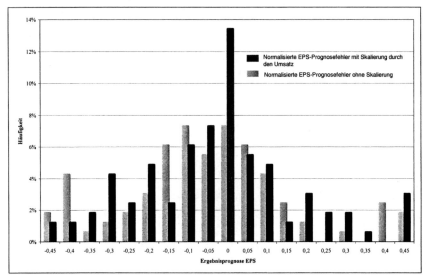

**Abbildung 26: Häufigkeitsverteilung der normalisierten Prognosefehler EPS ohne und mit Skalierung durch den Umsatz je Aktie für die DAX30- und MDAX-Unternehmen**

Bezüglich des Umsatzes ergibt sich ein gemischteres Bild, Unternehmen mit einem negativen normalisierten, nicht skalierten Prognosefehler weisen durchschnittlich einen geringeren Umsatz auf. Jedoch gilt dies vor allem für Unternehmen mit höheren absoluten Prognosefehlern, unmittelbar um den Nullpunkt tritt der gegenteilige Effekt auf: Unternehmen mit negativen normalisierten, nicht skalierten Prognosefehlern weisen hier höhere Umsätze auf. Somit sind infolge einer Skalierung der Prognosefehler mit dem Umsatz statistische Verzerrungen entlang der gesamten Verteilung zu erwarten, die auf Grund der wechselnden Größenverhältnisse nicht so signifikant ausfallen sollten wie bei einer Skalierung mit dem Aktienkurs.

Tabelle 85 bestätigt diesen Zusammenhang. Im Unterschied zu einer Skalierung mit dem Aktienkurs findet bei einer Skalierung mit dem Umsatz eine Verschiebung der Häufigkeitsverteilungen von negativen zu positiven normalisierten Prognosefehlern bzw. Prognosefehlern um Null (9%) statt. Große Abnahmen der Häufigkeiten sind aus dem Histogramm in Abbildung 26 bei normalisierten Prognosefehlern von -0,15 und -0,1 zu erkennen; die größte Häufigkeitszunahme erfolgt bei einem normalisierten Prognosefehler von 0.

289

| Absoluter NPF für das Ergebnis je Aktie | Aktienkurs in EUR | | | Umsatz in Mio. EUR | | |
|---|---|---|---|---|---|---|
| | Negativer NPF (E-BITDA) | Positiver NPF (E-BITDA) | Differenz | Negativer NPF (E-BITDA) | Positiver NPF (E-BITDA) | Differenz |
| >0,5 | 42,97 | 41,86 | 1,11 | 3.182 | 4.732 | -1.551 |
| [0,5;0,2〉 | 31,83 | 42,33 | -10,50 | 3.457 | 2.341 | 1.116 |
| [0,2;0,1〉 | 48,31 | 31,66 | 16,64 | 2.277 | 1.881 | 396 |
| [0,1;0,05〉 | 32,56 | 27,03 | 5,53 | 4.909 | 917 | 3.992 |
| [0,05;0〉 | 25,98 | 30,60 | -4,62 | 3.325 | 2.782 | 543 |
| Gesamt | 37,14 | 38,24 | -1,10 | 3.323 | 3.205 | 118 |

**Tabelle 86: Aktienkurse und Umsätze der DAX30- und MDAX-Unternehmen in Abhängigkeit des normalisierten Prognosefehlers bezüglich des EBITDA je Aktie**

Die statistischen Verzerrungen infolge einer Skalierung mit dem Aktienkurs oder dem Umsatz ergeben sich nicht nur für Prognosefehler bezüglich des Ergebnisses je Aktie sondern auch des EBITDA je Aktie. Tabelle 86 verdeutlicht, dass ähnlich wie bei EPS-Prognosefehlern Unterschiede zwischen den Aktienkursen von Unternehmen mit unterdurchschnittlichen (negativen normalisierten) und überdurchschnittlichen (positiven normalisierten) Prognosefehlern bestehen. Unternehmen mit negativen normalisierten Prognosefehlern weisen geringere Aktienkurse sowie höhere Umsätze auf als Unternehmen mit positiven normalisierten Prognosefehlern. Jedoch fallen die Differenzen deutlich geringer aus als bei den EPS-Prognosefehlern.

| Normalisierter Prognosefehler | Häufigkeit nicht skalierte PF(EBITDA) | Skalierung mit dem Aktienkurs | | Skalierung mit dem Umsatz je Aktie | |
|---|---|---|---|---|---|
| | | Häufigkeit skalierte PF(EBITDA) | Differenz | Häufigkeit skalierte PF(EBITDA) | Differenz |
| <0 | 24% | 28% | 4% | 32% | 8% |
| 0 | 8% | 9% | 1% | 5% | -3% |
| >0 | 27% | 33% | 6% | 20% | -7% |

**Tabelle 87: Häufigkeitsverteilung der normalisierten Prognosefehler EBITDA je Aktie ohne und mit Skalierung durch den Aktienkurs bzw. den Umsatz für die DAX30- und MDAX-Unternehmen; *normalisierte Prognosefehler ≥ |0,5| werden nicht dargestellt***

Tabelle 87 fasst die Verschiebungen in den Häufigkeitsverteilungen zwischen den nicht skalierten und den skalierten Prognosefehlern bezüglich des EBITDA je Aktie zusammen. Die Skalierung der EBITDA-Prognosefehler mit dem Aktienkurs führt wie die Skalierung der EPS-Prognosefehler ebenfalls zu Verschiebungen in den Häufigkeitsverteilungen. Durch die Skalierung mit dem Aktienkurs erfolgt sowohl bei positiven als auch bei negativen Prognosefehlern eine Verschiebung in den Häufigkeiten von den Verteilungsrändern in das Verteilungszentrum, d.h. normalisierte, nicht-skalierte Prognosefehler ≥ |0,5| werden durch die Skalierung in den Größenbereich < |0,5| der normalisierten, skalierten Prognosefehler gerückt. In Tabelle 87 zeigt sich dies durch die Zunahme der negativen (+4%) und positiven normalisierten, skalierten Prognosefehler (+6%). Ausschlaggebend dafür ist der Anstieg der Aktienkurse sowohl mit den negativen als auch den positiven normalisierten, nicht skalierten größeren Prognosefehlern. Beispielsweise weisen Unternehmen mit einem negativen (positiven) normalisierten, nicht skalierten Prognosefehler < |0,05| einen durchschnittlichen Aktienkurs von 28,98 (30,60) EUR im Vergleich zu einem durchschnittlichen Aktienkurs von Unternehmen mit einem normalisierten, nicht skalierten Prognosefehler ≥ |0,05| von 42,97 (41,86) EUR auf; der Unterschied der durchschnittlichen Aktienkurse beträgt somit 13,99 bzw. 48% (11,26 bzw. 37%). Es ist festzustellen, dass die Häufigkeiten der positiven normalisierten sowie um Null liegenden Prognosefehler durch Skalierung zunehmen. Das Histogramm in Abbildung 27 veranschaulicht die Zunahme der Häufigkeiten der normalisierten Prognosefehler in diesem Bereich infolge der Skalierung graphisch; zwischen normalisierten Prognosefehlern von 0 bis 0,1 ist diese Zunahme besonders deutlich (+7%).

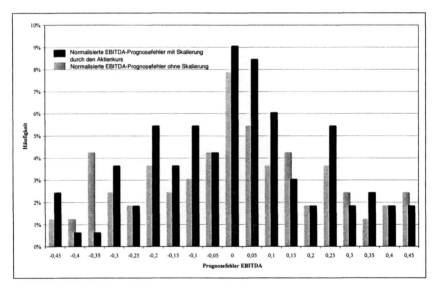

**Abbildung 27: Häufigkeitsverteilung der normalisierten Prognosefehler EBITDA je Aktie ohne und mit Skalierung durch den Aktienkurs für die DAX30- und MDAX-Unternehmen**

Bei der Skalierung der Prognosefehler des EBITDA je Aktie mit dem Umsatz je Aktie ist eine Verschiebung von positiven unskalierten Prognosefehlern zu negativen skalierten Prognosefehlern (8%) festzustellen. Auch dieser Effekt verläuft somit entgegengesetzt zu den Häufigkeitsverschiebungen auf Grund der Skalierung der EPS-Prognosefehler mit dem Umsatz je Aktie. Dies ist auf die in Tabelle 86 dargestellten durchschnittlich höheren Umsätze der Unternehmen mit negativen nicht skalierten normalisierten Prognosefehlern des EBITDA je Aktie zurückzuführen, während sich die Größenverhältnisse bei EPS-Prognosefehlern entgegengesetzt verhalten. Das Histogramm in Abbildung 28 verdeutlicht graphisch, dass die Häufigkeiten der normalisierten Prognosefehler vor allem in den Bereichen -0,15 bis -0,05 infolge der Skalierung stark zunehmen; zwischen 0 und 0,05 sind dagegen eine starke Abnahme der Häufigkeiten zu verzeichnen.

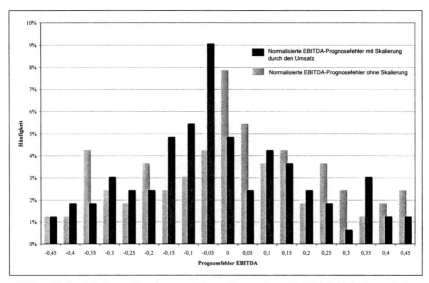

**Abbildung 28: Häufigkeitsverteilung der normalisierten Prognosefehler EBITDA je Aktie ohne und mit Skalierung durch den Umsatz je Aktie für die DAX30- und MDAX-Unternehmen**

Die Bedenken von DURTSCHI und EASTON (2004a, b), dass eine Skalierung mit dem Aktienkurs bzw. dem Marktwert des Eigenkapitals oder mit bilanziellen Größen zu stärkeren Verzerrungen führt als eine mögliche Auswirkung einer unterschiedlichen Aktienanzahl erscheinen somit berechtigt. Sowohl die Skalierung der Prognosefehler mit dem Aktienkurs als auch mit dem Umsatz führt zu Verschiebungen in den Verteilungen der Prognosefehler und somit zu Diskontinuitäten bzw. Strukturbrüchen, die statistische Auswertungen verzerren können. Um solche Verzerrungen zu vermeiden, werden in den nachfolgenden Renditeregressionen alle unabhängigen Variablen als Werte je Aktie verwendet.

**6.5 Ergebnisse der empirischen Untersuchungen zur Bewertungsrelevanz von Pro-forma-Ergebnissen in Deutschland**

***6.5.1 Bewertungsrelevanz von Pro-forma-Ergebnissen aller untersuchten Unternehmen***

6.5.1.1 Ergebnisse der empirischen Untersuchungen aller untersuchten Unternehmen

In dieser Untersuchung wird die Bewertungsrelevanz der Pro-forma-Ergebnisse für alle 63 untersuchten DAX30- und MDAX-Unternehmen, unabhängig von einem selbständigen Ausweis von Pro-forma-Kennzahlen in der freiwilligen Unternehmensberichterstattung, analysiert. Der Bewertungseinfluss von Pro-forma-Ergebnissen wird sowohl anhand von Ergebnisüberraschungen des EPS ($PF_{EPS}$) als auch des EBITDA ($PF_{EBITDA}$) sowie der Dummy-Variablen (14), die besondere Bewertungseinflüsse eines selbständigen Ausweises von Pro-forma-EPS ($Dummy_{EPS}$) bzw. EBITDA ($Dummy_{EBITDA}$) in Ergebnisveröffentlichungen oder Pressemeldungen durch die Unternehmen erfassen sollen, untersucht. Zusätzlich werden die bereits beschriebenen Kontrollvariablen, das Buchwert-Marktwert-Verhältnis ($BWMW$) und das Kurs-Gewinn-Verhältnis ($KGV$), in die Regressionsgleichung aufgenommen, um andere Preisbildungsprozesse an den Aktienmärkten zu berücksichtigen.

Als Grundmodell für die empirischen Untersuchungen ergeben sich nachfolgende Querschnittsregressionen:

$$
\begin{aligned}
R_{i,t+\tau} = {} & \alpha_0 + \alpha_1 \cdot PF\big(EPS_{i,t}\big) + \alpha_2 \cdot PF\big(EBITDA_{i,t}\big) + \alpha_3 \cdot Dummy_{PF-EPS,i} \\
& + \alpha_4 \cdot Dummy_{EBITDA,i} + \alpha_5 \cdot BWMW_{i,t} + \alpha_6 \cdot KGV_{i,t} + \varepsilon_{i,t+\tau}
\end{aligned}
\tag{17}
$$

Die Untersuchungen zum Informationsgehalt von Pro-forma-Ergebnissen im vorangehenden Abschnitt zeigen, dass Pro-forma-Ergebnisse in Form des EBITDA auf positive zukünftige Cashflows hinweisen, aber die bei der EBITDA-Berechnung ausgeschlossenen Aufwendungen negative zukünftige Cashflows prognostizieren. Deshalb soll untersucht werden, wie Investoren auf die ausgeschlossenen Aufwendungen (15) reagieren. Insbesondere soll untersucht werden, inwieweit die durch den Ausweis des EBITDA ausgelösten anfängliche Überschätzungen der zukünftigen Cashflows und Unternehmenswerte spätere Aktienkurskorrekturen auslösen. Dafür werden die für die EBITDA-Berechnung ausgeschlossenen Aufwendungen (15) in die Regressionsgleichung (17) aufgenommen, so dass sich nachfolgende erweiterte Querschnittsregressionen ergeben:

$$R_{i,t+\tau} = \alpha_0 + \alpha_1 \cdot PF\left(EPS_{i,t}\right) + \alpha_2 \cdot PF\left(EBITDA_{i,t}\right) + \alpha_3 \cdot Dummy_{PF-EPS,i}$$
$$+ \alpha_4 \cdot Dummy_{EBITDA,i} + \alpha_5 \cdot BWMW_{i,t} + \alpha_6 \cdot KGV_{i,t} \qquad (18)$$
$$+ \alpha_7 \cdot Ausgeschlossene\ Aufwendungen_{i,t} + \varepsilon_{i,t+\tau}.$$

Tabelle 88 fasst die empirischen Untersuchungsergebnisse für beide Querschnittsregressionsmodelle zusammen. Die gepoolten Querschnittsregressionen (17) und (18) sind für alle Prognosezeiträume $\tau = 1$ - 4 statisch hinreichend bestimmt, wie die p-Werte der F-Statistiken für die gesamten Regressionsgleichungen zeigen.

Die Ordinatenabschnitte $\alpha_0$ fallen in allen Regressionen statistisch signifikant negativ aus ($\alpha_0 < 0$). Darin kommt der Wertverlust des DAX30 und des MDAX im Untersuchungszeitraum zum Ausdruck; die Baisse an den Aktienmärkten wird somit durch $\alpha_0$ erfasst.

Die Ergebnisüberraschungen bezüglich des auf Rechnungslegungsstandards beruhenden Ergebnisses je Aktie vor außerordentlichen Positionen haben über alle Prognoseperioden einen statistisch signifikanten positiven Kurseinfluss ($\alpha_1 > 0$). Demnach gehen von positiven EPS-Ergebnisüberraschungen auch positive Kursanpassungen aus. Allerdings sind diese Effekte nicht nur im ersten Quartal nach der Ergebnisbekanntgabe sondern auch darüber hinaus feststellbar. Demzufolge erfassen Investoren im ersten Quartal nach der Ergebnisveröffentlichung nicht alle bewertungsrelevanten Informationen aus den Jahresergebnissen; in den folgenden Quartalen ($\tau > 1$) erfolgende Anpassungen bezüglich des erwarteten Unternehmenswertes und daraus folgende Anlageentscheidungen spiegeln sich in späteren Kursreaktionen wider. Quartals- und Jahresergebnisse sind somit nicht ausreichend, um bereits zum Zeitpunkt der Ergebnisbekanntgabe alle bewertungsrelevanten Informationen aus ihnen erkennen zu können.[700] Dies bestätigt Untersuchungen der empirischen Kapitalmarktforschung, wonach Rechnungslegungsergebnisse nicht nur sofort um den Zeitpunkt der Ergebnisbekanntgabe sondern auch mittel- bis langfristig in den Aktienkursen verarbeitet werden.[701] Dies kann darauf zurückgeführt werden, dass Jahres- und Quartalsergebnisse bewertungsrelevante, für das Geschäftsmodell typische Ergebniskomponenten und tatsächlich einmalige nicht bewertungsrelevante Informationen zusammenfassen und so den Ausblick auf die wirtschaftliche Entwicklung eines Unternehmens erschweren. Langfristige Kursanpassungen sind dann die Folge einer sukzessi-

---

[700] Dieser Effekt kann nicht durch naive Erwartungen von Investoren erklärt werden, da keine für Korrekturen von naiven Erwartungen typische Kursverläufe festzustellen sind, vgl. Bernard/Thomas (1989, 1990), Freeman/Tse (1989).

[701] Vgl. Campbell/Shiller (1988), S. 661 ff.

ven Anpassung der Erwartungen von Investoren bezüglich zukünftiger Cashflows und somit gerechtfertigter Unternehmenswerte; die Bewertungsrelevanz von Jahres- und Quartalsergebnissen wird somit um den Zeitpunkt der Ergebnisbekanntgabe unterschätzt. Dies wird im langfristig positiven Kurseinfluss von Ergebnisüberraschungen bezüglich des EPS vor außerordentlichen Positionen deutlich.

Ergebnisüberraschungen bezüglich der Pro-forma-Ergebnisse in Form des EBITDA haben um den Zeitpunkt der Ergebnisbekanntgabe einen statistisch signifikanten positiven Einfluss auf die Aktienrenditen $(\alpha_2 > 0)$. Der Aktienmarkt stuft den EBITDA zum Zeitpunkt der Ergebnisbekanntgabe somit als nützliche Information ein. Allerdings werden die Pro-forma-Ergebnisse ebenso wie die Quartals- und Jahresergebnisse nicht sofort vollständig zum Zeitpunkt der Ergebnisbekanntgabe in den Aktienkursen verarbeitet; das Vorzeichen wechselt für die Ergebnisüberraschungen des EBITDA im Grundmodell (17) ab dem dritten Quartal. Positiven (Über-)Reaktionen des Aktienmarktes auf Ergebnisüberraschungen bezüglich des E-BITDA zum Zeitpunkt der Ergebnisbekanntgabe stehen somit mittel- bis längerfristig negative Kursreaktionen der Ergebnisüberraschungen des EBITDA gegenüber. Dieses Ergebnis ist mit den vorangegangenen Untersuchungen zum Informationsgehalt von Pro-forma-Ergebnissen in Form des EBITDA konsistent und spiegelt wider, dass durch die Kennzahl EBITDA wesentliche zukünftige Cashflow-Belastungen nicht erkennbar sind und deshalb die Erwartungen bezüglich zukünftiger Cashflows sowie des Unternehmenswerts reduziert werden müssen. Rationale Investoren erkennen die Überschätzungen der Unternehmenswerte im Zeitablauf und passen ihre diesbezüglichen Erwartungen sowie daraus resultierende Anlagestrategien an. Somit ist mit mittelfristig negativen Kursreaktionen als Reaktion auf ursprünglich positive Kursreaktionen auf positive Ergebnisüberraschungen beim EBITDA zu rechnen.

Die mittelfristig negativen Bewertungsimplikationen von Ergebnisüberraschungen bezüglich des EBITDA gehen zurück, wenn die bei der Berechnung der Pro-forma-Ergebnisse ausgeschlossenen Aufwendungen in die Regressionsgleichungen aufgenommen werden; dies wird durch die Ergebnisse aus der Fortsetzung von Tabelle 88 deutlich. Die Ergebnisüberraschungen bezüglich des EBITDA üben in diesem Fall über alle Prognosezeiträume einen positiven Kurseinfluss aus; über Zeiträume von bis zu 6 Monaten fällt der Kurseinfluss auch statistisch signifikant aus.[702] Im Gegensatz dazu zeigen die negativen Regressionskoeffizienten $\alpha_7$, dass von ausgeschlossenen Aufwendungen ($\alpha_7 < 0$) ein durchgängig negativer Kurseinfluss ausgeht; bei Renditeprognosen über drei sowie vier Quartile ist der negative Kurseinfluss auch statistisch signifikant. Somit geht von den ausgeschlossenen Aufwendungen in (18) in den gleichen Zeiträumen ein signifikant negativer Kurseinfluss aus, in denen in (17) zuvor von den Ergebnisüberraschungen des EBITDA ein negativer Kurseinfluss ausging. Der mittelfristig negative Kurseinfluss von EBITDA-Ergebnisüberraschungen ist demzufolge auf die ausgeschlossenen Aufwendungen zurückzuführen. Somit stimmen die Implikationen der empirischen Untersuchungen zum Informationsgehalt und zur Bewertungsrelevanz von Pro-forma-Ergebnissen überein. Die Übereinstimmung mit den vorangehenden Ergebnissen zum Informationsgehalt von Pro-forma-Ergebnissen wird vor allem darin deutlich, dass der negative Kurseinfluss der ausgeschlossenen Aufwendungen im Zeitablauf sukzessive zunimmt.

Die Regressionskoeffizienten für $\alpha_3$ und $\alpha_4$ zeigen, dass zusätzlich systematische Bewertungsunterschiede zwischen Unternehmen mit einem selbständigen Ausweis von Pro-forma-Ergebnissen in Form von Pro-forma-EPS oder EBITDA und anderen Unternehmen bestehen. Der Ausweis von Pro-forma-EPS wird durchgängig mit Bewertungsabschlägen quittiert ($\alpha_3 < 0$). Die sowohl hinsichtlich des Absolutwerts ökonomisch hohen, als auch in zwei Fällen statistisch signifikanten Bewertungsabschläge sind als Misstrauensabschläge zu interpretieren.[703] Pro-forma-EPS führen zu einer deutlichen Überschätzung der Ergebnisse der Unternehmen und verleiten zu überhöhten Unternehmensbewertungen, die später korrigiert werden müssen.

Im Unterschied zu Pro-forma-EPS wird der Ausweis von Pro-forma-Ergebnissen in Form des EBITDA vom Kapitalmarkt durchgängig positiv bewertet. Die positive Bewertung eines EBITDA-Ausweises ($\alpha_4 > 0$) kann als positive Reaktion auf die Offenlegung zusätzlicher gewünschter Informationen angesehen werden, was mit den kurzfristigen Reaktionen auf die Ergebnisüberraschungen beim EBITDA einhergeht. Die positiven Reaktionen spiegeln auch

---

702 Nicht signifikante mittelfristige Kursreaktionen auf Ergebnisüberraschungen bezüglich des EBITDA können darauf zurückgeführt werden, dass nicht alle untersuchten Unternehmen den EBITDA aktiv in der Kommunikation mit dem Kapitalmarkt einsetzen.

703 Dies ist auch als Reaktion auf den Missbrauch von Pro-forma-EPS im Vorfeld der Insolvenzen von EN-RON bzw. Worldcom sowie den Missbrauch von Ad-hoc-Informationen bzw. Ergebnisprognosen am Neuen Markt anzusehen. In allen Fällen versuchten die Unternehmen durch Pro-forma-EPS ungerechtfertigt positive Darstellungen der Unternehmenslage zu erreichen.

die größere Verbreitung von Pro-forma-Ergebnissen in Form des EBITDA im Vergleich zur Nutzung von Pro-forma-EPS in Deutschland wider.

Bei der Aufnahme wesentlicher kursbestimmender Faktoren (KGV, BWMW) in die Regressionsgleichungen gehen von den Ergebnisüberraschungen wesentliche bewertungsrelevante Informationen aus. Der Einfluss der Kontrollvariablen auf die Aktienrenditen zeigt sich darin, dass $\alpha_5$ und $\alpha_6$ überwiegend statistisch signifikant sind. Das BWMW übt einen positiven Kurseinfluss ($\alpha_5 > 0$) aus und ist in sieben der acht Untersuchungen auch statistisch signifikant. Das KGV fällt in sieben der acht Untersuchungsperioden ebenfalls statistisch signifikant negativ aus ($\alpha_6 < 0$). Dies stimmt mit Ergebnissen der empirischen Kapitalmarktforschung überein und zeigt, dass hohe Kurs-Gewinn-Verhältnisse auf Überbewertungen von Unternehmen hindeuten, die durch den Aktienmarkt korrigiert werden, da Investoren vor allem unterbewertete Aktien kaufen.[704] Das Vorzeichen des Regressionskoeffizienten des BWMW steht ebenfalls im Einklang mit Ergebnissen der empirischen Kapitalmarktforschung, die einen positiven Renditeeinfluss des Buchwert-Marktwert-Verhältnisses nachweisen.[705] Unternehmen mit einem hohen BWMW-Verhältnis sind tendenziell unterbewertet und werden durch die Investoren präferiert.

---

[704] Vgl. Wallmeier (1997).
[705] Vgl. Fama/French/Booth/Sinquefield (1993).

| | | $\alpha_0$ | $\alpha_1$ | $\alpha_2$ | $\alpha_3$ | $\alpha_4$ | $\alpha_5$ | $\alpha_6$ | $\alpha_7$ | Regressionsgleichung | |
|---|---|---|---|---|---|---|---|---|---|---|---|
| $\tau=1$ | K. | -0,0878 | 0,0231 | 0,0086 | -0,0019 | 0,0934 | 0,0596 | -0,0008 | | $R^2$ | 0,1175 |
| | T | -4,5662 | 8,5153 | 3,2398 | -0,1810 | 6,1073 | 22,7929 | -5,1202 | | $p(F)$ | 0,0000*** |
| | P | 0,0000*** | 0,0000*** | 0,0016*** | 0,8567 | 0,0000*** | 0,0000*** | 0,0000*** | | | |
| $\tau=2$ | K. | -0,1030 | 0,0447 | 0,0032 | -0,0613 | 0,0873 | 0,1511 | -0,0031 | | $R^2$ | 0,1477 |
| | T | -5,1680 | 10,9103 | 0,3970 | -3,9657 | 11,7524 | 20,6398 | -4,5245 | | $p(F)$ | 0,0000*** |
| | P | 0,0000*** | 0,0000*** | 0,6922 | 0,0001*** | 0,0000*** | 0,0000*** | 0,0000*** | | | |
| $\tau=3$ | K. | -0,1900 | 0,0585 | -0,0104 | -0,0341 | 0,0892 | 0,1738 | -0,0014 | | $R^2$ | 0,0839 |
| | T | -5,0439 | 4,1719 | -1,3989 | -1,3626 | 2,2988 | 8,2898 | -3,2881 | | $p(F)$ | 0,0000*** |
| | P | 0,0000*** | 0,0001*** | 0,1654 | 0,1765 | 0,0239** | 0,0000*** | 0,0015*** | | | |
| $\tau=4$ | K. | -0,2820 | 0,1051 | -0,0428 | -0,1187 | 0,1655 | 0,0401 | -0,0009 | | $R^2$ | 0,0686 |
| | T | -5,8977 | 4,6229 | -5,4740 | -5,0050 | 3,1913 | 1,0022 | -2,7065 | | $p(F)$ | 0,0000*** |
| | P | 0,0000*** | 0,0000*** | 0,0000*** | 0,0000*** | 0,0024*** | 0,3207 | 0,0091*** | | | |

**Tabelle 88: Ergebnisse der Querschnittsregressionen gemäß (17) für alle DAX30- und MDAX-Unternehmen**

*K., T und p kennzeichnen die Regressionskoeffizienten, die T-Statistiken und zugehörigen p-Werte. $R^2$ und p(F) kennzeichnen die $R^2$-Werte sowie die p-Werte der F-Statistiken.*
*\*\*\* (\*\*/\*) deutet auf eine Signifikanz zum 1% (5%-/10%-) Niveau hin.*

| | | $\alpha_0$ | $\alpha_1$ | $\alpha_2$ | $\alpha_3$ | $\alpha_4$ | $\alpha_5$ | $\alpha_6$ | $\alpha_7$ | Regressionsgleichung |
|---|---|---|---|---|---|---|---|---|---|---|
| $\tau = 1$ | K. | -0,0900 | 0,0226 | 0,0091 | -0,0027 | 0,0953 | 0,0624 | -0,0008 | -0,0003 | $R^2$ 0,1178 |
| | T | -4,2126 | 8,1626 | 3,0170 | -0,2364 | 5,2853 | 8,3098 | -4,7852 | -0,3917 | p(F) 0,0000*** |
| | P | 0,0001*** | 0,0000*** | 0,0032*** | 0,8135 | 0,0000*** | 0,0000*** | 0,0000*** | 0,6961 | |
| $\tau = 2$ | K. | -0,1115 | 0,0466 | 0,0059 | -0,0456 | 0,1037 | 0,1496 | -0,0033 | -0,0014 | $R^2$ 0,1490 |
| | T | -5,3389 | 10,3498 | 3,0543 | -2,3636 | 5,8727 | 6,1819 | -4,8880 | -0,5219 | p(F) 0,0000*** |
| | P | 0,0000*** | 0,0000*** | 0,0169** | 0,0199** | 0,0000*** | 0,0000*** | 0,0000*** | 0,6028 | |
| $\tau = 3$ | K. | -0,1531 | 0,0364 | 0,0101 | -0,0274 | 0,0621 | 0,2101 | -0,0008 | -0,0114 | $R^2$ 0,0883 |
| | T | -3,7209 | 2,9052 | 1,1334 | -1,1106 | 1,6581 | 8,5185 | -1,6696 | -2,9088 | p(F) 0,0000*** |
| | P | 0,0004*** | 0,0047*** | 0,2602 | 0,2698 | 0,1009 | 0,0000*** | 0,0986* | 0,0046*** | |
| $\tau = 4$ | K. | -0,1827 | 0,0407 | 0,0222 | -0,0783 | 0,0962 | 0,1502 | 0,0001 | -0,0299 | $R^2$ 0,1106 |
| | T | -3,5537 | 2,1520 | 1,6163 | -2,3442 | 2,0357 | 2,3765 | 0,0940 | -4,3183 | p(F) 0,0000*** |
| | P | 0,0008*** | 0,0360** | 0,1120 | 0,0228** | 0,0468** | 0,0211** | 0,9255 | 0,0001*** | |

**Tabelle 88 (Fortsetzung): Ergebnisse der Querschnittsregressionen (18) für alle DAX30- und MDAX-Unternehmen**

K., T und p kennzeichnen die Regressionskoeffizienten, die T-Statistiken und zugehörigen p-Werte. $R^2$-Werte sowie die p-Werte der F-Statistiken. *** (**/*) deutet auf eine Signifikanz zum 1%- (5%-/10%-) Niveau hin.

6.5.1.2    Fazit der empirischen Untersuchungen zur Bewertungsrelevanz von Pro-forma-
Ergebnissen für alle Unternehmen

Die Ergebnisse stehen im Einklang mit den Untersuchungen zum Informationsgehalt der Pro-forma-Ergebnisse aus dem vorangehenden Abschnitt. Insgesamt zeigt sich, dass vom Kapitalmarkt Rechnungslegungsinformationen in Form des Ergebnisses je Aktie (EPS) als bewertungsrelevant angesehen werden wie auch Pro-forma-Ergebnisse in Form des Pro-forma-EPS oder EBITDA. Pro-forma-Ergebnisse stellen zusätzliche Informationen für die Investoren dar, die so aus den Quartals- und Jahresergebnissen (EPS) nicht erkennbar sind. Allerdings werden um den Zeitpunkt der Ergebnisbekanntgabe nicht alle bewertungsrelevanten Informationen verarbeitet. Auch in späteren Quartalen erfolgen Kursreaktionen auf die veröffentlichten Jahres-, Quartals- und Pro-forma-Ergebnisse. Zum Zeitpunkt der Ergebnisbekanntgabe werden somit weder Jahres- und Quartalsergebnisse noch Pro-forma-Ergebnisse sofort vollkommen in den Kursen verarbeitet. Stattdessen erfolgen auch zu späteren Zeitpunkten weitere Kursanpassungen auf Grund dieser Jahres- und Quartalsergebnisse bzw. Pro-forma-Ergebnisse. Insbesondere führen positive Pro-forma-Ergebnisüberraschungen zu überhöhten Erwartungen bezüglich der Unternehmenswerte, da bei der Berechnung der Pro-forma-Ergebnisse Aufwendungen ausgeschlossen werden, die auf zukünftige Cashflow-Belastungen und somit reduzierte Unternehmenswerte hinweisen. Negative Kursanpassungen in allen Untersuchungszeiträumen auf die ausgeschlossenen Aufwendungen spiegeln die damit verbundenen reduzierten Unternehmenswerterwartungen wider. Damit können diese Kursanpassungen in einen direkten Zusammenhang mit bei der Berechnung von Pro-forma-Ergebnissen ausgeschlossenen und in Ergebnismeldungen nicht einzeln erläuterten Aufwendungen gebracht werden.

Der Vergleich des Kurseinflusses der Ergebnisüberraschungen bezüglich des EPS vor außerordentlichen Positionen bzw. der Pro-forma-Ergebnisse in Form des EBITDA zeigt, dass auf Rechnungslegungsstandards beruhende Jahres- und Quartalsergebnisse ökonomisch wie statistisch stärker auf Aktienkurse einwirken als die EBITDA-Prognosefehler; in allen Untersuchungen fallen die Regressionskoeffizienten $\alpha_1$ stets größer aus als $\alpha_2$. Die höhere Erklärungskraft von auf Rechnungslegungsstandards beruhenden Ergebnissen, der negative Kurseinfluss von Pro-forma-EPS sowie zur Berechnung von Pro-forma-Ergebnissen in Form des EBITDA ausgeschlossenen Aufwendungen zeigen, dass Investoren bei einer vorrangigen Information mit Pro-forma-Ergebnissen weder eine faire Einschätzung der Unternehmenswerte noch das Treffen von adäquaten Anlageentscheidungen ermöglicht wird. Tabelle 89 fasst die Untersuchungsergebnisse zusammen.

| Untersuchte (unabhängige) Variablen | Abkürzung | Bewertungsrelevanz | |
|---|---|---|---|
| | | $\tau = 1$ | $\tau = 2, 3, 4$ |
| Ergebnisüberraschung bezüglich EPS | PF(EPS) | + | + |
| Ergebnisüberraschung bezüglich EBITDA | PF(EBITDA) | + | +/(-) |
| Selbständiger Ausweis von Pro-forma-EPS | Dummy(EPS) | - | - |
| Selbständiger Ausweis von EBITDAs | Dummy(EBITDA) | + | + |
| Ausgeschlossene Aufwendungen bei der EBITDA-Berechnung | Ausgeschlossene Aufwendungen | - | - |

Tabelle 89: Bewertungseinfluss der untersuchten unabhängigen Variablen auf die Aktienrenditen (ohne Kontrollvariablen) für alle DAX30- und MDAX-Unternehmen

### 6.5.2 Bewertungsrelevanz von Pro-forma-Ergebnissen der Unternehmen mit selbständigem EBITDA-Ausweis

6.5.2.1 Ergebnisse der empirischen Untersuchungen der Unternehmen mit Pro-forma-Ergebnissen in der Form des EBITDA

Während von EPS-Ergebnisüberraschungen ein durchgängig positiver, signifikanter Bewertungseinfluss ausgeht, ist bei EBITDA-Ergebnisüberraschungen kein durchgängig positiver, signifikanter Kurseinfluss festzustellen. Dies kann darauf zurückgeführt werden, dass Analysten zwar für alle untersuchten DAX30 und MDAX-Unternehmen Prognosen für Pro-forma-Ergebnisse in Form des EBITDA abgeben, aber nur ein Teil der Unternehmen diese Pro-forma-Ergebnisse in der eigenen Berichterstattung einsetzt. Inwieweit die Ergebnisprognosen bezüglich des EBITDA für Unternehmen ohne selbständigen EBITDA-Ausweis die Erwartungen des Gesamtmarktes widerspiegeln, soll damit hinterfragt werden. Stattdessen ist zu erwarten, dass die zuvor erzielten empirischen Ergebnisse hinsichtlich der negativen Bewertung der ausgeschlossenen Aufwendungen in besonderem Maße für Unternehmen mit einem selbständigen Ausweis der Pro-forma-Kennzahl EBITDA gelten. Zugleich sollten die Ergebnisüberraschungen des EBITDA bei diesen Unternehmen stärker bewertungsrelevant sein. Aus dem Vergleich der Reaktion des Kapitalmarktes auf Ergebnisüberraschungen des EPS und EBITDA für diese Unternehmen soll abgeleitet werden, ob der Kapitalmarkt die Jahres- und Quartalsergebnisse ($PF_{EPS}$) oder die Pro-forma-Ergebnisse ($PF_{EBITDA}$) für bewertungsrelevanter hält.

In dieser Untersuchung wird die Bewertungsrelevanz von Pro-forma-Ergebnissen ausschließlich für die 49 Unternehmen mit einem selbständigen Ausweis von Pro-forma-Kennzahlen in Form des EBITDA analysiert. Die Bestimmung des Kurseinflusses von Ergebnisüberraschungen bezüglich des EPS und des Pro-forma-Ergebnisses in Form des EBITDA erfolgt durch nachfolgende Querschnittsregressionen: [706]

$$R_{i,t+\tau} = \alpha_0 + \alpha_1 \cdot PF\left(EPS_{i,t}\right) + \alpha_2 \cdot PF\left(EBITDA_{i,t}\right) + \alpha_3 \cdot BWMW_{i,t}$$
$$+ \alpha_4 \cdot KGV_{i,t} + \alpha_5 \cdot Ausgeschlossene\ Aufwendungen_{i,t} \qquad (19)$$
$$+ \alpha_6 \cdot Dummy_{PF-EPS} + \varepsilon_{i,t+\tau}.$$

Neben den Ergebnisüberraschungen bezüglich des EPS vor außerordentlichen Positionen sowie des EBITDA werden das $BWMW$ sowie das $KGV$ berücksichtigt, um sonstige Preisbildungsprozesse am Aktienmarkt zu erfassen. Insbesondere soll durch (19) untersucht werden, ob bei Unternehmen mit einem selbständigen Ausweis von EBITDAs von denen zur Berechnung der Pro-forma-Ergebnisse ausgeschlossenen und nicht einzeln erläuterten Aufwendungen negative Bewertungsimplikationen ausgehen; dafür werden die ausgeschlossenen Aufwendungen gemäß (15) in die Untersuchungen aufgenommen.

Von den 49 Unternehmen, die selbständig Pro-forma-Ergebnisse in Form des EBITDA ausweisen, veröffentlichen 17 Unternehmen gleichzeitig auch Pro-forma-EPS. Daher wird zusätzlich der parallele Ausweis von Pro-forma-EPS durch Unternehmen mit dem Ausweis der Kennzahl EBITDA untersucht. Dafür wird die Dummy-Variable für den Ausweis von Proforma-EPS ($Dummy_{PF-EPS}$) in die Regressionsgleichung aufgenommen.

Die Ergebnisse der empirischen Untersuchung sind in Tabelle 90 zusammengefasst. Die gepoolten Querschnittsregressionen sind statisch hinreichend bestimmt, wie die p-Werte der F-Statistiken für die gesamten Regressionsgleichungen zeigen. Die Baisse an den Aktienmärkten im Untersuchungszeitraum wird wie in Tabelle 88 durch $\alpha_0 < 0$ erfasst und hat somit keine weiteren Auswirkungen auf die Schätzung der verbleibenden statistischen Parameter.

Auch bei Unternehmen mit einem selbständigen Ausweis von Pro-forma-Ergebnissen in Form des EBITDA üben die Ergebnisüberraschungen bezüglich des auf Rechnungslegungsstandards basierenden EPS vor außerordentlichen Positionen in allen Perioden einen positiven ($\alpha_1 > 0$) und statistisch signifikanten Kurseinfluss aus; zudem zeigen Vergleiche der absoluten

---

[706] Auf die Dummy-Variable EBITDA kann verzichtet werden, da nur Unternehmen mit Ausweis von Pro-forma-Ergebnissen in Form des EBITDA untersucht werden.

Höhe der Regressionskoeffizienten vor allem bei über ein Quartal hinausgehenden Renditeprognosen eine Dominanz des Kurseinflusses der EPS gegenüber den EBITDA-
Ergebnisüberraschungen. Der positive Kurseinfluss der Ergebnisüberraschungen bezüglich
des EPS ist wie zuvor nicht nur im ersten Quartal nach der Bekanntgabe der Ergebnisse sondern auch darüber hinaus feststellbar. Dies bestätigt die Untersuchungsergebnisse aus Tabelle
88, wonach Investoren zum Zeitpunkt der Ergebnisbekanntgabe nicht alle bewertungsrelevanten Informationen aus den Quartals- und Jahresergebnissen erfassen und deshalb in den folgenden Quartalen ihre Erwartungen bezüglich des Unternehmenswertes anpassen. Quartals-
und Jahresergebnisse erscheinen als nicht ausreichend, um bereits zum Zeitpunkt der Ergebnisbekanntgabe alle bewertungsrelevanten Informationen erkennen zu können.

Entsprechend den Erwartungen weisen die EBITDA-Ergebnisüberraschungen in allen Untersuchungszeiträumen einen positiven Einfluss auf die Aktienrenditen $(\alpha_2 > 0)$ auf; mehrheitlich ist dieser Einfluss auch statistisch signifikant. Die Bewertungsrelevanz des EBITDA fällt
bei Unternehmen mit einem selbständigen Ausweis von Pro-forma-Ergebnissen in Form des
EBITDA somit deutlich höher aus als bei anderen Unternehmen, für die nur Analysten Pro-
forma-Ergebnisse in Form des EBITDA berechnen. Die Pro-forma-Ergebnisse beinhalten aus
Sicht der Investoren zusätzliche Informationen, die aus den Quartals- und Jahresergebnissen
nicht erkennbar sind. Trotzdem bilden Pro-forma-Ergebnisse in Form des EBITDA kein ge-
eignetes Substitut für Jahres- und Quartalsergebnisse. Pro-forma-Ergebnisse werden ebenso
wie die Quartals- und Jahresergebnisse nicht vollständig zum Zeitpunkt der Ergebnisbekanntgabe in den Aktienkursen verarbeitet. Somit entfällt das Hauptargument der Befürworter eines
Ausweises von Pro-forma-Ergebnissen, wonach Pro-forma-Ergebnisse die Informationsdefizite von Jahres- und Quartalsergebnissen beheben und Investoren das schnelle Erfassen aller
bewertungsrelevanten Informationen und das zeitnahe Treffen von verlässlichen Anlageentscheidungen erlauben.

Wie in den vorangehenden Untersuchungen zum Gesamtmarkt kann nicht ausgeschlossen
werden kann, dass die Kurs-Reaktionen auf Ergebnisüberraschungen bezüglich des EPS und
des EBITDA durch rationale Preisbildungsprozesse an den Aktienmärkten verursacht werden.
Deshalb wird die Robustheit dieser Kurseinflüsse untersucht, indem wiederum die Kontroll-

variablen BWMW und KGV in die Regressionsgleichung aufgenommen werden.[707] Der Einfluss der Renditeanomaliefaktoren auf die Aktienrenditen zeigt sich darin, dass die Regressionskoeffizienten $\alpha_3$ und $\alpha_4$ überwiegend statistisch signifikant sind. Das BWMW-Verhältnis weist in den ersten drei Prognosezeiträumen positive Vorzeichen ($\alpha_3 > 0$) auf und ist in diesen Fällen auch statistisch signifikant, worin sich der von der empirischen Kapitalmarktforschung festgestellte positive Renditeeinfluss des BWMW-Verhältnisses widerspiegelt. Vom KGV geht überwiegend ein negativer Bewertungseinfluss ($\alpha_4 < 0$) aus, der in den ersten beiden Quartalen auch stets statistisch signifikant ist. Auch dies stimmt mit Ergebnissen der empirischen Kapitalmarktforschung überein und weist darauf hin, dass Unternehmen mit geringen Kurs-Gewinn-Verhältnissen höhere Aktienrenditen erzielen als Unternehmen mit hohen Kurs-Gewinn-Verhältnissen und langsam zum durchschnittlichen KGV zurückkehren. Lediglich bei Renditeprognosen von über einem Jahr ist ein Vorzeichenwechsel bei beiden Variablen zu erkennen; möglicherweise ist dies auf Tendenzen zur Trendumkehr bei den Preisbildungsprozessen am Aktienmarkt zurückzuführen.[708]

Von zur Berechnung der Pro-forma-Ergebnisse ausgeschlossenen und nicht einzeln erläuterten Aufwendungen geht bei Renditeregressionen für zwei oder mehr Quartale stets ein signifikant negativer Kurseinfluss ($\alpha_5 < 0$) aus. Der Regressionskoeffizient nimmt für die Renditeprognosen vom zweiten bis zum vierten Quartal zu. Demnach werden die negativen Bewertungsimplikationen der ausgeschlossenen Aufwendungen nur sukzessive erkannt und in den Aktienkursen verarbeitet. Investoren überschätzen zum Zeitpunkt der Ergebnisbekanntgabe die Unternehmenswerte auf Basis der EBITDAs und korrigieren diese Bewertungen mit drei oder mehr Monaten Verzögerung. Zum Zeitpunkt der Ergebnisbekanntgabe würde die alleinige Betrachtung von Pro-forma-Ergebnissen in Form des EBITDA zu deutlich überhöhten Erwartungen der zukünftigen Unternehmenswerte und entsprechend nicht optimalen Anlagestrategien mit dem Risiko von Vermögensverlusten führen. Obwohl die untersuchten Unternehmen den EBITDA als wichtiges Instrument zur Ergebnisbekanntgabe nutzen und häufig ge-

---

707 Auch bei der Hinzunahme der Kontrollvariablen und kursbestimmenden Renditeanomalien *KGV* und *BWMW* gehen von den EPS- und EBITDA-Ergebnisüberraschungen wesentliche bewertungsrelevante Informationen aus.

708 Während kurzfristig, bei Anlagezeiträumen von unter einem Jahr, eine Trendverstärkung, d.h. Aktien mit Kursgewinnen erzielen auch zukünftig Kurszuwächse, festgestellt wird, ist bei längeren Zeiträumen von ab einem Jahr eine Trendumkehr festzustellen, d.h. Aktien mit Kursverlusten holen diese im Durchschnitt wieder auf, während bisherige Gewinneraktien relativ geringere Aktienrenditen erzielen, vgl. Lakonishok/Shleifer/Vishny (1994), S. 1541 ff.

genüber den auf Rechnungslegungsstandards basierenden Ergebnissen hervorheben, ist das Pro-forma-Ergebnis EBITDA alleine nicht ausreichend, um die Performance eines Unternehmens angemessen zu beschreiben und Investoren einen zutreffenden Ausblick auf die zukünftige Unternehmenslage bzw. eine Einschätzung des Unternehmenswerts zu ermöglichen. Diese Ergebnisse decken sich mit den vorangehenden Untersuchungsergebnissen zum Informationsgehalt von Pro-forma-Ergebnissen, die zeigen, dass von Unternehmen beim Ausweis des Pro-forma-Ergebnisses EBITDA im Vergleich zum Quartals- oder Jahresergebnis ausgeschlossene Aufwendungen sowohl ökonomisch als auch statistisch eine signifikante Prognosekraft auf zukünftige Cashflows haben.

Ökonomisch kann das vorangehende Ergebnis dadurch erklärt werden, dass für Investoren das Analysieren der ausgeschlossenen Aufwendungen häufig schwierig ist. Unternehmen stellen die EBITDA-Berechnungsweise i.d.R. nicht dar; stattdessen ist der EBITDA nur durch die Analyse einzelner Anhangspositionen nachvollziehbar. Zusätzlich werden aus der Pro-forma-Kennzahl EBITDA häufig „Sondereffekte" herausgerechnet, die so im Grundberechnungsschema nicht enthalten sind. Auf diese „Sondereffekte", die auch Einfluss auf zukünftige Cashflows nehmen können, wird im Unterschied zum hervorgehobenen EBITDA häufig nur mittels einer Fußnote hingewiesen. Die Pro-forma-Kennzahl EBITDA dagegen wird häufig prägnant in den Finanzkennzahlen in den Vordergrund gerückt.

Der Ausweis von Pro-forma-EPS wird auch bei Unternehmen mit einem selbständigen Ausweis von Pro-forma-Ergebnissen in Form des EBITDA mit Misstrauensabschlägen abgegolten; der zugehörige Regressionskoeffizient fällt mit einer Ausnahme stets negativ und überwiegend statistisch signifikant aus ($\alpha_6 < 0$). Weniger kenntnisreiche Investoren, die auf Basis von Pro-forma-EPS ihre Erwartungen für zukünftige Unternehmenswerte bilden und Anlageentscheidungen treffen, können demzufolge spürbare Vermögensverluste erleiden, wenn die Misstrauensabschläge des Gesamtmarktes nicht ins Kalkül gezogen werden. Dies ist insofern bedeutend, da die Misstrauensabschläge durchschnittlich im Zeitablauf zunehmen, was in einem steigenden Regressionskoeffizient $\alpha_6$ mit zunehmender Länge des Untersuchungszeitraums zum Ausdruck kommt.

| | | $\alpha_0$ | $\alpha_1$ | $\alpha_2$ | $\alpha_3$ | $\alpha_4$ | $\alpha_5$ | $\alpha_6$ | Regressionsgleichung | |
|---|---|---|---|---|---|---|---|---|---|---|
| $\tau = 1$ | K. | 0,0215 | 0,0234 | 0,0208 | | | | | R2 | 0,0266 |
| | T | 7,3298 | 6,2717 | 13,2960 | | | | | p(F) | 0,0000*** |
| | p | 0,0000*** | 0,0000*** | 0,0000*** | | | | | | |
| $\tau = 2$ | K. | -0,0230 | 0,0917 | 0,0258 | | | | | R2 | 0,0553 |
| | T | -5,6952 | 12,3199 | 6,3727 | | | | | p(F) | 0,0000*** |
| | p | 0,0000*** | 0,0000*** | 0,0000*** | | | | | | |
| $\tau = 3$ | K. | -0,0891 | 0,0494 | 0,0185 | | | | | R2 | 0,0255 |
| | T | -9,0136 | 2,7366 | 2,5664 | | | | | p(F) | 0,0000*** |
| | p | 0,0000*** | 0,0075*** | 0,0119** | | | | | | |
| $\tau = 4$ | K. | -0,1759 | 0,1381 | 0,0015 | | | | | R2 | 0,0756 |
| | T | -16,1984 | 10,1896 | 0,2876 | | | | | p(F) | 0,0000*** |
| | p | 0,0000*** | 0,0000*** | 0,7746 | | | | | | |

**Tabelle 90: Ergebnisse der Querschnittsregressionen gemäß (19) der Unternehmen mit Pro-forma-Ergebnissen in der Form des EBITDA**

*K., T und p kennzeichnen die Regressionskoeffizienten, die T-Statistiken und zugehörigen p-Werte. $R^2$ und p(F) kennzeichnen die $R^2$-Werte sowie die p-Werte der F-Statistiken. \*\*\* (\*\*/\*) deutet auf eine Signifikanz zum 1% (5%-/10%-) Niveau hin.*

| | | $\alpha_0$ | $\alpha_1$ | $\alpha_2$ | $\alpha_3$ | $\alpha_4$ | $\alpha_5$ | $\alpha_6$ | Regressionsgleichung | |
|---|---|---|---|---|---|---|---|---|---|---|
| $\tau = 1$ | K. | 0,0077 | 0,0331 | 0,0219 | 0,0629 | -0,0008 | | | $R^2$ | 0,1172 |
| | T | 2,2456 | 7,8885 | 14,7003 | 35,1690 | -6,1931 | | | p(F) | 0,0000*** |
| | p | 0,0273** | 0,0000*** | 0,0000*** | 0,0000*** | 0,0000*** | | | | |
| $\tau = 2$ | K. | -0,0433 | 0,0499 | 0,0061 | 0,1596 | -0,0026 | | | $R^2$ | 0,1263 |
| | T | -1,7715 | 5,4088 | 0,5088 | 23,0127 | -2,5847 | | | p(F) | 0,0000*** |
| | p | 0,0801* | 0,0000*** | 0,6122 | 0,0000*** | 0,0115** | | | | |
| $\tau = 3$ | K. | -0,1360 | 0,0688 | 0,0076 | 0,1875 | -0,0006 | | | $R^2$ | 0,0671 |
| | T | -5,0981 | 3,2407 | 0,6188 | 7,9322 | -1,2026 | | | p(F) | 0,0008*** |
| | p | 0,0000*** | 0,0018*** | 0,5380 | 0,0000*** | 0,2332 | | | | |
| $\tau = 4$ | K. | -0,1010 | 0,1796 | 0,0301 | -0,1758 | 0,0000 | | | $R^2$ | 0,0687 |
| | T | -3,1705 | 18,6789 | 2,9747 | -2,3068 | 0,0107 | | | p(F) | 0,0000*** |
| | p | 0,0028*** | 0,0000*** | 0,0048*** | 0,0259** | 0,9915 | | | | |

**Tabelle 90 (Fortsetzung): Ergebnisse der Querschnittsregressionen gemäß (19) der Unternehmen mit Pro-forma-Ergebnissen in der Form des EBITDA**

*K., T und p kennzeichnen die Regressionskoeffizienten, die T-Statistiken und zugehörigen p-Werte. $R^2$ und p(F) kennzeichnen die $R^2$-Werte sowie die p-Werte der F-Statistiken.
\*\*\* (\*\*/\*) deutet auf eine Signifikanz zum 1% (5%-/10%-) Niveau hin.*

| | | $\alpha_0$ | $\alpha_1$ | $\alpha_2$ | $\alpha_3$ | $\alpha_4$ | $\alpha_5$ | $\alpha_6$ | Regressionsgleichung | |
|---|---|---|---|---|---|---|---|---|---|---|
| **τ = 1** | K. | 0,0114 | 0,0368 | 0,0226 | 0,0431 | -0,0009 | 0,0023 | | $R^2$ | 0,1173 |
| | T | 3,0942 | 20,7048 | 14,8692 | 5,2308 | -5,1670 | 2,4113 | | p(F) | 0,0000*** |
| | p | 0,0027*** | 0,0000*** | 0,0000*** | 0,0000*** | 0,0000*** | 0,0181** | | | |
| **τ = 2** | K. | -0,0053 | 0,0531 | 0,0053 | 0,1346 | -0,0030 | -0,0046 | | $R^2$ | 0,1299 |
| | T | -0,1975 | 5,7461 | 0,3064 | 4,0450 | -2,7601 | -1,7264 | | p(F) | 0,0000*** |
| | p | 0,8439 | 0,0000*** | 0,7600 | 0,0001*** | 0,0071*** | 0,0885* | | | |
| **τ = 3** | K. | -0,1119 | 0,0479 | 0,0271 | 0,2230 | 0,0000 | -0,0128 | | $R^2$ | 0,0691 |
| | T | -2,9765 | 2,4625 | 1,7590 | 7,5312 | -0,0367 | -2,3268 | | p(F) | 0,0015*** |
| | p | 0,0040*** | 0,0163** | 0,0830* | 0,0000*** | 0,9708 | 0,0229** | | | |
| **τ = 4** | K. | -0,0342 | 0,1306 | 0,0643 | -0,0212 | 0,0004 | -0,0355 | | $R^2$ | 0,1515 |
| | T | -1,4489 | 10,5709 | 7,2427 | -0,1851 | 0,8847 | -4,1394 | | p(F) | 0,0000*** |
| | p | 0,1548 | 0,0000*** | 0,0000*** | 0,8540 | 0,3814 | 0,0002*** | | | |

**Tabelle 90 (Fortsetzung): Ergebnisse der Querschnittsregressionen gemäß (19) der Unternehmen mit Pro-forma-Ergebnissen in der Form des EBITDA**

*K., T und p kennzeichnen die Regressionskoeffizienten, die T-Statistiken und zugehörigen p-Werte. $R^2$ und p(F) kennzeichnen die $R^2$-Werte sowie die p-Werte der F-Statistiken. \*\*\* (\*\*/\*) deutet auf eine Signifikanz zum 1% (5%-/10%-) Niveau hin.*

| | | $\alpha_0$ | $\alpha_1$ | $\alpha_2$ | $\alpha_3$ | $\alpha_4$ | $\alpha_5$ | $\alpha_6$ | Regressionsgleichung | |
|---|---|---|---|---|---|---|---|---|---|---|
| $\tau=1$ | K. | 0,0176 | 0,0208 | 0,0178 | | | | 0,0166 | $R^2$ | 0,0236 |
| | T | 4,1686 | 5,0740 | 6,2797 | | | | 1,4551 | p(F) | 0,0000*** |
| | p | 0,0001*** | 0,0000*** | 0,0000*** | | | | 0,1486 | | |
| $\tau=2$ | K. | 0,0028 | 0,0918 | 0,0377 | | | | -0,0497 | $R^2$ | 0,0601 |
| | T | 0,1818 | 8,3168 | 7,5434 | | | | -2,9344 | p(F) | 0,0000*** |
| | p | 0,8561 | 0,0000*** | 0,0000*** | | | | 0,0041*** | | |
| $\tau=3$ | K. | -0,0683 | 0,0500 | 0,0184 | | | | -0,0435 | $R^2$ | 0,0337 |
| | T | -4,1593 | 2,6923 | 2,4394 | | | | -1,3737 | p(F) | 0,0035*** |
| | p | 0,0001*** | 0,0085*** | 0,0167** | | | | 0,1729 | | |
| $\tau=4$ | K. | -0,1177 | 0,1033 | 0,0309 | | | | -0,2788 | $R^2$ | 0,1407 |
| | T | -53,9602 | 11,1997 | 5,2718 | | | | -13,9566 | p(F) | 0,0000*** |
| | p | 0,0000*** | 0,0000*** | 0,0000*** | | | | 0,0000*** | | |

**Tabelle 90 (Fortsetzung): Ergebnisse der Querschnittsregressionen gemäß (19) der Unternehmen mit Pro-forma-Ergebnissen in der Form des EBITDA**

*K., T und p kennzeichnen die Regressionskoeffizienten, die T-Statistiken und zugehörigen p-Werte. $R^2$ und p(F) kennzeichnen die $R^2$-Werte sowie die p-Werte der F-Statistiken.
*** (**/*) deutet auf eine Signifikanz zum 1%- (5%-/10%-) Niveau hin.*

| | | $\alpha_0$ | $\alpha_1$ | $\alpha_2$ | $\alpha_3$ | $\alpha_5$ | $\alpha_4$ | $\alpha_6$ | Regressionsgleichung | |
|---|---|---|---|---|---|---|---|---|---|---|
| $\tau=1$ | K. | 0,0349 | 0,0408 | 0,0281 | 0,0564 | | -0,0010 | -0,0504 | $R^2$ | 0,1242 |
| | T | 7,3904 | 43,5498 | 14,9785 | 39,2705 | | -9,1837 | -9,9525 | p(F) | 0,0000*** |
| | p | 0,0000*** | 0,0000*** | 0,0000*** | 0,0000*** | | 0,0000*** | 0,0000*** | | |
| $\tau=2$ | K. | -0,0217 | 0,0595 | 0,0162 | 0,1513 | | -0,0020 | -0,0933 | $R^2$ | 0,1424 |
| | T | -0,7697 | 7,0434 | 1,0394 | 16,1151 | | -2,0790 | -5,4123 | p(F) | 0,0000*** |
| | p | 0,4436 | 0,0000*** | 0,3016 | 0,0000*** | | 0,0407*** | 0,0000*** | | |
| $\tau=3$ | K. | -0,1437 | 0,0582 | 0,0270 | 0,2072 | | 0,0004 | -0,1310 | $R^2$ | 0,0852 |
| | T | -5,5181 | 3,1431 | 2,1225 | 10,9195 | | 0,7993 | -4,1028 | p(F) | 0,0000*** |
| | p | 0,0000*** | 0,0025*** | 0,0374** | 0,0000*** | | 0,4268 | 0,0001*** | | |
| $\tau=4$ | K. | -0,0014 | 0,2003 | 0,1085 | -0,1008 | | 0,0006 | -0,4174 | $R^2$ | 0,2370 |
| | T | -0,0397 | 14,2049 | 16,0592 | -2,5406 | | 2,8024 | -15,2382 | p(F) | 0,0000*** |
| | p | 0,9685 | 0,0000*** | 0,0000*** | 0,0149** | | 0,0076*** | 0,0000*** | | |

**Tabelle 90 (Fortsetzung): Ergebnisse der Querschnittsregressionen gemäß (19) der Unternehmen mit Pro-forma-Ergebnissen in der Form des EBITDA**

*K., T und p kennzeichnen die Regressionskoeffizienten, die T-Statistiken und zugehörigen p-Werte. R² und p(F) kennzeichnen die R²-Werte sowie die p-Werte der F-Statistiken.
\*\*\* (\*\*/\*) deutet auf eine Signifikanz zum 1% (5%-/10%-) Niveau hin.*

| | | $\alpha_0$ | $\alpha_1$ | $\alpha_2$ | $\alpha_3$ | $\alpha_4$ | $\alpha_5$ | $\alpha_6$ | Regressionsgleichung | |
|---|---|---|---|---|---|---|---|---|---|---|
| $\tau=1$ | K. | 0,0266 | 0,0460 | 0,0294 | 0,0364 | -0,0009 | 0,0039 | -0,0457 | $R^2$ | 0,1230 |
| | T | 2,7894 | 29,3020 | 13,7402 | 7,8898 | -8,5460 | 16,0951 | -6,6823 | p(F) | 0,0000*** |
| | p | 0,0065*** | 0,0000*** | 0,0000*** | 0,0000*** | 0,0000*** | 0,0000*** | 0,0000*** | | |
| $\tau=2$ | K. | -0,0129 | 0,0607 | 0,0119 | 0,1403 | -0,0024 | -0,0242 | -0,0826 | $R^2$ | 0,1414 |
| | T | -0,4389 | 7,2618 | 0,6659 | 4,7963 | -2,2121 | -1,8557 | -3,7655 | p(F) | 0,0000*** |
| | p | 0,6619 | 0,0000*** | 0,5073 | 0,0000*** | 0,0297** | 0,0663* | 0,0003*** | | |
| $\tau=3$ | K. | -0,1351 | 0,0479 | 0,0350 | 0,2274 | 0,0006 | -0,0071 | -0,1206 | $R^2$ | 0,0851 |
| | T | -4,6201 | 2,7739 | 2,6011 | 9,7454 | 1,1595 | -2,0300 | -3,8674 | p(F) | 0,0000*** |
| | p | 0,0000*** | 0,0071*** | 0,0114** | 0,0000*** | 0,2503 | 0,0463** | 0,0002*** | | |
| $\tau=4$ | K. | 0,0011 | 0,1738 | 0,1262 | 0,0286 | 0,0010 | -0,0161 | -0,4329 | $R^2$ | 0,2396 |
| | T | 0,0264 | 13,6126 | 18,1984 | 0,3064 | 6,1242 | -4,0666 | -11,4580 | p(F) | 0,0000*** |
| | p | 0,9790 | 0,0000*** | 0,0000*** | 0,7609 | 0,0000*** | 0,0002*** | 0,0000*** | | |

**Tabelle 90 (Fortsetzung): Ergebnisse der Querschnittsregressionen gemäß (19) der Unternehmen mit Pro-forma-Ergebnissen in der Form des EBITDA**

*K., T und p kennzeichnen die Regressionskoeffizienten, die T-Statistiken und zugehörigen p-Werte. $R^2$ und p(F) kennzeichnen die $R^2$-Werte sowie die p-Werte der F-Statistiken. **\*\*\* (\*\*/\*)** deutet auf eine Signifikanz zum 1% (5%-/10%-) Niveau hin.*

311

**6.5.2.2  Fazit der empirischen Untersuchungen zur Bewertungsrelevanz von Pro-forma-Ergebnissen der Unternehmen mit einem EBITDA-Ausweis**

Insgesamt zeigen sich bei den empirischen Untersuchungen zur Bewertungsrelevanz von Pro-forma-Ergebnissen für Unternehmen mit einem selbständigen Ausweis des EBITDA ähnliche Ergebnisse wie bei den Untersuchungen für alle Unternehmen. Vom Kapitalmarkt werden Rechnungslegungsinformationen in Form des Ergebnisses je Aktie (EPS) ebenso als bewertungsrelevant angesehen werden wie Pro-forma-Ergebnisse in Form eines EBITDA. Weder Pro-forma-Ergebnisse noch Quartals- bzw. Jahresergebnisse erlauben Investoren eine zeitnahe Identifikation und Verarbeitung aller bewertungsrelevanten Informationen in den Aktienkursen. Stattdessen wirken Quartals- und Jahresergebnisse und Pro-forma-Ergebnisse langfristig auf die Aktienkursentwicklung ein. Zudem können Pro-forma-Ergebnisse zu nicht adäquaten Anlageentscheidungen führen, da die negativen Implikationen der ausgeschlossenen Aufwendungen auf die zukünftigen Cashflows und Unternehmenswerte sowie die Aktienkurse wie die Misstrauensabschläge vor allem für weniger kenntnisreiche Anleger nur schwer erkennbar sind. Das Pro-forma-Ergebnis EBITDA führt zu keiner eindeutigen Verbesserung des Informationsdefizits von Investoren. Somit sind weder Pro-forma-Kennzahlen noch Quartals- oder Jahresergebnisse in Verbindung mit entsprechenden Analystenprognosen alleine ausreichend, um Kursverläufe der DAX30- und MDAX-Unternehmen um den Zeitpunkt der Ergebnisbekanntgabe zu beschreiben. Die Untersuchungsergebnisse sind in Tabelle 91 zusammengefasst.

| Untersuchte (unabhängige) Variablen | Abkürzung | Bewertungseinfluss |
|---|---|---|
| Ergebnisüberraschung bezüglich EPS | PF(EPS) | + |
| Ergebnisüberraschung bezüglich EBITDA | PF(EBITDA) | + |
| Selbständiger Ausweis von Pro-forma-EPS | Dummy(EPS) | - |
| Ausgeschlossene Aufwendungen bei der EBITDA-Berechnung | Ausgeschlossene Aufwendungen | - |

**Tabelle 91: Bewertungseinfluss der untersuchten unabhängigen Variablen auf die Aktienrenditen (ohne Kontrollvariablen) der Unternehmen mit Pro-forma-Ergebnissen in der Form des EBITDA**

### 6.5.3 Bewertungsrelevanz von Pro-forma-Ergebnissen der Unternehmen mit selbständigem Pro-forma-EPS-Ausweis

6.5.3.1 Ergebnisse der empirischen Untersuchungen der Unternehmen mit Pro-forma-Ergebnissen in der Form der Pro-forma-EPS

Obwohl in Deutschland bislang kein vergleichbarer Missbrauch der Pro-forma-Berichterstattung wie in den USA zu beobachten war, zeigen die vorangehenden Untersuchungen, dass ein Ausweis der Pro-forma-EPS mit Misstrauensabschlägen am Kapitalmarkt quittiert wird. Es soll deshalb untersucht werden, inwieweit bei den 22 Unternehmen mit einem Ausweis von Pro-forma-EPS von den bisherigen Ergebnissen abweichende Einflussfaktoren auf die Aktienkursbildung festzustellen sind. Insbesondere ist dabei von Interesse, ob der Ausweis von Pro-forma-EPS die Bewertungsrelevanz von Ergebnisüberraschungen bezüglich der auf Rechnungslegungsstandards basierenden Ergebnisse vor außerordentlichen Positionen reduziert. In den empirischen Untersuchungen wird nachfolgendes Querschnittsregressionsmodell[709] verwendet:

$$R_{i,t+\tau} = \alpha_0 + \alpha_1 \cdot PF(EPS_{i,t}) + \alpha_2 \cdot BWMW_{i,t} + \alpha_3 \cdot KGV_{i,t}$$
$$+ \alpha_4 \cdot Ausgeschlossene\ Aufwendungen_{i,t} + \alpha_5 \cdot Dummy_{EBITDA} + \varepsilon_{i,t+\tau} . \tag{20}$$

Die Ergebnisse der empirischen Untersuchungen sind in Tabelle 92 dargestellt. Die Querschnittsregressionen sind überwiegend ausreichend statistisch bestimmt, wie die p-Werte der F-Statistiken für die Regressionsgleichungen zeigen.

Der Ordinatenabschnitt $\alpha_0$ weist im Unterschied zu den vorangehenden Untersuchungen wechselnde Vorzeichen ($\alpha_0 \neq 0$) auf; dies kann auf die geringere Stichprobengröße und das gewählte Pooling-Verfahren zurückgeführt werden. Zudem ist zu berücksichtigen, dass die Schätzung der Ordinatenabschnitte dadurch erschwert wird, da diese nicht nur die Baisse an den Aktienmärkten sondern auch die zuvor festgestellten Misstrauensabschläge für den Ausweis von Pro-forma-EPS widerspiegeln müssen.

Trotz des Ausweises der Pro-forma-EPS durch die untersuchten DAX30- und MDAX-Unternehmen gehen auch von den Ergebnisüberraschungen des EPS vor außerordentlichen Positionen signifikante, positive Kursimpulse aus ($\alpha_1 > 0$). Wie in den vorangehenden Unter-

---

[709] Auf die Dummy-Variable für einen Ausweis von Pro-forma-EPS kann verzichtet werden, da nur Unternehmen mit dem Ausweis von Pro-forma-Ergebnissen in Form des Pro-forma-EPS untersucht werden.

suchungen zeigen die signifikanten Regressionskoeffizienten $\alpha_1$ für Renditeprognosen für mehr als ein Quartal, dass die Jahres- und Quartalsergebnisse nicht ausreichend sind, um die betriebswirtschaftlichen Implikationen einer EPS-Ergebnisüberraschung vollständig zum Zeitpunkt der Ergebnisbekanntgabe in den Kursen zu verarbeiten; der von diesen Ergebnisüberraschungen ausgehende Kurseffekt erstreckt sich über den gesamten Untersuchungszeitraum, wobei der ökonomische Einfluss (Regressionskoeffizient $\alpha_1$) im Zeitablauf stetig zunimmt.[710] Demzufolge bestehen bezüglich der Bewertungsrelevanz der EPS zwischen den 22 Unternehmen mit einem selbständigen Pro-forma-EPS-Ausweis und den anderen Unternehmen keine Unterschiede.

Auch bezüglich des Kurseinflusses der Kontrollvariablen BWMW und KGV treten keine Unterschiede zu den vorangehenden Untersuchungen auf. Der Kurseinfluss des KGV ist durchgängig negativ und fast durchgängig statistisch signifikant $(\alpha_3 < 0)$. Vom BWMW-Verhältnis gehen dagegen bei Renditeprognosen über ein bis drei Quartale stets positive Kurseffekte auf, die in der Mehrzahl auch statistisch signifikant sind $(\alpha_2 > 0)$.

Eine Besonderheit bei Unternehmen mit Pro-forma-EPS-Ausweis besteht darin, dass unabhängig von einem selbständig parallelen Ausweis des EBITDA stets Analystenprognosen für Pro-forma-Ergebnisse in Form des EBITDA vorliegen. Von Interesse ist deshalb, inwieweit von bei der Berechnung des EBITDA im Vergleich zum Jahresergebnis ausgeschlossenen Aufwendungen weiterhin ein negativer Einfluss auf die Aktienrenditen ausgeht.[711] Die Ergebnisse der empirischen Untersuchungen aus Tabelle 92 zeigen einen ähnlichen Einfluss der ausgeschlossenen Aufwendungen wie bei den Unternehmen mit einem selbständigen EBITDA-Ausweis; der Regressionskoeffizient fällt in sechs der acht Untersuchungen statistisch signifikant negativ $(\alpha_4 < 0)$ aus. Die ausgeschlossenen Aufwendungen üben somit einen signifikanten negativen Kurseinfluss aus; demzufolge kann auch für Unternehmen mit Pro-forma-EPS-Ausweis gezeigt werden, dass ausgeschlossene Aufwendungen, die zukünftige Cashflow-Belastungen prognostizieren, zu Kursabschlägen führen. Weder die Jahresergebnisse noch der Ausweis von Pro-forma-EPS mindern die Bewertungsrelevanz der ausgeschlossen Aufwendungen.

---

710 Eine Ausnahme bildet die letzte Untersuchung aus Tabelle 92.
711 Dabei werden die Ausschlüsse der EBITDA-Berechnung als Stellvertreter für die Ausschlüsse der Proforma-EPS-Berechnung herangezogen.

Auf Grund der deutlich stärkeren Verbreitung von Pro-forma-Ergebnissen in Form des E-BITDA weisen 17 Unternehmen aus DAX30 und MDAX sowohl Pro-forma-Ergebnisse in Form des EBITDA als auch Pro-forma-EPS aus. Aus diesem Grund wird nachfolgend untersucht, ob bei diesen Unternehmen trotz der Misstrauensabschläge für Pro-forma-EPS das Offenlegen von zusätzlichen Pro-forma-Informationen durch den EBITDA, wie in den vorangehenden Untersuchungen, mit positiven Prämien entgolten wird. Dafür wird die Dummy-Variable ($Dummy_{EBITDA}$) in die Regressionsgleichung aufgenommen.

Der parallele Ausweis der Kennzahl EBITDA schlägt sich wie zuvor überwiegend positiv auf die Aktiekursrenditen nieder ($\alpha_5 > 0$);[712] in drei der vier Untersuchungszeiträume gehen von einem zusätzlichen EBITDA-Ausweis positive Kurseffekte aus. Erst im vierten Quartal schlägt dieser Effekt in einen signifikant negativen Kurseinfluss um. Bemerkenswert ist allerdings, dass die negativen Kursreaktionen über ein Jahr bedeutend höher ausfallen als die zwischenzeitlichen Kursgewinne in den davor liegenden kürzeren Prognosezeiträumen. Die starke negative Kursreaktion der Renditeprognosen über vier Quartale ist mit den vorangehenden Untersuchungen konsistent, dass von bei der EBITDA-Berechnung ausgeschlossenen Aufwendungen negative Cashflow-Belastungen für Prognosezeiträume von vier und mehr Quartalen ausgehen, und spiegelt notwendige Korrekturen von auf Basis des EBITDA überschätzten Unternehmenswerten wider. Die damit einhergehenden Anpassungen der Anlagestrategien führen zu diesem Umkehreffekt.

---

712 Die EPS-Ergebnisüberraschungen, die Renditeanomalievariablen *BWMW* und *KGV* sowie die ausgeschlossenen Aufwendungen behalten ihre jeweilige ökonomische und statistische Aussagekraft, wie sie bereits in den vorherigen Abschnitten beschrieben worden ist.

| | | $\alpha_0$ | $\alpha_1$ | $\alpha_2$ | $\alpha_3$ | $\alpha_4$ | $\alpha_5$ | Regressionsgleichung | |
|---|---|---|---|---|---|---|---|---|---|
| $\tau = 1$ | K. | 0,0247 | 0,0364 | | | | | $R^2$ | 0,0463 |
| | T | 4,5646 | 7,9916 | | | | | $p(F)$ | 0,0000*** |
| | p | 0,0000*** | 0,0000*** | | | | | | |
| $\tau = 2$ | K. | -0,0094 | 0,0432 | | | | | $R^2$ | 0,0291 |
| | T | -3,2271 | 3,2644 | | | | | $p(F)$ | 0,0491** |
| | p | 0,0021*** | 0,0019*** | | | | | | |
| $\tau = 3$ | K. | -0,0648 | 0,0591 | | | | | $R^2$ | 0,0085 |
| | T | -3,9423 | 3,5748 | | | | | $p(F)$ | 0,0102** |
| | p | 0,0003*** | 0,0009*** | | | | | | |
| $\tau = 4$ | K. | -0,1302 | 0,0986 | | | | | $R^2$ | 0,0305 |
| | T | -4,1104 | 2,1697 | | | | | $p(F)$ | 0,1461 |
| | p | 0,0003*** | 0,0378** | | | | | | |

**Tabelle 92: Ergebnisse der Querschnittsregressionen gemäß (20) der Unternehmen mit selbständigem Pro-forma-EPS-Ausweis**

K., T und p kennzeichnen die Regressionskoeffizienten, die T-Statistiken und zugehörigen p-Werte. $R^2$ und p(F) kennzeichnen die $R^2$-Werte sowie die p-Werte der F-Statistiken. *** (**/*) deutet auf eine Signifikanz zum 1%- (5%-/10%-) Niveau hin.

| | | $\alpha_0$ | $\alpha_1$ | $\alpha_2$ | $\alpha_3$ | $\alpha_4$ | $\alpha_5$ | Regressionsgleichung | |
|---|---|---|---|---|---|---|---|---|---|
| | K. | 0,0545 | 0,0415 | 0,0072 | -0,0021 | | | $R^2$ | 0,2221 |
| $\tau=1$ | T | 3,9997 | 20,0414 | 0,6929 | -5,4749 | | | $p(F)$ | 0,0000*** |
| | p | 0,0002*** | 0,0000*** | 0,4920 | 0,0000*** | | | | |
| | K. | -0,0125 | 0,0461 | 0,1283 | -0,0040 | | | $R^2$ | 0,2477 |
| $\tau=2$ | T | -2,2495 | 33,0599 | 17,8403 | -127,0432 | | | $p(F)$ | 0,0000*** |
| | p | 0,0295** | 0,0000*** | 0,0000*** | 0,0000*** | | | | |
| | K. | -0,0974 | 0,0923 | 0,1771 | -0,0013 | | | $R^2$ | 0,0634 |
| $\tau=3$ | T | -3,1355 | 5,2091 | 6,4598 | -1,9315 | | | $p(F)$ | 0,0007*** |
| | p | 0,0034*** | 0,0000*** | 0,0000*** | 0,0611* | | | | |
| | K. | 0,0217 | 0,2236 | -0,1190 | -0,0022 | | | $R^2$ | 0,0665 |
| $\tau=4$ | T | 0,2868 | 1,6070 | -0,8602 | -1,0443 | | | $p(F)$ | 0,3980 |
| | p | 0,7768 | 0,1217 | 0,3986 | 0,3072 | | | | |

**Tabelle 92 (Fortsetzung): Ergebnisse der Querschnittsregressionen gemäß (20) der Unternehmen mit selbständigem Pro-forma-EPS-Ausweis**

K., T und p kennzeichnen die Regressionskoeffizienten, die T-Statistiken und zugehörigen p-Werte. $R^2$ und $p(F)$ kennzeichnen die $R^2$-Werte sowie die p-Werte der F-Statistiken. *** (**/*) deutet auf eine Signifikanz zum 1%- (5%-/10%-) Niveau hin.

| | | $\alpha_0$ | $\alpha_1$ | $\alpha_2$ | $\alpha_3$ | $\alpha_4$ | $\alpha_5$ | Regressionsgleichung | |
|---|---|---|---|---|---|---|---|---|---|
| $\tau=1$ | K. | 0,0583 | 0,0445 | -0,0144 | -0,0019 | 0,0045 | | $R^2$ | 0,2083 |
| | T | 2,8061 | 20,1448 | -1,1585 | -4,3238 | 2,5627 | | $p(F)$ | 0,0000*** |
| | p | 0,0077*** | 0,0000*** | 0,2535 | 0,0001*** | 0,0143** | | | |
| $\tau=2$ | K. | 0,0467 | 0,0436 | 0,1295 | -0,0042 | -0,0089 | | $R^2$ | 0,2755 |
| | T | 5,0013 | 15,1208 | 13,4591 | -36,2866 | -4,8046 | | $p(F)$ | 0,0000*** |
| | p | 0,0000*** | 0,0000*** | 0,0000*** | 0,0000*** | 0,0000*** | | | |
| $\tau=3$ | K. | 0,0051 | 0,0698 | 0,1471 | -0,0014 | -0,0125 | | $R^2$ | 0,0777 |
| | T | 0,0914 | 3,1585 | 4,6541 | -2,1256 | -2,0507 | | $p(F)$ | 0,0000*** |
| | p | 0,9278 | 0,0034*** | 0,0001*** | 0,0411** | 0,0483** | | | |
| $\tau=4$ | K. | 0,4410 | 0,2287 | 0,1894 | -0,0074 | -0,0833 | | $R^2$ | 0,3807 |
| | T | 12,7814 | 8,2015 | 1,5826 | -6,1392 | -11,7082 | | $p(F)$ | 0,0000*** |
| | p | 0,0000*** | 0,0000*** | 0,1300 | 0,0000*** | 0,0000*** | | | |

**Tabelle 92 (Fortsetzung): Ergebnisse der Querschnittsregressionen gemäß (20) der Unternehmen mit selbständigem Pro-forma-EPS-Ausweis**

*K., T und p kennzeichnen die Regressionskoeffizienten, die T-Statistiken und zugehörigen p-Werte. $R^2$ und $p(F)$ kennzeichnen die $R^2$-Werte sowie die p-Werte der F-Statistiken. \*\*\* (\*\*/\*) deutet auf eine Signifikanz zum 1%- (5%-/10%-) Niveau hin.*

| | | $\alpha_0$ | $\alpha_1$ | $\alpha_2$ | $\alpha_3$ | $\alpha_4$ | $\alpha_5$ | Regressionsgleichung | |
|---|---|---|---|---|---|---|---|---|---|
| $\tau=1$ | K. | 0,0088 | -0,0233 | 0,0403 | -0,0031 | 0,0015 | 0,1081 | $R^2$ | 0,2732 |
| | T | 1,0980 | -2,5483 | 58,2842 | -7,3168 | 0,5076 | 5,7657 | p(F) | 0,0000*** |
| | p | 0,2789 | 0,0149** | 0,0000*** | 0,0000*** | 0,6146 | 0,0000*** | | |
| $\tau=2$ | K. | -0,0196 | 0,1613 | 0,0355 | -0,0044 | -0,0094 | 0,0531 | $R^2$ | 0,2830 |
| | T | -1,4650 | 23,0784 | 17,6978 | -58,0180 | -5,8472 | 6,8876 | p(F) | 0,0000*** |
| | p | 0,1509 | 0,0000*** | 0,0000*** | 0,0000*** | 0,0000*** | 0,0000*** | | |
| $\tau=3$ | K. | -0,0587 | 0,1625 | 0,0593 | -0,0020 | -0,0181 | 0,1185 | $R^2$ | 0,0874 |
| | T | -1,2976 | 5,5781 | 3,4677 | -2,5264 | -2,8518 | 2,9114 | F | 24,3515 |
| | p | 0,2037 | 0,0000*** | 0,0015*** | 0,0167** | 0,0076*** | 0,0065*** | | |
| $\tau=4$ | K. | 0,7267 | 0,1405 | 0,2954 | -0,0082 | -0,0862 | -0,2446 | $R^2$ | 0,3925 |
| | T | 12,4841 | 1,1857 | 12,6260 | -6,7351 | -11,3787 | -6,9861 | p(F) | 0,0000*** |
| | p | 0,0000*** | 0,2512 | 0,0000*** | 0,0000*** | 0,0000*** | 0,0000*** | | |

**Tabelle 92 (Fortsetzung): Ergebnisse der Querschnittsregressionen gemäß (20) der Unternehmen mit selbständigem Pro-forma-EPS-Ausweis**

K., T und p kennzeichnen die Regressionskoeffizienten, die T-Statistiken und zugehörigen p-Werte. $R^2$ und p(F) kennzeichnen die $R^2$-Werte sowie die p-Werte der F-Statistiken. *** (**/*) deutet auf eine Signifikanz zum 1% - (5%-/10%-) Niveau hin.

6.5.3.2 Fazit der empirischen Untersuchungen zur Bewertungsrelevanz von Pro-forma-
Ergebnissen der Unternehmen mit einem Pro-forma-EPS-Ausweis

Die Untersuchungsergebnisse für Unternehmen mit einem selbständigen Ausweis von Pro-
forma-EPS zeigen ähnliche Ergebnisse wie für den Gesamtmarkt sowie Unternehmen mit einem Ausweis von Pro-forma-Ergebnissen in Form des EBITDA. Weder Pro-forma-
Ergebnisse noch Quartals- bzw. Jahresergebnisse erlauben Investoren eine zeitnahe Identifikation und Verarbeitung aller bewertungsrelevanten Informationen in den Aktienkursen. Die
Einflüsse der untersuchten Jahres- und Pro-forma-Ergebnisse auf die Aktienrenditen von Unternehmen mit einem Ausweis von Pro-forma-EPS ist in Tabelle 93 zusammengefasst.

| Untersuchte (unabhängige) Variablen | Abkürzung | Bewertungseinfluss |
|---|---|---|
| Ergebnisüberraschung bezüglich EPS | PF(EPS) | + |
| Selbständiger Ausweis von EBITDA | $Dummy_{EBITDA}$ | + |
| Ausgeschlossene Aufwendungen bei der EBITDA-Berechnung | Ausgeschlossene Aufwendungen | - |

Tabelle 93: Bewertungseinfluss der untersuchten unabhängigen Variablen auf die Aktienrenditen (ohne
Kontrollvariablen) der Unternehmen mit selbständigem Pro-forma-EPS-Ausweis

Auch bei den Unternehmen mit einem selbständigen Pro-forma-EPS-Ausweis haben Ergebnisüberraschungen bezüglich der auf Basis der regulären Jahres- und Quartalsergebnisse berechneten EPS einen signifikant positiven Bewertungseinfluss. Demzufolge verdrängt die
gleichzeitige Veröffentlichung von Pro-forma-EPS den Bewertungseinfluss der Quartals- und
Jahresergebnisse nicht. Dennoch ist wie bei den vorangehenden Renditeuntersuchungen für
alle DAX30- und MDAX-Unternehmen festzustellen, dass die Bewertungsrelevanz von Jah-
res- und Quartalsergebnissen um den Zeitpunkt der Ergebnisbekanntgabe unterschätzt wird.
Pro-forma-EPS können diese Informationsdefizite auch bei den 22 untersuchten Unternehmen
mit einem selbständigen Ausweis von Pro-forma-EPS nicht schließen. Deutlich wird dies darin, dass die für die Berechnung des EBITDA herausgerechneten Aufwendungen auch nach
der Veröffentlichung der Pro-forma-Ergebnisse nachhaltig negativ auf die Aktienrenditen
einwirken. Aus Sicht der Investoren beinhalten die herausgerechneten Aufwendungen somit
wesentliche Informationen, die zu reduzierten Erwartungen für adäquate Unternehmenswerte
führen.

320

## 6.5.4 Zusammenfassung der empirischen Untersuchungsergebnisse zur Bewertungsrelevanz von Pro-forma-Ergebnissen in Deutschland

Die empirischen Untersuchungen zeigen, dass vom Kapitalmarkt Rechnungslegungsinformationen in Form des Ergebnisses je Aktie (EPS) ebenso als bewertungsrelevant angesehen werden wie Pro-forma-Ergebnisse in Form eines Pro-forma-EPS oder EBITDA. Weder Pro-forma-Ergebnisse noch Quartals- bzw. Jahresergebnisse erlauben Investoren eine zeitnahe Identifikation und Verarbeitung aller bewertungsrelevanten Informationen in den Aktienkursen. Während Pro-forma-Ergebnisse eine Überschätzung der zukünftigen Cashflows und Unternehmenswerte durch Investoren und später negative Kursanpassungen implizieren, führen Jahres- und Quartalsergebnisse offenbar zu einer Unterschätzung des Unternehmenswertes. In Tabelle 94 sind die festgestellten Vorzeichen des Kurseinflusses der untersuchten unabhängigen Ergebniskennzahlen (ohne Kontrollvariablen) um den Zeitpunkt der Ergebnisbekanntgabe sowie den darüber hinausgehenden längerfristigen Zeiträumen dargestellt.[713]

| Untersuchte (unabhängige) Variablen | Abkürzung | Bewertungseinfluss | |
|---|---|---|---|
| | | $\tau = 1$ | $\tau = 2, 3, 4$ |
| Ergebnisüberraschung bezüglich EPS | PF(EPS) | + | + |
| Ergebnisüberraschung bezüglich EBITDA | PF(EBITDA) | + | + |
| Selbständiger Ausweis von Pro-forma-EPS | Dummy(EPS) | - | - |
| Selbständiger Ausweis von EBITDAs | Dummy(EBITDA) | + | + |
| Ausgeschlossene Aufwendungen bei der EBITDA-Berechnung | Ausgeschlossene Aufwendungen | +/- | - |

**Tabelle 94: Gesamter Bewertungseinfluss der untersuchten unabhängigen Variablen auf die Aktienrenditen (ohne Kontrollvariablen) der DAX30- und MDAX-Unternehmen**

Quartals- und Jahresergebnisse und Pro-forma-Ergebnisse wirken langfristig auf die Aktienkursentwicklung ein. Zudem können Pro-forma-Ergebnisse zu nicht adäquaten Anlageentscheidungen führen, da der negative Kurseinfluss von zur Berechnung von Pro-forma-Ergebnissen in Form des EBITDA ausgeschlossenen Aufwendungen für weniger kenntnisreiche Anleger ebenso wenig erkennbar ist wie die Misstrauensabschläge bei einem Ausweis von Pro-forma-EPS. Somit sind weder Pro-forma-Kennzahlen noch Quartals- oder Jahresergebnisse in Verbindung mit entsprechenden Analystenprognosen alleine ausreichend, um

---

[713] EPS-Prognosefehler können einen stärkeren statistischen Zusammenhang der Entwicklung der Aktienkursrenditen erklären als die EBITDA-Prognosefehler.

Kursverläufe der DAX30- und MDAX-Unternehmen um den Zeitpunkt der Ergebnisbekannt-gabe zu beschreiben, da andererseits auch Renditeanomaliefaktoren wie das Kurs-Gewinn-Verhältnis oder das Buchwert-Marktwert-Verhältnis auf Aktienkurse einwirken.

Die Argumente der Befürworter eines Ausweises von Pro-forma-Ergebnissen, wonach Pro-forma-Ergebnisse eine bessere Einschätzung der wirtschaftlichen Entwicklung eines Unter-nehmens erlauben und somit Anlageentscheidungen vereinfachen, kann somit nicht bestätigt werden. Die vorliegenden Ergebnisse unterstützen somit die Kritik am Ausweis von Pro-forma-Ergebnissen, da Pro-forma-Ergebnisse (auch unbeabsichtigt) unternehmensbewer-tungsrelevante Informationen nicht enthalten und somit Investoren zu Fehlentscheidungen bei Anlageentscheidungen verleiten können. Sie sind konsistent mit den in den USA durchgeführ-ten empirischen Untersuchungen. Da zu erwarten ist, dass unter dem Druck der steigenden Kapitalmarktorientierung der Unternehmen der Leistungsdruck für Unternehmen vor allem durch Finanzanalysten aber auch Rating-Agenturen und institutioneller Anleger zunehmen wird, ist mit einem weiteren Anstieg der Pro-forma-Berichterstattung zu rechnen. Auch in Deutschland lässt sich ein Handlungsbedarf für Regulierungsbehörden daher nicht von der Hand weisen.

# 7 Optionen der Regulierung der freiwilligen Pro-forma-Berichterstattung

## 7.1 Notwendigkeit der Regulierung der freiwilligen Pro-forma-Berichterstattung

Die empirischen Ergebnisse der vorangehenden Untersuchungen zeigen, dass sich die freiwillige Pro-forma-Berichterstattung in Deutschland wie in den USA oder Großbritannien etabliert hat; dabei ist erkennbar, dass Pro-forma-Ergebnisse – bezüglich der im Vergleich zu auf Rechnungslegungsstandards basierenden Ergebnissen ausgeschlossenen Aufwendungen – tendenziell aggressiver berechnet werden. Die Argumente der Befürworter eines Ausweises von Pro-forma-Ergebnissen, wonach Pro-forma-Ergebnisse eine bessere Einschätzung der wirtschaftlichen Entwicklung eines Unternehmens erlauben und somit Anlageentscheidungen vereinfachen,[714] kann auf Basis der empirischen Untersuchungen nicht bestätigt werden. Stattdessen lässt sich aus Sicht des Regulierers ein Regulierungsbedarf nicht von der Hand weisen, da für die Berechnung des Pro-forma-Ergebnisses EBITDA ausgeschlossene und nicht einzeln erläuterte Aufwendungen signifikant zukünftige Belastungen der Cashflows sowie der Aktienkurse prognostizieren; auch von einem Ausweis der Pro-forma-EPS gehen signifikant negative Aktienkurseinflüsse aus. Die freiwillige Pro-forma-Berichterstattung kann somit zu einer Fehleinschätzung der Unternehmenswerte sowie nicht adäquaten Anlageentscheidungen führen.

Auf der anderen Seite beinhalten Pro-forma-Ergebnisse für Investoren wertvolle Informationen, die aus auf Rechnungslegungsstandards basierenden Ergebnissen nicht erkennbar sind; die Ergebnisse der empirischen Untersuchungen zeigen, dass von der Bereitstellung des E-BITDA ein überwiegend positiver Kurseinfluss ausgeht.[715] Dies ist damit zu begründen, dass seitens der Investoren und Analysten die Nachfrage nach wertorientierten Performance-Kennzahlen sowie nach der Offenlegung von unternehmensinternen Steuerungsgrößen zugenommen hat;[716] Pro-forma-Ergebnisse werden als interne und stärker wertorientierte Steue-

---

714 Pro-forma-Ergebnisse nehmen damit aus bilanztheoretischer Sicht für sich in Anspruch, sowohl ein besserer Maßstab für die Extrapolation der Gewinne als auch für die Entscheidungsfindung zu sein. Die Darstellung der Vermögensveränderung ist dagegen nicht im Fokus der Pro-forma-Berichterstattung. Zu bilanztheoretischen Gewinnkonzepten, vgl. Ballwieser (2003), S. 8.

715 Siehe Abschnitt 6.5.

716 Die SEC spricht den Pro-forma-Ergebnissen die Fähigkeit zu, Investoren bei der Prognose regelmäßiger, sich wiederholender Ergebnisse zu unterstützen, vgl. Bloom/Schirm (2003), S. 1 ff. Zur zunehmenden Nachfrage nach wertorientierten Steuerungsgrößen als Teil der kapitalmarktorientierten Rechnungslegung, vgl. stellvertretend für viele: Gössi/Simon-Keuenhof (2001), S. 680 ff. Zur Nachfrage nach internen Steue-

rungsgrößen dargestellt.[717] Der Ausweis des Pro-forma-Reporting ist allerdings auch ein Resultat der quartalsweisen Zwischenberichterstattung. Da alle 90 Tage Ergebniszahlen veröffentlicht werden, wollen die Investoren sehr wohl einen Trend der Unternehmensentwicklung sehen. Ein weiterer Vorteil der Pro-forma-Ergebnisse liegt in ihrer höheren Aktualität; Rechnungslegungsergebnisse sind i.d.r. nur zeitverzögert für die Investoren erhältlich.[718]

Ein vollständiges Verbot der freiwilligen Pro-forma-Berichterstattung sollte nicht in Betracht kommen, da dadurch zusätzliche, bewertungsrelevante Informationen an die Kapitalmärkte kommuniziert werden. Stattdessen besteht die Aufgabe des Regulierers darin, unter Einbindung der freiwilligen Pro-forma-Berichterstattung ein Business bzw. Performance Reporting zu etablieren, das eine faire und ausgewogene Darstellung der Ertragslage des Unternehmens und Investoren eine faktenbasierte, möglichst objektive Prognose der zukünftigen Cashflows zur Ableitung eines gerechtfertigten Unternehmenswertes erlaubt. Die Regulierung der Pro-forma-Berichterstattung ist in bestehende Regelsysteme einzubinden.

Diese Forderung wird dadurch verstärkt, dass die Aussagekraft des Performance Reportings nach IAS/IFRS, US-GAAP und HGB bezweifelt wird und auf Grund der Serie von Bilanzskandalen, -fälschungen und Unternehmensinsolvenzen das Vertrauen der Finanzmärkte in die Bilanz- und Erfolgsrechnungen der Unternehmen stark gesunken ist.[719] Finanzanalysten und Unternehmen nutzen Pro-forma-Ergebnisse als Grundlage ihrer Kauf- und Verkaufempfehlungen bzw. ihres Performance-Reportings.

Die Regulierung der freiwilligen Pro-forma-Berichterstattung sollte das Ziel verfolgen, Investoren die Vorteile aus einer zusätzlichen Offenlegung von unternehmensinternen Informatio-

---

rungsgrößen, insbesondere durch Harmonisierung des externen und internen Rechnungswesens, vgl. Heyd (2001), S. 203 ff.

[717] Vgl. Alpert (2001), S. 1.

[718] In den USA hat sich dies erst durch die Regulierung des Ausweises von Pro-forma-Ergebnissen verändert, vgl. SEC (2003a). Bis dahin waren die Unternehmen nicht zur zeitgleichen Veröffentlichung von US-GAAP- und Pro-forma-Informationen verpflichtet. US-GAAP- und den SEC-Anforderungen entsprechende Finanzinformationen waren im Rahmen des Filings (z.B. Form 10-Q und 10-K) erst dann bei der SEC einzureichen, wenn Pro-forma-Ergebnisse für diesen Abschluss bereits seit Wochen durch die Unternehmen vorlagen und veröffentlicht worden waren.

[719] Zusätzlich wird der traditionellen Berichterstattung nach HGB im Vergleich zu IFRS und US-GAAP die geringste Aussagefähigkeit hinsichtlich der wirtschaftlichen Lage zugebilligt, vgl. Meitner/Hüfner/Kleff (2001), S. 140. Ballwieser (2002), S. 117 f., kritisiert vor allem die mangelnde Berücksichtigung der Informations-GOB im Vergleich zu den Gewinnermittlungs-GOB. Die AICPA hat in einer Studie zu den Erfordernissen einer investorenorientierten Rechnungslegung die mangelnde Eignung von US-GAAP für die rationale Entscheidungsfindung von Investoren eingeräumt, vgl. Haskins/Ferris/Sack/Allen (1997), S. 829. Haller/Schloßgangl (2003), S. 317 ff., stellen *„wesentliche Unzulänglichkeiten des Performance Reporting"* unter IAS fest.

nen zu ermöglichen, ohne dem Risiko der Fehleinschätzung der Unternehmenslage oder der Anlagestrategie ausgesetzt zu sein.[720] In diesem Zusammenhang wird in der Literatur bezüglich der wertorientierten Berichterstattung eine einheitliche Berechnung der nicht auf Normen beruhenden Kennzahlen gefordert.[721] Allerdings erscheint diese Forderung im Hinblick auf Pro-forma-Ergebnisse als wenig praktikabel, da unternehmensübergreifend keine eindeutige Klassifizierung von Aufwendungen und Erträgen als einmalig oder wiederkehrend vorgenommen werden kann; Rechnungslegungspositionen sind nicht immer nur einmalig oder nur wiederkehrend und somit haben gleiche Positionen sowohl im Zeitablauf als auch für verschiedene Unternehmen eine unterschiedliche Bewertungsrelevanz.[722] Regelungen eines akzeptablen Ausschlusses von Positionen bei der Berechnung der Pro-forma-Ergebnisse und der Herstellung von Transparenz über diese Ausschlüsse sowie das Enforcement dieser Regeln sind von zentraler Bedeutung; die Regulierung einer freiwilligen Pro-forma-Berichterstattung sollte deshalb konkrete Regeln bezüglich zulässiger Pro-forma-Ergebnisse und ein adäquates Enforcement-System beinhalten. Das Enforcement soll zum einen präventiv gewährleisten, dass Unregelmäßigkeiten bereits bei der Berechnung der Pro-forma-Ergebnisse unterbunden werden, und zum anderen reaktiv sicherstellen, dass Unregelmäßigkeiten im Nachhinein ermittelt und berichtigt werden.[723] Als Kernelemente des Enforcements werden i.d.R. klar abgefasste Rechnungslegungsstandards, eine zeitnahe Auslegung und Anleitung zur Umsetzung, eine gesetzliche Abschlussprüfung, Kontrollen durch Aufsichtsinstanzen inklusive der rechtsverbindlichen Eingrenzung von Prüfungsanlässen, Prüfungsumfang, Auskunftsrechten und wirksame Sanktionsmaßnahmen angesehen.[724] Grundlage des Enforcements können sowohl reaktive als auch pro-aktive Maßnahmen privater oder staatlicher Instanzen sein. Während ein pro-aktiver Ansatz, beispielsweise durch Stichproben (Ansatz der SEC), mit hohen Kosten

---

[720] Aus neo-institutionalistischer Sicht (Transaktionskostenökonomie) kann die Regulierung der Pro-forma-Berichterstattung als eine Standardisierung von privaten Verträgen zwischen Kapitalgebern und Unternehmen interpretiert werden. Das Risiko der Übervorteilung der Kapitalgeber auf Grund unvollständiger privater Verträge wird durch die Regulierung reduziert, vgl. Schmidt (2003), S. 5. Auf der anderen Seite werden dadurch private Enforcement-Regeln durch ein öffentliches Enforcement ersetzt, das nicht notwendigerweise optimal sein oder den Interessen der Vertragsparteien entsprechen muss. Stattdessen optimieren Enforcement-Institutionen i.d.R. ihren Eigennutzen; für das Beispiel der SEC zeigt, vgl. Jensen (1976), S. 11 ff.

[721] Vgl. Fey/Küster (2001), S. 2.

[722] Vgl. Burgstahler/Jiambalvo/Shevlin (2002), S. 587, Gu/Chen (2004), S. 134.

[723] Zum Enforcement in einem anderem Zusammenhang vgl. auch Küting/Wohlgemuth (2002), S. 265, Pellens/Detert/Nölte/Sellhorn (2004), S. 1.

[724] Vgl. Küting/Wohlgemuth (2002), S. 265, Pellens/Detert/Nölte/Sellhorn (2004), S. 2 f.

verbunden ist, die letztendlich auf die Unternehmen umgelegt werden müssen,[725] beruht ein reaktiver Ansatz (Ansatz des britischen Financial Reporting Review Panels bis 2004) auf der Zutragung konkreter Verdachtsmomente („Whistle Blowing") durch Unternehmensinsider.[726] Letzteres schränkt die Effektivität des Enforcement ein,[727] wenn keine Anreize zum Weitergeben der Verdachtsmomente an eine externe Instanz bestehen.[728] Die SEC wie auch die neu eingerichtete „Deutsche Prüfstelle für Rechnungslegung e.V." verfolgen dabei einen gemischten Ansatz aus reaktiven und pro-aktiven Elementen.[729]

## 7.2 Pro-forma-Regulierung im angelsächsischen Wirtschaftsraum

### 7.2.1 Regulierung der Pro-forma-Berichterstattung in den USA

7.2.1.1 Vorgaben für Pro-forma-Ergebnisse vor der Regulierung der Pro-forma-Berichterstattung

*7.2.1.1.1 Empfehlungen für den Ausweis von Pro-forma-Ergebnissen der FEI und der NIRI*

Die FEI und NIRI veröffentlichten im April 2001 auf Anfrage der SEC Richtlinien („best practice guidlines") für die Veröffentlichung von Pro-forma-Ergebnissen; insbesondere wird auf die Art der Darstellung der Pro-forma-Ergebnisse in der Veröffentlichung eingegangen.[730] Die Richtlinien stellen klar, wie Informationen aufbereitet und dargestellt werden sollen, um Investoren eine Bewertung des Unternehmens unter Berücksichtigung der Pro-forma-Ergebnisse erleichtern zu können. Zu den Kernelementen der Richtlinie gehört, dass Ergebnisveröffentlichungen eine Ergebnisdarstellung nach US-GAAP beinhalten sollen, um eine ausgeglichene Betrachtung des operativen Ergebnisses des Unternehmens zu ermöglichen.[731]

---

[725] Z.B. durch eine Steuer- oder Beitragsfinanzierung der Aufsichtsinstanz.

[726] „Whistle Blowing" wird von Near/Miceli (1985), S. 4, wie folgt definiert: *„The disclosure by organization members (former or current) of illegal, immoral or illegitimate practices under control of their employers, to persons or organizations that may be able to affect action".*

[727] Zur Bewertung der Effektivität des britischen Financial Reporting Review Panels, vgl. Küting/Wohlgemuth (2002), S. 270, Peasnell/Pope/Young (2001), S. 293, Schmidt (2003), S. 4, Zimmermann (2003), S. 357.

[728] Insbesondere bei einer ausgeprägten Illoyalität von Insidern ist mit hohen Kosten auf Grund von falschen Verdachtsmomenten (und auf Grund ungerechtfertigter Ermittlungen eine langfristig sinkende Glaubwürdigkeit der Aufsichtsinstanz) zu rechnen. Bei einer kleinen Gruppe von Insidern sind andererseits kaum Anzeigen zu erwarten. Die Einrichtung von (ggf. anonymen) unternehmensinternen „Whistle Blowing"-Mechanismen kann helfen, solche Ineffizienzen zu vermeiden, vgl. Schmidt (2003), S. 13 ff.

[729] Vgl. Haller/Bernais (2005), S. 34 und 40.

[730] Die „Earnings Press Release Guidelines" der FEI und NIRI beschäftigen sich mit Quartalsveröffentlichungen und nicht mit Ad-hoc-Meldungen bezüglich geänderter Ergebnisschätzungen oder der Veröffentlichung besonderer Vorkommnisse, die das Ergebnis beeinflussen, vgl. FEI/NIRI (2001), Wallace (2002), S. 12.

[731] Vgl. FEI/NIRI (2001), S. 1.

Pro-forma-Ergebnisse in Form von „cash basierten", angepassten, fortgeführten oder Kerner-
gebnissen sind dagegen nur als ergänzendes Ergebnismaß darzustellen, um die derzeitige Unternehmensperformance aufzuzeigen sowie Ausblicke in die Zukunft zu ermöglichen. Damit
erkennen die FEI und die NIRI an, dass Pro-forma-Ergebnisse für die Unternehmensanalyse
und -bewertung nützlich sein können. Jedoch soll in jedem Fall eine Überleitung der Pro-
forma-Ergebnisse in die US-GAAP-Ergebnisse erfolgen. Zudem soll die Berechnung der Pro-
forma-Ergebnisse über den Zeitablauf auf die gleiche Art und Weise erfolgen, um eine Vergleichbarkeit der Ergebnisse sicherzustellen.[732] Zusätzlich fordert die NIRI in 2002 separat
herausgegebenen Richtlinien eine stärkere Gewichtung von US-GAAP- gegenüber Pro-
forma-Ergebnissen;[733] in den Überschriften der Ergebnisveröffentlichungen sollen nur US-
GAAP-Ergebnisse dargestellt werden.[734]

### 7.2.1.1.2 Vorgaben der SEC für den Ausweis von Pro-forma-Ergebnissen

Obwohl Pro-forma-Ergebnisse erst seit kurzem im Vergleich zu auf Rechnungslegungsstandards basierenden Ergebnissen ein stärkeres Gewicht in den Ergebnisveröffentlichungen der
Unternehmen erlangt haben, ist die Praxis, nicht-standardisierte Ergebniskennzahlen zu veröffentlichen, nicht neu. Die SEC hat deshalb bereits in der Vergangenheit Leitlinien für ein
„Non-GAAP Reporting" herausgegeben.[735] Insofern beobachtet die SEC die freiwillige Pro-
forma-Berichterstattung der Unternehmen seit längerer Zeit; der SEC Chairman Harvey L.
Pitt hat seine Bedenken gegenüber der Pro-forma-Berichterstattung bereits 2001 geäußert und
ebenso das Einschreiten der SEC bei der Vermutung von Betrugsfällen, insbesondere beim
Ausweis von Pro-forma-Gewinnen trotz gleichzeitigen Verlusten nach US-GAAP „where y-
our pro forma financial statements make a loss look like a profit",[736] erwogen. Dies führte im
Dezember 2001 zum „Cautionary Advice"[737] bezüglich der Veröffentlichung von Pro-forma-

---

[732] Vgl. FEI/NIRI (2001), S. 2, Fenwick&West (2002), S. 2.

[733] In der gemeinsamen Richtlinie von FEI und NIRI wird bezüglich der Reihenfolge der Darstellung von Pro-
forma- und US-GAAP-Ergebnissen in den Presseveröffentlichungen keine Richtlinie ausgesprochen. Dadurch werden wesentliche Ergebnisse der empirischen und experimentellen Forschung vernachlässigt, wonach insbesondere die Reihenfolge und die Hervorhebung der Ergebnisse für die Wahrnehmung von Pro-
forma-Ergebnissen durch private Investoren entscheidend sind, siehe Abschnitt 3.1.

[734] Vgl. NIRI (2002a, b). Außerdem wird die Überleitung der Pro-forma-Ergebnisse auf die US-GAAP-
Ergebnisse, die entweder verbal oder in Tabellenform erfolgen soll, präzisiert.

[735] Siehe Accounting Series Release No. 142, Release No. 33-5337 (1973) und Staff Accounting Bulletin 45
(1982).

[736] Taub (2001a).

[737] Vgl. SEC (2001a). Darin warnt die SEC Investoren davor, dass Pro-forma-Kennzahlen „might create a con-
fusing or misleading impression and should be viewed with appropriate and healthy skepticism".

Kennzahlen sowie Erläuterungen, wie diese zu interpretieren sind;[738] dabei wird durch die SEC zwar eingeräumt, dass Pro-forma-Kennzahlen sehr wohl sinnvolle Informationen für die Entscheidungen von Investoren beinhalten können, jedoch wird hervorgehoben, dass Pro-forma-Ergebnisse unter gewissen Umständen für die Investoren irreführend sind und deshalb im Widerspruch mit dem Rechtsystem stehen:[739] *„Enforcement action can result if a company fails to disclose information necessary to assure that investors will not be misled by the pro forma numbers".*[740] Daher hat die SEC öffentlichen börsennotierten Unternehmen folgende Hinweise im Rahmen ihres „Cautionary Advice" auferlegt:

- Anti-Betrugsbestimmungen der SEC werden auch bei der Veröffentlichung von Pro-forma-Finanzinformationen angewandt,[741]

- Notwendigkeit von Angaben über die Berechnungsbasis der Pro-forma-Ergebnisse und[742]

- keinen Ausschluss wesentlicher Geschäftsvorfälle.[743]

---

[738] Vgl. Goodwin/Procter (2001), SEC (2001b).

[739] Siehe die Ermittlungen der SEC gegen Trump Hotels & Casino Resorts, Inc. auf Grund der Veröffentlichung eines Pro-forma-Ergebnisses für das 3. Quartal 1999, bei dem das Pro-forma-Ergebnis vor einmaligen Aufwendungen aber nach einmaligen Erträgen ohne ausreichende Erläuterung angegeben wurde, so dass die Analystenerwartungen übertroffen wurden. Aus Sicht der SEC war das Pro-forma-Ergebnis irreführend, da durch die intransparente Berechnung des Pro-forma-Ergebnisses nicht realisierte Verbesserungen der operativen Performance suggeriert wurden, vgl. SEC (2002c, d).

[740] Zitat von W. M. Carlin, Regionaldirektor der SEC, SEC (2002d), S. 1. Fuller/Jensen (2002), S. 42 ff., weisen auf die Schäden der Pro-forma-Berichterstattung für die Unternehmen hin; dafür werden v.a. Analysten verantwortlich gemacht, weil deren Wunsch nach prognostizierbaren Ergebnissen und konstantem Wachstum nicht mit dem auch durch Saisonalitäten, Zyklen und Zufällen geprägten ökonomischen Alltag vereinbar ist. An Stelle der Pro-forma-Berichterstattung, die an den Wünschen der Analysten ausgerichtet ist, fordern Fuller/Jensen (2002), S. 45, mehr Transparenz über Unternehmensergebnisse und eine detaillierte Darstellung in der Berichterstattung, warum die Ergebnisse außerhalb/innerhalb des Industrietrends liegen. Auch die SEC empfiehlt die Diskussion außergewöhnlicher Ereignisse in der „Management Discussion and Analysis" anstelle eines Ausweises von Pro-forma-Ergebnissen vor diesen außergewöhnlichen Positionen, vgl. KPMG (2003a), S. 4.

[741] Da Pro-forma-Ergebnisse aus US-GAAP-Positionen abgeleitet und dabei verändert werden, haben die Unternehmen darauf zu achten, dass keine irreführenden Informationen an die Investoren herausgegeben werden. Andernfalls drohen den Unternehmen rechtliche Konsequenzen auf Grund des „Securities and Exchange Act" von 1934. Die Vermeidung irreführender oder unzutreffender Angaben innerhalb des testierten Abschlusses wird bereits durch SEC Accounting Bulletin (SAB) No. 99 verschärft, vgl. Grant/Depree/Grant (2000), S. 41.

[742] Selektive Ergebnisse, die nur eine eingeschränkte Sicht auf das Gesamtergebnis erlauben (z.B. EBITDA) oder Ergebnisse, die auf einer anderen Berechnungsbasis wie US-GAAP erstellt werden, führen zu Vorbehalten bei der SEC. Ohne eindeutige Veröffentlichung der Berechnungsmethode sowie die konsistente Anwendung dieser Methode bei Vergleichen von Pro-forma-Ergebnisse über den Zeitablauf werden diese Finanzergebnisse von der SEC als irreführend eingestuft; insbesondere sollen bei der Berechnung der Pro-forma-Ergebnisse ausgeschlossene Positionen (ungewöhnliche und sich nicht wiederholende Geschäftsvorfälle oder sonstige Transaktionen) beschrieben werden. Die SEC sieht es als förderlich an, wenn die diesbezüglichen Controlling-Grundsätze des Unternehmens beschrieben werden.

Darüber hinaus empfiehlt die SEC den Unternehmen, die gemeinsam von der FEI und der NIRI erstellten Richtlinien für die freiwillige Pro-forma-Berichterstattung anzuwenden. Investoren werden durch die SEC aufgefordert, die veröffentlichten Pro-forma-Ergebnisse mit den US-GAAP-Ergebnissen zu vergleichen. Die Warnung der SEC an die Investoren ist als Erinnerung gedacht, dass Pro-forma-Ergebnisse von den US-GAAP-Ergebnissen abweichen und daher kein vollständiges Bild der finanziellen Lage des Unternehmens widerspiegeln.[744]

7.2.1.2 Vorgaben durch die Regulierung der SEC für die freiwillige Pro-forma-Berichterstattung

*7.2.1.2.1 Grundlagen der Regulierung der Pro-forma-Berichterstattung durch den „Sarbanes-Oxley-Act"*

Bereits durch den Warnhinweis der SEC sowie den Versuch der Selbstregulierung durch die Richtlinien der FEI und NIRI wurde die Nutzung der freiwilligen Pro-forma-Berichterstattung beeinflusst; allerdings spiegeln sich diese Effekte stärker in der Ergebnisberichterstattung der Presse als im Verhalten der Unternehmen wider. Während der Anteil der Unternehmen mit einer freiwilligen Pro-forma-Berichterstattung nicht zurückging,[745] wurden in unabhängigen Presseberichten wieder zunehmend US-GAAP-Ergebnisse in den Vordergrund gerückt.[746] Die eigentlichen Ziele des Warnhinweises der SEC sowie der FEI/NIRI-Richtlinien, eine Einschränkung des opportunistischen Einsatzes von Pro-forma-Ergebnissen durch die Unternehmen sowie die Erhöhung der Transparenz über die Pro-forma-Ergebnisse, wurden nicht erreicht.[747] Ausschlaggebend für den geringen Einfluss des Warnhinweises der SEC sowie der FEI/NIRI-Richtlinien war die fehlende Regulierung.[748]

---

[743] Die Unternehmen müssen vor allem die Wesentlichkeit der Geschäftsvorfälle, die aus dem Pro-forma-Ergebnis ausgeschlossen werden, vor dem Kriterium, ob sie irreführend oder täuschend sind, untersuchen. Dies sieht die SEC vor allem dann, wenn ein US-GAAP-Verlust in einen Pro-forma-Gewinn umgewandelt wird.

[744] Vgl. James/Michello (2003), SEC (2001c), Taub (2001b, c).

[745] Im Quartal vor dem Warnhinweis der SEC (Q3/2001) wiesen ca. 60% der US-Unternehmen Pro-forma-Ergebnisse aus. Im Quartal, in dem der Warnhinweis erlassen wurde (Q4/2001), stieg dieser Wert auf 64% an. Im anschließenden Quartal sogar auf 70%, vgl. Marques (2005b), S. 37. Erst danach ist ein Rückgang zu erkennen, der aber auf die Veröffentlichung der ersten Regulierungsvorschläge „Proposed Rules" durch die SEC (2002a) zurückgeführt werden kann.

[746] Der Anteil der unabhängigen Presseberichte, d.h. nicht durch Anzeigen der Unternehmen veröffentlichte Ergebnisberichte, in denen Pro-forma-Ergebnisse gegenüber US-GAAP-Ergebnissen hervorgehoben werden, ging seit 1998/1999 von 36% auf 17% in 2001/2002 zurück, vgl. Dyck/Zingales (2003), S. 28.

[747] Weder die Wahrscheinlichkeit des Ausweises von Pro-forma-Ergebnissen noch der opportunistische Einsatz von Pro-forma-Ergebnissen, um Ergebnisprognosen der Analysten zu treffen, ging infolge des Warnhinweises der SEC oder der FEI/NIRI-Richtlinien zurück, vgl. Heflin/Hsu (2005), S. 47 f. Marques

Unter anderem als Antwort auf das opportunistische Unternehmensreporting hat der US-Kongress am 30. Juli 2002 den „Sarbanes-Oxley-Act" verabschiedet; Ziel des „Sarbanes-Oxley-Act" ist die Wiederherstellung des Vertrauens der Anleger in die Richtigkeit der veröffentlichten Finanzdaten von Unternehmen, die den amerikanischen Rechtsvorschriften unterliegen. Im „Sarbanes-Oxley-Act" [Section 401 (b)] wird die SEC explizit beauftragt, die freiwillige Pro-forma-Berichterstattung der Unternehmen zu regulieren;[749] insbesondere soll die SEC sicherstellen, dass Pro-forma-Ergebnisse auf US-GAAP basierende Ergebnisse übergeleitet werden, dass Pro-forma-Ergebnisse keine unwahren Aussagen bezüglich materieller Sachverhalte beinhalten oder materielle Sachverhalte weglassen werden.[750] Daraufhin hat die SEC am 5. November 2002 einen Vorschlag („Proposed Rule") und am 22. Januar 2003 die endgültigen Vorschriften zur Regulierung der „Non-GAAP Financial Measures" veröffentlicht;[751] seit dem 28. März 2003 sind die Vorschriften für alle in eingereichten Quartals- und Jahresabschlüssen bzw. in sonstigen Unternehmensveröffentlichungen enthaltenen Pro-forma-Ergebnisse verbindlich einzuhalten.[752]

„Non-GAAP Financial Measures" werden durch die SEC definiert als (i) numerische Kennzahlen, welche die historische oder zukünftige finanzielle Performance des Unternehmens oder die zugehörigen Cashflows beschreiben, (ii) im Vergleich zu der am besten vergleichbaren US-GAAP-Kennzahl (aus der GuV oder Kapitalflussrechnung) Beträge ausschließen bzw. Anpassungen aufweisen, die wie Ausschlüsse wirken oder (iii) Beträge einschließen bzw. wie Erweiterungen wirkende Anpassungen aufweisen, die in der am besten vergleichbaren US-

---

(2005b), S. 18 f., findet nur einen marginalen Rückgang des Ausweises von Pro-forma-Ergebnissen. Cohen/Dey/Lys (2005), S. 41 f., zeigen, das zwar das Ergebnismanagement im Zuge des SEC-Warnhinweis abgenommen hat; diese Effekte schlagen sich kaum auf die Aktienrenditen nieder. Bei ca. 25% der Pro-forma-Ergebnisse war die Berechnung nicht ausreichend nachvollziehbar, vgl. Wallace (2002), S. 23.

[748] Vgl. Heflin/Hsu (2005), S. 11. Die FASB hat sich als nicht zuständig, weder für Pro-forma-Ergebnisse noch für Presseveröffentlichungen der Unternehmen, erklärt, vgl. Williams (2002), S. 2. Auch bei der durch das FASB angestrebten Verbesserung des Financial Performance Reportings spielen Pro-forma-Ergebnisse keine Rolle, vgl. FASB (2005), S. 1.

[749] „The Sarbanes-Oxley Act sought to eliminate the manipulative or misleading use of Non-GAAP financial measures and, at the same time, enhance the comparability associated with the use of that information.", SEC (2002a).

[750] „... that if a company publicly discloses non-GAAP financial measures or includes them in a Commission filing, the company must reconcile those non-GAAP financial measures to a company's financial condition and results of operations under GAAP", SEC (2003a), S. 7.

[751] Vgl. SEC (2002a, b).

[752] Vgl. SEC (2003a, d).

GAAP-Kennzahl ausgeschlossen sind.[753] Die SEC erfasst unter „Non-GAAP Financial Measures" somit alle Wertgrößen, welche

- die Ertragskraft der Unternehmen anders beurteilen als auf US-GAAP basierende Ergebnisgrößen (z.B. Net Income) oder

- die Liquidität anders darstellen als das auf US-GAAP basierende Cashflow Statement bzw. der „Cashflow from Operations" gemäß US-GAAP.[754]

Die grundlegende Regulierung von Pro-forma-Ergebnissen erfolgt durch Regulation G,[755] die die Vorgaben für die Kommunikation publizierter „Non-GAAP Financial Measures" öffentlicher Unternehmen beinhaltet. Andererseits erfolgen Ergänzungen durch die Regulation S-K (Item 10)[756], S-B (Item 10)[757] und für ausländische Unternehmen (aus US-Sicht) durch Form 20-F[758], wenn Unternehmen keine US-GAAP konformen Kennzahlen bei der SEC im Rahmen von Filings einreichen.[759] Zusätzlich werden auch Ergebnismitteilungen (z.B. Pressemitteilungen, Telefonkonferenzen, Web-Cast) in Ad-hoc-Mitteilungen der Regulierung unterworfen; diesbezügliche Informationen unterliegen vollständig den Anforderungen der Regulation G und müssen bei der SEC zusätzlich hinterlegt werden (8-K Form, Item 12).[760] Tabelle 95 gibt einen Überblick über die wesentlichen Regulierungsvorschriften.[761]

Der zentrale Punkt der Regulierung der freiwilligen Pro-forma-Berichterstattung durch die SEC liegt somit weder in einem Verbot von Pro-forma-Ergebnissen noch in einer Vorgabe von definierten und somit standardisierten Pro-forma-Ergebniskennzahlen;[762] der Eingriff der

---

753 Vgl. SEC (2003a), S. 5, KPMG (2002), S. 2.
754 Verhältniskennzahlen, deren Zähler und/oder Nenner nicht in Übereinstimmung mit US-GAAP berechnet werden, fallen ebenfalls unter diese Regelung. Wird beispielsweise eine Verhältniszahl angegeben, fallen sowohl Zähler als auch der Nenner separat unter die Regulierungsvorschriften, vgl. SEC (2003a), Regulation G.
755 Vgl. SEC (2003a), 17 CFR §§ 244.100 – 244.102.
756 Vgl. SEC (2003a), 17 CFR § 229.10.
757 Vgl. SEC (2003a), 17 CFR § 228.10.
758 Vgl. SEC (2003a), 17 CFR § 249.220. Form 20-F ist der Jahresbericht, den ausländische Unternehmen im Rahmen des Filing bei der SEC einzureichen haben.
759 Darin werden Ergebnis- und Liquiditätsausweise der Unternehmen im Rahmen des Filings bei der SEC geregelt und weitreichende Verbote bezüglich dem Abweichen einer Finanzkennzahl von US-GAAP ausgesprochen.
760 Vgl. SEC (2003a), 17 CFR § 249.308.
761 Vgl. SEC (2003a, c), KPMG (2003a, b), Mayer/Brown/Rowe&Maw (2003).
762 Vgl. SEC (2005), S. 12. Zusätzlich fallen alle Kenngrößen nicht unter die Regulierung, die auf Grund von US-GAAP, weiterer SEC-Vorschriften oder auf der Basis von sonstigen Regulierungsvorschriften (z.B. na-

SEC erfolgt somit nicht nur über die Normensetzung sondern über die Berichterstattung der Unternehmen.[763] Mögliche Vorteile einer zusätzlichen Informationsbereitstellung durch unternehmensspezifische Pro-forma-Ergebnisse sollen Investoren so zugänglich gemacht werden, dass zutreffende Einschätzungen der wirtschaftlichen Lage, verbesserte Einblicke auf die Entwicklung der Ertragskraft der Unternehmen und damit verbesserte Anlageentscheidungen der Investoren möglich sind. Trotz der detaillierten regulatorischen Vorgaben der SEC ist keine Definition einer Pro-forma-Finanzkennzahl ergangen, sondern nur Regelungen, wie deren Veröffentlichung stattfinden soll. Die Regulierung soll die notwendige Transparenz über die Berechnung der Pro-forma-Ergebnisse schaffen und den opportunistischen Missbrauch von Pro-forma-Ergebnissen durch das Herausrechnen wesentlicher, für das operative Geschäft typischer Ergebnisbestandteile verhindern.[764] Letzteres wird auch dadurch sichergestellt, dass die Erfüllung der formalen Anforderungen der Regulation G, S-K sowie S-B (Item 10) und des 8-K (Item 12) nicht ausreichend sind, um die Anforderungen der SEC an eine freiwillige Pro-forma-Berichterstattung zu erfüllen; eine Erfüllung dieser Anforderungen bei einer gleichzeitigen Veröffentlichung von irreführenden Ergebnissen stellt weiterhin ein Rechtsverstoß im Sinne des Exchange Acts dar.

Zusätzlich hat die SEC den Unternehmen auferlegt, die Unabhängigkeit und die Kompetenzen der „Audit Committees" zu stärken;[765] die Detaillierung der Anforderungen an die „Audit Committees" wurde von der SEC an die amerikanischen Börsen delegiert. Dadurch sind zwar börsenspezifische Unterschiede bei der Ausgestaltung dieser Anforderungen entstanden, jedoch sind die grundsätzlichen Anforderungen identisch. Insbesondere wird den „Audit Committees" die Aufgabe auferlegt, die Rechnungswesen- sowie Reporting-Prozesse inklusive die Zusammenarbeit mit den Wirtschaftsprüfern zu überwachen; dies schließt die Überwachung

---

tionale Gesetzgebung, Kontrollorganisationen) zu ermitteln sind (z.B. das operative Ergebnis je m$^2$ im Einzelhandel oder Margen, die auf US-GAAP konformen Größen basieren), vgl. InfoDienst (2004), S. 8 ff.

763 Grundsätzlich sind bezüglich der Regulierung von Rechnungslegungsstandards drei Aufgaben zu unterscheiden: Normensetzung, Enforcement und Disclosure, vgl. dazu Zimmermann/Volmer/Werner (2005), S. 5. Die Regulierung der SEC bettet diese neuen Regeln in ihre Enforcement-Strukturen ein.

764 „... a registrant, or a person acting on its behalf, shall not make public a non-GAAP financial measure that, ... contains an untrue statement of a material fact or omit to state a material fact necessary in order to make the presentation of the non-GAAP financial measure, in light of the circumstances under which it is presented, not misleading", SEC (2003a), 17 CFR §§ 244.100.

765 Im Exchange Act, Rule 10A-3, untersagt die SEC den US-amerikanischen Börsen, Unternehmen an den Börsen zuzulassen, deren „Audit Committees" nicht den Anforderungen der SEC genügen, vgl. SEC (2003b), S. 3.

333

der freiwilligen Pro-forma-Berichterstattung ein.[766] Durch die mehrheitliche Besetzung der „Audit Committees" mit unabhängigen Sachverständigen,[767] die in keiner historischen Beziehung zum Unternehmen (z.b. als Familienmitglied eines Eigentümers, ehemaliger Manager) stehen sowie die Rechnungslegungsinformationen und -prozesse fachlich beurteilen sollen, soll sichergestellt werden, dass die Unternehmen keine irreführenden Informationen veröffentlichen.[768]

---

[766] Vgl. Economist Intelligence Unit (2004), S. 9.
[767] Vgl. Economist Intelligence Unit (2004), S. 6, SEC (2003b), S. 4 ff.
[768] Damit steht die SEC in Einklang mit empirischen Untersuchungen für die USA, wonach Unternehmen ohne effektive Kontrolle durch unabhängige Aufsichtsgremien häufiger operative Aufwendungen als einmalige Sondereinflüsse klassifizieren und bei der Berechnung der Pro-forma-Ergebnisse ausschließen, um Ergebnisprognosen der Analysten zu treffen, vgl. Frankel/McVay/Soliman (2005), S. 19 ff.

| Veröffentlichungsanforderungen an die Non-GAAP Financial Measures | Veröffentlichungen von Non-GAAP Financial Measures – Regulation G | SEC-Furnishing - Item 12 des Form 8-K | SEC-Filings – Item 10 der Regulation S-K und S-B |
|---|---|---|---|
| Präsentation der am besten vergleichbaren US-GAAP Finanzkennzahl | X | | |
| Präsentation der vergleichbaren US-GAAP Finanzkennzahl mit gleicher oder größerer Bedeutung / Gewichtung | | X | X |
| Überleitung der Non-GAAP Financial Measure auf die am besten vergleichbaren US-GAAP Finanzkennzahl | X | X | X |
| Keine wesentlichen Falschdarstellungen oder Auslassungen, die die Darstellung der Non-GAAP Financial Measure irreführend für die Investoren werden lassen | X | X | X |
| Begründung, warum das Management glaubt, das die Non-GAAP Financial Measure Kennzahl eine nützliche Information für die Anleger darstellt | | X | X |
| Erläuterung des zusätzlichen Zwecks, für den das Management die Non-GAAP Financial Measure nutzt | | X | X |

| Veröffentlichungsverbote bezüglich bestimmter Darstellungen von Non-GAAP Financial Measures | Veröffentlichungen von Non-GAAP Financial Measures – Regulation G | SEC-Furnishing - Item 12 des Form 8-K | SEC-Filings – Item 10 der Regulation S-K und S-B |
|---|---|---|---|
| Keine Präsentation von Cash Earnings per Share | | X | X |
| Herausrechnen von Aufwendungen oder Schulden, die einen Barausgleich erfordert haben oder erfordern werden, wenn es keine andere Art des Ausgleichs gegeben hätte / geben wird (Ausnahmen von dieser Regelung sind EBIT und EBITDA) | | | X |
| Anpassungen von Non-GAAP Financial Measures, um Positionen zu eliminieren oder zu glätten, die als nicht-wiederkehrend, selten einmalig oder außergewöhnlich eingestuft werden, wenn es wahrscheinlich ist, dass ein Gewinn oder Verlust in den kommenden zwei Jahren wiederkehren wird oder bereits in den vergangenen zwei Jahren aufgetreten ist | | | X |
| Darstellung von Non-GAAP Financial Measures in der Übersicht des US-GAAP Financial Statements (Bilanz, GuV, Kapitalflussrechnung) oder dem Anhang | | | X |
| Darstellung von Non-GAAP Financial Measures auf der Übersicht von Pro-forma-Informationen, die erforderlich sind, um Regulation S-X, Absatz 11 zu erfüllen | | | X |
| Verwendung von Bezeichnungen für Non-GAAP Financial Measures, die identisch oder verwechselbar sind mit Bezeichnungen für US-GAAP-Kennzahlen | | | X |

**Tabelle 95: Zusammenfassung der Veröffentlichungsanforderungen an „Non-GAAP Financial Measures" durch die SEC in den USA**

## 7.2.1.2.2 *Regulierung durch Regulation G*

Regulation G erstreckt sich auf die Veröffentlichung (Filing bei der SEC, Pressemitteilungen oder andere Veröffentlichungen) von Pro-forma-Ergebnissen aller US-amerikanischen und ausländischen börsennotierten Gesellschaften, die gemäß des Exchange Acts von 1934 [Section 13(a) oder 15(d)] dazu verpflichtet sind, Abschlüsse bei der SEC einzureichen.[769] Regulation G verlangt von Unternehmen bei der Veröffentlichung einer „Non-GAAP Financial Measure", dass:

- die dargestellte Pro-forma-Kennzahl auf die am besten vergleichbare US-GAAP-Kennzahl überführt wird[770] und

- bei der Veröffentlichung kein irreführendes oder verzerrtes Bild der Unternehmenslage entsteht.

Um den Anforderungen der Regulation G zu genügen, muss die Veröffentlichung einer Pro-forma-Kennzahl somit zwingend begleitet werden durch (i) die Darstellung der am besten vergleichbaren US-GAAP-Kennzahl und (ii) eine verständliche, quantitative Überführung der Pro-forma-Kennzahl in die am besten vergleichbare US-GAAP-Kennzahl;[771] dies gilt für die historische als auch die zukünftige Entwicklung betreffende Kennzahlen.[772] Die Regulation G erstreckt sich auch auf nicht in schriftlicher Form (z.B. in Telefonkonferenzen, Web-Cast, Fernsehen etc.) veröffentlichte Pro-forma-Ergebnisse; in diesem Fall müssen die Unternehmen ebenfalls auf die entsprechend der Regulation G notwendigen Informationen verweisen. Die durch die Regulation G geforderten zusätzlichen Informationen können dann (1) auf der

---

[769] Ausgenommen davon sind registrierte Fondsgesellschaften; jedoch nicht „investment companies", vgl. SEC (2003a), Endnote 13.

[770] Auch die AICPA und das FAPC sieht die Überleitung als wesentlich an, um Pro-forma-Ergebnisse für Investoren verständlich darzustellen, AICPA (2002), S. 1, FAPC (2002), S. 2.

[771] Die von der Regulation G geforderten kompletten Informationen sind in einer Fußnote oder anderen Referenzen zu erläutern. Die Überleitung muss nicht zwingend innerhalb der Ergebnisveröffentlichung angeboten werden sondern kann ggf. auch auf der Homepage platziert werden. Trotzdem ist keine Vorabinformation von Investoren durch Pro-forma-Ergebnisse, bevor das US-GAAP-Ergebnis veröffentlicht wird, mehr möglich.

[772] Für die die historische Entwicklung betreffenden Pro-forma-Ergebnisse ist dies nicht notwendig, wenn keine vergleichbare US-GAAP-Kennzahl existiert und ein unverhältnismäßig hoher Aufwand zur Überführung nötig ist, aber dann muss auf die Nicht-Überführbarkeit hingewiesen werden. Insoweit die Informationen zur zukünftigen Entwicklung des Unternehmens nicht vorliegen, ist entsprechend zu informieren, dass die Werte nicht vorliegen, allerdings ist deren vermutliche Bedeutung darzustellen, vgl. BDO (2003), S. 14.

Website des Unternehmens dargestellt werden oder (2) es wird dargelegt, wie die notwendigen Informationen erhältlich sind.[773]

Die SEC erteilt allerdings keine Vorgaben, welches Referenzkennzahlen nach US-GAAP die am besten geeigneten Größen für die Überleitung von Pro-forma-Ergebnissen darstellen; jedoch sollen alle Pro-forma-Liquiditätskennzahlen in Cashflow-Kennzahlen nach US-GAAP (z.B. Cashflows from operating, investing und financing activities) überführt werden. Dagegen sollen alle Pro-forma-Performancekennzahlen oder leistungsorientierte Kennzahlen auf US-GAAP basierende Ergebnisgrößen der Gewinn- und Verlustrechnung überführt werden (z.B. Net Income oder Income from continuing operations).[774]

Neben den formalen Regeln zur Darstellung von Pro-forma-Ergebnissen hat die SEC weitere Anforderungen formuliert, in denen den Unternehmen die Verantwortung auferlegt wird, keine irreführenden Pro-forma-Ergebnisse zu veröffentlichen. In diesem Zusammenhang fordert die SEC, dass Pro-forma-Kennzahlen in Veröffentlichungen keine größere Bedeutung beigemessen wird als US-GAAP-Kennzahlen. Insbesondere wird die Diskussion von Pro-forma-Kennzahlen in einem eigenen Abschnitt innerhalb der Veröffentlichung präferiert.[775] Darüber hinaus muss das Management in Betracht ziehen, wie Pro-forma-Ergebnisse durch Investoren genutzt werden. In diesem Zusammenhang empfiehlt die SEC dem Management, darauf hinzuweisen, dass Pro-forma-Ergebnisse nicht durch alle Unternehmen und Analysten auf die gleiche Art und Weise berechnet werden; Investoren sollten deshalb darauf hingewiesen werden, dass die Kennzahlen mit gleich benannten Kennzahlen anderer Unternehmen nicht vergleichbar sein müssen.[776] Das Management sollte außerdem erläutern, warum von einer Veröffentlichung der Pro-forma-Kennzahlen relevante und notwendige Information für die Investoren ausgehen.[777]

Während die formalen Anforderungen der Regulation G vor allem einen zusätzlichen administrativen Aufwand für die Unternehmen bedeuten, ist mit der darüber hinausgehenden Forderung, keine irreführenden Information zu veröffentlichen, ein deutlich größeres Risiko für

---

[773] Vgl. SEC (2003a), Endnote 28. Die SEC schlägt vor, dass diese Informationen im Internet für mindestens 12 Monate zur Verfügung stehen sollten.

[774] Vgl. SEC (2003a), Endnote 26.

[775] Vgl. SEC (2001d), Paragraph 1. Die SEC bezeichnet solche Abschnitte als „other data section", vgl. Phillips/Luehlfing/Vallario (2002), S. 5.

[776] Vgl. SEC (2001d), Paragraph 2.

[777] Vgl. SEC (2001d), Paragraph 3.

die Unternehmen verbunden. Eine Einstufung der veröffentlichten Informationen als irreführend ist gegebenenfalls sowohl mit rechtlichen Konsequenzen für das Management sowie erheblichen finanziellen Konsequenzen für das Unternehmen verbunden; diesbezüglich äußert sich die SEC wie folgt *„Rule 102 of Regulation G expressly provides that neither the requirements of Regulation G nor a person's compliance or non-compliance with the requirements of Regulation G shall in itself affect any person's liability under Exchange Act Section 10(b) or Rule 10b-5 thereunder"* [778]. Diese Drohkulisse wird umso wichtiger, da die SEC bereits in den Erläuterungen zur Regulation G darauf hinweist, dass sie der freiwilligen Pro-forma-Berichterstattung grundsätzlich skeptisch gegenüber steht; insbesondere wird die Erfüllung der expliziten und formalen Anforderungen aus Regulation G als nicht ausreichend angesehen, um Verletzungen der Regulation G auszuschließen. Der hohe Aufwand zur Erfüllung der Vorschriften der Regulation G in Verbindung mit den bestehenden Rechts- und Haftungsrisiken auf Grund der anhaltenden Skepsis der SEC gegenüber Pro-forma-Ergebnissen reduziert für die Unternehmen die Attraktivität der freiwilligen Pro-forma-Berichterstattung erheblich und sollte deshalb zu einem deutlichen Rückgang des Ausweises von Pro-forma-Ergebnissen führen. [779]

Die Regulation G richtet sich in erster Linie an US-amerikanische Unternehmen; nicht-amerikanische Unternehmen („foreign private issuers"[780]) sind von der Regulation G ausgenommen, wenn:[781]

- deren Wertpapiere auch an einer Börse oder einem Börsenkurssystem außerhalb der USA gehandelt werden,

- die Pro-forma-Ergebnisse von einem anderen Rechnungslegungsstandard als US-GAAP abgeleitet werden (z.B. IAS/IFRS, UK-GAAP oder HGB)[782] oder

---

[778] SEC (2003a), S. 7, 17 CFR 244.102 und 17 CFR 240.10b-5.

[779] Vgl. Arnold/Porter (2003), S. 5, Taub (2003), S. 1.

[780] „Foreign privat issuer" sind definiert in Regel 405 (17 CFR § 230.405 des Securities Act 1933 (15 U.S.C. §§ 77a ff.).

[781] Die SEC stellt mit diesen Regeln sicher, dass die Ausnahmen weder durch amerikanische Unternehmen noch durch ausländische Unternehmen, deren primärer Rechnungslegungsstandard US-GAAP ist, angewendet werden. Ausländische Unternehmen sollen zudem nicht bei der Ergebnisbekanntgabe in ihren Heimatmärkten behindert werden.

[782] Die SEC hat klar gestellt, dass für ausländische Unternehmen, deren primäre Rechnungslegung nicht nach US-GAAP erfolgt sowie rechnungslegende Verpflichtungen auf Grund von Regulierungen im Heimatmarkt bestehen, sich die Definition von „Non-GAAP-Financial Measures" auf Abweichungen von deren primären Rechnungslegungsstandard bezieht. Für ausländische Unternehmen, deren primäre Rechnungslegung nach

- die Bekanntmachung der nicht mit US-GAAP konformen Pro-forma-Kennzahlen außerhalb der USA erfolgt.[783]

### 7.2.1.2.3 Regulierung durch Item 10 der Regulation S-K und S-B sowie Form 20-F

Im Unterschied zur Regulation G betreffen die Ergänzungen in Item 10 der Regulierungen S-K[784] und S-B[785] sowie Form 20-F jeweils den Ausweis von Pro-forma-Ergebnissen in den Filings bei der SEC. Im Rahmen des Filings erlegt die SEC den Unternehmen sehr viel detailliertere und umfassendere Anforderungen und Verbote bezüglich der freiwilligen Pro-forma-Berichterstattung auf als in Regulation G.[786] Die zusätzlichen Anforderungen und Verbote kommen darin zum Ausdruck, dass zum einen mit der Regulation G vergleichbare Forderungen bezüglich (i) der gleichbedeutenden oder hervorgehobenen Darstellung der am besten vergleichbaren US-GAAP-Kennzahl, (ii) einer quantitativen Überleitung der Pro-forma-Kennzahl auf die am besten vergleichbare US-GAAP-Kennzahl sowie (iii) der Erklärung des Managements, warum diese Nicht-US-GAAP konforme Kennzahl eine nützliche und zweckdienliche Information für die Investoren bei der Einschätzung der Ertragskraft und der finanziellen Lage des Unternehmens darstellt, übernommen werden;[787] zudem muss das Manage-

---

US-GAAP erfolgt, bezieht sich die Definition von „Non-GAAP-Financial Measures" auf Abweichungen zu US-GAAP. Auf die letztgenannten Unternehmen findet Regulation G genauso Anwendung wie auf US-amerikanischen Unternehmen. Für die Unternehmenspraxis bedeutet dies vor allem, dass international agierende Unternehmen sehr wohl darauf verweisen müssen, auf der Basis welchen Rechnungslegungsstandards die Pro-forma-Kennzahl ermittelt worden ist, vgl. AICPA (2002).

783 Weitere Regeln erleichtern die Nutzung von „Non-GAAP Financial Measures" durch ausländische Unternehmen in den USA. So gelten die Ausnahmeregeln auch denn, wenn zumindest eine der nachfolgenden Bedingungen zutrifft: (i) die Bekanntmachung erfolgt in den USA und gleichzeitig oder zeitiger im Ausland und die Ergebnisveröffentlichung ist nicht anderweitig auf Personen in den USA gerichtet, (ii) ausländische Journalisten, US-amerikanische Journalisten oder andere Dritte haben Zugriff auf diese Informationen, (iii) die Veröffentlichung erfolgt auf einer oder mehreren Web-Seiten des Unternehmens, die allesamt nicht ausschließlich auf Adressaten in den USA ausgerichtet sind, (iv) die Informationen werden im Rahmen des Form 6-K durch die ausländischen Unternehmen bei der SEC eingereicht, vgl. SEC (2003a), S. 4.

784 Bei den Regulation S-K handelt es sich um die Vorschriften über die Publizitätspflicht von Informationen außerhalb der Jahresabschlüsse.

785 Vorschriften für kleine börsennotierte Gesellschaften; für sie gelten seit 1992 Erleichterungen und sie unterliegen nicht den Regulation S-X und S-K.

786 Die Bezeichnung der Pro-forma-Kennzahl muss erkennen lassen, von welchem Ergebnis (Net Income, Operating Income, Cashflow) Geschäftsvorfälle herausgerechnet und welche Anpassungen vorgenommen werden, vgl. SEC (2003c), Question 14.

787 „Companies should never use a non-GAAP financial measure in an attempt to smooth earnings. Further, while there is no per se prohibition against removing a recurring item, companies must meet the burden of demonstrating the usefulness of any measure that excludes recurring items, especially if the non-GAAP financial measure is used to evaluate performance.", SEC (2003c), Question 8. Die Erläuterungen des wesentlichen Nutzens, die Pro-forma-Ergebnisse für die Investoren bringen sollen, ist von der jeweiligen Situation des Unternehmen, der Branche, wirtschaftlichen Entwicklungstrends sowie deren Einfluss auf Auswirkungen von Managemententscheidung abhängig und entsprechend darzustellen. Ist auf der Basis dieser

ment, über die Anforderungen der Regulation G hinausgehend, erläutern, (iv) wie die Pro-forma-Kennzahl für andere Unternehmenszwecke genutzt (z.B. als Kenngröße für eine erfolgsabhängige Entlohnung) wird.[788] Zum anderen werden in Item 10 des Form S-K und S-B sowie Form 20-F zusätzliche Verbote für ein Filing von Pro-forma-Ergebnissen ausgesprochen; dazu zählen die Verbote:

- Aufwendungen oder Verbindlichkeiten herauszurechnen, die einen Barausgleich (Zahlungsmittelabfluss) erfordert haben oder erfordern werden;[789] lediglich für Pro-forma-Ergebnisse in Form des EBIT bzw. des EBITDA werden explizite Ausnahmen bezüglich dieser Regelung gestattet,[790]

- Positionen als nicht regelmäßig wiederkehrend, selten, einmalig oder außergewöhnlich zu klassifizieren und bei der Berechnung der Pro-forma-Ergebnisse zu eliminieren oder zu glätten,[791] wenn es wahrscheinlich ist, dass ein Gewinn oder Verlust aus diesen Geschäftsvorfällen in den kommenden zwei Jahren wiederkehren wird oder in den vergangenen zwei Jahren bereits aufgetreten ist,[792]

- Pro-forma-Ergebnisse in der Übersicht der Financial Statements (Bilanz, Gewinn- und Verlustrechnung, Kapitalflussrechnung) nach US-GAAP oder dem zugehörigen Anhang darzustellen,

---

Erläuterungen der zusätzliche Nutzen für den Investor nicht ersichtlich, ist es der SEC vorbehalten, diese Pro-forma-Ergebnisse zu verbieten.

788  Vgl. SEC (2003a). Für Pro-forma-Ergebnisse sind weder Vorperiodenvergleichswerte verpflichtend anzugeben, noch besteht die Verpflichtung, diese in zukünftigen Perioden in den Abschlüssen auszuweisen, vgl. InfoDienst (2004), S. 10.

789  Pro-forma-Kennzahlen können nach der neuen Regulierung entweder als Performance- oder Liquiditätskennzahlen dargestellt werden. Item 10 (e) der Regulation S-K untersagt, dass Aufwendungen beim Ausweis von liquiditätsbezogenen Pro-forma-Kennzahlen herausgerechnet werden, die Auszahlungen erfordert haben oder dies zukünftig werden.

790  Dazu gehören nicht abgewandelte Versionen von EBIT und EBITDA wie z.B. Adjusted EBITDA, EBITDAR, außer wo dies ausführlich begründet und durch die SEC explizit akzeptiert wird.

791  Empirische Erhebungen zeigen, dass einige Unternehmen Aufwendungen wie Restrukturierungsaufwand, Abschreibungen auf Vorräte Jahr für Jahr veröffentlichen und trotzdem durch das Management als unregelmäßig und einmalig klassifiziert werden, vgl. Bloom/Schirm (2003).

792  So sollen zum Beispiel kein Goodwillabschreibungen aus der Berechnung des Pro-forma-Ergebnisses herausgelassen werden, außer dass Unternehmen nimmt an, dass in den nächsten zwei Jahren keine Impairment-Abschreibung entstehen wird, vgl. BDO (2003), S. 15. Ob wesentliche Aufwendungen, z.B. Restrukturierungsaufwand, einen sich wiederholenden oder sich nicht wiederholenden Geschäftsvorfall darstellen, ist in der „Management Discussion and Analysis of Financial Condition" und der Darstellungen der Geschäftsergebnisse darzustellen. Das Management muss beim Herausrechnen von Aufwendungen somit erläutern, warum die in der Vergangenheit aufgetretenen Aufwendungen in der Zukunft nicht mehr auftreten werden bzw. welche außergewöhnlichen anderen Gründe den einmaligen Charakter und somit die Herausrechnung dieser Aufwendungen rechtfertigen, vgl. SEC (2003c), Question 9.

- Pro-forma-Ergebnisse in Übersichten von verpflichtenden Pro-forma-Informationen (im Sinne der Regulation S-X, Absatz 11) darzustellen,

- Pro-forma-Ergebnisse ähnlich oder verwechselbar mit US-GAAP-Kennzahlen zu bezeichnen oder zu beschreiben.[793]

Ausnahmen von diesen Regelungen sind möglich, wenn dies im Interesse der Investoren liegt. Beispielhaft nennt die SEC von Gläubigern oder anderen Vertragspartnern geforderte Proforma-Kennzahlen (Debt Covenants), von denen die Gewährung und Verlängerung von Kreditlinien abhängt. Bei solchen Ausnahmen kann das Unternehmen diese Pro-forma-Kennzahlen innerhalb der „Management Discussion & Analysis" erläutern.[794] Damit verbunden ist die Auflage, dass die Unternehmen:

- die substanzielle Bedeutung des Kreditvertrags oder anderweitiger Verträge für das Unternehmen und die geforderten Pro-forma-Ergebnisse erläutern,

- Beträge oder Limite, die der Vertragseinhaltung zugrunde liegen, erläutern,

- die Konsequenzen einer Einhaltung bzw. Nicht-Einhaltung der Verträge auf die finanzielle Situation des Unternehmens und dessen Liquidität darstellen.[795]

Wie auch bei der Regulation G genügt die Erfüllung der formalen Vorschriften der Regulation S-K und S-B sowie Form 20-F nicht, um die Anforderungen der SEC bezüglich des Filings von Pro-forma-Ergebnissen zu erfüllen; insbesondere bleiben mögliche rechtliche Konsequenzen auf Grund einer Darstellung irreführender Pro-forma-Ergebnisse unberührt. Die SEC bewertet Pro-forma-Ergebnisse insbesondere dann als irreführend, wenn nachfolgende Informationen nicht detailliert dargestellt werden:

- die Verwendung der Pro-forma-Ergebnisse bei der Führung und Bewertung des operativen Geschäfts; dabei ist der alleinige Hinweis auf die Verwendung dieser Pro-forma-Ergebnisse durch Analysten nicht ausreichend,

- die Managemententscheidungen, die auf Basis dieser Pro-forma-Ergebnisse getroffen werden,

---

[793] Vgl. SEC (2003a).
[794] Vgl. KPMG (2003a), S. 4.
[795] Vgl. SEC (2003c), Question 10.

- die inhaltlichen Beschränkungen, die mit der Nutzung der am besten vergleichbaren US-GAAP-Kennzahl im Vergleich zur Pro-forma-Kennzahl verbunden sind sowie deren Beseitigung durch den Einsatz dieses Pro-forma-Ergebnisses.[796]

Die SEC verlangt zusätzlich die Darstellung der Pro-forma-Ergebnisse im richtigen Kontext. Damit soll die Verwendung von Pro-forma-Ergebnissen in der Diskussion der betrieblichen Leistungsfähigkeit unterbunden werden, wenn sie sich eigentlich auf die Liquidität, die Kapitalausstattung oder die Schuldentilgungsfähigkeit des Unternehmens beziehen.[797] In diesem Zusammenhang sieht die SEC Pro-forma-Ergebnisse in Form des EBIT bzw. EBITDA als Liquiditätskennzahlen an;[798] dies erfordert eine Überleitung des EBIT bzw. EBITDA auf eine vergleichbare Liquiditätskennzahl der Kapitalflussrechnung nach US-GAAP.[799] Damit ist allerdings eine Abkehr von der weit verbreiteten und gängigen Nutzung des EBITDA als Performancekennzahl verbunden.[800] Wird die Kennzahl EBITDA dennoch als Performancekennzahl verwendet, hat eine Überleitung auf das US-GAAP-Ergebnis zu erfolgen. Das operative Ergebnis wird durch die SEC nicht als am besten vergleichbare Ergebniskennzahl nach US-GAAP angesehen, da bei der EBIT(DA)-Berechnung Anpassungen vorgenommen werden, die im operativen Ergebnis nicht enthalten sind (z.B. Ertragsteuern).[801] Da bei der Berechnung der Performance-Kennzahlen EBIT und EBITDA wiederkehrende Aufwendungen ausgeschlossen werden, muss das Management des Unternehmens erläutern, warum der Ausschluss dieser regelmäßig anfallenden Aufwendungen (z.B. Abschreibungen auf das Anlage-

---

796 Vgl. SEC (2003c), Question 8.

797 Die SEC bemängelt, dass adjustierte oder normalisierte Kennzahlen für das Working Capital oder die finanziellen Mittel, die durch die operative Geschäftstätigkeit erwirtschaftet werden und zum Kapital- und Schuldendienst zur Verfügung stehen, entsprechend präsentiert werden, als ob es sich um ein Performance-Maß handelt, vgl. SEC (2001d), Paragraph 5.

798 Pro-forma-Kennzahlen, die anderweitig berechnet werden als in den Vorgaben der SEC für EBIT und E-BITDA dürfen von den Unternehmen nicht als EBIT oder EBITDA bezeichnet werden, vgl. SEC (2003c), Question 14.

799 Zahlreiche Unternehmen weisen Free Cashflows als liquiditätsbezogenes „Non-GAAP Financial Measure" aus. Grundsätzlich wird der Ausweis von Free Cashflows weiterhin zulässig sein. Allerdings ist die Berechnung des Free Cashflow weder durch US-GAAP noch in anderen Rechnungslegungsstandards definiert. Daher müssen Unternehmen beim Ausweis von Free Cashflows die Berechnungsmethode sowie Vor- und Nachteile für Investoren offen legen und in den Cashflow gemäß US-GAAP überführen. Insbesondere weist die SEC ausdrücklich darauf hin, dass Unternehmen darauf hinweisen sollen, dass Free Cashflows keinesfalls die zur freien Verfügung des Unternehmens stehenden Cashflows kennzeichnen, vgl. SEC (2003c), Question 13. Dies ist darauf zurückzuführen, da aus den Free Cashflows i.d.R. der Schuldendienst zu leisten ist.

800 Vgl. Arnold/Porter (2003), S. 4.

801 Vgl. SEC (2003c), Question 15.

vermögen) dazu beiträgt, eine angemessene Kennzahl für die Unternehmensperformance zu bilden.

In der Final Rule der SEC wird explizit darauf hingewiesen, dass der Ausweis einer „Non-GAAP per share measure" erlaubt ist, allerdings an die gleichen Bedingungen geknüpft ist wie der Ausweis einer Nicht-US-GAAP konformen Finanzkennzahl.[802] „Earnings per Share-Angaben" bleiben verboten, die bereits in anderen US-GAAP oder SEC-Regeln verboten sind. Dazu gehören der Cashflow je Aktie[803] sowie andere Liquiditätsangaben je Aktie.[804] Stattdessen müssen alle veröffentlichten Pro-forma-EPS als Performance-Kennzahl für die operative Leistungsfähigkeit dargestellt werden und auch auf eine entsprechende Ergebnis-Kennzahl je Aktie nach US-GAAP übergeleitet werden.[805]

Eine Ausnahmestellung bezüglich der freiwilligen Pro-forma-Berichterstattung und deren Regulierung hat die Segmentberichterstattung erlangt; die Veröffentlichung von Kennzahlen, die der Definition von „Non-GAAP Financial Measures" entsprechen, ist in der Segmentbericht-erstattung in den USA weit verbreitet. Ausschlaggebend dafür ist, dass der Ausweis von sol-chen Ergebnissen in der Segmentberichterstattung gemäß FASB 131[806] toleriert wird, wenn die Unternehmen die Performance ihrer Segmente tatsächlich nach von US-GAAP abwei-chenden Ergebnissen messen und steuern.[807] Die betroffenen, in Übereinstimmung mit FASB

---

[802] Vgl. SEC (2003a), Endnote 11.

[803] Vgl. FASB (1997b).

[804] Vgl. SEC (2003c), Question 11.

[805] Vgl. BDO (2003), S. 16. Das generelle Verbot, Cashflows je Aktie zu veröffentlichen, macht die Darstel-lung der am besten vergleichbaren Kennzahl gemäß US-GAAP unmöglich. Damit kann die notwendige Überleitung nicht erfolgen, weshalb Pro-forma-Cashflow-Angaben je Aktie ebenfalls unmöglich werden. Aus diesem Grund können Pro-forma-EPS ausschließlich als Ergebnismaße für die Performance der Unter-nehmen verwendet werden.

[806] Im FASB 131 werden die Anforderungen an die Segmentberichterstattung folgendermaßen definiert: *„An enterprise shall report a measure of profit or loss and total assets for each reportable segment. The amount of each segment item reported shall be the measure reported to the chief operating decision maker for pur-poses of making decisions about allocating resources to the segment and assessing its performance. Ad-justments and eliminations made in preparing an enterprise's general-purpose financial statements and al-locations of revenues, expenses, and gains or losses shall be included in determining reported segment profit or loss only if they are included in the measure of the segment's profit or loss that is used by the chief operating decision maker."*, FASB (1997a).

[807] Ein Unternehmen hat für folgende Segmentpositionen eine Überleitung vorzunehmen: (i) die Summe der veröffentlichten Umsätze der einzelnen Segmente auf den konsolidierten Umsatz, (ii) die Summe der veröf-fentlichten Segmentergebnisse auf das konsolidierte Ergebnis vor Ertragsteuern, dem außerordentlichen Er-gebnis, dem Ergebnis aus nicht-fortgeführten Geschäftstätigkeiten und Auswirkungen durch den Wechsel der Bewertungsmethoden (insoweit ein Unternehmen einzelne Sachverhalte wie Ertragsteuern oder Positio-nen des außerordentlichen Ergebnisses einzelnen Segmenten zuordnet, sollte auch hier die Überleitung auf das konsolidierte Ergebnis der Periode erfolgen) und (iii) die Summen der Positionen für Vermögensge-

344

131a erstellten Ergebnisse entsprechen deshalb zwar unternehmensinternen Größen, stellen aber keine Pro-forma-Ergebnisse bzw. „Non-GAAP Financial Measures" im Sinne der Regulation G und des Item 10 der Regulation S-K und S-B dar.[808] Diese Ergebnisgrößen sind allerdings in keinem anderen Kontext in den Ergebnisveröffentlichungen zu verwenden. Insoweit sich eine Veröffentlichung nur auf die Angabe auf Segmentebene bezieht, sind folglich keine Überleitungen auf das am besten vergleichbare US-GAAP-Ergebnis gemäß Regulation G durchzuführen. Insoweit die Überleitung aber auf konsolidierter Ebene erfolgt, greifen die Offenlegungsvorschriften der Regulation G.[809]

Ausländische Unternehmen unterliegen prinzipiell den gleichen Anforderungen wie US-Unternehmen; allerdings erlaubt die SEC Ausnahmen beim Filing des Form 20-F. Spezielle Ausnahmen für die ausländischen Unternehmen sind die folgenden: (i) die „Non-GAAP Financial Measures" stehen in Bezug zum jeweiligen primären Rechnungslegungsstandard (I-AS/IFRS, UK-GAAP, HGB, etc.), (ii) die „Non-GAAP Financial Measures" sind durch den ausländischen primären Rechnungslegungsstandard vorgeschrieben oder zumindest ausdrücklich erlaubt (wenn diese nur nicht verboten sind, ist dies nicht ausreichend) und (iii) die „Non-GAAP Financial Measures" sind im Abschluss (Geschäftsbericht) enthalten, der im Ansässigkeitsstaat veröffentlicht bzw. bei den dortigen Börsen eingereicht wird.[810]

---

genstände sowie jede andere wichtige Position mit relevantem Informationsgehalt auf den entsprechenden konsolidierten Wert, vgl. FASB (1997a), Note 32. Wenn die Überleitung der Segmentpositionen in Summe nicht dem Wert des konsolidierten Abschlusses entspricht, handelt es sich um Pro-forma-Ergebnisse, die auf das entsprechende US-GAAP-Ergebnis überzuleiten sind, vgl. SEC (2003c), Questions 16 und 17. Solche Pro-forma-Ergebnisse können im Rahmen der Management Discussion & Analysis ohne eine nochmalige Überleitung auf die nächste vergleichbare US-GAAP-Kennzahl diskutiert werden. In diesem Fall greift Regulation G nicht. Allerdings erwartet die SEC in diesem Fall in Übereinstimmung mit den Financial Reporting Releases 54, Section 501.06.a, Fußnote 28, dass sowohl das segmentspezifische Pro-forma-Ergebnis als auch die ausgeschlossenen Aufwendungen bzw. Erträge angemessen im Management Discussion & Analysis diskutiert werden. Insbesondere muss deutlich werden, welchen Beitrag die Performance des Segments zum konsolidierten Ergebnis nach US-GAAP leistet. Pro-forma-Erfolgsgrößen der Segmente sind in der Management Discussion & Analysis nicht über das in FASB 131 geforderte Maß hinaus zu erläutern, vgl. BDO (2003), Deloitte Touche Tohmatsu (2003), S. 3, KPMG (2003c), S. 5.

[808] Vgl. SEC (2003c), Question 18.

[809] Vgl. InfoDienst (2004), S. 9.

[810] Der Ausweis von Pro-forma-Ergebnissen durch ausländische Unternehmen ist ausdrücklich erlaubt, wenn die Kennzahl als ein Instrument durch den Regelsetzer akzeptiert wird, der für den Erlass der Rechnungslegungsvorschriften, die das Unternehmen als ersten Rechnungslegungsstandard anwendet, verantwortlich ist, vgl. SEC (2003c), Question 28.

*7.2.1.2.4 Regulierung durch Item 12 in Form 8-K*

Neben der Regulierung des Inhalts der veröffentlichten Informationen besteht ein Hauptziel des „Sarbanes-Oxley-Acts" darin, Informationen über wesentliche Veränderungen der finanziellen Situation oder der Geschäftstätigkeit zeitnah und aktuell zu veröffentlichen.[811] Aus diesem Grund müssen die vom „Sarbanes-Oxley-Act" betroffenen Unternehmen innerhalb von fünf Geschäftstagen nach der Veröffentlichung von Informationen zur finanzielle Lage oder zu Ergebnissen für ein abgelaufenes Geschäftsjahr bzw. Quartal die neuen Informationen im Form 8-K („Disclosure of Results of Operations and Financial Condition") an die SEC übergeben werden.[812] Diese Regelung gilt unabhängig von einer Veröffentlichung von US-GAAP- oder Pro-forma-Ergebnissen.[813] Ursprünglich war im Entwurf des „Sarbanes-Oxley-Acts" ein Filing des Form 8-K vorgesehen. Auf Grund von Befürchtungen, dass Unternehmen wegen der Haftung für das Filing zutreffender und richtiger Informationen dann weitgehend auf Ad-hoc-Informationen verzichten werden, wurde auf das Filing verzichtet und das rechtlich weniger restriktive Konstrukt des Furnishing genutzt. Der Schutz der Anleger soll stattdessen durch die volle Anwendung der Regulation G auf das Form 8-K erreicht werden.

Wenn die Informationen nicht in schriftlicher Form bekannt gegeben werden (z.B. in mündlicher Form, telefonisch, über Web-Cast, im Rundfunk oder Fernsehen), ist kein separates „8-K-Furnishing" nötig,[814] wenn (i) sich die Bekanntgabe auf eine andere schriftliche, 8-K-

---

811 Item 12 des Form 8-K entfaltet seine Wirkung nur für Ergebnisveröffentlichungen abgeschlossener Quartale und Geschäftsjahre, allerdings nicht bei der Veröffentlichung von Ergebnisschätzungen für die Zukunft sowie das laufende Geschäftsjahr, vgl. SEC (2003a).

812 Der neu ergänzte Item 12 des Forms 8-K verpflichtet die Unternehmen, alle wesentlichen Verlautbarungen von zuvor nicht-öffentlichen Informationen zu Ergebnissen oder der finanzieller Lage abgelaufener Quartale oder Geschäftsjahre bei der SEC zu hinterlegen. Dabei greifen nicht die rechtlichen Standards des Filing-Prozesses sondern des Furnishing (v.a. unterliegen die Veröffentlichungen weder Section 18 des Exchange Acts noch den Verboten des Item 10 aus Regulation S-K und S-B; Regulation G stellt aber sicher, dass keine irreführenden Informationen veröffentlicht werden). Dies ist unabhängig davon, ob in dieser Ad-hoc-Veröffentlichung ein Nicht-US-GAAP konforme Finanzkennzahl verwendet worden ist. Der neue Item 12 generiert nicht die Anforderung, dass ein Unternehmen Ergebnisankündigungen oder Bekanntgaben von Pro-forma-Finanzinformationen vorzunehmen hat, doch wenn dies erfolgt, greifen die Anforderung von Item 12 des Form 8-K, vgl. SEC (2003a).

813 Allerdings unterliegen die Pro-forma-Ergebnisse im vollen Umfang Regulation G. Die Unternehmen können diese zusätzlichen Anforderungen durch eine entsprechende Erklärung in Form 8-K oder in den Ergebnis- bzw. Ad-hoc-Mitteilungen gemäß Regulation G selbst erklären; entsprechende Erklärungen bzw. Aktualisierungen in den Filings bei der SEC, z.B. durch das Filing des neuen Jahresabschlusses, erfüllen diese Anforderungen, wenn dies nicht später geschieht als das Einreichen des Forms 8-K.

814 Insofern die gleichen Informationen bereits an anderer Stelle bekannt gegeben wurden (z.B. im Zwischen- oder Geschäftsjahresbericht im Rahmen des Filings), findet diese zusätzliche Regulierung keine Anwendung. Lediglich bei neuen oder wesentlichen zusätzlichen Informationen greift diese Regelung, siehe Form

relevante Bekanntgabe bezieht, die nicht älter als 48 Stunden ist, (ii) das 8-K-Formular für die andere Bekanntgabe bereits bei der SEC vorliegt, (iii) die neuen Informationen öffentlich zugänglich waren, (iv) die neuen Informationen auf der Webseite des Unternehmens (mit allen entsprechend der Regulation G erforderlichen Erläuterungen) verfügbar sind oder (v) die Bekanntgabe in einer Presseveröffentlichung mit dem Hinweis auf den Zugang und den Link zum Abruf der Informationen über die Webseite angekündigt wurde.

### 7.2.1.3 Enforcement der Regulierung der freiwilligen Pro-forma-Berichterstattung durch die SEC

Der Begriff des Enforcement wird in der Literatur in unterschiedlichen Formen verwendet; die Europäische Union definiert Enforcement als „... *enforcement may be defined as (i) monitoring compliance of the financial information with the applicable reporting framework, (ii) taking appropriate measures in case of infringements discovered in the course of enforcement*".[815] Ein wirksames Enforcement setzt (i) klar definierte Regeln bzw. Normen, (ii) Kontrollen durch handlungsfähige Aufsichtsinstanzen, (iii) eindeutig definierte Inhalte und Adressaten der Regulierung, (iv) zeitnahe Auslegung und Anleitungen bezüglich der Kontrollmechanismen, (v) wirksame Sanktionen, (vi) Koordination zwischen verschiedenen Aufsichtsinstanzen und (vii) ein transparentes Reporting der Aufsichtsbehörden voraus.[816]

Die Regulierung des vergleichsweise komplexen Regelwerks der Pro-forma-Berichterstattung wird dadurch sichergestellt, dass die SEC als Bundesbehörde (staatliches Enforcement) sowohl über die legislativen, exekutiven als auch judikativen Kompetenzen verfügt.[817] Regulation G, S-B, S-K und 20-F erfüllen die Anforderungen (i) und (iii) bezüglich des Enforcements grundsätzlich, wenngleich (i) auf Grund der nicht näher spezifizierten Forderung, keine irreführenden Informationen zu veröffentlichen, Unsicherheiten für die Unternehmen bleiben. Die verbleibenden Anforderungen an ein wirksames Enforcement werden durch die Einbindung der Regulierung der freiwilligen Pro-forma-Berichterstattung in die Enforcement-Mechanismen der SEC sichergestellt. Insbesondere verfügt die SEC als Bundesbehörde über

10-Q (17 CFR § 249.308a), Form 10-QSB (17 CFR § 249.308b), Form 10-K (17 CFR § 249.310), Form 10-KSB (17 CFR § 249.310b).

815 Haller/Bernais (2005), S. 29.

816 Vgl. CESR (2003, 2004), Haller/Bernais (2005), S. 29 ff. Regulierung wirkt im Zusammenspiel von Akzeptanz, Anreizsetzung und Sanktionierung.

817 Seit 1973 ist das FASB formal für die Normensetzung verantwortlich; jedoch verbleibt die entscheidende legislative Kompetenz bei der SEC, da die SEC in Streitfällen bezüglich vom FASB aufgestellter Standards eigenständige Normen erlassen kann, die vorrangig gelten, vgl. Küting/Wohlgemuth (2002), S. 271.

umfassende Sanktionsmöglichkeiten, sowohl gegenüber den Unternehmen, dem Management der Unternehmen als auch gegenüber den Wirtschaftsprüfern; hinzu kommt die Möglichkeit, zivil- oder strafrechtliche Verfahren einzuleiten.[818]

Das staatliche Enforcement wird in den USA durch ein privates Enforcement auf zwei Ebenen ergänzt: zum einen übernimmt das Public Accountability Board[819] als private Instanz unter Aufsicht der SEC die Aufsicht über die Wirtschaftsprüfer und zum anderen werden Privatpersonen durch umfassenden Rechtsschutz motiviert, Regelverstöße zu melden.[820] Während die Wirtschaftsprüfer eine hohe Qualität der Rechnungslegung nach US-GAAP sicherstellen sollen, richtet sich das „Whistle Blowing" sowohl gegen einen missbräuchlichen oder irreführenden Einsatz von Pro-forma-Ergebnissen als auch gegen Verstöße gegen die Rechnungslegungsstandards. Insbesondere werden gelistete Unternehmen verpflichtet, Mechanismen zum unternehmensinternen „Whistle Blowing" an die „Audit Committees" einzurichten. Durch die Unabhängigkeit des „Audit Committees" sowie die rechtlichen Schutzmaßnahmen des „Sarbanes-Oxley-Acts" wird sichergestellt, dass Insider, die Regelverstöße melden, anonym bleiben können und nicht benachteiligt werden.[821]

### 7.2.1.4 Auswirkung der Regulierung auf die Pro-forma-Berichterstattung in den USA

Die Wirkung der Regulierung der freiwilligen Pro-forma-Berichterstattung durch die SEC wird häufig daran gemessen, inwieweit der Ausweis von Pro-forma-Ergebnissen nach deren Regulierung zurückgegangen ist.[822] Da die Ziele der SEC bei der Regulierung aber nicht im Verbot der freiwilligen Pro-forma-Berichterstattung sondern in der Schaffung von transparenten Entscheidungsgrundlagen für Investoren und somit in der Reduktion des opportunistischen Einsatzes von Pro-forma-Ergebnissen sowie zwischenbetrieblich vergleichbaren Darstellungen der Ertragslage von Unternehmen liegen, stellt (i) die Häufigkeit der freiwilligen

---

[818] Zum proaktiven und reaktiven Enforcement durch die SEC, vgl. Küting/Wohlgemuth (2002), S. 271 ff., Schmidt (2003), S. 14 ff.

[819] Vgl. Küting/Wohlgemuth (2002), S. 273.

[820] Der „Sarbanes-Oxley-Act" schützt umfassend sowohl unternehmensinternes „Whistle Blowing" als auch externes „Whistle Blowing" zivil- bzw. arbeitsrechtlich (durch z.B. Kündigungsschutzrechte, Verbot von Benachteiligungen von Insidern, die Regelverstöße melden) als auch strafrechtlich. Zusätzlich bietet der US False Claim Act und z.T. Bundesstaatengesetze zusätzliche finanzielle Anreize zum Melden von Regelverstößen an Behörden oder andere öffentliche Instanzen, vgl. Schmidt (2003), S. 19 f.

[821] Damit wird Überlegungen der neo-institutionalistischen Ökonomie Rechnung getragen, wonach ein unternehmensinternes „Whistle Blowing" die Effizienz des Enforcements deutlich erhöht, vgl. Schmidt (2003), S. 26 ff.

[822] Newman (2003) und Taub (2003) diskutieren die Wirkung der Regulierung vor dem Hintergrund der Häufigkeit des Ausweises von Pro-forma-Ergebnissen.

Pro-forma-Berichterstattung alleine kein ausreichendes Beurteilungskriterium für die Effektivität der Regulierung durch die SEC dar. Stattdessen sind dafür die Entwicklung (ii) der Häufigkeit des opportunistischen Einsatzes sowie (iii) des Informationsgehalts bzw. der Bewertungsrelevanz von Pro-forma-Ergebnissen zu bewerten.

Bezüglich der Häufigkeit der Nutzung der freiwilligen Pro-forma-Berichterstattung deuten empirische Untersuchungen darauf hin, dass vor allem bei großen Unternehmen des S&P500, die im Mittelpunkt des Anlegerinteresses stehen, ein Rückgang des Ausweises von Pro-forma-Ergebnissen festzustellen ist.[823] Als ausschlaggebend für diesen Rückgang werden vor allem Regulation G und ein verändertes Analystenverhalten angesehen:

1. Zum einen fordert die Regulation G, auch in Verbindung mit 8-K, einen hohen administrativen Aufwand; zum anderen ist, wie oben bereits dargestellt, die Erfüllung der formalen Anforderungen nicht ausreichend, um die Konformität der freiwilligen Pro-forma-Berichterstattung mit Regulation G sicherzustellen.[824] Insbesondere dürfen keine irreführenden Angaben veröffentlicht werden. Da letzteres nicht näher spezifiziert wird, aber im Rahmen des Exchange Acts zivil- und strafrechtliche Konsequenzen nach sich ziehen kann, ist die freiwillige Pro-forma-Berichterstattung rechtlichen Risiken unterworfen.

2. Auf Grund der Vertrauenskrise in Pro-forma-Ergebnisse orientieren sich Analysten in stärkerem Umfang wieder an US-GAAP-Ergebnissen.[825]

Durch die Verbindung des Angebots von Pro-forma-Ergebnissen mit möglichen rechtlichen Konsequenzen sowie die sinkende Nachfrage nach Pro-forma-Ergebnissen durch Analysten wird die freiwillige Pro-forma-Berichterstattung für die Unternehmen weniger attraktiv. Den stärksten Einfluss hatte dabei die Regulierung durch die SEC: Abbildung 29 zeigt, dass erst mit dem Inkrafttreten der Regulierung ein deutlicher Rückgang der Pro-forma-Berichterstattung zu erkennen ist. Dagegen hatten der „Sarbanes-Oxley-Act" sowie der Warnhinweis der SEC nur einen geringen Einfluss auf die Häufigkeit der freiwilligen Pro-

---

[823] Vgl. Marques (2005b), S. 37, Heflin/Hsu (2005), S. 28, Yi (2006), S. 26 f.

[824] Newman (2003), S. 1 f., gibt an, dass gemäß einer NIRI-Umfrage bis zu 16% der amerikanischen Unternehmen infolge der Regulierung der SEC ihre Pro-forma-Berichterstattung eingestellt haben. Als Grund geben 47% dieser Unternehmen die Anforderungen der Regulation G an.

[825] Beispielsweise hat Merrill Lynch bereits am 15.03.2002 angekündigt, Ergebnisprognosen nicht nur für Pro-forma-Ergebnisse zu formulieren sondern ebenso US-GAAP bei den Ergebnisprognosen zu berücksichtigen, siehe www.accountancyage.com/print/1128255.

forma-Berichterstattung. Die Richtlinien der FEI bzw. der NIRI zum Ausweis von Pro-forma-Ergebnissen führten sogar zu einem Anstieg der Pro-forma-Berichterstattung.

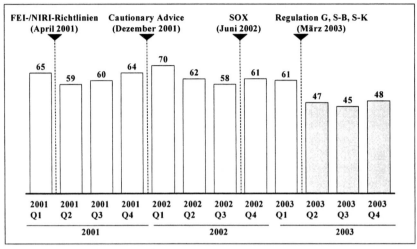

Abbildung 29: 361 US-amerikanische S&P500-Unternehmen mit freiwilliger Pro-forma-Berichterstattung im Zeitraum der Regulierungsvorgaben entsprechend einer Untersuchung von Marques[826]

Der geringe Einfluss der Interventionen vor dem Inkrafttreten der SEC-Regulierung ist auf die fehlende Verbindlichkeit bzw. das fehlende Enforcement zurückzuführen. Die FEI-/NIRI-Richtlinien legitimieren als Stellungnahme von privaten Berufsverbänden scheinbar die freiwillige Pro-forma-Berichterstattung beim Einhalten von Mindeststandards bezüglich der Darstellung der Pro-forma-Ergebnisse; dies erklärt den Anstieg des Ausweises von Pro-forma-Ergebnissen nach der Veröffentlichung der FEI-/NIRI-Richtlinien. Auf Grund des fehlenden Enforcements kann die Einhaltung der Richtlinien nicht sichergestellt bzw. können Richtlinien-Verstöße nicht sanktioniert werden. Wirkungsvoll sind Richtlinien wie die der FEI/NIRI nur dann, wenn am Markt ein wirkungsvolles Enforcement durch Investoren, z.B. durch Aktienverkäufe und durch eine geringere Nachfrage ausgelöste Aktienkursrückgänge, oder durch Wirtschaftsprüfer stattfindet. Sowohl empirische wie auch experimentelle Untersuchungen zeigen, dass vor allem private Investoren durch Pro-forma-Ergebnisse fehlgeleitet werden und

---

[826] Vgl. Marques (2005b), S. 37. Heflin/Hsu (2005), S. 40, geben für das 4. Quartal 2003 bei einer größeren Stichprobe von 1.403 Unternehmen den Anteil der Unternehmen mit dem Ausweis von Pro-forma-Ergebnissen in ähnlicher Höhe von ca. 47% an. Nach dem Inkrafttreten der Regulation G kam es zu einem starken Absinken der Pro-forma-Berichterstattung, bis zum 4. Quartal 2003 ist allerdings wieder ein Anstieg zu verzeichnen auf einen ähnlichen Wert wie im 1. Quartal 2000.

institutionelle Investoren ein dadurch ausgelöstes Fehlverhalten der privaten Investoren zum eigenen Vorteil ausnutzen können,[827] ist ein Enforcement der FEI-/NIRI-Richtlinien durch den Markt nicht zu erwarten. Somit bleiben solche Richtlinien weitgehend wirkungslos.

| Interventionsmodi | | Normensetzung | Enforcement | Disclosure |
|---|---|---|---|---|
| | Staat | Rechnungslegungs-standards | Aufsichtsbehörden, Regulierung der Wirtschaftsprüfung | Rechtsstandards für Veröffentlichungen |
| | Gemeinschaftlich | Private Standardsetzung | Selbstregulierung, private Aufsichtsinstanzen | Standards von Börsen, Vereinigungen |
| | Markt | Herausbilden von aktzeptierten Regeln | Wirtschaftsprüfung | Privatrechtliche Verträge |

| FEI-/ NIRI | | Normensetzung | Enforcement | Disclosure |
|---|---|---|---|---|
| | Staat | | | |
| | Gemeinschaftlich | | | ▨ |
| | Markt | | | |

| Warnhinweis der SEC | | Normensetzung | Enforcement | Disclosure |
|---|---|---|---|---|
| | Staat | | | ▨ |
| | Gemeinschaftlich | | | |
| | Markt | | | |

| SOX | | Normensetzung | Enforcement | Disclosure |
|---|---|---|---|---|
| | Staat | ▨ | ▨ | ▨ |
| | Gemeinschaftlich | | | |
| | Markt | | | |

| Regulation G, S-K, S-B, 8-K | | Normensetzung | Enforcement | Disclosure |
|---|---|---|---|---|
| | Staat | ■ | | |
| | Gemeinschaftlich | | | |
| | Markt | | | |

**Abbildung 30: Interventionsmodi bezüglich der Pro-forma-Berichterstattung der Unternehmen in den USA[828]**

Der Warnhinweis der SEC macht deutlich, dass Pro-forma-Ergebnisse in das Enforcement der SEC einbezogen werden. Da aber keine verbindlichen Regeln bezüglich der Darstellung von Pro-forma-Ergebnissen formuliert werden, bleibt der Einfluss des Warnhinweises beschränkt; ähnliches gilt für die Ankündigungen im Rahmen des „Sarbanes-Oxley-Act", der die Verantwortung für die Erarbeitung der Regulierung bezüglich des Ausweises von Pro-forma-Ergebnissen an die SEC delegiert. Der leichte Rückgang bei der Häufigkeit des Ausweises

---

[827] Vgl. Bhattacharya/Black/Christensen/Mergenthaler (2004b), S. 19 ff., Collins/Li/Xie (2005), S. 6 ff. weisen dies für die USA nach. In experimentellen Studien gelangen Elliott (2003, 2004) und Frederickson/Miller (2004), S. 677 ff. zu übereinstimmenden Ergebnissen.

[828] Die Interventionsmodi sind in Anlehnung an Zimmermann/Volmer/Werner (2005), S. 5, definiert. Die grauen Schattierungen geben die primären Bereiche an, die durch die jeweiligen Interventionen adressiert werden, die grauen Streifenmuster sollen die fehlende Rechtsverbindlichkeit des SEC-Warnhinweises sowie die fehlenden Detailregelungen des „Sarbanes-Oxley-Acts" ausdrücken.

von Pro-forma-Ergebnissen im Anschluss an den Warnhinweis der SEC sowie den SOX kann darauf zurückgeführt werden, dass beide Interventionen den irreführenden, opportunistischen Ausweis von Pro-forma-Ergebnissen sanktionieren. Erst die Regulierung der freiwilligen Pro-forma-Berichterstattung durch die SEC schafft verbindliche Regeln bezüglich deren Veröffentlichung und bindet diese in das bestehende Enforcement-System der SEC ein. Seit der Regulierung des Ausweises von Pro-forma-Ergebnissen durch die SEC ist der opportunistische Einsatz von Pro-forma-Ergebnissen rückläufig. Insbesondere der Ausweis von Pro-forma-Ergebnissen, deren Ausschlüsse auch regelmäßige Aufwendungen einbeziehen, ging durch die neue Regulierung deutlich zurück.[829] Dies wird auch darin deutlich, dass die Wahrscheinlichkeit, dass Pro-forma-Ergebnisse Analystenprognosen genau treffen oder leicht übertreffen, deutlich abgenommen hat.[830]

Bezüglich des Informationsgehalts von Pro-forma-Ergebnissen ergeben die empirischen Untersuchungen ein gemischtes Bild. Zum einen sind Pro-forma-Ergebnisse ökonomisch sinnvoll und unterstützen Investoren bei ihren Entscheidungsprozessen, wenn bei der Berechnung der Pro-forma-Ergebnisse nur tatsächlich einmalige Aufwendungen herausgerechnet werden. In diesem Fall gelangen durch Pro-forma-Ergebnisse zusätzliche, aus Rechnungslegungsinformationen nicht bekannte, unternehmensinterne Informationen an die Aktienmärkte. Der betriebswirtschaftlich sinnvolle Zufluss neuer Informationen kommt in einer Zunahme der Varianz der Aktienkurse sowie der Handelsvolumina um den Zeitpunkt der Ergebnisbekanntgabe zum Ausdruck.[831] Werden andererseits darüber hinausgehende operative Aufwendungen als einmalig klassifiziert und bei der Berechnung der Pro-forma-Ergebnisse ausgeschlossen, besteht das Risiko der Überschätzung der zukünftigen Ertragslage des Unternehmens, da die ausgeschlossenen und nicht einzeln erläuterten opportunistischen Aufwendungen auf zukünftige Cashflowbelastungen hinweisen.[832] Erste empirische Untersuchungen deuten darauf hin,

---

829 Vgl. Cohen/Dey/Lys (2005), S. 26, Heflin/Hsu (2005), S. 23 sowie S. 28. Ausschlüsse der Unternehmen, die über die Ausschlüsse der Analysten bei der Berechnung der Pro-forma-Ergebnisse hinausgehen, werden von Investoren seit SOX deutlich geringer und seit Inkrafttreten der Regulierung sogar negativ bewertet, vgl. Marques (2005b), S. 28 f.

830 Der SOX hatte darauf nur einen schwach signifikanten Einfluss, so dass diese Effekte vor allem durch die Regulierung G, S-B, S-K und 8-K zu erklären sind, vgl. Heflin/Hsu (2005), S. 30.

831 Vgl. Cohen/Dey/Lys (2005), S. 28, Collins/Li/Xie (2005), S. 17.

832 Vgl. Doyle/Lundholm/Soliman (2003a), S. 159 ff., Doyle/McNichols/Soliman (2005), S. 42, Gu/Chen (2004), S. 156 ff.

dass die positiven Effekte einer Regulierung des Ausweises von Pro-forma-Ergebnissen in Form:[833]

(1) des Rückgangs der opportunistischen Nutzung von Pro-forma-Ergebnissen und

(2) der Zunahme einer betriebswirtschaftlich sinnvollen Pro-forma-Berichterstattung insbesondere von Unternehmen mit einer historisch geringen Bewertungsrelevanz von US-GAAP-Ergebnissen[834]

mögliche negative Effekte aus einer sichtbaren Zunahme des Ausweises von Pro-forma-Ergebnissen durch Unternehmen, die Analystenprognosen nur für Pro-forma-Ergebnisse jedoch nicht gemäß US-GAAP erreichen, überwiegen.[835] Die US-amerikanische Regulierung der freiwilligen Pro-forma-Berichterstattung ist somit insofern erfolgreich, dass die opportunistische Nutzung von Pro-forma-Ergebnissen zurückgegangen ist. Inwieweit diese Verbesserungen durch Investoren genutzt werden können, kann auf Grund des kurzen Zeitraums seit Inkrafttreten der Regulierung noch nicht abschließend beurteilt werden.

Experimentelle Untersuchungen lassen erwarten, dass vor allem private Investoren durch die Regulierung zu verbesserten Anlageentscheidungen gelangen. Im Unterschied zu einer alleinigen Präsentation der Pro-forma-Ergebnisse gelangen private Investoren bei gleichzeitiger Präsentation von Pro-forma- und US-GAAP-Ergebnissen nicht zu einer Überschätzung der zukünftigen Aktienkurse.[836] Allerdings hängen mögliche Fehleinschätzungen und Handelsreaktionen privater Investoren entscheidend von der Reihenfolge der Präsentation der Pro-forma- und Rechnungslegungsergebnisse ab.[837] Diesbezüglich setzt Regulation G Vorgaben, die Hervorhebung der Pro-forma-Ergebnisse ist verboten. Die Wirksamkeit der geforderten Überleitungsrechnungen zwischen Pro-forma- und US-GAAP-Ergebnissen ist grundsätzlich fraglich: zum einen bleibt offen, ob private Investoren Überleitungsrechnungen angemessen interpretieren können; zum anderen stehen Investoren diese Überleitungsrechnungen in der Finanzpresse i.d.R. nicht zur Verfügung, da diesbezügliche Angaben auch im Internet veröf-

---

833 Vgl. Yi (2006), S. 30 f.

834 Zhang/Zheng (2005), S. 25, zeigen, dass diese Unternehmen bereits vor Einführung der Regulation G häufiger ausführliche Überleitungsrechnungen veröffentlichten. Dies gilt auch für Unternehmen, die Analystenprognosen nach US-GAAP verfehlen jedoch mit einem Pro-forma-Ergebnis erreichen.

835 Vgl. Heflin/Hsu (2005), S. 34, Yi (2006), S. 31.

836 Vgl. Frederickson/Miller (2004), S. 682 f.

837 Vgl. Bhattacharya/Black/Christensen/Allee (2003), Bowen/Davis/Matsumoto (2004), Elliott (2004).

fentlicht werden können.[838] Darüber hinaus werden Investoren weiterhin mit unternehmensindividuell berechneten Pro-forma-Ergebnissen konfrontiert, so dass vor allem private Investoren kaum zu faktenbasierten zwischenbetrieblichen Vergleichen gelangen, wenn die Überleitungsrechnungen nicht nachvollzogen werden können. Somit kann durch die Regulierung der freiwilligen Pro-forma-Berichterstattung nicht sichergestellt werden, dass private Investoren zu adäquaten Investitionsentscheidungen gelangen. Andererseits reduziert die rückläufige opportunistische Nutzung von Pro-forma-Ergebnissen das Risiko von Vermögensverlusten.

Empirische Untersuchungen zeigen, dass die Regulierung der freiwilligen Pro-forma-Berichterstattung übergreifend positiv angesehen wird. Insbesondere die Überleitungsrechnungen von Pro-forma- in US-GAAP-Ergebnisse gemäß Regulation G werden von Investoren als Zufluss neuer, bewertungsrelevanter Informationen angesehen.[839] Allerdings können damit Misstrauensabschläge gegenüber Unternehmen, die nach dem Inkrafttreten der SEC-Regulierungen weiterhin Pro-forma-Ergebnisse ausweisen, nicht kompensiert werden. Diese Unternehmen werden durchschnittlich geringer bewertet als andere Unternehmen ohne freiwillige Pro-forma-Berichterstattung.[840] Investoren honorieren damit die höhere Transparenz der Pro-forma-Berichterstattung nicht, obwohl damit zunehmend nicht-opportunistische, unternehmensspezifische Informationen an die Investoren weitergegeben werden.[841]

Gemessen an den Zielsetzungen der SEC, einen opportunistischen Ausweis von Pro-forma-Ergebnissen zu unterbinden ohne dabei die Vielfalt die Berichterstattung über US-GAAP hinausgehender zusätzlicher, unternehmensspezifischer Pro-forma-Informationen zu unterbinden, hat die SEC, soweit dies derzeit beurteilt werden kann, erreicht. Ob die Regulierung Privatinvestoren das Treffen besserer Investitionsentscheidungen erlaubt, kann allerdings bezweifelt werden.

---

[838] Siehe Abschnitt 7.2.1.2.2.

[839] Vgl. Marques (2005a), S. 33. Zhang/Zheng (2005), S. 16 ff., zeigen, dass freiwillige Überleitungsrechnungen auch bereits vor Einführung der Regulation G positiv von Investoren honoriert wurden und positive Bewertungseffekte nach sich zogen.

[840] Vgl. Marques (2005b), S. 22. Eine mögliche Erklärungsursache kann sein, dass vor allem Unternehmen mit einer geringen Qualität der US-GAAP-Abschlüsse weiterhin Pro-forma-Ergebnisse ausweisen.

[841] Auch das von der freiwilligen Pro-forma-Berichterstattung unabhängige Ergebnismanagement der US-GAAP-Ergebnisse geht seit dem „Sarbanes-Oxley-Act" deutlich zurück, vgl. Cohen/Dey/Lys (2005), S. 24 ff.

## 7.2.2 Regulierung der Pro-forma-Berichterstattung in Großbritannien

### 7.2.2.1 Warnhinweise des Auditing Practices Board und der Financial Services Authority

In Abschnitt 3.2 wurde auf der Grundlage einer empirischen Erhebung für die FTSE100-Unternehmen gezeigt, dass die freiwillige Pro-forma-Berichterstattung in stärkerem Maße als in den USA oder Deutschland verbreitet ist. Dies ist unter anderem darauf zurückzuführen, dass FRS 3 explizit den Ausweis von Pro-forma-Ergebnissen je Aktie unter bestimmten Voraussetzungen erlaubt,[842] d.h. die Pro-forma-Berichterstattung wird im Unterschied zu den USA in den Normensetzungsprozess eingebunden; ein weiterer Grund besteht im Erlassen von Richtlinien zur Berechnung von Pro-forma-Ergebnissen in Form der „Headline Earnings" durch die „UK Society of Investment Professionals".[843]

Auf Grund der weiten Verbreitung der freiwilligen Pro-forma-Berichterstattung haben die britischen Aufsichtsbehörden für die Finanzmärkte (FSA) und die Rechnungslegung (FRC), teilweise über untergeordnete Behörden (zur Struktur sowie Aufgabenteilung der Aufsichtsbehörden siehe Tabelle 96), Warnungen vor missverständlichen Pro-forma-Ergebnissen ausgesprochen;[844] die UK Listing Authority (Januar 2003) und das Auditing Practices Board (Februar 2003) haben jeweils Warnungen zum Ausweis von Pro-forma-Ergebnissen herausgegeben. Darin werden Unternehmen und Wirtschaftsprüfer aufgefordert: (i) keine missverständlichen Pro-forma-Ergebnisse auszuweisen, (ii) Pro-forma-Ergebnisse im Vergleich zu UK-GAAP-Ergebnissen nicht überzugewichten und (iii) den Zweck der Pro-forma-Berichterstattung darzustellen.[845]

---

[842] Die Regelung des FRS 3.25 lautet dabei folgendermaßen: „*If an additional earnings per share calculated at any other level of profit is presented it should be presented on a consistent basis over time and, wherever disclosed, reconciled to the amount required by the FRS. Such reconciliation should list the items for which an adjustment is being made and disclose their individual effect on the calculation. The earnings per share required by the FRS should be at least as prominent as any additional version presented and the reason for calculating the additional version should be explained. The reconciliation and explanation should appear adjacent to the earnings per share disclosure, or a reference should be given to where they can be found.*"

[843] Siehe detaillierte Darstellung in Abschnitt 3.2.

[844] Dabei spricht die FSA, ebenso wie die SEC, nicht vom Begriff „Pro-forma" sondern von „Non-statutory figures".

[845] Vgl. APB (2003a).

| Aufsichtsbehörde | Wesentliche Aufgaben |
|---|---|
| FRC („Financial Reporting Council") | • Übergeordnete Aufsichtsbehörde mit Koordinations- und Überwachungsfunktion<br>• Personelle Besetzung der untergeordneten Aufsichtsbehörden (ASB, APB, POB, FRRP, AIDB)<br>• Ausgestaltung der Corporate Governance |
| ASB („Accounting Standards Board") | • Normensetzung der Rechnungslegung<br>• Implementierung IFRS<br>• Wird unterstützt durch „Urgent Issues Task Force", das „Financial Sector and Other Special Industries Committee", das „Public Sector and Not-for-profit Committee", das „Committee on Accounting for Smaller Entities", das „Advisory committee on the OFR and the Advisory Panel on Life Assurance" |
| APB („Auditing Practices Board") | • Standardsetzung für die Wirtschaftsprüfung<br>• Entwicklung eines Verhaltenskodex in Bezug auf Unabhängigkeit, Objektivität und Integrität der Wirtschaftsprüfer |
| POB („Professional Oversight Board") | • Aufsichtsinstanz für Wirtschaftsprüfer<br>• Vorgabe Mindestanforderungen für Wirtschaftsprüfer<br>• Einrichten einer unabhängigen „Audit Inspection Unit" zur Überwachung großer gelisteter und anderer Unternehmen von öffentlichem Interesse<br>• Überwachung der Regulierungsaktivitäten der anderen Aufsichtsbehörden |
| FRRP („Financial Reporting Review Panel") | • Unabhängige Überwachungs- und Durchsetzungsinstanz zum Enforcement der Rechnungslegungsstandards |
| AIDB („Accountancy Investigation & Discipline Board") | • Entwicklung von transparenten Aufsichts- und Sanktionsmechanismen für neue Regulierungen, Gesetze oder Vereinbarungen |
| FSA („Financial Services Authority") | • Finanzmarktaufsicht |
| UKLA („UK Listing Authority")[846] | • Überwachung der Aktienmärkte inklusive der Reportingvorschriften börsennotierter Unternehmen |

Tabelle 96: Übersicht über die Aufsichtsgremien des FRC[847] und FSA

Das APB versteht unter Pro-forma-Ergebnissen alle Ergebniskennzahlen, die durch Anpassungen an das gesetzliche Ergebnis entstehen. Dazu zählen der:[848]

• Ausschluss einzelner Positionen, um eine alternative Ergebniskennzahl zu veröffentlichen,

• Ausschluss einzelner Geschäftssegmente oder Geschäftsvorfälle und

• Ausschluss signifikanter Positionen wie Abgangsergebnisse und Impairment-Abschreibungen.

Das APB geht davon aus, dass Pro-forma-Ergebnisse dann den größten Täuschungsgehalt haben, wenn

---

846 Die FSA hat die Rolle der UK Listing Authority von der London Stock Exchange am 1. Mai 2000 übernommen.

847 Vgl. FRC (2006). Zusätzlich übernimmt die FRC eine Aufsicht über die Aktuare an, siehe Pressemitteilung FRC PN 105 vom 16. Mai 2005.

848 Vgl. APB (2003a), APB (2003b) und APB (2004), par. 31.

- sie mit mehr Vorrang in der Ergebnisdarstellung als die gesetzlichen Ergebnisse veröffentlicht werden,

- keine Erläuterung des Zwecks der Angabe von Pro-forma-Ergebnissen erfolgt und

- keine Überleitung auf die gesetzlichen Ergebnisse erfolgt.[849]

Obwohl die britischen Aufsichtsbehörden wie auch die SEC das Potential sehen, dass die Pro-forma-Ergebnisse täuschende Informationen beinhalten, erkennen das APB[850] ebenso wie die FSA[851] in ihren Warnungen grundsätzlich an, dass Pro-forma-Ergebnisse neben den gesetzlichen Ergebnissen Aktionären sehr wohl dabei helfen können, die finanzielle Performance des Unternehmens besser zu verstehen.

Das APB richtet sich in seiner Warnung vor allem an die Wirtschaftprüfer gelisteter Unternehmen, *„to alert them to the possibility that shareholders may sometimes be misinformed by the manner in which 'pro forma' financial information is included in unaudited announcements of interim and annual results and to emphasis the need for auditors to consider the way in which pro forma information is presented in preliminary announcements before agreeing to their release in accordance with APB Bulletin 1998/7 'The Auditors' Association with Preliminary Announcements"*[852].

Die Finanzmarktaufsicht FSA hat sich diesen Forderungen in ihrem Konsultationspapier CP 203 im Dezember 2003 angeschlossen.[853] Neben der gleichrangigen Präsentation von UK-GAAP- und Pro-forma-Ergebnissen wird zusätzlich eine Überleitung der Pro-forma-Ergebnisse in das UK-GAAP-Ergebnis und eine genaue sowie unmissverständliche Beschreibung der Pro-forma-Ergebnisse gefordert.[854] Obwohl sich die Vorschläge der FSA somit an

---

849 Vgl. APB (2003a), APB (2003b) und APB (2004), par. 31.
850 Vgl. APB (2003a).
851 Vgl. FSA (2003a), Paragraph 10.12.
852 APB (2003a) und APB (2003b), Bulletin 1998/7 der APB (1998a) wurde durch Bulletin 2004/1 ersetzt.
853 Die UK Listing Authority hat folgende Warnung an die Unternehmen herausgegeben: *„ Issuers need to consider whether publishing non-GAAP earnings without giving sufficient prominence to the GAAP number may give a misleading presentation of financial performance. "*, FSA (2003b), S. 4.
854 Vgl. FSA (2003a), Par. 10.11 – 10.13. Die Sichtweise der FSA stellt sich in Paragraph 10.13 folgendermaßen dar: *„ We believe that where issuers do include non-statutory figures in announcements such figures must be presented in a balanced fashion. By 'balanced' we mean that issuers will be expected not to give undue prominence to the non-statutory figures and not to be selective when choosing which numbers are presented, so that the presentation of information should not be designed to give an overly favourable impression to the reader. A 'balanced' presentation should also mean that issuers provide investors with all necessary information to understand the context and the relevance of such figures, including reconciliation with the statutory number provided. "*

den neuen Regulierungen der SEC orientieren, sind sie allgemeiner und weniger restriktiv formuliert. Das APB geht somit mit einer gleichen Meinung bezüglich der Pro-forma-Ergebnisse wie die UKLA (FSA) und das ASB einher.[855]

7.2.2.2 Regulierung der freiwilligen Pro-forma-Berichterstattung

In dem 2003 vom Accounting Standards Board (ASB) überarbeiteten Statement „Operating and Financial Review" (OFR), werden Unternehmen verpflichtet, (i) Pro-forma-Ergebnisse deutlich als solche zu kennzeichnen, (ii) vergleichbare auf Standards basierende Ergebnisse zu veröffentlichen und (iii) Pro-forma-Ergebnisse auf diese Ergebnisse überzuleiten; das ASB äußert sich diesbezüglich: *„where information from the financial statements has been adjusted for inclusion in the OFR (often called 'pro forma information'), to highlight that fact and provide reconciliation ... where information from the financial statements has been adjusted for inclusion in the OFR, that fact should be highlighted and a reconciliation provided" sowie „comparative amounts should be disclosed".*[856]

Im Unterschied zu den USA werden die Vorgaben bezüglich der Veröffentlichung von Pro-forma-Ergebnissen direkt in die Normensetzung einbezogen; allerdings werden die Vorgaben weniger verbindlich formuliert. Auch das Enforcement dieser Vorgaben wird auf eine andere Basis gestellt wie in den USA. Grundsätzlich obliegt das Enforcement in Großbritannien der Rechnungslegungsstandards dem privat getragenen „Financial Reporting Review Panel".[857] Allerdings erstreckt sich der Prüfungsumfang des FRRP nur auf die Bilanz, die GuV, den Anhang sowie weitere Pflichtbestandteile des Jahresabschlusses; weder der Chairman's Report, der Director`s Report noch der OFR, für das die oben dargestellten Regeln bezüglich der Pro-forma-Ergebnisse gelten, fallen in den Zuständigkeitsbereich des FRRP.[858] Somit kann dass FRRP lediglich die missbräuchliche Anwendung von Pro-forma-Ergebnissen in Pflichtbestandteilen des Jahresabschlusses unterbinden. Die Darstellung des Zwecks von Pro-forma-

---

[855] Die UK Listing Authority hat eine Aussage zur Prognose von Ergebnissen getroffen, die vom Ergebnis vor Steuern abweichen. Dabei wird in Listing Rule 12.26 der UK Listing Authority gefordert, dass wenn ein davon abweichendes Ergebnis veröffentlicht wird (z.B. Operating Profit, EBITDA), dieses entsprechend zu erläutern ist. Der Grund dafür ist, dass den Aktionären die Möglichkeit gegeben werden soll, Prognose und tatsächlich erwirtschaftetes Ergebnis miteinander vergleichen zu können, vgl. FSA (2004), S. 4.

[856] ASB (2003), Par. 6 (vi).

[857] Vgl. Haller/Bernais (2005), S. 33 ff., Küting/Wohlgemuth (2002), S. 267 ff.

[858] In einem gemeinsamen Memorandum of Understanding zwischen dem FRRP und der FSA vom 6. April 2005 wird festgelegt, dass die Regulierung des Ausweises von Ergebnisprognosen sowie von Pro-forma-Ergebnissen Aufgabe der FSA und nicht des FRRP ist, siehe FRRP/FSA (2005), Punkt 8c.

Ergebnissen oder deren Überleitung auf Ergebnisse gemäß UK-GAAP oder IAS/IFRS wird dagegen durch das FRRP nicht sichergestellt.[859]

Das britische Enforcement-Modell bezieht die Wirtschaftsprüfer in die Veröffentlichungen von Ergebnismeldungen teilweise ein. Obwohl weder Zwischenberichte, Vorab-Ergebnisankündigungen noch sonstige Ergebnismitteilungen an die Presse in Großbritannien durch einen Wirtschaftsprüfer testiert werden müssen, verlangt die Listing Rule 12.40 (a) (i)[860] von den Unternehmen, die „Preliminary Announcements"[861] mit dem Wirtschaftsprüfer abzustimmen, bevor diese im „Regulatory Information System"[862] bekannt gegeben werden. Dabei handelt es sich allerdings nicht um die klassische Prüfung eines Abschlusses. Das APB geht davon aus, dass Ergebnisveröffentlichungen in der Presse nicht durch einen Review des Wirtschaftsprüfers abdeckt sind noch sein müssten, solange diese nicht im „Regulatory Information System" veröffentlicht werden.[863]

Dabei empfiehlt das APB, dass bevor durch die Wirtschaftsprüfer den „Preliminary Announcements" zugestimmt wird, der Prüfer sicherzustellen hat, dass:[864]

- ein adäquater Vorrang der Ergebnisdarstellung des gesetzlichen Ergebnisses gegenüber den Pro-forma-Ergebnissen erfolgt,

---

859 Generell wurde die Effektivität des FRRP auf Grund des nur reaktiven Ansatzes bezweifelt, vgl. Küting/Wohlgemuth (2002), S. 270, Peasnell/Pope/Young (2001), S. 293, Zimmermann (2003), S. 357. Das FRRP leitete nur dann Untersuchungen ein, wenn Dritte dies anregten und ein hinreichender Verdacht eines Fehlverhaltens bestand. Jedoch hat das FRRP seit Dezember 2004 seine reaktive Prüfungsausrichtung auf ein pro-aktives Enforcement in bedeutenden Industriezweigen erweitert, vgl. Haller/Bernais (2005), S. 35. Zusätzlich wird das Zutragen von Verdachtsmomenten an das FRRP durch Unternehmensinsider („Whistle Blowing") umfassend durch den British Public Interest Disclosure Act of 1998 geschützt. Zu den Voraussetzungen für die Schutzwirkungen sowie den Umfang des Schutzes vgl. Schmidt (2003), S. 16 f.

860 Vgl. UK Listing Authority (2002), Financial Information, Chapter 12 und FSA (2003b), S. 4.

861 Vgl. APB (2004), Par. 4. „*Preliminary announcements play a key part in the annual financial reporting cycle, being the first public communication of companies' full year results and year-end financial position. Preliminary announcements are relied on to provide timely, sufficient and accurate information to ensure an orderly and efficient market.*"

862 Bei dem „Regulatory Information System" handelt es sich um ein elektronisches System der UKLA, das alle gelisteten Unternehmen beliefern müssen. Die FSA/UKLA sieht Ergebnisveröffentlichungen nur dann als offiziell veröffentlicht an, wenn diese über das „Regulatory Information System" verbreitet werden. Zu den „Regulatory Information Systems" gehören Business Wire Regulatory Disclosure, Newslink Financial, PimsWire, PR Newswire Disclose, RNS, Hugin Announce und FirstSight. Diesen Ergebnisveröffentlichungen hat der Prüfer zuzustimmen. Diese Finanzinformationen werden dann an Datenprovider wie Reuters, Bloomberg, Perfect Information, AFX News, Thomson Financial oder Track Data Corporation weitergegeben. Sonstige Ergebnisveröffentlichungen in der Finanzpresse werden von der UKLA nicht als offiziell veröffentlicht angesehen, vgl. FSA (2002).

863 Vgl. APB (2003c), S. 3, APB (2003d).

864 Vgl. APB (2003a), APB (2003b) und APB (2004), par. 32. Siehe Section 240 des Companies Act 1985 zur Definition von „Preliminary Announcements".

- jede Pro-forma-Information klar den Zweck, zu dem sie veröffentlicht wird, aufzeigt,

- jedes Pro-forma-Ergebnis auf die gesetzlichen Ergebnisse übergeleitet wird und

- Pro-forma-Ergebnisse Investoren weder in der Form noch bezüglich des Inhalts fehlleiten dürfen, in dem sie veröffentlicht werden.

Insoweit der Wirtschaftsprüfer erkennt, dass diese Bedingungen trotz Lösungssuche mit dem Management nicht alle erfüllt sind, soll er die Einwilligung zur Veröffentlichung dieser Pro-forma-Ergebnisse zurückhalten. Obwohl sich diese Erläuterungen der APB in erster Linie an die Wirtschaftsprüfer richten, sind sie auf Grund der Rückwirkung für die Unternehmen ebenso relevant.[865] Diese Zustimmung gibt den Pro-forma-Ergebnissen allerdings auch eine Bedeutung, die sie so gar nicht erhalten sollten.[866] Die Beteilung der Wirtschaftsprüfer im Prozess der Veröffentlichung von Pro-forma-Ergebnissen stellt einen gravierenden Unterschied zu den Regulierungsbemühungen für Pro-forma-Ergebnisse bzw. „Non-GAAP Financial Measures" in den USA dar, die dies nicht vorsehen. Allerdings ist der Wirkungskreis des Wirtschaftsprüfers bei den Ergebnisveröffentlichungen auch in Großbritannien beschränkt.

Neben den „Preliminary Announcements" werden durch das APB auch Vorgaben zur Behandlung von Pro-forma-Ergebnissen im ungeprüften Abschnitt des jährlichen Geschäftsbericht, z.B. den „Financial Highlights", dem Financial Review oder dem Bericht des Vorstands, den Wirtschaftsprüfern erteilt.[867] SAS 160.1 verlangt vom Prüfer, die anderen Informationsteile des Geschäftsberichts zu lesen, jegliche Falschdarstellungen oder materiellen Inkonsistenzen mit den geprüften Teil des Geschäftsberichts auszuschließen und eine entsprechende Berichtigung entsprechend SAS 160.2 und SAS 160.3 herbeizuführen.[868] Somit hat der APB sowohl für „Preliminary Announcements" als auch Zwischen- und Geschäftsjahresabschlüsse Anweisungen für die Behandlung von Pro-forma-Ergebnissen für die Wirtschaftsprüfer der Unternehmen erlassen.

Die FSA und das APB kooperierten bezüglich der Regulierung des Ausweises von Pro-forma-Ergebnissen im Rahmen der Erstellung des APB Bulletin 2004/1. Obwohl die Erklärungen der FSA und der APB im Zusammenhang mit der Veröffentlichung der „Non-statutory In-

---

865 Vgl. Deloitte Touche Tohmatsu (2004), S. 2.

866 Vgl. Grant/Williams (2003), S. 2.

867 Vgl. APB (1999), Par. 6 ff., die gleiche Vorgehensweise erwartet das APB auch für die Zwischenberichterstattung von den Wirtschaftsprüfern, vgl. APB (2004), par. 33 - 34.

868 Vgl. APB (1999), Par. 12 ff.

formation" in „Preliminary Announcements" verbunden ist, haben sie einen größeren Wirkungskreis, z.B. auf die beschreibenden Abschnitte der Geschäftsberichte. Damit sind sie Teil der Geschäftsjahresabschlussinformation und die Aufsicht darüber soll dem FRRP übertragen werden,[869] insofern Pro-forma-Ergebnisse in den Abschnitten der Geschäftsberichte veröffentlicht werden, die vom FRRP kontrolliert werden. Rechtlich verbindliche Vorgaben für die gelisteten Unternehmen in Großbritannien ergeben sich jedoch erst aus den bestehenden und evtl. noch geplanten Vorgaben der FSA.[870]

Die empirischen Untersuchungsergebnisse aus dem Abschnitt 3.2 zeigen, dass die Forderungen der FSA aus dem Konsultationspapier CP 203, insbesondere bezüglich der Überleitung der Pro-forma-Ergebnisse in auf Rechnungslegungsstandards basierende Ergebnisse derzeit noch nicht umfassend befolgt werden. Dies ist in erster Linie auf die fehlende Rechtsverbindlichkeit des Konsultationspapiers zurückzuführen. Unabhängig davon erscheinen die Möglichkeiten zum Enforcement dieser Forderungen in den derzeitigen Strukturen als begrenzt, da Pro-forma-Informationen in großem Umfang weder in die Zuständigkeitsbereiche des FRRP noch von Wirtschaftsprüfern fallen. Dies betrifft insbesondere die Veröffentlichungen von Pro-forma-Ergebnissen in der Presse. Darüber hinaus kann ähnlich wie für die USA der Nutzen von Überleitungsrechnungen für private Investoren angezweifelt werden, da weder ein detailliertes Verständnis der Überleitungen vorausgesetzt werden kann noch die Basis für zwischenbetriebliche Vergleiche geschaffen wird.

**7.3 Regulierung durch internationale Organisationen**

Das IASB hat im Oktober 2001 im Rahmen des Projekts „Reporting Performance" beschlossen, dass durch dieses Projekt keine Richtlinien für die Veröffentlichung alternativer Performancekennzahlen, also Pro-forma-Kennzahlen, definiert werden soll. Das Projekt wird ebenfalls keine „Non-financial Performance-Kennzahlen" oder die Form und den Inhalt der Abschnitte des Geschäftsberichts wie den Abschnitt der „Management Discussion", die Analyse einzelne Ergebnispositionen oder die Diskussion des operativen Ergebnisses („Operating and Financial Review") definieren.[871]

---

[869] Vgl. Deloitte Touche Tohmatsu (2004), S. 2.
[870] Siehe auch FRRP/FSA (2005), Punkt 8c.
[871] Vgl. IASB (2002), S. 12.

Ebenso wie die SEC, das APB bzw. die FSA hat der internationale Dachverband der Börsen-aufsichtsbehörden IOSCO („International Organization of Securities Commissions") einen Warnhinweis zur Behandlung von Pro-forma-Ergebnissen herausgegeben.[872] Auch hier wer-den Pro-forma-Ergebnisse wie bei der SEC als „Non-GAAP Earnings Measures" bezeichnet, die Teil der Unternehmenspresseveröffentlichungen, der periodischen Abschlüsse und Ge-schäftsberichte für die Investoren sowie andere Informationen sind, die bei Regulierungsbehö-ren und Börsen einzureichen sind.[873]

Auch das IOSCO erkennt an, dass Pro-forma-Ergebnisse zusätzliche bewertungsrelevante In-formationen für Investoren beinhalten können,[874] wenn sie sich auf kritische Bestandteile des Ergebnisses fokussieren und einen sinnvollen Mehrperiodenvergleich der Ergebnisse erlau-ben. Das IOSCO nimmt somit an, dass richtig eingesetzte und präsentierte Pro-forma-Ergebnisse die Investoren bei einem besseren Verständnis der finanziellen Unternehmensper-formance unterstützen.

Probleme beim Einsatz von Pro-forma-Ergebnissen sehen das IOSCO wie die SEC vor allem dann, wenn Pro-forma-Ergebnisse inkonsistent und nur unzulänglich durch die Unternehmen definiert und beschrieben sowie opportunistisch eingesetzt werden, um die tatsächliche finan-zielle Situation des Unternehmens zu verbergen.[875] Auf Grund der unternehmensindividuel-len Ableitung der Pro-forma-Ergebnisse aus den gemäß Rechnungslegungsstandards ermittel-ten Ergebnissen wird durch das IOSCO vor allem die erschwerte zwischenbetriebliche sowie intertemporale Vergleichbarkeit der Pro-forma-Ergebnisse kritisiert. Dadurch können, bei ei-nem ungeeigneten Einsatz von Pro-forma-Ergebnissen, Investoren über die wirtschaftliche Lage eines Unternehmens getäuscht werden. Diese Zusammenhänge werden durch die IOS-CO in dem Warnhinweis bezüglich des Einsatzes, der Präsentation und Interpretation von Pro-forma-Ergebnissen, der sich an Investoren aber auch die Unternehmen richtet, adres-

---

[872] Vgl. IOSCO (2002). Zahlreiche IOSCO-Mitglieder haben anschließend entsprechend ihrem Zuständigkeits-bereich Erklärungen und Warnhinweise bezüglich der korrekten Anwendung von Pro-forma-Ergebnissen in ihren Ländern herausgegeben.

[873] Vgl. IOSCO (2002), die meisten „Non-GAAP Earnings Measures" werden vom Quartals- oder Geschäfts-jahresergebnis, ermittelt entsprechend GAAP, oder von anderen Zwischensummen aus der GuV abgeleitet, indem einzelne Positionen durch Herein- und Herausrechnung angepasst werden.

[874] Das FSA in Großbritannien kommt zum gleichen Ergebnis, vgl. FSA (2003b), S. 4.

[875] Vgl. SEC (2002e), S. 8.

siert.[876] Zur Vermeidung einer Täuschung der Investoren sieht das IOSCO die Erfüllung folgender Punkte als erforderlich an:

1. Neben einer Überleitungsrechnung der Pro-forma-Ergebnisse auf die GAAP-Ergebnisse sollen in der Unternehmensberichterstattung beide Ergebnisgrößen gleich prominent dargestellt werden.

2. Bei dem Ausweis von Pro-forma-Ergebnissen in Presseveröffentlichungen oder -gesprächen sind diese gemeinsam mit den konsolidierten Quartals- oder Geschäftsjahresergebnissen der gleichen Periode zu veröffentlichen.

3. Die Antibetrugsbestimmungen der jeweiligen nationalen Gesetzgebung sollen eine irreführende und täuschende Veröffentlichung von Pro-forma-Ergebnissen sanktionieren.[877]

## 7.4 Ansätze der Regulierung der Pro-forma-Berichterstattung in Deutschland

### 7.4.1 Beurteilung der gegenwärtigen Regulierungsansätze der freiwilligen Pro-forma-Berichterstattung in Deutschland

Die Ergebnisse der vorangehenden empirischen Untersuchungen lassen erwarten, dass unter dem Druck zunehmend stärker integrierter Kapitalmärkte die Pro-forma-Berichterstattung als zentrales Instrument des Ergebnismanagements auch zukünftig eine wichtige Rolle in der Unternehmensberichterstattung spielen wird. Einerseits besteht eine Nachfrage nach Pro-forma-Ergebnissen durch Analysten, Rating-Agenturen und institutionellen Investoren. Andererseits geht von den DAX30- und MDAX-Unternehmen ein Angebot von Pro-forma-Ergebnissen aus, um eine Positivdarstellung des Unternehmens (z.B. durch die Vermeidung der prominenten Darstellung von Verlusten, das Kaschieren von Profitabilitätslücken oder Finanzierungsrisiken) zu erreichen. Damit werden mögliche Fehleinschätzung der Unternehmenswerte sowie nicht adäquate Anlageentscheidungen der Investoren weiter zunehmen, da für die Berechnung von Pro-forma-Ergebnissen ausgeschlossene und nicht einzeln erläuterte Aufwendungen auf signifikante zukünftige Belastungen der Cashflows sowie Aktienkurse hindeuten. Ein Bedarf für die Regulierung der freiwilligen Pro-forma-Berichterstattung lässt sich nicht negieren;

[876] Vgl. Deloitte Touche Tohmatsu (2002), S. 21, IOSCO „reminds issuers of the responsibility in all instances to ensure that the information they provide to the public is not misleading. Selective editing of financial information may be misleading if it results in the omission of material information. Issuers are cautioned that regulatory actions may be taken if information is disclosed in a manner considered misleading".

[877] Vgl. IOSCO (2002). Zusätzlich zu diesem Cautionary Statement sind bisher von der IOSCO keine weiteren Grundsätze zur Behandlung von „Non-GAAP Earnings Measures" seit dem Mai 2002 bekannt gegeben oder geplant worden.

insbesondere verlangt die freiwillige Pro-forma-Berichterstattung nach einer Objektivierung, um sie nicht im Belieben des Unternehmensmanagements zu belassen. Objektivierung bedeutet dabei die Orientierung an den Vergangenheitswerten zur Erzielung einer Vergleichbarkeit als auch eine Normierung bei der Berechnung und Veröffentlichung von Pro-forma-Kennzahlen. Beim Einsatz der Pro-forma-Ergebnisse ist eine objektive Vorgehensweise zu fordern.[878]

Bisher hat in Deutschland keine tief greifende Regulierung der Pro-forma-Berichterstattung stattgefunden. Die Konkretisierung der Vorschriften zur Ad-hoc-Publizität sowie die Schaffung einer Anspruchsgrundlage bei der Verletzung dieser Pflichten wurde aus Anlegersicht als wichtige Neuerung im Wertpapierhandelsgesetz im Rahmen des Vierten Finanzmarktförderungsgesetz in Deutschland umgesetzt. Das starke Ansteigen der Ad-hoc-Veröffentlichungen in den letzten Jahren in Deutschland hat nicht nur zu der damit einhergehenden und gewünschten Transparenz geführt, sondern auch zu einem Missbrauch der Ad-hoc-Publizität für Werbezwecke sowie zur stärkeren Verbreitung von Pro-forma-Informationen über Ad-hoc-Mitteilungen geführt. Obwohl nicht wenige Unternehmen Ad-hoc-Veröffentlichungen zur offensichtlichen Eigenwerbung, zum Teil mit einem Lancieren von Falschmeldungen, nutzten, standen dem Bundesaufsichtsamt für den Wertpapierhandel[879] nach der damaligen Rechtslage keine geeigneten Ahndungsmöglichkeiten zur Verfügung. Bezüglich der freiwilligen Pro-forma-Berichterstattung zielt das vierte Finanzmarktförderungsgesetz darauf ab, die Transparenz zu erhöhen. Insbesondere müssen die Kennzahlen, wie beispielsweise EBIT oder EBITDA, nicht nur im Geschäftsverkehr üblich sein, sondern auch einen Vergleich mit den zuletzt veröffentlichten Kennzahlen ermöglichen.[880] Damit soll einerseits verhindert werden, dass Emittenten durch den Gebrauch von Fantasiekennzahlen oder den Wechsel der von ihnen benutzten Ergebniskennzahlen negative Entwicklungen zu verschleiern suchen, so dass offensichtliche Falschangaben über den Geschäftsverlauf des Unternehmens von vornherein ausgeschlossen werden können. Anderseits soll die Neuregelung dazu beitragen, dass die Kapitalmarktteilnehmer frühzeitig über marktrelevante Informationen verfügen, damit sie sachgerechte Entscheidungen treffen können. Somit verfolgt das vierte

---

878 Vgl. Kriete/Padberg/Werner (2003), S. 496.
879 Heute die Bundesanstalt für Finanzdienstleistungsaufsicht (BaFin).
880 Die Änderung des Wertpapierhandelsgesetz im Rahmen des Vierten Finanzmarktförderungsgesetzes umfasst §15 „Veröffentlichung und Mitteilung kursbeeinflussender Tatsachen", in den folgenden Absatz § 15 Abs. 3 Satz 1 WpHG neu eingefügt wurde, „*In der Veröffentlichung genutzt Kennzahlen müssen im Geschäftsverkehr üblich sein und einen Vergleich mit den zuletzt genutzten Kennzahlen ermöglichen*".

Finanzmarktförderungsgesetz einen ähnlichen Ansatz wie die SEC; Investoren soll der Nutzen zusätzlicher bewertungsrelevanter Informationen aus unternehmensspezifischen Proforma-Ergebnissen zugänglich gemacht werden, ohne einer gleichzeitigen, offensichtlichen Täuschungsgefahr ausgesetzt zu sein. Dennoch gibt es keine standardisierte Vorgehensweise für die Berechnung von Pro-forma-Ergebnissen.

### 7.4.2 Mögliche Ansätze der Regulierung der freiwilligen Pro-forma-Berichterstattung in Deutschland

7.4.2.1 Grundüberlegungen über eine Regulierung der freiwilligen Pro-forma-Berichterstattung

Ein umfangreicher Teil der Unternehmenspublizität wird in Deutschland bereits reguliert. Nicht nur Jahresabschlüsse sondern auch andere Formen der Unternehmenskommunikation wie Zwischenberichte oder Ad-hoc-Mitteilungen unterliegen der Regulierung. Internationale Einheitlichkeit besteht weder im Bereich der Regulierung noch herrscht eine Übereinstimmung in Bezug auf die anzuwendenden Methoden und Instrumente der Regulierung. Die Proforma-Ergebnisse werden bis zur Presseveröffentlichung durch keine unabhängige Institution überprüft und kontrolliert. Eine effektive Regulierung der freiwilligen Pro-forma-Berichterstattung muss daher die drei in Abbildung 30 dargestellten Bereiche adressieren:

1. Normensetzung: zum einen müssen Standards für die Berechnung von Pro-forma-Ergebnissen geschaffen werden,

2. Enforcement: zum zweiten müssen Instanzen und Mechanismen zur Durchsetzung dieser Standards geschaffen werden,

3. Disclosure: zum anderen werden Regeln für die Veröffentlichung der Pro-forma-Ergebnisse benötigt.

Standards für die Berechnung von Pro-forma-Ergebnissen können unterschiedliche Zielsetzungen verfolgen: (i) ein Verbot der freiwilligen Pro-forma-Berichterstattung, (ii) die Schaffung von Transparenz über die Pro-forma-Ergebnisse bei einem gleichzeitigen Verbot einer irreführenden Pro-forma-Berichterstattung und (iii) die Standardisierung der Pro-forma-Ergebnisse. Grundsätzlich ist eine Kombination aus (ii) und (iii) vorstellbar, indem einzelne Pro-forma-Ergebnisse normiert werden und bezüglich der nicht normierten Ergebnisse Transparenzvorschriften greifen. Aus den Zielsetzungen kann abgeleitet werden, ob die Regulierung in die Normensetzung, z.B. bei einer Standardisierung der Berechnung, oder die Veröffentlichung von Pro-forma-Ergebnissen durch die Unternehmen eingreift, z.b. bei einer Erhöhung der Transparenz.

Die Durchsetzung der gewählten Normen kann auf unterschiedliche Art und Weise erfolgen. Das Enforcement der Regulierung kann durch den Staat oder staatliche Aufsichtsbehörden, private gemeinschaftliche Aufsichtsinstanzen (z.b. Berufsverbände oder private Aufsichtsinstanzen wie die deutschen Börsen) oder den Markt (z.b. Bestrafung eines Fehlverhaltens durch Aktienverkäufe und dem damit einhergehenden Kursabfall) erfolgen. Auch die Regeln für das Disclosure von Pro-forma-Ergebnissen können durch den Staat in Form von gesetzlichen Regeln, Vorschriften von Börsen oder Handelssystemen, die gemeinschaftlich für alle gehandelten Unternehmen gelten, sowie durch privatrechtliche Verträge vorgegeben werden.

Da das IASB keine Vorgabe von bestimmten, verpflichtend zu präsentierenden Kennzahlen oder eine Festlegung von Definitionen für Pro-forma-Kennzahlen plant,[881] zeichnen sich in der EU, insoweit eine Regulierung der freiwilligen Pro-forma-Berichterstattung erfolgt, nationale Regeln bezüglich Normensetzung, Enforcement sowie Disclosure ab. Dies würde nicht nur dazu führen, dass die freiwillige Pro-forma-Berichterstattung in den einzelnen EU-Mitgliedsstaaten unterschiedlich reguliert wird sondern würde die Zielsetzung der Schaffung einer harmonisierten europäischen Rechnungslegung und Berichterstattung konterkarieren; insbesondere stehen nationale Regeln im Widerspruch zu der zunehmenden Integration der Kapitalmärkte. Eine restriktive Regulierung der freiwilligen Pro-forma-Berichterstattung in einzelnen Mitgliedsstaaten, z.B. bei einem Verbot der Veröffentlichung von Pro-forma-Ergebnissen bei gleichzeitiger Androhung von gravierenden Sanktionen, würde auch eine Pro-forma-Berichterstattung von größeren Konzernen, die an verschiedenen Kapitalmärkten aktiv sind, in der gesamten EU unmöglich machen. Auf der anderen Seite würden nationale Regeln, insbesondere ein nationales Enforcement bei unterschiedlichen Transparenzvorschriften in den EU-Staaten, die Regulierungskomplexität weiter erhöhen aber auch den Durchgriff von nationalen Aufsichtsbehörden auf ausländische Unternehmen nahezu unmöglich machen. Damit würden entweder den Investoren auch betriebswirtschaftlich sinnvolle Pro-forma-Ergebnisse vorenthalten oder eine Regulierung auf Grund fehlender Sanktionierungsmöglichkeiten wirkungslos erscheinen. Die komplexen Regelungen der SEC in Verbindung mit den

---

[881] Vgl. IASB (2002), S. 12. Das gleiche gilt für das FASB (2005), S. 1.

verbleibenden Rechtsrisiken haben in den USA teilweise zu einem Rückgang des Ausweises von Pro-forma-Ergebnissen geführt.[882]

Vor dem Hintergrund einer Harmonisierung der Rechnungslegung innerhalb der Europäischen Union, d.h. einer verpflichtenden Bilanzierung kapitalmarktorientierter Konzernunternehmen nach IAS ab 2005/2007, ist somit nicht nur die Schaffung einer europäischen Enforcement-Institution sondern auch die Etablierung europäischer Normen zur Berechnung sowie zur Veröffentlichung von Pro-forma-Ergebnissen zu fordern; nur eine gemeinsame Regulierung auf europäischer Ebene sichert eine Vergleichbarkeit der Pro-forma-Ergebnisse hinsichtlich Berechnung und Veröffentlichung.[883] Die nationalen Gesetzesgeber, welche die legislative Hoheit haben, müssten etwaige EU-Vorgaben in nationales Recht umsetzen.[884] Die Regulierung nur innerhalb eines Landes innerhalb der EU kann als nicht effizient angesehen werden, da dies weder einer international stark diversifizierten Investorenbasis sowie der leichten Austauschbarkeit von Informationen nicht gerecht wird.[885] Durch eine einheitliche europäische Regulierung bezüglich der Normensetzung und dem Enforcement kann eine Vielzahl unterschiedlicher Regulierungen und zu hohe Kosten für die Erfüllung dieser Vorschriften sowie verbleibende Rechtsrisiken aus unterschiedlichen europäischen Regulierungen vermieden werden. Nachfolgend wird auf die drei Regulierungsdimensionen eingegangen.

### 7.4.2.2 Normensetzung für eine freiwillige Pro-forma-Berichterstattung

#### 7.4.2.2.1 Beurteilung der Zielsetzungen der Normensetzung der freiwilligen Pro-forma-Berichterstattung

Eine mögliche aber auch die radikalste Lösung ist das Verbot jeglichen Ausweises von Pro-forma-Ergebnissen in Presseveröffentlichungen (inkl. Ad-hoc-Meldungen) und der Quartals-

---

882 Vgl. Heflin/Hsu (2005), S. 29 f.

883 Eine europäische Enforcement-Instanz erscheint sinnvoll, damit parallele Prüfungen in mehreren Staaten sowie Unklarheiten bezüglich der Auskunftsrechte bzw. Sanktionsrechte von nationalen Enforcement-Instanzen gegenüber ausländischen Unternehmen vermieden und Fragen der Finanzierung der Enforcement-Instanzen einfach und verbindlich geregelt werden können, vgl. Pellens/Detert/Nölte/Sellhorn (2004), S. 3.

884 Die SEC hat Ausnahmeregeln für Pro-forma-Ergebnisse, die in Filings ausländischer Unternehmen enthalten sind, die auf diese Art und Weise sonst nicht in den USA veröffentlichbar wären, erlassen. Die SEC erkennt damit an, dass die Rechnungslegungsstandards in vielen Ländern die Veröffentlichung von Kennzahlen erlauben, die in den USA als „Non-GAAP Financial Measures" charakterisiert werden müssen. Dabei entsprechen ausländische Unternehmen, die gleichzeitig an einer amerikanischen Börse gelistet sind, vollkommen den Anforderungen ihres Heimatlandes, wenn sie alternative EPS-Kennzahlen veröffentlichen. Diese können auch in SEC Filings verwendet werden, wenn sie entsprechend beschrieben werden. Siehe dazu Item 10 der Regulation S-K und S-B sowie Form 20-F, vgl. SEC (2003a).

885 Vgl. Zimmermann/Volmer (2006), S. 26 f.

sowie Jahresberichterstattung. Dies hat den Vorteil der Klarheit für Investoren, die bei Bedarf selbständig einzelne Positionen vom Quartals- oder Jahresergebnis abziehen können. Dem ist allerdings entgegenzuhalten, dass die Verbreitung von Pro-forma-Ergebnissen weit verbreitet und etabliert ist sowie eine hohe Akzeptanz am Kapitalmarkt erfährt. Dies kommt darin zum Ausdruck, dass Ergebnisprognosen der Analysten auf Pro-forma-Ergebnissen beruhen; aus diesem Grund berechnen die Analysten auch dann Pro-forma-Ergebnisse, wenn die Unternehmen selbst keine Pro-forma-Ergebnisse veröffentlichen. Beispielsweise liegen für alle DAX30- und MDAX-Unternehmen Konsensus-Prognosen für Pro-forma-Ergebnisse in Form des EBIT und EBITDA vor.

Aus ökonomischer Sicht erscheint ein Verbot der Pro-forma-Berichterstattung nicht sinnvoll. Die empirischen Ergebnisse aus Abschnitt 6.5 zeigen, dass Pro-forma-Ergebnisse als bewertungsrelevant angesehen werden, da daraus zusätzliche bewertungsrelevante Informationen über Unternehmen gewonnen werden können, die aus auf Rechnungslegungsstandards basierenden Ergebnissen nicht erkennbar sind. Auch für die USA ist dieser empirische Befund nachweisbar.[886] Ausschlaggebend dafür können beispielsweise die höhere Aktualität, eine stärkere Cashflow-Orientierung und der geringere Konservatismus der Pro-forma-Ergebnisse sowie deren Ausrichtung auf Investoren anstelle einer andern Klientel sein.[887] Dabei ist hervorzuheben, dass Pro-forma-Ergebnisse bei verantwortungsvoller Anwendung sowie ausreichender Transparenz den Unternehmen die Möglichkeit bieten, Investoren unternehmensindividuelle Informationen zur Verfügung zu stellen, die mit auf Rechnungslegungsstandards basierenden Ergebnissen oder Kennzahlen nicht dargestellt werden können.

Vielfach wird eine Standardisierung von Pro-forma-Ergebnissen als Alternative zum Verbot der freiwilligen Pro-forma-Berichterstattung gefordert.[888] Dadurch würde die Aufbereitung und Präsentation von Pro-forma-Ergebnissen deutlich an materieller Stetigkeit, Vergleichbarkeit und Verlässlichkeit gewinnen. Im Vordergrund einer solchen Regulierung steht das Sicherstellen der intertemporalen und zwischenbetrieblichen Vergleichbarkeit der Pro-forma-Ergebnisse. Trotz der weiten Verbreitung von Pro-forma-Ergebnissen der EBIT(DA)-Familie gibt es keine normierte Vorgehensweise für deren Berechnung. Stattdessen überwiegen zwi-

---

[886] Vgl. Abschnitt 6.2.

[887] Vgl. Abschnitt 2.2.3.

[888] Vgl. Kley/Vater (2003b), S. 7, betonen diese Forderung, stellen die Standardisierung jedoch als wenig realistisch dar. Standard & Poor's (2002) haben ein Konzept für das Kernergebnis - Core Earnings - als alternatives, standardisiertes Ergebnismaß entwickelt.

schenbetrieblich stark unterschiedliche Berechnungsweisen.[889] Somit liegt der Vorteil einer normierten Berechnung von Pro-forma-Ergebnissen in Deutschland vor allem in der Herstellung vergleichbarer EBIT- bzw. EBITDA-Kennzahlen durch eine einheitliche und verbindliche Definition der Berechnungsweise.

Eine Standardisierung von Pro-forma-Ergebnissen verlangt allumfassende Regeln für die Behandlung einer Vielzahl von Positionen der Gewinn- und Verlustrechnung, insbesondere muss das Herausrechnen von einmaligen Aufwendungen bei der Berechnung der Pro-forma-Ergebnisse sowie eine konsistente Klassifizierung von Positionen als einmalig und laufend sichergestellt werden. Es ist auszuschließen, dass einmalige Aufwendungen herausgerechnet werden aber einmalige Erträge in der Pro-forma-Darstellung inkludiert bleiben. Dies gilt vor allem dann, wenn es sich um die Darstellung des Pro-forma-Ergebnisses innerhalb einer Periode handelt.[890] Damit ist eine klare Definition des Terminus „einmalig" verbunden.[891] Insoweit angenommen wird, dass das Pro-forma-Ergebnis durch das Unternehmen nicht benutzt wird, um die Ertragslage zu verschleiern, sondern um die Aufmerksamkeit der Kapitalmarktteilnehmer auf die Ergebnisfähigkeit des operativen Geschäfts zu lenken sowie dies die Kennzahlen sind, nach denen das Management das Unternehmen steuert, ist auch eine Darstellung der Pro-forma-Ergebnisse innerhalb der Segmentberichterstattung sinnvoll. Die Angabe der Pro-forma-Ergebnisse ist nicht nur auf der Gesamtunternehmensebene sinnvoll, sondern auch heruntergebrochen auf Segmentebene, denn nur dadurch lässt sich eine wirtschaftliche Darstellung der Betriebstätigkeit interpretieren.

In Anbetracht der Vielzahl der existierenden, unternehmensindividuellen Pro-forma-Ergebnisse, den zahlreichen erforderlichen Regelungen für die Behandlung der vielen zu berücksichtigenden Positionen sowie den Schwierigkeiten, Positionen als einmalig abzugrenzen, erscheint eine vollständige Standardisierung von Pro-forma-Ergebnissen als kaum realistisch. Auch aus den einzelnen empirischen Studien der wachsenden Pro-forma-Literatur in den USA ist nicht ersichtlich, welche einzelnen ein- und ausgeschlossenen Positionen für eine gesteigerte Aussagekraft von Pro-forma-Ergebnissen nützlich sind. Auch ökonomisch sind die Vorteile einer Standardisierung fraglich. Der Nutzen der nicht-opportunistischen, freiwilligen

---

[889] Vgl. Hillebrandt/Sellhorn (2002b), Volk (2003), S. 504. Dazu grundsätzlich Phillips/Luehlfing/Vallario (2002).

[890] Genau in diesen Fall vermutet die SEC gezielte Täuschungen der Investoren, wie die Ermittlungen gegen Trump Hotels & Casino Resorts, Inc. zeigen, siehe Fußnote 739.

[891] Zu der vergleichbaren SEC-Regelung siehe Abschnitt 7.2.1.2.3.

Pro-forma-Berichterstattung liegt darin, dass Unternehmen die Investoren auf unternehmens-spezifische Besonderheiten hinweisen, die aus auf Rechnungslegungsstandards basierenden Ergebnissen nicht ersichtlich sind. Die vielen unternehmensindividuellen Ereignisse, die Grundlage der Anpassungen für die Pro-forma-Ergebnisse sind sowie der Umstand, dass Rechnungslegungspositionen nicht immer nur einmalig oder wiederkehrend sind und somit gleiche Positionen im Zeitablauf eine unterschiedliche Bewertungsrelevanz haben,[892] lassen nicht erwarten, dass normierte Pro-forma-Ergebnisse geeignet sind, diesen unternehmensspe-zifischen Informationsansprüchen gerecht zu werden.

Standardisierte Regelungen für ausgewählte Pro-forma-Ergebnisse, die unternehmensüber-greifend in hohem Maße ähnlich berechnet werden und nur in geringerem Umfang unterneh-mensindividuell angepasst werden, können sinnvoll sein; dies betrifft insbesondere Kennzah-len der EBIT(DA)-Familie. Damit steht die Weitergabe (i) zusätzlicher, aus auf Rechnungsle-gungsstandards basierenden Ergebnissen nicht erkennbaren, (ii) zwischenbetrieblich und in-tertemporal vergleichbaren sowie (iii) für die Mehrheit der Unternehmen bewertungsrelevan-ten Informationen im Vordergrund. Die Erläuterungen zur Konzeption sowie Nutzung von Pro-forma-Ergebnissen und die Ergebnisse der empirischen Untersuchungen aus Abschnitt 6.5 verdeutlichen, dass dies vor allem für den EBITDA gilt; sowohl von der Veröffentlichung des EBITDA als auch von EBITDA-Ergebnisüberraschungen gehen positive Kurseffekte aus, d.h. Pro-forma-Ergebnisse in Form des EBITDA beinhalten bewertungsrelevante Informatio-nen, die aus Rechnungslegungsinformationen nicht erkennbar sind und erfüllen somit die An-forderungen (i) sowie (iii). Eine Standardisierung der Pro-forma-Ergebnisse der EBIT(DA)-Familie zur Erfüllung der Anforderung (ii) kann durch die Konkretisierung eines verbindli-chen Berechnungsschemas, v.a. bezüglich der einzubeziehenden Zinspositionen sowie dem Verbot zusätzlicher Anpassungen, die über Zinspositionen, Ertragsteuern, Abschreibungen und Amortisationen hinausgehen, erreicht werden. Dies setzt voraus, dass die Berechnung der normierten Ergebnisse in die Standardsetzung einbezogen und diese einem Enforcement un-terworfen werden.

Sowohl ein Verbot als auch eine Standardisierung der unternehmensindividuellen Pro-forma-Ergebnisse wirken aus der Sicht von Investoren ähnlich nachteilig wie der Ausweis opportu-nistischer Pro-forma-Ergebnisse durch die Unternehmen, da den Investoren unternehmensin-

---

892 Vgl. Burgstahler/Jiambalvo/Shevlin (2002), S. 587, Gu/Chen (2004), S. 134.

370

dividuelle Informationen vorenthalten werden. Ökonomisch sinnvolle Ansatzpunkte für eine Standardisierung sind lediglich für Pro-forma-Ergebnisse der EBIT(DA)-Familie erkennbar. Auf der anderen Seite verdeutlichen die empirischen Untersuchungen aus den Abschnitten 4 bis 6, dass von Pro-forma-Ergebnissen trotz der als positiv zu bewertenden Bekanntgabe zusätzlicher bewertungsrelevanter Informationen eine Täuschungsgefahr für Investoren ausgeht, wenn die zur Berechnung der Pro-forma-Ergebnisse ausgeschlossenen Positionen nicht erläutert werden und nicht nur einmalige sondern auch laufende Positionen beinhalten. Die Täuschungsgefahr nimmt umso stärker zu, je prominenter die Pro-forma-Ergebnisse dargestellt werden. Ausschlaggebend für mögliche negative Implikationen einer freiwilligen Pro-forma-Berichterstattung sind somit (i) opportunistische Ausschlüsse von operativen, regelmäßig anfallenden Positionen bei der Berechnung der Pro-forma-Ergebnisse und (ii) die prominent hervorgehobene Darstellung von nicht transparent erläuterten Pro-forma-Ergebnissen.

Ein alternativer Regulierungsansatz, dessen Ziel in der Schaffung von Transparenz über Pro-forma-Ergebnisse bei einem gleichzeitigen Verbot einer irreführenden Pro-forma-Berichterstattung liegt, sollte die Nutzung der Vorteile einer freiwilligen Pro-forma-Berichterstattung mit einer gleichzeitigen Minimierung des Täuschungsrisikos verbinden. Kernelemente einer solchen Regulierung sind demzufolge:

(i) das Untersagen opportunistischer Ausschlüsse, insbesondere die Missklassifizierung regelmäßig auftretender Positionen als einmalig sowie

(ii) eine transparente Darstellung der Pro-forma-Ergebnisse in den Veröffentlichungen.

Sowohl die Vorschriften der SEC als auch die Vorschläge der FSA zur Regulierung der freiwilligen Pro-forma-Berichterstattung in den USA und Großbritannien verfolgen diese Ziele, indem beispielsweise die SEC opportunistische (irreführende) Pro-forma-Ergebnisse als illegale Unternehmensberichterstattung unter Strafe stellt sowie zusätzliche Vorgaben zur Präsentation von Pro-forma-Ergebnissen erlassen hat.[893] Die Schaffung von Transparenz über die Pro-forma-Ergebnisse bei einem gleichzeitigen Verbot einer irreführenden Pro-forma-Berichterstattung erscheint somit als Ziel der Regulierung der freiwilligen Pro-forma-Berichterstattung am besten geeignet, da nur so die Vorteile einer freiwilligen Pro-forma-Berichterstattung genutzt und zugleich deren Risiken minimiert werden können.

---

[893] Siehe Abschnitt 7.2.1.2.

*7.4.2.2.2 Mögliche Ausgestaltungselemente der Normensetzung der freiwilligen Pro-forma-Berichterstattung*

Die Nutzung der Vorteile einer freiwilligen Pro-forma-Berichterstattung durch die Schaffung von Transparenz über die Pro-forma-Ergebnisse bei einem gleichzeitigen Verbot von irreführenden Pro-forma-Ergebnissen führt zu einem weiterhin unregulierten Umfang an möglichen Pro-forma-Ergebnissen. Damit wird eine Flexibilisierung der Darstellung unternehmens- und periodenspezifischer Ereignisse in der Ergebnisberichterstattung geschaffen. Eine Abgrenzung von einmaligen Positionen, die nicht Bestandteil des operativen Geschäfts sind, ist dazu erforderlich. Eine sachliche Abgrenzung bestimmter Positionen ist allerdings nicht sinnvoll, da gleiche Positionen weder im zwischenbetrieblichen noch im intertemporalen Vergleich gleich zu interpretieren sind. Stattdessen muss die Einmaligkeit einer Position daran verifiziert werden, wie häufig diese Position in der Vergangenheit auftrat oder in der Zukunft vom Management erwartet wird. Die SEC legt dabei ein Vier-Jahresfenster zugrunde, d.h. einmalige Positionen dürfen weder in den zwei letzten Geschäftsjahren aufgetreten sein, noch dürfen sie sich voraussichtlich in den kommenden zwei Geschäftsjahren wiederholen.[894] Der gewählte Zeitraum erscheint relativ kurz: zum einen dauern konjunkturelle Zyklen, in deren Ablauf regelmäßig bestimmte Positionen (z.B. Restrukturierungsaufwand) anfallen, i.d.R. länger als vier Jahre, somit gehören diese in bestimmten Konjunkturphasen regelmäßig anfallenden Positionen über einen vollständigen Konjunkturzyklus zum Geschäftsmodell, ohne tatsächlich langfristig regelmäßig anzufallen. Zum anderen entstehen bei der Unternehmensbewertung mit Discounted Cashflow-Methoden ca. 85% des Unternehmenswertes aus dem geschätzten Fortführungswert, d.h. aus mehr als acht Jahren in der Zukunft liegenden, erwarteten Cashflows. Als Alternative zur Regelung der SEC erscheint deshalb eine Abgrenzung von einmaligen Positionen in Anlehnung an Verfahren der Unternehmensbewertung sinnvoller: bei der Unternehmensbewertung mit Discounted Cashflow-Verfahren werden häufig detaillierte Cashflow-Planungen für Zeiträume von acht bis zehn Jahren verwendet.[895] Um den Erfordernissen der Unternehmensbewertung gerecht zu werden, sollten insbesondere Aufwendungen

---

[894] Siehe Abschnitt 7.2.1.2.3.

[895] Vgl. McKinsey&Company/Copeland/Koller/Murrin (2000), S. 276. Ebenso bezweifelt Easton (2003), S. 178, dass die Cashflows der unmittelbar folgenden (ein bis drei) Geschäftsjahre geeignete Indikatoren für den Unternehmenswert sind, da der Unternehmenswert dem Barwert aller zukünftigen Cashflows entspricht.

oder Erträge, die Zahlungsströme nach sich ziehen oder durch vergleichbare Leistungen entgolten werden, von einem Herausrechnen ausgeschlossen werden.

Zusätzlich zur Einschränkung eines opportunistischen Einsatzes von Pro-forma-Ergebnissen setzt eine ökonomisch sinnvolle Pro-forma-Berichterstattung die Schaffung von Transparenz über die unternehmensindividuell berechneten Pro-forma-Ergebnisse voraus. Während die Einschränkung von herausrechenbaren Positionen Grenzen für die Berechnung von Pro-forma-Ergebnissen setzt, adressieren Anforderungen hinsichtlich einer transparenten Darstellung unmittelbar die Veröffentlichung von Pro-forma-Ergebnissen in den Medien. Als Referenzgröße für eine transparente Darstellung der bei der Berechnung der Pro-forma-Ergebnisse vorgenommenen Anpassungen können nur auf Rechnungslegungsstandards basierende Ergebnisse dienen; sie stellen die einzige normierte Bezugsgröße für die Ergebnisdarstellung dar. Aus diesem Grund verlangen sowohl die SEC in ihren Vorschriften als auch die APB und FSA in ihren Vorschlägen zur Regulierung der freiwilligen Pro-forma-Berichterstattung eine Überleitung der Pro-forma-Kennzahlen auf eine Kennzahl nach dem jeweils geltenden Rechnungslegungsstandard (z.B. Quartals- oder Jahresergebnis, operatives Ergebnis, Cashflow).[896] Eine solche Überleitung kann helfen, den möglichen Umfang der Täuschung von Investoren, vor allem Kleinanlegern, zu reduzieren. Dies setzt voraus, dass Investoren in der Lage sind, die ausgeschlossenen Positionen zu interpretieren und zwischen Unternehmen auch unterschiedliche Ausschlüsse zu vergleichen. Diese Fähigkeiten müssen aber vor allem bei Kleinanlegern in Frage gestellt werden, da dies stärkere Bemühungen und einen Kosteneinsatz zur Informationsbeschaffung erfordert, insbesondere wenn die Überleitungsrechnungen nicht direkt in der Ergebnismeldung in der Presse sondern separat im Internet oder an anderer Stelle veröffentlicht werden, und private Anleger i.d.R. nicht über die notwendigen betriebswirtschaftlichen Detailkenntnisse verfügen. Stattdessen zeigen experimentelle Untersuchungen, dass das Verhältnis der Präsentation von Pro-forma-Ergebnissen und auf Rechnungslegungsstandards basierenden Ergebnissen die Entscheidungen von Investoren bestimmt. Fehleinschätzungen von privaten Investoren fallen in diesen Untersuchungen umso deutlicher aus, je prominenter das Pro-forma-Ergebnis gegenüber dem US-GAAP-Ergebnis in der Ergebnisveröffentlichung hervorgehoben wird;[897] empirische Untersuchungen belegen, dass die an Han-

---

[896] Siehe Abschnitte 7.2.1.2 und 7.2.2.2.

[897] Vgl. Elliott (2003), S. 20 f., Elliott (2004), S. 19 f. Wird gleichzeitig eine Überleitung des Pro-forma-Ergebnisses auf das US-GAAP-Ergebnis angeboten, geht die Überschätzung signifikant zurück.

delsvolumina und Preisbildungsprozessen gemessenen Reaktionen von Kleinanlegern durch die Reihenfolge der Ergebnisdarstellung beeinflusst wird.[898]

Auf der anderen Seite gehen von den Überleitungsrechnungen selbst zusätzliche bewertungsrelevante Informationen aus, die aus der alleinigen Darstellung von Pro-forma-Ergebnissen sowie auf Rechnungslegungsstandards basierenden Ergebnissen nicht erkennbar sind.[899] Obwohl keine empirischen Untersuchungen vorliegen, lassen die vorangehenden Darstellungen erwarten, dass vorrangig professionelle Investoren die Überleitungen in ihre Anlageentscheidungen einbeziehen. Der Wissensvorsprung professioneller Anleger kann sich in Folge der Überleitungsrechnungen gegenüber Kleinanlegern also noch vergrößern. Bereits jetzt erwerben private Investoren in den USA bei positiven Pro-forma-Ergebnisüberraschungen überdurchschnittlich viele Aktien des betreffenden Unternehmens, während professionelle Investoren zum gleichen Zeitpunkt zum Verkauf dieser Aktien neigen.[900] Eine durch Pro-forma-Ergebnisse ausgelöste Überschätzung der Unternehmenswerte durch private Investoren, die infolge der Ergebnisse der empirischen Untersuchungen aus den Abschnitten 5 und 6 sowie vor allem bei einem Hervorheben der Pro-forma-Ergebnisse gegenüber den auf Rechnungslegungsstandards basierenden Ergebnissen zu erwarten sind, wären somit trotz des Angebotes von Überleitungen der Pro-forma-Ergebnisse auf diese Ergebnisse weiterhin mit möglichen Vermögenstransfers von privaten zu professionellen Investoren verbunden.

In der Literatur wird für die Regulierung der freiwilligen Pro-forma-Berichterstattung eine Überleitung von Pro-forma-Ergebnissen auf Rechnungslegungsstandards basierende Ergebnisse als Mindeststandard gefordert.[901] Vor dem Hintergrund der vorangehenden Erläuterungen erscheinen Überleitungen als alleiniger Mindeststandard als nicht ausreichend. Vielmehr sollten Mindeststandards ein Hervorheben der Pro-forma-Ergebnisse gegenüber Rechnungslegungsergebnissen in Presseveröffentlichungen und anderen Medien unterbinden sowie deutlich hervorheben, dass Pro-forma-Ergebnisse nicht in Übereinstimmung mit einem Rechnungslegungsstandard ermittelt worden sind. Dadurch wird der Schutz privater Investoren in

---

[898] Vgl. Bhattacharya/Black/Christensen/Allee (2003), S. 22 f., Bowen/Davis/Matsumoto (2004), S. 25 ff.

[899] Vgl. Marques (2005a), S. 33.

[900] Vgl. Bhattacharya/Black/Christensen/Mergenthaler (2004b), S. 23 ff. In diesem Zusammenhang zeigen Bianco/Smith/Burkett (2004), S. 3 ff., dass Unternehmen, die Pro-forma-Ergebnisse deutlich oberhalb der US-GAAP-Ergebnisse ausweisen, eine zukünftig unterdurchschnittliche Aktienmarktperformance aufweisen. Investitionen von privaten Investoren in diese Unternehmen auf der Basis von Pro-forma-Ergebnissen führen somit zu einem Vermögensverlust privater Investoren.

[901] Vgl. Küting/Heiden (2003), S. 1552.

den Vordergrund gestellt.[902] Überleitungen erscheinen ergänzend vor allem ökonomisch sinnvoll, da zusätzliche bewertungsrelevante Informationen am Kapitalmarkt kommuniziert werden und zumindest für professionelle Investoren die zwischenbetriebliche Vergleichbarkeit von Pro-forma-Ergebnissen verbessert wird.

Eine Regulierung der freiwilligen Pro-forma-Berichterstattung sollte sowohl Transparenz über die ausgewiesenen Pro-forma-Ergebnisse schaffen und gleichzeitig eine irreführende Proforma-Berichterstattung unterbinden; eine Regulierung der freiwilligen Pro-forma-Berichterstattung sollte nachfolgende Mindeststandards umfassen:

- das Verbot, bei der Berechnung der Pro-forma-Ergebnisse regelmäßig anfallende Aufwendungen und Erträge sowie mit Zahlungen verbundene Positionen auszuschließen,[903]

- das Verbot, Pro-forma-Ergebnisse in den Ergebnisveröffentlichungen gegenüber den auf Rechnungslegungsstandards basierenden Ergebnissen hervorzuheben,[904]

- das Gebot, Pro-forma-Ergebnisse deutlich als von Rechnungslegungsstandards abweichende Ergebnisse zu kennzeichnen,

- das Gebot, Pro-forma-Ergebnisse auf Rechnungslegungsstandards basierende Ergebnisse verständlich erklärend und quantitativ überzuleiten sowie

- das Gebot, eine Erläuterung anzuführen, warum das Management glaubt, dass das Proforma-Ergebnis eine sinnvolle Information für die Einschätzung der Ertragskraft und der finanziellen Lage des Unternehmens für den Investor darstellt.

Diese Verbote bzw. Gebote können eine sinnvolle Nutzung der Pro-forma-Ergebnisse gewährleisten. Dies kommt in einem Schutz privater Investoren vor einer irreführenden und nicht ausgewogenen freiwilligen Pro-forma-Berichterstattung zum Ausdruck sowie in der Be-

---

[902] Professionelle Investoren sind für eine Täuschung durch Pro-forma-Ergebnisse weniger stark anfällig, vgl. Elliott (2004), S. 20 ff., Frederickson/Miller (2004), S. 677 ff.

[903] Zur Sicherstellung der intertemporalen Vergleichbarkeit von Pro-forma-Ergebnissen sollten Vorperiodenvergleichswerte verpflichtend angegeben und die Pro-forma-Kennzahlen intertemporal in einer konsistenten Form berechnet werden, vgl. Infodienst (2004), S. 10.

[904] Insoweit ein eigener Abschnitt für die Darstellung und Erläuterung der Pro-forma-Ergebnisse in den Geschäftsberichten sowie den Ergebnisveröffentlichungen verpflichtend ist, ist auch eine Abgrenzung zu den gesetzlich verpflichtenden Rechnungslegungsinformationen möglich. Damit würde die vermischende Darstellung von Pro-forma-Kennzahlen und Rechnungslegungsinformationen vermieden, wie es zum Beispiel sehr häufig in den „Financial Highlights" vorkommt, die zu Beginn jeder Geschäftsberichtsdarstellung erfolgen.

reitstellung zusätzlich bewertungsrelevanter, unternehmensspezifischer Informationen, sowohl durch die Pro-forma-Ergebnisse als auch den Überleitungen.

### 7.4.2.3 Mögliches Enforcement einer Regulierung der freiwilligen Pro-forma-Berichterstattung

Gegenstand der Regulierung sollte somit die Veröffentlichung von Pro-forma-Ergebnissen in den Medien, anderen Ergebnismeldungen und Geschäfts- bzw. Zwischenberichten sein; detaillierte Vorgaben zur Berechnung der Pro-forma-Ergebnisse sollte eine mögliche Regulierung dagegen nicht umfassen. Somit sind Regeln bezüglich der Veröffentlichung von Pro-forma-Ergebnissen zu entwickeln sowie deren Umsetzung durchzusetzen. Dem Enforcement kommt die Aufgabe zu, die Wirksamkeit der Regulierung klar definierter Normen durch wirksame Kontrollen handlungsfähiger Aufsichtsinstanzen sicherzustellen.

Das Enforcement einer Regulierung der freiwilligen Pro-forma-Berichterstattung, insbesondere der Veröffentlichung von Pro-forma-Ergebnissen, kann durch staatliche Aufsichtsbehörden, ein gemeinschaftliches Enforcement in Form einer professionellen Selbstregulierung durch Prüfstellen, Verbände bzw. Interessensgruppen oder durch ein privatrechtliches Enforcement durch institutionelle Marktteilnehmer, beispielsweise durch Wirtschaftsprüfer, Marktmechanismen oder das gemeinschaftliche Einrichten von Prüfstellen, erfolgen. Allerdings erscheinen weder ein gemeinschaftliches noch ein privates Enforcement als viel versprechend. Das Interesse institutioneller Marktteilnehmer (z.B. Wirtschaftsprüfern oder Börsen) an einem wirksamen Enforcement einer Regulierung der freiwilligen Pro-forma-Berichterstattung erscheint allerdings gering, weil die beteiligten Interessengruppen weder Vor- noch Nachteile aus dem Ausweis von Pro-forma-Ergebnissen ziehen (z.B. Wirtschaftsprüfer oder Interessen- bzw. Berufsverbände) oder sogar die Vorteile überwiegen. Zu der letztgenannten Gruppe zählen zumindest kurzfristig vor allem Börsen und die Unternehmen selbst, die entweder von einem steigenden Handelsvolumen privater Investoren oder von der eigenen Positivdarstellung profitieren können; Analysten fragen ihrerseits Pro-forma-Ergebnisse nach.[905] Deutlich wurde ein ähnliches Verhalten u.a. im lange geduldeten Miss-

---

[905] Aus Sicht der Börsen ist ein langfristiger Rückgang der Handelsvolumina privater Investoren nur dann zu befürchten, wenn sich eine Täuschung der Investoren durch Pro-forma-Ergebnisse nicht nur in Opportunitätskosten, d.h. unterdurchschnittlichen Kurszuwächsen der betroffenen Unternehmen, sondern auch in Kursverlusten niederschlägt. Allerdings sind die Konsequenzen in ihrer Wirkung überschaubar, da das gesamte Handelsvolumen durch professionelle Investoren bestimmt wird, die Pro-forma-Ergebnisse mehrheitlich richtig einschätzen können; Sanktionen professioneller Investoren sind somit kaum zu befürchten.

brauch der Ad-hoc-Berichterstattung am Neuen Markt. Die von einem Regulator abweichenden Interessen institutioneller Marktteilnehmer sowie Interessen- oder Berufsverbände erklärt,
warum von diesen Gruppen in Deutschland bislang keine Versuche der Regulierung der freiwilligen Pro-forma-Berichterstattung unternommen wurden. Die geringen Erfolgserwartungen
einer Selbstregulierung durch institutionelle Marktteilnehmer bzw. Marktmechanismen sowie
das Fehlen wirksamer, hoheitlicher Sanktionsmechanismen machen die Einrichtung einer gemeinschaftlichen, privaten Prüfstelle oder ein staatliches Enforcement durch eine Aufsichts-
behörde notwendig. Tabelle 97 vergleicht die beiden Enforcement-Ansätze am Beispiel der
SEC (staatliches Enforcement) und des FRRP (private, gemeinschaftliche Prüfstelle).

| Vergleichsmerkmale | SEC | FRRP |
|---|---|---|
| Enforcement-Ansatz | • Staatliches Enforcement | • Gemeinschaftliche Prüfstelle zur Selbstregulierung |
| Organisationsform | • Staatliche Bundesbehörde | • Privatrechtlich |
| Kompetenzen | • Legislative<br>• Judikative<br>• Exekutive | • Stark eingeschränkte Exekutive |
| Auskunftsrecht | • Gegenüber Unternehmen und Wirtschaftsprüfern | • Kein Auskunftsrecht |
| Sanktionsmöglichkeiten | • Unterlassungsanordnung<br>• Bußgelder<br>• Ausschluss vom Handel/ Ausset-zung des Handels<br>• Ausschluss von Wirtschaftsprü-fern<br>• Adverse Publizität<br>• Klagerecht | • Adverse Publizität<br>• Klagerecht |
| Kompetenz für Normen-durchsetzung | • Ja | • Nein |
| Mitarbeiter | • Vollbeschäftigt | • Überwiegend ehrenamtlich |

Tabelle 97: Unterschiede des Enforcement-Ansatzes zwischen FRRP und SEC[906]

Ein Schwachpunkt des privaten, gemeinschaftlichen Enforcements liegt in den fehlenden hoheitlichen und exekutiven Rechten. Dies betrifft insbesondere eingeschränkte Auskunftsrechte, Sanktionsmöglichkeiten oder Kompetenzen für die Normendurchsetzung. Die geringe Effektivität des FRRP in Großbritannien beim Enforcement der gemäß Rechnungslegungsstandards erstellten Abschlüsse im Vergleich zur SEC wird häufig mit den fehlenden exekutiven,
hoheitlichen Rechten des FRRP, die bis zum Dezember 2004 in einer ausschließlich reaktiven
Kontrollausrichtung mündeten, in Verbindung gebracht.[907] Dagegen wird das staatliche En-

---

[906] Vgl. Haller/Bernais (2005), S. 36.
[907] Siehe Abschnitt 7.2.2.2 und die dort angegeben Literatur.

forcement durch die US-amerikanische SEC häufig als Vorbild für das Erreichen eines wirksamen Enforcements angesehen.[908]

Die internationalen Erfahrungen deuten darauf hin, dass ein Enforcement über staatliche Aufsichtsinstanzen sinnvoll ist, die durch ein präventives Handeln geprägt und mit einem wirksamen Sanktionsapparat ausgestattet sind. Dies schließt eine Delegation von Teilaufgaben an privatrechtliche Institutionen oder die partielle Nutzung von Marktmechanismen nicht aus.

Da Pro-forma-Ergebnisse nicht Bestandteil des Jahresabschlusses oder Zwischenberichts sind, wäre das Enforcement einer Regulierung der freiwilligen Pro-forma-Berichterstattung in der oben beschriebenen Form derzeit nicht Bestandteil des Enforcements. Somit sind entweder

- neue, eigenständige Enforcement-Mechanismen zu entwickeln oder

- eine Erweiterung des bestehenden Enforcements zur Einhaltung von gesetzlichen Vorschriften und der Grundsätze ordnungsgemäßer Buchführung (§ 342b HGB) bezüglich der Erstellung von Jahresabschlüssen sowie Lageberichten bzw. Konzernabschlüssen sowie Konzernlageberichten für die Pro-forma-Berichterstattung erforderlich.

Aus Kostengründen erscheint die Nutzung der bestehenden Enforcement-Mechanismen sinnvoll; damit würde das Enforcement einer Regulierung der freiwilligen Pro-forma-Berichterstattung der Bundesanstalt für Finanzdienstleistungsaufsicht und der Deutschen Prüfstelle für Rechnungslegung übertragen. Damit wird der Aufgabenteilung zwischen DPR und BaFin Rechnung getragen, wonach die BaFin eine entscheidende Rolle bei der Regulierung des Wertpapierhandels und der zugehörigen, unmittelbar kursrelevanten Ad-hoc-Publizität ausübt sowie die DPR die Aufgabe des Enforcements für den mittel- und langfristigen Anlegerschutz bezüglich der Rechnungslegungsinformationen ausübt.[909] Pro-forma-Ergebnisse sind nicht nur mittelbar sondern auch über ein längeres Zeitfenster kursrelevant, was einen Übertrag des Enforcements auf das DPR begründet.

Geprüft werden bisher durch die DPR die Abschlüsse von Unternehmen, deren Wertpapiere im Sinne des § 2 Abs. 1 Satz 1 WpHG an einer inländischen Börse zum Handel im amtlichen oder geregelten Markt zugelassen sind (§ 342b Abs. 2 HGB). Grundsätzlich ist jedoch eine integrierte EU-Prüfstelle zu bevorzugen, die sowohl das Enforcement der freiwilligen Pro-

---

908 Vgl. Küting/Wohlgemuth (2002), S. 275.

909 Die Veröffentlichung und Verbreitung von Ad-hoc-Informationen ist privaten Unternehmen übertragen worden (z.B. „Deutsche Gesellschaft für Ad-hoc-Publizität").

forma-Berichterstattung als auch des Rechnungslegungsstandards IFRS[910] in der EU übernimmt. Problematisch erscheint die Regulierung vor dem Hintergrund, dass ein Durchsetzen einer Regulierung auf dem deutschen Kapitalmarkt auch dazu führen muss, dass ausländische Unternehmen, die in Deutschland notiert sind, sich ebenfalls diesen Regeln unterwerfen müssen. Das Enforcement der Normen der Pro-forma-Berichterstattung nur innerhalb eines Landes in der EU kann als nicht effizient angesehen werden, da auf Grund einer international teilweise stark gestreuten Investorenbasis sowie der leichten Austauschbarkeit von Informationen ein Enforcement nicht greifen kann. Während international, und vor allem innerhalb der EU, eine Harmonisierung der Rechnungslegungsstandards angestrebt wird, leidet die Pro-forma-Berichterstattung vor allem bei der Präsentation und dem Haftungsrecht unter einer fehlenden Vereinheitlichung.

Der deutsche Gesetzgeber hat sich zu einem mehrstufigen Enforcement bei der Einhaltung von gesetzlichen Vorschriften und der Grundsätze ordnungsgemäßer Buchführung bezüglich der Erstellung von Jahresabschlüssen sowie Lageberichten bzw. Konzernabschlüssen sowie Konzernlageberichten entschlossen. Das im Bilanzkontrollgesetz (BilKoG, § 342b HGB) festgeschriebene Enforcement stellt sich als zweistufiger Prozess dar; werden zusätzlich Wirtschaftsprüfer als Enforcement-Instanz angesehen, ergibt sich im Sinne von Abbildung 30 ein dreistufiger Enforcement-Prozess. Tabelle 98 fasst die deutschen Instanzen des staatlichen und gemeinschaftlichen Enforcements, die durch das BilKoG vorgegeben sind, sowie zum privatrechtlichen Enforcement durch den Markt der Wirtschaftsprüfer zusammen. Das BilKoG macht somit nicht nur von einer Delegation von Teilaufgaben an eine privatrechtliche Institution Gebrauch sondern bindet auch institutionelle Marktteilnehmer in die Regulierung ein.[911]

| Stufe | Enforcement-Instanz |
|---|---|
| Staatliches Enforcement | Bundesanstalt für Finanzdienstleistungsaufsicht (BaFin) |
| Gemeinschaftliches Enforcement | Deutsche Prüfstelle für Rechnungslegung e.V. (DPR) |
| *Privatrechtliches Enforcement durch den Markt* | *Wirtschaftsprüfer, Dienstleister für die Veröffentlichung von Ad-hoc-Informationen* |

**Tabelle 98: Dreistufiges Enforcement der Rechnungslegungsstandards in Deutschland; die oberen beiden Spalten kennzeichnen dabei den zweistufigen Enforcement-Prozess des BilKoG**

---

[910] Vgl. Küting/Wohlgemuth (2002), S. 276, Pellens/Detert/Nölte/Sellhorn (2004), S. 4.

[911] Damit ist die grundsätzliche Frage verbunden, ob die Einrichtung einer, neben den Wirtschaftsprüfern, zweiten privaten Prüfinstanz sinnvoll ist. Böcking (2004), S. 182, hält dies in Bezug auf Abschlüsse gemäß den Rechnungslegungsstandards für nicht plausibel. Jedoch stehen der DPR weiterführende Rechte als Wirtschaftsprüfern zu. Zudem ist die DPR im Unterschied zu Wirtschaftsprüfern wirtschaftlich vom zu prüfenden Unternehmen unabhängig.

Gemäß den Regelungen des BilKoG[912] erkennt das Bundesministerium der Justiz im Einvernehmen mit dem Bundesministerium der Finanzen eine privatrechtlich organisierte Einrichtung zur Prüfung von Verstößen gegen Rechnungslegungsvorschriften an und überträgt der DPR bestimmte Aufgaben (§ 342b Abs. 1 Satz 1 HGB). Die DPR prüft den zuletzt festgestellten Jahresabschluss (Konzernabschluss) und Lagebericht (Konzernlagebericht) auf die Einhaltung gesetzlicher Vorschriften sowie die Grundsätze ordnungsgemäßer Buchführung (§ 342b Abs. 2 HGB).

Obwohl der DPR grundsätzlich das britische FRRP als Vorbild dient, wird auf den anfänglich reaktiven Ansatz des FRRP verzichtet und die exekutiven Möglichkeiten der DPR im Vergleich zum FRRP erweitert. Die DPR soll nicht nur reaktiv bei konkreten Anhaltspunkten oder auf Verlangen des BaFin aktiv werden sondern auch pro-aktiv Unternehmen im Rahmen von Stichproben in die Prüfung einbeziehen. Dafür ist die DPR im Unterschied zum FRRP mit Auskunftsrechten ausgestattet; die Unternehmen sind grundsätzlich verpflichtet, den Prüfern richtige und vollständige Auskünfte zu erteilen (§ 342b Abs. 4 HGB). Zudem kann die DPR Bußgelder für Ordnungswidrigkeiten verhängen (§ 342e HGB) und die adverse Publizität als Sanktionsmechanismus nutzen. Hinsichtlich des Enforcements beschränkt sich die Kompetenz der DPR allerdings auf die Korrektur der betroffenen Abschlüsse.

Um der DPR ein wirksames Abschreckungspotenzial zu verleihen, kann sich das BaFin als staatliche Sanktionsstelle einschalten, wenn das kooperative Enforcement der DPR scheitert. Die BaFin besitzt dabei die eigentliche Kompetenz zum Enforcement, da nur durch die BaFin die Fehlerbeseitigung als Verwaltungsakt angeordnet werden kann.[913]

Durch das BilKoG wird als dritte Stufe des Enforcement-Prozesses für den Jahresabschluss auch die Verpflichtung des Wirtschaftsprüfers gestärkt. Etwaige Berufspflichtverletzungen des Abschlussprüfers sind der Wirtschaftsprüferkammer zu melden. Damit wird auch die Kontrolle der Wirtschaftsprüfer in den Enforcement-Prozess einbezogen (§ 342b Abs. 8 HGB).

---

912 Die Enforcement-Prozesse des BilKoG basieren auf Vorschlägen der Literatur, des IDW sowie der Regierungskommission „Deutscher Corporate Governance Kodex" und des Arbeitskreises „Abschlussprüfung und Corporate Governance", vgl. Arbeitskreis Externe Unternehmensrechnung der Schmalenbach-Gesellschaft (2002), S. 2173 ff., Arbeitskreis Externe Unternehmensrechnung der Schmalenbach-Gesellschaft (2004), S. 329 ff., Baetge/Lutter (2003), S. 17 ff., Hommelhoff (2001), S. 40 ff., Hommelhoff/Mattheus (2004), S. 94 ff.

913 Zu den ersten beiden Stufen des Enforcement-Prozesses siehe auch Haller/Bernais (2005), S. 37 ff. und Pellens/Detert/Nölte/Sellhorn (2004), S. 1 ff.

Eine Übertragung des Enforcements einer Regulierung der freiwilligen Pro-forma-Berichterstattung auf BaFin sowie DPR würde auf Grund der umfassenden Auskunftsrechte sowie der abgestuften Sanktionsmechanismen eine wirksame Regulierung des Ausweises von Pro-forma-Ergebnissen ermöglichen. Damit wäre aber eine erhebliche Erweiterung des Aufgabenbereichs von BaFin und DPR verbunden, da nicht nur die Vielfalt der Pro-forma-Ergebnisse sondern auch deren Veröffentlichungen in einer Vielzahl von Medien geprüft werden müssten. Die Komplexität dieser Aufgabe erfordert entweder die Schaffung eines Filing- oder Furnishing-Systems wie in den USA oder die Nutzung von Markt- oder unternehmensinternen Mechanismen zur Vorkontrolle. Letzteres kann entweder durch die unternehmensinterne Prüfung von Pro-forma-Ergebnissen durch geeignete Aufsichtsratsmitglieder oder durch einen „Limited Review" der Wirtschaftsprüfer erfolgen. Die Prüfung von Proforma-Ergebnissen im Aufsichtsrat hätte den Vorteil, dass unternehmensintern „Whistle Blowing"-Mechanismen aufgebaut werden können, die für das Enforcement besonders effizient sind.[914]

Eine Prüfung der Pro-forma-Ergebnisse durch den Wirtschaftsprüfer erscheint kaum realisierbar. Pro-forma-Ergebnisse werden vor allem zur schnellen Information der Investoren vor der Veröffentlichung der Quartals- oder Jahresergebnisse genutzt. Der zeitliche Aufwand einer Wirtschaftsprüfung kann diesem Anspruch nicht gerecht werden; hinzu kommt der materielle Aufwand einer weiteren Prüfung durch Wirtschaftsprüfer, der eine aus Sicht der Investoren ökonomisch sinnvolle Pro-forma-Berichterstattung für das Unternehmen unwirtschaftlich werden lässt. Für die Einbindung der Wirtschaftsprüfer käme also nur eine eingeschränkte Prüfung („Limited Review") in Frage, die sowohl inhaltlich als auch zeitlich eng begrenzt und deshalb für den Wirtschaftsprüfer sowohl mit hohen Reputationsrisiken als auch dem steigenden Risiko, in ruinöse Haftungsfälle verwickelt zu werden, behaftet ist. Deshalb ist zu vermuten, dass Wirtschaftsprüfer kaum bereit sind, einen „Limited Review" durchzuführen.

Auf der anderen Seite ist eine Prüfung der Pro-forma-Ergebnisse durch den Wirtschaftsprüfer sinnvoll, um das Vertrauen der Investoren in die Richtigkeit der Pro-forma-Kennzahl bzw. deren Überleitung auf das nach Rechnungslegungsstandards berechnete Ergebnis zu erhöhen.[915]

---

914 Vgl. Schmidt (2003), S. 26 ff.
915 Die US-amerikanischen Börsen NASDAQ und NYSE versuchen, die Glaubwürdigkeit dadurch zu verbessern, dass die gelisteten Unternehmen Audit-Committees einsetzen müssen, die nicht durch Unternehmensinsider besetzt werden und somit eine hohe Unabhängigkeit haben sollen, vgl. Economist Intelligence Unit (2004), S. 6, SEC (2003b), S. 4 ff.

381

Allerdings beziehen sich die derzeitigen Kompetenzen der Wirtschaftsprüfer nur auf Geschäftsjahre oder Zwischenberichte. Für die Prüfung von Pro-forma-Ergebnissen, beispielsweise Presseveröffentlichungen, wären die Kompetenzen der Wirtschaftsprüfer zu erweitern. Eine solche Erweiterung der Aufgaben der Wirtschaftsprüfer erscheint denkbar, wenn den Vorgaben der Listing Rule 12.40 (a) (i)[916] der UK Listing Authority für britische Unternehmen gefolgt wird. Darin wird gefordert, „Preliminary Announcements" mit dem Wirtschaftsprüfer abzustimmen, bevor diese im „Regulatory Information System" bekannt gegeben werden. Obwohl es sich dabei nicht um eine klassische Prüfung eines Abschlusses handelt, könnten Pro-forma-Ergebnisse ein Teil dieses Abstimmungsprozesses werden und somit die Qualität der Pro-forma-Ergebnisse erhöhen und sicherstellen, dass keine irreführenden oder hervorgehoben dargestellte Pro-forma-Ergebnisse veröffentlicht werden.[917] Insofern wie in den USA auf die Einbindung von Wirtschaftsprüfern in den Veröffentlichungsprozess der freiwilligen Pro-forma-Ergebnisse verzichtet wird oder diese lediglich einem „Limited Review" unterzogen werden,[918] sollte es für Investoren, Analysten oder anderweitig interessierte Personen klar ersichtlich sein, dass die Pro-forma-Ergebnisse keinem Testat und keiner vollständigen Prüfung durch einen unabhängigen Wirtschaftsprüfer unterliegen.

Bei Beibehaltung der heutigen Praxis, wo bereits in den „Financial Highlights" der Geschäftsberichte gesetzlich vorgeschriebene Finanzkennzahlen und Pro-forma-Ergebnisse vermischt dargestellt werden, ohne Hinweise darauf, welche Werte testiert und welche es nicht sind, wird für weniger kenntnisreiche Investoren eine mögliche Fehlinformation weiterhin nur sehr schwer erkennbar sein. Daher sollte in Veröffentlichungen der Unternehmen immer ein eigener Abschnitt für Pro-forma-Ergebnisse vorgeschrieben werden, aus dem eindeutig hervorgeht, dass es sich um nicht durch einen Wirtschaftsprüfer testierte Ergebnisse handelt. Im Rahmen eines Business Reporting Models ist darauf Wert zu legen, dass die Darstellung zusätzlicher Informationen bezüglich der Unternehmensperformance und finanziellen Lage durch Pro-forma-Ergebnisse möglich bleibt; allerdings ist die Art der Präsentation durch einen Verweis, dass die Pro-forma-Ergebnisse nicht testiert sondern unternehmensintern definiert sind, zu unterstreichen.

---

916 Vgl. UK Listing Authority (2002), Financial Information, Chapter 12 und FSA (2003b), S. 4.

917 Dabei ist der zeitliche und materielle Aufwand zu bedenken, der mit einem Review verbunden ist. Proforma-Ergebnisse werden dabei häufig vor der Veröffentlichung der Rechnungslegungsergebnisse bekannt gegeben.

918 Daher verlangt die AICPA von der SEC, dass „Non-GAAP Financial Measures" durch die Unternehmen als nicht geprüft dargestellt werden, vgl. AICPA (2002).

7.4.2.4 Mögliches Disclosure einer Regulierung der freiwilligen Pro-forma-
Berichterstattung

Die Vorgabe von verbindlichen Mindestanforderungen für die Veröffentlichung von Pro-
forma-Ergebnissen kann durch gesetzliche Vorgaben, gemeinschaftlich definierte Richtlinien
(z.B. Vorgaben von Verbänden oder Börsen) oder privatrechtliche Verträge erreicht werden.
Damit eine mögliche Regulierung der freiwilligen Pro-forma-Berichterstattung übergreifend
für alle Unternehmen in Deutschland bzw. der EU greift, ist eine Verlautbarung in Gesetzes-
form sinnvoll.[919] Privatrechtliche Verträge zwischen Investoren und dem Management des
Unternehmens sind aus Transaktionskostensicht ineffizient; Rechnungslegungsstandards sind
vor allem zur Reduktion solcher Transaktionskosten geschaffen worden.[920] Die alternative
Vorgabe von Richtlinien zur Veröffentlichung von Pro-forma-Ergebnissen durch Berufsverbände oder andere gemeinschaftliche Interessen- oder Industrieverbände, z.B. die gemeinsamen Vorschläge von FEI und NIRI für die USA oder der „UK Society of Investment Professionals" in Großbritannien, haben sich als nicht effektiv erwiesen.[921] Auf Grund der schein-
baren Legitimierung unregulierter Pro-forma-Ergebnisse sowie fehlender, rechtlich verbindli-
cher und wirksamer Sanktionsinstrumente bei einem Fehlverhalten kam es trotz der Empfehlungen von FEI und NIRI in den USA zu einer Zunahme der freiwilligen Pro-forma-
Berichterstattung. Auch der opportunistische Einsatz der Pro-forma-Ergebnisse ging durch die

---

[919] Da primär die Veröffentlichung von Pro-forma-Ergebnissen und nicht deren Berechnung reguliert werden
sollte, müssen die gesetzlichen Vorgaben nicht notwendigerweise in einen Rechnungslegungsstandard integriert werden.

[920] Vgl. Frankel/Roychowdhury (2004), Jensen/Meckling (1976) sowie die Ausführungen in Abschnitt 2.2.

[921] Mit der Definition konkreter Anpassungsschritte an das Periodenergebnis verfolgen Standard & Poor's oder
der DVFA/SG einen anderen Ansatz als der Standardsetter (SEC 2003a) in den USA, die primärer die
Transparenz durch erweiterte Erläuterungen und Überleitungen verbessern wollen. Standard & Poor's gehen mit ihrem Core-Earnings-Konzept den gleichen Schritt einer Definition einer Kennzahl, abweichend
von einer verpflichtenden Regulierung durch einen Gesetzgeber, wie die DVFA/SG-Arbeitsgruppe. Die
Zielsetzung der DVFA/SG ist es, Abschlüsse deutscher Unternehmen, die unterschiedliche Bilanzierungsregeln und -wahlrechte (HGB, IFRS, US-GAAP) anwenden, vergleichbar zu gestalten. Dabei soll nicht nur
einen internationale Vergleichbarkeit sondern auch die Vergleichbarkeit zwischen inländischen Unternehmen, die nach nationalen oder internationalen Rechnungslegungsvorschriften bilanzieren, mittels Standardisierung verbessert werden. Unabhängig von dem angewandten Rechnungslegungsvorschriften können Sondereinflüsse das ausgewiesene Periodenergebnis erheblich verzerren und damit einer Vergleichbarkeit mit
anderen Abschlüssen entgegenstehen, vgl. Busse von Colbe/Becker/Berndt/Geiger/Hasse/Schellmoser/
Schmitt/Seeberg/von Wysocki (2000), S. 3. Durch die DVFA/SG sind die zu bereinigenden Sondereinflüsse
definiert worden. Im Gegensatz zu Standard & Poor's hat das DVFA/SG aber zu Besonderheiten einzelner
Branchen, z.B. Banken, Versicherungen, Immobiliengesellschaften und Unternehmensbeteiligungen, Stel-
lung genommen. Allerdings zielen die Berechnungsschemata der DVFA/SG auf eine standardisierte Berechnung von Pro-forma-Ergebnissen ab, wodurch unternehmensindividuelle Aspekte der freiwilligen Pro-
forma-Berichterstattung nicht berücksichtigt werden können. Dem eigentlich ökonomisch sinnvollen Charakter der freiwilligen Pro-forma-Berichterstattung wird somit nicht ausreichend Rechnung getragen.

Empfehlungen nicht zurück.[922] Die geringe Beachtung dieser Empfehlungen zur Nutzung der freiwilligen Pro-forma-Berichterstattung unterstreicht den niedrigen Wirkungsgrad gemeinschaftlicher, nicht sanktionierungsfähiger Regelungen.[923] Bei anderen Marktteilnehmern (z.B. Börsen) ist, wie oben bereits dargestellt, nur ein geringes Interesse an der Regulierung der Pro-forma-Ergebnisse vorhanden; gesetzlich verbindliche Regeln können somit weder durch gemeinschaftliche noch privatwirtschaftliche Empfehlungen ersetzt werden. Für eine privatwirtschaftliche oder gemeinschaftliche Veröffentlichung von Normen für Pro-forma-Ergebnisse spricht lediglich, dass damit die Einbindung zahlreicher verschiedener nationaler Gesetzgeber vermieden werden kann; auch wäre die Nutzung bestehender europäischer Plattformen, wie etwa die CESR, denkbar. Allerdings würde damit das Problem der Umsetzung der europäischen Regeln auf nationaler Ebene (z.B. durch die nationalen Börsen) nicht umgangen sondern lediglich in privatwirtschaftliche Hände anstatt die Obhut des Gesetzgebers delegiert; auch müssten dafür zum Teil mehr privatwirtschaftliche Institutionen (z.B. die Regionalbörsen) im Vergleich zu der Anzahl der Gesetzgeber eingebunden werden.

## 7.5 Fazit

Obwohl die freiwillige Pro-forma-Berichterstattung Investoren zu einer Fehleinschätzung der Unternehmenswerte sowie nicht adäquaten Anlageentscheidungen führen kann, beinhalten Pro-forma-Ergebnisse für Investoren wertvolle Informationen, die aus auf Rechnungslegungsstandards basierenden Ergebnissen nicht erkennbar sind. Für den Regulierer in Deutschland bedeutet dies, dass auf Grund der gegenwärtigen Praxis des willkürlichen Ausweises von Pro-forma-Ergebnissen ein Regulierungsbedarf nicht von der Hand zu weisen ist. Andererseits sollte ein vollständiges Verbot der freiwilligen Pro-forma-Berichterstattung nicht in Betracht kommen, da Investoren dann bewertungsrelevante Informationen vorenthalten werden. Stattdessen besteht die Aufgabe des Regulierers darin, unter Einbindung der freiwilligen Pro-forma-Berichterstattung ein Business bzw. Performance Reporting zu etablieren, das eine faire und ausgewogene Darstellung der Ertragslage des Unternehmens und Investoren eine faktenbasierte, objektive Prognose der zukünftigen Cashflows zur Ableitung eines gerechtfertigten Unternehmenswertes erlaubt. In diesem Zusammenhang sind Regeln zu entwickeln und durchzusetzen, die Rahmenbedingungen für eine unternehmensindividuelle Berechnung und

---

[922] Siehe Abbildung 29.

[923] Hinzu kommt, dass die Vielzahl der Institutionen und deren heterogene Interessen entweder komplexe Richtlinien oder eine Vielzahl von separaten Richtlinien nach sich ziehen würden.

Veröffentlichung der Pro-forma-Ergebnisse setzen. Insbesondere sollte ein opportunistischer Einsatz der freiwilligen Pro-forma-Berichterstattung in Form (i) des Herausrechnens von Aufwendungen aus dem operativen Geschäft, die der auf Rechnungslegungsstandards basierende Abschluss erfasst sowie (ii) eine hervorgehobene Darstellung der Pro-forma-Ergebnisse ohne detaillierte Überleitungsrechnung zu den auf Standards basierenden Ergebnissen unterbunden werden.

Um eine effektive Regulierung der freiwilligen Pro-forma-Berichterstattung zu erreichen, sollten einheitliche europäische Standards für die Regulierung und eine einheitliche Plattform zum Enforcement in den EU-Mitgliedsstaaten geschaffen werden. Nur so können ein wirksamer Durchgriff der Regulierungsinstanzen auf die Unternehmen sowie Rechtsrisiken aus unterschiedlichen nationalen Regulierungsansätzen für die Unternehmen vermieden werden.

## 8 Zusammenfassung

In den vorliegenden empirischen Untersuchungen wird die Aussagekraft von freiwilligen Pro-forma-Ergebnissen der DAX30- sowie MDAX-Unternehmen in Form von EBITDA- sowie Pro-forma-Ergebnissen je Aktie untersucht. Die DAX30- sowie MDAX-Unternehmen veröffentlichen ebenso wie US-amerikanische und britische Unternehmen zunehmend nicht regulierte und nicht standardisierte Pro-forma-Ergebnisse zur Darstellung der Unternehmenslage. Mit diesen Kennzahlen soll das nachhaltige Ergebnis des operativen Geschäfts durch den Ausschluss von einmaligen oder nicht zahlungswirksamen Aufwendungen und Erträgen sichtbar gemacht und mehrperiodisch vergleichbar dargestellt werden. Dennoch sind Zweifel angebracht, inwieweit Investoren durch von Unternehmen veröffentlichte Pro-forma-Ergebnisse tatsächlich einen besseren Einblick in die wirtschaftliche Situation der Unternehmen erhalten. Zum einen können Unternehmen die Berechnung der nicht regulierten Pro-forma-Ergebnisse selbständig festlegen und zum anderen muss die Berechnungslogik in Ergebnisveröffentlichungen nicht offen gelegt werden, so dass die Pro-forma-Ergebnisse für Investoren kaum nachvollziehbar und deshalb auch irreführende Pro-forma-Ergebnisse nicht erkennbar sind. Für die USA bestätigen empirische Untersuchungen diese Zweifel, jedoch liegen weder Untersuchungen für Deutschland noch für die weit verbreiteten Pro-forma-Ergebnisse in Form des EBITDA vor. Diese Lücke in der empirischen Forschung wird durch die vorliegenden Untersuchungen geschlossen.

Im Vordergrund der Untersuchungen stehen somit die Fragen, inwieweit freiwillige Pro-forma-Ergebnisse im Vergleich zu auf Rechnungslegungsstandards basierenden Ergebnissen besser geeignet sind, die wirtschaftliche Lage der Unternehmen zu beschreiben und aus Sicht von Investoren bewertungsrelevante Tatbestände unverzerrt wiederzugeben. Zur Beantwortung dieser Fragen werden systematische Unterschiede zwischen Unternehmen der DAX30- sowie MDAX mit und ohne Pro-forma-Ergebnisausweis, Entwicklungstrends in der freiwilligen Pro-forma-Berichterstattung, der an der Prognosequalität für zukünftige operative Cashflows gemessene Informationsgehalt von Pro-forma-Ergebnissen und die Bewertungsrelevanz von Pro-forma-Ergebnissen, d.h. der kurz- bis langfristigen Kurseinfluss von Pro-forma-Ergebnissen, untersucht.

Die Untersuchungsergebnisse dokumentieren Unterschiede zwischen Unternehmen mit bzw. ohne einen Ausweis von Pro-forma-EPS. Auf Grund der starken Verbreitung von Pro-forma-

Ergebnissen in Form des EBITDA sind zwischen Unternehmen mit bzw. ohne EBITDA-Ausweis dagegen nur geringere Unterschiede festzustellen. Es überwiegt ein proaktives Angebot an EBITDA-Kennzahlen durch die Unternehmen; EBITDA-Kennzahlen werden durch die Unternehmen genutzt, um eine verbesserte Darstellung der Unternehmensperformance zu erreichen. Damit soll die Offenlegung von im Vergleich zu Unternehmen ohne EBITDA-Ausweis geringeren Investitionsrenditen aus einer weniger effektiven Investitionspolitik und höheren ergebniswirksamen Belastungen der GuV durch Goodwill-Abschreibungen bei gleichzeitig höheren Finanzierungsrisiken vermieden werden, um dem Leistungsdruck des Kapitalmarkts sowie institutioneller Investoren zu begegnen. Eine verstärkte Nachfrage nach EBITDA-Kennzahlen seitens der Finanzanalysten kann jedoch nicht nachgewiesen werden; im Gegenteil, EBITDA-ausweisende Unternehmen werden durchschnittlich von weniger Analysten betreut. Im Unterschied dazu zeigen sich bei Unternehmen mit einem Ausweis von Pro-forma-EPS sowohl eine Nachfrage von Finanzanalysten nach diesen Pro-forma-Ergebnissen als auch vielfältige Motive für ein Angebot der Kennzahlen. Die Nachfrage nach Pro-forma-EPS-Ergebnissen äußert sich darin, dass vor allem größere Unternehmen mit hoher Marktkapitalisierung und hoher Analystenbetreuung diese Pro-forma-Ergebnisse ausweisen. Motive für eine verbesserte Unternehmensdarstellung durch Pro-forma-EPS entstehen dagegen aus dem Versuch, positive Bewertungsrelationen infolge einer bislang unterdurchschnittlichen Aktienmarktperformance, deutlich ungünstigeren Zukunftsaussichten auf Grund signifikant geringerer Investitions-, Umsatz- sowie Gesamtkapitalrenditen sowie höheren Ergebnisrisiken aus einer aggressiveren Akquisitionspolitik und höheren Finanzierungsrisiken zu erreichen. Durch das Herausrechnen von Aufwendungen für aus der Sicht des Managements einmalige oder nicht zahlungsrelevante Aufwendungen sowie weitere Sondereffekte soll der Ausweis schwächerer Unternehmenskennzahlen im Vergleich zu anderen Unternehmen vermieden werden. Damit können Investoren durch Pro-forma-EPS zu falschen Investitionsentscheidungen motiviert werden.

Auch der Ausweis des in Deutschland eher gebräuchlichen EBITDA erscheint problematisch. Bei der Berechnung des EBITDA werden nicht nur Aufwendungen für Zinszahlungen, Ertragssteuern, Abschreibungen und Goodwill-Amortisationen sondern auch für darüber hinausgehende zusätzliche Aufwendungen ausgeschlossen. Damit erscheint die Berechnung des EBITDA ergebnispolitisch (mit-)motiviert und der Informationsgehalt der Pro-forma-Ergebnisse als beschränkt. Die empirischen Ergebnisse bestätigen diese Annahme. Aufwendungen, die beim Ausweis des EBITDA im Vergleich zum Quartals- oder Jahresergebnis herausgerechnet werden, sind unabhängig von Accruals signifikant mit zukünftigen negativen Cashflows korreliert. Der Anspruch, durch den Ausweis von EBITDA-Kennzahlen die Prognose eines Kern-Geschäftsergebnisses zu verbessern und Investoren einen zutreffenden Ausblick auf die zukünftige Unternehmenslage bzw. eine Einschätzung des Unternehmenswerts zu ermöglichen, wird somit nicht erfüllt. Stattdessen kann die Verwendung dieser Pro-forma-Ergebnisse Anleger zu falschen Schlüssen über zukünftig anfallende Zahlungsströme verleiten. Die auf Rechnungslegungsstandards basierenden Ergebnisse der DAX30- und MDAX-Unternehmen weisen für Investoren einen statistisch höheren Informationsgehalt als die E-BITDA-Ergebnisse auf. Für eine Prognose zukünftiger Cashflows sind somit sowohl der E-BITDA als auch die bei einer Berechnung des EBITDA ausgeschlossenen Aufwendungen bedeutend. Die Pro-forma-Kennzahl EBITDA alleine ist deshalb nicht ausreichend, um die Performance eines Unternehmens angemessen zu beschreiben und Investoren einen zutreffenden Ausblick auf die zukünftige Unternehmenslage bzw. eine Einschätzung des Unternehmenswerts zu ermöglichen; denn die EBITDA-Zahlen sind durch bilanz- und ergebnispolitische Überlegungen (mit-)motiviert und opportunistisch berechnet.

Inwieweit der Kapitalmarkt eine opportunistische Berechnung der Pro-forma-Ergebnisse antizipiert und seine Bewertungen entsprechend anpasst, wird unter Einbeziehung von Kapitalmarktdaten untersucht. Gegenstand der Untersuchung bilden dabei jeweils die unerwarteten Ergebnisüberraschungen, d.h. die Differenz zwischen den realisierten Ergebnissen und den Analystenprognosen. Die Ergebnisse der empirischen Untersuchungen zeigen, dass Investoren, auch unter Berücksichtigung von Renditeanomaliefaktoren wie dem Kurs-Gewinn-Verhältnis oder dem Buchwert-Marktwert-Verhältnis, weder durch Pro-forma-Ergebnisse noch durch Quartals- bzw. Jahresergebnisse eine zeitnahe Identifikation und Verarbeitung aller bewertungsrelevanten Informationen in den Aktienkursen erlaubt. Stattdessen wirken Ergebnisüberraschungen sowohl bezüglich der Quartals- und Jahresergebnisse als auch des E-BITDA langfristig auf die Aktienkursentwicklung ein. Demzufolge stellt keine der beiden Ergebnisgrößen eine hinsichtlich der Bewertungsrelevanz überlegene Informationsgröße für Investoren dar.

In Übereinstimmung mit den empirischen Ergebnissen zum Informationsgehalt der Pro-forma-Ergebnisse führen Ergebnisüberraschungen bezüglich der Pro-forma-Ergebnisse kurzfristig zu positiven Kurseffekten, langfristig stellen sich jedoch negative Kursanpassungen ein. Ausschlaggebend dafür sind vor allem der negative Kurseinfluss von zur Berechnung von

Pro-forma-Ergebnissen in der Form des EBITDA ausgeschlossenen Aufwendungen sowie die Misstrauensabschläge bei einem Ausweis von Pro-forma-EPS. Somit sind Pro-forma-Ergebnisse alleine nicht ausreichend, um die Kursverläufe der DAX30- und MDAX-Unternehmen um den Zeitpunkt der Ergebnisbekanntgabe zu beschreiben.

Die Argumente der Befürworter eines Ausweises von Pro-forma-Ergebnissen, wonach Pro-forma-Ergebnisse eine bessere Einschätzung der wirtschaftlichen Entwicklung eines Unternehmens erlauben und Anlageentscheidungen vereinfachen, kann somit nicht bestätigt werden. Die vorliegenden Ergebnisse unterstützen vielmehr die Kritik am Ausweis von Pro-forma-Ergebnissen, da Pro-forma-Ergebnisse unternehmensbewertungsrelevante Informationen ausschließen und Investoren zu Fehlentscheidungen bei Anlageentscheidungen verleiten können. Gleichzeitig ist mit einem weiteren Anstieg der Pro-forma-Berichterstattung zu rechnen. Ausschlaggebend sind die mit der zunehmenden Kapitalmarktorientierung der Unternehmen einhergehende steigende Nachfrage der Analysten nach Pro-forma-Ergebnissen sowie der von institutionellen Eigentümern ausgehende Leistungsdruck. Auch in Deutschland lässt sich deshalb ein Handlungsbedarf bezüglich der Regulierung der Veröffentlichung von Pro-forma-Ergebnissen somit nicht von der Hand weisen.

Obwohl die freiwillige Pro-forma-Berichterstattung Investoren zu einer Fehleinschätzung der Unternehmenswerte sowie nicht adäquaten Anlageentscheidungen führen kann, beinhalten Pro-forma-Ergebnisse für Investoren trotzdem wertvolle Informationen, die aus auf Rechnungslegungsstandards basierenden Ergebnissen nicht erkennbar sind. Dies ist dann der Fall, wenn nur tatsächlich einmalige Aufwendungen bei der Berechnung der Pro-forma-Ergebnisse ausgeschlossen werden. Ein vollständiges Verbot der freiwilligen Pro-forma-Berichterstattung sollte daher nicht in Betracht kommen, da Investoren dann bewertungsrelevante Informationen vorenthalten würden. Stattdessen sollte die freiwillige Pro-forma-Berichterstattung in ein Business bzw. Performance Reporting eingebunden werden, das eine faire und ausgewogene Darstellung der Ertragslage des Unternehmens zulässt und Investoren eine faktenbasierte, objektive Prognose der zukünftigen Cashflows zur Ableitung eines gerechtfertigten Unternehmenswertes erlaubt. Dafür ist ein Herausrechnen von Aufwendungen aus dem operativen Geschäft, die der auf Rechnungslegungsstandards basierende Abschluss erfasst, sowie eine hervorgehobene Darstellung der Pro-forma-Ergebnisse ohne detaillierte Überleitungsrechnung zu den auf Standards basierenden Ergebnissen zu unterbinden.

# 9 Anhang

Aus den nachfolgenden Tabellen können die deskriptiven Statistiken sowie die Kolmogorov-Smirnov-Tests auf Normalverteilung der untersuchten Unternehmenskennzahlen aus Abschnitt 4 - in separater Darstellung für alle Unternehmen, Unternehmen mit bzw. ohne Ausweis von EBITDA oder Pro-forma-EPS – entnommen werden.

| Deskriptive Statistik | Anlagevermögen | Bilanzsumme | Umsatz | Operatives Ergebnis |
|---|---|---|---|---|
| Mittelwert | 6,9753 | 8,5841 | 7,1228 | 3,5106 |
| Standardabweichung | 1,9480 | 1,6841 | 1,6012 | 3,0238 |
| Minimum | 1,9796 | 4,7098 | 3,0805 | -8,8595 |
| Maximum | 11,3113 | 12,2886 | 10,6860 | 8,1727 |
| | | | | |
| 25 % | 5,6527 | 7,3099 | 5,8602 | 2,6797 |
| Median 50 % | 6,8866 | 8,6129 | 7,1476 | 4,2327 |
| 75 % | 8,3536 | 9,3856 | 8,1349 | 5,2679 |
| | | | | |
| Kolmogorov-Smirnov-Test | | | | |
| K-S Z | 0,9777 | 1,9973 | 1,5553 | 4,8401 |
| 2-tailed p | 0,2947 | 0,0007 | 0,0158 | 0,0000 |

Tabelle-Anhang 1: Deskriptive Statistik – Vergleich aller Unternehmen – Fundamentale Unternehmensdaten

| Deskriptive Statistik | Goodwill Anschaffungskosten (AHK) | Goodwill Kumulierte Wertberichtigung | Goodwill Restbuchwert | Goodwill AHK / Bilanzsumme | Goodwill AHK / Eigenkapital | Goodwill AHK / Umsatz |
|---|---|---|---|---|---|---|
| Mittelwert | 12,8656 | 11,4464 | 12,4898 | 153,9004 | 531,6797 | 190,2722 |
| Standardabweichung | 2,5343 | 2,4933 | 2,6338 | 141,9441 | 494,0335 | 212,4991 |
| Minimum | 5,4161 | 4,1744 | 4,3820 | 0,0591 | 0,2137 | 0,0475 |
| Maximum | 17,6630 | 16,6742 | 17,1977 | 605,8767 | 1.964,8097 | 1.095,9464 |
| 25 % | 11,6066 | 10,0833 | 10,7813 | 34,7655 | 111,6372 | 34,5848 |
| Median 50 % | 13,0056 | 11,6641 | 12,5845 | 117,4402 | 398,9053 | 110,6557 |
| 75 % | 14,8972 | 13,4322 | 14,5356 | 225,9304 | 869,0762 | 286,6128 |
| Kolmogorov-Smirnov-Test | | | | | | |
| K-S Z | 1,0899 | 0,9564 | 1,1228 | 1,3782 | 1,7549 | 2,0534 |
| 2-tailed p | 0,1858 | 0,3197 | 0,1606 | 0,0448 | 0,0042 | 0,0004 |

**Tabelle-Anhang 2: Deskriptive Statistik – Vergleich aller Unternehmen – Akquisitionstätigkeit (1)**

| Deskriptive Statistik | Goodwill Kumulierte Wertberichtigung / Bilanzsumme | Goodwill Kumulierte Wertberichtigung / Eigenkapital | Goodwill Kumulierte Wertberichtigung / Umsatz | Goodwill Restbuchwert / Bilanzsumme | Goodwill Restbuchwert / Eigenkapital | Goodwill Restbuchwert / Umsatz |
|---|---|---|---|---|---|---|
| Mittelwert | 40,1653 | 136,0356 | 44,8523 | 117,2374 | 405,3507 | 147,6170 |
| Standardabweichung | 42,4629 | 148,2974 | 53,1405 | 112,9913 | 391,7605 | 176,9653 |
| Minimum | 0,0284 | 0,1026 | 0,0228 | 0,0307 | 0,1111 | 0,0247 |
| Maximum | 213,7948 | 730,9189 | 324,8151 | 523,2008 | 1.711,0865 | 1.020,4315 |
| 25 % | 8,5094 | 32,5808 | 7,7852 | 27,4730 | 70,8802 | 24,6784 |
| Median 50 % | 24,7063 | 76,3643 | 29,7248 | 78,2258 | 325,9879 | 79,7230 |
| 75 % | 59,5964 | 192,9536 | 64,1489 | 189,4647 | 668,0924 | 234,0666 |
| Kolmogorov-Smirnov-Test | | | | | | |
| K-S Z | 1,6879 | 1,7420 | 2,0044 | 1,5187 | 1,6997 | 2,1578 |
| 2-tailed p | 0,0067 | 0,0046 | 0,0006 | 0,0199 | 0,0062 | 0,0002 |

**Tabelle-Anhang 3: Deskriptive Statistik – Vergleich aller Unternehmen – Akquisitionstätigkeit (2)**

| Deskriptive Statistik | Verschuldungsgrad | Eigenkapitalquote | Liquiditätsgrad | Cashflowkraft |
|---|---|---|---|---|
| Mittelwert | 2,8253 | 0,3687 | 0,0439 | 2,6559 |
| Standardabweichung | 3,9373 | 0,2360 | 0,1351 | 11,8455 |
| Minimum | 0,2366 | 0,0274 | -0,4617 | -102,8205 |
| Maximum | 35,5260 | 2,3156 | 1,6243 | 93,7500 |
| 25 % | 1,1907 | 0,2414 | 0,0044 | 0,0481 |
| Median 50 % | 2,0302 | 0,3300 | 0,0254 | 1,7650 |
| 75 % | 3,1428 | 0,4565 | 0,0531 | 4,4552 |
| Kolmogorov-Smirnov-Test | | | | |
| K-S Z | 6,9208 | 3,4620 | 5,6794 | 5,8254 |
| 2-tailed p | 0,0000 | 0,0000 | 0,0000 | 0,0000 |

**Tabelle-Anhang 4: Deskriptive Statistik – Vergleich aller Unternehmen - Finanzielle Stabilität sowie Kapitalstruktur / Finanzierungsrisiko**

| Deskriptive Statistik | Eigenkapitalrendite | Umsatzrendite | Investitionsrendite | Gesamtkapitalrendite |
|---|---|---|---|---|
| Mittelwert | 0,0646 | 0,0429 | 0,2439 | 0,0264 |
| Standardabweichung | 0,1042 | 0,0765 | 0,6881 | 0,0419 |
| Minimum | -0,6944 | -0,6256 | -0,5625 | -0,1960 |
| Maximum | 0,5201 | 0,6667 | 8,6840 | 0,2561 |
| 25 % | 0,0180 | 0,0119 | 0,0186 | 0,0051 |
| Median 50 % | 0,0583 | 0,0339 | 0,0694 | 0,0174 |
| 75 % | 0,1057 | 0,0629 | 0,2125 | 0,0397 |
| Kolmogorov-Smirnov-Test | | | | |
| K-S Z | 3,4495 | 4,5822 | 7,4900 | 3,9470 |
| 2-tailed p | 0,0000 | 0,0000 | 0,0000 | 0,0000 |

**Tabelle-Anhang 5: Deskriptive Statistik – Vergleich aller Unternehmen - Rentabilität**

| Deskriptive Statistik | Anlageintensität | Investitionsverhältnis |
|---|---|---|
| Mittelwert | 0,2587 | 4,3637 |
| Standardabweichung | 0,1374 | 9,5573 |
| Minimum | 0,0095 | 0,2027 |
| Maximum | 0,7566 | 103,4221 |
| 25 % | 0,1569 | 1,1859 |
| Median 50 % | 0,2641 | 1,8603 |
| 75 % | 0,3536 | 3,7061 |
| Kolmogorov-Smirnov-Test | | |
| K-S Z | 1,6803 | 8,5207 |
| 2-tailed p | 0,0071 | 0,0000 |

Tabelle-Anhang 6: Deskriptive Statistik – Vergleich aller Unternehmen - Vermögensstruktur – Intensitätsgrade und Investitionsverhältnis

| Deskriptive Statistik | Kapitalumschlag | Umschlag des Anlagevermögens |
|---|---|---|
| Mittelwert | 0,2794 | 2,5734 |
| Standardabweichung | 0,1630 | 8,5418 |
| Minimum | 0,0292 | 0,1660 |
| Maximum | 1,7782 | 136,3730 |
| 25 % | 0,1897 | 0,6341 |
| Median 50 % | 0,2497 | 1,0644 |
| 75 % | 0,3339 | 1,7670 |
| **Kolmogorov-Smirnov-Test** | | |
| K-S Z | 3,4418 | 9,9641 |
| 2-tailed p | 0,0000 | 0,0000 |

**Tabelle-Anhang 7: Deskriptive Statistik – Vergleich aller Unternehmen - Vermögensstruktur – Umschlagskennzahlen**

| Deskriptive Statistik | Anlagedeckungsgrad I | Anlagedeckungsgrad II |
|---|---|---|
| Mittelwert | 3,2331 | 4,8187 |
| Standardabweichung | 8,0686 | 10,2833 |
| Minimum | 0,0757 | 0,8956 |
| Maximum | 67,9725 | 89,3177 |
| | | |
| 25 % | 0,7680 | 1,8043 |
| Median 50 % | 1,3817 | 2,3903 |
| 75 % | 2,4863 | 3,3673 |
| | | |
| **Kolmogorov-Smirnov-Test** | | |
| K-S Z | 9,1584 | 8,6651 |
| 2-tailed p | 0,0000 | 0,0000 |

**Tabelle-Anhang 8: Deskriptive Statistik – Vergleich aller Unternehmen - Vermögensstruktur – Deckungsgrade**

| Deskriptive Statistik | Markt-kapitalisierung | Analystencoverage | Streubesitz | Quartalsrendite | Kurs-Gewinn-Verhältnis | Buchwert-Marktwert-Verhältnis |
|---|---|---|---|---|---|---|
| Mittelwert | 7,9209 | 22,3990 | 67,2190 | -0,0438 | 18,0635 | 0,7520 |
| Standardabweichung | 1,5580 | 10,2567 | 25,7630 | 0,3694 | 23,6481 | 0,5684 |
| Minimum | 4,8458 | 1,0000 | 7,0000 | -1,3656 | -72,3495 | 0,0183 |
| Maximum | 12,5379 | 46,6667 | 100,0000 | 2,7045 | 142,4778 | 3,6551 |
| 25 % | 6,7004 | 14,0000 | 45,5000 | -0,2749 | 9,2639 | 0,3515 |
| Median 50 % | 7,8530 | 23,6667 | 68,5000 | -0,0742 | 15,2256 | 0,5933 |
| 75 % | 8,9842 | 30,0000 | 93,5000 | 0,1339 | 21,8543 | 0,9773 |
| Kolmogorov-Smirnov-Test | | | | | | |
| K-S Z | 1,2658 | 2,0334 | 3,3958 | 2,0969 | 2,5140 | 3,2434 |
| 2-tailed p | 0,0811 | 0,0005 | 0,0000 | 0,0003 | 0,0000 | 0,0000 |

**Tabelle-Anhang 9: Deskriptive Statistik – Vergleich aller Unternehmen – Bewertung durch den Kapitalmarkt**

| Deskriptive Statistik | Anlagevermögen | | Bilanzsumme | | Umsatz | | Operatives Ergebnis | |
|---|---|---|---|---|---|---|---|---|
| | Pro-forma EBITDA Unternehmen | Nicht Pro-forma EBITDA Unternehmen | Pro-forma EBITDA Unternehmen | Nicht Pro-forma EBITDA Unternehmen | Pro-forma EBITDA Unternehmen | Nicht Pro-forma EBITDA Unternehmen | Pro-forma EBITDA Unternehmen | Nicht Pro-forma EBITDA Unternehmen |
| 25 % | 5,7304 | 5,4971 | 7,3234 | 7,1228 | 5,7491 | 6,1595 | 2,7638 | 2,4907 |
| Median 50 % | 6,8475 | 7,1091 | 8,6136 | 8,5969 | 7,1070 | 7,2099 | 4,2278 | 4,2767 |
| 75 % | 8,2022 | 8,4307 | 9,4323 | 9,3712 | 8,1355 | 8,1110 | 5,2284 | 5,4136 |
| Minimum | 3,2060 | 1,9796 | 4,7098 | 5,6205 | 3,0805 | 3,9688 | -8,8595 | -7,7227 |
| Maximum | 11,3113 | 10,3969 | 12,2886 | 11,6927 | 10,6860 | 10,1160 | 8,1727 | 7,4651 |
| Mittelwert | 7,0165 | 6,8410 | 8,5685 | 8,6384 | 7,0815 | 7,2772 | 3,5988 | 3,1883 |
| Standardabweichung | 1,9229 | 2,0283 | 1,6953 | 1,6485 | 1,5991 | 1,6042 | 2,8434 | 3,5986 |
| **Kolmogorov-Smirnov-Test** | | | | | | | | |
| K-S Z | 1,5289 | 1,2972 | 1,4673 | 1,7875 | 1,3238 | 2,0322 | 4,0115 | 2,6855 |
| 2-tailed p | 0,0186 | 0,0691 | 0,0270 | 0,0034 | 0,0601 | 0,0005 | 0,0000 | 0,0000 |

**Tabelle-Anhang 10: Deskriptive Statistik – Vergleich der Unternehmen mit und ohne Ausweis des Pro-forma-Ergebnisses**

**EBITDA – Fundamentale Unternehmensdaten**

| Deskriptive Statistik | Goodwill Anschaffungskosten (AHK) | | Goodwill Kumulierte Wertberichtigung | | Goodwill Restbuchwert | |
|---|---|---|---|---|---|---|
| | Pro-forma EBITDA Unternehmen | Nicht Pro-forma EBITDA Unternehmen | Pro-forma EBITDA Unternehmen | Nicht Pro-forma EBITDA Unternehmen | Pro-forma EBITDA Unternehmen | Nicht Pro-forma EBITDA Unternehmen |
| 25 % | 11,6279 | 10,5999 | 10,3056 | 9,2965 | 10,7358 | 11,8706 |
| Median 50 % | 12,9159 | 13,0795 | 11,5395 | 12,3464 | 12,6248 | 12,5778 |
| 75 % | 14,9501 | 14,1615 | 13,5384 | 12,6603 | 14,7380 | 13,3673 |
| Minimum | 5,4161 | 6,2461 | 4,6821 | 4,1744 | 4,3820 | 5,7777 |
| Maximum | 17,6630 | 15,6810 | 16,6742 | 14,0111 | 17,1977 | 15,6875 |
| Mittelwert | 12,9677 | 12,4394 | 11,5151 | 11,1531 | 12,5958 | 12,1026 |
| Standardabweichung | 2,5292 | 2,5673 | 2,4587 | 2,6758 | 2,6680 | 2,5166 |
| Kolmogorov-Smirnov-Test | | | | | | |
| K-S Z | 1,2231 | 1,1259 | 0,7830 | 1,0184 | 1,2604 | 1,2146 |
| 2-tailed p | 0,1004 | 0,1584 | 0,5721 | 0,2508 | 0,0834 | 0,1046 |

**Tabelle-Anhang 11: Deskriptive Statistik – Vergleich der Unternehmen mit und ohne Ausweis des Pro-forma-Ergebnisses**

**EBITDA – Akquisitionstätigkeit (1)**

| Deskriptive Statistik | Goodwill AHK / Bilanzsumme | | Goodwill AHK / Eigenkapital | | Goodwill AHK / Umsatz | |
|---|---|---|---|---|---|---|
| | Pro-forma EBITDA Unternehmen | Nicht Pro-forma EBITDA Unternehmen | Pro-forma EBITDA Unternehmen | Nicht Pro-forma EBITDA Unternehmen | Pro-forma EBITDA Unternehmen | Nicht Pro-forma EBITDA Unternehmen |
| 25 % | 51,7222 | 12,6635 | 149,3378 | 46,2973 | 59,5225 | 16,2652 |
| Median 50 % | 130,5711 | 50,0814 | 499,1110 | 102,4651 | 118,1526 | 63,7362 |
| 75 % | 234,7366 | 203,7183 | 956,2807 | 609,7142 | 291,0806 | 133,5855 |
| Minimum | 0,0591 | 0,5254 | 0,2137 | 1,1751 | 0,0475 | 0,1765 |
| Maximum | 605,8767 | 329,5409 | 1.964,8097 | 865,9624 | 1.095,9464 | 563,3546 |
| Mittelwert | 169,2671 | 100,8153 | 607,3801 | 277,0512 | 208,0483 | 124,8238 |
| Standardabweichung | 146,9703 | 110,0661 | 512,9606 | 318,3090 | 221,3298 | 164,3340 |
| Kolmogorov-Smirnov-Test | | | | | | |
| K-S Z | 1,1082 | 1,0852 | 1,2762 | 1,1427 | 1,6201 | 1,3492 |
| 2-tailed p | 0,1714 | 0,1896 | 0,0770 | 0,1468 | 0,0105 | 0,0525 |

**Tabelle-Anhang 12: Deskriptive Statistik – Vergleich der Unternehmen mit und ohne Ausweis des Pro-forma-Ergebnisses EBITDA – Akquisitionstätigkeit (2)**

| Deskriptive Statistik | Goodwill Kumulierte Wertberichtigung / Bilanzsumme | | Goodwill Kumulierte Wertberichtigung / Eigenkapital | | Goodwill Kumulierte Wertberichtigung / Umsatz | |
|---|---|---|---|---|---|---|
| | Pro-forma EBITDA Unternehmen | Nicht Pro-forma EBITDA Unternehmen | Pro-forma EBITDA Unternehmen | Nicht Pro-forma EBITDA Unternehmen | Pro-forma EBITDA Unternehmen | Nicht Pro-forma EBITDA Unternehmen |
| 25 % | 9,2475 | 4,4345 | 36,0657 | 15,6305 | 11,8702 | 6,5095 |
| Median 50 % | 24,9845 | 12,9148 | 95,0781 | 44,0241 | 30,4357 | 13,9525 |
| 75 % | 66,4265 | 51,5851 | 216,5077 | 137,6528 | 74,6818 | 48,6794 |
| Minimum | 0,0284 | 0,0775 | 0,1026 | 0,1782 | 0,0228 | 0,0247 |
| Maximum | 213,7948 | 103,1055 | 730,9190 | 268,3600 | 324,8151 | 176,2602 |
| Mittelwert | 43,0123 | 29,9974 | 151,7219 | 81,5071 | 46,9350 | 36,9182 |
| Standardabweichung | 44,9538 | 30,7998 | 158,8197 | 86,2432 | 54,6152 | 47,4760 |
| Kolmogorov-Smirnov-Test | | | | | | |
| K-S Z | 1,4678 | 1,0734 | 1,4514 | 1,1544 | 1,7458 | 1,0015 |
| 2-tailed p | 0,0269 | 0,1994 | 0,0296 | 0,1391 | 0,0045 | 0,2684 |

**Tabelle-Anhang 13: Deskriptive Statistik – Vergleich der Unternehmen mit und ohne Ausweis des Pro-forma-Ergebnisses**

**EBITDA – Akquisitionstätigkeit (3)**

| Deskriptive Statistik | Goodwill Restbuchwert / Bilanzsumme | | Goodwill Restbuchwert / Eigenkapital | | Goodwill Restbuchwert / Umsatz | |
|---|---|---|---|---|---|---|
| | Pro-forma EBITDA Unternehmen | Nicht Pro-forma EBITDA Unternehmen | Pro-forma EBITDA Unternehmen | Nicht Pro-forma EBITDA Unternehmen | Pro-forma EBITDA Unternehmen | Nicht Pro-forma EBITDA Unternehmen |
| 25 % | 32,8743 | 10,9519 | 91,5198 | 29,5188 | 30,2782 | 10,4697 |
| Median 50 % | 97,6182 | 37,1133 | 388,2898 | 113,4556 | 84,0165 | 68,3695 |
| 75 % | 189,4647 | 165,1380 | 733,4304 | 565,2136 | 234,4732 | 115,8104 |
| Minimum | 0,0307 | 0,3289 | 0,1111 | 0,7356 | 0,0247 | 0,1105 |
| Maximum | 523,2008 | 288,5198 | 1.711,0866 | 1.021,6213 | 1.020,4315 | 387,0944 |
| Mittelwert | 126,8208 | 88,1039 | 457,7087 | 250,3711 | 163,7140 | 96,1066 |
| Standardabweichung | 117,6264 | 93,7209 | 409,9921 | 286,2491 | 190,0918 | 114,6044 |
| Kolmogorov-Smirnov-Test | | | | | | |
| K-S Z | 1,2823 | 1,1340 | 1,3103 | 1,1906 | 1,7971 | 1,2684 |
| 2-tailed p | 0,0746 | 0,1527 | 0,0645 | 0,1174 | 0,0031 | 0,0801 |

**Tabelle-Anhang 14: Deskriptive Statistik – Vergleich der Unternehmen mit und ohne Ausweis des Pro-forma-Ergebnisses EBITDA – Akquisitionstätigkeit (4)**

| Deskriptive Statistik | Verschuldungsgrad | | Eigenkapitalquote | | Liquiditätsgrad | | Cashflowkraft | |
|---|---|---|---|---|---|---|---|---|
| | Pro-forma EBITDA Unternehmen | Nicht Pro-forma EBITDA Unternehmen | Pro-forma EBITDA Unternehmen | Nicht Pro-forma EBITDA Unternehmen | Pro-forma EBITDA Unternehmen | Nicht Pro-forma EBITDA Unternehmen | Pro-forma EBITDA Unternehmen | Nicht Pro-forma EBITDA Unternehmen |
| 25 % | 1,2152 | 1,1120 | 0,2337 | 0,2658 | 0,0057 | 0,0008 | 0,1329 | -0,1559 |
| Median 50 % | 2,2022 | 1,7252 | 0,3123 | 0,3669 | 0,0231 | 0,0330 | 1,7756 | 1,7200 |
| 75 % | 3,2797 | 2,7625 | 0,4514 | 0,4735 | 0,0500 | 0,0572 | 4,5790 | 4,0769 |
| Minimum | 0,2366 | 0,3562 | 0,0274 | 0,2029 | -0,1968 | -0,4617 | -102,8205 | -67,8070 |
| Maximum | 35,5260 | 3,9286 | 2,3156 | 0,7374 | 0,7162 | 1,6243 | 88,0000 | 93,7500 |
| Mittelwert | 3,1017 | 1,8950 | 0,3619 | 0,3919 | 0,0404 | 0,0544 | 2,7746 | 2,3044 |
| Standardabweichung | 4,4142 | 1,0014 | 0,2568 | 0,1440 | 0,0813 | 0,2317 | 12,0323 | 11,3037 |
| Kolmogorov-Smirnov-Test | | | | | | | | |
| K-S Z | 6,1916 | 1,1708 | 3,6170 | 1,3000 | 4,3488 | 3,7142 | 5,1618 | 3,1563 |
| 2-tailed p | 0,0000 | 0,1289 | 0,0000 | 0,0681 | 0,0000 | 0,0000 | 0,0000 | 0,0000 |

**Tabelle-Anhang 15: Deskriptive Statistik – Vergleich der Unternehmen mit und ohne Ausweis des Pro-forma-Ergebnisses**

**EBITDA – Finanzielle Stabilität sowie Kapitalstruktur / Finanzierungsrisiko**

| Deskriptive Statistik | Eigenkapitalrendite | | Umsatzrendite | | Investitionsrendite | | Gesamtkapitalrendite | |
|---|---|---|---|---|---|---|---|---|
| | Pro-forma EBITDA Unternehmen | Nicht Pro-forma EBITDA Unternehmen | Pro-forma EBITDA Unternehmen | Nicht Pro-forma EBITDA Unternehmen | Pro-forma EBITDA Unternehmen | Nicht Pro-forma EBITDA Unternehmen | Pro-forma EBITDA Unternehmen | Nicht Pro-forma EBITDA Unternehmen |
| 25 % | 0,0170 | 0,0212 | 0,0112 | 0,0170 | 0,0176 | 0,0243 | 0,0050 | 0,0060 |
| Median 50 % | 0,0583 | 0,0576 | 0,0335 | 0,0348 | 0,0631 | 0,1027 | 0,0169 | 0,0215 |
| 75 % | 0,1044 | 0,1145 | 0,0636 | 0,0582 | 0,1910 | 0,2713 | 0,0376 | 0,0441 |
| Minimum | -0,6944 | -0,5540 | -0,6256 | -0,3201 | -0,4557 | -0,5625 | -0,1960 | -0,1564 |
| Maximum | 0,5201 | 0,3739 | 0,6667 | 0,3295 | 3,5428 | 8,6840 | 0,2561 | 0,1608 |
| Mittelwert | 0,0656 | 0,0611 | 0,0447 | 0,0361 | 0,1897 | 0,4249 | 0,0268 | 0,0249 |
| Standardabweichung | 0,1035 | 0,1068 | 0,0781 | 0,0699 | 0,4543 | 1,1532 | 0,0411 | 0,0445 |
| | | | | | | | | |
| Kolmogorov-Smirnov-Test | | | | | | | | |
| K-S Z | 3,1152 | 1,5956 | 4,4522 | 4,0482 | 5,9860 | 2,1262 | 3,8018 | 1,6229 |
| 2-tailed p | 0,0000 | 0,0123 | 0,0000 | 0,0000 | 0,0000 | 0,0002 | 0,0000 | 0,0103 |

**Tabelle-Anhang 16: Deskriptive Statistik – Vergleich der Unternehmen mit und ohne Ausweis des Pro-forma-Ergebnisses**

**EBITDA – Rentabilität**

| Deskriptive Statistik | Anlageintensität | | Investitionsverhältnis | |
|---|---|---|---|---|
| | Pro-forma EBITDA Unternehmen | Nicht Pro-forma EBITDA Unternehmen | Pro-forma EBITDA Unternehmen | Nicht Pro-forma EBITDA Unternehmen |
| 25 % | 0,1611 | 0,1478 | 1,1613 | 1,3282 |
| Median 50 % | 0,2791 | 0,2344 | 1,6371 | 2,5240 |
| 75 % | 0,3575 | 0,2862 | 3,4813 | 3,9004 |
| Minimum | 0,0198 | 0,0095 | 0,2027 | 0,5146 |
| Maximum | 0,7566 | 0,5471 | 34,9311 | 103,4221 |
| Mittelwert | 0,2656 | 0,2363 | 3,3644 | 7,6196 |
| Standardabweichung | 0,1405 | 0,1243 | 4,5892 | 17,5500 |
| **Kolmogorov-Smirnov-Test** | | | | |
| K-S Z | 2,2854 | 1,2782 | 5,5534 | 4,8083 |
| 2-tailed p | 0,0001 | 0,0762 | 0,0000 | 0,0000 |

**Tabelle-Anhang 17: Deskriptive Statistik – Vergleich der Unternehmen mit und ohne Ausweis des Pro-forma-Ergebnisses**

**EBITDA – Vermögensstruktur – Intensitätsgrade und Investitionsverhältnis**

| Deskriptive Statistik | Kapitalumschlag | | Umschlag des Anlagevermögens | |
|---|---|---|---|---|
| | Pro-forma EBITDA Unternehmen | Nicht Pro-forma EBITDA Unternehmen | Pro-forma EBITDA Unternehmen | Nicht Pro-forma EBITDA Unternehmen |
| 25 % | 0,1888 | 0,1924 | 0,6084 | 0,6870 |
| Median 50 % | 0,2576 | 0,2347 | 1,0514 | 1,0927 |
| 75 % | 0,3372 | 0,3219 | 1,7926 | 1,6670 |
| Minimum | 0,0292 | 0,1042 | 0,1660 | 0,2004 |
| Maximum | 0,8971 | 1,7782 | 14,4963 | 136,3730 |
| Mittelwert | 0,2736 | 0,3003 | 1,6400 | 5,7220 |
| Standardabweichung | 0,1366 | 0,2337 | 1,9609 | 17,1689 |
| **Kolmogorov-Smirnov-Test** | | | | |
| K-S Z | 1,9735 | 2,8586 | 5,2513 | 5,0120 |
| 2-tailed p | 0,0008 | 0,0000 | 0,0000 | 0,0000 |

**Tabelle-Anhang 18: Deskriptive Statistik – Vergleich der Unternehmen mit und ohne Ausweis des Pro-forma-Ergebnisses EBITDA – Vermögensstruktur – Umschlagskennzahlen**

| Deskriptive Statistik | Anlagedeckungsgrad I | | Anlagedeckungsgrad II | |
|---|---|---|---|---|
| | Pro-forma EBITDA Unternehmen | Nicht Pro-forma EBITDA Unternehmen | Pro-forma EBITDA Unternehmen | Nicht Pro-forma EBITDA Unternehmen |
| 25 % | 0,6772 | 1,1063 | 1,7467 | 1,9959 |
| Median 50 % | 1,2978 | 1,8789 | 2,1932 | 2,7645 |
| 75 % | 2,2357 | 2,7475 | 3,2656 | 3,7184 |
| Minimum | 0,0757 | 0,7056 | 0,8956 | 1,1867 |
| Maximum | 67,9725 | 37,0434 | 89,3177 | 37,3271 |
| Mittelwert | 3,0321 | 3,8789 | 4,6880 | 5,2004 |
| Standardabweichung | 8,2464 | 7,4573 | 11,1170 | 7,3395 |
| **Kolmogorov-Smirnov-Test** | | | | |
| K-S Z | 8,1387 | 5,3994 | 7,8005 | 4,4652 |
| 2-tailed p | 0,0000 | 0,0000 | 0,0000 | 0,0000 |

**Tabelle-Anhang 19: Deskriptive Statistik – Vergleich der Unternehmen mit und ohne Ausweis des Pro-forma-Ergebnisses**

**EBITDA – Vermögensstruktur – Deckungsgrade**

| Deskriptive Statistik | Marktkapitalisierung | | Analystencoverage | | Streubesitz | |
|---|---|---|---|---|---|---|
| | Pro-forma EBITDA Unternehmen | Nicht Pro-forma EBITDA Unternehmen | Pro-forma EBITDA Unternehmen | Nicht Pro-forma EBITDA Unternehmen | Pro-forma EBITDA Unternehmen | Nicht Pro-forma EBITDA Unternehmen |
| 25 % | 6,6376 | 7,4799 | 14,0000 | 13,6667 | 49,2000 | 44,0000 |
| Median 50 % | 7,6812 | 8,1259 | 22,6667 | 26,3333 | 72,0000 | 56,8500 |
| 75 % | 8,8868 | 9,6201 | 29,0000 | 35,0000 | 94,3000 | 83,5000 |
| Minimum | 5,0594 | 4,8458 | 1,0000 | 1,0000 | 7,0000 | 21,8000 |
| Maximum | 12,5379 | 11,6209 | 45,0000 | 46,6667 | 100,0000 | 100,0000 |
| Mittelwert | 7,8128 | 8,2851 | 21,6080 | 25,0713 | 68,9204 | 61,2643 |
| Standardabweichung | 1,5391 | 1,5699 | 9,6307 | 11,7718 | 26,2525 | 23,0544 |
| Kolmogorov-Smirnov-Test | | | | | | |
| K-S Z | 1,6794 | 0,9139 | 2,0399 | 1,4421 | 3,5466 | 1,9979 |
| 2-tailed p | 0,0071 | 0,3738 | 0,0005 | 0,0312 | 0,0000 | 0,0007 |

**Tabelle-Anhang 20: Deskriptive Statistik – Vergleich der Unternehmen mit und ohne Ausweis des Pro-forma-Ergebnisses**

**EBITDA – Bewertung durch den Kapitalmarkt (1)**

| Deskriptive Statistik | Quartalsrendite | | Kurs-Gewinn-Verhältnis | | Buchwert-Marktwert-Verhältnis | |
|---|---|---|---|---|---|---|
| | Pro-forma EBITDA Unternehmen | Nicht Pro-forma EBITDA Unternehmen | Pro-forma EBITDA Unternehmen | Nicht Pro-forma EBITDA Unternehmen | Pro-forma EBITDA Unternehmen | Nicht Pro-forma EBITDA Unternehmen |
| 25 % | -0,2595 | -0,3134 | 9,3109 | 9,1996 | 0,3735 | 0,3066 |
| Median 50 % | -0,0660 | -0,0938 | 15,8868 | 12,8028 | 0,6183 | 0,5280 |
| 75 % | 0,1481 | 0,0863 | 23,0735 | 17,9443 | 0,9714 | 1,1218 |
| Minimum | -1,3656 | -1,0788 | -72,3495 | -63,9647 | 0,0183 | 0,0988 |
| Maximum | 2,7045 | 0,5346 | 142,4778 | 35,2121 | 3,6551 | 2,5662 |
| Mittelwert | -0,0223 | -0,1154 | 20,1255 | 10,7629 | 0,7543 | 0,7444 |
| Standardabweichung | 0,3855 | 0,2994 | 24,7942 | 17,4363 | 0,5646 | 0,5829 |
| **Kolmogorov-Smirnov-Test** | | | | | | |
| K-S Z | 2,2643 | 0,6775 | 2,4316 | 1,4854 | 2,9011 | 1,8794 |
| 2-tailed p | 0,0001 | 0,7483 | 0,0000 | 0,0242 | 0,0000 | 0,0017 |

**Tabelle-Anhang 22: Deskriptive Statistik – Vergleich der Unternehmen mit und ohne Ausweis des Pro-forma-Ergebnisses**

**EBITDA – Bewertung durch den Kapitalmarkt (2)**

| Deskriptive Statistik | Anlagevermögen | | Bilanzsumme | | Umsatz | | Operatives Ergebnis | |
|---|---|---|---|---|---|---|---|---|
| | Pro-forma-EPS Unternehmen | Nicht Pro-forma-EPS Unternehmen | Pro-forma-EPS Unternehmen | Nicht Pro-forma-EPS Unternehmen | Pro-forma-EPS Unternehmen | Nicht Pro-forma-EPS Unternehmen | Pro-forma-EPS Unternehmen | Nicht Pro-forma-EPS Unternehmen |
| 25 % | 6,0130 | 5,2035 | 8,3974 | 6,8975 | 7,1365 | 5,5222 | 2,9628 | 2,6534 |
| Median 50 % | 7,3119 | 6,5880 | 8,9892 | 8,0513 | 7,8500 | 6,5250 | 4,8713 | 3,8069 |
| 75 % | 9,1477 | 7,7915 | 10,3625 | 9,1164 | 9,1804 | 7,6732 | 5,8420 | 4,9715 |
| Minimum | 4,9991 | 1,9796 | 6,0585 | 4,7098 | 4,1942 | 3,0805 | -8,8595 | -6,9567 |
| Maximum | 11,3113 | 10,6651 | 12,2886 | 11,6927 | 10,6860 | 10,1160 | 8,1727 | 7,5924 |
| Mittelwert | 7,7687 | 6,5020 | 9,2875 | 8,1536 | 7,9930 | 6,6596 | 3,7515 | 3,3790 |
| Standardabweichung | 1,8240 | 1,8659 | 1,6748 | 1,5402 | 1,4440 | 1,4846 | 3,5609 | 2,6800 |
| Kolmogorov-Smirnov-Test | | | | | | | | |
| K-S Z | 1,7091 | 0,9640 | 1,8820 | 1,1152 | 1,4855 | 1,4018 | 3,4794 | 4,0693 |
| 2-tailed p | 0,0058 | 0,3106 | 0,0017 | 0,1662 | 0,0242 | 0,0393 | 0,0000 | 0,0000 |

Tabelle-Anhang 22: Deskriptive Statistik – Vergleich der Unternehmen mit und ohne Ausweis des Pro-forma-Ergebnisses

Pro-forma-EPS – Fundamentale Unternehmensdaten

| Deskriptive Statistik | Goodwill Anschaffungskosten (AHK) | | Goodwill Kumulierte Wertberichtigung | | Goodwill Restbuchwert | |
|---|---|---|---|---|---|---|
| | Pro-forma-EPS Unternehmen | Nicht Pro-forma-EPS Unternehmen | Pro-forma-EPS Unternehmen | Nicht Pro-forma-EPS Unternehmen | Pro-forma-EPS Unternehmen | Nicht Pro-forma-EPS Unternehmen |
| 25 % | 13,0012 | 10,6896 | 11,6463 | 9,0335 | 12,6675 | 9,9489 |
| Median 50 % | 14,7949 | 12,3352 | 13,5405 | 11,1426 | 14,2516 | 11,9892 |
| 75 % | 15,4860 | 14,3538 | 14,0045 | 12,6603 | 15,1756 | 14,0877 |
| Minimum | 9,4721 | 5,4161 | 8,9286 | 4,1744 | 8,6028 | 4,3820 |
| Maximum | 17,6630 | 16,5414 | 16,6742 | 15,0209 | 17,1977 | 16,4905 |
| Mittelwert | 14,2511 | 12,1373 | 12,9253 | 10,6681 | 13,8790 | 11,6960 |
| Standardabweichung | 1,7927 | 2,5717 | 1,7033 | 2,4986 | 1,8380 | 2,6992 |
| Kolmogorov-Smirnov-Test | | | | | | |
| K-S Z | 0,9399 | 0,9864 | 1,0317 | 0,7657 | 0,6777 | 0,8731 |
| 2-tailed p | 0,3401 | 0,2849 | 0,2376 | 0,6007 | 0,7479 | 0,4309 |

**Tabelle-Anhang 23: Deskriptive Statistik – Vergleich der Unternehmen mit und ohne Ausweis des Pro-forma-Ergebnisses Pro-forma-EPS – Akquisitionstätigkeit (1)**

| Deskriptive Statistik | Goodwill AHK / Bilanzsumme | | Goodwill AHK / Eigenkapital | | Goodwill AHK / Umsatz | |
|---|---|---|---|---|---|---|
| | Pro-forma-EPS Unternehmen | Nicht Pro-forma-EPS Unternehmen | Pro-forma-EPS Unternehmen | Nicht Pro-forma-EPS Unternehmen | Pro-forma-EPS Unternehmen | Nicht Pro-forma-EPS Unternehmen |
| 25 % | 77,8295 | 25,7294 | 258,2074 | 64,3105 | 89,2808 | 23,9923 |
| Median 50 % | 189,6524 | 80,4902 | 728,5162 | 206,4659 | 137,4134 | 97,5492 |
| 75 % | 289,2529 | 206,5416 | 1.162,2917 | 623,1817 | 307,5723 | 276,8881 |
| Minimum | 9,7304 | 0,0591 | 22,5422 | 0,2137 | 5,8147 | 0,0475 |
| Maximum | 491,0488 | 605,8767 | 1.964,8097 | 1.451,6769 | 873,0839 | 1.095,9464 |
| Mittelwert | 189,3371 | 132,4060 | 780,3601 | 375,7276 | 223,6609 | 171,5542 |
| Standardabweichung | 129,9113 | 145,6110 | 555,5578 | 379,4794 | 202,0434 | 217,3956 |
| Kolmogorov-Smirnov-Test | | | | | | |
| K-S Z | 1,4191 | 0,5538 | 0,7110 | 1,6217 | 1,3082 | 1,7729 |
| 2-tailed p | 0,0356 | 0,9189 | 0,6929 | 0,0104 | 0,0652 | 0,0037 |

**Tabelle-Anhang 24: Deskriptive Statistik – Vergleich der Unternehmen mit und ohne Ausweis des Pro-forma-Ergebnisses Pro-forma-EPS – Akquisitionstätigkeit (2)**

| Deskriptive Statistik | Goodwill Kumulierte Wertberichtigung / Bilanzsumme | | Goodwill Kumulierte Wertberichtigung / Eigenkapital | | Goodwill Kumulierte Wertberichtigung / Umsatz | |
|---|---|---|---|---|---|---|
| | Pro-forma-EPS Unternehmen | Nicht Pro-forma-EPS Unternehmen | Pro-forma-EPS Unternehmen | Nicht Pro-forma-EPS Unternehmen | Pro-forma-EPS Unternehmen | Nicht Pro-forma-EPS Unternehmen |
| 25 % | 17,3565 | 5,8272 | 76,3643 | 17,5052 | 24,4065 | 6,5297 |
| Median 50 % | 48,4846 | 17,1080 | 181,3201 | 50,6522 | 39,1233 | 26,8812 |
| 75 % | 70,2388 | 41,4699 | 272,1857 | 151,2393 | 76,5499 | 53,0860 |
| Minimum | 5,6508 | 0,0284 | 13,0912 | 0,1026 | 3,3769 | 0,0228 |
| Maximum | 213,7948 | 123,8584 | 730,9190 | 591,6172 | 324,8151 | 136,7690 |
| Mittelwert | 56,7495 | 30,2147 | 213,5988 | 87,8929 | 63,7466 | 34,3877 |
| Standardabweichung | 51,3947 | 32,6778 | 174,4323 | 105,0755 | 73,0511 | 34,3796 |
| **Kolmogorov-Smirnov-Test** | | | | | | |
| K-S Z | 1,0336 | 1,4400 | 0,9270 | 1,6776 | 1,3080 | 1,3636 |
| 2-tailed p | 0,2357 | 0,0316 | 0,3565 | 0,0072 | 0,0653 | 0,0485 |

**Tabelle-Anhang 25: Deskriptive Statistik – Vergleich der Unternehmen mit und ohne Ausweis des Pro-forma-Ergebnisses**

**Pro-forma-EPS – Akquisitionstätigkeit (3)**

| Deskriptive Statistik | Goodwill Restbuchwert / Bilanzsumme | | Goodwill Restbuchwert / Eigenkapital | | Goodwill Restbuchwert / Umsatz | |
|---|---|---|---|---|---|---|
| | Pro-forma-EPS Unternehmen | Nicht Pro-forma-EPS Unternehmen | Pro-forma-EPS Unternehmen | Nicht Pro-forma-EPS Unternehmen | Pro-forma-EPS Unternehmen | Nicht Pro-forma-EPS Unternehmen |
| 25 % | 63,4692 | 20,6199 | 232,6438 | 47,3343 | 75,0995 | 16,7402 |
| Median 50 % | 148,9247 | 44,4665 | 531,7889 | 128,3757 | 96,1176 | 61,1009 |
| 75 % | 211,0035 | 173,7657 | 835,2656 | 497,3704 | 234,0666 | 212,9419 |
| Minimum | 4,0795 | 0,0307 | 9,4510 | 0,1111 | 2,4379 | 0,0247 |
| Maximum | 306,3464 | 523,2008 | 1.711,0866 | 1.253,5860 | 548,2687 | 1.020,4315 |
| Mittelwert | 139,4274 | 102,6867 | 576,4893 | 289,3246 | 160,3101 | 139,8059 |
| Standardabweichung | 88,2803 | 125,1765 | 425,4259 | 322,0725 | 133,8242 | 199,5338 |
| **Kolmogorov-Smirnov-Test** | | | | | | |
| K-S Z | 1,7488 | 0,0044 | 0,5998 | 1,8055 | 1,2931 | 1,9844 |
| 2-tailed p | 0,7099 | | 0,8645 | 0,0029 | 0,0706 | 0,0008 |

**Tabelle-Anhang 26: Deskriptive Statistik – Vergleich der Unternehmen mit und ohne Ausweis des Pro-forma-Ergebnisses**

**Pro-forma-EPS – Akquisitionstätigkeit (4)**

| Deskriptive Statistik | Verschuldungsgrad | | Eigenkapitalquote | | Liquiditätsgrad | | Cashflowkraft | |
|---|---|---|---|---|---|---|---|---|
| | Pro-forma-EPS Unternehmen | Nicht Pro-forma-EPS Unternehmen | Pro-forma-EPS Unternehmen | Nicht Pro-forma-EPS Unternehmen | Pro-forma-EPS Unternehmen | Nicht Pro-forma-EPS Unternehmen | Pro-forma-EPS Unternehmen | Nicht Pro-forma-EPS Unternehmen |
| 25 % | 1,6810 | 1,0131 | 0,2012 | 0,2637 | 0,0062 | 0,0015 | 0,1383 | -0,0672 |
| Median 50 % | 2,4165 | 1,6731 | 0,2927 | 0,3741 | 0,0254 | 0,0255 | 1,9286 | 1,6051 |
| 75 % | 3,9699 | 2,7923 | 0,3730 | 0,4968 | 0,0431 | 0,0605 | 5,2701 | 4,0347 |
| Minimum | 0,6752 | 0,2366 | 0,0274 | 0,0938 | -0,1697 | -0,4617 | -102,8205 | -35,6667 |
| Maximum | 35,5260 | 9,6664 | 0,5970 | 2,3156 | 0,2819 | 1,6243 | 93,7500 | 88,0000 |
| Mittelwert | 4,1101 | 2,0097 | 0,2929 | 0,4169 | 0,0324 | 0,0519 | 3,4715 | 2,1454 |
| Standardabweichung | 5,8902 | 1,2855 | 0,1258 | 0,2742 | 0,0545 | 0,1698 | 15,7580 | 8,5149 |
| Kolmogorov-Smirnov-Test | | | | | | | | |
| K-S Z | 5,3688 | 2,3257 | 0,7748 | 3,3634 | 2,7784 | 4,5776 | 4,0585 | 3,8505 |
| 2-tailed p | 0,0000 | 0,0000 | 0,5857 | 0,0000 | 0,0000 | 0,0000 | 0,0000 | 0,0000 |

**Tabelle-Anhang 27: Deskriptive Statistik – Vergleich der Unternehmen mit und ohne Ausweis des Pro-forma-Ergebnisses**

**Pro-forma-EPS – Finanzielle Stabilität sowie Kapitalstruktur / Finanzierungsrisiko**

| Deskriptive Statistik | Eigenkapitalrendite | | Umsatzrendite | | Investitionsrendite | | Gesamtkapitalrendite | |
|---|---|---|---|---|---|---|---|---|
| | Pro-forma-EPS Unternehmen | Nicht Pro-forma-EPS Unternehmen | Pro-forma-EPS Unternehmen | Nicht Pro-forma-EPS Unternehmen | Pro-forma-EPS Unternehmen | Nicht Pro-forma-EPS Unternehmen | Pro-forma-EPS Unternehmen | Nicht Pro-forma-EPS Unternehmen |
| 25 % | 0,0117 | 0,0222 | 0,0061 | 0,0170 | 0,0094 | 0,0250 | 0,0025 | 0,0072 |
| Median 50 % | 0,0521 | 0,0602 | 0,0246 | 0,0432 | 0,0452 | 0,0841 | 0,0106 | 0,0221 |
| 75 % | 0,1051 | 0,1069 | 0,0415 | 0,0709 | 0,1484 | 0,2429 | 0,0257 | 0,0476 |
| Minimum | -0,6944 | -0,4303 | -0,6256 | -0,3201 | -0,5625 | -0,2368 | -0,1960 | -0,0935 |
| Maximum | 0,3739 | 0,5201 | 0,3295 | 0,6667 | 1,0811 | 8,6840 | 0,1710 | 0,2561 |
| Mittelwert | 0,0545 | 0,0709 | 0,0251 | 0,0523 | 0,1105 | 0,3213 | 0,0162 | 0,0325 |
| Standardabweichung | 0,1114 | 0,0991 | 0,0709 | 0,0777 | 0,2103 | 0,8407 | 0,0370 | 0,0434 |
| **Kolmogorov-Smirnov-Test** | | | | | | | | |
| K-S Z | 2,7224 | 2,5869 | 3,5730 | 3,7660 | 3,1993 | 6,3387 | 3,3314 | 3,1050 |
| 2-tailed p | 0,0000 | 0,0000 | 0,0000 | 0,0000 | 0,0000 | 0,0000 | 0,0000 | 0,0000 |

**Tabelle-Anhang 28: Deskriptive Statistik – Vergleich der Unternehmen mit und ohne Ausweis des Pro-forma-Ergebnisses**

**Pro-forma-EPS – Rentabilität**

| Deskriptive Statistik | Anlageintensität | | Investitionsverhältnis | |
|---|---|---|---|---|
| | Pro-forma-EPS Unternehmen | Nicht Pro-forma-EPS Unternehmen | Pro-forma-EPS Unternehmen | Nicht Pro-forma-EPS Unternehmen |
| 25 % | 0,1566 | 0,1692 | 0,9954 | 1,3070 |
| Median 50 % | 0,2826 | 0,2567 | 1,5345 | 2,0923 |
| 75 % | 0,3555 | 0,3510 | 4,0415 | 3,5055 |
| Minimum | 0,0536 | 0,0095 | 0,2485 | 0,2027 |
| Maximum | 0,4301 | 0,7566 | 16,6146 | 103,4221 |
| Mittelwert | 0,2569 | 0,2598 | 3,1338 | 5,0993 |
| Standardabweichung | 0,1122 | 0,1505 | 3,4747 | 11,7236 |
| Kolmogorov-Smirnov-Test | | | | |
| K-S Z | 1,9605 | 1,4437 | 3,5409 | 7,1579 |
| 2-tailed p | 0,0009 | 0,0310 | 0,0000 | 0,0000 |

**Tabelle-Anhang 29: Deskriptive Statistik – Vergleich der Unternehmen mit und ohne Ausweis des Pro-forma-Ergebnisses**

**Pro-forma-EPS – Vermögensstruktur – Intensitätsgrade und Investitionsverhältnis**

| Deskriptive Statistik | Kapitalumschlag | | Umschlag des Anlagevermögens | |
|---|---|---|---|---|
| | Pro-forma-EPS Unternehmen | Nicht Pro-forma-EPS Unternehmen | Pro-forma-EPS Unternehmen | Nicht Pro-forma-EPS Unternehmen |
| 25 % | 0,1773 | 0,1957 | 0,5640 | 0,7815 |
| Median 50 % | 0,2470 | 0,2548 | 0,9967 | 1,0919 |
| 75 % | 0,3535 | 0,3264 | 1,7545 | 1,7721 |
| Minimum | 0,0532 | 0,0292 | 0,2167 | 0,1660 |
| Maximum | 0,8971 | 1,7782 | 12,4194 | 136,3730 |
| Mittelwert | 0,2841 | 0,2766 | 1,7342 | 3,0639 |
| Standardabweichung | 0,1671 | 0,1607 | 2,3225 | 10,5789 |
| Kolmogorov-Smirnov-Test | | | | |
| K-S Z | 2,2433 | 3,1195 | 4,3488 | 8,0115 |
| 2-tailed p | 0,0001 | 0,0000 | 0,0000 | 0,0000 |

**Tabelle-Anhang 30: Deskriptive Statistik – Vergleich der Unternehmen mit und ohne des Pro-forma-Ergebnisses Pro-forma-EPS – Vermögensstruktur – Umschlagskennzahlen**

| Deskriptive Statistik | Anlagedeckungsgrad I | | Anlagedeckungsgrad II | |
|---|---|---|---|---|
| | Pro-forma-EPS Unternehmen | Nicht Pro-forma-EPS Unternehmen | Pro-forma-EPS Unternehmen | Nicht Pro-forma-EPS Unternehmen |
| 25 % | 0,6078 | 0,8977 | 1,7965 | 1,8122 |
| Median 50 % | 1,1470 | 1,4435 | 2,1790 | 2,5597 |
| 75 % | 2,1581 | 2,9745 | 3,1194 | 3,8808 |
| Minimum | 0,0757 | 0,2862 | 1,0361 | 0,8956 |
| Maximum | 4,1974 | 67,9725 | 8,9589 | 89,3177 |
| Mittelwert | 1,4607 | 4,3114 | 2,8360 | 6,0335 |
| Standardabweichung | 1,0077 | 10,0553 | 1,8963 | 12,8304 |
| Kolmogorov-Smirnov-Test | | | | |
| K-S Z | 2,5273 | 7,3420 | 3,5521 | 6,9681 |
| 2-tailed p | 0,0000 | 0,0000 | 0,0000 | 0,0000 |

**Tabelle-Anhang 31: Deskriptive Statistik – Vergleich der Unternehmen mit und ohne des Pro-forma-Ergebnisses Pro-forma-EPS – Vermögensstruktur – Deckungsgrade**

| Deskriptive Statistik | Marktkapitalisierung | | Analystencoverage | | Streubesitz | |
|---|---|---|---|---|---|---|
| | Pro-forma-EPS Unternehmen | Nicht Pro-forma-EPS Unternehmen | Pro-forma-EPS Unternehmen | Nicht Pro-forma-EPS Unternehmen | Pro-forma-EPS Unternehmen | Nicht Pro-forma-EPS Unternehmen |
| 25 % | 7,1736 | 6,4257 | 18,3333 | 13,0000 | 49,7000 | 44,0000 |
| Median 50 % | 8,7438 | 7,5196 | 27,1667 | 20,6667 | 68,1500 | 68,5000 |
| 75 % | 9,6663 | 8,5118 | 32,6667 | 28,3333 | 81,4000 | 100,0000 |
| Minimum | 5,1675 | 4,8458 | 1,0000 | 2,0000 | 27,1000 | 7,0000 |
| Maximum | 12,5379 | 10,8356 | 45,0000 | 46,6667 | 100,0000 | 100,0000 |
| Mittelwert | 8,5595 | 7,5601 | 25,5998 | 20,6457 | 68,1318 | 66,7293 |
| Standardabweichung | 1,5847 | 1,4224 | 9,8551 | 10,0542 | 20,3150 | 28,2591 |
| Kolmogorov-Smirnov-Test | | | | | | |
| K-S Z | 1,1786 | 1,1567 | 1,7561 | 1,7010 | 1,6999 | 3,8102 |
| 2-tailed p | 0,1243 | 0,1377 | 0,0042 | 0,0061 | 0,0062 | 0,0000 |

**Tabelle-Anhang 32: Deskriptive Statistik – Vergleich der Unternehmen mit und ohne Ausweis des Pro-forma-Ergebnisses**

**Pro-forma-EPS – Bewertung durch den Kapitalmarkt (1)**

| Deskriptive Statistik | Quartalsrendite | | Kurs-Gewinn-Verhältnis | | Buchwert-Marktwert-Verhältnis | |
|---|---|---|---|---|---|---|
| | Pro-forma-EPS Unternehmen | Nicht Pro-forma-EPS Unternehmen | Pro-forma-EPS Unternehmen | Nicht Pro-forma-EPS Unternehmen | Pro-forma-EPS Unternehmen | Nicht Pro-forma-EPS Unternehmen |
| 25 % | -0,3164 | -0,2308 | 12,7482 | 8,5668 | 0,3419 | 0,3720 |
| Median 50 % | -0,1262 | -0,0452 | 16,6341 | 12,9277 | 0,5195 | 0,6504 |
| 75 % | 0,0753 | 0,1667 | 27,2204 | 20,9635 | 1,0627 | 0,9571 |
| Minimum | -0,8662 | -1,3656 | -72,3495 | -26,2552 | 0,0183 | 0,1021 |
| Maximum | 1,1646 | 2,7045 | 122,1869 | 142,4778 | 2,7618 | 3,6551 |
| Mittelwert | -0,1125 | -0,0045 | 19,8657 | 16,9821 | 0,7533 | 0,7512 |
| Standardabweichung | 0,3021 | 0,3978 | 26,3049 | 21,9623 | 0,6109 | 0,5394 |
| Kolmogorov-Smirnov-Test | | | | | | |
| K-S Z | 0,6252 | 2,0802 | 1,5410 | 2,0786 | 2,8236 | 2,4973 |
| 2-tailed p | 0,8293 | 0,0003 | 0,0173 | 0,0004 | 0,0000 | 0,0000 |

**Tabelle-Anhang 33: Deskriptive Statistik – Vergleich der Unternehmen mit und ohne Ausweis des Pro-forma-Ergebnisses**

**Pro-forma-EPS – Bewertung durch den Kapitalmarkt (2)**

# 10 Literaturverzeichnis

Abarbanell, J., R. Lehavy (2002), Differences in Commercial Database Reported Earnings: Implications for Empirical Research, Working Paper, University of North Carolina and University of California, Berkeley.

Abarbanell, J., R. Lehavy (2003), Can Stock Recommendations Predict Earnings Management and Analysts' Earnings Forecast Errors?, Journal of Accounting Research Vol. 41 No. 1, S. 1 – 31.

Abarbanell, J., R. Lehavy (2005), Letting the ´Tail Wag the Dog`: The Debate over GAAP versus Street Earnings Revisited, Working Paper, University of North Carolina and University of Michigan.

AICPA – American Institute of Certified Public Accountants (2002), Re: SEC-File No. S7-43-02, Conditions for the Use of Non-GAAP Financial Measures (Brief des AICPA an die SEC), December 13, 2002.

AICPA – American Institute of Certified Public Accountants (2005), Meeting the Information Needs of Investors and Creditors - Comprehensive Report of the Special Committee on Financial Reporting, http://aicpa.org/members/div/acctstd/ibr/index.htm.

Alford, A. W., P. G. Berger (1999), A Simultaneous Equations Analysis of Forecast Accuracy, Analyst Following, and Trading Volume, Journal of Accounting, Auditing & Finance Vol. 14, S. 219 – 240.

Ali, A., A. Klein, J. Rosenfeld (1992), Analysts' Use of Information about Permanent and Transitory Earnings Components in Forecasting Annual EPS, Accounting Review, S. 183 – 198.

Alpert, B. (2001), Maybe pro-forma earnings aren't so evil after all, Barron's Online, August 6, 2001.

AMAZON.COM,INC (2004), Form 10-K für das Geschäftsjahr 2003, http://secfilings.nasdaq.com/edgar_conv_html/2004/02/25/0001193125-04-029488.html.

Andersson, P. (2004), How well do financial experts perform? A review of empirical research on performance of analysts, day-traders, forecasters, fund managers, investors, and stockbrokers, Working Paper, Stockholm School of Economics.

Andersson, P., N. Hellmann (2004), The impact of pro forma profits on analyst forecast: Some experimental evidence, Working Paper, Stockholm School of Economics.

Ang, J. S., S. J. Ciccone (2002), International Differences in Analyst Forecast Properties, Working Paper, Florida State University.

APB – Auditing Practices Board (1998a), (Bulletin 1998/7) The auditors´ association with preliminary announcements, Issued July 1998.

APB – Auditing Practices Board (1998b), (Bulletin 1998/8) Reporting on pro forma financial information pursuant to the Listing Rules, Issued November 1998.

APB – Auditing Practices Board (1999), SAS 160, Other information in documents containing audited financial statements, Issued October 1999.

APB – Auditing Practices Board (2003a), APB alerts auditors to issues associated with the inclusion of pro forma information in preliminary announcements, 05 February 2003, www.frc.org.uk/apb/press/pub0414.html.

APB – Auditing Practices Board (2003b), News Release – APB Alert to Auditors of Listed Companies, 08 December 2003.

APB – Auditing Practices Board (2003c), Newsletter APB activity in the 3 months to 31 December 2003, S. 1 - 6.

APB – Auditing Practices Board (2003d), Meeting of The Auditing Practices Board - Meeting Minutes, 16 December 2003.

APB – Auditing Practices Board (2004), (Bulletin 2004/1) The auditors` association with preliminary announcements, Issued January 2004.

APB – Auditing Practices Board (2005), 4000 – Investment Circular Reporting Standards Applicable to Public Reporting Engagements on Pro Forma Financial Information, Exposure Draft, 24 May 2005.

Arbeitskreis „Wertorientierte Führung in mittelständischen Unternehmen" der Schmalenbachgesellschaft für Betriebswirtschaft e.V. (2004), Möglichkeiten zur Ermittlung periodischer Erfolgsgrößen in Kompatibilität zum Unternehmenswert, Finanz Betrieb 4/2004, S. 241 – 253.

Arbeitskreis Externe Unternehmensrechnung der Schmalenbach-Gesellschaft für Betriebswirtschaft (2002), Enforcement der Rechnungslegung – Stellungnahme des Arbeitskreises Externe Unternehmensrechnung der Schmalenbach-Gesellschaft, Der Betrieb 55, S. 2173 – 2176.

Arbeitskreis Externe Unternehmensrechnung der Schmalenbach-Gesellschaft für Betriebswirtschaft (2004), Stellungnahme zum Referentenentwurf eines Bilanzkontrollgesetzes, Der Betrieb 57, S. 329 – 332.

Arnold & Porter (2003), Adios EBITDA? – The SEC's New Regulation G, Memorandum, www.arnoldporter.com.

ASB – Accounting Standards Board (1992), FRS 3 Reporting Financial Performance.

ASB – Accounting Standards Board (1998), FRS 14 Earnings Per Share.

ASB – Accounting Standards Board (2003), Operating And Financial Review - Statement.

ASC - Accounting Standards Committee (1986), SSAP 6 Extraordinary Items and Prior Year Adjustments.

Backhaus, K., B. Erichson, W. Plinke, R. Weiber (2003), Multivariate Analysemethoden, 10. Auflage, Berlin.

Baetge, J. (1994), Rating von Unternehmen anhand von Bilanzen, Wirtschaftsprüfung 47, S. 1 – 10.

Baetge, J., M. Lutter (2003), Abschlussprüfung und Corporate Governance – Bericht der Regierungskommission „Abschlussprüfung und Corporate Governance", Köln.

Ballas, A. A. (1999). Valuation Implications of Exceptional and Extraordinary Items, British Accounting Review (1999) 31, S. 281 – 295.

Ballwieser, W. (2002), Informations-GOB – auch im Lichte von IAS und US-GAAP, Kapitalmarktorientierte Rechnungslegung, S. 115 – 121.

Ballwieser, W. (2003), Reporting Financial Performance, Vortrag zum Münchner Forschungspreis für Wirtschaftsprüfung, 25.11.2003, Ludwig-Maximilians-Universität München.

Bamberg, G., Baur, F. (1991), Statistik, R. Oldenbourg Verlag.

Bank of England (2002), Financial Stability Themes and Issues, in: Financial stability review December 2002, S. 1 – 6.

Barnea, A., J. Ronen, S. Sadan (1976), Classificatory Smoothing of Income with Extraordinary Items, The Accounting Review 51 (January 1976), S. 110 – 122.

Bartov, E., D. Givoly, C. Hayn (2002), The rewards to meeting or beating earnings expectations, Journal of Accounting and Economics 33, S. 173 – 204.

Basu, S. (1977), Investment Performance of Common Stocks in Relation to their Price-Earnings Ratios: A Test of the Efficient Market Hypothesis, Journal of Finance, S. 663 – 682.

Basu, S. (1983), The Relationship between Earnings' Yield, Market Value and Returns for NYSE Common Stock, Journal of Financial Economics, S. 129 – 156.

Basu, S. (1997), The conservatism principle and the asymmetric timeliness of earnings, Journal of Accounting and Economics 24, S. 3 – 37.

Basu, S., L. S. Hwang, C. L. Jan (1998), International Variation in Accounting Measurement Rules and Analysts´ Forecast Errors, Journal of Business & Accounting Vol. 25, S. 1207 – 1247.

Bates, R. G., M. A. H. Dempster, H. G. Go, Y. S. Yong (2004), Prospective Earnings Per Share, Working Paper, University of Cambridge.

BDO (2003), BDO Seidman LLP, Financial Reporting, Conditions for Use of Non-GAAP Financial Measures, March 2003, S. 13 – 17.

Beattie, V., K. Pratt (2002), Disclosure Items in a Comprehensive Model of Business Reporting: An Empirical Evaluation, Working Paper, University of Stirling.

Beattie, V., S. Brown, D. Ewers, B. John, S. Manson, D. Thomas, M. Turner (1994), Extraordinary Items and Income Smoothing: A Positive Accounting Approach, Journal of Business Finance and Accounting, S. 791 – 811.

Beaver, W. H., M. F. McNichols, K. K. Nelson (2003), An Alternative Interpretation of Discontinuity in Earnings Distribution, Working Paper, Stanford University.

Beaver, W.H., R. Lambert, D. Morse (1980), The Information Content of Security Prices, Journal of Accounting and Economics, März-Heft, S. 3 – 28.

Bernard, V. L., J. K. Thomas (1989), Post-earnings-announcement drift: Delayed price response or risk premium?, Journal of Accounting Research, Supplement 27, S. 1 – 36.

Bernard, V. L., J. K. Thomas (1990), Evidence that stock prices do not fully reflect the implications of current earnings for future earnings, Journal of Accounting and Economics 13, S. 305 –340.

Bhattacharya, N., E. L. Black, T. E. Christensen, C. R Larson (2003), Assessing the relative informativeness and permanence of pro forma earnings and GAAP operating earnings, Journal of Accounting & Economics 36 (2003), S. 285 - 319.

Bhattacharya, N., E. L. Black, T. E. Christensen, K. D. Allee (2003), Large and Small Investors' Differential Responses to Pro Forma Earnings Announcements Based on the Relative Magnitude and Relative Emphasis Managers Place on Pro Forma and GAAP Earnings, Working Paper, University of Utah and Brigham Young University.

Bhattacharya, N., E. L. Black, T. E. Christensen, R. D. Mergenthaler (2004a), Empirical Evidence in Recent Trends in Pro Forma Reporting, Accounting Horizons, Vol. 18, No. 1, March 2004, S. 27 – 43.

Bhattacharya, N., E. L. Black, T. E. Christensen, R. D. Mergenthaler (2004b), Who trades on pro forma earnings information? An intraday investigation of investor trading responses around pro forma press release date, Working Paper, Southern Methodist University, Brigham Young University and University of Washington.

Bhojraj, S., P. Hribar, M. Picconi (2003), Making Sense of Cents: An Examination of Firms That Marginally Miss or Beat Analyst Forecasts, Working Paper, Cornell University, Ithaca.

Bianco, D, C. Smith, A. H. Burkett (2004), Does earnings quality matter?, in: UBS Investment Research (Hrsg.), Q-Series, New York.

Black, E. L., T. A. Carnes, V. J. Richardson (2000), The value relevance of multiple occurrences of nonrecurring items, Review of Quantitative Finance and Accounting 15, 2000, S. 391 – 411.

Bloom, R., D. Schirm (2003), SEC Regulations G, S-B, and S-K: Reporting Non-GAAP Financial Measures, CPA Journal (December 2003), www.nysscpa.org/cpajournal/2003/1203/nv/nv3.htm.

Böcking, H.-J. (2004), Internationalisierung der Rechnungslegung und ihre Auswirkungen auf die Grundprinzipien des deutschen Rechts, Der Konzern, 2. Jg., Heft 3, S. 177 - 183.

Born, K. (2002), Rechnungslegung international, Einzel- und Konzernabschlüsse nach IAS, US-GAAP, HGB und EG-Richtlinien, 3. Auflage, Stuttgart.

Bowen, R. M., A. K. Davis, D. A. Matsumoto (2004), Emphasis on Pro Forma versus GAAP Earnings in Quarterly Press Releases: Determinants, SEC intervention, and Market Reactions, Working Paper, University of Washington Business School and Washington University, Olin School of Business.

Bowen, R. M., A. K. Davis, D. A. Matsumoto (2005), Emphasis on Pro Forma versus GAAP Earnings in Quarterly Press Releases: Determinants, SEC intervention, and Market Reactions, The Accounting Review, October 2005.

Boyer, C., S. J. Ciccone, W. Zhang (2004), Insider Trading and Earnings Reporting: Evidence of Managerial Optimism or Opportunism?, Working Paper, Clarkson University and University of New Hampshire, Durham.

Bradshaw, M. T. (2003), A discussion of 'Assessing the relative informativeness and permanence of pro forma earnings and GAAP operating earnings, Journal of Accounting & Economics 36, S. 321 – 335.

Bradshaw, M. T., J. Cohen (2004), Management Earnings Disclosure and Pro Forma Reporting, www.hbsp.harvard.edu, March 3, 2004, S. 1 - 11.

Bradshaw, M. T., R. G. Sloan (2002), GAAP versus the street: An empirical assessment of two alternative definitions of earnings, Journal of Accounting Research, S. 41 - 66.

Braunschweig, P. von (2002), Variable Kaufpreisklausel in Unternehmenskaufverträgen, Der Betrieb, Heft 35, 30.08.2002, S. 1815 – 1818.

Bray, C. (2001), SEC looking at pro forma earnings with 'purpose in mind', Dow Jones Newswires, 8. November 2001.

Brösel, G., M. Heiden (2004), Pro-forma-Kennzahlen – Darstellung und kritische Würdigung aus der Sicht von Sparkassen, in: A. Bertsch/ R: Eller (Hrsg.), Handbuch IFRS, Deutscher Sparkassenverlag Stuttgart, S. 336 – 355.

Brown, L. D. (1983), Accounting Changes and the Accuracy of Analysts´ Earnings Forecasts, Journal of Accounting Research, Vol. 21, S. 432 – 443.

Brown, L. D. (2001), A Temporal Analysis of Earnings Surprises: Profits versus Losses, Journal of Accounting Research Vol. 39, No. 2, S. 221 – 241.

Brown, L. D., K. Sivakumar (2003), Comparing the Value Relevance of Two Operating Income Measures, Review of Accounting Studies 8, S. 561 - 572.

Brown, L. D., M. L. Caylor (2005), A Temporal Analysis of Quarterly Earnings Surprises Thresholds: Propensities and Valuation Consequences, The Accounting Review 80 (2), April 2005, S. 423 – 440.

Brown, P. R. (1999), Earnings Management: A Subtle (and Troublesome) Twist to Earnings Quality, Journal of Financial Statement Analysis 4, S. 61 – 63.

Bruce, B. R., M. T. Bradshaw (2004), Analysts, Lies, and Statistics. Cutting through the Hype in Corporate Earnings Announcements, New York.

Bryan, S., S. Lilien (2003), Making Pro Formas Perform, Harvard Business Review, www. Hbr.org (October 2003), S. 1 - 2.

Burgstahler, D. C., M. J. Eames (2003), Earnings management to avoid losses and earnings decreases: Are analysts fooled? Contemporary Accounting Reasearch 20, S. 253 – 294.

Burgstahler, D., I. Dichev (1997), Earnings management to avoid earnings decreases and losses, Journal of Accounting and Economics Vol. 24, No. 1, S. 99 – 126.

Burgstahler, D., J. Jiambalvo, T. Shevlin (2002), Do Stock Prices Fully Reflect the Implications of Special Items for Future Earnings?, Journal of Accounting Research, Vol. 40, No. 3, S. 585 – 612.

Busse von Colbe, W., W. Becker, H. Berndt, K. M. Geiger, H. Hasse, F. Schellmoser, G. Schmitt, T. Seeberg, K. von Wysocki (2000), Ergebnis je Aktie nach DVFA/SG – Gemeinsame Empfehlung der DVFA und der Schmalenbach-Gesellschaft zu Ermittlung eines von Sondereinflüssen bereinigten Jahresergebnisses je Aktie, Stuttgart, 3. Auflage.

Butler, K. C., L. H. Lang (1991), The Forecast Accuracy of Individual Analysts: Evidence of Systematic Optimism and Pessimism, Journal of Accounting Research Vol. 29, S. 150 – 156.

Campbell, J. Y., W. Lo, C. MacKinlay (1997), The Econometrics of Financial Markets, Princeton.

Campbell, J., R. Shiller (1988), Stock Prices, Earnings and Expected Dividends, Journal of Finance 43, S. 661 – 676.

Capstaff, J., K. Paudyal, W. Rees (1999), The Relative Forecast Accuracy of UK Brokers, Accounting and Business Research Vol. 30, S. 3 – 16.

Carlson, J. B., Sahinoz, E. Y. (2003), Measures of Corporate Earnings: What Number Is Best?, Federal Reserve Bank of Cleveland, February 1, 2003.

CESR – Committee of European Securities Regulators (2003), Standard No. 1 on Financial Information, www.fma.gv.at/de/pdf/standard.pdf.

CESR - Committee of European Securities Regulators (2004), Standard No. 2 on Financial Information, www.fma.gv.at/de/pdf/standar1.pdf.

Choi, Y. S., S. Lin, M. Walker, S. Young (2005), Voluntary Disclosure of Adjusted Earnings Per Share Numbers, Working Paper, Lancaster University und University of Manchester.

Chopra, N., J. Lakonishok, J. R. Ritter (1992), Measuring abnormal Performance, Journal of Financial Economics, Vol. 31, S. 235 – 268.

Ciccone, S. J. (2002), GAAP versus Street Earnings: Making Earnings Look Higher, Working Paper, University of New Hampshire, Durham.

Ciccone, S. J. (2004), Improvements in the Forecasting Ability of Analysts, Working Paper, University of New Hampshire, Durham.

Ciccone, S. J. (2005), Analysts' Annual Forecasts and Quarterly Earnings Releases, Working Paper, University of New Hampshire, Durham.

Coenenberg, A. G. (2001), Jahresabschluss und Jahresabschlussanalyse: Betriebswirtschaftliche, handelsrechtliche, steuerrechtliche und internationale Grundlagen – HGB, IAS, US-GAAP, 18. Auflage, Landsberg/Lech.

Cohen, D. A., A. Dey, T. Z. Lys (2005), Trends in Earnings Management and Informativeness of Earnings Announcements in the Pre- and Post-Sarbanes-Oxley Periods, Working Paper, University of Southern California and Northwestern University.

Collins, D. W., E. L. Maydew, I. S. Weiss (1997), Changes in the value relevance of earnings and book values over the past forty years, Journal of Accounting and Economics, S. 39 - 69.

Collins, D. W., O. Z. Li, H. Xie (2005), What Drives the Increased Informativeness of Earnings Announcements Over Time?, Working Paper, University of Iowa, University of Notre Dame and University of Illinois at Urbana-Champaign.

Companyreporting.com (2002), An overview of our findings for the current month, Company Reporting No. 142 (August 2002), S. 1 – 2.

Companyreporting.com (2003), EBITDA - A Survey of Reporting Practice of the past year, Company Reporting No. 156 (June 2003), S. 1 – 8.

Cook, D., L. Connor, A. Wilson (2002), UK/US GAAP Comparison, 5. Auflage, Frome and London.

Cortes, F., I. W. Marsh, M. Lyon (2002), Is there still magic in corporate earnings?, Financial Stability Review, S. 142 – 152.

Cottle, S., R. Murray, F. Block (1988), Graham and Dodd's security analysis, New York.

Craig, R., P. Walsh (1989), Adjustments for Extraordinary Items in Smoothing Reported Profits of Listed Australian Companies: Some Empirical Evidence, Journal of Business Finance and Accounting, Vol. 16, No. 2 (Spring 1989), S. 229 – 245.

Daniel, K., S. Titman (1997), Evidence on the Characteristics of Cross Sectional Variation in Stock Returns, Journal of Finance, S. 1 – 33.

Das, S. (1998), Financial Analysts` Earnings Forecast for Loss Firms, Managerial Finance Vol. 24, No. 6, S. 39 – 50.

Daske, H., G. Gebhardt, S. McLeay (2003), A comparative analysis of the distribution of earnings relative to targets in the European Union, Working Paper, Universität Frankfurt.

Deakin, E. B. (1976), Distributions of Financial Accounting Ratios: Some Empirical Evidence, The Accounting Review 51, Nr. 1, S. 90 – 96.

Dechow, P. M. (1994), Accounting earnings and cash flows as measures of firm performance: The role of accounting accruals, Journal of Accounting and Economics 18, S. 3 – 42.

Dechow, P. M., I. D. Dichev (2002), The quality of accruals and earnings: The role of accrual estimation errors, The Accounting Review 77 (Supplement), S. 35 – 59.

Dechow, P. M., S. A. Richardson, A. I. Tuna (2002), Are benchmark beaters doing anything wrong? Working Paper, University of Michigan Business School.

Dechow, P. M., S. A. Richardson, I. Tuna (2003), Why are Earnings Kinky? An Explanation of the Earnings Management Explanation, Review of Accounting Studies 8, S. 355 – 384.

Dechow, P. M., S. P. Kothari, R. L. Watts (1998), The relation between earnings and cash flow, Journal of Accounting and Economics 25, S. 133 – 168.

Dechow, P. M., W. Ge (2005), The persistence of earnings and cash flows and the role of special items: Implications for the accrual anomaly, Working Paper, University of Michigan.

DeFond, M. L., M. Hung (2001), An Empirical Analysis of Analysts` Cash Flow Forecasts, Working Paper, University of Southern California.

Degeorge, F., J. Patel, R. Zeckhauser (1999), Earnings Management to Exceed Thresholds, Journal of Business vol. 72 no. 1, S. 1 – 33.

Deloitte Touche Tohmatsu (2002), IAS PLUS Issue No.8, July 2002, www.iasplus.com.

Deloitte Touche Tohmatsu (2003), Conditions For Use of Non-GAAP Financiual Measures, July 2003.

Deloitte Touche Tohmatsu (2004), GAAP Newsletter, GAAP 2004 – works the way your work, March 2004.

Deloitte Touche Tohmatsu (2005), IAS Plus – The Framework for the Preparation and Presentation of Financial Statements, www.iasplus.com/standard/framwk.htm.

Dilla, W. N., D. J. Janvrin, C. Jeffrey (2006), The Impact of Non-GAAP Earnings and Interactive Data Displays on Earnings and Investment Judgments, Working Paper, College of Business Iowa State University.

Donoth, A., S. Radhakrishnan, J. Ronen (2005), The declining value relevance of accounting information and non-information-based trading: An empiricial Analysis, Working Paper, New York University, demnächst erscheinend in Contemparary Accounting Research.

Doyle, J. T., M. F. McNichols, M. T. Soliman (2005), Do Managers Define 'Street' to Meet or Beat Analyst Forecasts, Working Paper, University of Utah and Stanford University.

Doyle, J. T., M. T. Soliman (2002), Do Managers Use Pro Forma Earnings to Exceed Analyst Forecasts, Working Paper, University of Michigan Business School.

Doyle, J. T., R. J. Lundholm, M. T. Soliman (2003a), The Predictive Value of Expenses Excluded from Pro Forma Earnings, Review of Accounting Studies 8, S. 145 - 174.

Doyle, J. T., R. J. Lundholm, M. T. Soliman (2003b), The Extreme Future Stock Returns following Extreme Earnings Surprises, Working Paper, University of Utah, University of Michigan Business School and Stanford University.

Dugar, A., S. Nathan (1995), The Effect of Investment Banking Relationships on Financial Analysts' Earnings Forecasts and Investment Recommendations, Contemporary Accounting Research (Fall), S. 131 – 160.

Durtschi, C., P. Easton (2004a), The discontinuity in the earnings frequency distribution at zero: Evidence of earnings management, scaling, or differences between loss firms and profit firms?, Working Paper, Utah State University and University of Notre Dame.

Durtschi, C., P. Easton (2004b), Earnings Management? Alternative explanations for observed discontinuities in the frequency distribution of earnings, earnings changes, and analyst forecast errors, Working Paper, Utah State University and University of Notre Dame.

Dyck, A., L. Zingales (2003), The Media and Asset Prices, Working Paper, Harvard Business School and University of Chicago.

Easton, P. (1998), Discussion of revalued financial, tangible, and intangible assets: Association with share prices and non-market-based value estimates, Journal of Accounting Research 36, S. 235 – 247.

Easton, P. (2003), Discussion of „The Predictive Value of Expenses Excluded from Pro forma Earnings", Review of Accounting Studies 8, S. 175 – 183.

Easton, P. D., G. A. Sommers (2000), Scale and scale effects in market-based accounting research, Working Paper, Ohio State University.

Economist Intelligence Unit (2004), USA regulations: New corporate governance listing standards, in: Mayer, Brown, Rowe & Maw LLP (Hrsg.), Country briefing.

Eddy, A., B. Seifert (1992), An Examination of Hypotheses Concerning Earnings Forecast Errors, Journal of Economics and Business Vo. 31, No. 2, S. 22 – 37.

Eisenbeis, R. A., R. B. Avery (1972), Discriminant Analysis and Classification Procedures. Theory and Applications, Lexington (Massachusetts).

Elliott, J. A., D. R. Philbrick (1990), Accounting Changes and earnings Predictability, The Accounting Review Vol. 65, S. 303 – 316.

Elliott, J., J. Hanna (1996), Repeated accounting write-offs and the information content of earnings, Journal of Accounting Research 34, S. 135 -155 (Ergänzungsheft).

Elliott, W. B. (2003), Reconciling GAAP losses and pro forma profits: Effects on investor judgments, Working Paper, University of Illinois at Urbana-Champaign.

Elliott, W. B. (2004), Emphasis and Information Display of Non-GAAP Earnings Measures: Effects on Professional and Non-Professional Investor Judgments and Decisions, Working Paper, University of Illinois at Urbana-Champaign.

Ely, K., G. Waymire (1999), Accounting standard-setting organizations and earnings relevance: Longitudinal evidence from NYSE common stocks 1927 – 1993, Journal of Accounting Research 37, S. 293 – 317.

Fahrmeir, L., W. Häußler, G. Tutz (1984), Diskriminanzanalyse, in: Multivariate statistische Verfahren, hrsg. Von Ludwig Fahrmeir und Alfred Hamerle, Berlin und New York, Kapital 8, S. 301 – 370.

Fama, E. F., K. R. French (1992), The Cross-Section of Expected Stock Returns, Journal of Finance 47, S. 427 – 465.

Fama, E. F., K. R. French (1993), Common Risk Factors in the Returns of Stocks and Bonds, Journal of Financial Economics, S. 3 – 56.

Fama, E. F., K. R. French (1995), Size and Book-to-Market Factors in Earnings and Returns, Journal of Finance, S. 131 – 156.

Fama, E. F., K. R. French (1996), The CAPM is wanted, dead or alive, Journal of Finance 51, S. 1947 – 1958.

Fama, E. F., K. R. French (1997), Industry costs of equity, Journal of Financial Economics 43, S. 153 – 193.

Fama, E. F., K. R. French, D. G. Booth, R. Sinquefield (1993), Differences in the Risks and Returns of NYSE and NASD Stocks, Financial Analyst Journal (Heft 1), S. 37 – 41.

Fama, E., J. MacBeth (1973), Risk, Return and Equilibrium – Empirical Tests, Journal of Political Economy 81, S. 607 – 641.

FAPC – Financial Accounting Policy Committee (2002), Re; Release No. 33-8145; 34-46788; File No. S7-43-02; Proposed Rule: Conditions for the Use of Non-GAAP Financial Measures (Brief des FAPC an die SEC), December 31, 2002, www.sec.gov/rules/proposed/s74302/jadams1.htm.

FASB – Financial Accounting Standards Board (1987), FASB No. 95: Statement of Cash Flows, Financial Accounting Standards Board of the Financial Accounting Foundation.

FASB – Financial Accounting Standards Board (1995), FASB No. 121: Accounting for the Impairment of Long-Lived Assets and for Long-Lived Assets to Be Disposed Of, Financial Accounting Standards Board of the Financial Accounting Foundation, ersetzt durch FASB 144.

FASB – Financial Accounting Standards Board (1997a), FASB No. 131: Disclosures about Segments of an Enterprise and Related Information, Financial Accounting Standards Board of the Financial Accounting Foundation.

FASB – Financial Accounting Standards Board (1997b), FASB No. 128: Earnings per Share, Financial Accounting Standards Board of the Financial Accounting Foundation.

FASB – Financial Accounting Standards Board (2001a), FASB No. 141: Business Combinations, Financial Accounting Standards Board of the Financial Accounting Foundation.

FASB – Financial Accounting Standards Board (2001b), FASB No. 142: Goodwill and Other Intangible Assets, Financial Accounting Standards Board of the Financial Accounting Foundation.

FASB – Financial Accounting Standards Board (2001c), FASB No. 144: Accounting for the Impairment or Disposal of Long-Lived Assets, Financial Accounting Standards Board of the Financial Accounting Foundation, ersetzt FASB 121.

FASB – Financial Accounting Standards Board (2005), Project Updates: Financial Performance Reporting by Business Enterprises (Last Updated: December 20,2005), www.fasb.org/project/fin_reporting.shtml.

FEI/NIRI – Financial Executives International & National Investors Relations Institute (2001), Earnings Press Release Guidelines, www.fei.org/news/fei-niri-EPRGuidelines-4-26-2001.cfm, April 26, 2001.

Feilmeier, M., I. Fergel, G. Segerer (1981), Lineare Diskriminanzanalyse und Clusteranalyseverfahren bei Kreditscoringsystemen, Zeitschrift für Operations Research, Bd. 25, S. B 25 – B 38.

Fenwick & West (2002), SEC Brings First Enforcement Action Related to Pro Forma Financial Disclosures; Best Practices for Pro Forma Disclosures, Memorandum Fenwick & West LLP, S. 1 – 3.

Fey, G., T. Küster (2001), Value Reporting macht Untenehmen transparent – Adressaten- und wertorientierte Unternehmensberichterstattung, 19. März 2001, Frankfurter Allgemeine Zeitung.

First Call (1999), Present Methodology for U.S. Earnings Estimates, Unternehmensbroschüre.

FitchRatings (2003), Bank Rating Methodology, www.fitchratings.com, S. 1 – 22.

Forbes (2001), Analysts Create Earnings Anarchy, www.forbes.com/2001/05/09/0510simons_print.html.

Francis, J., K. Schipper (1999), Have financial statements lost their relevance?, Journal of Accounting Research, Vol. 37 No. 2, S. 319 – 352.

Frankel, R., S. E. McVay, M. Soliman (2005), Street Earnings and Board Independence, Working Paper, Massachusetts Institute of Technology, New York University and Stanford University.

Frankel, R., S. Roychowdhury (2004), Testing the clientele effect: an explanation for non-GAAP earnings adjustments used to compute I/B/E/S earnings, Working Paper, Massachusetts Institute of Technology.

FRC – Financial Reporting Council (2006), Operating Bodies, www.frc.gov.uk, Status January 02, 2006.

Frederickson, J. R., J. S. Miller (2004), The Effects of Pro Forma Earnings Disclosures on Analysts' and Nonprofessional Investors' Equity Valuation Judgments, The Accounting Review, Vol. 79, No. 3 2004, S. 667 – 686.

Freeman, R., S. Tse (1989), The multi-period information content of earnings announcements: Rational delayed reactions to earnings news, Journal of Accounting Research, Supplement 27, S. 49 – 79.

Fröschle, G., M. Glaum, U. Mandler (1998), Harmonisierung der Rechnungslegung und Kapitalaufnahmeerleichterungsgesetz - Sinneswandel bei Führungskräften deutscher Unternehmungen?, Der Betrieb, 51. Jg., Nr. 46 November 1998, S. 2281 – 2288.

FRRP, FSA – Financial Reporting Review Panel und Financial Services Authority (2005), Memorandum of Understanding between the Financial Reporting Review Panel and the Financial Services Authority, April 06, 2005.

FSA – Financial Services Authority (2002), New competitive system for company announcements goes live, FSA/PN/037/2002 Press Release, 12 April 2002.

FSA – Financial Services Authority (2003a), Consultation Paper 203: Review of the listing regime, October 2003, www.fsa.gov.uk/pubs/cp/203.

FSA – Financial Services Authority (2003b), UKLA Publications List!, January 2003, S. 1 - 5.

FSA – Financial Services Authority (2004), UKLA Publications List!, Issue No. 5 – April 2004, S. 1 - 12.

FSA – Financial Services Authority (2005), Consultation Paper 05/7: The Listing Review and Prospectus Directive Feedback on CP04/8 and CP04/16, near final text and supplementary consultation,Appendices 1-3, April 2005, http://www.fsa.gov.uk/Pages/Library/Policy/CP/2005/05_07.shtml.

Fuller, J., M. C. Jensen (2002), Just say no to Wall Street: Putting a stop to the earnings game, Journal of Applied Corporate Finance, Vol. 14, No. 4, S. 41 – 46.

Gebhardt, G. (1980), Insolvenzprognosen aus aktienrechtlichen Jahresabschlüssen. Eine Beurteilung der Reform der Rechnungslegung durch das Aktiengesetz 1965 aus der Sicht unternehmensexterner Adressaten, Bochumer Beiträge zu Unternehmensführung und Unternehmensforschung, hrsg. von Hans Besters et al, Bd. 22, Wiesbaden.

Goodwin Procter (2001), Public Company Advisory: SEC Issues Cautionary Advice Concerning Disclosure of Pro Forma Financial Information in Earnings Releases, Bulletin, December 5, 2001, S. 1 – 2.

Gore, P., P. Pope, A. Singh (2002), Earnings Management and the Distribution of Earnings relative to Targets: UK Evidence, Working Paper, Lancaster University Management School.

Gössi, M., K. Simon-Keuenhof (2001), Wertorientierte Unternehmensführung in der Praxis: Kapitalmarkorientierte Berichterstattung („Value Reporting"), Der Schweizer Treuhänder, S. 679 – 685.

Grant, C. T., C. M. Depree Jr., G. H. Grant (2000), Earnings Management and the Abuse of Materiality, Journal of Accountancy (September), S. 41 – 44.

Grant, J., L. Parker (2001), EBITDA, Research in Accounting Regulation 15, S. 205 - 211.

Grant, J., P. Williams (2003), The Debate: Reading pro formas, www.accountancyage.com/Print/1132594.

Gu, Z., T. Chen (2004), Analysts` treatment of nonrecurring items in street earnings, Journal of Accounting and Economics 38, S. 129 – 170.

Günter, A. (1995), Understanding FRS 3, Accountancy, October 1995, S. 88 – 90.

Hail, L. (2002), Kennzahlenanalyse, Der Schweizer Treuhänder, Heft 1-2, S. 53 – 66.

Haller, A., M. Schloßgangl (2003), Notwendigkeit einer Neugestaltung des Performance Reporting nach International Accounting (Financial Reporting) Standards, Kapitalmarktorientierte Rechnungslegung 7-8, S. 317 – 327.

Haller, P., N. Bernais (2005), Enforcement und BilKoG: Grundlagen der Überwachung von Unternehmensberichten und Bilanzkontrollgesetz, Berlin.

Harris, T. S., M. Lang, H. P. Möller (1994), The value relevance of German accounting measures: An empirical Analysis, Journal of Accounting Research 32, S. 187 – 209.

Haskins, M., K. Ferris, R. Sack, B. Allen (1997), Financial Accounting and Reporting.

Hayn, C. (1995), The Information content of losses, Journal of Accounting and Economics 20, S. 125 – 153.

Hayn, S., G. Graf Waldersee (2002), IAS / US-GAAP / HGB im Vergleich, Synoptische Darstellung für den Einzel- und Konzernabschluss, 3. Auflage, Stuttgart.

Healy, P. (1985), The effect of bonus schemes on accounting decisions, Journal of Accounting and Economics 9, S. 85 – 107.

Heflin, F., C. Hsu (2005), The Impact of the SEC`s Regulation of Non-GAAP Disclosures, Working Paper, Northwestern University and Hong Kong University of Science and Technology.

Heiden, M. (2004), Pro-forma-Kennzahlen aus Sicht der Erfolgsanalyse, in: Brösel, G./R. Kasperzak / Hrsg.), Internationale Rechnungslegung, Prüfung und Analyse, Oldenbourg Verlag München Wien, S. 593 – 614.

Heitger, D. L, B. Ballou (2003), Pro Forma Earnings: Adding Value or Distorting Perception?, The CPA Journal, www.nysscpa.org./cpajournal/2003/0303 /dept/d034403.htm.

Henze J., K. Röder (2005), Die Genauigkeit der Gewinnprognosen von Finanzanalysten für deutsche Aktiengesellschaften – Eine empirische Studie von 1987 bis 2002, Working Paper, Westfälische Wilhelms-Universität Münster und Universität Regensburg.

Hess, D., E. Lehmann, E. Lüders (2002), Bewertungsrelevante Kennzahlen zur Analyse von Unternehmen am Neuen Markt?, Zeitschrift für Kapitalmarktorientierte Rechnungslegung 3/2002, S. 142 – 146.

Heyd, R. (2001), Zur Harmonisierung von internem und externem Rechnungswesen nach US-GAAP: Die Sichtweise deutscher Konzernunternehmen, Der Schweizer Treuhänder 3/01, S. 201 – 214.

Higgins, H. N. (1998), Analyst Forecasting Performance in Seven Countries, Financial Analysts Journal Vo. 54, No. 3, S. 58 – 62.

Hillebrandt, F., T. Sellhorn (2002a), Pro-forma-Earnings: Umsatz vor Aufwendungen?, Zeitschrift für Kapitalmarktorientierte Rechnungslegung 04/2002, S. 153 – 154.

Hillebrandt, F., T. Sellhorn (2002b), „Earnings before bad stuff" - Pro forma earnings disclosures in German annual reports, Discussion Paper 11/2002, Working Paper, Ruhr-Universität Bochum.

Hirst, D. E., P. E. Hopkins, J. M. Wahlen (2001), Fair Values, Comprehensive Income Reporting, and Bank Analyst's Risk and Valuation Judgments, Working Paper, University of Texas at Austin and Indiana University.

Hodge, F. D. (2001), Hyperlinking unaudited information to audited financial statements: Effects on investors judgements, Accounting Review 76, S. 675 – 691.

Holthausen, R. W., D. F. Larcker, R. G. Sloan (1995), Annual bonus schemes and the manipulation of earnings, Journal of Accounting and Economics 19, S. 29 – 74.

Hommelhoff, P. (2001), Für ein spezifisch deutsches Durchsetzungssystem – Schaffung einer Kontrollinstanz zur Sicherstellung der internationalen Wettbewerbsfähigkeit des deutschen Enforcement-Systems, Wirtschaftsprüfung 54, Sonderheft 2001, S. 39 – 50.

Hommelhoff, P., D. Mattheus (2004), BB-Gesetzgebungsreport: Verlässliche Rechnungslegung - Enforcement nach dem geplanten Bilanzkontrollgesetz, Betriebs-Berater 59, S. 93 – 100.

Hong, H., J. D. Kubik (2003), Analyzing the analysts: Career concerns and biased earnings forecasts, Journal of Finance, S. 313 – 351.

Hope, O. K. (2003), Disclosure Practices, Enforcement of Accounting Standards, an Analysts' Forecast Accuracy: An International Study, Journal of Accounting Research Vol. 41, S. 235 – 272.

Hsu, C. (2004), Strategic Choices of Street Earnings and Earnings Perception Management, Working Paper, Krannert Graduate School of Management, Purdue University.

I/B/E/S International, Inc. (1999), The I/B/E/S Glossary: A Guide to Understanding I/B/E/S Terms and Conventions, I/B/E/S International Inc.,New York, NY.

I/B/E/S International, Inc. (2001), I/B/E/S Monthly Comments, February, I/B/E/S International Inc.,New York, NY.

IASB – International Accounting Standards Board (2002), Reporting Performance, IASB Insight, January 2002, S. 12 – 13.

IDW (2000), Bestätigungsvermerkte und Bescheinigungen zu Konzernabschlüssen bei Börsengängen an den Neuen Markt (IDW PH 9.400.4), WPg., S. 1073.

InfoDienst (2004), US GAAP DRSC InfoDienst der Akademie für Internationale Rechnungslegung, Aktuelle Standards: Angabepflichten zu Non-GAAP Financial Measures, No. 06/2004, S. 8 – 12.

IOSCO - International Organization of Securities Commissions (2002), An IOSCO Technical Committee Release: Cautionary Statement Regarding Non-GAAP Results Measures, 19. Mai 2002, www.iosco.org.

Jacquillat, B., P. Grandin (1994), Performance Measurement of Analysts' Forecasts, The Journal of Portfolio Management Vol. 21, No. 1, S. 94 – 102.

Jaggi, B., N. Baydoun (2001), Evaluation of Extraordinary and Exceptional Items Disclosed by Hong Kong Companies, ABACUS, Vol. 37, No. 2 2001, S. 217 – 232.

James, K. L., F. A. Michello, (2003), The Dangers of Pro Forma Reporting, CPA Journal, S. 1 – 4, www.nysscpa.org/cpajournal/2003/0203/dept/d026403.htm.

Jensen, M. C. (1976), Reflections on the State of Accounting Research and the Regulation of Accounting, Stanford Lectures in Accounting, S. 11 – 19.

Jensen, M. C., W. H. Meckling (1976), Theory of the Firm: Managerial Behavior, Agency Costs and Ownership Structure, Journal of Financial Economics, S. 305 – 360.

Johnson, W. B., W. C. Schwartz Jr. (2005), Are Investors Mislead by „Pro Forma" Earnings?, Contemporary Accounting Research Vol. 22 No. 4, Winter 2005, S. 915 - 963.

Kang, S., J. O'Brien, K. Sivaramakrishnan (1994), Analysts' Interim Earnings Forecasts: Evidence on the Forecasting Process, Journal of Accounting Research (Spring), S. 103 – 112.

Kaplan, R. S., R. Roll (1977), Investor Evaluation of Accounting Information: Some Empirical Evidence, Bicksler J. L. (Hrsg), Capital Market Equilibrium and Efficiency, Lexington, S. 295 – 317.

Karamanou, I. (2003), Is Analyst Optimism intentional? Additional Evidence on the existence of Reporting and Selection Bias in Analyst Earnings Forecasts, Working Paper, University of Cyprus.

Kasznik, R., B. Lev (1995), To warn or Not to Warn: Management Disclosures in the Face of an Earnings Surprise, The Accounting Review 70, S. 113 - 134.

Kinney, M., R. Trezevant (1997), The Use of Special Items to Manage Earnings and Perceptions, Journal of Financial Statement Analysis Fall 1997, S. 45 – 53.

Kinney, W., D. Burgstahler, R. Martin (2000), The materiality of Earnings Surprise, Working Paper, University of Texas at Austin, University of Washington, Indiana University.

Kirsch, H.-J., L. Steinhauer (2003), Standard & Poor's core earnings – Eine Basis für die externe Berechnung des EVA?, in: Finanz Betrieb 9/2003, S. 541 – 548.

Klein, A. (2002), Audit committee, board of director characteristics, and earnings management, Journal of Accounting and Economics 33, 375 - 400.

Kley, C. R., H. J. Vater (2002), Pro-forma-Gewinne im Visier von Standard & Poor's, Der Schweizer Treuhänder 2002, S. 1085 – 1093.

Kley, C. R., H. J. Vater (2003a), Pro-forma-Gewinne: des Kaisers neue Kleider?, Zeitschrift für Kapitalmarktorientierte Rechnungslegung 1/2003, S. 45 - 50.

Kley, C. R., H. J. Vater (2003b), Alternative Gewinnausweise: Fluch oder Segen?, Rechnungslegung, Controlling, Rechnungswesen, Herbst 2003, Ausgabe 1, S. 1 – 8.

Kley, C. R., H. J. Vater (2003c), Pro-forma-Gewinne: Informations-Tohuwabohu? Zur Konzeption von Pro-forma-Gewinnen: Ein Blick in Praxis und Theorie, Das Bankarchiv, ÖBA 7/03, S. 491 – 499.

Kolitz, D. L. (2000), Are Extraordinary Items Exceptional? Are Exceptional Items Extraordinary? A Discussion of the Issues, Working Paper, University of Witwatersrand Johannesburg.

Kothari, S. P., J. L. Zimmerman (1995), Price and return models, Journal of Accounting and Economics 20, S. 155 – 192.

KPMG (2002), SEC Proposals on Disclosing Off-Balance-Sheet Arrangements and on „Pro Forma" Reporting, Defining Issues No. 02-15 (November), S. 1 – 4, www.kpmg.de/library/kpmg-mitteilungen.

KPMG (2003a), New Rules for Non-GAAP Financial Measures, Defining Issues No. 03-4 (February), S. 1 – 5, www.kpmg.de/library/kpmg-mitteilungen..

KPMG (2003b), US-GAAP News, Beilage zu den KPMG-Mitteilungen, Neue SEC-Regel für Non-US-GAAP Financial Measures, Mai 2003, www.kpmg.de/library/kpmg-mitteilungen/pdf/mitteil_05.pdf.

KPMG (2003c), US-GAAP News, Beilage zu den KPMG-Mitteilungen, SEC Richtlinien für nicht-US-GAAP-konforme Kennzahlen, Oktober 2003, www.kpmg.de/library/kpmg-mitteilungen/pdf/mitteil_10.pdf.

Kriete, T., T. Padberg, T. Werner (2002), EBIT – eine „neue" Kennzahl in Jahresabschluss und –abschlussanalyse, Steuern und Bilanzen – StuB 22/2002, Zeitschrift für das Steuerrecht und die Rechnungslegung der Unternehmen, S. 1090 – 1094.

Kriete, T., T. Padberg, T. Werner (2003), Zur Verbreitung und Objektivierung von „Earnings-before"-Kennzahlen in Europa, BBK Nr. 11 vom 6.6.2003, S. 495 - 502.

438

Krishnan, G. V., J. A. Largay III (2000), The Predictive Ability of Direct Method Cash Flow Information, Journal of Business Finance & Accounting 27 1 & 2, S. 215 – 245.

Küting, K. (2001), Bilanzierung und Bilanzanalyse am Neuen Markt, Stuttgart.

Küting, K., C. Boecker, J. Busch (2003), Rechnungslegungs- und Prüfungspraxis in Deutschland - Entwicklungstendenzen und aktuelle empirische Bestandsaufnahme, Datenverarbeitung-Steuern-Wirtschaft-Recht, DSWR 11/2003, S. 316 – 319.

Küting, K., C. P. Weber (2001), Die Bilanzanalyse. Lehrbuch zur Beurteilung von Einzel- und Konzernabschlüssen, 6. Auflage, Stuttgart.

Küting, K., C. Zwirner (2002), Bilanzierung nach HGB: ein Auslaufmodell? - Internationalisierung der Rechnungslegung, Steuern und Bilanzen – StuB 16/2002, Zeitschrift für das Steuerrecht und die Rechnungslegung der Unternehmen, S. 785 – 790.

Küting, K., Dawo, S., Wirth, J. (2003), Konzeption der außerplanmäßigen Abschreibung im Reformprojekt des IASB, Zeitschrift für Kapitalmarktorientierte Rechnungslegung 4/2003, S. 177 – 190.

Küting, K., F. Wohlgemuth (2002), Internationales Enforcement: Bestandsaufnahme und Entwicklungstendenzen, Kapitalmarktorientierte Rechnungslegung, S. 265 – 276.

Küting, K., M. Heiden (2002), Pro-forma-Ergebnisse in deutschen Geschäftsberichten – Kritische Bestandsaufnahme aus Sicht der Erfolgsanalyse, Steuern und Bilanzen – StuB 22/2002, Zeitschrift für das Steuerrecht und die Rechnungslegung der Unternehmen, S. 1085 – 1089.

Küting, K., M. Heiden (2003), Zur Systematisierung von Pro-forma-Kennzahlen – Gleichzeitig: Fortsetzung einer empirischen Bestandsaufnahme, Deutsches Steuerrecht 36/2003, S. 1544 – 1552.

Labhart, P. A. (1999), Value Reporting – Informationsbedürfnisse des Kapitalmarkts und Wertsteigerung durch Reporting, Zürich.

Labhart, P. A. (2001), Wertorientiertes Reporting, in: Klingebiel, N. (Hrsg.), Performance Measurement & Balanced Scorecard, S. 111 - 130.

Lakhal, F. (2003), Earning Voluntary Disclosures and Corporate Governance: Evidence from France, Working Paper, Universite Paris XII Val-De-Marne.

Lakonishok J., A. Shleifer, R. W. Vishny (1994), Contrarian Investment, Extrapolation, and Risk, in: Journal of Finance 49, S. 1541 – 1578.

Leftwich, R. (1983), Accounting information in private markets: Evidence from private lending agreements, Accounting Review 58, S. 23 – 42.

Lev, B., P. Zarowin (1999), The boundaries of financial reporting and how to extend them, Journal of Accounting Research 37, S. 353 – 385.

Lin, H., M. F. McNichols (1998), Underwriting Relationships, Analysts' Earnings Forecasts and Investment Recommendations, Journal of Accounting and Economics, S. 101 – 127.

Lindemann, A., O. Simon (2002), Arbeits- und Sozialrecht, Flexible Bonusregelungen im Arbeitsvertrag, Betriebsberater Heft 35/2002, S. 1807.

Lipe, R. C. (1986), The Information Contained in the Components of Earnings, Journal of Accounting Research, Supplement, S. 37 – 64.

Litz, H. P. (2000), Statistische Methoden und ihre Anwendung in den Wirtschafts- und Sozialwissenschaften, R. Oldenbourg Verlag.

Livne, G., M. McNichols (2003), An Empirical Investigation of the True and Fair Override, Working Paper, London Business School and Stanford University.

Lo, K., T. Z. Lys (2000), Bridging the Gap Between Value Relevance and Information Content, Working Paper, University of British Columbia and Northwestern University.

Lorson, P., J. Schedler (2002), Unternehmenswertorientierung von Unternehmensrechnung, Finanzberichterstattung und Jahresabschussanalyse, in: Küting, K./Weber, C.-P. (Hrsg.), Das Rechnungswesen im Konzern - Vom Financial Accounting zum Business Reporting, Kapitalmarktorientierte Rechnungslegung und integrierte Unternehmenssteuerung, Stuttgart 2002, S. 253 - 294.

Lougee, B. A., C. A. Marquardt (2003), Earnings Quality and Strategic Disclosure: An Empirical Examination of 'Pro Forma' Earnings, Working Paper, University of California, Irvine and New York University.

Lougee, B. A., C. A. Marquardt (2004), Earnings Informativeness and Strategic Disclosure: An Empirical Examination of „Pro Forma" Earnings, The Accounting Review, Vol. 79, No. 3 2004, S. 769 - 795.

Lys, T, L. G. Soo (1995), Analysts´ Forecast Precision as a Response to Competition, Journal of Accounting, Auditing & Finance Vol. 10, S. 751 – 765.

MacDonald, E. (1999), Analysts increasingly favour using cash flow over reported earnings in stock valuations, Wall Street Journal, April 1, 1999.

Marques, A. (2005a), SEC Interventions and the frequency and usefulness of non-GAAP financial measures, Working Paper, University of Texas at Austin, March 2005.

Marques, A. (2005b), SEC Interventions and the frequency and usefulness of non-GAAP financial measures, Working Paper, University of Texas at Austin, July 26, 2005.

Matsumoto, D. A. (1999), Management`s Incentives to Guide Analysts' Forecasts, Working Paper, Harvard University.

Matsumoto, D. A. (2002), Management`s Incentives to Avoid Negative Earnings Surprises, The Accounting Review, Vol. 11, No. 3, S. 483 – 514.

Mayer, Brown, Rowe & Maw (2003), SEC Adopts Rules on Use of Non-GAAP Financial Measures and Earnings Releases, Securities Update, February 19, 2003, S. 1 – 12.

McKinsey&Company, Inc., T. Copeland, T. Koller, J. Murrin (2000), Valuation: Measuring and managing the value of companies, 3. Auflage, New York.

McNish, R. S., M. W. Palys (2005), Does scale matter to capital markets?, The McKinsey Quartely, Heft 3, S. 20 – 23.

McVay, S. E. (2005), Earnings Management Using Classification Shifting: An Examination of Core Earnings and Special Items, Working Paper, Stern School of Business, demnächst erscheinend in The Accounting Review.

McVay, S. E., V. Nagar, V. Tang (2005), Trading Incentives to Meet Earnings Thresholds, Working Paper, New York University, University of Michigan and Georgetown University.

Meitner, M., F. Hüfner, V. Kleff (2002), Enron: Wirtschaftsprüfer, Bilanzierungsvorschriften und der deutsche Aktienmarkt, Kapitalmarktorientierte Rechnungslegung, S. 139 – 141.

Moehrle, S. R., J. A. Reynolds-Moehrle, J. S. Wallace (2001), How informative are earnings numbers that exclude goodwill amortization?, Accounting Horizons 15, S. 243 – 255.

Moody's Investor Service (2000), Putting EBITDA in Perspective: Ten Critical Failings Of EBITDA As The Principal Determinant Of Cash Flow, New York, June 2000, S. 1 – 23.

Mulford, C. W., E. E. Comiskey (2002), The Financial Numbers Game, New York.

Müller, M. (1998), Shareholder Value Reporting - ein Konzept wertorientierter Kapitalmarktinformation, in: Müller, M., F.-J. Leven (Hrsg.), Shareholder Value Reporting, S. 123 - 154.

Near, J. P., P. M. Miceli (1985), Organizational Dissidence: The case of Whistleblowing, Journal of Business Ethics 4, S. 1 – 16.

Newey, W., K. West (1987), A Simple Positive Semi-Definite, Heteroskedasticity and Autocorrelation Consistent Covariance Matrix, Econometrica Vol. 55, S. 703 - 708.

Newman, K. (2003), Dealing with Reg G (October 09, 2003), www.cfo.com/article/1,5309,10860,00.html?f=related.

Niehaus, H.-J. (1987), Früherkennung von Unternehmenskrisen – Die statistische Jahresabschlussanalyse als Instrument der Abschlussprüfung, Institut für Revisionswesen der Westfälischen Wilhelms-Universität Münster, hrsg. von Jörg Baetge, Düsseldorf.

Niehus, R. J., A. Thyll (2000), Konzernabschluss nach U.S. GAAP, Grundlagen und Gegenüberstellung mit den deutschen Vorschriften, 2. Auflage, Stuttgart.

NIRI - National Investors Relations Institute (2002a), News Release, NIRI CEO Urges „Outside the Box" Thinking to Restore Public Confidence in Financial Disclosures made by Public Companies, NIRI`s Louis Thomson Offers Agenda for Action to SEC`s Washington Roundtable on Financial Disclosure and Auditor Oversight, March 06, 2002, www.niri.org.

NIRI - National Investors Relations Institute (2002b), News Release, NIRI Adopts Guidelines for Disclosure in Earnings Releases, Voluntary Compliance is Urged to Help Restore Investor Trust and Confidence, October 08, 2002, www.niri.org.

O'Brien, P. C. (1987), Individual Forecasting Ability, Managerial Finance, Vol. 13, No. 2, S. 3 – 9.

Orpurt, S. F. (2003), Local analyst earnings forecast advantages in Europe, Working Paper, University of Chicago.

Palepu, K., V. Bernand, P. Healy (1996), Business analysis & valuation: Using financial statements, Cincinnati.

Payne, J. L., W. B. Thomas (2003), The implications of using stock-split adjusted I/B/E/S data in empirical research, The Accounting Review 78, S. 1049 - 1067.

Peasnell, K. V., P. F. Pope, S. Young (2001), The characteristics of firms subject to adverse rulings by the Financial Reporting Review Panel, Accounting and Business Research 31, S. 291 – 311.

Pellens, B, F. Hillebrandt, C. Tomaszewski (2000), Value Reporting - Eine empirische Analyse der DAX-Unternehmen, in: Wagenhofer, A., G. Hrebicek (Hrsg.), Wertorientiertes Management, S. 177 - 207.

Pellens, B,. K. Detert, U. Nölte, T. Sellhorn (2004), Enforcement von Rechnungslegungsregeln: Zum Referentenentwurf eines Bilanzkontrollgesetzes, Kapitalmarktorientierte Rechnungslegung, S. 1 – 4.

Pellens, B., T. Sellhorn (2001a), Goodwill-Bilanzierung nach SFAS 141 und 142 für deutsche Unternehmen, Der Betrieb, Heft 32, 54. Jg., S. 1681 – 1689.

Pellens, B., T. Sellhorn (2001b), Neue Goodwill-Bilanzierung nach US-GAAP – Der Impairment-Only Approach des FASB, Der Betrieb, Heft 14, 54. Jg., S. 713 – 720.

Pellens, B., T. Sellhorn (2002), Neue US-Goodwillbilanzierung steht deutschen Unternehmen nun offen, Kapitalmarktorientierte Rechnungslegung 3/2002, S. 113 – 114.

Pellens, B., T. Sellhorn (2003), Minderheitenproblematik bei Goodwill Impairment Test nach geplanten IFRS und geltenden US-GAAP, Der Betrieb, Heft 8, 56. Jg., S. 401 – 408.

Penman, S. H. (2003), The quality of financial statements: Perspectives from recent stock market bubble, Working Paper, Columbia University.

Penman, S., T. Sougiannis (1998), A comparison of dividend, cashflow, and earnings approaches to equity valuation, Contemporary Accounting Research 15, S. 1 – 21.

Perridon, L., M. Steiner (2003), Finanzwirtschaft der Unternehmung, 13. Auflage, München.

Philbrick, D. R., W. E. Ricks (1991), Using value line and IBES analyst forecasts in accounting research, Journal of Accounting Research 29, S. 661 – 687.

Phillips, T. J., M. S. Luehlfing, C. W. Vallario (2002), Hazy Reporting: CPAs can help companies to do the right thing with pro forma information, Journal of Accountancy - Online Issues, August 2002, www.aicpa.org/pubs/jofa/aug2002/phillips.htm.

PriceWaterhouseCoopers (2004), Similarities and Differences – A comparison of IFRS, US GAAP and German GAAP, www.pwc.com/ifrs.

Pytlik, M. (1995), Diskriminanzanalyse und Künstliche Neuronale Netze zur Klassifizierung vom Jahresabschlüssen, Frankfurt am Main.

Reinganum, M. R. (1981), Misspecification of Capital Asset Pricing: Empirical Anomalies based on Earnings' Yields and Market Values, Journal of Financial Economics, S. 19 – 46.

Rosner, R. L. (2003), Earnings manipulation in failing firms, Contemporary Accounting Research 20, S. 361 – 408.

Sachs, L. (1984), Angewandte Statistik. Anwendung statistischer Methoden, 6. Auflage, Berlin.

Schindler, J., B. Böttcher, N. Roß (2001a), Erstellung von Pro-Forma-Abschlüssen – Systematisierung, Bestandsaufnahme und Vergleich mit US-amerikanischen Regelungen -, Die Wirtschaftsprüfung, Heft 1/2001, S. 22 – 32.

Schindler, J., B. Böttcher, N. Roß (2001b), Empfehlungen zur Erstellung von Pro-Forma-Abschlüssen, Die Wirtschaftsprüfung, Heft 3/2001, S. 139 - 144.

Schindler, R. (2002), EBITDA – Führungsgrösse mit Zukunft, Konzept zur Steuerung des Ressourcenmanagements, Der Schweizer Treuhänder 9/02, S. 771 – 778.

Schmidt, M. (2003), „Whistle Blowing" Regulation and Accounting Standards Enforcement in Germany and Europe – An Economic Perspective, Discussion Papers in Business Nr. 29, Humboldt-Universität zu Berlin.

Schönbrodt, B. (1981), Erfolgsprognosen mit Bilanzkennzahlen, Beiträge zum Rechnungs-, Finanz- und Revisionswesen, hrsg. Von Adolf Gerhard Coenenberg und Klaus von Wysocki, Bd. 2, Frankfurt am Main und Bern.

Schrand, C. M., B. R. Walther (2000), Strategic benchmarks in earnings announcements: The selective disclosure of prior-period earnings components, The Accounting Review 75, S. 151 - 177.

SEC - Securities and Exchange Commission (2001a), Cautionary Advice Regarding the Use of „Pro Forma" Financial Information in Earnings Releases (Release No. 33-8039; 34-45124; FR-59), December 04, 2001, www.sec.gov/rules/other/338039.htm.

SEC - Securities and Exchange Commission (2001b), SEC Cautions companies, Alerts Investors to Potential Danger of „Pro Forma" Financials, www.sec.gov/news/press/2001-144.txt, December 04, 2001.

SEC - Securities and Exchange Commission (2001c), Investor Alert (Pro Forma Financial Information: Tips for Investors), www.sec.gov/investor/pubs/proforma08-11.htm.

SEC - Securities and Exchange Commission (2001d), Division of Corporation Finance: Frequently Requested Accounting and Financial Reporting Interpretations and Guidance; www.sec.gov/divisions/corpfin/guidance/cfactfaq.htm#P206_37363.

SEC - Securities and Exchange Commission (2001e), Speech by SEC Chairman: Remarks Before the AICPA Governing Council by Chairman Harvey L. Pitt, October 22 2001, www.sec.gov/news/speech/spch516.htm., S. 1 – 5.

SEC - Securities and Exchange Commission (2002a) Proposed Rule: Conditions for Use of Non-GAAP Financial Measures, 17 CFR Parts 228, 229, 244 and 249, (Release No. 33-8145; 34-46768; File No. S7-43-02), November 05, 2002.

SEC - Securities and Exchange Commission (2002b), SEC proposes rules to implement Sarbanes-Oxley Act reforms (2002-155), October 30, 2002.

SEC - Securities and Exchange Commission (2002c), In the Matter of Trump Hotels & Casino Resorts, Inc: Order instituting cease-and-desist proceedings pursuant to section 21C of the securities exchange act of 1934, making findings, and issuing cease- and desist order (Release No. 34-45287, Accounting and Auditing Enforcement Release No. 1499, Administrative Proceeding File No. 3-10680), January 16, 2002, www.sec.gov/litigation/admin/34-45287.

SEC - Securities and Exchange Commission (2002d), SEC Brings First Street Financial Reporting Case – Trump Hotels Charged with Issuing Misleading Earnings Release, January 16, 2002, www.sec.gov/news/press/2002-6.txt .

SEC - Securities and Exchange Commission (2002e), Speech by SEC Chairman: Remarks at the Financial Times` Conference on Regulation & Integration of the International Capital Markets by Chairman Harvey L. Pitt, October 8, 2002, www.sec.gov/news/speech/spch588.htm, S. 1 - 10.

SEC - Securities and Exchange Commission (2003a), Final Rule: Conditions for Use of Non-GAAP Financial Measures, 17 CFR Parts 228, 229, 244 and 249 (Release No. 33-8176; 34-47226; FR-65; File No. S7-43-02).

SEC - Securities and Exchange Commission (2003b), Final Rule: NASD and NYSE Rulemaking: Relating to Corporate Governance (Release No. 34-48745; File Nos. SR-NYSE-2002-33, SR-NASD-2002-77, SR-NASD-2002-80, SR-NASD-2002-138, SR-NASD-2002-139, and SR-NASD-2002-141).

SEC - Securities and Exchange Commission (2003c), Frequently Asked Questions Regarding the Use of Non-GAAP Financial Measures, June 13, 2003, www.sec.gov/divisions/corpfin/faqs/nongaapfaq.htm.

SEC - Securities and Exchange Commission (2003d), Statement by SEC Chairman: Remarks at Commission Open Meeting by Chairman Harvey L. Pitt, January 15, 2003, www.sec.gov/news/speech/spch011503hlp.htm, S. 1 – 2.

SEC - Securities and Exchange Commission (2005), Speech by SEC Staff: 2004 Thirty-Second AICPA National Conference on Current SEC and PCAOB Developments by Todd E. Hardiman, December 6, 2006, www.sec.gov/news/speech/spch120604teh.htm, S. 1 – 14.

Sender, H. (2002), Some reports on earnings are murky - `Pro forma` results persist despite Enron collapse. The Asian Wall Street Journal, June 11, 2002.

Shyam-Sunder, L., S. C. Myers (1999), Testing static tradeoff against pecking order models of Capital Structure, Journal of Financial Economics 51, S. 219 – 244.

Skantz, T. R., B. G. Pierce (2000), Analyst forecasts and analyst actuals in the presence of nonrecurring gains and losses: Evidence of inconsistency, Advances in Accounting 17, S. 221 – 244.

Skinner, D. J., R. G. Sloan (2002), Earnings Surprise, Growth Expectations, and Stock Returns or Don't Let an Earnings Torpedo Sink Your Portfolio, Review of Accounting Studies 7, S. 289 - 312.

Soliman, M. (2004), Using industry-adjusted DuPont analysis to predict future profitability, Working Paper, Stanford University.

Standard & Poor's (2002), Measures of Corporate Earnings, www.standardandpoors.com/PressRoom, May 14, 2002.

Standard & Poor's (2004), Standard & Poor's Research Insight North America: Data Guide, www.compustat.com/support.

Stehle, R. (1997), Der Size-Effekt am deutschen Aktienmarkt, in: Zeitschrift für Bankrecht und Bankwirtschaft, S. 237 – 260.

Steiner, M., C. Bruns (2002), Wertpapiermanagement, 6. überarbeitete Auflage, Stuttgart.

Steiner, M., M. Wallmeier (1999), Discounted Cash Flow-Methode und Economic Value Added, Finanzbetrieb 1, Mai 1999, S. 1 – 10.

Strong, N., Walker, M. (1993), The Explanatory Power of Earnings for Share returns, Accounting Review, April 1993, S. 385 – 399.

Taub, S. (2001a), Pitt and the Pendulum: SEC Warns About Growing Use of Pro Forma Earnings, December 3, 2001,
www.cfo.com/premium/index.cfm/l_centre/3002520?pi=/article.cfm/3002520.

Taub, S. (2001b), Pitt and the Pendulum: SEC Head Warns about Growing Use of Pro Forma Results, November 30, 2001,
www.cfo.com/premium/index.cfm/l_centre/3002444?pi=/article.cfm/3002444.

Taub, S. (2001c), Anti Pro Forma: SEC`s Pitt Rails Against Disclosure Shortcuts, October 23, 2001, www.cfo.com/premium/index.cfm/l_centre/3001690?pi=/article.cfm/3001690.

Taub, S. (2003), Pro forma Lives, August 13, 2003,
www.cfo.com/premium/index.cfm/l_centre/3010163?pi=/article.cfm/3010163.

Teitler-Feinberg, E. (2002), Pro Forma Statements, Notwendigkeit oder Beschönigung?, Der Schweizer Treuhänder, S. 191 – 192.

Trueman, B., S. Titman (1988), An explanation of accounting income smoothing, Journal of Accounting Research 26, S. 127 – 139.

UBS Warburg (2003), Valuation & Accounting, Q-Series, Reg G – A Squeeze on Pro Forma?, Global Equity Research, February 11, 2003, www.ubswarbur.con/research, S. 1 - 24.

United Kingdom Listing Authority of the Financial Services Authority (2002), Listing Rules of the London Stock Exchange Limited and the Irish Stock Exchange Limited.

United Kingdom Society of Investment Professionals (2005), Report and Accounts for the year ended 30 June 2005, London, www.uksip.org.

Volk, G. (2002), „Neue" Jahresabschluss- bzw. Ertragskennzahlen: Arten, Aussagekraft und Verwendungsmotivation, Steuern und Bilanzen – StuB 11/2002, Zeitschrift für das Steuerrecht und die Rechnungslegung der Unternehmen, S. 521 – 525.

Volk, G. (2003), EBITDA: Das Gute, das Schlechte und das Hässliche, Steuern und Bilanzen – StuB 11/2003, Zeitschrift für das Steuerrecht und die Rechnungslegung der Unternehmen, S. 503 – 506.

Wallace, W. (2002), Pro Forma Before and After the SEC's Warning, A Quantification of Reporting Variances from GAAP, FEI Research Foundation, Morristown, NJ.

445

Wallace, W. (2003), Analyzing Non-GAAP Line Items in Income Statements, in: The CPA Journal, www.nysscpa.org/cpajournal/2003/0603/features/f063803.htm, S. 1 – 7.

Wallmeier, M. (1997), Prognose von Aktienrenditen und -risiken mit Mehrfaktorenmodellen, Bad Soden.

Wallmeier, M. (1999), Kapitalkosten und Finanzierungsprämissen, Zeitschrift für Betriebswirtschaft, Nr. 12, S. 1473 – 1490.

Wallmeier, M. (2000), Determinanten erwarteter Renditen am deutschen Aktienmarkt – Eine empirische Untersuchung anhand ausgewählter Kennzahlen, Zeitschrift für betriebswirtschaftliche Forschung, S. 27 – 57.

Wallmeier, M. (2004), Analyst' earnings forecasts during the recent stock market boom: Fuelling 'irrational exuberance'?, Working Paper, Universität Fribourg, demnächst erscheinend in: Financial Markets and Portfolio Management.

Watts, R. (2003), Conservatism in accounting part I: Explanation and implications, Accounting Horizons 19, S. 207 – 221.

Wayman, R. (2002), Analyst Insight - EBITDA: The Good, the Bad, and the Ugly, www.investopedia.com/articles/analyst/020602.asp.

Weil, J. (2001), Moving Target: What`s the P/E Ratio?, August 21, 2001, Wall Street Journal, S. 1.

Whisenant, J. S. (1998), Restating financial statements for alternative and non-GAAPs: Worth the effort (revisited)?, Working Paper, Georgetown University.

Williams, P. (2002), SEC takes on pro forma results, January 31, 2002, www.AccountancyAge.com/Print/1127594.

Wöhe, G. (2002), Einführung in die Allgemeine Betriebswirtschaftslehre, 21. Auflage, München 2002.

Worthy, F. S. (1984), Manipulation Profits: How It`s Done, Fortune, June 25, 1984, S. 50 – 54.

Xie, H. (2002), The Information Content of GAAP versus Street Earnings: Evidence from Trading Volume, Working Paper, University of Illinois at Urbana-Champaign.

Yi, H. (2006), Has Regulation G Improved the Information Quality of Non-GAAP Earnings Disclosures?, Working Paper, Michigan State University.

Zentralverband des Deutschen Baugewerbes (2004), www.br-online.de/bayern-heute/thema/mittelstand/zahlungsmoral.xml.

Zhang, H., L. Zheng (2005), The valuation impact of reconciling pro forma earnings to GAAP earnings, Working Paper, School of Business, University of Hong Kong, Pokfulam, Hong Kong.

Zimmerer, X. (2002), Sinn oder Unsinn von EBIT/EBITA und EBITDA, Kreditwesen 12/2002, S. 571.

Zimmermann, J. (2003), Beurteilungskriterien für enforcement Modelle - Eine Analyse und Darstellung an Hand des britischen Financial Reporting Review Panels, Steuern und Bilanzen 5, S. 353 – 360.

Zimmermann, J., I. Gontcharov (2003), Do accounting standards influence the level of earnings management? Evidence from Germany, Working Paper No. 041, London Business School.

Zimmermann, J., P. B. Volmer (2006), EU Federalism and the Governance of Financial Reporting: Cost and Benefits of Centralized Standard Setting, Working Paper, Universität Bremen.

Zimmermann, J., P. B. Volmer, J.-R. Werner (2005), New Governance Models for Germany's Financial Reporting System: Another Retreat of the Nation State?, Bremer Diskussionsbeiträge zu Finanzen und Controlling Nr. 28, Universität Bremen.